● 高 等 学 校 教 材

物理化学实验

第四版

复旦大学 等编

沈 伟 刘永梅 闫世润 黄 镇 等修订

中国教育出版传媒集团

高等教育出版社·北京

内容提要

本书是在《物理化学实验》(第三版)的基础上修订而成的,以"固本强基—前沿创新"为理念,一方面凝练经典实验内容,切实夯实基础理论和实验技能;另一方面注重现代科学元素的融入,适当缩减验证性实验内容,增加创新性、研究性实验内容。全书共分为 3 章,分别为绪论、实验和实验技术,包含 38 个实验项目和 13 种实验技术,附录部分给出各类物理化学实验参考数据。

本书可作为高等学校化学类专业及相关专业物理化学实验课程教材,也可供其他专业师生及科研人员参考。

图书在版编目(CIP)数据

物理化学实验 / 复旦大学等编 ; 沈伟等修订.
4 版. -- 北京 : 高等教育出版社,2024.8(2025.2重印).
ISBN 978-7-04-062726-8

Ⅰ. O64-33

中国国家版本馆 CIP 数据核字第 20242D9M60 号

WULI HUAXUE SHIYAN

策划编辑 李 颖	责任编辑 李 颖	封面设计 李卫青	版式设计 杨 树
责任绘图 黄云燕	责任校对 刁丽丽	责任印制 张益豪	

出版发行	高等教育出版社	网 址	http://www.hep.edu.cn
社 址	北京市西城区德外大街 4 号		http://www.hep.com.cn
邮政编码	100120	网上订购	http://www.hepmall.com.cn
印 刷	河北鹏盛贤印刷有限公司		http://www.hepmall.com
开 本	850 mm×1168 mm 1/16		http://www.hepmall.cn
印 张	30.25	版 次	1979 年 12 月第 1 版
字 数	750 千字		2024 年 8 月第 4 版
购书热线	010 - 58581118	印 次	2025 年 2 月第 2 次印刷
咨询电话	400 - 810 - 0598	定 价	68.00 元

本书如有缺页、倒页、脱页等质量问题,请到所购图书销售部门联系调换
版权所有 侵权必究
物 料 号 62726 - 00

序

　　复旦大学等编写的《物理化学实验》(第四版)即将出版。该书第一版于1979年出版。随着我国改革开放、国民经济快速发展、科教兴国战略的实施以及国家对高等教育投入的加强，我国的高等教育得到了前所未有的发展。顺应学科发展趋势及人才培养理念的提升，复旦大学化学系对该教材进行了两次修订，分别于1993年和2004年先后出版了第二版和第三版教材。前三版教材除了适应教学大纲要求的实验教学内容外，还较系统地介绍了物理化学实验技术和相关仪器设备等。在满足基本原理、基本操作和基本技能的教学要求基础上，根据物理化学学科发展趋势和进展，逐版调整了实验内容和数量，着眼于训练和培养学生综合解决问题的能力。该教材自第一版出版以来，一直被众多高校广泛采用，对物理化学实验教学产生了重要影响，取得了很好的效果。

　　《物理化学实验》(第三版)出版至今已过了20年。在这20年间，随着激光、计算机和人工智能等技术的发展，物理化学学科在广度和深度上都发生了深刻的变化，正快速由宏观向微观，由静态向动态，由体相向表面，由定性向定量，由纯实验向实验和理论并重转变。在此期间，物理化学实验教学也相应地做出了很大的改革和调整，无论是教学内容和仪器设备等教学条件，还是教学理念、方法和思路等都发生了很大变化。如理论计算和模拟、计算机自动化控制和数据处理、虚拟仿真实验等越来越多应用于实验教学实践。显然，20年前出版的教材已经无法满足和适应当前的教学要求，这就要求对本书进行修订。恰逢复旦大学为推进习近平新时代中国特色社会主义思想进教材，服务新时代"五位一体"总体布局的国家战略，推出了"七大系列百本精品教材"建设活动，《物理化学实验》(第四版)成为首批建设项目之一。非常幸运的是，该教材建设同时获得了化学系杰出校友1984级本科毕业生谭瑞清先生设立的教育基金的支持，作为化学系的主任，在此也谨代表化学系向谭校友表示衷心的感谢。

　　本次负责修订的教师们结合学科发展新趋势和近年来的实验教学改革经验，以"固本强基—前沿创新"为理念，认真梳理了课程教学内容，对教材经典实验内容进行了精简和凝练，增加了创新性、研究性和综合性实验内容。新增了谱学、微观动力学和理论计算等方面实验。在实验内容呈现形式上也做了创新，增加了可视化内容，以信息化二维码的形式融入教材。

　　经过修订团队一年多的共同努力，《物理化学实验》(第四版)即将以崭新的面貌与读者见面。能为本书第四版写序,我感到十分荣幸。祝贺《物理化学实验》(第四版)的出版,相信它一定会和前几版一样受欢迎,为我国培养适应学科未来发展以及服务国家战略需求的化学人才做出贡献。

周鸣飞

2024 年 1 月 15 日

于复旦大学

第四版前言

由复旦大学主编、10 多所高等院校共同编写的《物理化学实验》自 1979 年出版以来被全国高校广泛采用。1990 年，受国家教委理科化学教材编审委员会物理化学编审组的委托，复旦大学蔡显鄂、项一非、刘衍光等教授对该书进行了修订，于 1993 年出版了第二版教材。2004年复旦大学化学系委托庄继华等教师修订出版了第三版教材。迄今距第三版教材出版已过去20 年，物理化学学科已经从宏观发展到微观、从静态发展到动态、从体相发展到表界面，同时理论化学也得到快速发展。为了适应这些变化和发展，有必要对本书进行修订。

本次修订以"固本强基—前沿创新"为理念。一方面认真梳理物理化学实验课程教学内容，凝练经典实验内容，切实夯实基础理论和实验技能；另一方面注重现代科学元素的融入，适当削减压缩验证性实验内容，增加创新性、研究性实验内容。在经典实验部分，增加了选做或开放内容，新增了谱学、微观动力学和理论计算等方面实验内容。同时对全书结构进行了调整，将第三版的"仪器"和"技术"两部分内容合并为"实验技术"，全书分成绪论、实验、实验技术共 3 章。

全书包括 38 个实验项目、13 种实验技术。和第三版实验内容相比，热力学部分删去了"凝固点降低法测定摩尔质量"和"双组分固-液相图的测绘"，将"分解反应平衡常数的测定"和"核磁共振法测定质子化反应的平衡常数"合并为"反应平衡常数的测定"；电化学部分新增了"循环伏安法测定二茂铁的电极反应过程"；动力学部分删去了"流动法测定氧化锌的催化活性""核磁共振法测定丙酮酸水合反应的速率常数"和"计算机模拟基元反应"，新增了"荧光法测定钌配合物磷光猝灭速率常数""苯甲醇选择性氧化反应动力学参数测定"和"分光光度法测定罗丹明 B 光催化降解速率常数"；胶体和表面化学部分删去了"非牛顿型流体流变曲线的绘制"，将原实验"电渗电泳"改编为"胶粒的制备及 ζ 电势测定"，新增了"沸石分子筛表面酸性表征及模拟"；物质结构部分新增了"H_2 在 Cu 表面势能面的构建""一维无限深势阱模型应用""配合物电子光谱的测定"和"X 射线光电子能谱法测定物质表面元素组成及状态"。另外，还新增了 3 个综合性实验。实验技术方面增加了"气体吸脱附表征技术""X 射线光电子能谱""荧光光谱法实验技术"和"理论计算方法和软件"。除了上述变动，对保留实验的内容也全部进行了修订。同时，增加了操作视频或原理说明等内容，以二维码的形式融入教材。

本次修订工作由沈伟负责，修订编写小组成员有刘永梅、闫世润和黄镇。参加修订编写工作的教师还有钱林平、程晓维、戴维林、谢颂海、乐英红、董晓丽、蔡文斌、胡可、乔明华、任楠、贺鹤勇、刘智攀、商城、李晔飞、马思聪、吴剑鸣、曾小庆、郑晓、龚鸣、王华冬、冯玮等。

本书修订工作启动时,北京大学、南京大学、厦门大学等八所高校的相关专家对修订提出了许多建设性的意见和建议。复旦大学化学系领导、范康年教授和物理化学方向的全体教师对本书的修订给予了很大关心和帮助。本书的修订得到了"瑞清"教育基金的支持。编写小组在此一并表示感谢!

由于编者水平所限,尽管作了很大努力,书中难免有疏漏和不当之处,敬请专家、同行和广大读者予以指正。

编写小组

2024 年 1 月

第三版前言

由复旦大学主编、10 多所高等院校共同编写的《物理化学实验》,自 1979 年出版以来,被各个高校广泛采用。1990 年,受原国家教委理科化学教材编审委员会物理化学编审组的委托,复旦大学的蔡显鄂、项一非、刘衍光等教授对该书进行了修订,主要是对教材的总体布局进行了调整,增删了部分实验内容和相关的仪器技术。第二版教材出版至今,已经过去了 10 多年。这 10 多年是我国高等教育的快速发展时期,国家对于高等教育的投入力度大大增加。复旦大学和国内其他高校一样获得了前所未有的发展机遇,"211"工程、世界银行贷款、"985"等项目的实施,使基础教学实验的条件有了很大的改善,更新添置了许多仪器设备,有效地推动了物理化学实验教学内容的改革。与此同时,物理化学学科的发展也使得一些原本属于专门化实验或综合实验内容的高级技术和仪器成为基础物理化学实验的常规技术和设备。随着实验条件的改善,实验内容的绿色化也逐渐成为实验教学改革的重要内容。为了适应这些变化和发展,有必要对《物理化学实验》的教材进行修订。

这次修订以《物理化学实验》(第二版)为基础,保留了原教材分成绪论、实验、仪器、技术和附录五个部分的基本布局。全书包括 33 个实验、14 种仪器介绍和 8 种实验技术。和第二版相比。在实验部分增加了"线性电位扫描法测定镍在硫酸溶液中的钝化行为"、"化学振荡反应"、"离子迁移数的测定"和"非牛顿型流体流变曲线的绘制"等新实验,仪器部分增加了"电化学测量分析仪",技术部分增加了"温度的控制技术",同时删除了"铅蓄电池及其电极充放电曲线的测定"等 8 个内容相对陈旧或可能产生较重环境污染的实验,删除了与这些实验相关的小型摄谱仪、阿贝比长仪等仪器介绍。将原实验"恒温水浴的组装及性能测试"中的原理部分归入"温度的控制技术"中,不再单独作为一个实验。原来属于《物理化学实验》的电子技术内容,根据复旦大学化学系实验教学改革的需要,移到了《综合化学实验》中。除了上述变动外,对保留实验的内容也全部进行了修改。修订的重点在于仪器的更新及其相应操作的改变。

此外,复旦大学化学系实验教学改革的总体思路和布局是,大学本科化学实验的教学体系以实验技术为主线进行构建,分为基础实验和综合实验两个阶段。基础实验阶段(中低年级)以各种化学实验技术和技能的分类训练为主,综合实验阶段则以化学实验和技能复合程度比较高的探究性综合实验为主要内容,着重培养学生灵活应用各类基本技术和技能解决化学问题的能力。根据上述思路,这次所修订教材的教学内容仍然主要集中在物理化学实验的基本原理和实验技术技能的训练方面,至于物理化学实验技术在化学各相关领域中的应用将在综合化学实验的教学内容中得到反映(这方面的工作正在进行中)。

由于主持第二版修订的蔡显鄂等教授均已退休,本次修订工作由庄继华负责,修订编写小组的成员有陆靖、戴维林、严曼明和王文宁。此外,张祥民教授参与了仪器十和技术第三章的修订;翁林红教授参与了实验三十二、仪器四和技术第七章的修订;朱万森副教授参与了绪论中实验测量误差的修订;孙尧俊副教授参与了实验九和实验二十二以及仪器十四的修订;乐英红博士参与了实验二十八的修订;金幼铭和傅伟康参加了部分实验论证工作。金幼铭还绘制了书中的部分插图。复旦大学化学系领导和诸多教师对本书的修订给予了很大的关心和帮助。本书的修订得到教育部新世纪初教育改革工程项目资助。编写小组在此一并表示感谢!

北京大学的高盘良教授、杨华铨教授审阅了本书的初稿并提出了许多建设性的意见和建议。同时,高等教育出版社的岳延陆等同志对本书的修订给予了具体的指导和帮助,付出了大量的心血和劳动,编写小组对此表示深深的谢意。

限于我们的水平,尽管作了很大努力,疏漏之处依然难免。诚望兄弟院校的老师们和读者不吝赐教。

编写小组

2004 年 2 月

第二版前言

由全国 14 所高等院校共同编写,并由复旦大学主编的《物理化学实验》第一版,自 1979 年出版以来在高等学校广泛采用,在 1987 年国家教育委员会举办的全国优秀教材评选中获国家教委一等奖。该书是国内自编出版的第一本物理化学实验教材,它集各编写学校物理化学实验教学的经验,在选材和编排上自成特色,不仅解决了当时教材的有无问题,而且对交流和提高各校物理化学实验教学水平起了积极的作用。该书出版发行 10 多年来,物理化学实验内容及其测试方法有了很大的改进和提高。为了更好地适应当前物理化学实验的需要和发展,国家教委理科化学教材编审委员会物理化学编审组责成复旦大学对该书进行修订。

这次修订是以《物理化学实验》的 1979 年版为基础,总结了复旦大学 10 年来物理化学实验教学的经验和研究的成果,也借鉴了兄弟院校的经验,还参考了国外 10 余所大学物理化学实验教材的内容,历经数年修订而完成的。修订的指导思想是在保持原书特色的基础上,适当反映实验教学研究的新成果,更加注重基础,着眼于学生的基本训练和综合分析问题能力的提高;内容取舍上,既做"加法"又做"减法"。这次修订将 1979 年版的上、下两册合并成一册出版。

本书分绪论、实验、仪器、技术和附录五部分,比原版本多了仪器部分。原来有关物理化学实验的常用仪器是分插在实验和技术两部分中的,现在将常用仪器抽出单独成篇,其好处是使整个实验的叙述更突出"三基"(基本原理、基本操作和基本技能)的要求,使技术部分能更系统地阐述物理化学实验方法和技术,而不必对仪器作具体的介绍。仪器部分的撰写原则是从一类仪器的通性入手,叙述其设计原理、思路,然后以较多篇幅介绍某一型号的具体仪器,并说明其使用方法。本书仪器部分选择物理化学实验中常用的 16 种仪器作了介绍,其中气压计、钢瓶减压阀、贝克曼温度计、阿贝折光仪、复合真空计、电位差计、酸度计、温度程序控制器和气相色谱仪等作了详细的介绍,它们在实验中有较广泛的应用。其他如旋光仪、小型摄谱仪、阿贝比长仪、磁天平、核磁共振仪、小电容测定仪和 X 射线衍射仪等在有关实验中用到,也作了简要的介绍。

原书中的技术部分是学生涉足有关技术领域的入门材料。10 年的教学实践表明,学生对实验技术部分的内容是颇为欢迎的,认为从中不仅能了解到物理化学研究方法的概貌,对后继毕业论文甚至今后的科学研究,都是很有参考价值的资料。修订时注意介绍各种技术的概况,将实验中用到的技术内容贯穿起来,还要考虑反映近年来实用技术的发展,收集有代表意义的新成果。原书技术部分有 14 章,这次修订后缩为 8 章,减少将近一半,这是因为本书新增了仪器部分,将原书中的第一、第十、第十一和第十四章的有关内容放到仪器部分叙述,而原书第十三章暗室技术在"仪器分析"前继课中已有介绍,这里删去。至于原书第二章和第三章关于温度的测量和控制,这次修订作了较大的变动,恒温水浴控温扩展为一个实验,程序升温控制在仪器部分叙述,一般控温在电子技术内介绍,光学高温计因使用较少而删去,相变点恒温融合到温标、温度标定中叙述,再新增较大篇幅系统地讨论熔的测定,热分析方法及热容的测定,将这些内容重新编写构成了"热化学测量技术"一章。试图将这一章与物理化学课中的热化学部分相呼应,重点介绍实验技术,同时又把燃烧热、相图、差热分析等几个实验串联起来,期望学生通过实验的训练和本章的学习,能得到理性的提高。原书第七、第八章的内容,经过取舍编入本书第二章"电化学测量技术",其中电位差计和酸度计归并在仪器部分,电动机内容舍弃,而从实验方法技术角度对电化学测量作了较系统的叙述,这样就将电化学方面的 6 个实验通过"电化学测量技术"一章连贯起来,使学生能融会贯通,了解其中的脉络。原书流动法技术、气相色谱技术、真空技术、电子技术和 X 射线衍射技术,这次修订时基本保留,但有的内容作了较大的修改,并增加技术新成果的介绍,如电子技术,这次修订时加了"物理化学实验中的"定语,因为与物理化学实验仪器紧密结合的电子技术更为实用,其核心是测量和控制、变换和放大,结合传感器、测量电路、放大电路、直流电源和 PID 温度调控等章节的叙述,将物理化学实验中的电子技术作了简要的介绍,这些内容对学生今后的工作是极为有用的。此外,还新增加了"胶体化学实验技术"一章,为学生提供一个从实验角度系统考察胶体的机会,了解表面与界面、溶胶的制备与性质、乳状液与凝胶等实验技术,以及这些技术在生物、化工、石油等方面的应用,反过来促使化学家重新认识胶体及表面的作用。

实验部分仍然是全书的主要内容,这次修订时作了较大的增删。原版 53 个实验中,有的内容更适合于物理化学专业实验或研究生实验,有的则过于简单,已下移到一年级的普通化学实验中,修订时予以删去。新增的实验,如临界胶束浓度测定、米氏常数的测定、弛豫法测定反应速率常数、核磁共振法测定反应速率常数和平衡常数、晶体碘的标准熵和升华热、异核双原子分子的振动—转动光谱、计算机模拟基元反应和红外激光诱导 SF_6 光解反应等,反映了基础物理化学实验的新进展。为了加强对学生的基本训练,修订版重新编入了恒温水浴的组装及其性能测试、分解反应平衡常数的测定和化学电池温度系数的测定等传统的实验。总之,修订后的实验个数虽然比原书少了约四分之一,但从本科三年级学生基础物理化学实验训练来看,反而得到了加强。

这次修订的另一个特点是集实验教材与指导书于一体。每个实验新增一节"评注启示",其内容包括实验选择的依据、实验的理论和应用价值、教学安排、教学中的重点和难点、实验的扩展和思考等。部分实验加注"注意点"。测量结果大多附有"文献值"。非定型仪器尽可能标明参考规格型号。各个实验还介绍一些有用的工具书和原始参考文献。这样编写,可以适应不同水平学生的需要,引导学生积极思考,有利于培养学生的实验技能,提高其对实验的兴趣;此外也将有利于新任课教师或承担教学实习任务的研究生做好备课工作。

全书的绪论和附录两部分基本保持原有风格,所不同的是将实验安全防护从附录移至绪论。曾计划将复旦大学和吉林大学合编的《中级物理化学实验》附录Ⅱ"物理化学实验常用程序简介"作为本书绪论一个内容,并在附录部分增加理科化学教材编审委员会审订的综合大学化学专业《物理化学实验教学大纲》,后考虑到篇幅,将其省略。另外,在附录部分增加"基础物理化学实验室设备和药品一览表",有利于教学准备和实验室建设。由于实验教学资料的积累,此次修订时对绪论和附录的大部分内容都进行了充实或重写。书中采用术语尽可能与化学名词审定委员会编制的《化学名词》中的规定一致,物理量的符号和单位,来自国家标准局发布的《中华人民共和国国家标准》。

复旦大学负责原书统稿和定稿的是费伦、项一非和蔡显鄂三位同志。这次修订费伦教授因另有任务未能参加具体工作,但仍对本书非常关心。本版由蔡显鄂、项一非和刘衍光负责修订编写。参加修订编写工作的还有冯安春、孔德俊、刘全、潘海水、金贤德、朱自刚、秦金妹、严曼明、陆靖、李民、陈卫和万国江。傅伟康和金幼铭参加了部分工作。书中插图由金幼铭绘制。

朱京教授、邓景发教授和江逢霖教授曾审阅了本书部分初稿,并提出了宝贵的指导性意见。高教出版社蒋栋成教授对本书的修订给予具体的指导,责任编辑为本书的出版进行了大量细致的工作。编者愿借此机会,对他们深致谢意。

参加本书初稿审稿工作的有:屈松生教授(武汉大学),傅献彩教授(南京大学),韩德刚教授(北京大学),印永嘉教授(山东大学),李树家教授(吉林大学),俞鼎琼副教授(厦门大学),刘万祺副教授(北京大学),唐寅轩副教授(杭州大学)。编者对他们提出的宝贵意见和给予的热情鼓励表示衷心的感谢。

本书修订过程中,得到了复旦大学科教仪器厂、武汉大学科教仪器厂、南通二甲化工厂的支持,在此一并致谢。

本书修订时编者虽作了很大努力,但限于水平,难免有错误和疏漏之处,敬请读者批评指正,以便再版时得以更正。

编者
1991 年 2 月

第一版前言

根据 1977 年 8 月"北戴河（理科）教材会议"关于教材编写的指导思想和 1977 年 10 月 "武昌（理科）化学类教材大纲会议"制定的物理化学实验教材大纲，在总结建国 29 年来物理化学实验教学经验的基础上，结合我国目前教学设备供应的现状，并注意到国外物理化学实验教材的发展趋势，编写了这本《物理化学实验》试用教材。

本教材力求反映物理化学研究方法的概貌，按绪论、实验内容、实验技术和附录四个部分编写，分上、下两册出版。

实验内容部分，包括热力学、电化学、动力学、表面现象和胶体化学、物质结构等方面，共编写入 53 个实验。实验内容的取材尽可能反映近代科学研究和化工生产的新成就，对于某些传统的多数院校沿用至今的经典实验，考虑到它们在加深基本理论和概念上所起的作用，原则上仍选入本教材。

每一实验内容的编写，分为目的要求、原理、仪器和试剂、实验步骤、数据处理与结果、思考题以及参考资料等项目，既要对实验所需要的基本理论作一简要的介绍，又要详细叙述实验步骤和细节，使学生在阅读每一实验内容后，在教师的指导下能独立地进行实验。

本教材增加了实验技术部分，这是新的尝试。它既包含实验内容部分所涉及的仪器原理和操作方法，又力求对重要的物理化学实验技术作一概括性的介绍，例如量热计温、流动法技术、高真空技术、电位测量、电导的测量、电子技术、磁化学测量、光谱技术和 X 射线衍射技术等，共分成 14 章编写。在侧重叙述近代实验技术的同时，也兼顾到经典的基本操作。希望学生学习这一部分内容后能举一反三，开阔眼界，初步了解物理化学研究方法的全貌。

有关物理化学实验的学习要求、误差问题、安全防护、常用数据和资料的查阅方法等内容，分别编入本教材的绪论和第四部分附录中。

本教材的主要对象是综合性大学和高等师范院校化学系的学生，其他院校学生和从事化学实验的人员也可参考选用。考虑到我国物理化学实验教学设备的现状和大多院校物理化学实验都采取大循环制，所以在编写时注意到各个实验尽可能相对独立；又使教材所选编的实验总数超过了物理化学实验课程所规定的学时安排，以便各校在选取实验个数和安排先后次序等方面有一定的灵活性。各校在选取实验时，希望能兼顾到各方面实验内容和较重要的实验技术的训练，并在整个实验教学的过程中，建议各校阶段性地对学生进行若干次较系统的物理化学实验技术的讲授。

　　本教材由复旦大学、武汉大学、中国科技大学、厦门大学、四川大学、北京大学、吉林大学、南京大学、南开大学、兰州大学、中山大学、北京师范大学、上海师范大学和上海师范学院等 14 所学校共同编写①，并由复旦大学负责主编工作。1978 年 10 月在厦门鼓浪屿召开的审稿会议对本教材进行了审核，会议责成复旦大学根据审稿会的意见，最后将本教材修改定稿。书中插图主要由复旦大学朱自刚同志绘制。

　　由于编写时间紧迫和编写人员水平有限，本教材必然存在不少缺点和错误，望读者提出宝贵意见，以便再版时修改。

复旦大学化学系物理化学教研室

1978 年 12 月

---

　　①　各校分工编写的章节如下：武汉大学：实验二、十五、十六、十七、二十、二十一；实验技术第七、八章和实验附录一；中国科技大学：实验三十一、三十四、五十、五十三；实验技术第五章；厦门大学：实验三十三；四川大学：实验十三、十八；北京大学：实验附录二；吉林大学：实验技术第四章；南京大学：实验三十六、三十九；南开大学：实验十；兰州大学：实验七、十四；实验技术第一章；中山大学：实验九；北京师范大学：实验八、十一；上海师范大学（现华东师范大学）和上海师范学院（现上海师范大学）：实验十二；复旦大学：除上述各校分工编写的外，其余均由复旦大学编写（其中实验十九、四十八、五十二由物理二系放化教研组编写）。

目录

第一章

绪　　论

1.1　物理化学实验的目的和要求

　　化学是一门以实验为基础的学科,实验教学对于培养化学类专业人才具有不可替代的作用,是培养学生动手能力、科学素养和可持续发展能力的重要依托。物理化学作为化学的一个传统分支,主要研究化学反应的规律、原理和本质,其中包含的世界观和方法论,是化学学科思维的重要组成部分,是帮助学生理解化学反应本质的核心内容,有助于培养学生的创新思维。物理化学实验课程和物理化学理论课程,是物理化学教学的两个重要方面,共同实现对化学人才的专业培养。正如 Millikan R A 所说,化学专业教学需要理论教学和实验教学相辅相成,在实验中发现新的关系,形成理论,然后在实践中验证,共同推动化学学科的发展。

　　物理化学实验涉及复杂综合的原理、多样的仪器设备、多次长周期的测量、高要求的数据处理和分析,要求学生将理论与实践相结合。为适应社会发展,本实验课程不断探索和实践,一方面,在继承经典实验内容的基础上,关注其在实际生产领域中的拓展应用,如实验二、四、七、二十五、二十六、三十等;另一方面,引入前沿研究中的新技术和新方法,为学生提供了解学科前沿研究的窗口,拓宽视野,如实验十三、十六、十七、二十七、三十一、三十五至三十八等。基于上述课程体系的建设,我们将实现四个层次的教学:一是学科知识层次,包括事实性知识、概念性知识和原理,学生能够说明相关概念、原理和注意事项等;二是具体方法层次,属于程序性知识,学生能够按照规程实际操作仪器设备,完成实验;三是方法综合层次,学生能够根据任务要求,综合设计并完成实验,对实验结果进行分析讨论,得出有效结论;四是方法创新层次,相当于元认知,学生能够领悟实验本质,改进或创新测量的原理和方法,并进行应用拓展。

　　为了更好地发挥物理化学实验课程教学对培养学生实验思维和科学素养方面的作用,本课程将按照三个环节实施教学:

　　课前预研:学生需要在课前完成在线学习,通过在线课程资源,掌握实验的原理、操作和整体内容。学生还需要撰写预习报告,设计实验方案,参加实验预习测试,明确实验过程中的注意事项、实验数据记录的格式和实验方案的优缺点,对实验内容进行全面的思考和把握。

课上实践:实验课上,教师和学生先进行充分的交流和讨论,解决预研过程中的疑问,确认学生理解和掌握了实验技术及注意事项,然后让学生开展实验。实验中,学生按照实验方案和实验规范进行实验,应注意实验的规范性,按照数据记录格式和实际情况记录实验数据及现象,体会理论指导下的实验数据获取,将理论知识和技能应用到实践中,获取客观可信的实验数据。

课后实验数据分析和讨论:实验结束后,学生需要按照实验要求,对实验数据进行分析和讨论,并结合实验中的思考题、拓展实验内容和开放实验内容,通过文献检索和阅读,尝试解释实验数据背后的科学本质,以及所学的知识、原理、技能在实际领域或研究中的应用,分析实验中采用的技术方案的优劣,提出改进策略,感悟化学理论对解决具体问题的指导作用,主动锻炼和提升解决复杂实际问题的能力,加强科学研究思维的训练。

通过上述教学环节,教师应根据每个实验所用的仪器、试剂和具体操作条件,提出实验结果的要求范围,学生如达不到此要求,则需要进行必要的重做,目的是真正提升学生的知识与能力,包括:

(1)促进知识转化为实践的能力。通过对学生实验技术的训练,对实验数据记录和现象规范的要求,引导理论知识与实验结果的对比和分析,加深对理论知识的理解和掌握,促进理论知识转化为实践的能力。

(2)实现创新能力要素积累。通过物理化学实验教学内容开展与教学实施,从实验方案设计与对比、实验操作、实验记录、实验数据分析与讨论等环节,强化学生主动学习和掌握实验基本方法和技能,同时鼓励学生开展探究性、创新性、综合性的实验,培养学生观察、思考、分析、解决问题的能力,为学生创造力开发和创新精神培养积累要素。

(3)提升科学素养,培养科学态度。物理化学实验教学注重培养学生将理论转化为实践的能力,通过了解科学的本质、方法和规律的科学研究模式训练,培养学生的科学兴趣和科学思维,同时也使学生养成实事求是、严谨细致、合作交流、勇于探索的科学态度,提高学生的科学素养和品德修养。

1.2 物理化学实验的安全防护

物理化学实验的安全防护,是一个关系到培养良好的实验素质、保证实验顺利进行、确保实验者和实验室财产安全的重要问题。本节针对物理化学实验的特点,着重介绍化学试剂的使用规范、高压气瓶的安全操作、X射线的安全防护、安全用电常识、实验室灭火常识和实验伤害事故的应急处理。

1.2.1 化学试剂的使用规范

化学试剂是化学实验室中最主要的危险来源之一。在处理具有可燃、易爆、有毒、灼伤等性质的化学试剂时,不当操作极易导致事故的发生。在购买和使用化学试剂之前,应根据产品名称或CAS号登录供应商网站查阅相关化学品安全技术说明书(MSDS),了解化学试剂的理化特征、危害性、防护方式、消防措施、泄漏处理方法、毒理学和生态学数据及废弃物处理方法等信息。

1. 使用化学试剂的通用准则

在化学试剂的使用过程中,须始终遵守以下准则:

(1) 规范佩戴防护眼镜,穿着实验服;避免直接接触、吸入或吞咽化学试剂。

(2) 在使用或存有化学试剂的区域,禁止饮水、进食和吸烟。

(3) 化学试剂的使用尽可能在通风良好的环境中进行。取样后,应及时盖好试剂瓶盖。

(4) 化学试剂使用过程中,如有洒落应及时清理。

(5) 定期检查化学试剂的标签和容器是否有腐蚀、锈蚀和泄漏等情况。

(6) 使用后的试剂要放回相应的废弃化学试剂回收瓶中。

2. 使用易燃化学试剂的注意事项

易燃化学品,如化学实验室中常用的乙醇、乙醚、丙酮和乙酸乙酯等,遇到高温、明火或电火花时,极易引起燃烧,从而引发火灾事故。在使用易燃化学试剂时,需要注意:

(1) 易燃化学试剂的使用应在通风橱内进行,并确保周围没有非必要的其他易燃物品。

(2) 使用易燃化学试剂时,须杜绝明火,并远离高温热源;加热应在水浴、油浴或沙浴中进行。

(3) 切勿将易燃液体存放于广口容器中,防止大量易燃蒸气的产生。

(4) 加热易燃液体时,切勿使用非耐压密闭容器,防止蒸气压力增大导致爆炸事故。

(5) 避免易燃化学试剂与强氧化剂(如浓硝酸、高锰酸钾等)接触。

3. 使用有毒化学试剂的注意事项

口腔、呼吸道和皮肤接触是有毒化学试剂进入体内引起中毒的主要途径。因此,在使用有毒化学试剂时,需要注意以下几点:

(1) 使用有毒化学试剂时必须规范佩戴手套、防护眼镜和口罩,避免试剂直接接触口鼻、眼睛和皮肤。

(2) 操作有毒液体试剂时,必须在通风橱内进行。开启储有易挥发试剂的容器时,必须将瓶口指向无人处,以免液体或蒸气喷溅而造成人体伤害。

(3) 购买或使用有毒试剂时,应根据实验要求尽量降低试剂的购买量和使用量。

(4) 剧毒试剂应在实验结束后及时做无害化处理,正确标记后再转交专业人员处理。

1.2.2　高压气瓶的安全操作 ●

高压气瓶是由无缝合金钢或锰钢管制成的储存压缩气体的特制压力容器,工作压力在15.0 MPa 以下。高压气瓶顶部有开关阀,气门侧面接头上有连接螺纹,用于连接减压阀。可燃性气体的为左旋螺纹,非可燃性气体的为右旋螺纹。

各类气瓶必须符合国家市场监督管理总局《气瓶安全技术规程》(TSG 23—2021)的规定。气瓶上须有制造标志、定期检验标志及其他标志。实验室常用高压气瓶的颜色和标志见表 1-2-1。

表 1-2-1　实验室常用高压气瓶的颜色和标志（GB/T 7144—2016）

充装气体	化学式（或符号）	体色	字样	字色	色环
氧	O_2	淡（酞）蓝	氧	黑	$P=20$，白色单环 $P\geqslant30$，白色双环
氮	N_2	黑	氮	白	
氢	H_2	淡绿	氢	大红	$P=20$，大红单环 $P\geqslant30$，大红双环
氩	Ar	银灰	氩	深绿	$P=20$，白色单环 $P\geqslant30$，白色双环
空气	Air	黑	空气	白	
二氧化碳	CO_2	铝白	液化二氧化碳	黑	$P=20$，黑色单环
氨	NH_3	淡黄	液氨	黑	
氯	Cl_2	深绿	液氯	白	
氦	He	银灰	氦	深绿	$P=20$，白色单环 $P\geqslant30$，白色双环
乙炔	C_2H_2	白	乙炔 不可近火	大红	

由于气瓶的内压很大，且承装的有些气体具有易燃、助燃或有毒等性质，所以使用气瓶时应注意以下几点：

（1）使用任何气瓶之前，要了解气体的物理化学性质和安全防范措施，确认潜在危险，并对可能出现的意外做好防范预案。

（2）气瓶应直立存放在阴凉、干燥及通风良好的地方，远离热源，并使用铁链固定以防止钢瓶倾倒。储存易燃、易爆或有毒气瓶的房间应安装气体泄漏警报器。氧气气瓶不能与可燃气体气瓶同放一室。

（3）搬运气瓶之前应将气瓶帽旋好，避免搬运过程中损坏瓶阀。搬运气瓶应使用气瓶车，严禁拖拽、转动。

（4）使用前应通过减压阀将瓶内气体压力降低至实验所需范围，再将气体输入实验系统。气体减压阀，特别是氧气和可燃气体的减压阀，不得混用。

（5）在装卸减压阀时，必须注意防止气瓶接头的丝扣滑牙，以免减压阀因装旋不牢而漏气或被高压气体射出。卸下的减压阀要注意轻放，妥善保存，避免撞击和震动，不要放在有腐蚀性物质的地方，并防止灰尘落入表内以致阻塞失灵。

（6）在使用氧气气瓶时，不可使油脂或其他易燃有机物沾在气瓶的减压阀和气门嘴上。检漏时，不得使用肥皂液。

（7）开启气瓶阀门时要慢慢开启。开阀时人应站在出气口的侧面，开阀后观察减压阀高压端的示数，待至适当压力后再缓缓开启减压阀，直到低压端示数达到所需压力为止。

（8）气瓶用毕关闭时，应先用手旋紧气瓶气门，不得使用工具硬扳，以防损坏瓶阀。然后放尽减压阀内的气体，最后将调压螺杆旋松。

（9）可燃气体的管路必须安装回火防止器，并定期更换新的回火防止器。

（10）氧气气瓶和氧化性气体气瓶与减压器连接处的密封垫不得采用可燃性材料，以防燃烧引起事故。

（11）气瓶内气体不得全部用尽，一般应保留 0.2~1 MPa 的余压。

1.2.3　X 射线的安全防护

物理化学实验室要用到 X 射线，一般 X 射线衍射分析用的是波长较长、穿透能力较弱的软 X 射线，医院透视用的是波长较短、穿透能力较强的硬 X 射线。软 X 射线对人体组织伤害更大，轻者造成局部组织灼伤，如果长时期接触，重者可造成白细胞降低、毛发脱落，导致严重的射线病。做好 X 射线的安全防护则可以有效防止上述危害，安全防护主要有以下措施。

（1）在辐射源与人体之间添加铅、铅玻璃等物质作为屏蔽，可以减弱射线的强度。在进行操作（尤其是对光）时，应戴好防护用具。

（2）缩短受照射的时间，可以减少人体所接受辐射的剂量。

（3）射线的强度随机体与辐射源距离的平方而衰减，因此可以通过加大机体与辐射源的距离来达到安全防护的目的。

使用 X 射线衍射仪务必按照操作规程进行，启动 X 射线光源前一定要关紧安全防护罩舱门，减少 X 射线泄漏带来的隐患。此外，操作人员站的位置应避免直接照射，非必要时，操作人员应尽量离开 X 射线衍射实验室。室内应保持良好通风，以降低由于高电压和 X 射线电离作用产生的有害气体对人体的影响。

1.2.4　安全用电常识

化学实验室存在大量电气设备，若操作不当，容易引发触电、燃烧、爆炸等安全事故，因此掌握安全用电的基本常识十分重要。

1. 触电防护

（1）不用潮湿的手接触电器。

（2）使用绝缘装置覆盖电源的裸露部分。

（3）电器的金属外壳应保护接地。

（4）实验时，先连接好电路后再接通电源；实验结束后，先切断电源再拆线路。

（5）修理或安装电器时，应首先切断电源。

（6）不使用试电笔接触高压电，高压电源应配备专门的防护措施。

（7）如有人触电，应立即切断电源，再进行抢救。

2. 电气火灾防护

（1）使用的保险丝要与实验室允许的用电量相符。

（2）电线的安全通电量应大于用电功率。

（3）室内若有氢气、煤气等易燃易爆气体时，应安装防爆开关，避免产生电火花。

（4）如遇电气设备起火，应立即切断电源，使用二氧化碳或七氟丙烷灭火器灭火，禁止使用水或泡沫灭火器等导电液体灭火。

3. 静电防护

（1）确保实验室内仪器设备接地良好，将电荷流入大地。

（2）用接地的金属线或金属网将带电物体表面包覆，从而抑制静电的产生。

1.2.5 实验室灭火常识

1. 火灾的分类

根据可燃物的类型和燃烧特征,国家标准《火灾分类》(GB/T 4968—2008)中将火灾分为A类、B类、C类、D类、E类和F类六种不同的类型。表1-2-2给出了不同类型火灾的定义与实物举例。

表1-2-2 不同类型火灾的定义与实物举例

类别	定义	实物举例
A类火灾	固体物质火灾	木材、棉、毛、麻、纸张火灾等
B类火灾	液体或可熔化的固体物质火灾	汽油、煤油、原油、甲醇、乙醇、沥青、石蜡火灾等
C类火灾	气体火灾	煤气、天然气、甲烷、乙烷、丙烷、氢气火灾等
D类火灾	金属火灾	钾、钠、镁、钛、锆、锂、铝镁合金火灾等
E类火灾	带电火灾	变压器等设备的电气火灾
F类火灾	烹饪器具内的烹饪物火灾	油锅起火

2. 常用灭火器的种类及特点

灭火器作为轻便的灭火器具,具有结构简单、操作方便的特点,主要用于初期火灾的扑救。灭火器的种类很多,按照充装的灭火剂成分可以分为清水灭火器、泡沫灭火器、二氧化碳灭火器、干粉灭火器和卤代烷烃灭火器等。扑救火灾时,需要根据火灾的类型不同,选用合适的灭火器。

(1)清水灭火器。清水灭火器的主要成分是水。喷射后,水遇到燃烧物瞬间蒸发,吸收大量的热量,迅速降低燃烧物的温度,抑制热辐射,达到灭火效果。清水灭火器主要适用于扑灭A类火灾。

(2)泡沫灭火器。泡沫灭火器的主要成分是水和泡沫灭火剂。泡沫灭火剂在喷出后可以覆盖燃烧物表面,使其与空气隔离,达到灭火的目的。泡沫灭火器主要适用于A类火灾和B类中的非水溶性可燃液体的火灾,不适用于D类和E类火灾。

(3)二氧化碳灭火器。二氧化碳灭火器充装的是液体二氧化碳,其主要依靠窒息作用和部分冷却作用达到灭火目的,可用于扑灭B类、C类和E类火灾。由于二氧化碳灭火器灭火速度快,无腐蚀性,无残留,特别适用于扑救贵重仪器、带电设备(600 V以下)的火灾。

(4)干粉灭火器。干粉灭火器是实验室中常见的灭火器,充装的干粉灭火剂是由具有灭火效能的无机盐和少量的添加剂混合而成的微细固体粉末。常用的干粉灭火器主要有两种。一种是碳酸氢钠干粉灭火器,又称BC干粉灭火器,适用于B类、C类、E类和F类火灾;另一种是磷酸铵盐干粉灭火器,又称ABC干粉灭火器,适用于A类、B类、C类和E类火灾。此外,还有一种D干粉灭火器,专用于扑救金属火灾。

(5)七氟丙烷灭火器。七氟丙烷灭火器中充装的是1,1,1,2,3,3,3-七氟丙烷,是一种无色、无味、绝缘的气体。因其不含氯原子,被用于替代传统氯代烷烃灭火剂。七氟丙烷灭火器可扑灭A类、B类、C类和E类火灾。由于在使用过程中不污染被保护对象,所以特别适用于扑救精密仪器的火灾。

1.2.6 实验伤害事故的应急处理

化学实验室中始终存在仪器设备故障、操作人员疏忽或错误的可能性,因此制定意外危险的紧急预案、了解突发事故的处理措施和方法是十分重要的。

1. 化学品灼伤的应急处理

当化学品接触皮肤或喷溅到身上时,应采取以下措施:

(1) 迅速脱去污染的衣物,立即用大量水反复清洗皮肤,冲洗时间应在 10 min 以上,以充分去除附着在皮肤上的化学品。

(2) 如化学品溅入眼睛,应立即用大量清水或生理盐水反复冲洗 5 min,冲洗时用手指将上下眼睑撑开。如佩戴隐形眼镜,应将隐形眼镜剥离后冲洗。

(3) 有毒或腐蚀性化学品接触皮肤,应针对化学品的性质进行紧急处理。如氢氟酸灼伤皮肤后,应立即用大量清水反复冲洗,然后用葡萄糖酸钙软膏涂敷按摩。紧急处理后,应及时就医。

2. 触电的应急处理

触电发生时,应采取以下措施:

(1) 立即切断电源。如电源开关较远,可用干燥的木棒等绝缘物体挑开触电者身上的电线或带电设备。

(2) 触电者未脱离电源前,救护人员不可用手直接接触。

(3) 触电者脱离电源后,应让其平躺。如出现呼吸或心跳骤停,立即进行心肺复苏。

3. 割伤的应急处理

对于由玻璃造成的割伤,首先必须检查伤口内有无玻璃碎片,若有碎片,应先用镊子将玻璃碎片取出,再用消毒纱布把伤口清洗干净,涂上碘酒并包扎好。若出血较多,可用压迫法止血,同时处理好伤口,扑上止血消炎药等,较紧地包扎好。若伤口太深,流血不止,应立即在伤口上方约 10 cm 处用纱布扎紧,压迫止血,并用消毒纱布盖住伤口,立即送医院治疗。

1.3 实验数据处理与表达

在实验中,任何一种测量结果总是不可避免地会有一定的误差(或者说偏差)。为了得到合理的结果,一方面,要求实验工作者运用误差的概念,将所得数据进行不确定度计算,正确表达测量结果的可靠程度;另一方面,可根据误差分析选择最合适的仪器,进而对实验方法进行改进。下面介绍一些有关误差及不确定度的基本概念。

1.3.1 量的测定

测定各种量的方法虽然很多,但从测量方式上来讲,一般可分为以下两类。

1. 直接测量

将被测的量直接与同一类量进行比较的方法称直接测量。若被测的量直接由测量仪器的读数决定,仪器的刻度就是被测的量的尺度,这种方法称为直接读数法,如用米尺量长度、秒表计时间、温度计测温度、压力表测气压等。当被测的量由直接与该量的度量比较而决定时,则此方法叫比较法,如用对消法测量电动势、利用电桥法测量电阻、用天平称质量等。

2. 间接测量

许多被测的量不能直接与标准的单位尺度进行比较,而要根据其他量的测量结果,通过一些公式计算出来,这种测量就是间接测量。例如,用黏度法测高聚物的相对分子质量,就是用毛细管黏度计测出纯溶剂和聚合物溶液的流出时间,然后利用公式和作图求得相对分子质量的。

在上述两类测量方法中,直接读数法一般较为简单。实际工作中,大多数测量问题是通过间接手段加以解决的。

1.3.2　测量中的误差

任何一类测量都存在一定误差,测得的值减去参考量值即为测量误差,简称误差。根据误差的性质和来源,可以把测量误差分为系统误差和随机误差两大类。

1. 系统误差

系统误差是指在重复测量中保持不变或按可预见方式变化的测量误差的分量。系统测量误差的参考量值是真值,或是测量不确定度可忽略不计的测量标准的测得值,或是约定量值。

系统误差的产生原因有:

(1) 仪器装置本身的问题,如仪器零位未调好,引进零位误差;指示的数值不正确,如温度计、移液管、滴定管的刻度不准确,天平砝码不准,仪器系统本身的问题等。

(2) 仪器使用时的环境因素,如温度、湿度、气压等,发生定向变化所引起的误差。

(3) 测量方法的限制,如反应进行不完全、指示剂选择不当、所用公式的近似性等。

(4) 所用化学试剂的纯度不符合要求。

(5) 测量者个人习惯性误差,如记录某一信号的时间总是滞后,有的人对颜色的感觉不灵敏或读数时眼睛的位置总是偏高或偏低等。

系统误差产生的原因不能完全知道。通常可采用几种不同的实验技术,或采用不同的实验方法,或改变实验条件、调整仪器、提高试剂的纯度等,以便确定有无系统误差存在,并确定其性质,然后设法消除或使之减小。

2. 随机误差

随机误差是在重复测量中按不可预见方式变化的测量误差的分量。随机误差等于测量误差减系统误差。随机测量误差的参考量值是对同一被测量由无穷多次重复测量得到的平均值。在同一条件下对同一物理量多次测量时,会发现数据的分布符合一般统计规律。这种规律可用图1-3-1所示曲线表示,该曲线称为随机误差正态分布曲线。其函数形式为

$$y = \frac{1}{\sqrt{2\pi}\sigma} \exp\left(-\frac{x_i^2}{2\sigma^2}\right)$$

或

$$y = \frac{h}{\sqrt{\pi}} \exp\left(-h^2 x_i^2\right)$$

式中 x_i 为总体均值,总体均值也可以用 $\bar{x}$ 来代替,此时 $\bar{x}$ 应是代表无限多次测量结果的平均值;σ 为无限多次测量所得的总体标准偏差;h 称为精密度指数,h 与 σ 的关系为

$$h = \frac{1}{\sqrt{2}\sigma}$$

那么,由图 1-3-1 可以看出,以 $\bar{x}$ 为中心的正态分布曲线具有以下特性:

(1)对称性。绝对值相等的正偏差和负偏差出现的概率几乎相等,正态分布曲线关于 y 轴对称。

(2)单峰性。绝对值小的偏差出现的机会多,而绝对值大的偏差出现的机会则比较少。

(3)有界性。在一定测量条件下的有限次测量值中,偏差的绝对值不会超过某一界限。

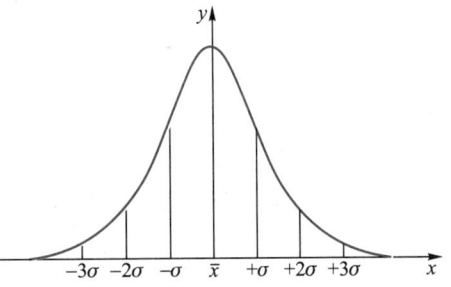

图 1-3-1　随机误差正态分布曲线

用统计方法分析可以得出,偏差在 $\pm 1\sigma$ 内出现的概率是 68.3%,在 $\pm 2\sigma$ 内出现的概率是 95.5%,在 $\pm 3\sigma$ 内出现的概率是 99.7%,可见偏差超过 $\pm 3\sigma$ 所出现的概率仅为 0.3%。因此,如果多次重复测量中个别数据的误差绝对值大于 3σ,则这个极端值可以舍弃。在一定测量条件下,随机误差的算术平均值将随着测量次数的无限增加而趋向于零。因此,为了减小随机误差的影响,在实际测量中常常对一个量进行多次重复测量以提高测量的精密度和再现性。

必须指出,由于实验者的粗心,如标度看错、记录写错、计算错误等所引起的误差,称为过失误差。这类误差不属于测量误差的范畴,也无规律可循,必须要求实验者处处细心,才能避免。

1.3.3　测量的精密度和准确度

在一定条件下对某一个量进行 n 次测量,所得的结果为 $x_1, x_2, x_3, \cdots, x_i, \cdots, x_n$。其算术平均值为

$$\bar{x} = \frac{1}{n} \sum_{i=1}^{n} x_i$$

那么单次测量值 x_i 与算术平均值 $\bar{x}$ 的偏离就可以用来表示各测量值相互接近的程度,通常称为精密度。

在测量中,表征测量结果分散性的量为实验标准偏差 s:

$$s = \sqrt{\frac{\sum_{i=1}^{n} (x_i - \bar{x})^2}{n - 1}}$$

测量准确度指的是被测量的测得值与其真值间的一致程度。由于实际上真值难以得到，因此，国际计量学界转而定义不确定度来表征测量数据的最终结果。

2012 年更新的国家计量技术规范《测量不确定度评定与表示》(JJF1059.1—2012)明确了测量不确定度适应于各种准确度等级的测量领域。2021 年中国合格评定国家认可委员会更新了《测量不确定度的要求》(CNAS-CL01-G003)，这表明测量不确定度表示已经成为我国科研、生产中测量结果表示的规范性和制度性的规则。

不确定度是指由于测量误差的存在而对测量值不能肯定的程度，是对测量真值所处范围的评定。在表示测量结果时，规定给出测量值的估计值(一般用测量值的算术平均值表示)的同时还要给出测量值的扩展不确定度 u，写成

$$x = \bar{x} \pm u \quad (P = \tau)$$

上式的含义是：区间$(\bar{x}-u, \bar{x}+u)$内包含被测量真值的概率为τ，P 表示包含概率，扩展不确定度 u 即为测量值分布区间的半宽度。为了更真实地评价测量值，也常采用相对不确定度的概念。用 u_τ 表示相对不确定度，则有

$$u_\tau = \frac{u}{\bar{x}} \times 100\%$$

以上测量结果表示的扩展不确定度 u 是依据测量值自身特点(如重要性、效益和风险等因素)由标准不确定度 u_x 计算得出的。标准不确定度 u_x 是指用标准偏差表示的测量不确定度。根据测量结果评定方法的不同，u_x 可分为 2 个分量，一个是可以通过多次重复测量利用统计学方法评定出的 A 类分量 u_A，另一个是用非统计学方法评定出的 B 类分量 u_B。u_A 与 u_B 是标准不确定度的 2 类不同的评定方法，与测量误差中的随机误差与系统误差不存在简单对应关系。

除此之外，测量不确定度和误差的表述方式也有所差异，测量不确定度表示测量结果的分散程度，可根据实验、资料等信息定量评定，而测量误差却是客观存在但却不能准确获得的测量结果评价，误差分析时可在测量误差结果中修正系统误差，而测量不确定度不能直接修正结果，只能考虑引入不确定度分量。A 类标准不确定度是指用统计方法评定的不确定度，常用的是标准偏差法，即 $u_A=s$。B 类标准不确定度是评定时应考虑影响测量准确度的各种可能因素，评定信息可来自校准证书、检定证书、仪器说明书、检测依据的标准、引用手册的参考值、以前测量的数据和相关材料的特性等方面。例如阿伏加德罗常数 $L = (6.0221367 \pm 0.0000036) \times 10^{23}$ mol^{-1}，即可评定为 $u_B = 0.0000036 \times 10^{23}$ mol^{-1}。合成标准不确定度指的是 A 类和 B 类的合成。有关不确定度的表示和计算方法可参阅有关专著和国家计量技术规范(JJF1059.1—2012)。

例 1.1 对某种样品重复做 10 次脉冲进样色谱测定,其出峰时间列于表 1-3-1, 试计算它的 A 类标准不确定度。

表 1-3-1 脉冲进样色谱出峰时间

n	x_i/s	$|x_i-\bar{x}|/\text{s}$	$(x_i-\bar{x})^2/\text{s}^2$
1	142.1	4.5	20.25
2	147.0	0.4	0.16
3	146.2	0.4	0.16
4	145.2	1.4	1.96
5	143.8	2.8	7.84
6	146.2	0.4	0.16
7	147.3	0.7	0.49
8	156.3	3.7	13.69
9	145.9	0.7	0.49
10	151.8	5.2	27.04
Σ	1471.8	20.2	72.24

解 算术平均值:
$$\bar{x} = \frac{1471.8}{10}\text{s} = 147.2 \text{ s}$$

标准偏差:
$$s = \sqrt{\frac{72.24}{10-1}}\text{s} = 2.83 \text{ s}$$

A 类标准不确定度为:$u_A = s = 2.83$ s。必须指出,一个精密度很高的测量,其准确度不一定很高,但要得到高准确度就必须有高精密度的测量来保证。例如,甲、乙、丙三人同时测量某一个量,各测 25 次。其结果如图 1-3-2 所示。

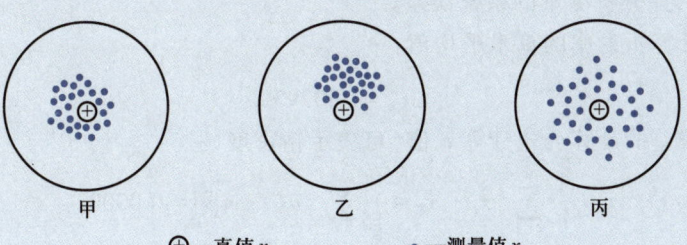

$\oplus$—真值 $x_{真}$ •—测量值 x_i

图 1-3-2 甲、乙、丙三人测量结果示意图

从图中可以看出,甲的测量结果精密度和准确度都高;乙的测量结果精密度虽高,但准确度低;丙的测量结果精密度和准确度均低。

1.3.4　如何提高测量结果的精密度和准确度

1. 尽量消除或减小可能引进的系统误差

产生系统误差的部分原因如前所述,故应寻找具体原因采取相应措施加以消除,如提高所用试剂的纯度、改进测量方法、选用合适的仪器、对仪器进行校正等。仪器的精密度不能劣于实验要求的精密度,但也不必过分优于实验要求的精密度。

2. 减小测量过程中的随机误差

在相同条件下,进行多次重复测量,当测量值 x 近于正态分布时,可取该条件下的一组数据的算术平均值作为测量结果。此外,还可采取增加测量的样本等方法。

3. 置信区间和可疑数据的舍弃

期望一个被测量的值在指定的概率下所可能落入的一段极差范围内的值,就叫置信区间。对置信区间的可信的程度就叫置信度。根据正态分布可知,个别测量值如超出测量平均值 $\pm 3\sigma$ 的概率为 0.3%。由于小概率事件发生的概率很小,因此可判断这样的值为异常值。对于异常值的处理必须慎重,通常可应用置信区间的概念来决定是否舍弃。

常用于判断异常值的比较简单的方法为"$4\overline{d}$"检验:首先在求算平均值 $\overline{x}$ 和平均偏差 $\overline{d}$ 时,先不考虑异常数据,然后将异常数据与平均值比较,如果它与平均值之差比平均偏差 $\overline{d}$ 大四倍以上,则可舍弃。不过,每五个数据最多只能舍弃一个,而且不能舍弃那些有两个或两个以上相互一致的数据。

> **例 1.2**　用阿贝折射仪测定水的折射率,共测量 15 次,得到如下 n_{D}^{20} 数据:
>
> | | | |
> |---|---|---|
> | 1.33293 | 1.33296 | 1.33293 |
> | 1.33295 | 1.33293 | 1.33295 |
> | 1.33291 | 1.33293 | 1.33292 |
> | 1.33294 | 1.33290 | 1.33294 |
> | 1.33292 | 1.33289 | 1.33296 |
>
> 由手册查得 20 ℃时水的折射率文献值为 1.33296,试判别测量的精密度(用平均偏差表示)和准确度,并分析测量的系统误差。
>
> **解**　首先计算折射率的算术平均值:
>
> $$\overline{n_{\mathrm{D}}^{20}} = 1.33293$$
>
> 然后根据平均偏差的计算公式计算 a 值(可表示精密度):
>
> $$a = \frac{1}{n}\sum_{i=1}^{n}|x_i - \overline{x}| = \frac{1}{15}\sum_{1}^{15}|n_{\mathrm{D}}^{20} - \overline{n_{\mathrm{D}}^{20}}| = 0.00002$$
>
> 再计算测量值与参考量值(文献值)的平均误差 b(可代表准确度):
>
> $$b = \frac{1}{n}\sum_{i=1}^{n}|x_i - x_{标}| = \frac{1}{15}\sum_{1}^{15}|\overline{n_{\mathrm{D}}^{20}} - 1.33296| = 0.00003$$
>
> 所以　　　　$$|\overline{x} - x_{标}| = |1.33293 - 1.33296| = 0.00003 > a$$

从以上计算可以看出存在测量的系统误差。

例 1.3 如下为某组测量数据,分析其中异常数据是否应舍弃。

测量数据	偏差
27.3	0.2
27.1	0.0
27.8 *	0.7
26.9	0.2
27.0	0.1
平均值 $\bar{x} = 27.1$	$\sigma = 0.1$

* 异常数据。

解 从题中数据得出,无异常数据的平均值和平均偏差分别为 27.1 和 0.1,而异常数据与平均值的偏差是 0.7,大于平均偏差 0.1 的四倍,因此应舍弃之。

采用置信区间的概念来检验的方法有很多,详见国家标准 GB/T 4883—2008(数据的统计处理和解释 正态样本离群值的判断和处理)。如判断一个异常值,用 Grubbs 法;判断一个以上的异常值以 Dixon 法为准。

在分析化学中常用的 Q 检验法,其实就是用于双侧检验的 Dixon 法。具体为:设测量次数在 3~10,如按一定时间间隔读得 25.09,24.95,24.98,25.03,24.78,25.11,25.04 七个数据。24.78 和 25.11 这两个数据可否舍弃?按 Q 检验法需将数据按大小依次排列,以最大值与最小值之差作为分母,异常值与其相邻数值之差作为分子,其比值即称 $Q_{计算}$ 值。两个数据的 $Q_{计算}$ 值分别为

$$Q_{计算} = \frac{25.11 - 25.09}{25.11 - 24.78} = \frac{0.02}{0.33} = 0.06$$

$$Q_{计算} = \frac{24.95 - 24.78}{25.11 - 24.78} = \frac{0.17}{0.33} = 0.52$$

将 $Q_{计算}$ 值与表 1-3-2 的 Q 值比较,前者 0.06 小于 7 次测量时的 Q 值,25.11 这个数据应予保留,而后者介于 $Q_{0.90}$ 和 $Q_{0.95}$ 之间。这意味着,若测量结果的置信度要达到 95%,则 $0.52 < Q_{0.95}^7 = 0.59$,24.78 这个数据也应保留,但若置信度只要达到 90%,$0.52 > Q_{0.90}^7 = 0.51$,则可以舍弃。

表 1-3-2 取舍测量的 Q 值表

置信度和 Q 值		n							
		3	4	5	6	7	8	9	10
90%	$Q_{0.90}$	0.94	0.76	0.64	0.56	0.51	0.47	0.44	0.41
95%	$Q_{0.95}$	0.98	0.85	0.73	0.64	0.59	0.54	0.51	0.48

1.3.5　间接测量中的误差传递

间接测量中,每一步的测量误差对最终测量结果都会产生影响,这称为误差的传递。由于真值不可求,故只能计算不确定度。最终的不确定度应是每一步测量的不确定度在计算时被传递的结果。不确定度的评定涉及仪器的示值误差和允许误差的规定是否符合国家计量技术规范(JJF1059.1—2012)。有关不确定度的传递和计算可参考相关专著。

1. 误差和相对误差的传递

设某量 y 是从直接测量值 $u_1, u_2, \cdots, u_n$ 求得的。即 y 为 $u_1, u_2, \cdots, u_n$ 的函数:

$$y = f(u_1, u_2, \cdots, u_n) \tag{1-3-1}$$

若已知测定的 $u_1, u_2, \cdots, u_n$ 的平均误差为 $\Delta u_1, \Delta u_2, \cdots, \Delta u_n$,如何求得 y 的误差 Δy?

将式(1-3-1)全微分,得

$$\mathrm{d}y = \left(\frac{\partial y}{\partial u_1}\right)_{u_2, \cdots, u_n} \mathrm{d}u_1 + \left(\frac{\partial y}{\partial u_2}\right)_{u_1, u_3, \cdots, u_n} \mathrm{d}u_2 + \cdots + \left(\frac{\partial y}{\partial u_n}\right)_{u_1, u_2, \cdots, u_{n-1}} \mathrm{d}u_n \tag{1-3-2}$$

设各自变量的误差 $\Delta u_1, \Delta u_2, \cdots, \Delta u_n$ 足够小,可代替它们的微分 $\mathrm{d}u_1, \mathrm{d}u_2, \cdots, \mathrm{d}u_n$,并考虑到在最不利的情况下,直接测量的正负误差不能对消而引起误差积累,故取其绝对值,则式(1-3-2)可改写为

$$\Delta y = \left|\frac{\partial y}{\partial u_1}\right|_{u_2, \cdots, u_n} |\Delta u_1| + \left|\frac{\partial y}{\partial u_2}\right|_{u_1, u_3, \cdots, u_n} |\Delta u_2| + \cdots + \left|\frac{\partial y}{\partial u_n}\right|_{u_1, u_2, \cdots, u_{n-1}} |\Delta u_n| \tag{1-3-3}$$

这就是间接测量中计算最终结果的误差的通用公式。

如将式(1-3-1)两边取对数,再求微分,然后将 $\mathrm{d}u_1, \mathrm{d}u_2, \cdots, \mathrm{d}u_n$ 分别换成 $\Delta u_1, \Delta u_2, \cdots, \Delta u_n$,且 $\mathrm{d}y$ 换成 Δy,则得

$$\frac{\Delta y}{y} = \frac{1}{f(u_1, u_2, \cdots, u_n)} \left(\left|\frac{\partial y}{\partial u_1}\right|_{u_2, \cdots, u_n} |\Delta u_1| + \left|\frac{\partial y}{\partial u_2}\right|_{u_1, u_3, \cdots, u_n} |\Delta u_2| + \cdots + \left|\frac{\partial y}{\partial u_n}\right|_{u_1, u_2, \cdots, u_{n-1}} |\Delta u_n|\right)$$

$$\tag{1-3-4}$$

式(1-3-4)即为间接测量中计算最终结果的相对误差的通用公式。

例 1.4　以苯为溶剂,用凝固点降低法测定苯的摩尔质量,按下式计算:

$$M = K_f \cdot \frac{m}{\Delta T} = K_f \cdot \frac{m_1}{m_0(T_0 - T)}$$

式中 K_f 是凝固点降低常数,其值为 $5.12\ \mathrm{℃ \cdot kg \cdot mol^{-1}}$。直接测量 m_1, m_0, T, T_0 的值。其中溶质质量由分析天平称得,$m_1 = (0.2352 \pm 0.0002)\ \mathrm{g}$,溶剂质量 $m_0 = (25.0 \pm 0.1) \times 0.879\ \mathrm{g}$,用 25 mL 移液管移取苯液,其密度为 $0.879\ \mathrm{g \cdot mL^{-1}}$。

若用贝克曼温度计测量凝固点,其精密度为 $0.002\ \mathrm{℃}$,3 次测得纯苯的凝固点 T_0 读数分别为 $3.569\ \mathrm{℃}$,$3.570\ \mathrm{℃}$,$3.571\ \mathrm{℃}$;溶液的凝固点 T 读数分别为 $3.130\ \mathrm{℃}$,$3.128\ \mathrm{℃}$,$3.121\ \mathrm{℃}$。试计算实验测定的苯的摩尔质量 M 及其相对误差,并说明实验是否存在系统误差。

解　首先对测得的纯苯凝固点 T_0 数据求平均值:

$$\overline{T}_0 = \frac{3.569+3.570+3.571}{3}\ ℃ = 3.570\ ℃$$

其绝对误差为

$$\Delta T_0 = \pm\frac{0.001+0.000+0.001}{3}\ ℃ = \pm0.001\ ℃$$

同理求得

$$\overline{T} = 3.126\ ℃,\quad \Delta\overline{T} = \pm0.004\ ℃$$

对于 Δm_0 和 Δm_1 的确定,可由仪器的精密度计算:

$$\Delta m_0 = \pm0.1 \times 0.879\ g = \pm0.09\ g$$

$$\Delta m_1 = \pm0.0002\ g$$

将计算公式取对数,再微分,然后将 dm_1, dm_0, dT, dT_0 分别换算成 $\Delta m_1, \Delta m_0, \Delta T, \Delta T_0$,则可得摩尔质量 M 的相对误差:

$$\frac{\Delta M}{M} = \frac{\Delta m_1}{m_1} + \frac{\Delta m_0}{m_0} + \frac{\Delta\overline{T}_0+\Delta\overline{T}}{\overline{T}_0-\overline{T}} = \pm\left(\frac{0.0002}{0.2352}+\frac{0.09}{25.0\times0.879}+\frac{0.001+0.004}{3.570-3.126}\right) = \pm1.6\%$$

$$M = \frac{1000\times0.2352\times5.12}{25.0\times0.879\times(3.570-3.126)}\ g\cdot mol^{-1} = 123\ g\cdot mol^{-1}$$

$$\Delta M = \pm123\ g\cdot mol^{-1}\times 1.6\% = \pm2\ g\cdot mol^{-1}$$

最终结果为 $M=(123\pm2)\ g\cdot mol^{-1}$,与文献值 128.11 $g\cdot mol^{-1}$ 比较,可认为该实验存在系统误差。

2. 标准误差的传递

设函数 $y=f(u_1,u_2,\cdots,u_n)$,$u_1,u_2,\cdots,u_n$ 的标准误差分别为 $\sigma_{u_1},\sigma_{u_2},\cdots,\sigma_{u_n}$,则 y 的标准误差为

$$\sigma_y = \left[\left(\frac{\partial y}{\partial u_1}\right)^2\sigma_{u_1}^2 + \left(\frac{\partial y}{\partial u_2}\right)^2\sigma_{u_2}^2 + \cdots + \left(\frac{\partial y}{\partial u_n}\right)^2\sigma_{u_n}^2\right]^{1/2} \tag{1-3-5}$$

此式是计算最终结果的标准误差的通用公式。

例 1.5 测量某一电热器功率时,得到电流 $I=(8.40\pm0.04)\ A$,电压 $U=(9.5\pm0.1)\ V$,求该电热器功率 P 及其标准误差。

解 电功率 $\quad P = IU = 8.40\ A \times 9.5\ V = 79.8\ W$

其标准误差为

$$\sigma_P = P\left(\frac{\sigma_I^2}{I^2}+\frac{\sigma_U^2}{U^2}\right)^{1/2} = 79.8\ W\times\left(\frac{0.04^2}{8.40^2}+\frac{0.1^2}{9.5^2}\right)^{1/2} = \pm0.9\ W$$

最终结果为 $\quad P = (79.8\pm0.9)\ W$

1.3.6　实验数据表达

数据是表达实验结果的重要方式之一。因此,要求实验者将测量得到的数据正确地记录下来,加以整理、归纳和处理,并正确表达实验结果所获得的规律。实验数据的表达方法主要有三种:列表法、图解法和数学方程式法。分别介绍如下。

1. 列表法

在物理化学实验中,多数测量至少包括两个变量,在实验数据中,选出自变量和因变量,将两者的对应值列成表格,通常采用三线表的格式。

使用列表法时应注意:

(1) 每一个表开头都应写出表的序号及表的名称。

(2) 在表的每一行或每一列应正确写出表头,由于在表中列出的通常是一些纯数(数值),因此在置于这些纯数之前或之首的表示也应该是一纯数。就是说:应当是量的符号 A 除以其单位的符号 $[A]$,即 $A/[A]$,如 V/mL;或者应该是一个数的量,如 K;或者是这些纯数的数学函数,如 $\ln(p/\mathrm{MPa})$。

(3) 表中的数值应用最简单的形式表示,公共的乘方因子应在表头注明。

(4) 在每一行中的数字要排列整齐,小数点应对齐。

(5) 直接测量得到的数值可与处理的结果并列在一张表中,必要时应在表的下面注明数据的处理方法或数据的来源。

(6) 表中所有数值的填写都必须遵守有效数字规则。表 1-3-3 给出了 CO_2 的平衡性质,其形式可作为一般参考。

表 1-3-3　CO_2 的平衡性质

$t/℃$	T/K	$10^3\mathrm{K}/T$	p/MPa	$\ln(p/\mathrm{MPa})$	$V_\mathrm{m}^\mathrm{g}/(\mathrm{cm}^3\cdot\mathrm{mol}^{-1})$	$pV_\mathrm{m}^\mathrm{g}/RT$
−56.60	216.5	4.6179	0.5180	−0.6578	3177.6	0.9142
0.00	273.15	3.6610	3.4853	1.2485	456.97	0.7013
31.04	304.19	3.2874	7.382	1.9990	94.060	0.2745

像 $V_\mathrm{m}^\mathrm{g}/(\mathrm{cm}^3\cdot\mathrm{mol}^{-1})$ 这样的表头,也可以写成

$$\frac{V_\mathrm{m}^\mathrm{g}}{\mathrm{cm}^3\cdot\mathrm{mol}^{-1}}$$

有时可以将长的组合单位用一个简单的符号来代表,但应在表的下面说明符号的含义。

2. 图解法

1) 图解法在物理化学实验中的应用

用图解法表示实验数据,能直观地显示出所研究的变量的变化规律,如极大值、极小值、转折点、周期性和变化速率等重要特性,并可以从图上简便地找出各变量中间值,还便于数据的分析比较,确定经验方程式中的常数等。其用处极为广泛,其中最重要的有:

(1) 表达变量间的定量依赖关系。以自变量为横坐标,因变量为纵坐标,在坐标纸上标绘出数据点 (x_i, y_i)。然后按作图规则(见后续作图技术要点)画出曲线,此曲线便可表示出两变

量间的定量关系。在曲线所示的范围内,可求对应于任意自变量数值的因变量数值。

（2）求极值或转折点。函数的极大值、极小值或转折点,在图形上表现得很直观。例如,利用环己烷-乙醇双液系相图,确定最低恒沸点(极小值);凝固点降低法测摩尔质量实验中从步冷曲线上确定凝固点(转折点)。

（3）求外推值。当需要的数据不能或不易直接测定时,在适当的条件下,常用作图外推法求得。所谓外推法,就是根据变量间的函数关系,将实验数据描述的图像延伸至测量范围以外,求得该函数的极限值。例如,用黏度法测定高聚物的相对分子质量实验中,只有用外推法求得溶液浓度趋于零时的黏度(即特性黏度)值,才能算出相对分子质量。

必须指出,使用外推法必须满足以下条件:外推的那个区间离实际测量的那个区间不能太远;在外推的那段范围及其邻近测量数据间的函数关系是线性关系或可以认为是线性关系;外推所得结果与已有的正确经验不能有抵触。

（4）求函数的微商(图解微分法)。作图法不仅能表示出测量数据间的定量函数关系,而且可以从图上求出各点函数的微商,而不必先求出函数关系的解析表示式,称图解微分法。具体做法是,在所得曲线上选定若干个点,然后采用几何作图法,作出各切线,计算出切线的斜率,即得该点函数的微商值。

（5）求导数函数的积分值(图解积分法)。设图形中的因变量是自变量的导数函数,则在不知道该导数函数解析表示式的情况下,亦能利用图形求出定积分值,称图解积分法。常用此法求曲线下所包含的面积。

（6）求测量数据间函数关系的解析表示式(经验方程式)。如果能找出测量数据间函数关系的解析表示式,则无论是对客观事物的认识深度或是对应用的方便,都将大大跨前了一步。通常找寻这种解析表示式的途径也是从作图入手的,即对测量结果作图,从图形形式变换成函数,使图形线性化,即得新函数 y 和新自变量 x 的线性关系:

$$y = mx + b \qquad\qquad (1-3-6)$$

算出此直线的斜率 m 和截距 b(详见后)后,再换回原来函数和自变量,即得原函数的解析表示式。例如,反应速率常数 k 与活化能 E 的关系式为指数函数关系:

$$k = Ae^{\frac{-E}{RT}} \qquad\qquad (1-3-7)$$

可使两边均取对数使其直线化,以 $\lg k$ 对 $1/T$ 作图,由直线斜率和截距可分别求出活化能量 E 和指前因子 A 的数值。

2）作图技术要点

（1）坐标纸。根据需要选用坐标纸种类。用得最多的是直角坐标纸。半对数坐标纸和对数-对数坐标纸也常用到,前者两轴中有一轴是对数标尺,后者两轴均系对数标尺。在表达三组分体系相图时,则常用三角坐标纸。

（2）坐标轴。用直角坐标纸作图时,以自变量为横轴,因变量(函数)为纵轴,坐标轴比例尺的选择一般遵循下列原则。

① 能表示出全部有效数字,使图上读出的各物理量的精密度与测量时的精密度一致。

② 方便易读。例如,用坐标轴 1 cm 表示数量以 1,2 或 5 为宜。在轴旁注明该轴变量的名称及单位。在纵轴的左面和横轴的下面每隔一定距离(如 5 cm 间距)写下该处变量应有的值,以便作图及读数。

③ 坐标的原点不一定选在零,应尽可能利用作图纸的全部。若曲线是直线,应正确选择

比例,使其与横坐标的夹角接近 45°。

（3）代表点。代表点是指在坐标中与测得的各数据相对应的点。可用▽○◇□等符号表示。代表点还可以反映测得数据的准确度和精密度。若纵、横两轴变量的精密度相差较大,则代表点可用矩形符号来表示,此时矩形两边的半长度表示两变量各自的精密度值,矩形的心是数据的正确数值。

（4）曲线。在图纸上标出代表点后,按代表点的分布情况,作一曲线,表示代表点的平均变化情况。因此,曲线不需要全部通过各点,只要使各代表点均匀地分布在曲线两侧邻近即可,或者更确切地说,是要使所有代表点离开曲线距离的平方和为最小,这就是"最小二乘法原理"。所以,绘制曲线时,若考虑离曲线很远的个别代表点,一般所得曲线都不会是正确的,即使此时其他所有代表点都正好落在曲线上。遇到这种情况,最好将此个别代表点的数据重新复测,如原测量确属无误,则应严格遵循上述原则绘线。

曲线的具体画法:手工作图时使用曲线版和直尺,按最小二乘法原理画出平滑均匀的曲线。也可以通过使用 Origin 等商用软件,或者编写作图小程序等方法,用计算机作图。

（5）图题及图坐标的标注。每个图应有序号和简明的标题（即图题）,有时还应对测试条件等方面作简要说明,这些一般放置在图的下方。曲线图坐标的标注也应该是一个纯数学关系式。

3. 数学方程式法

该法将实验中各变量间的关系用数学方程式的形式表达出来。把数据拟合成直线方程要比拟合其他函数关系来得简单和容易。因此,根据数据作图时,人们希望能找到一个线性函数式。一些常见函数关系式及其线性式列于表 1-3-4。表中后两栏为直线的斜率和截距,内含非线性方程中的常数。

表 1-3-4　一些常见函数关系式及其线性式

函数关系式	线性式	线性式坐标	斜率	截距
$y = ae^{bx}$	$\ln y = \ln a + bx$	$\ln y$ 对 x	b	$\ln a$
$y = ab^x$	$\lg y = \lg a + x\lg b$	$\lg y$ 对 x	$\lg b$	$\lg a$
$y = ax^b$	$\lg y = \lg a + b\lg x$	$\lg y$ 对 $\lg x$	b	$\lg a$
$y = a + bx^2$	—	y 对 x^2	b	a
$y = a\lg x + b$	—	y 对 $\lg x$	a	b
$y = \dfrac{a}{b+x}$	$\dfrac{1}{y} = \dfrac{b}{a} + \dfrac{x}{a}$	$\dfrac{1}{y}$ 对 x	$\dfrac{1}{a}$	$\dfrac{b}{a}$
$y = \dfrac{ax}{1+bx}$	$\dfrac{1}{x} = \dfrac{a}{y} - b$	$\dfrac{1}{x}$ 对 $\dfrac{1}{y}$	a	$-b$
	$\dfrac{1}{y} = \dfrac{1}{ax} + \dfrac{b}{a}$	$\dfrac{1}{y}$ 对 $\dfrac{1}{x}$	$\dfrac{1}{a}$	$\dfrac{b}{a}$

但并非所有的函数都可化成线性式。如果不能通过改变变量使原曲线直线化,可将变量之间的关系直接写成多项式,通过计算机曲线拟合求出方程式系数。

如果作了尝试后,某种函数可以把有关数据转化为线性关系,则可认为这就是合适的函数关系式,由直线的斜率和截距可计算出方程中的常数。一个方程可能会有不止一种线性式,如果由不同的线性式算得的常数值相差悬殊,则必须判断哪一个数值可能是最合适的。由某些线性式求得若干常数值后,就可根据所求的常数值写出原先的非线性方程式,并验证它与实验数据是否符合,从而判断哪个数值是最合适的。

确定一直线的常数值通常有三种方法:图解法、平均法及最小二乘法。

(1)图解法。将实验数据以合适的变量作为坐标绘出直线。从直线的拟合方程或从直线上取两点的坐标(x_1, y_1)和(x_2, y_2),计算斜率,作图求得截距。

(2)平均法。设线性方程为$y = mx + b$,原则上只要有两对变量(x_1, y_1)和(x_2, y_2)就可以把m和b确定下来。但由于存在测量误差,这样处理偏差较大,故采用平均法。平均法的做法是,用有关数据确定两个平均点,经过这两点得一直线。为了得到这两个平均点,先把数据按x(或y)的大小顺序排列,把它们分成两组。一组包括前一半数据点,另一组为余下的后一半数据点。再对每一组数据点的x轴坐标和y轴坐标分别求平均值。这样便确定了两个平均点,即(X_1, Y_1)和(X_2, Y_2)。可以直接通过这两点画出直线,也可以用代数方法解两个联立方程$Y_1 = mX_1 + b$和$Y_2 = mX_2 + b$,便可解出m和b。

(3)最小二乘法。这是最为精确的一种方法,它是使所有数据点与计算得到的直线之间偏差的平方和为最小。通常,为了数学上处理方便,假定误差只出现在因变量y,且假定所有数据点都同样可靠。

对于第i个点,偏差re_i为

$$re_i = y_i - \bar{y}_i = y_i - mx_i - b$$

偏差的平方和为

$$\sum re_i^2 = \sum (y_i - mx_i - b)^2 \qquad (1-3-8)$$

此和是每个测量数据点与两个参数m, b的函数。不同的m, b值可定出一系列的直线,而m, b值则由数据点决定。偏差的平方和随不同的直线,即不同的m, b值而变化。为了选择适当的m, b值,使其偏差的平方和为最小值,可将式(1-3-8)对m和b求导,令导数为零并解出这两个方程。若有n个数据点,则斜率和截距的表达式为

$$m = \frac{n \sum x_i y_i - \sum x_i \sum y_i}{n \sum x_i^2 - (\sum x_i)^2} \qquad (1-3-9)$$

$$b = \frac{\sum y_i \sum x_i^2 - \sum x_i \sum x_i y_i}{n \sum x_i^2 - (\sum x_i)^2} \qquad (1-3-10)$$

使用最小二乘法时,可如表1-3-5那样将数据列成表格,在各栏末了算出加和结果,并将其代入式(1-3-9)和式(1-3-10),便可求得m, b值。

表 1-3-5　最小二乘法处理直线方程

x	y	x^2	xy
0.03	−3.01	0.0009	−0.0903
0.95	−0.97	0.9025	−0.9215

续表

x	y	x^2	xy
2.04	0.96	4.1616	1.9584
3.11	3.08	9.6721	9.5788
3.96	4.86	15.6816	19.2456
5.03	7.11	25.3009	35.7633
5.99	9.03	35.8801	54.0897
7.01	10.93	49.1401	76.619
8.10	13.28	65.6100	107.5680
加和： 36.22	45.27	206.3498	303.8113

$$m = \frac{n \sum x_i y_i - \sum x_i \sum y_i}{n \sum x_i^2 - (\sum x_i)^2} = \frac{9 \times 303.8113 - 36.22 \times 45.27}{9 \times 206.3498 - (36.22)^2} = 2.008$$

$$b = \frac{\sum y_i \sum x_i^2 - \sum x_i \sum x_i y_i}{n \sum x_i^2 - (\sum x_i)^2} = \frac{45.27 \times 206.3498 - 36.22 \times 303.8113}{9 \times 206.3498 - (36.22)^2} = -3.049$$

除了以上介绍的数据处理方法,目前物理化学实验中的数据处理更多地使用化学、数学分析软件。用于图形处理的软件非常多,商业化的代表性软件有 Excel,Origin 等。这些软件有强大的数据处理和图形化功能,能对实验数据进行常规处理和统计分析,能根据数据作图,用图形显示不同数据间的关系,能用多种函数拟合曲线。软件的使用请学习相关教程,在此不再赘述。

参考资料

第二章

实　验

A. 热力学实验

实验一　液体饱和蒸气压的测定

一、实验目的和要求

（1）能够说明纯液体饱和蒸气压的定义和气-液两相平衡的概念，以及纯液体饱和蒸气压和温度的关系式——克拉佩龙-克劳修斯方程。

（2）能够利用数字式真空计测定降温过程中环己烷的饱和蒸气压，掌握低真空实验技术。

（3）能够利用图解法求被测液体在实验温度范围内的平均摩尔汽化焓与正常沸点。

*（4）能够利用静态升温法测定液体饱和蒸气压（选做实验）。

二、实验原理

在一定温度下，与纯液体处于平衡状态时的蒸气压力称为该温度下的饱和蒸气压。这里的平衡状态是指动态平衡。在某一温度下，被测液体处于密闭真空容器中，液体分子从表面逃逸成蒸气，同时蒸气分子因碰撞而凝结成液相，当两者的速率相同时，就达到了动态平衡，此时气相中的蒸气密度不再改变，因而具有一定的饱和蒸气压。

纯液体的蒸气压是随温度变化而改变的，它们之间的关系可用克拉佩龙-克劳修斯（Clapeyron-Clausius）方程来表示：

$$\frac{\mathrm{d}\ln p}{\mathrm{d}T} = \frac{\Delta_l^g H_m}{RT^2} \tag{2-1-1}$$

式中 p 为液体在温度 T 时的饱和蒸气压（Pa）；T 为热力学温度（K）；$\Delta_l^g H_m$ 为液体摩尔汽化焓；R 为摩尔气体常数。如果温度的变化范围不大，$\Delta_l^g H_m$ 视为常数，可当作平均摩尔汽化焓。将式（2-1-1）积分，得

$$\ln p = -\frac{\Delta_l^g H_m}{RT} + C \qquad\qquad (2-1-2)$$

式中 C 为积分常数。

由式（2-1-2）可知，在一定温度范围内，测定不同温度下的饱和蒸气压，以 $\ln p$ 对 $1/T$ 作图，可得一直线。由该直线的斜率可求得实验温度范围内液体的平均摩尔汽化焓 $\Delta_l^g H_m$。当外压为 101.325 kPa 时，液体的蒸气压与外压相等时的温度称为该液体的正常沸点。从图中也可求得其正常沸点。

测定饱和蒸气压常用的方法有动态法、静态法和饱和气流法等。本实验采用静态法，即将被测物质放在一个密闭的系统中，在不同温度下直接测量其饱和蒸气压，在不同外压下测量相应的沸点。此法适用于蒸气压比较大的液体。

三、实验仪器和药品

蒸气压测定装置	真空泵
数字式气压计	电加热器
温度计	数字式真空计
磁力搅拌器	环己烷（分析纯）

四、实验内容及步骤

实验操作
演示视频

1. 仪器安装

按仪器装置图（图 2-1-1）接好测量线路，所有接口必须严密封闭。平衡管由三根相连通的玻璃管 a，b 和 c 组成，a 管中储存被测液体，b，c 管中也有相同液体在底部相连。当 a，c 管的上部纯粹是待测液体的蒸气，而 b，c 管中的液面在同一水平时，则表示在 c 管液面上的蒸气压与加在 b 管液面上的外压相等。此时液体的温度即为体系的气-液平衡温度，亦即沸点。

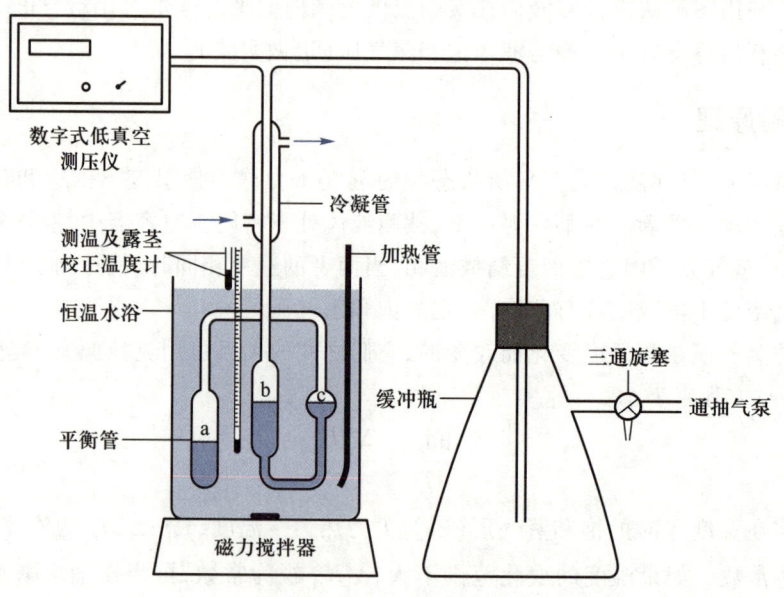

图 2-1-1 纯液体饱和蒸气压测量装置示意图

平衡管中的液体可用如下方法装入:先将平衡管取下洗净,烘干,然后烤烘(可用酒精灯) a 管,赶走管内空气,速将液体自 b 管的管口灌入,冷却 a 管,液体即被吸入。反复 2~3 次,使液体灌至 a 管高度的三分之二为宜,然后接在装置上。

2. 系统检漏

缓慢旋转三通旋塞,使系统通大气。开启冷却水,接通电源,使真空泵正常运转 4~5 min 后,调节旋塞使系统减压(注意! 旋转旋塞必须用力均匀,缓慢,同时注视真空计),至余压约为 $1 \times 10^4 Pa$ 后关闭旋塞,此时系统处于真空状态。如果在数分钟内真空计示值基本不变,刚表明系统不漏气。若系统漏气则应分段检查,直至不漏气才可进行下一步实验。

3. 测定不同温度下液体的饱和蒸气压

转动三通旋塞使系统与大气相通。开动搅拌器,并将水浴加热。随着温度逐渐上升,平衡管中有气泡逸出。继续加热至正常沸点之上约 5 ℃。保持此温度数分钟,将平衡管中的空气赶净。

1) 测定大气压力下的沸点

测定前须正确读取大气压力数据。有关气压计的使用及校正方法见 3.3 节。

系统空气被赶净后,停止加热。让温度缓慢下降,c 管中的气泡将逐渐减少直至消失。c 管液面开始上升而 b 管液面下降。严密注视两管液面,一旦两液面处于同一水平,记下此时的温度。细心而快速转动三通旋塞,使系统与泵略微连通。既要防止空气倒灌,也应避免系统减压太快。

重复测定三次。结果应在测量允许误差范围内。

2) 测定不同温度下纯液体的饱和蒸气压

在大气压力下测定沸点之后,旋转三通旋塞,使系统慢慢减压。减至压差约为 $4 \times 10^3 Pa$ 时,平衡管内液体又明显汽化,不断有气泡逸出(注意! 勿使液体沸腾)。随着温度下降,气泡再次减少直至消失。同样等 b、c 两管液面相平时,记下温度和真空计读数。再次转动三通旋塞,缓慢减压。减压幅度同前,直至烧杯内水浴温度下降至 50 ℃ 左右。停止实验,再次读取大气压力。

五、数据处理、实验结果及讨论

(1) 自行设计实验数据记录表,正确记录全套原始数据并填入演算结果。

(2) 温度的正确测量是本实验的关键之一。温度计必须作露茎校正,详见 3.1 节。

(3) 以蒸气压 p 对温度 T 作图。

(4) 从 $p\text{-}T$ 曲线中均匀读取 10 个点,列出相应的数据表,然后绘出 $\ln p$ 对 $1/T$ 的直线图。由直线斜率计算出被测液体在实验温度区内的平均摩尔汽化焓。

(5) 由曲线求得样品的正常沸点,并与文献值比较。

六、思考题

(1) 压力和温度的测量都存在随机误差,试导出 $\overline{\Delta_1^g H_m}$ 的误差传递表达式。

(2) 用图 2-1-1 装置可以很方便地研究各种液体,如苯、二氯乙烯、四氯化碳、水、正丙醇、异丙醇、丙酮和乙醇等,这些液体中很多是易燃的,在加热时应该注意什么问题?

(3) 液体饱和蒸气压的测定可用于哪些实际应用?

七、安全与环保

（1）水泵在开启或停止时，应使泵与大气相通，尤其是实验结束后停止，由于系统内压力比较低，须防止水泵中水倒流。

（2）本实验真空系统由玻璃器皿构成，且用到了水银温度计，实验中须注意，认真按照实验要求进行操作。万一水银温度计破损，应及时报告教师处理。

八、附注

（1）本实验数据处理较为烦琐，可用计算机拟合处理，并与上述作图计算所得结果进行比较。

（2）实验测得的平均摩尔汽化热数据可直接用于实验三"气-液色谱法测定非电解质溶液的热力学函数"。这样可以培养学生对自己所测数据的责任心。在实际教学安排中，由两个学生组成一组，在 8 h 的教学时间里合作完成这两个实验。经验证明，这将较大地激起学生学习的积极性。

（3）实验注意事项：

① 测定前，必须将平衡管 a,c 中的空气驱赶净。在常压下利用水浴加热被测液体，使其温度控制在高于该液体正常沸点 3~5 ℃，持续约 5 min。让其自然冷却，读取大气压力下的沸点。再次加热并进行测定。如果数据偏差在正常误差范围内，可认为空气已被赶净。注意，切勿过分加热，否则蒸气来不及冷凝就进入抽气泵，或者会因冷凝在 b 管中的液体过多，而影响下一步实验。

② 冷却速率不宜太快，一般控制在 0.5 ℃·min^{-1} 左右，如果冷却速率太快，测得的温度将偏离平衡温度。因为被测气体内外以及水银温度计本身都存在着温度滞后效应。

③ 整个实验过程中要严防空气倒灌，否则，实验要重做。为了防止空气倒灌，在每次读取平衡温度和平衡压力数据后，应立即加热同时缓慢减压。

④ 在停止实验时，应缓慢地先将三通旋塞打开，使系统通大气，再使抽气泵通大气（防止泵中的水倒灌），然后切断电源，最后关闭冷却水，使实验装置复原。为使系统通入大气或使系统减压以缓慢速度进行，可将三通旋塞通大气的管子拉成尖口。

*九、选做实验：静态升温法测定液体的饱和蒸气压

饱和蒸气压是液体的一项重要物理性质，液体的沸点、液体混合物的相对挥发度等都与之相关，对石油、化工的科研和生产都具有非常重要的意义。例如，管输原油饱和蒸气压是管道输送设计的重要参数，在原油储存、运输和加工处理过程中，需要利用原油饱和蒸气压进行输油泵校核及油罐蒸发损耗估算，而且饱和蒸气压也是原油重要的质量指标之一。目前，我国规定测量原油饱和蒸气压只需测定原油在标准温度（37.8 ℃）下的饱和蒸气压，这与管道运输、储罐储存所处环境温度有较大差异，因此特别要关注高温环境下原油的饱和蒸气压。前面采用静态降温法测定纯液体在不同温度下的饱和蒸气压，同样也可以采用升温法测定相应的沸点。降温法与升温法测试的主要差异在于将平衡管内空气赶净的方法不同。管输原油中 $C_1 \sim C_6$ 组分含量非常少，碳原子数为 10 左右的中间烃组分含量最高，很难有稳定的沸点。因此，前面静态降温法通过液体在正常沸点下沸腾形成蒸气赶净平衡管内空气，是不易实现的操作；

采用静态升温法赶走空气,操作起来比较容易。本部分内容将采用静态升温法测定不同温度下环己烷及原油的饱和蒸气压。

【实验提示】

(1) **静态升温法测定纯液体环己烷的饱和蒸气压。** 系统装置调零、检漏方法如降温法实验操作部分。设定控制温度为 25 ℃,稍开启抽气阀,使平衡管内气泡逸出。如发现气泡急剧成串上窜,应立即关闭抽气阀,稍通大气增压,使沸腾缓和。缓慢沸腾 5~6 min,将平衡管上方的空气排干净,稍通大气增压,直至 b 管与 c 管的液面等高,记下温度 T 和压力值 $p_表$。再缓慢沸腾 1~2 min,重复上述操作,测定压力值 $p_表$。重复测定三次,结果应在测量允许误差范围内。调节恒温槽温度为 30 ℃。升温时可稍通大气增压,以防止 b 管与 c 管内液体暴沸,微调增压,直至 b 管与 c 管的液面等高,立即记下压力值 $p_表$。

同法测定 35 ℃,40 ℃,45 ℃,50 ℃,55 ℃,60 ℃,65 ℃,70 ℃下环己烷的饱和蒸气压。

环己烷平均摩尔汽化热的计算。以蒸气压 p 对温度 T 作图,可由曲线求得标准大气压下样品的正常沸点。以 $\ln p$ 对 $1/T$ 作图,得一直线,由直线斜率计算出被测液体在实验温度区间内的平均摩尔汽化焓。

(2) **静态升温法测定原油的饱和蒸气压。** 平衡管加样、系统装置调零和检漏方法如降温法实验操作部分。由于原油中可能含部分黏稠物质,可采用针筒注射器导管注入。设定控制温度为 30 ℃,稍开启抽气阀,使平衡管内气泡逸出。如发现气泡急剧成串上窜,应立即关闭抽气阀,稍通大气增压,使沸腾缓和。缓慢沸腾 5~6 min,将平衡管上方的空气排干净,微通大气增压,直至 b 管与 c 管的液面等高,记下温度 T 和压力值 $p_表$。再缓慢沸腾 1~2 min,重复上述操作,测定压力值 $p_表$。重复测定三次,结果应在测量允许误差范围内。调节恒温槽温度为 35 ℃。升温时可稍通大气增压,以防止 b 管与 c 管内液体暴沸,微调增压,直至 b 管与 c 管的液面等高,立即记下压力值 $p_表$。

同法测定 40 ℃,45 ℃,50 ℃,55 ℃,60 ℃下原油的饱和蒸气压。

参考资料

实验二　燃烧热的测定

一、实验目的和要求

(1) 掌握燃烧热的定义,能够说明恒压燃烧热与恒容燃烧热的差别及相互关系。

(2) 能够说明量热计中主要部件的原理和作用,掌握氧弹量热计的实验技术。

(3) 能够用氧弹量热计测定蔗糖等固体物质的燃烧热。

(4) 能够用雷诺图解法校正温度改变值,讨论温差改变值大小与误差之间的关系。

*(5) 能够使用氧弹量热计测量技术,测定苯、环己烷和环己烯三种液体的燃烧热,计算不饱和官能团的共轭能(选做实验)。

**(6) 能够使用氧弹量热计测量技术,测定液体油品、煤和生物质固体燃料的热值,对燃料的品质和特点进行分析(开放实验)。

二、实验原理

1. 燃烧热与量热

燃烧热是指可燃物质(大部分为有机物)完全燃烧时的热效应。完全燃烧(氧化)是指该化合物中的元素变为最稳定的氧化物或物质,在热化学中规定碳变成$CO_2(g)$,氢变成$H_2O(l)$,硫变成$SO_2(g)$,氮变成$N_2(g)$,氯变成$HCl(aq)$。

燃烧热可以通过量热法测定,在恒容条件下测得的摩尔燃烧热称为恒容摩尔燃烧热$Q_{V,m}$;在恒压条件下测得的摩尔燃烧热称为恒压摩尔燃烧热$Q_{p,m}$。如果燃烧反应在恒温恒压、不做非体积功的条件下进行,测得的恒压摩尔燃烧热在量值上等于恒压摩尔燃烧焓$\Delta_c H_m$。如果恒压为标准压力,则该恒压摩尔燃烧焓称为标准摩尔燃烧焓$\Delta_c H_m^{\ominus}$。

标准摩尔燃烧焓是物理化学中的一个重要概念,它的定义为:在指定温度T下各处于标准态的 1 mol 物质和氧气完全燃烧生成相同温度下的各处于标准态的产物的焓变。以符号$\Delta_c H_m^{\ominus}$表示,单位为$kJ \cdot mol^{-1}$。符号中下标 c 表示燃烧,上标$\ominus$为标准态记号,下标 m 表示反应进行了 1 mol 或 1 mol 物质燃烧。有了化合物的燃烧焓数据,就可以应用赫斯定律计算一些反应的焓变。例如,正丁烷异构化为异丁烷反应的标准摩尔焓变不能直接在实验室中测定,因为异构化是一个平衡反应,不可能从纯正丁烷完全转化为纯异丁烷,但可以应用赫斯定律通过燃烧焓数据进行计算。通过燃烧热测定可以求得物质的标准摩尔燃烧焓,由此可以计算一些化合物的标准摩尔生成焓、化学反应的标准摩尔焓变、键能或共轭能等。

由热力学定律可知,Q_V等于体系热力学能变化$\Delta_r U_m$;Q_p等于其焓变$\Delta_r H_m$。若把参加反应的气体和反应生成的气体都作为理想气体处理,则它们之间存在以下关系:

$$\Delta_r H_m = \Delta_r U_m + \Delta(pV) \tag{2-2-1a}$$

$$Q_p = Q_V + \Delta nRT \tag{2-2-1b}$$

式中Δn为反应前后反应物和产物中气体的物质的量之差;R为摩尔气体常数;T为反应时的热力学温度。

燃烧热的测定在量热计中进行。量热计的种类很多,本实验所用的氧弹量热计是一种环境恒温式的量热计。量热计的测量原理与工作方式可参阅实验技术 3.2 节。

氧弹量热计测量装置如图 2-2-1 所示。图 2-2-2 是氧弹的剖面图。

2. 氧弹量热计

氧弹量热计的基本原理是能量守恒定律。样品完全燃烧后所释放的能量使氧弹本身及其周围的介质和量热计有关附件的温度升高,则测量介质在燃烧前后体系温度的变化值,就可求算该样品的恒容燃烧热。其关系式如下:

$$-\frac{W_{样}}{M}Q_V - l \cdot Q_l = (W_{水} \cdot C_{水} + C_{计})\Delta T \tag{2-2-2}$$

式中$W_{样}$和M分别为样品的质量和摩尔质量;Q_V为样品的恒容燃烧热;l和Q_l分别是引燃用铁丝的长度和单位长度燃烧热;$W_{水}$和$C_{水}$分别是以水作为测量介质时,水的质量和比热容;$C_{计}$称为量热计的热容(也称水当量),即除水之外,量热计升高 1 ℃所需的热量;ΔT为样品燃烧前后水温的变化值。

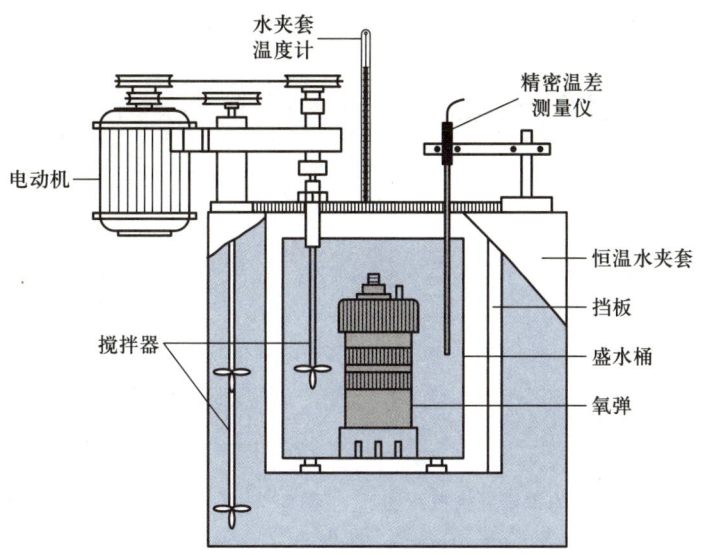

图 2-2-1 氧弹量热计测量装置示意图

为了保证样品完全燃烧,氧弹中须充以高压氧气或其他氧化剂。因此,氧弹应有很好的密封性能,耐高压且耐腐蚀。氧弹应放在一个与室温一致的恒温套壳中。盛水桶与套壳之间有一个高度抛光的挡板,以减少热辐射和空气的对流。

3. 雷诺温度校正图

实际上,量热计与周围环境的热交换无法完全避免,它对温度测量值的影响可用雷诺(Reynolds)温度校正图校正。具体方法为:称取适量待测物质,估计其燃烧后可使水温上升 1.5~2.0 ℃。预先调节水温使其低于室温 1.0 ℃左右。按操作步骤进行测定,将燃烧前后观察所得的一系列水温和时间关系作图,可得如图 2-2-3 所示的曲线。图中 H 点表明燃烧开始,热量传入介质;D 点为观察到的最高温度值;从相当于室温的 J 点作水平线交曲线于 I 点,过 I 点作垂线 ab,再将 FH 线和 GD 线分别延长并交 ab 线于 A,C 两点,其间的温度差值即为经过校正的 ΔT。图中 AA' 为开始燃烧到体系温度上升至室温这一段时间 Δt_1 内,由环境辐射和搅拌引进的能量所造成的升温,故应予以扣除。CC' 是由室温升高到最高点 D 这一段时间 Δt_2 内,量热计向环境的热漏造成的温度降低,计算时必须考虑在内。故可认为,A,C 两点的差值较客观地表示了样品燃烧引起的升温数值。

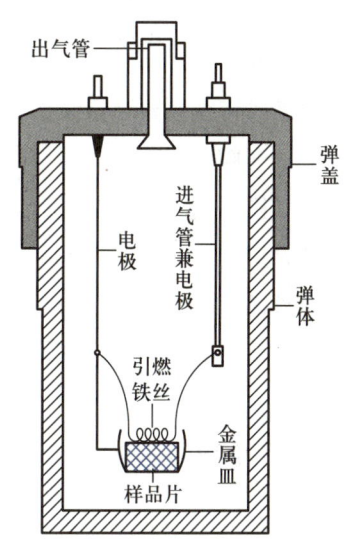

图 2-2-2 氧弹剖面图

在某些情况下,量热计的绝热性能良好,热漏很小,而搅拌器功率较大,不断引进的能量使得曲线不出现极高温度点,如图 2-2-4 所示。其校正方法与前述相似。

本实验采用数字式精密温差测量仪来测量温度差。其工作原理及使用方法请参阅 3.1 节相关内容。

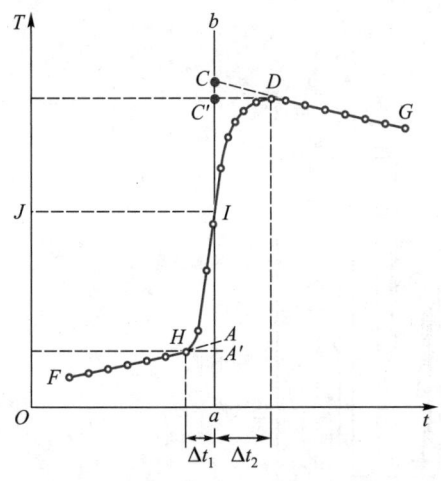
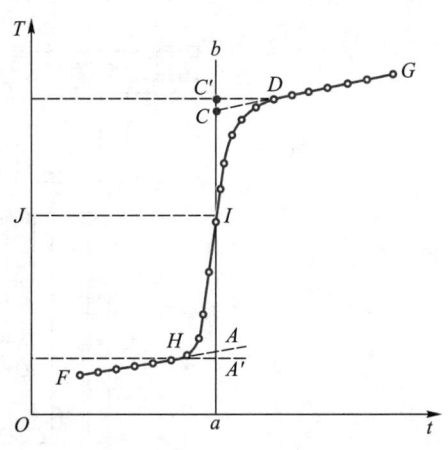

图 2-2-3　绝热稍差情况下的雷诺温度校正图　　　图 2-2-4　绝热良好情况下的雷诺温度校正图

三、实验仪器和药品

氧弹量热计	万用表
数字式精密温差测量仪	案秤(10 kg)
氧气气瓶	电子天平
压片机	氧弹充氧器
马弗炉	引燃专用铁丝
塑料桶	苯甲酸(分析纯)
直尺	蔗糖(分析纯)
剪刀	苯(分析纯)
温度计(0~50 ℃)	环己烷(分析纯)
秒表	环己烯(分析纯)

四、实验内容及步骤

1. 测定量热计的热容

测定燃烧热时需要知道量热计的热容,而每套量热计的热容不同,因此要事先测定。利用已知燃烧热的标准物质,可以测得量热计的热容。热容测定常以苯甲酸为标准物质。

(1)制作样品。用电子天平称取 1.0 g 左右的苯甲酸,装入干净的压片模具(图 2-2-5)中,在压片机上压制成圆片。将样品退出模具,用镊子将样品在干净的称量纸上轻微振动,除去表面粉末后再用电子天平精确称量。

(2)装样并充氧气。拧开氧弹盖,将氧弹内壁擦干净,电极下端不锈钢丝的清洁程度要特别注意。搁上金属小器皿,小心将样品片放置在小器皿中部。剪取 18 cm 长的引燃专用铁丝,

实验操作
演示视频

28

在直径约 3 mm 的铁钉上,将引燃专用铁丝的中段绕成螺旋形,5~6 圈。将螺旋部分紧贴在样品片的表面,两端如图 2-2-2 所示固定在电极上。注意引燃专用铁丝不能与金属器皿相接触。用万用表检查两电极间电阻值,一般应不大于 20 Ω。充氧气使用氧弹充氧器完成。打开氧气气瓶阀门,调节气体减压阀至出口压力 2.5 MPa。将氧弹置于充气台上,氧弹进气口正对于充氧器的出气口。按压充气把手使出气口与氧弹进气口相连,待充气压力表示数稳定后松开充气把手,即完成充气过程。气瓶和气体减压阀的使用方法分别参见1.2.2 节和 3.2 节相关内容。氧弹充气后再次用万用表检查两电极间的电阻。如电阻值过大或电极与弹壁短路,则应放出氧气,开盖检查。

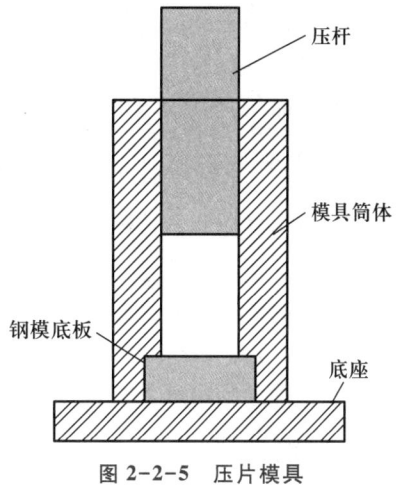

图 2-2-5　压片模具

（3）测量。用案秤称取 3 kg 已被调节到低于室温 1.0 ℃ 左右的自来水于塑料桶内。将氧弹放入塑料桶中央,装好搅拌电动机,把氧弹两电极用导线与点火变压器相连接,盖上盖子后,先将数字式精密温差测量仪的探头插入恒温水夹套中测出环境温度（即雷诺温度校正图中的 J 点）,然后将其插入系统。开动搅拌电动机,待温度稳定上升后,每隔 1 min 读取一次温度（准确读至 0.001 ℃）。10~12 min 后,按下变压器上电键通电 4~5 s 点火。自按下电键后,温度读数改为每隔 15 s 一次,直至两次读数差值小于 0.005 ℃,读数间隔恢复为 1 min 一次,继续 10~12 min 后方可停止实验。

关闭电源后,取出数字式精密温差测量仪的探头,再取出氧弹,打开氧弹出气口放出余气。旋开氧弹盖,检查样品燃烧是否完全。氧弹中应没有明显的燃烧残渣。若发现黑色残渣,则应重做实验。测量未燃烧的铁丝长度,并计算实际燃烧掉的铁丝长度。最后擦干氧弹和塑料桶。

样品点燃及燃烧完全与否,是本实验最重要的一步。

2. 测定蔗糖的燃烧热

取 1.0 g 左右的蔗糖,精确称量后,将其均匀铺在金属小器皿底部,然后称取 0.5 g 左右的苯甲酸压制成圆片,精确称量后将圆片按压入蔗糖中,按上述方法进行测定。

五、数据处理、实验结果及讨论

（1）苯甲酸的恒压摩尔燃烧热为 −3228.2 kJ·mol^{-1},引燃专用铁丝的恒容燃烧热值为 −2.9 J·cm^{-1}。

（2）作苯甲酸和蔗糖燃烧的雷诺温度校正图,由 ΔT 计算氧弹的热容和蔗糖的恒容摩尔燃烧热 $Q_{V,m}$,并计算其恒压摩尔燃烧热 $Q_{p,m}$。

（3）通过查找手册或文献,计算实验测得蔗糖恒压摩尔燃烧热与其标准值之间的相对误差。

（4）根据所用仪器的精度,正确表示测量结果,并指出最大测量误差所在。

六、思考题

（1）固体样品为什么要压成片状?

（2）在量热学测定中,还有哪些情况可能需要用到雷诺温度校正方法?

（3）如何用蔗糖的燃烧热数据来计算蔗糖的标准摩尔生成焓？

（4）分析本实验中误差产生的主要原因。

（5）样品量对实验结果有什么影响？为什么其过多或过少都会导致测量误差增大？

七、安全与环保

（1）使用气瓶和气体减压阀前必须阅读 1.2.2 节和 3.2 节，以了解气瓶和气体减压阀的使用方法及注意事项。

（2）给氧弹充气开启瓶阀门时，操作者应站在气压表的另一侧，头和身体不可对准气瓶总阀门，以防阀门或气压表意外冲出伤人。

（3）实验过程中废弃的固体或液体药品，应正确放置于相应药品或废液回收器皿中。

八、附注

（1）氧弹量热计是一种较为精确的经典实验仪器，在生产实际中仍广泛用于测定可燃物的热值。

有些精密的测定，需对实验用的氧气中所含氮气的燃烧值作校正。为此，可预先在氧弹中加入 5 mL 蒸馏水。燃烧后，将所生成的稀 HNO_3 溶液倒出，再用少量蒸馏水洗涤氧弹内壁，一并收集到 150 mL 锥形瓶中，煮沸片刻，用酚酞作指示剂，以 0.100 mol·L^{-1} 的 NaOH 溶液标定。每毫升碱液相当于 5.98 J 的热值。这部分热能应从总的燃烧热中扣除。

（2）本实验采用数字式精密温差测量仪测量温度，也可以用热电堆或其他热敏元件代替，或用自动平衡记录仪自动记录温度及其变化情况。

*九、选做实验：液体燃烧热的测定与苯分子共轭能的计算

前面用氧弹量热计测定了苯甲酸和蔗糖的燃烧热，对于固体样品，测定时将样品在压片机上制成圆片即可，而对于液体样品，则需要采用不同的制样方式。本选做实验使用氧弹量热计测量技术，测定苯、环己烷和环己烯三种液体的燃烧热，并计算不饱和官能团的共轭能。

【实验提示】

（1）**液体燃烧热的测定方法**。氧弹量热计可用于测定可燃液体样品的燃烧热。采用精确称量的药用胶囊作为样品管，并用内径比胶囊外径大 0.5~1.0 mm 的薄壁玻璃管套住，装样示意如图 2-2-6 所示。胶囊的平均燃烧热值应预先标定，以便扣除。

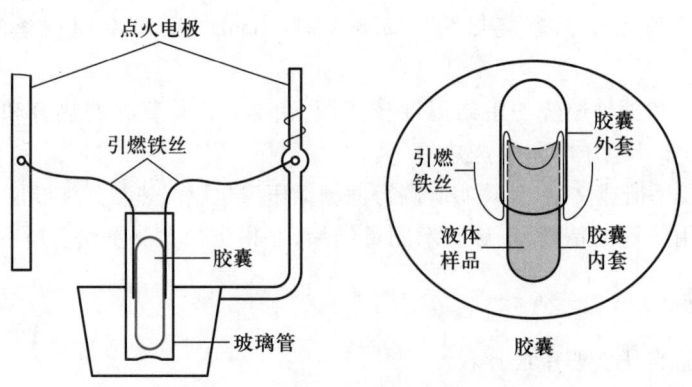

图 2-2-6 胶囊套于玻璃管装样示意图

（2）**测定胶囊的平均燃烧热值**。取空胶囊一粒，精确称量后与 0.5 g 左右精确称量的苯甲酸一起装入氧弹中，按上述方法测定其平均燃烧热。测定时需适当调整水介质的起始温度。

（3）**测定苯、环己烯和环己烷的燃烧热**。称取 0.8 g 左右的液体样品，装入胶囊中，并分别记录胶囊与液体的精确质量，装样时注意避免胶囊内留有过多空气。按上述方法测定各液体样品的燃烧热。

（4）**计算苯分子的共轭能**。共轭能 E_r（resonance energy，或称稳定化能）可以用来衡量一种共轭分子的稳定性。苯、环己烯和环己烷三种分子都含有碳六元环，环己烷和环己烯的摩尔燃烧热 Q_p 的差值 $|\Delta E|$ 与环己烯上的孤立双键结构相关，它们之间存在下述关系：

$$|\Delta E| = |Q_{p,环己烷}| - |Q_{p,环己烯}| \tag{2-2-3}$$

如将环己烷与苯的经典定域结构相比较，两者燃烧热的差值似乎应等于 $3|\Delta E|$，但事实证明：

$$|Q_{p,环己烷}| - |Q_{p,苯}| > 3|\Delta E|$$

显然，这是因为共轭结构导致苯分子的能量降低，其差额正是苯分子的共轭能 E_r，即满足：

$$|Q_{p,环己烷}| - |Q_{p,苯}| - 3|\Delta E| = E_r \tag{2-2-4}$$

将式（2-2-3）代入式（2-2-4），再根据 $\Delta H = Q_p = Q_V + \Delta nRT$，经整理可得到苯分子的共轭能与恒容摩尔燃烧热的关系式：

$$E_r = 3|Q_{V,环己烯}| - 2|Q_{V,环己烷}| - |Q_{V,苯}| \tag{2-2-5}$$

分别测定苯、环己烷和环己烯的恒容摩尔燃烧热后，按照上述方法即可计算得共轭能，并与文献值进行比较。

**十、开放实验（一）：不同产地生物质固体燃料燃烧热的测定及质量分析

生物质固体燃料指的是利用农林废弃物，如秸秆、花生壳、甘蔗渣、木屑等，进行机械高温高压而成型的固体环保燃料，主要作为锅炉燃料，替代燃煤或燃油，进行清洁燃烧。使用生物质固体燃料不仅能节约不可再生的化石能源和降低企业能耗成本，而且由于生物质燃料中几乎不含硫和磷，燃烧后灰渣极少，对环境的污染较小。

优质生物质固体燃料的纯度高，不含其他不产生热量的杂物，其含碳量为 75%～85%，灰分为 3%～6%，含水量为 1%～3%，燃烧热值在 16.3～20.1 kJ·g^{-1}，经碳化后的燃烧热值可达 29.3～33.4 kJ·g^{-1}。

生物质固体燃料的燃烧热值与其原料直接相关，由不同生物质以及不同产地的同种生物质所制备的固体燃料，其燃烧热值有所不同。为了科学地开发这类生物质资源，应该根据生物质本身的特性进行分析研究，开发和设计出相对应的燃烧设备及技术，实现生物质资源的高效利用。因此，对生物质燃烧热值的精确测定显得尤为重要，并可通过燃烧热值差异，结合灰分、水分含量等分析，对生物质固体燃料的质量进行分析。

【实验提示】

（1）**生物质固体燃料全水分含量的测定**。称取一定量的生物质固体燃料样品，于（105±2）℃下，在空气流中干燥到质量恒定，趁热称量。根据样品干燥后的质量损失计算出全水分含量。

（2）**生物质固体燃料灰分含量的测定**。称取一定量的空气干燥后的生物质固体燃料样品，放入马弗炉中，以一定的速率加热到（815±10）℃，灰化并灼烧到质量恒定。以残留物的

质量占样品质量的百分数作为灰分含量。

（3）**生物质固体燃料燃烧热的测定**。称取一定量的生物质固体燃料样品，采用氧弹量热计进行燃烧热测定。测定时，应考虑 HNO_3 的生成对燃烧热的影响，并将其扣除。

（4）**对比分析**。将测得生物质固体燃料的能量密度和化石燃料的能量密度进行比较，分析生物质固体燃料的优缺点。

**十一、开放实验（二）：油品燃烧热的测定及其结构预测

对于油品，特别是汽油、柴油、煤油等各类燃料油，热值是其各种性质中较为重要的指标，如航空煤油就对质量燃烧热和体积燃烧热有非常高的要求。因此，燃烧热对于油品，尤其是各种燃料油的性能评价，具有非常重要的价值。

一般认为，物质的结构及化学键的差异会影响其燃烧热，因此可以根据物质所有化学键键能计算燃烧热；对于同系物，燃烧热随碳链增长而有规律地增加，故只需要将分子中主要结构视为一个大的取代基，相应同系物的燃烧热可以通过简单加和得到。由于异构烷烃更加复杂的空间构型，可通过建立相应的预测模型，对有机物分子结构及其燃烧热进行定量关联。通过分子结构可以预测化合物的宏观性质，同样通过宏观性质也可以关联、预测化合物的分子结构。

【实验提示】

（1）**样品准备**。实验时，可使用原油作为原料，对原油进行不同馏分的收集，并采用凝固点下降法或饱和蒸气压法测定不同馏分的相对分子质量；也可使用不同链长的烷烃作为原料。

（2）**燃烧热的测定**。称取一定量的油品样品，以药用胶囊为样品管，采用氧弹量热计进行燃烧热测定。

（3）**结构关联**。对于分子结构已知的油品，可在燃烧热、分子碳数、样品折射率等参数之间建立关联；对于分子结构未知的油品，可直接利用折射率与燃烧热进行关联，或使用熔（沸）点与燃烧热进行关联。

**十二、开放实验（三）：煤炭组成及其含量对煤热值的影响探究

煤炭的发热量是指单位质量的煤炭完全燃烧所产生的全部热量，它不仅是评价煤炭质量的一项重要指标，而且是当前动力用煤的一项重要的经济评价参数。煤炭的品质由其组成决定，含碳量高的煤炭，其热值较高；难燃成分（如煤矸石）含量较多的煤炭，则其热值较低。我国是煤炭大国，具有丰富的煤炭资源，不同地区产出的煤炭在组成上有较大差别，因此，对煤炭的组成及其热值进行测定，并建立数据模型，可以实现对煤炭品质的初步预测。

一般认为，煤由带脂肪侧链的大芳环和稠环所组成，因此碳元素是煤的主要组成元素之一，也是含量最高的元素。碳含量随煤化度的升高而增加。在我国泥炭中干燥无灰基碳含量为 55%～62%；褐煤的碳含量为 60%～76%；烟煤的碳含量为 77%～93%；对于煤化度更高的无烟煤，其碳含量多在 90% 以上。煤的第二个重要的组成元素是氢。除有机氢外，在煤的矿物质中也含有少量无机氢。通常碳含量在 80%～86% 时，氢含量最高，在 6% 左右。在煤的整个变质过程中，随着煤化度的提高，氢含量逐渐减少，尤其在无烟煤阶段，当碳含量由 92% 增至 98% 时，氢含量则由 2.1% 下降至 1%，甚至更低。煤中存在的元素有数十种之多，但通常所指的煤的元素组成主要是五种元素，即碳、氢、氧、氮和硫。其他在煤中含量很少、种类繁多的元

素,一般只当作煤中伴生元素或微量元素。

【实验提示】

（1）**不同地区煤炭样品热值的测定。**称取一定量的经空气干燥后的煤炭样品,采用氧弹量热计进行燃烧热测定。测定时,应考虑 HNO_3、H_2SO_4 的生成对燃烧热的影响,并将其扣除。

（2）**不同地区煤炭样品组成的测定。**可采用干燥法测定水分含量,燃烧法测定灰分含量,隔绝空气加热法测定挥发质含量,三节炉法测定碳氢含量;或者采用元素分析仪、X 射线荧光光谱仪等仪器对煤炭样品进行元素组成分析。

参考资料

实验三 气-液色谱法测定非电解质 溶液的热力学函数

一、实验目的和要求

（1）能够说明气-液色谱法在化学热力学函数测定中的基本原理、方法与适用体系。

（2）能够利用气-液色谱法进行正己烷(或环己烷)在邻苯二甲酸二壬酯溶液中的无限稀释活度系数、偏摩尔溶解焓、偏摩尔超额溶解焓等热力学函数的测定。

（3）能够说明气相色谱仪的工作原理,并对色谱图进行分析和处理。

二、实验原理

色谱法是一种重要的现代分离、分析方法,其基本组成为流动相和固定相两大部分,以气体为流动相的称为气相色谱法。固定相方面,直接使用固体作为固定相的称为气-固色谱法,而将液体涂布于大比表面积担体上形成固定相的称为气-液色谱法。样品(或称第三组分)由流动相带动通过装填或涂敷固定相的色谱柱时在气相和固定相之间进行反复多次连续的热力学分配。利用样品中各组分之间性质的微小差异,可以实现分离的目的。显然,样品在两相间的分配情况与样品和固定相之间相互作用的热力学和动力学性质密切相关。因此,色谱法不仅是分析、分离方面的一种重要的技术手段,而且在物理化学领域中也得到广泛应用。

1. 保留值

气-液色谱法不仅可以用于定量分析,还可以测定某些易挥发溶质与难挥发溶剂组成的溶液体系的热力学函数。作为溶质的易挥发样品通过进样口进入气相色谱仪后,部分留于气相,部分溶解在色谱柱固定液中,与固定液组成溶液,溶质在气、液两相之间建立分配平衡。随着载气的流动,溶质样品最终将被带出色谱柱,经检测器至出口,再通过皂膜流量计排空。检测器所测量的信号通过 A/D 转换由计算机记录。图 2-3-1 就是一个较为理想的脉冲进样色谱示意图。图中在 t_d 处的峰意味着色谱仪的气路中有"死空间"存在。根据所测样品和实验条件的不同,可选用氦气、氮气或氢气作载气。真正的样品峰则出现在 t_r 处。

从溶质进样到检测器出现浓度极大值所需的时间 t_r 称为保留时间。以皂膜流量计测得的载气流量 F 乘以 t_r 即为保留体积 V_r。F 与 t_d 的乘积 V_d 则称为死体积,它与溶解过程无关,而只与色谱仪的进样器、色谱柱和检测器这三部分的空间大小有关。所以,t_r 与 t_d 之差表征了溶

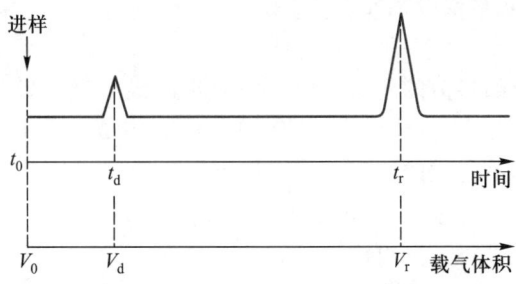

图 2-3-1　脉冲进样色谱示意图

质的溶解或溶液的性质,即样品的调整保留时间。样品的调整保留体积 V_r^0 为 $(t_r-t_d) \cdot F$。此外,以色谱柱内载气的真实流速 F_c 讨论保留体积才较合理。因此,皂膜流量计测得的柱后体积流速应进行压力校正、水蒸气压力校正和温度校正。从色谱柱的性质可知,柱内压力是柱长的函数,因而柱内各部位的实际流量也不是常量,对此可用压力校正因子 j 加以校正。皂膜流量计内载气和溶质不含水,因此要校正其所处温度下(一般为室温)水的饱和蒸气压对流速的影响。温度校正则校正柱温与柱后出口温度差异对流速的影响。综合上述校正,单位质量固定液上样品的比保留体积 V_g^0 才能真正反映溶质与作为溶剂的固定液之间相互作用的特性:

$$V_g^0 = (t_r-t_d) \cdot j \cdot \frac{(p_0 - p_w)}{p_0} \cdot \frac{273}{T_r} \cdot \frac{F}{m_1} \qquad (2-3-1)$$

式中

$$j = \frac{3}{2} \cdot \frac{(p_i/p_0)^2 - 1}{(p_i/p_0)^3 - 1}$$

T_r 为皂膜流量计所处的温度(K); p_i, p_0, p_w 分别为色谱柱前压力、出口压力及 T_r 时水的饱和蒸气压; m_1 为固定液质量。

2. 分配系数

在分配色谱中,溶质在流动相和固定相中的溶解平衡可用分配系数 K_D 来量度,它一般定义为平衡状态下溶质在两相中浓度之比。设溶质在气、液两相的浓度分别用不同概念来定义,则 273 K 时溶质在两相间的分配系数可表示如下:

$$K_D = \frac{\text{固定液中溶质质量/固定液质量}}{\text{流动相中溶质质量/流动相体积}} = \frac{m_2^s/m_1}{m_2^g/V_d} \qquad (2-3-2)$$

式中下标 1,2 分别表示固定液和溶质;上标 s,g 分别表示固定相和气相。

在理想条件下,色谱峰峰形应是对称的。那么,在 t_r 时,恰好有一半溶质被载气带离检测器,另一半则还留在色谱柱内。两部分质量相等,色谱柱内的溶质又分别处于气相和液相中。因此,有

$$V_r^c \frac{m_2^g}{V_d} = V_d^c \frac{m_2^g}{V_d} + V_s \frac{m_2^s}{m_1} \rho_1 \qquad (2-3-3)$$

式中 ρ_1 是固定液的密度, V_r^c 和 V_d^c 分别表示柱温、柱压条件下的保留体积和死体积。移项并作压力、水蒸气压力和温度校正,得

$$(t_r - t_d)j \frac{(p_0 - p_w)}{p_0} \cdot \frac{273}{T_r} \cdot F \cdot \frac{m_2^g}{V_d} = V_s \rho_1 \frac{m_2^s}{m_1} \qquad (2-3-4)$$

因 $V_s \rho_1 = m_1$，再分别与式（2-3-1）和式（2-3-2）比较，即得

$$V_g^0 = \frac{m_2^s/m_1}{m_2^g/V_d} = K_D \tag{2-3-5}$$

3. 活度系数

由于脉冲进样量非常小，样品在气、液两相的行为可分别用理想气体方程和拉乌尔（Raoult）定律作近似处理：

$$p_2 V_d = nRT_c$$

$$p_2 = \frac{m_2^g R T_c}{V_d M_2} \tag{2-3-6}$$

$$p_2^* = \frac{p_2}{x_2} = p_2 \frac{n_1 + n_2}{n_2} \approx p_2 \frac{n_1}{n_2} = p_2 \frac{M_2}{M_1} \frac{m_1}{m_2^s} \tag{2-3-7}$$

式中 p_2^* 和 p_2 分别为纯溶质和溶液中溶质的蒸气压；x_2 为溶质在溶液中的摩尔分数；M_1 和 M_2 分别为固定液和溶质的摩尔质量；n_1 和 n_2 分别为它们在溶液中的物质的量。将蒸气压由柱温 T_c 校正至 273 K，并将式（2-3-2）和式（2-3-6）代入式（2-3-7），得

$$p_2^* = p_2 \cdot \frac{273}{T_c} \cdot \frac{M_2}{M_1} \cdot \frac{V_d}{K_D m_2^g} = \frac{273R}{K_D M_1} \tag{2-3-8}$$

结合式（2-3-5），得

$$V_g^0 = \frac{273R}{p_2^* M_1} \tag{2-3-9}$$

实际上，作为溶剂的色谱固定液的沸点都较高，蒸气压很低，且摩尔质量和摩尔体积都较大。而溶质为易挥发物质，其物理性质与溶剂相差甚远，溶质分子的实际蒸气压主要取决于其与溶剂分子之间的相互作用力，所以溶液性质会偏离拉乌尔定律。这种与理想溶液的偏差可以通过引入活度系数来处理。所以式（2-3-9）可表示为

$$V_g^0 = \frac{273R}{\gamma_2^\infty p_2^* M_1} \tag{2-3-10a}$$

或

$$\gamma_2^\infty = \frac{273R}{V_g^0 p_2^* M_1} \tag{2-3-10b}$$

上式将色谱的特有概念——比保留体积 V_g^0 与溶液热力学的重要参数——无限稀释的活度系数 γ_2^∞ 相关联。活度系数是浓度的函数，溶液无限稀释下的活度系数直接反映了溶质和溶剂分子间的作用力，该数值对萃取精馏中溶剂的选择有重要指导意义。

4. 偏摩尔溶解焓和偏摩尔超额溶解焓

偏摩尔量反映了混合体系在温度、压力和组成均不改变的情况下，某组分量改变导致体系广度性质的变化。偏摩尔量对研究实际混合体系具有重要意义，只需要将广度性质的摩尔量变为偏摩尔量，纯物质体系推导得到的公式无须改变其形式就能应用在混合体系中。超额函数反映了实际混合体系较理想混合体系的热力学函数变化值，偏摩尔超额函数则反映了其他条件和组分不变情况下，某组分量改变引起的超额函数变化。

根据克劳修斯-克拉佩龙方程并结合拉乌尔定律，可得

$$d[\ln(p_2^*/\text{Pa})] = \frac{\Delta_{\text{vap}}H_\text{m}}{RT^2}dT \qquad (2\text{-}3\text{-}11a)$$

$$d[\ln(p_2^* x_2 \gamma_2^\infty/\text{Pa})] = \frac{\Delta_{\text{vap}}H_{2,\text{m}}}{RT^2}dT \qquad (2\text{-}3\text{-}11b)$$

$\Delta_{\text{vap}}H_{2,\text{m}}$ 表示溶质从溶液中汽化的偏摩尔汽化焓。对于理想溶液，$\gamma_2^\infty = 1$，溶质的分压可用 $p_2^* x_2$ 表示，而其偏摩尔汽化焓与纯溶质的摩尔汽化焓相等，偏摩尔溶解焓等于液化焓，即 $\Delta_{\text{vap}}H_{2,\text{m}} = \Delta_{\text{vap}}H_\text{m} = -\Delta_{\text{sol}}H_{2,\text{m}} = -\Delta_{\text{sol}}H_\text{m}$。非理想溶液的偏摩尔溶解焓 $\Delta_{\text{sol}}H_{2,\text{m}}$ 虽然也等于 $-\Delta_{\text{vap}}H_{2,\text{m}}$，但它们的值与活度系数有关。

将式(2-3-10a)取对数并对 $1/T$ 微分，再以式(2-3-11b)代入，可得

$$\frac{d\{\ln[V_\text{g}^0/(\text{m}^3 \cdot \text{kg}^{-1})]\}}{d(1/T)} = -\frac{d[\ln(p_2^* \gamma_2^\infty/\text{Pa})]}{d(1/T)} = \frac{\Delta_{\text{vap}}H_{2,\text{m}}}{R} \qquad (2\text{-}3\text{-}12)$$

在一定温度范围内，$\Delta_{\text{vap}}H_{2,\text{m}}$ 可视为常数，积分可得

$$\ln[V_\text{g}^0/(\text{m}^3 \cdot \text{kg}^{-1})] = \frac{\Delta_{\text{vap}}H_{2,\text{m}}}{RT} + C \qquad (2\text{-}3\text{-}13)$$

将式(2-3-11b)与式(2-3-11a)相减，并代之以溶解焓，则得

$$d(\ln\gamma_2^\infty) = \frac{\Delta_{\text{vap}}H_{2,\text{m}} - \Delta_{\text{vap}}H_\text{m}}{RT^2}dT = -\frac{\Delta_{\text{sol}}H_{2,\text{m}} - \Delta_{\text{sol}}H_\text{m}}{RT^2}dT \qquad (2\text{-}3\text{-}14)$$

与式(2-3-13)一样，积分可得

$$\ln\gamma_2^\infty = \frac{\Delta_{\text{sol}}H_{2,\text{m}} - \Delta_{\text{sol}}H_\text{m}}{RT} + D = \frac{\Delta_{\text{sol}}H^\text{E}}{RT} + D \qquad (2\text{-}3\text{-}15)$$

式中 C，D 均为积分常数。$\Delta_{\text{sol}}H^\text{E}$ 为非理想溶液与理想溶液中溶质的溶解焓之差，称偏摩尔超额溶解焓：

$$\Delta_{\text{sol}}H^\text{E} = \Delta_{\text{sol}}H_{2,\text{m}} - \Delta_{\text{sol}}H_\text{m} = \Delta_{\text{sol}}H_{2,\text{m}} + \Delta_{\text{vap}}H_\text{m} \qquad (2\text{-}3\text{-}16)$$

$\gamma_2^\infty > 1$ 时，溶液对拉乌尔定律产生正偏差，溶质与溶剂分子之间的作用力小于溶质之间的作用力，$\Delta_{\text{sol}}H^\text{E} > 0$；反之则相反。

三、实验仪器和药品

气相色谱仪　　　　　　　　　　　气体进样针(1 mL)

色谱工作站(包括计算机)　　　　　皂膜流量计

停表　　　　　　　　　　　　　　正己烷(分析纯)

氮气气瓶(高纯)　　　　　　　　　邻苯二甲酸二壬酯(色谱纯)

四、实验内容及步骤

实验操作
演示视频

1. 色谱仪开机

按操作规程检查，确保色谱仪气路及电路连接正常。打开氮气钢瓶总阀，顺时针转动加压阀，调节压力至 50 bar(5×10^6 Pa)，打开球形阀，并确认皂膜流量计有尾气溢出。打开色谱仪电源开关，进入自检完成启动。双击计算机桌面色谱工作站图标，工作站与色谱仪连接成功

后,选择开机方法"正己烷"。选择测试通道,并双击存储路径,为文件命名。

2. 测定保留时间

将柱温调到 60 ℃,保留时间 10 min,柱前压力为 200 kPa 左右。气化室温度设定为 150 ℃,检测器温度设定为 240 ℃。恒定流量模式下进样口气体流量为 20~40 mL·min⁻¹,参考气气体流量为 20 mL·min⁻¹,尾吹气气体流量为 5 mL·min⁻¹。预先鼓泡,皂膜流量计内肥皂水随载气鼓泡湿润流量计,直至气泡能够稳定上升至测量高度。用皂膜流量计测定载气流量三次,并取平均值。待色谱仪就绪且色谱工作站记录的基线稳定后便可进样。

用正己烷润洗气体进样针针管 3 次,将针内正己烷完全打空后吸入 100 μL 空气。进样的同时立即按下色谱工作站的启动键。待正己烷信号走完,并且基线走平后点击"结束"按钮,完成本次操作,计算机将自动记录如图 2-3-1 所示的图形。重复测定数次,取保留时间的平均值。记下柱前压力、大气压力、柱箱温度、皂膜流量计处温度。

气体进样器比较精密,切勿将针芯拉出针筒外,还应保持清洁。

3. 保留时间与柱温的关系

升高柱箱温度,测不同柱温下的保留时间及其他数据。每次升温幅度可控制在 5 ℃,从 60 ℃ 测到 90 ℃。共测定七组数据。每个温度测定三次,三次测量结果间的最大差值不超过 2 s。

4. 实验结束整理

实验完毕后,调用色谱关机程序,等待柱箱温度和进样口温度降至设置温度(40 ℃),等待仪器状态显示"就绪",退出色谱工作站,然后再关色谱电源,关闭气瓶。

五、数据处理、实验结果及讨论

1. 纯物质的饱和蒸气压

(1) 正己烷

$$p_2^* / \text{mmHg} = \exp[15.834 - 2693.8/(224.11 + t/℃)]$$

$$p_2^* / \text{Pa} = 133.3\exp[15.834 - 2693.8/(224.11 + t/℃)]$$

或

$$p_2^* / \text{mmHg} = \exp[17.79 - 3811/(T/\text{K})]$$

$$p_2^* / \text{Pa} = 133.3\exp[17.79 - 3811/(T/\text{K})]$$

方程适用范围为 -10~90 ℃;方程来源:参考资料[2]D-214。

(2) 水

$$p_w / \text{mmHg} = 4.5829 + 0.33173t/℃ + 1.1113 \times 10^{-2}(t/℃)^2 +$$
$$1.6196 \times 10^{-4}(t/℃)^3 + 3.5957 \times 10^{-6}(t/℃)^4$$

$$p_w / \text{Pa} = 6.1100 \times 10^2 + 4.4227 \times 10t/℃ + 1.4816(t/℃)^2 +$$
$$2.1593 \times 10^{-2}(t/℃)^3 + 4.7939 \times 10^{-4}(t/℃)^4$$

数据来源:参考资料[2]。适用温度范围:0~40 ℃。

2. 比保留体积和活度系数

根据式(2-3-1)可计算出不同柱温时的 V_g^0(固定液质量 W_1 给出)。由式(2-3-10b)求算出无限稀释活度系数 γ_2^∞。

3. 偏摩尔溶解焓和偏摩尔超额溶解焓

以正己烷在不同柱温时测得的 $\ln[V_g^0/(\text{m}^3 \cdot \text{kg}^{-1})]$ 和 $\ln\gamma_2^\infty$ 对 $1/T_c$ 作图。由其斜率可按

式(2-3-13)和式(2-3-15)分别求出该组分的偏摩尔溶解焓 $\Delta_{sol}H_{2,m}$ 和偏摩尔超额溶解焓 $\Delta_{sol}H^{E}$。

4. 摩尔汽化焓

由式(2-3-16)可计算纯态正己烷的 $\Delta_{vap}H_{m}$。

5. 文献值

正己烷的某些热力学数据见表 2-3-1。

表 2-3-1　正己烷的某些热力学数据

			正己烷	参考资料
沸点/℃			68.95	[2]
$\Delta_{vap}H_{m}/(kJ \cdot mol^{-1})$			31.91	[2]
在邻苯二甲酸二壬酯无限稀释溶液中	$\gamma_{2}^{\infty}(30\ ℃)$		1.203	[3]
	$\Delta_{sol}H_{2,m}/(kJ \cdot mol^{-1})$		−29.10	
	$\dfrac{\Delta_{sol}G_{2,m}}{kJ \cdot mol^{-1}}$	50.6 ℃	−1.229	
		59.6 ℃	−0.460	
		70.0 ℃	−0.450	
		79.9 ℃	1.294	
		90.0 ℃	2.158	[4]
	$\Delta_{sol}H^{E}/(kJ \cdot mol^{-1})$		1.403	
	$\dfrac{\Delta_{sol}S^{E}}{J \cdot mol^{-1} \cdot K^{-1}}$	50.6 ℃	0.402	
		59.6 ℃	0.355	
		70.0 ℃	0.336	
		79.9 ℃	0.301	
		90.0 ℃	0.277	

六、思考题

(1) 如何确定气-液色谱实验的各个操作条件(如温度、桥路电流、载气流量、空气进样量等)?

(2) 从 γ_{2}^{∞} 数值讨论正己烷的邻苯二甲酸二壬酯溶液对拉乌尔定律的偏差。

(3) 什么样的溶液体系才适合用气-液色谱法测定其热力学函数?

(4) 试从热力学函数对温度的依赖关系与实验测量误差两个角度讨论测定温度范围的合理选择。

(5) 气相色谱法还可以测定哪些热力学函数?

七、安全与环保

使用气瓶和气体减压阀前必须阅读 1.2.2 节和 3.2 节,以了解气瓶和气体减压阀的使用方法及注意事项。

八、附注

（1）除偏摩尔溶解焓和偏摩尔超溶解焓外，偏摩尔溶解熵变和偏摩尔溶解吉布斯（Gibbs）自由能变化值及其超额函数也都是很有意义的热力学数据。

可以推导得到以下计算式：

$$\ln\left[\,V_{\mathrm{g}}^{0}/(\,\mathrm{m}^{3}\,\cdot\,\mathrm{kg}^{-1})\,\right]\,=\,-\,\frac{\Delta_{\mathrm{sol}}G_{2,\mathrm{m}}}{RT}+\ln(\,273.2R/\rho_{1})\,=\,-\,\frac{\Delta_{\mathrm{sol}}H_{2,\mathrm{m}}}{RT}+\frac{\Delta_{\mathrm{sol}}S_{2,\mathrm{m}}}{R}+\ln(\,273.2R/\rho_{1})$$

$$(2\text{-}3\text{-}17)$$

显然，只要已知 ρ_1，从实验数据就可求出 $\Delta_{\mathrm{sol}}S_{2,\mathrm{m}}$ 和 $\Delta_{\mathrm{sol}}G_{2,\mathrm{m}}$。

Kaiser 和 Dybowski 认为，溶解过程的热力学函数变化可分为理想状态和超额两个部分。偏摩尔超额溶解吉布斯自由能和熵变可分别表示如下：

$$\Delta_{\mathrm{sol}}G^{\mathrm{E}}\,=\,RT\ln\gamma^{\infty}\qquad\qquad(2\text{-}3\text{-}18)$$

$$\Delta_{\mathrm{sol}}S^{\mathrm{E}}\,=\,-\,\frac{\Delta_{\mathrm{sol}}H^{\mathrm{E}}-\Delta_{\mathrm{sol}}G^{\mathrm{E}}}{T}\qquad\qquad(2\text{-}3\text{-}19)$$

根据上述两式即可对本实验的测定结果作进一步计算。

（2）吸附热。在气-固色谱实验中，同样可以进行类似的测定。不过，由式（2-3-13）求得的是气体样品在固相吸附剂上的吸附焓 $\Delta_{\mathrm{ads}}H_{\mathrm{m}}$，而其吸附熵 $\Delta_{\mathrm{ads}}S_{\mathrm{m}}$ 可根据下式计算：

$$\ln\left[\,V_{\mathrm{g}}^{0}/(\,\mathrm{m}^{3}\,\cdot\,\mathrm{kg}^{-1})\,\right]\,=\,-\,\frac{\Delta_{\mathrm{ads}}H_{\mathrm{m}}}{RT}+\frac{\Delta_{\mathrm{ads}}S_{\mathrm{m}}}{R}+\ln(\,273RS)\qquad(2\text{-}3\text{-}20)$$

式中 S 为固定相的比表面积。

（3）温度和压力的测定。柱温的测量精度不仅影响到 $\ln\left[\,V_{\mathrm{g}}^{0}/(\,\mathrm{m}^{3}\,\cdot\,\mathrm{kg}^{-1})\,\right]-1/T$ 和 $\ln\gamma_{2}^{\infty}-1/T$ 线性的可靠性，而且还将对 p_{2}^{*} 的计算和 γ_{2}^{∞} 数值的确定带来较大的影响。所以应使用较精确的温度计，精度以 $\pm0.1\ ^{\circ}\mathrm{C}$ 为宜；测温点的位置也必须慎重确定。本实验采用精度为 $\pm0.1\ ^{\circ}\mathrm{C}$ 的数显温度计进行测量。

商品色谱仪的柱前压力表应换装成精密压力表。0.4 级则可与其他测量误差相匹配，也可以利用气体进样六通阀接 U 形水银差压计。

式（2-3-1）的 p_{w} 指的是皂膜流量计所处温度下水的饱和蒸气压。可在载气出口处串联一个水蒸气预饱和管以确保 p_{w} 数值的正确、可靠。

本实验的出峰时间由色谱工作站来测定，具体的软件使用可在实验前参照说明书。必须注意，由于采用氮气作载气时，空气和正己烷出峰方向相反，必须采用软件来设置负峰反转，确保两个保留时间都可以测定。

（4）6 个学时的教学时间内，不可能由学生自制固定相、装柱和老化。这些环节另行安排示范，或可通过仪器分析实验课掌握。若将此实验与实验一（纯液体饱和蒸气压的测定）同时进行，并且只做正己烷或环己烷中的一种，则 $\Delta_{\mathrm{v}}H_{\mathrm{m}}$ 可由实验直接求得并作比较。

参考资料

实验四　热分析

一、实验目的和要求

（1）能够说明热化学变化的特点及其表征方法。

（2）能够说明差热-热重分析仪的工作原理、基本构造及功能。

（3）能够用热分析仪对 $CuSO_4 \cdot 5H_2O$ 进行差热-热重分析。

（4）能够绘制 $CuSO_4 \cdot 5H_2O$ 热分析图谱，说明 $CuSO_4 \cdot 5H_2O$ 热变化的规律。

*（5）能够用同步热分析法绘制二元体系相图，或测定聚合物玻璃化转变温度（选做实验）。

**（6）能够用同步热分析法研究不饱和聚酯树脂的固化过程及其反应动力学（开放实验）。

二、实验原理

现代热分析是指在程序控温条件下，测量物质的物理化学性质随温度变化的一类技术。在加热或冷却的过程中，物质的结构、相态和化学性质有可能发生变化，这些变化会伴有相应的物理性质变化，这些性质包括质量、温度、尺寸和声、光、热、力、电、磁等。热分析方法是多种多样的，其中热重法、差热法和差示扫描量热法应用最为广泛。

1. 热重法

热重法（thermogravimetry，TG）是在程序控温下测量物质的质量与温度关系的技术。通常有动态升温和静态恒温之分。一般情况下，热重分析在等速升温下进行，可在较短的时间观察物质在很宽温度范围的质量变化情况。热重分析仪的仪器结构和热天平的工作原理可参见3.2节相关内容。热重法实验得到的曲线称为热重曲线（即 TG 曲线），它表示过程的失重累积量，属积分型。热重曲线以质量作纵坐标，从上向下表示质量减少；以温度（或时间）作横坐标，自左至右表示温度（或时间）增加，如图 2-4-1 所示。热重法可精确测定物质质量的变化，

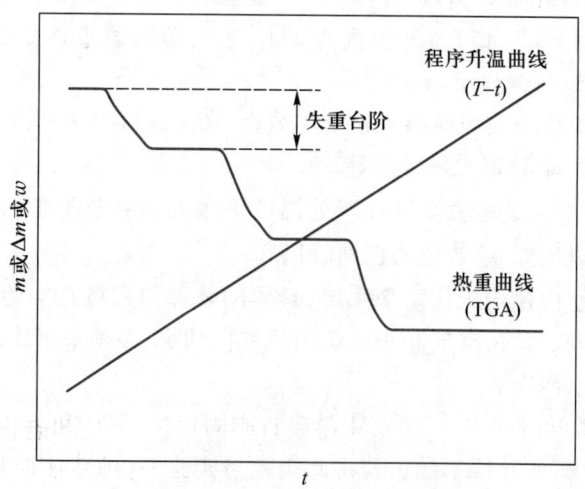

图 2-4-1　典型的热重曲线

所以它也是一种定量分析方法。由于样品质量变化的实际过程不是在某一温度下同时进行并瞬间完成的,因此热重曲线的形状不呈直角台阶状而是形成带有过渡和倾斜区段的曲线。当原始样品及其可能生成的中间体在加热过程中因为物理或化学变化而有挥发性产物释出时,从热重曲线可以得到它们的组成、热稳定性、热分解及生成的产物等与质量相联系的信息。

2. 差热法

许多物质在加热或冷却过程中会发生熔化、凝固、晶形转变、分解、化合、吸附、脱附等物理化学变化。这些变化必将伴随体系焓的改变,因而产生热效应。其表现为该物质与外界环境之间存在温度差。选择一种在所测定的温度范围内不会发生任何物理或化学变化且对热稳定的物质作为参比物,将其与样品一起置于可按设定速率升温的电炉中,测量时分别记录参比物的温度以及样品与参比物间的温度差。以温差对温度作图就可得到一条差热分析曲线,或称差热(DTA)图谱。差热分析就是在程序控制温度条件下,测量被测物质与参比物之间温度差随温度变化的一种技术。从差热曲线中可获得有关热力学和热动力学方面的信息。结合其他测试手段,就有可能对物质的组成、结构或产生热效应的变化过程的机理进行深入研究。

差热分析测定可通过记录仪分别记录温差和温度,而以时间作为横坐标,这样就得到 $\Delta T\text{-}t$ 和 $T\text{-}t$ 两条曲线。图 2-4-2 所示为理想条件下的差热分析曲线。显然,通过温度曲线可以很容易地确定差热分析曲线上各点的对应温度值。

如果参比物和被测样品的热容大致相同,而样品又无热效应,两者的温度基本相同,此时得到的是一条平滑的直线。图 2-4-2 中的 ab,de,gh 段就表示这种状态,这些直线段称为基线。一旦样品发生变化而产生热效应,此时在差热分析曲线上就会有峰出现,如图中 bcd 或 efg 所示。热效应越大,峰的面积也就越大。国际热分析及量热学联合会规定,峰顶向上的峰为放热峰,它表示样品的焓变小于零,其温度将高于参比物。而峰顶向下的峰为吸热峰,则表示样品的温度低于参比物。

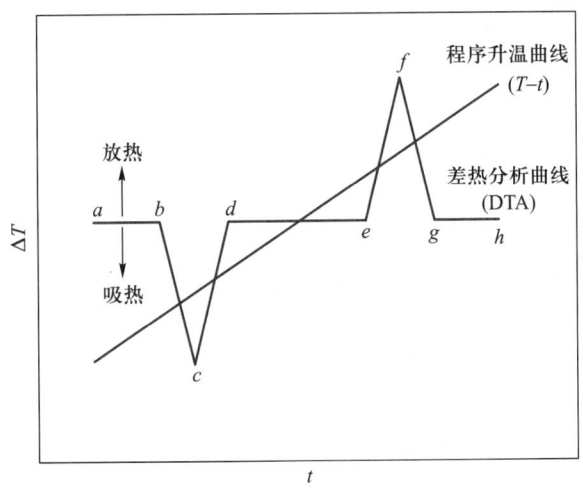

图 2-4-2 理想条件下的差热分析曲线

3. 差示扫描量热法

差示扫描量热法是指在程序控制温度下测量输入物质(样品)和参比物的能量差与温度或时间关系的一种技术。根据测量方法的不同,差示扫描量热法又分为两种基本类型:功率补偿型和热流型,两者分别测量输入样品和参比物的功率差及样品和参比物的温度差。测得的曲线称为差示扫描量热曲线(即 DSC 曲线,如图 2-4-3 所示);功率补偿型 DSC 曲线上的纵坐标以 dQ/dT 或 dQ/dt 表示,后者的单位是 $mJ \cdot s^{-1}$。

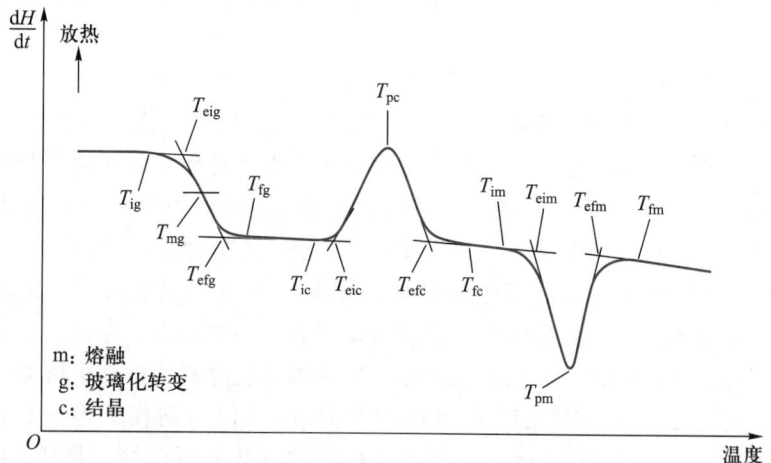

T_i—起始温度; T_{ei}—外推起始温度; T_p—峰温; T_{ef}—外推终止温度; T_f—终止温度

图 2-4-3　典型的差示扫描量热曲线

差示扫描量热法是在差热分析的基础上发展而来的。将有物相变化的样品和在所测定温度范围内不发生相变且没有任何热效应产生的参比物,在相同的条件下进行等温加热或冷却,当样品发生相变时,在样品和参比物之间就产生一个温度差。放置于它们下面的一组差示热电偶,即产生温差电势 $U\Delta T$,经差热放大器放大后送入功率补偿放大器,功率补偿放大器自动调节补偿加热丝的电流,使样品和参比物之间温差趋于零,两者温度始终维持相同。此补偿热量即为样品的热效应,以电功率形式显示于记录仪上。

功率补偿型的差示扫描量热法采用内加热式,装样品和参比物的支持器是各自独立的元件,在样品和参比物的底部各有一个用于加热的铂热电阻和一个用于测温的铂传感器。它采用动态零位平衡原理,即要求样品与参比物温度相同,无论样品吸热还是放热,都要维持动态零位平衡状态,也就是要保持样品和参比物温度差趋向于零。差示扫描量热法测定的是维持样品和参比物处于相同温度所需的能量差($\Delta w = dH/dt$),反映了样品焓的变化。热流型差示扫描量热法采用外加热式,使均温块受热后,通过空气和康铜做的热垫片两个途径把热传递给样品杯和参比杯,样品杯的温度由镍铬丝和镍铝丝组成的高灵敏度热电偶检测,参比杯的温度由镍铬丝和康铜组成的热电偶检测。由此可知,检测的是温差 ΔT,它是样品热量变化的反映。

4. 影响差热分析曲线的若干因素

一个热效应所对应的峰位置和方向反映了物质变化的特征;其宽度、高度和对称性,除与测定条件有关外,往往还取决于样品变化过程的各种动力学因素。实际上,一个峰的确切位置还受变温速率、样品量、粒度大小等因素影响。实验表明,峰的外推起始温度 T_{ei} 比峰温 T_p 所受影响要小得多,同时,它与用其他方法求得的反应起始温度也较一致。因此,国际热分析及量热学联合会决定,以 T_{ei} 作为反应的起始温度,并可用以表征某一特定物质。T_{ei} 的确定方法如图 2-4-4 所示。

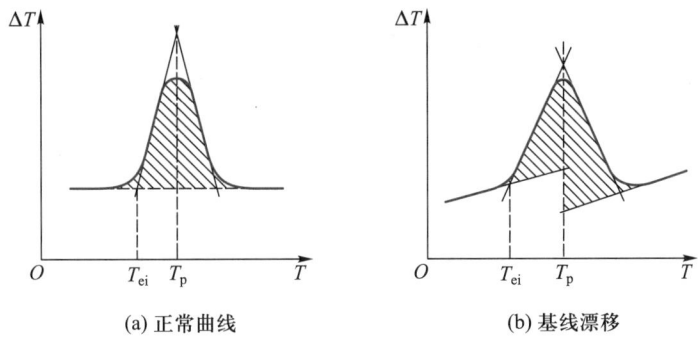

(a) 正常曲线　　　　　　　　　(b) 基线漂移

图 2-4-4　差热峰位置和面积的确定

图 2-4-4(a)所示为正常情况下测得的曲线,其 T_{ei} 由两曲线的外延交点确定,峰面积为基线以上的阴影部分。然而,由于样品与参比物及中间产物的物理性质不尽相同,再加上样品在测定过程中可能发生的体积改变等因素,往往使得基线发生漂移,甚至一个峰的前后基线也不在一直线上。此时,T_{ei} 的确定需较细心,而峰面积可参照图 2-4-4(b)所示的方法计算。

在完全相同的条件下,大部分物质的差热分析曲线具有特征性,因此就有可能通过与已知物图谱的比较来对样品进行鉴别。通常,在图谱上应详尽标明实验操作条件。除特殊情况外,绝大部分差热分析曲线指的都是按程序控制升温方式测定的。

5. 热分析动力学

热分析动力学是指用化学动力学的知识,研究用热分析方法测得的物理量(如质量、温度、热量、模量、尺寸等)的变化速率与温度之间的关系,这种动力学分析不仅可用于研究各类反应,也可用于分析各类转变和物理过程(如结晶、扩散等过程的速率)。通过动力学分析可更加深入地了解各类反应的过程和机制,或预测低温下的反应速率。

热分析动力学研究目的在于定量表征反应(或相变)过程,确定其遵循的最概然机理函数 $f(\alpha)$,求出动力学参数 E 和 A,算出速率常数 k 并提出模拟 DTA 曲线的反应速率 $d\alpha/dt$ 表达式。这些结果可以为新材料稳定性和配位性的评定、有效使用寿命和最佳生产工艺条件的确定、反应过程速率的定量描述和机理的推断、含能材料等易燃易爆物质危险性的评定、材料自发火温度、热爆炸临界温度的计算和燃烧初始阶段的定量描述等提供科学依据。

假设物质反应过程仅取决于转化率 α 和温度 T,这两个参数是相互独立的。则不定温、非均相反应的动力学方程可以表示为以下形式:

$$\frac{d\alpha}{dt} = f(\alpha)k(T) \tag{2-4-1}$$

式中 t 为时间;$k(T)$ 为速率常数的温度关系式;$f(\alpha)$ 为反应的机理函数。在线性升温时,通过温度与时间的转化,式(2-4-1)可以转化为

$$\frac{d\alpha}{dt} = \frac{1}{\beta} f(\alpha)k(T) \tag{2-4-2}$$

$$\beta = \frac{dT}{dt} \tag{2-4-3}$$

式(2-4-3)表示升温速率,在大多实验中升温速率是个定值。方程(2-4-2)是反应动力

学在等温和非等温过程中最基本的方程。其他所有的方程都是在这个方程的基础上推导出来的。

动力学方程中的速率常数 k 与温度有密切的关系。19 世纪末提出了许多关系式,其中阿伦尼乌斯(Arrhenius)通过模拟平衡常数与温度关系式的形式所提出的速率常数与温度的关系式最为常用,即

$$k = A \cdot \exp(-E_a/RT) \tag{2-4-4}$$

式中 A 为指前因子;E_a 为活化能;R 为摩尔气体常数;T 为热力学温度。该式在均相反应中几乎适用于所有的基元反应和大多数的复杂反应,式中两个重要参数的物理意义分别由碰撞理论和建立在统计力学、量子力学和物质结构之上的活化络合物理论(过渡态理论)所诠释。

将式(2-4-4)代入式(2-4-2),可得到非均相体系在非定温条件下的常用动力学方程式:

$$\frac{\mathrm{d}\alpha}{\mathrm{d}t} = \frac{A}{\beta}\exp(-E_a/RT)f(\alpha) \tag{2-4-5}$$

动力学研究的目的就在于求解出能描述某反应的上述方程中的"动力学三因子",即 E,A 和 $f(\alpha)$。Kissinger 认为:

$$\ln\frac{\beta}{T_{\max}^2} = \ln\frac{RA}{E_a} - \frac{E_a}{RT_{\max}} \tag{2-4-6}$$

这样,在不同程序升温速率 β 下测定一组差热曲线,得到相应的一组 $T_{\max}$,以 $\ln\dfrac{\beta}{T_{\max}^2}$ 对 $\dfrac{1}{T_{\max}}$

作图应得一条直线。从该直线的斜率和截距可以计算活化能 E_a 和指前因子 A。

6. 同步热分析仪

同步热分析仪示意如图 2-4-5 所示。样品保持器置于可自动水平开启的加热炉内,其上配有样品热电偶的坩埚支架,支架左右位置可放置待测样品及参比样品坩埚。坩埚支架下方设有六个 R 型热电偶。热电偶的高温端与低温端在样品位和参比位的不同位置排列,以测量 DSC 信号。样品保持器经陶瓷支撑管与 TGA 传感器相连。传感器上的陶瓷挡板附带热电偶

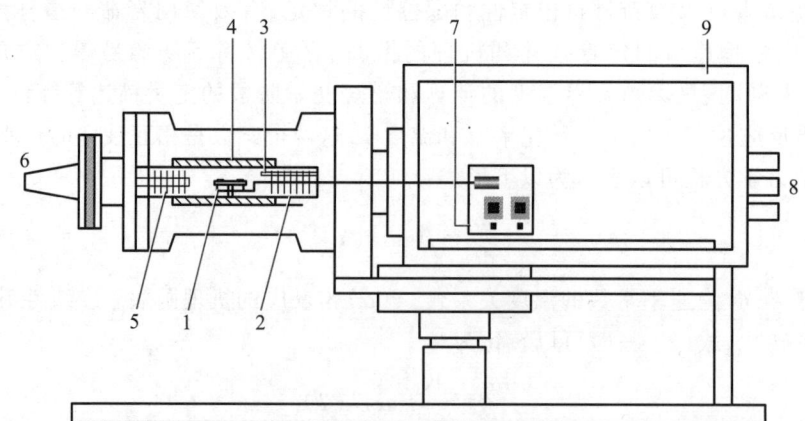

1—样品保持器;2—加热炉热电偶;3—反应气进气管;4—加热炉加热器;
5—陶瓷挡板;6—气体出口;7—天平调节器;8—气体进口;9—恒温平衡室

图 2-4-5　同步热分析仪示意图

电线,可承载与其末端连接的坩埚支架负载。与支撑管另一端连接的机械连接插在天平的插槽内,因此可将 TGA 传感器与天平装置连接。恒温平衡室内设有精密微量天平,为确保质量信号的良好可再现性,控制天平的温度至关重要,需要温控浴槽循环器对天平进行恒温控制。

三、实验仪器和药品

同步热分析仪 α-Al_2O_3(分析纯)

低温恒温槽 $CuSO_4 \cdot 5H_2O$(分析纯)

分析天平 氮气($>99\%$)

α-Al_2O_3 坩埚

四、实验内容与步骤

（1）打开同步热分析仪、计算机主机、低温恒温槽的电源,打开仪器软件(STAR^e)并登录至主界面;低温恒温槽外循环管路与同步热分析仪冷却介质出入口连接,设定温度为 15 ℃,并开启外循环。

（2）打开氮气气瓶,调节减压阀出口压力 0.15 MPa,调节同步热分析仪上转子流量计至流量 20 mL·min^{-1} 左右。

（3）放置样品。

① 向 70 μL 坩埚中加入 5 mg 左右硫酸铜($CuSO_4 \cdot 5H_2O$)粉末,并精确称量;称取 4 份该样品并编号,依次放入坩埚托盘内。

② 将 4 份样品放入分析仪自动进样器样品转盘内,并记录对应位置编号。

（4）点击 STAR^e 软件主窗口中 Experiment Window,在 TA Technique 中选择 TGA,点击 Select Method 并选择升温速率为 5 ℃·min^{-1} 的实验方法,在 Sample 栏中输入样品名称和样品质量,在 Position 栏中输入样品位置(3 位数,如样品放置在自动进样器 18 号位,则输入 118),其他选项保持默认,点击 Module 中仪器名称,点击 Send Experiment。

（5）重复步骤（4）,并依次选择升温速率为 10 ℃·min^{-1}、15 ℃·min^{-1}、20 ℃·min^{-1},将其他测定参数编辑发送,仪器自动开始取样测试。

（6）实验结束后,用镊子将自动进样器中坩埚小心取出,倒掉样品残渣后将坩埚回收至锥形瓶中。

（7）按操作规程关闭仪器。

实验操作
演示视频

五、数据处理、实验结果及讨论

（1）数据处理。

① 点击 STAR^e 软件主窗口中 Evaluation Window,打开实验文件,点击 Arrange,点击需要分析的曲线,按住鼠标左键选取分析范围,点击 Home 菜单中 Integration,Step Horiz 等工具进行分析。

② 点击 File 菜单中选择 Import/Export 工具,导出实验数据,选择 Export Other Format 导出 TXT 文件。

（2）通过硫酸铜失水质量及其对应的失水过程 DTA 峰温,指明样品脱水过程中出现热效应的次数,各峰的外推起始温度 T_{ei} 和峰顶温度 T_p。

（3）计算每步失水分解活化能及失水比例,并讨论硫酸铜晶体的结构。

（4）文献结果。

图 2-4-6 所示为 $CuSO_4 \cdot 5H_2O$ 受热脱水过程的差热分析曲线。其实验操作条件如下:以 α-Al_2O_3 作参比物,样品量 50 mg,静态空气,升温速率 10 ℃·min^{-1}。

各峰的温度,文献数据相差较大。有人报道,$CuSO_4 \cdot 5H_2O$ 样品在加热过程中,共有 7 个吸热峰,它们的外延起始温度及相应产物分别为:① 48 ℃,$CuSO_4 \cdot 3H_2O$;② 99 ℃,$CuSO_4 \cdot H_2O$;③ 218 ℃,$CuSO_4$;④ 685 ℃,Cu_2OSO_4;⑤ 753 ℃,CuO;⑥ 1032 ℃,Cu_2O;⑦ 1135 ℃,液体 Cu_2O。

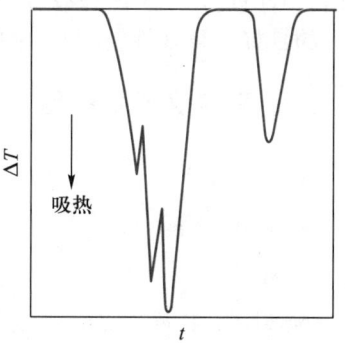

图 2-4-6　$CuSO_4 \cdot 5H_2O$ 受热脱水过程的差热分析曲线

六、安全与环保

（1）使用气瓶和气体减压阀前必须阅读 1.2.2 节和 3.2 节,以了解气瓶和气体减压阀的使用方法及注意事项。

（2）实验过程中,禁止触摸与加热炉连接的部件,防止烫伤。

（3）实验结束后严格将废弃药品转移到相应的器皿内。

七、附注

（1）差热分析已被广泛应用于材料的组成、结构和性能鉴定,以及物质的热性质研究等。利用热能活化促使样品发生变化来对物质进行研究是热分析的特点之一。它可以在较宽的温度区间内对一种物质进行快速的研究。尽管其实验条件与热力学平衡状态相去甚远,但在一定的操作条件下,它仍是一个有效而可靠的研究手段。热动力学方法的发展为差热分析开辟了更广阔的应用研究领域。差热分析技术较为简便,但在某些领域它有被差示扫描量热法取代的趋势。

关于差热分析具体实验条件的选择,一般可从以下四方面加以考虑:

① 参比物是测量的基准。一方面,在整个测定温度范围内,参比物应保持良好的热稳定性,它自身不会因受热而产生任何热效应。另一方面,要得到平滑的基线,所选用参比物的热容、热导系数、粒度及装填疏密程度应尽可能与试样相近。常用的参比物有 α-Al_2O_3、煅烧过的氧化镁、石英砂及镍等。为了确保其对热稳定,使用前应先在高于最高实验温度下灼烧。

② 升温速率对测定结果的影响特别明显。一般来说,速率过高时,基线漂移较明显,峰形比较尖锐,但分辨率较差,峰的位置会向高温方向漂移。通常升温速率为 2~20 ℃·min^{-1}。

③ 差热分析结果也与样品所处气氛和压力有关。例如,碳酸钙、氧化银的分解温度分别受气氛中二氧化碳和氧气分压的影响;液体或溶液的沸点或泡点更是直接与外界压力有关;某些样品或热分解产物还可能与周围的气体进行反应。因此,应根据情况选择适当的气氛和压力。常用的气氛为空气、氮气,或是将系统抽真空。

④ 样品的预处理与用量。一般非金属固体样品均应经过研磨而成为 200 目左右的微细颗粒。这可以减少死空间、改善导热条件。但过度研磨将有可能破坏晶体的晶格。样品用量

与仪器的灵敏度有关,过多的样品必然存在温度梯度,从而使峰形变宽,甚至导致相邻峰互相重叠而无法分辨。如果样品量过少或易烧结,可掺入一定量的参比物。

（2）$CuSO_4 \cdot 5H_2O$ 的脱水过程具有典型意义,它包括脱结晶水可能存在的各种特性:多步脱水;机理可能随实验条件而改变;可形成无定形的中间产物;原始样品和中间产物都可能具有非化学比组成。例如,存在着 5.07,5.00,4.88,3.02,2.98,1.01 等不同数目结晶水的化合物。

另外,$CuSO_4 \cdot 5H_2O$ 又有其特殊性,其脱水可分为三个步骤、四个热效应。详见 3.2 节相关内容。

八、思考题

（1）试说明 DSC 与 DTA 的差异。

（2）热分析过程中,除了从热变化、质量变化角度理解热过程的变化,还可以用什么技术辅助揭示热过程中的变化?

（3）试从物质的热容解释图 2-4-4(b)的基线漂移。

（4）在什么情况下,升温过程与降温过程所得到的差热分析结果相同? 在什么情况下,只能采用升温或降温方法?

（5）简要说明升温速率与样品颗粒大小对热分析结果的影响。

*九、选做实验（一）：差热法绘制 $Zn_3B_2O_6$-$ZnWO_4$ 二元体系的相图

相图和相平衡知识对了解材料制备过程中熔化与结晶行为、材料的性质及稳定性、热处理工艺等都具有十分重要的意义。相图是用几何图形的方法研究相平衡变化规律的,是相平衡理论的一个组成部分,在许多科学技术领域已成为解决实际问题不可缺少的工具。热分析法是一种绘制相图的基本方法。首先将样品加热至完全熔化,停止加热,缓慢冷却样品,记录样品冷却过程中不同时刻的温度值,可绘制温度-时间曲线(步冷曲线)。曲线的转折点表征了某一温度下发生相变的信息,根据步冷曲线上出现水平和转折处的温度即可绘制相图(如图2-4-7 所示)。传统实验方法存在实验步骤烦琐、耗时过长、所用试管价格昂贵且不便于样品搅拌、温度传感器探头不够灵敏等不足之处。与常用于绘制金属相图的步冷曲线法相比,差热法具有如下特点:(1)所用样品量少,节约样品;(2)适用于相变潜热较小或相变过程缓慢的系统;(3)受环境影响小,相转变温度明显,重现性好;(4)可确定最低共熔物的组成。

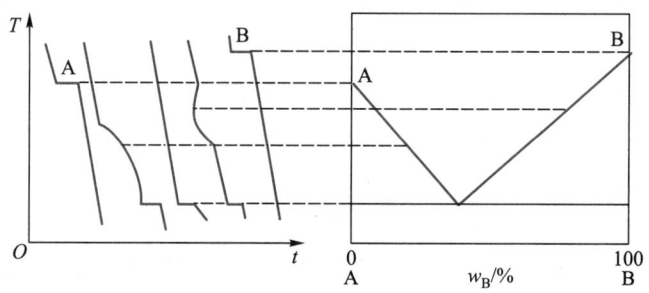

图 2-4-7　步冷曲线与相图

【实验提示】

（1）$Zn_3B_2O_6$-$ZnWO_4$ 二元混合物的差热曲线。图 2-4-8 所示为 $Zn_3B_2O_6$ 和 $ZnWO_4$ 的摩尔分数分别为 0.95 和 0.05 的二元体系的差热曲线。由 a 点到达 b 点，无相态改变，因此无吸收峰出现，在此过程为固态 $Zn_3B_2O_6$ 和固态 $ZnWO_4$ 两相区。而由 b 点到 c 点，固相 $ZnWO_4$ 开始熔化，差热曲线出现一吸热峰，此时三相（固态 $ZnWO_4$+固态 $Zn_3B_2O_6$+液相）共存，c 点所对应温度即为三相共存温度。随着温度继续升高，固态 $ZnWO_4$ 完全变为液相，此时两相（固态 $Zn_3B_2O_6$+液相）共存。随着温度继续升高，由 d 点到 e 点，另一固相 $Zn_3B_2O_6$ 也开始熔化，差热曲线又出现一吸热峰，直到 f 点固相 $Zn_3B_2O_6$ 完全熔化，进入液相单相区。因此，e 点温度可认为是最后一粒固相消失的温度，由此可确定在此组成的一液相点。其他组成曲线分析方法与此相同。由于95%（摩尔分数）$Zn_3B_2O_6$+5% $ZnWO_4$ 组分的液相线与三相线比较近，因此，两个吸热峰也紧邻。随着 $Zn_3B_2O_6$ 的摩尔分数从100%降至0%不断变化，三相区和两相区的出峰温度会随之变化，当 c 点温度与 e 点温度重合时，即表示该组成混合物为最低共熔混合物。不同组成下的获得 e 点温度即可确定相应液相点，将单相点液化温度、液相温度及最低共熔温度用平滑曲线连接，即可得到包含液相单相区、固态 $Zn_3B_2O_6$+液相两相区、固态 $ZnWO_4$+液相两相区和固态 $ZnWO_4$+固态 $Zn_3B_2O_6$ 两相区共四个相区的二元系相图。

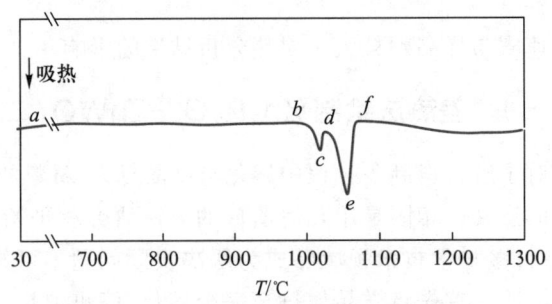

图 2-4-8　组成为 95%（摩尔分数）$Zn_3B_2O_6$+5%

$ZnWO_4$ 的二元体系的差热曲线

（2）通过配制不同摩尔比的 $Zn_3B_2O_6$ 和 $ZnWO_4$ 二元混合物，分别测得其差热曲线，由此获取在不同组成下的二元体系液相点、两相点、三相点等的温度值，并绘制二元系 $Zn_3B_2O_6$-$ZnWO_4$ 相图。

*十、选做实验(二)：聚合物玻璃化转变温度的测定及其影响因素

玻璃化转变温度（T_g）是指由玻璃态转变为高弹态所对应的温度。玻璃态转变是非晶态高分子材料固有的性质，是高分子运动形式转变的宏观体现，它直接影响材料的使用性能和工艺性能，具有重要的意义。玻璃化转变温度关系着树脂常温下的贮存稳定性，玻璃化转变温度足够高，贮存稳定性好，官能团在室温下稳定，树脂在室温下易粉碎。

测量 T_g 的方法较多，其中差示扫描量热法是最传统、最常用的测量方法。然而实验条件往往对测试结果有很大影响。因此，本实验以饱和聚酯树脂为样品，通过改变测试方法中的主要条件，研究测试过程实验条件对聚合物玻璃化转变温度测定的影响，最终找到测定聚酯树脂玻璃化转变温度的最佳条件。

【实验提示】

（1）**样品制备**。选用异氰脲酸三缩水甘油酯（TGIC）型饱和聚酯树脂,制成片状样品、颗粒状样品、粉末状样品,然后通过电子天平分别在坩埚内称取适量样品。

（2）**实验条件**。根据设定的测试方法对样品进行玻璃化转变温度的测试。基本测试方法可以参照国家标准［GB/T 19466.2—2004：塑料差示扫描量热法（DSC）第 2 部分：玻璃化转变温度的测定］。由于热历史对聚合物的 DSC 测试结果有较大影响,所以需要二次升温。第一次升温消除热历史,第二次升温记录测试数据。实验过程中处于氮气气氛,机械制冷降温。

（3）**数据分析**。讨论样品形态、升温温度、样品质量、升温速率及降温速率对玻璃化转变温度测定的影响。

****十一、开放实验：不饱和聚酯树脂固化过程的动力学研究**

苯乙烯固化的不饱和聚酯树脂以其优异的性能和相对低廉的成本被广泛应用于工业领域。在对这些材料进行任何机械或物理分析之前,表征固化动力学是很重要的。已有研究表明,差示扫描量热法可以确定热固性树脂的固化动力学。不饱和聚酯树脂的固化是一种自由基聚合反应过程,树脂从液体状态转变为刚性交联分子结构,变得不溶和难熔。为了启动反应,通过热或催化过程获得自由基是必需的。有机过氧化物（引发剂）是常用的自由基来源。在冷却过程中,根据使用的过氧化物,可以通过添加金属盐或胺（引发剂-促进剂体系）来引发该反应。有促进剂固化的不饱和聚酯树脂有两个放热 DSC 峰,而没有促进剂固化的不饱和聚酯树脂只有一个放热 DSC 峰。

差示扫描量热分析中,通常采用以下四个步骤来分析固化过程。（1）采用高斯分布对 DSC 曲线进行分峰处理;（2）基于 ASTM E698 方法计算阿伦尼乌斯动力学参数;（3）通过非线性回归计算固化过程动力学参数;（4）确定每个反应速率相对于总反应速率的权重。

【实验提示】

（1）**样品制备**。将邻苯二甲酸型不饱和聚酯树脂 Estratil A-228（邻苯二甲酸、马来酸酐和丙二醇的摩尔比为 3：2：5）、50% 过氧化甲乙酮-邻苯二甲酸二丁酯溶液、6% 异辛酸钴（cobalt octoate）-邻苯二甲酸酯溶液按质量比 100：1：0.1 进行混合。

（2）**DSC 曲线测定**。所有 DSC 曲线测定使用密封性氧化铝坩埚,小心称取 20 mg 样品放入坩埚后进行密封,并置于同步热分析仪样品转盘内。测定时以氮气为气氛,分别设定 2 ℃·min^{-1},5 ℃·min^{-1},10 ℃·min^{-1},15 ℃·min^{-1},20 ℃·min^{-1} 及 25 ℃·min^{-1} 的升温速率,温度范围为 0~250 ℃。

（3）**数据分析**。在不同升温速率下获得的 DSC 曲线在 0~200 ℃ 范围内均出现两个放热峰,分析得到各自出峰的峰温度及峰面积,其中峰面积即为反应热 ΔH_r（J·g^{-1}）。参照本实验的实验原理中第 5 点内容及参考资料［9］分别计算不同升温速率下各个峰对应的动力学参数（活化能 E_a,指前因子 A,反应级数 n 等）。通过动力学参数的比较与分析,讨论邻苯二甲酸型不饱和聚酯树脂的固化过程。

参考资料

实验五 双液系的气-液平衡相图

一、实验目的和要求

（1）能够绘制在 $p^{\ominus}$ 下环己烷-乙醇双液系的气-液平衡相图,说明相图和相律的基本概念。

（2）能够正确使用沸点测试仪,掌握测定双组分液体的沸点及正常沸点的方法。

（3）能够说明阿贝(Abbe)折射仪的原理和作用,掌握用折射率确定双组分液体组成的方法。

*（4）能够使用沸点测试仪及阿贝折射仪绘制在 $p^{\ominus}$ 下正己烷-甲醇部分互溶双液系的气-液平衡相图及液-液相图(选做实验)。

**（5）能够使用沸点测试仪及阿贝折射仪绘制在 $p^{\ominus}$ 及盐存在条件下乙二醇-正辛醇双液系的气-液平衡相图(开放实验)。

二、实验原理

1. 气-液相图

两种液态物质混合而成的双组分体系称为双液系。两个组分若能按任意比例互相溶解,称为完全互溶双液系。液体的沸点是指液体的蒸气压与外界压力相等时的温度。在一定的外压下,纯液体的沸点有确定值。但双液系的沸点不仅与外界压力有关,而且还与两种液体的相对含量有关。根据相律:

$$自由度 = 组分数 - 相数 + 2$$

对于双组分体系,由于体系中至少有一相,因此其最多有三个自由度,即温度、压力和组成三个变量。只要任意再确定一个变量,整个体系的存在状态就可以用二维图形来描述。例如,在一定温度下,可以画出体系的压力 p 和组分 x 的关系图;若体系的压力确定,则可作温度 T 对组分 x 的关系图,这就是相图。在 T-x 相图上,有气相区和液相区两个单相区,以及一个气、液共存的两相区。单相区的自由度为2,两个变量为温度和组成。两相区的自由度为1,一旦设定某个变量,则另一个变量必有相应的确定值。图 2-5-1 以苯-甲苯体系为例表明,温度 T 这一水平线指出了在此温度时处于平衡的液相组分 x 和气相组分 y 的相应值。

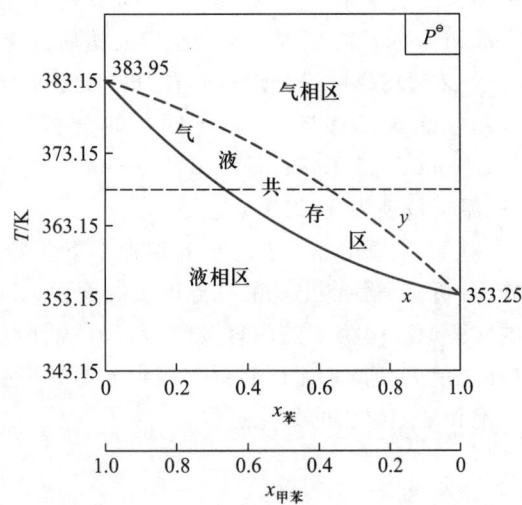

图 2-5-1 苯-甲苯体系的温度-组分相图

苯与甲苯这一双液系基本上接近于理想溶液。然而绝大多数实际双液体系与拉乌尔（Raoult）定律有一定偏差。偏差不大时，$T-x$ 相图与图 2-5-1 相似，溶液的沸点仍介于两纯物质的沸点之间。但是，有些体系的偏差很大，以至于其相图将出现极值。正偏差很大的体系在 $T-x$ 图上呈现极小值，负偏差很大时则会有极大值。这样的极值称为恒沸点，其气、液两相的组成相同。例如，H_2O-HCl 体系的最高恒沸点在 $p^{\ominus}$ 时为 108.5 ℃，恒沸物的组成：HCl 含量为 20.242%。

通常，测定一系列不同配比溶液的沸点及气、液两相的组成，就可绘制气-液体系的相图。压力不同时，双液系相图将略有差异。本实验要求将外压校正到标准压力。

2. 沸点测定仪

各种沸点测定仪的具体构造虽各有特点，但其设计思想都集中于如何正确测定沸点、便于取样分析、防止过热及避免分馏等方面。本实验所用沸点测定仪如图 2-5-2 所示。这是一只带回流冷凝管的长颈圆底烧瓶。冷凝管底部有一半球形小室，用以收集冷凝下来的气相样品。加热电流经直流稳压电源和粗导线通过浸于溶液中的电热丝。这样既可减少溶液沸腾时的过热现象，还能防止暴沸。小玻璃管有利于降低周围环境对温度计读数可能造成的波动。

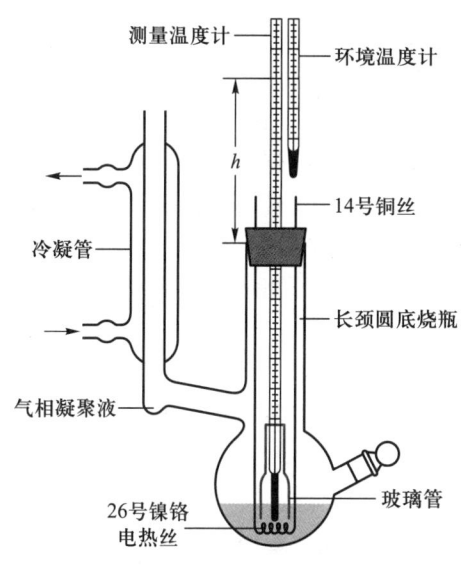

图 2-5-2　沸点测定仪示意图

3. 组成分析

本实验选用的环己烷和乙醇，两者折射率相差颇大，而折射率测定只需要少量样品，所以，可用折射率-组成工作曲线来测得平衡体系的两相组成。数字式阿贝（Abbe）折射仪的原理及使用详见 3.4 节。

三、 实验仪器和药品

沸点测定仪 　　　　　　　　　　　　长滴管

水银温度计(50~100 ℃,分度值 0.1 ℃) 　　带玻璃磨口塞试管(5 mL)

玻璃温度计(0~100 ℃,分度值 1 ℃) 　　烧杯(50 mL,250 mL)

直流稳压电源 　　　　　　　　　　环己烷(分析纯)

数字式阿贝折射仪(棱镜恒温) 　　　无水乙醇(分析纯)

分析天平 　　　　　　　　　　　　丙酮(分析纯)

超级恒温水浴 　　　　　　　　　　重蒸馏水

玻璃漏斗(直径 5 cm) 　　　　　　　冰

称量瓶(高型)

四、实验内容及步骤

1. 绘制工作曲线

(1) 配制环己烷摩尔分数分别为 0.10,0.20,0.30,0.40,0.50,0.60,0.70,0.80 和 0.90 的环己烷-乙醇溶液各 10 mL。计算所需环己烷和乙醇的质量,并用分析天平准确称取。为避免样品挥发而带来误差,称量应尽可能迅速。各溶液的确切组成可按实际称样结果精确计算。

(2) 调节超级恒温水浴温度为 25 ℃左右,根据阿贝折射仪上的显示温度和超级恒温水浴温度计上的温度差,微调超级恒温水浴温度使阿贝折射仪上的温度计读数保持在(25.0±0.2)℃。分别测定上述 9 个溶液及纯乙醇和环己烷的折射率。

(3) 用坐标纸绘制 25 ℃下的折射率-组成工作曲线。

2. 安装沸点测定仪

根据图 2-5-2 所示,将已洗净、干燥的沸点测定仪安装好。检查带有温度计的软木塞是否塞紧。电热丝要靠近烧瓶底部的中心。温度计水银球的位置应处在支管之下,但至少要高于电热丝 2 cm。

3. 测定无水乙醇的沸点

借助玻璃漏斗由支管加入 30 mL 无水乙醇使液面达到温度计水银球的中部。注意,电热丝应完全浸没于溶液中。打开冷却水,接通电源。用直流电源由零开始逐渐加大电压,使溶液缓慢加热。液体沸腾后,再调节电压和冷却水流量,使蒸气在冷凝管中回流的高度保持在 1.5 cm 左右。测温温度计的读数稳定后应再维持 3~5 min 以使体系达到平衡。在这过程中,不时将小球中凝聚的液体倾入烧瓶,一般要 3~5 次。记下温度计的读数和露茎温度,并记录大气压力。

4. 取样并测定

切断电源,停止加热。用盛有冰水的 250 mL 烧杯套在沸点测定仪底部使体系冷却。将一支干燥滴管自冷凝管口伸入小球,吸取其中全部冷凝液。用另一支干燥滴管由支管吸取圆底烧瓶内的溶液约 1 mL。上述两者即可认为是体系平衡时气、液两相的样品。样品可以分别储存在带磨口塞的试管中。试管应放在盛有冰水的小烧杯内,以防样品挥发。样品的转移要迅速,并应尽早测定其折射率。操作熟练后,也可将样品直接滴在阿贝折射仪样品台毛玻璃上进行测定。最后,将溶液倒入指定的储液瓶中。

5. 测定系列环己烷-乙醇溶液及环己烷的沸点

量取 30 mL 无水乙醇从支管加入沸点测定仪,用量筒依次量取 2 mL,7 mL,14 mL,5 mL 环己烷,每次加入环己烷后按照上述所述步骤测定环己烷-乙醇溶液的沸点及两相样品的折射率。上述步骤可测得左半相图的数据,按照相同的步骤,右半相图数据则通过向 30 mL 环己烷溶液中逐步加入 1 mL,3 mL,4 mL,5 mL,7 mL 乙醇进行测定。全部测定完成后将溶液倒入指定的废液瓶中。注意,测定环己烷前,必须将沸点测定仪洗净并充分干燥。

6. 绘图

用所测实验原始数据绘制沸点-组成草图,与文献值比较后决定是否有必要重新测定某些数据。

五、数据处理、实验结果及讨论

1. 沸点温度校正

(1)正常沸点。在外压为 101.325 kPa 下测得的沸点称为正常沸点。通常外界压力并不恰好等于 101.325 kPa,因此,应对实验测得值作压力校正。如下校正公式系从特鲁顿(Trouton)规则及克拉佩龙-克劳修斯方程推导而得的:

$$\Delta t_{压} = \frac{273.15 + t_A}{10} \cdot \frac{101.325 - p}{101.325} \qquad (2-5-1)$$

(2)温度露茎校正。在作精密的温度测量时,需对温度计读数作校正。除了温度计的零点和刻度误差等因素外,还应作露茎校正。这是玻璃水银温度计未能完全置于被测体系而引起的。根据玻璃与水银膨胀系数的差异,校正值计算式为

$$\Delta t_{露} = 1.6 \times 10^{-4} \cdot h \cdot (t_A - t_B) \qquad (2-5-2)$$

式中 t_A 为温度计实际示值;t_B 为露茎部位的温度值;h 为露出在体系外的水银柱长度,即图 2-5-2 中温度计的测量观测值与沸点测定仪软木塞处温度计读数之差,并以温度差值作为长度单位。

(3)经校正后的体系正常沸点应为

$$t_{沸} = t_A + \Delta t_{压} + \Delta t_{露} \qquad (2-5-3)$$

(4)根据乙醇和环己烷的沸点判断是否需对温度计零点和刻度作校正。其他校正可参阅 3.1 节。

2. 未知溶液的组成

根据折射仪的工作温度,从对应的折射率-组成工作曲线中查得。将乙醇、环己烷及系列溶液的沸点和气、液两相组成列表并绘制环己烷-乙醇的温度-组成相图。从图上可以确定最低恒沸点和恒沸物组成。

3. 文献值

(1)环己烷-乙醇体系的温度-组成相图见图 2-5-3。

(2)标准压力下的环己烷-乙醇体系相图的恒沸点数据见表 2-5-1(参考资料[1])。

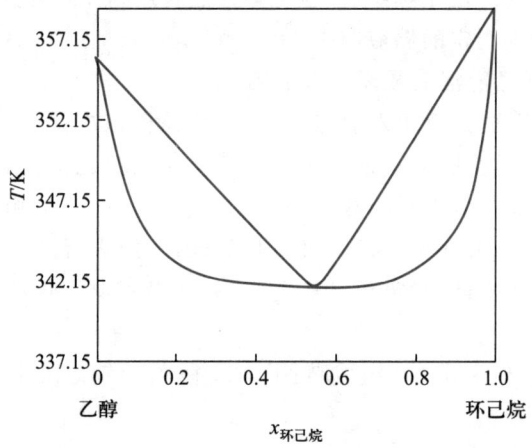

图 2-5-3　环己烷-乙醇体系的温度-组成相图

表 2-5-1　标准压力下环己烷-乙醇体系相图的恒沸点数据

沸点/℃	乙醇的质量分数/%	$x_{环己烷}$
64.9	40.0	—
64.8	29.2	0.570
64.8	31.4	0.545
64.9	30.5	0.555

（3）25 ℃时环己烷-乙醇体系的折射率-组成关系见表 2-5-2(参考资料[3])，其工作曲线见图 2-5-4。

表 2-5-2　25 ℃时环己烷-乙醇体系的折射率-组成关系

$x_{乙醇}$	$x_{环己烷}$	n_D^{25}
1.00	0.0	1.35935
0.8992	0.1008	1.36867
0.7948	0.2052	1.37766
0.7089	0.2911	1.38412
0.5941	0.4059	1.39216
0.4983	0.5017	1.39836
0.4016	0.5984	1.40342
0.2987	0.7013	1.40890
0.2050	0.7950	1.41356
0.1030	0.8970	1.41855
0.00	1.00	1.42338

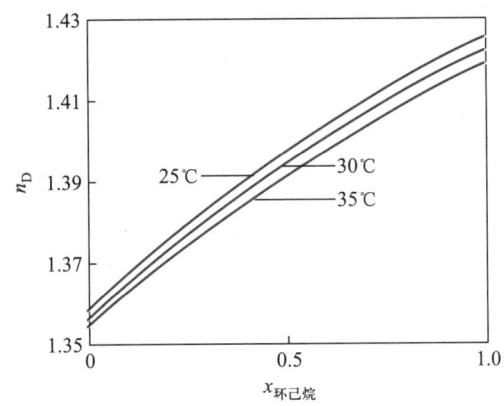

图 2-5-4　环己烷-乙醇体系的折射率-组成工作曲线

六、附注

1. 被测体系的选择

本实验所选体系的沸点范围较为合适。由图 2-5-3 可见,该体系与拉乌尔定律比较存在严重正偏差。作为有最小值的 T-x 相图,该体系具有一定的典型意义。但相图的液相线较为平坦,在有限的学时内不可能将整个相图精确绘出。有些教学实验选用苯-乙醇体系,尽管其液相线有较佳极值,但考虑到苯的毒性,本实验未予选用。

2. 沸点测定仪

仪器的设计必须便于沸点和气、液两相组成的测定。蒸气冷凝部分的设计是关键之一。若收集冷凝液的凹形半球容积过大,在客观上会造成溶液的分馏;过小则会因取样太少而给测定带来一定困难。连接冷凝管和圆底烧瓶之间的连管过短或位置过低,沸腾的液体就有可能溅入小球内;反之,则易导致沸点较高的组分先被冷凝下来,结果使气相样品组成产生偏差。在化工实验中,可用罗斯(Rose)平衡釜测得平衡时的温度及气、液相组成数据,效果较好。

3. 组成测定

可以用相对密度或其他方法进行测定,但折射率的测定方法快速、简单,特别是所需样品量较少,这对于本实验特别合适。不过,如操作不当,误差会较大。通常需重复测定三次,取其平均值。应该指出,在环己烷含量较高的部分,折射率随组成的变化率极小,实验误差将略大。而且环己烷的熔点较高,在采用冰水浴冷却时要注意勿使环己烷固体析出,影响取样分析。

4. 教学安排

实际上,工作曲线实验室已事先画好,学生只测定无水乙醇、环己烷和系列混合溶液的数据。大都可在 6 学时内完成测定。无水乙醇的测定有利于学生熟悉整个操作,还可借此校验水银温度计的刻度是否正确。除非对温度计的刻度或乙醇的纯度有所怀疑,通常不必对纯环己烷进行测定,其沸点采用文献值即可。为使相图更为完整,可由同一组的两个学生分工,分别从无水乙醇和环己烷出发,各完成相图的一半。但接近恒沸物组成 $x_{环己烷}=0.55$ 的样品则各做一次以便互相核对校验。当然,为减少测量误差,有兴趣的同学可独立完成整个相图。

5. 气-液相图的实用意义

只有掌握气-液相图,才有可能利用蒸馏方法使液体混合物有效分离。在石油工业和溶剂、试剂的生产过程中,常利用气-液相图来指导并控制分馏、精馏的操作条件。在一定压力下恒沸物的组成恒定,利用恒沸点盐酸可以配制定量分析用的标准酸溶液。

七、思考题

（1）在测定恒沸点时,溶液过热或出现分馏现象,将使绘出的相图图形发生什么变化?

（2）为什么工业上常生产95%乙醇? 只用精馏含水乙醇的方法是否可能获得无水乙醇?

（3）试设计其他方法用以测定气-液两相组成,并讨论其优缺点。

（4）讨论本实验的主要误差来源。

八、安全与环保

（1）根据实际需要穿着实验服,佩戴护目镜、口罩等防护用品。使用沸点测定仪时,需要预计电热丝空烧熔断及沸点测定仪意外摔落破裂导致着火的可能。因此,本实验要特别注意防火。

（2）熟悉沸点测定仪的使用方法,并细心地进行操作,注意工作时保持电热丝在液面以下,切勿使电热丝在空气中干烧。

（3）按照实验性质,配备最合适的灭火设备——如粉末灭火器、泡沫灭火器或二氧化碳灭火器等。本实验最合适的灭火设备是灭火毯,如发生险情,第一时间切断电源,着火部位迅速盖上灭火毯。为避免火情失控,本实验除沸点测定仪内的溶液外,不允许在操作台上放置多余的有机溶剂,所有试剂,包括乙醇、环己烷及混合溶液在取样后务必放回原处。

（4）实验过程中废弃的固体或液体试剂应正确放置于相应试剂或废液回收器皿内,尤其是有机溶剂,不可倾倒于水槽内。

（5）本实验涉及水银温度计,如不慎打破,需要按照流程收集滚落的水银,再在污染部位撒上硫黄粉。

*九、选做实验：部分互溶双液系的气-液相图及液-液相图

上述实验绘制了环己烷-乙醇完全互溶双液系的气-液相图。在实际过程中,经常会遇到部分互溶双液系,即一种液体在另一液体中只有有限的溶解度,这种部分互溶双液系相图的绘制同样具有重要的价值。相对于完全互溶双液系,部分互溶双液系相图的绘制较为复杂。部分互溶双液系的 T-x 相图有两种典型的情况。一种是两种液体组分在液相区有一个上限临界溶解温度（最高会溶温度）,在此温度以上,两组分完全互溶。这种体系在最高会溶温度以上的气-液相图与完全互溶双液系相同,因此其 T-x 相图可以分别通过在低于沸点温度下绘制液-液相图,在高于最高会溶温度下绘制气-液相图,然后组合形成。另一种典型的情况是双液系升温到沸点时仍不完全互溶,如图

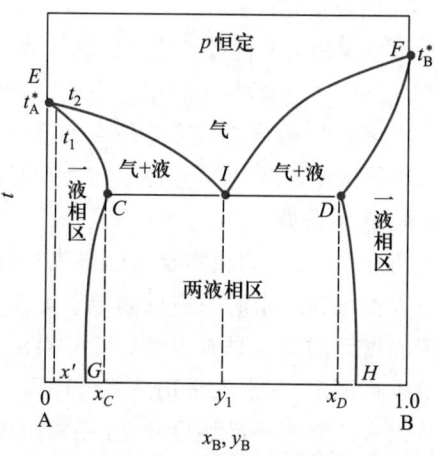

图 2-5-5　无上限临界溶解温度的部分
互溶双液系的气-液相图

2-5-5 所示,在沸点连接线 *CID* 以下,只存在两个部分互溶的液相,当升温到连接线温度时,出现组成为 y_1 的气相,体系为三相平衡,此时体系的自由度为零,即在指定压力下,温度和三个相的组成均为确定值。

本选做实验以甲醇-正己烷部分互溶双液系为例,绘制有最高会溶温度的部分互溶双液系在 101.325 kPa 外压下的 $T-x$ 相图。通过温度计示数记录甲醇-正己烷双液系沸腾时的温度,以及液-液体系上限临界溶解温度,利用阿贝折射仪分别测定气、液相的折射率,从而得到双液系气相、液相的浓度,进而绘制气-液平衡相图和液-液平衡相图。

【实验提示】

（1）**部分互溶双液系的判定。**使用玻璃滴管分别量取上层和下层液体,吸取上层液体时不得接触下层液体,吸取下层液体时允许少量上层液体在滴管中存留,防止人为操作影响相平衡移动,量取完成后应尽快测量对应的折射率,测定其折射率是否介于两纯组分之间。

（2）**上限临界溶解温度的判定。**在常温下配制一系列不同正己烷体积分数的甲醇-正己烷溶液,实验测定在何种体积分数时溶液两相消失的最高温度,则此为上限临界溶解温度。

文献值(参考资料[5]):正己烷体积分数为 0.6 的甲醇-正己烷体系的上限临界溶解温度为 51 ℃左右。

（3）**甲醇-正己烷双液系工作曲线的绘制。**不同温度下配制不同体积分数的甲醇-正己烷溶液,按照上述实验方法并使用阿贝折射仪测定折射率,绘制若干工作曲线(图 2-5-6)。

（4）**甲醇-正己烷双液系液-液平衡及气-液平衡相图的绘制。**配制上限临界溶解温度对应体积分数的甲醇-正己烷体系,在一定温度范围内间隔升温,不同温度下恒温加热达到平衡,并测试上、下层液体的折射率,由工作曲线查得平衡时两相的组成,绘制相应的温度-组成(体积分数)相图(图 2-5-7)。

分别测定不同体积分数溶液的沸点以及两相样品的折射率,绘制沸点-组成平衡相图。

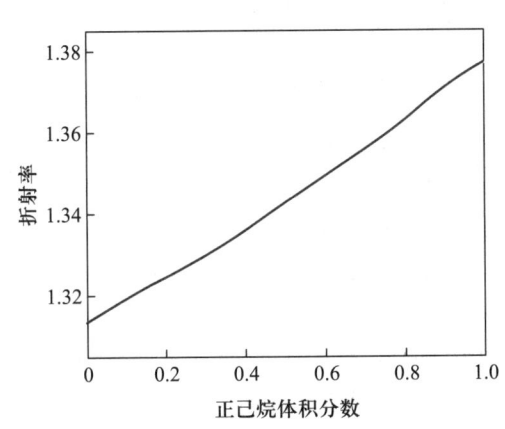

图 2-5-6　正己烷-甲醇体系的折射率-
组成工作曲线示意图

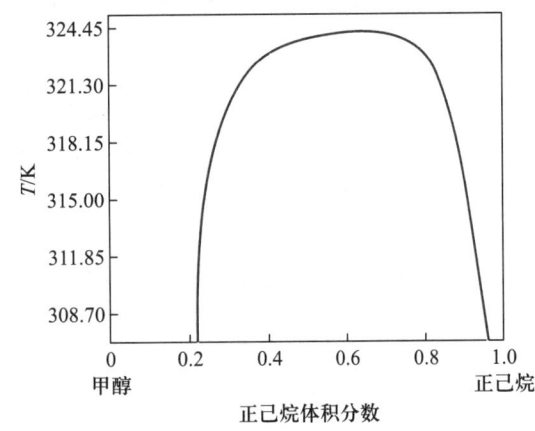

图 2-5-7　正己烷-甲醇体系的温度-
组成相图示意图

十、开放实验（一）：生物质基多元醇共沸精馏工艺中双液系的气-液平衡相图

众所周知,生物质的工业应用前景十分广阔,其中纤维素酶水解、加氢裂解等深加工过程中会产生生物质基多元醇,在后续分离过程中会得到一定数量的乙二醇和1,2-丁二醇的混合物。由于该混合物内的两组分沸点较近,易形成共沸物,进一步分离纯化生物质基二元醇就变得较为困难,故大多采用共沸精馏的分离方法来解决这一难题。在此二元混合物体系引入共沸剂正辛醇,正辛醇仅能与乙二醇形成二元最低温度共沸物,进而可分离和纯化乙二醇和1,2-丁二醇(参考资料[6])。为了优化上述共沸精馏工艺,在一定条件下乙二醇和正辛醇双液系的气-液相平衡数据就显得尤为重要。

【实验提示】

(1)绘制工作曲线。配制不同体积比的乙二醇-正辛醇二元溶液,在相同温度条件下测量二元溶液的折射率,根据各溶液的确切组成得到折射率-组成工作曲线。

(2)绘制沸点-组成图。按上述实验步骤逐一测定各乙二醇-正辛醇溶液的沸点及两相样品的折射率,并绘制温度-组成草图(图2-5-8)。

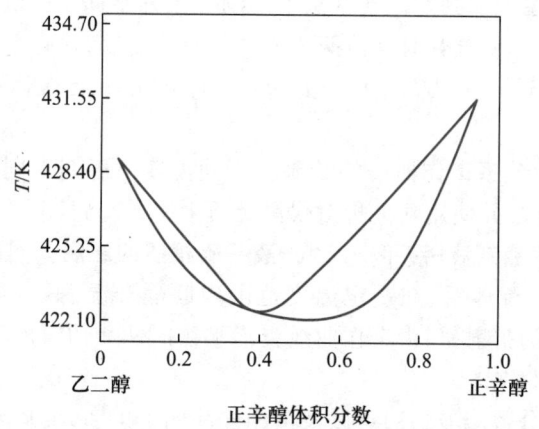

图 2-5-8　乙二醇-正辛醇体系的温度-组成相图示意图

**十一、开放实验（二）：无机盐存在下双液系的气-液平衡相图

当一种不挥发性电解质,如无机盐,溶于两种或多种挥发性液体构成的溶液时,会引起液相中发生分子缔合或其他结构变化,影响组分的活度系数,从而改变两组分的相对挥发度,导致气相组成发生变化。这种无机盐对气-液平衡的影响称为气-液平衡的盐效应。选择合适的无机盐就能较大地改变原溶液组分间的相对挥发度,这一原理应用到蒸馏方面就产生了溶盐蒸馏和加盐萃取蒸馏的生产工艺(参考资料[7])。因此,研究不同种类无机盐存在下双液系的气-液平衡相图就变得很有价值。本开放实验研究不同浓度 NH_4Cl 对乙醇-水双液系气-液平衡相图的影响,运用上述实验仪器测定不同组分含量的工作曲线及平衡相图,巩固所学实验原理和仪器操作。

【实验提示】

(1)气-液平衡盐效应数据的相关性。气-液平衡盐效应的溶液热力学是极其复杂的,在两种液体分子、未解离的盐分子和液相中两种离子之间,存在着多种相互作用,盐效应不仅随体系不同而变化,而且对同一体系在不同的浓度区间上也不同。气-液平衡盐效应的早期方程由 Johnson 和 Furter 提出(参考资料[8]),该方程关联了气相组成变化同液相中盐浓度的关系。当假设溶剂浓度 x_2(脱盐基)恒定并在恒温恒压下,方程可简化为下列形式:

$$\lg \frac{\alpha_0}{\alpha} = k_3 x_3 \tag{2-5-4}$$

式中 α_0 为盐存在下组分间的相对挥发度；α 为无盐时的相对挥发度；x_3 为盐的浓度，即盐在液相的摩尔分数。

$$x_3 = \frac{n_3}{n_1 + n_2 + n_3} \tag{2-5-5}$$

$$x_2 = \frac{n_2}{n_1 + n_2} \tag{2-5-6}$$

式中 n 为液相中组分物质的量；1 表示水；2 表示醇；3 表示盐。

已知乙醇-水-NH_4Cl 体系中 $k_3 = 2.4$。

（2）**不同浓度 NH_4Cl 存在时乙醇-水体系的气-液平衡相图**。配制含不同浓度 NH_4Cl 的乙醇-水溶液，分别按照上述实验方法绘制气-液平衡相图（图 2-5-9），研究其平衡相图的差别。

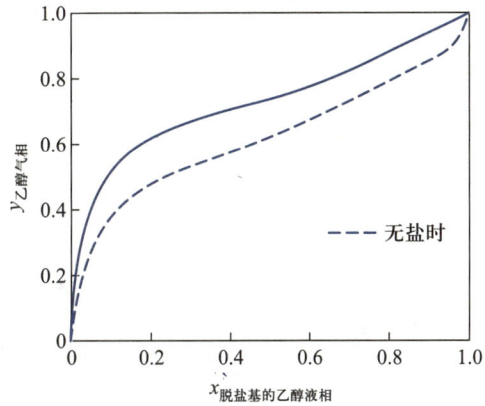

图 2-5-9　不同浓度 NH_4Cl 存在时乙醇-水
体系的气-液平衡相图示意图

参考资料

实验六　反应平衡常数的测定

一、实验目的和要求

（1）能用静态平衡压力法测定一定温度下氨基甲酸铵的分解压力，并求出分解反应的平衡常数。

（2）能够说明温度对反应平衡常数的影响，由不同温度下反应平衡常数的数据，计算等压反应热效应 $\Delta_r H_m^{\ominus}$、标准反应吉布斯自由能变化 $\Delta_r G_m^{\ominus}$ 和标准熵变 $\Delta_r S_m^{\ominus}$。

（3）能控制低真空实验中的真空度。

*（4）能通过设计实验，用核磁共振法测定反应平衡常数（选做实验）。

二、实验原理

氨基甲酸铵是合成尿素的中间产物,很不稳定,易发生如下分解反应:

$$NH_2COONH_4(固) \Longrightarrow 2NH_3(气) + CO_2(气)$$

该反应是可逆的多相反应,若不将分解产物从体系中移走,则很容易达到平衡。在压力不太大时气体的逸度近似为1,且纯固态物质的活度为1,所以分解反应的平衡常数 K_p 为

$$K_p = p_{NH_3}^2 \cdot p_{CO_2} \tag{2-6-1}$$

式中 p_{NH_3}, p_{CO_2} 分别为平衡时 NH_3, CO_2 的分压。又因氨基甲酸铵固体的蒸气压可以忽略,故体系的总压 $p_总$ 为

$$p_总 = p_{NH_3} + p_{CO_2}$$

从分解反应式可知

$$p_{NH_3} = 2p_{CO_2}$$

则有

$$p_{NH_3} = \frac{2}{3}p_总; \quad p_{CO_2} = \frac{1}{3}p_总$$

$$K_p = \left(\frac{2}{3}p_总\right)^2 \left(\frac{1}{3}p_总\right) = \frac{4}{27}p_总^3 \tag{2-6-2}$$

可见,当体系达到平衡后,只要测量其平衡总压,便可求得实验温度下的平衡常数 K_p。

温度对平衡常数的影响可用下式表示:

$$\frac{d\ln(K_p/[K_p])}{dT} = \frac{\Delta_r H_m^\ominus}{RT^2} \tag{2-6-3}$$

式中 $[K_p]$ 是 K_p 的量纲; T 为热力学温度; $\Delta_r H_m^\ominus$ 为等压反应热效应。若温度变化范围不大, $\Delta_r H_m^\ominus$ 可视为常数。将式(2-6-3)积分,得

$$\ln K_p = -\frac{\Delta_r H_m^\ominus}{RT} + c \tag{2-6-4}$$

以 $\lg(K_p/[K_p])$ 对 $\frac{1}{T}$ 作图,应为一直线,其斜率为 $\frac{-\Delta_r H_m^\ominus}{2.303R}$,由此可求得 $\Delta_r H_m^\ominus$。

由某温度下的平衡常数,可按下式算出该温度下的标准反应吉布斯自由能变化 $\Delta_r G_m^\ominus$,即

$$\Delta_r G_m^\ominus = -RT\ln(K_p/[K_p]) \tag{2-6-5}$$

式中摩尔气体常数 $R = 8.314$ J·mol^{-1}·K^{-1}。

利用实验温度范围内的分解反应的平均等压反应热效应和某温度下反应的标准摩尔吉布斯自由能变化 $\Delta_r G_m^\ominus$,可近似地算出该温度下反应的标准摩尔熵变 $\Delta_r S_m^\ominus$,即

$$\Delta_r S_m^\ominus = \frac{\Delta_r H_m^\ominus - \Delta_r G_m^\ominus}{T} \tag{2-6-6}$$

三、实验仪器和药品

数字式真空压力计　　　　　　　　恒温水浴

等压计　　　　　　　　　　　　　样品管

缓冲瓶　　　　　　　　　　　　　三通真空旋塞

真空泵　　　　　　　　　　　　　硅油;氨基甲酸铵(自制)

氨基甲酸铵的制备方法:干燥的氨和干燥的二氧化碳接触后,只生成氨基甲酸铵。如果有水存在,还会生成碳酸铵或碳酸氢铵。因此,原料气和反应系统必须事先干燥。此外,生成的氨基甲酸铵极易在反应容器的壁上形成一层黏附力很强的致密层,很难将其剥离,故反应容器选用聚乙烯薄膜袋,反应后只要对其揉搓,即可得到白色粉末状氨基甲酸铵产品。自制氨基甲酸铵的反应装置如图 2-6-1 所示。

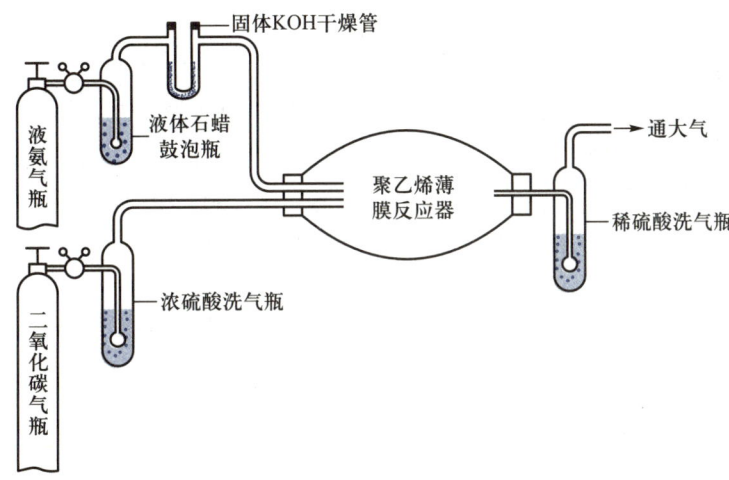

图 2-6-1　自制氨基甲酸铵的反应装置示意图

操作步骤:先开启 CO_2 气瓶,控制 CO_2 流量不要太大,在浓硫酸洗气瓶中可看到正常鼓泡;然后开启 NH_3 气瓶,使 NH_3 流量比 CO_2 大一倍,可从液体石蜡鼓泡瓶中的气泡估计其流量。如果 CO_2 和 NH_3 的配比适当,反应又很完全(从反应器表面能感到温热),可由尾气鼓泡瓶看出此时尾气的流量接近于零。通气约 1 h,能得到 200~400 g 白色粉末状氨基甲酸铵产品,装瓶备用。

四、实验内容及步骤

1. 安装测量装置

按图 2-6-2 所示装置示意图,将干燥并装有硅油的等压计和干燥并装有氨基甲酸铵的样品管安装好,样品管和等压计用乳胶管连接,两端用铅丝扎紧在玻璃管上。

2. 测量

(1) 调节恒温水浴温度为 25 ℃,旋转三通真空旋塞 1 处于三通状态,缓慢旋转三通真空旋塞 2 使真空泵与系统连通,对系统缓缓抽气,约 10 min,直至排尽系统内空气。旋转三通真

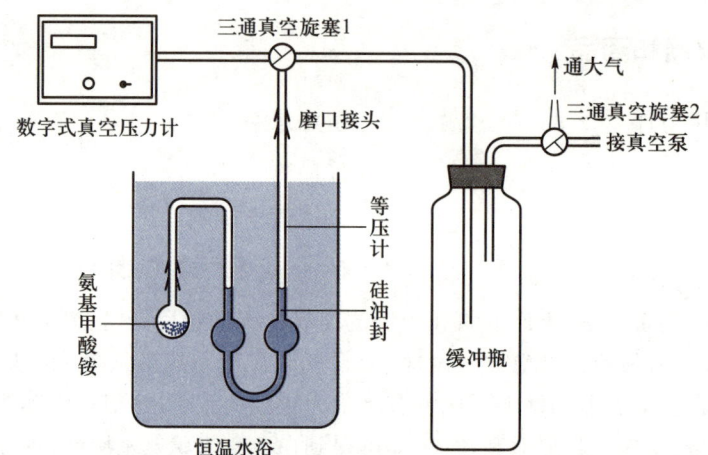

图 2-6-2　静态平衡压力法测定分解压力装置示意图

空旋塞 2 使真空泵与大气连通,与系统隔开,停泵。

（2）缓慢旋转三通真空旋塞 2,使空气缓缓放入系统,直至等压计 U 形管两臂的硅油面平齐,立即关闭三通真空旋塞 2。仔细观察硅油面,设法保持硅油面平齐不变。待硅油面不再随时间而发生变化(一般要求保持 10 min)时,可认为系统已处于平衡状态,读取数字式真空压力计读数、大气压力及恒温水浴温度。恒温水浴精度应能达到±0.1 ℃。

（3）提高恒温浴温度至 30 ℃,按上述方法再次测量。然后依次分别测定 35 ℃,40 ℃,45 ℃时的分解压力。

（4）测量完毕后,旋转三通真空旋塞 1,使等压计与系统其他部分隔开。然后开动真空泵抽去压力计和管道内的气体,再旋转三通真空旋塞 2 使真空泵与大气接通,停泵。

五、数据处理、实验结果及讨论

（1）将所测的分解压进行校正,计算分解反应的平衡常数 K_p。并将所测的分解压与文献值进行对照。

（2）以 $\lg(K_p/[K_p])$ 对 $1/T$ 作图,计算氨基甲酸铵分解反应的平均等压反应热效应 $\Delta_r H_m^{\ominus}$。

（3）计算 25 ℃时氨基甲酸铵分解反应的标准吉布斯自由能变化 $\Delta_r G_m^{\ominus}$ 和标准熵变 $\Delta_r S_m^{\ominus}$。

氨基甲酸铵分解压文献值(参考资料[1]):

恒温温度/℃	25.00	30.00	35.00	40.00	45.00	50.00
分解压/mmHg*	88.0	128.0	178.5	247.0	340.0	472.0

*压力单位可按附录三中表 3-2 所列因子换算。

六、思考题

（1）试述本实验测量装置的检测方法。

（2）将空气缓缓放入系统时,如放入的空气过多,将有何现象出现?怎样克服?

（3）本实验和纯液体的饱和蒸气压实验都使用等压计,测定的系统和测定的方法有何区别?

七、安全与环保

（1）NH$_3$气瓶应存放在通风和排风良好的空间里，远离火源、易燃物、可燃物。

（2）开启气瓶时，需要佩戴好防护手套、眼罩和防护口罩，检验气路密封良好后，方可站在合理的位置，缓慢开启气瓶。

（3）万一发生泄漏，需穿耐酸碱防护服，佩戴橡胶手套和正压自给式呼吸器，确保安全的情况下，尽快关闭气瓶，阻断泄漏源。

（4）万一皮肤接触到氨气，立即脱去手套和防护服，用大量水彻底清洗，并尽快就医。

（5）应固定好浓硫酸洗气瓶，保证气路畅通，避免洗气瓶中气压增大，带来危险。

（6）开启CO$_2$气瓶时，应缓慢开启，避免流速过大，造成洗气瓶中浓硫酸冲出。

（7）万一发生浓硫酸泄漏，需穿戴携气式呼吸器，穿防静电服，戴橡胶手套，确保安全的情况下，阻断泄漏源。并用砂土、活性炭或其他惰性材料吸收，用耐酸工具收集，置于容器中。禁止冲入下水道。

八、附注

（1）等压计的封闭液，过去一般采用水银或液体石蜡，但水银污染环境，而液体石蜡本身有一定蒸气压，会影响测量结果，故本实验采用蒸气压极小的硅油作封闭液。

（2）由上述氨基甲酸铵分解压文献数据可知，温度对分解压的影响是很大的，因此，实验中必须仔细控制分解反应的温度，一般要求准确到±0.1 ℃。数据表明，温度越高，温度波动对分解压测量的影响越大。

（3）用真空泵对系统抽气时，因为氨具有腐蚀性，同时当氨与二氧化碳一起吸入泵内时将会生成凝结物，以致损坏泵及泵油，因此，在真空泵前应装吸附浓硫酸的硅胶干燥塔，用来吸收氨。

*九、选做实验：采用核磁共振技术测定吡啶质子化反应的平衡常数

目前 NMR 手段已广泛应用于化学反应中的平衡常数测定，研究金属离子络合物的配位平衡。根据金属离子或配体的 NMR 参数随浓度的变化，来测得络合物的解离常数。配位平衡过程是一种动态平衡过程，如果这种过程相对于 NMR 时间标度是慢交换过程，就可以直接从 NMR 谱的积分强度计算出配位平衡常数。遗憾的是，绝大多数配位平衡的动态过程都是快交换过程，这就给 NMR 方法测定配位平衡常数带来一些困难。

本选做实验的内容是采用核磁共振技术测定吡啶质子化反应的平衡常数。

1. **实验原理**

具有吡啶结构的化合物在酸性水溶液中会发生质子化作用。本实验以邻甲基吡啶为例，其质子化反应如下：

$$\text{（2-6-7）}$$

其平衡常数表示式为

$$K = \frac{c_{BH}}{c_B c_H} \qquad (2-6-8a)$$

$$\lg(K \cdot [c]) = pH + \lg\frac{c_{BH}}{c_B} \qquad (2-6-8b)$$

邻甲基吡啶与相应的质子化正离子的 α 位甲基所处化学环境不同,其质子的核磁共振吸收峰的化学位移 δ 亦不同。根据式(2-6-7),在强碱溶液中 $c_B \gg c_{BH}$,可以忽略 c_{BH},相应的甲基质子化学位移为 δ_B;在强酸性溶液中 $c_{BH} \gg c_B$,可认为只有 BH 存在,相应的甲基质子化学位移为 δ_{BH}。在弱酸、弱碱或中性溶液中 B 和 BH 共存,二者处于快速动态平衡中,所测得的甲基质子的化学位移 δ 是 δ_B 和 δ_{BH} 的权重平均值,三者与两化合物的摩尔分数之间的关系为

$$\delta = x_B \delta_B + x_{BH} \delta_{BH} \qquad (2-6-9)$$

式中 x_B, x_{BH} 分别为溶液中 B 和 BH 的摩尔分数。

$$x_B + x_{BH} = 1 \qquad (2-6-10)$$

由以上两式可推出:

$$x_{BH} = \frac{\delta - \delta_B}{\delta_{BH} - \delta_B} \qquad (2-6-11a)$$

$$x_B = \frac{\delta_{BH} - \delta}{\delta_{BH} - \delta_B} \qquad (2-6-11b)$$

则有

$$\frac{c_{BH}}{c_B} = \frac{x_{BH}}{x_B} = \frac{\delta - \delta_B}{\delta_{BH} - \delta} \qquad (2-6-12)$$

将式(2-6-12)代入式(2-6-8b),得

$$\lg(K \cdot [c]) = pH + \lg\frac{\delta - \delta_B}{\delta_{BH} - \delta} \qquad (2-6-13)$$

与 δ_B 相比较,δ_{BH} 处于弱场,δ 处于 δ_B 与 δ_{BH} 之间。由式(2-6-13)可知,只要测出 δ_B,δ_{BH} 及在某一 pH 条件下的 δ 值,则可求得反应的平衡常数。显然,最合适的条件应为摩尔分数 x_B 和 x_{BH} 均为 0.5 时的条件,此时化学位移 δ 处于 δ_B 和 δ_{BH} 之间的中点处,记为 δ_m,pH 记为 pH_m,则平衡常数为

$$\lg(K \cdot [c]) = pH_m \qquad (2-6-14)$$

配制一系列不同 pH 的溶液,测定其化学位移 δ,以 δ 对 pH 作图,得如图 2-6-3 所示的曲线。从图中可确定 δ_B,δ_{BH},δ_m 和 pH_m,从而由式(2-6-14)确定平衡常数 K。

本实验以氯化四甲基胺[$(CH_3)_4NCl$]作为内标物($\delta = 3.2$),确定邻甲基吡啶甲基质子的化学位移 δ。

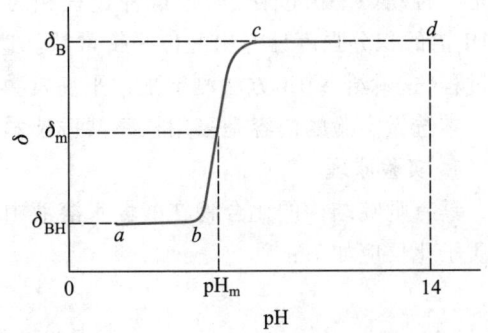

图 2-6-3　吡啶甲基质子的 δ-pH 关系曲线

2. 实验仪器和药品

核磁共振仪(或其他类似仪器)　　　邻甲基吡啶(分析纯)

酸度计　　　　　　　　　　　　　HCl 溶液(1 mol·L^{-1})

容量瓶(10 mL)　　　　　　　　　NaOH 溶液(1 mol·L^{-1})

容量瓶(100 mL)　　　　　　　　 饱和氯化四甲基胺溶液

3. 实验内容及步骤

(1) 配制溶液。称取约 8 g 邻甲基吡啶,用 1 mol·L^{-1}HCl 溶液溶解并稀释至 100 mL。在 12 只容量瓶中各移入 7 mL,借助酸度计用 HCl 溶液和 NaOH 溶液调节其 pH。为作图方便,各溶液的 pH 可取如下数值:0.7,1.5,3.0,5.0,6.0,7.0,8.0,9.0,10.0,11.0。然后以水调节溶液体积至刻度,再准确测定其 pH。在每个溶液中分别加入 0.7 mL 饱和氯化四甲基胺($\delta=3.2$)溶液,混合,分别装入核磁共振样品管(溶液高度为 3~4 cm)。

(2) 调节仪器。测定样品均要在预热器中预热 5~10 min,以含 TMS 的溶液作为基准,调节仪器的零点和分辨率,有关操作参见 3.12 节。

(3) 测定邻甲基砒啶的核磁共振谱。

① 设定测量条件如下:

谱宽:　　　　　　　10　　　　　　数据点:　　　　　　8 K

90°脉宽:　　　　　 20 μs　　　　 采样次数:　　　　　4 次

脉冲间隔:　　　　　6 s

② 分别对不同浓度的样品进行采样、谱图处理,并得到一系列 NMR 谱图。

4. 数据处理实验结果及讨论

(1) 实验得到如图 2-6-4 所示的两化合物的质子峰。从谱图中测出甲基吡啶的甲基质子峰与氯化四甲基胺质子峰之间的相对化学位移,并算出相对于 TMS 的化学位移。并计算出各样品的 δ 值。

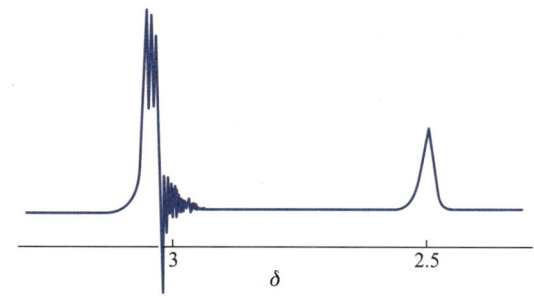

图 2-6-4　邻甲基吡啶的甲基质子峰与内标物质子峰示意图

(2) 将邻甲基吡啶甲基质子的化学位移 δ 对 pH 作图(图 2-6-3),由图中确定 δ_B,δ_{BH},再找出中点值化学位移 δ_m,就可得到相应的 pH_m,由式(2-6-14)计算出 $\lg(K\cdot[c])$ 及 K。

(3) 在图 2-6-3 的曲线跃变区间隔取几点,将各点数据通过式(2-6-13)计算 $\lg(K\cdot[c])$ 及 K,并与中点处计算得到的 K 值作比较。

(4) 文献值

文献中,平衡常数多以 pK_a 表示,其数值等于 $\lg(K \cdot [c])$。

$\lg(K \cdot [c])$	2-甲基吡啶	3-甲基吡啶	4-甲基吡啶	参考资料
pK_a(37 ℃)	5.65±0.07	5.52±0.04	5.88±0.35	[1]
pK_a(25 ℃)	7.98	7.96	7.96	[2]

5. 思考题

(1) TMS 定位后零点随时间增长会发生漂移,这对实验有影响吗?为什么?

(2) 在测量过程中,由于仪器的高频场强或波幅的变化,会引起质子峰的面积和峰高发生变化,这对测量结果有影响吗?为什么?

(3) 若 12 个不同 pH 的样品中,邻甲基吡啶浓度略有差异,这对测量结果有影响吗?为什么?

参考资料

B. 电化学实验

实验七　原电池电动势的测定及其应用

一、实验目的和要求

（1）能够说明电位差计（包括检流计、标准电池等）的测量原理和使用方法。

（2）能够制备 Cu,Zn,Ag/AgCl 等电极。

（3）能够用电位差计测定 Zn-Cu 原电池的电动势，并推算出 Cu,Zn 电极的电极电势。

＊（4）能够用电化学方法测定 AgCl 的溶度积（选做实验）。

＊＊（5）能够用扫描电子显微镜在不同的观察模式下观察 Ag/AgCl 电极表面形貌并做成分分析，能够对使用前后电极形貌变化及形貌和电极电势之间的关系进行分析讨论（开放实验）。

二、实验原理

原电池由正、负两极和电解质组成。电池在放电过程中，正极上发生还原反应，负极上发生氧化反应，电池反应是电池中所有反应的总和。

电池除可用作电源外，还可用于研究构成此电池的化学反应的热力学性质。从化学热力学得知，在恒温、恒压、可逆条件下，电池反应有以下关系：

$$\Delta_r G_m = -nFE \tag{2-7-1}$$

式中 $\Delta_r G_m$ 是电池反应的吉布斯自由能增量；n 为电极反应中电子得失数；F 为法拉第常数；E 为电池的电动势。从上式可知，测得电池的电动势 E 后，便可求得 $\Delta_r G_m$，进而又可求得其他热力学参数。但须注意，首先要求被测电池反应本身是可逆的，即要求电池的电极反应是可逆的，并且不存在不可逆的液接界。同时要求电池必须在可逆情况下工作，即放电过程和充电过程都必须在准平衡状态下进行，此时只允许有无限小的电流通过电池。因此，在用电化学方法研究化学反应的热力学性质时，所设计的电池应尽量避免出现液接界，在精确度要求不高的测量中，常用"盐桥"来减小液接界电势。详细内容参见 3.5 节。

为了使电池反应在接近热力学可逆条件下进行，一般均采用电位差计测量电池的电动势。原电池电动势主要是两个电极的电极电势的代数和，如能分别测定两个电极的电势，就可计算得到由它们组成的电池的电动势。由式（2-7-1）可推导出电池电动势及电极电势的表达式。下面以 Zn-Cu 电池为例进行分析。

电池表示式为

$$Zn\,|\,ZnSO_4(m_1)\,\|\,CuSO_4(m_2)\,|\,Cu$$

符号"｜"代表固相（Zn 或 Cu）和液相（ZnSO_4 或 CuSO_4）两相界面；"‖"代表连通两个液相的"盐桥"；m_1 和 m_2 分别为 ZnSO_4 和 CuSO_4 的质量摩尔浓度。

当电池放电时：

负极上发生氧化反应 $\quad\quad\quad$ $Zn \rightleftharpoons Zn^{2+}(a_{Zn^{2+}}) + 2e^-$

正极上发生还原反应 $\quad\quad\quad$ $Cu^{2+}(a_{Cu^{2+}}) + 2e^- \rightleftharpoons Cu$

电池总反应 $\quad\quad\quad\quad\quad\quad$ $Zn + Cu^{2+}(a_{Cu^{2+}}) \rightleftharpoons Zn^{2+}(a_{Zn^{2+}}) + Cu$

电池反应的吉布斯自由能变化值为

$$\Delta_r G_m = \Delta_r G_m^\ominus + RT\ln\frac{a_{Zn^{2+}} \cdot a_{Cu}}{a_{Cu^{2+}} \cdot a_{Zn}} \quad\quad\quad (2-7-2)$$

式中 $\Delta_r G_m^\ominus$ 为标准吉布斯自由能变化值;a 为物质的活度,纯固体物质的活度等于1,则有

$$a_{Zn} = a_{Cu} = 1 \quad\quad\quad (2-7-3)$$

在标准态时,$a_{Zn^{2+}} = a_{Cu^{2+}} = 1$,则有

$$\Delta_r G_m = \Delta_r G_m^\ominus = -nFE^\ominus \quad\quad\quad (2-7-4)$$

式中 $E^\ominus$ 为电池的标准电动势。由式(2-7-1)至式(2-7-4)可解得

$$E = E^\ominus - \frac{RT}{2F}\ln\frac{a_{Zn^{2+}}}{a_{Cu^{2+}}} \quad\quad\quad (2-7-5)$$

对于任一电池,其电动势等于两个电极电势之差值,计算式为

$$E = \varphi_+(右,氧化电势) - \varphi_-(左,还原电势) \quad\quad\quad (2-7-6)$$

对 Zn-Cu 电池而言,有

$$\varphi_+ = \varphi_{Cu^{2+}/Cu}^\ominus - \frac{RT}{2F}\ln\frac{1}{a_{Cu^{2+}}} \quad\quad\quad (2-7-7)$$

$$\varphi_- = \varphi_{Zn^{2+}/Zn}^\ominus - \frac{RT}{2F}\ln\frac{1}{a_{Zn^{2+}}} \quad\quad\quad (2-7-8)$$

式中 $\varphi_{Cu^{2+}/Cu}^\ominus$ 和 $\varphi_{Zn^{2+}/Zn}^\ominus$ 是当 $a_{Cu^{2+}} = a_{Zn^{2+}} = 1$ 时铜电极和锌电极的标准电极电势。

对于单个离子,其活度是无法测定的,但强电解质的活度与物质的平均质量摩尔浓度和平均活度系数之间有以下关系:

$$a_{Zn^{2+}} = \gamma_\pm m_1 \quad\quad\quad (2-7-9)$$

$$a_{Cu^{2+}} = \gamma_\pm m_2 \qu\quad\quad\quad (2-7-10)$$

式中 $\gamma_\pm$ 是离子的平均活度系数。其数值大小与物质浓度、离子的种类、实验温度等因素有关。$\gamma_\pm$ 的数值可参见附录三表 3-30。

在电化学中,电极电势的绝对值至今无法测定,在实际测量中是以某一电极的电极电势作为零标准,然后将其他电极(被研究电极)与它组成电池,测量电池电动势,则该电池电动势即为该被测电极的电极电势。被测电极在电池中的正、负极性,可由它与零标准电极两者的还原电势比较而确定。通常将氢电极在氢气压力为 $p^\ominus = 100.0$ kPa,溶液中氢离子活度为 1 时的电极电势规定为 0 V,称为标准氢电极,然后与其他被测电极进行比较。

由于使用标准氢电极不方便,在实际测定时往往采用第二级的标准电极作为参比电极(参阅 3.5 节)。甘汞电极(SCE)是其中较常用的一种。这些电极与标准氢电极比较而得到的电势已精确测出,参见附录三表 3-23 至表 3-25。Ag/AgCl 电极也是常用的标准电极之一,本实验采用甘汞电极和 Ag/AgCl 电极作为参比电极。

以上所讨论的电池,其电池总反应中发生了化学变化,因而被称为化学电池。还有一类电池叫浓差电池,这种电池在净作用过程中,仅仅是一种物质从高浓度(或高压力)状态向低浓度(或低压力)状态转移,从而产生电动势,而这种电池的标准电动势 $E^\ominus$ 等于 0 V。

例如,电池:

$$Cu \,|\, CuSO_4(0.01 \text{ mol} \cdot L^{-1}) \,\|\, CuSO_4(0.10 \text{ mol} \cdot L^{-1}) \,|\, Cu$$

就是浓差电池的一种。

电池电动势的测量工作必须在电池处于可逆条件下进行,因此根据对消法原理(在外电路上加一个方向相反而电动势几乎相等的电池)设计了一种电位差计,以满足测量工作的要求。电位差计的工作原理及使用方法参阅 3.5 节相关内容。必须指出,电极电势的大小,不仅与电极种类、溶液浓度有关,而且与温度有关。在附录三表 3-22 中列出的数据,是在 298 K 时以水为溶剂的各种电极的标准还原电势。本实验是在实验温度下测得的电极电势 φ_T,由式(2-7-7)和式(2-7-8)计算 $\varphi_T^\ominus$。为了方便起见,可采用下式求出 298 K 时的标准电极电势 $\varphi_{298}^\ominus$。

$$\varphi_T^\ominus = \varphi_{298}^\ominus + \alpha(T-298 \text{ K}) + \frac{1}{2}\beta(T-298 \text{ K})^2$$

式中 α,β 均为电池电极的温度系数。对 Zn-Cu 电池来说:

铜电极(Cu^{2+}/Cu),$\alpha = -0.000016 \text{ V} \cdot \text{K}^{-1}$,　$\beta = 0$;

锌电极[$Zn^{2+}/Zn(Hg)$],$\alpha = 0.0001 \text{ V} \cdot \text{K}^{-1}$,　$\beta = 6.2\times10^{-7} \text{ V} \cdot \text{K}^{-2}$。

三、实验仪器和药品

UJ-25 型电位差计(或数字式电位差计)	毫安表(或恒电位仪)
标准电池	镀铜溶液
检流计	饱和硝酸亚汞溶液
电池(3 V)	硝酸(分析纯)
饱和甘汞电极	硫酸(分析纯)
电极管	硫酸锌溶液(0.10 mol·L⁻¹)
铜、锌、银、铂电极	硫酸铜溶液(0.10 mol·L⁻¹和 0.01 mol·L⁻¹)
电极架	氯化钾溶液(0.10 mol·L⁻¹)
电镀装置	HCl 溶液(0.10 mol·L⁻¹)
针筒	

四、实验内容及步骤

1. 电极制备

(1) **银/氯化银电极**。取一段直径为 1 mm 的纯银丝,如果银丝为第一次使用,需先用丙酮洗去表面的油污,在 3 mol·L⁻¹ HNO₃ 溶液中浸蚀 10 min,用蒸馏水冲洗;洗净后的银丝放入含有 0.10 mol·L⁻¹ HCl 溶液的 50 mL 烧杯中(银丝浸入溶液 3~4 cm)进行恒电流阳极氧化,用铂丝作阴极,所用阳极电流为 -0.8 ~ -0.6 mA,时间为 10 ~ 15 min。该条件下处理后的 Ag/AgCl 电极表面被氧化部分呈紫褐色,用蒸馏水洗净电极表面后放入盛有饱和 KCl 溶液与饱和 AgCl 溶液的玻璃电极管中,然后将电极浸泡在饱和 KCl 溶液中备用。Ag/AgCl 电极的电极电势参见 3.5 节有关内容。

用过的 Ag/AgCl 电极通常在浓氨水中浸泡以去除表面的 AgCl 层,下次再使用时则可以用塑料镊子取出,以自来水和蒸馏水洗净其表面,并用滤纸擦干,其他步骤同上。

（2）**锌电极**。用 $6\ mol \cdot L^{-1}H_2SO_4$ 溶液浸洗锌电极以除去表面上的氧化层，取出后用水洗涤，再用蒸馏水淋洗，如果此时锌电极表面光泽度较低，建议放入含有饱和硝酸亚汞溶液和棉花的烧杯中，在棉花上摩擦 $3 \sim 5\ s$，使锌电极表面上形成一层均匀的锌汞齐，再用蒸馏水轻柔淋洗。把处理好的锌电极插入清洁的电极管内并塞紧，将电极管的虹吸管管口插入盛有 $0.10\ mol \cdot L^{-1}$ $ZnSO_4$ 溶液的小烧杯内，用针管或洗耳球自支管抽气，将溶液吸入电极管至高出电极约 $1\ cm$，停止抽气，在乳胶管上夹好夹子密闭。电极的虹吸管内（包括管口）不可有气泡，也不能有漏液现象。

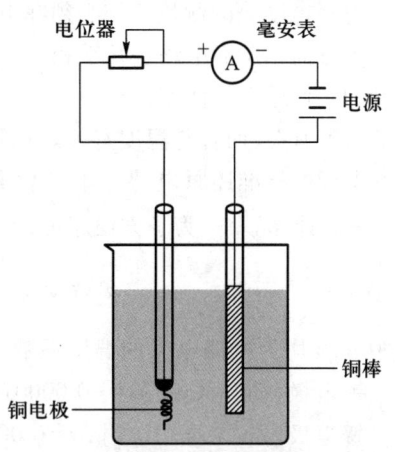

图 2-7-1　制备电极的电镀装置

（3）**铜电极**。将铜电极在 $6\ mol \cdot L^{-1}HNO_3$ 溶液内浸洗 $10\ s \sim 1\ min$，以除去表面紫红色氧化层为准，取出用水冲洗，再用蒸馏水淋洗。将铜电极置于电镀烧杯中作阴极，另取一个经清洁处理的铜棒作阳极，进行电镀，电流控制在 $-10.0\ mA$ 为宜。其电镀装置如图 2-7-1 所示，电镀时间 $1\ h$ 以上。由于铜表面极易氧化，故须在测量前进行电镀，且尽量使铜电极在空气中暴露的时间少一些。装配铜电极的方法与锌电极的相同。

2. 电池组合

按图 2-7-2 所示，将饱和 KCl 溶液注入 $50\ mL$ 的小烧杯内作为盐桥，将上面制备的锌电极的虹吸管置于小烧杯内并与 KCl 溶液接触，再放入饱和甘汞电极，即成下列电池：

$$Zn\,|\,ZnSO_4(0.10\ mol \cdot L^{-1})\,\|\,KCl(饱和)\,|\,Hg_2Cl_2\,|\,Hg$$

同法分别组成下列电池进行测量：

$$Zn\,|\,ZnSO_4(0.10\ mol \cdot L^{-1})\,\|\,KCl(饱和)\,|\,AgCl\,|\,Ag$$

$$Hg\,|\,Hg_2Cl_2\,|\,KCl(饱和)\,\|\,CuSO_4(0.10\ mol \cdot L^{-1})\,|\,Cu$$

$$Ag\,|\,AgCl\,|\,KCl(饱和)\,\|\,CuSO_4(0.10\ mol \cdot L^{-1})\,|\,Cu$$

$$Zn\,|\,ZnSO_4(0.10\ mol \cdot L^{-1})\,\|\,CuSO_4(0.10\ mol \cdot L^{-1})\,|\,Cu$$

$$Cu\,|\,CuSO_4(0.01\ mol \cdot L^{-1})\,\|\,CuSO_4(0.10\ mol \cdot L^{-1})\,|\,Cu$$

3. 电动势测定

（1）以使用 UJ-25 型电位差计为例，按照电位差计电路图，接好电动势测量线路。（电位差计的原理与具体操作请参考 3.5 节相关内容。）

（2）根据标准电池的温度系数（参见 3.5 节），计算实验温度下的标准电池电动势。以此对电位差计进行标定。

（3）根据温度和 Cu 电极、Zn 电极、饱和甘汞电极、Ag/AgCl（饱和 KCl 溶液）电极对应的标准电势，大致推算实验条件（温度、活度）下的电极电势，并得到以上六组电池的电动势。并以此为依据，预设未知电动势测量值。

（4）用电位差计测定以上六组电池的电动势。

原电池电动势测定操作演示视频

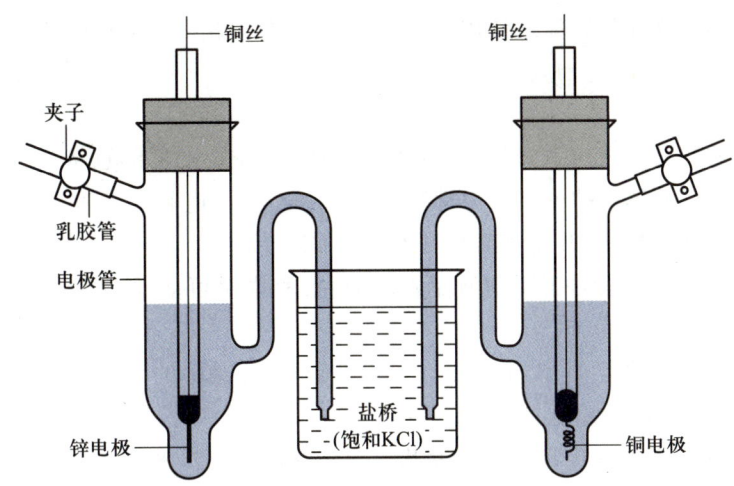

图 2-7-2　电池装置示意图

五、数据处理、实验结果及讨论

（1）根据饱和甘汞电极的电极电势温度校正公式，计算实验温度下的电极电势：

$$\varphi_{SCE}/V = 0.2415 - 7.61 \times (T/K - 298) \tag{2-7-11}$$

（2）根据测定的各电池的电动势，分别计算铜电极、锌电极的 φ_T，$\varphi_T^\ominus$ 和 $\varphi_{298}^\ominus$。试比较以甘汞电极和 Ag/AgCl 电极为参比电极时得到的结果，对结果差异进行讨论。

（3）根据有关公式计算 Zn-Cu 电池的理论电动势 $E_{理}$，并与实验值 $E_{实}$进行比较。

（4）有关文献数据见表 2-7-1。

表 2-7-1　Cu 电极和 Zn 电极的温度系数及标准电极电势

电极	电极反应	$\alpha/(10^{-3} \text{ V} \cdot \text{K}^{-1})$	$\beta/(10^{-6} \text{ V} \cdot \text{K}^{-2})$	$\varphi_{298}^\ominus/V$
Cu^{2+}/Cu	$Cu^{2+}+2e^- \rightleftharpoons Cu$	−0.016	—	0.3419
$Zn^{2+}/Zn(Hg)$	$(Hg)+Zn^{2+}+2e^- \rightleftharpoons Zn(Hg)$	0.100	0.62	−0.7627

六、思考题

（1）在用电位差计测量电动势过程中，若检流计的光点总是向一个方向偏转，可能原因是什么？

（2）用 Zn(Hg) 与 Cu 组成电池时，有人认为锌表面有汞，因而铜应为负极，汞为正极。试分析此结论是否正确。

（3）选择"盐桥"液应注意什么问题？

七、安全与环保

（1）Zn 电极制备过程中涉及 Zn(Hg) 齐组分，会用到含汞化合物，也有可能有游离态的 Hg 出现，因此在操作时务必经教师确认，掌握了具体步骤后才能进行操作，操作过程中应佩戴一次性手套、口罩和防护眼镜，万一有 Hg 的泄漏，请第一时间通知教师及时处理。

（2）Zn 和 Cu 电极的清洗步骤中，会用到较浓的硫酸和硝酸，应戴防护眼镜、防护手套与口罩。

（3）实验过程中废弃的固体或液体药品,应正确放置于相应药品或废液回收器皿内。

八、附注

（1）电动势的测量方法,在物理化学研究工作中具有重要的实际意义,通过电池电动势的测量可以获得氧化还原体系的许多热力学数据,如平衡常数、电解质活度和活度系数、解离常数、溶解度、配位平衡常数、酸碱度及某些热力学函数改变量等。

（2）电动势的测量方法属于平衡测量,在测量过程中尽可能地做到在可逆条件下进行。为此应注意以下几点:

① 测量前可根据电化学基本知识初步估算被测电池电动势的大小,以便在测量时迅速找到平衡点,这样可避免电极极化。

② 选择最佳实验条件使电极处于平衡状态。制备锌电极要锌汞齐化,成为 $Zn(Hg)$,而不直接用锌棒。因为锌棒中不可避免会含有其他金属杂质,在溶液中本身会成为微电池,锌电极电势较低（-0.7627 V）,在溶液中,氢离子会在锌的杂质（金属）上放电,且锌是较活泼的金属,易被氧化。如果直接用锌棒作电极,将严重影响测量结果的准确度。锌汞齐化能使锌溶解于汞中,或者说锌原子扩散在惰性金属汞中,处于饱和的平衡状态,此时锌的活度仍等于 1,氢在汞上的超电势较大,在该实验条件下,不会释放出氢气。所以锌汞齐化后,锌电极易建立平衡。制备铜电极也应注意:电镀前,铜电极基材表面要求平整清洁。电镀时,电流不宜过大,一般控制在 20 mA 左右,以保证镀层紧密。电镀后,电极不宜在空气中暴露时间过长,否则会使镀层氧化,应尽快洗净,置于电极管中,用溶液浸没,并超出 1 cm 左右,同时尽快进行测量。

③ 为了判断所测量的电动势是否为平衡电势,一般应在 15 min 左右的时间内,等间隔地测量 7~8 个数据。若这些数据是在平均值附近摆动,偏差小于 ± 0.5 mV,则可认为已达平衡,并取最后三个数据的平均值作为该电池的电动势。

④ 前面已讲到要求电池必须可逆,并且要求电池在可逆的情况下工作。但严格说来,本实验测定的并不是可逆电池。因为当电池工作时,除了在负极上进行氧化反应和在正极上进行还原反应以外,在 $ZnSO_4$ 溶液和 $CuSO_4$ 溶液交界处还要发生 Zn^{2+} 向 $CuSO_4$ 溶液中扩散的过程。而且当有外电流反向流入电池时,电极反应虽然可以逆向进行,但是在两溶液交界处离子的扩散与原来的不同,是 Cu^{2+} 向 $ZnSO_4$ 溶液中迁移。因此,整个电池的反应实际上是不可逆的。但是由于在组装电池时,溶液之间插入了"盐桥",则可近似地当作可逆电池来处理。

（3）在制备稳定的 Ag/AgCl 电极过程中,需要经过 24~48 h 的老化,而本实验由于时间限制无法做到,因此制备的 Ag/AgCl 电极的稳定性和精度都难以达到标准参比电极的要求,这使实验结果产生偏差。

＊九、选做实验：AgCl 溶度积的测定

前面用对消法测定了原电池的电动势。本选做实验通过测定电池电动势来求得微溶盐 AgCl 的溶度积（K_{sp}）。

设计如下电池:

$$Ag(s) \mid AgCl(s) \mid HCl(0.10 \ mol \cdot L^{-1}) \parallel AgNO_3(0.10 \ mol \cdot L^{-1}) \mid Ag(s)$$

电池电动势:

$$E = E^\ominus - \frac{RT}{F}\ln\frac{1}{a_{Ag^+} \cdot a_{Cl^-}} \qquad (2-7-12)$$

因为

$$\Delta G_m^\ominus = -FE^\ominus = -RT\ln\frac{1}{K_{sp}} \qquad (2-7-13)$$

$$E^\ominus = \frac{RT}{F}\ln\frac{1}{K_{sp}} \qquad (2-7-14)$$

将式(2-7-14)代入式(2-7-12)中,可得

$$\ln K_{sp} = \ln a_{Ag^+} + \ln a_{Cl^-} - \frac{EF}{RT} \qquad (2-7-15)$$

通过测得该电池电动势 E,即可求得 K_{sp}。

【实验提示】

(1) 银电极制备:银电极可以用商品银电极进行电镀制得。

(2) t ℃时,0.10 mol·L^{-1} HCl 溶液的 $\gamma_\pm$ 可按下式计算:

$$-\lg\gamma_\pm = -\lg 0.8027 + 1.620\times10^{-4}t + 3.13\times10^{-7}t^2$$

25 ℃时,0.10 mol·L^{-1} AgNO$_3$ 溶液的 $\gamma_\pm = 0.734$。

** 十、开放实验：电子显微镜对 Ag/AgCl 电极表面形貌的观察和成分分析

　　Ag/AgCl 电极的制备过程中,可以发现在指定的小电流下制备的 AgCl 颜色呈紫褐色,但如果使用较大的氧化电流,AgCl 又会呈白色,其中颜色变化的原因与电极的表面形貌和结构有直接的关系。不同条件下制备的 Ag/AgCl 电极,经过电化学测试后,其表面的 AgCl 因为参与反应,颗粒的大小和外形也会发生显著的变化,两种条件下制备的电极会有明显的差异。因此,用电子显微镜观察这种形貌的变化对于 Ag/AgCl 电极制备条件的制定具有重要的实验意义。

电极形貌
分析演示
视频

　　电子显微镜一般分为透射电子显微镜和扫描电子显微镜。简单来说,透射电子显微镜是通过电子束透过厚度为 200 nm 以下的薄样品,投影得到样品内部的结构,其常用的加速电压一般在 30~300 kV。而扫描电子显微镜的加速电压一般在 0.01~30 kV,通常是利用电磁透镜将电子束汇聚为一点,并通过扫描线圈,控制电子束在样品表面逐点逐行地扫描,收集表面上方的信号,因此对于样品的厚度没有太多限制。扫描电子显微镜的工作原理示意图请扫描二维码查看。

扫描电子
显微镜的
工作原理
示意图

　　在扫描电镜的电子束扫描过程中,电子束和样品逐点发生作用从而得到不同种类的信号,其中二次电子、背散射电子会经过放大传输到计算机屏幕上,可以最终得到相应区域的形貌特征,因此非常适合观察本实验中涉及的 Ag/AgCl 电极表面形貌的观察。同时,也会产生能用以分析元素组成的特征 X 射线,形成特征 X 射线谱图,并伴随产生连续 X 射线,以上四种信号具体产生机制和特点可扫描二维码查看。

扫描电镜
信号产生
机制和
特点

　　本开放实验将用前面几种信号,对不同制备条件下 Ag/AgCl 电极的表面形貌和化学组分进行初步分析。

【实验提示】

(1) Ag/AgCl 电极制备。具体操作按照原电池电动势测定中的 Ag/AgCl 电极制备步骤进

行,建议分别采用 -25.0 mA 和 -0.7 mA 对银电极进行氧化处理 1 min 和 15 min,将得到的 Ag/AgCl 电极用蒸馏水淋洗三次,并用滤纸轻轻吸干表面水分,以备原电池测定和扫描电子显微镜测试使用。

（2）电镜样品准备。扫描电子显微镜以 Phenom XL 为例,电子束加速电压通常采用 15 kV。

样品通常用碳导电胶带固定在铝制钉台上。以本实验为例,首先剪取 1 cm 左右的碳导电胶带,将碳胶面轻轻按压在铝制钉台上,除去胶带保护层,然后以 Ag/AgCl 电极的镀层界线为中心,将其轻轻按压在碳导电胶带上固定,为了避免污染,建议戴一次性手套操作。

（3）建议采用 Zn 电极和上述条件下制备的 Ag/AgCl 电极组成原电池,用数字式电位差计测试 3 组电池电动势后取出 Ag/AgCl 电极,洗净吸干后,用扫描电子显微镜观察其表面形貌。

（4）间隔 0.5 h,重复步骤(3),如此反复测定 3~4 套数据。

（5）结果分析与讨论如下:

① 结合电极表面形貌和电动势的数据进行讨论。

② 对背散射探头得到的 10000 倍图像中的颗粒大小进行简要统计,并作粒径分布图,给出平均粒径和误差。

③ 对点、线、面扫描模式得到的元素分析数据进行分析和比较。

④ 在扫描电子显微镜观察使用过的电极表面时,在背散射模式下观察时,会有很多方形的晶体,衬度较低,结合实验过程中使用的试剂,尝试解释这种晶体的来源和成分。

扫描电子显微镜实验步骤

参考资料

实验八　线性电位扫描法测定镍在硫酸溶液中的钝化行为

一、实验目的和要求

（1）能够掌握金属钝化行为的原理和测量方法。

（2）能够用线性电位扫描法测定镍在硫酸溶液中的阳极极化曲线和钝化行为。

（3）能够测定不同 Cl^- 浓度时 Ni 的钝化曲线。

*（4）能够设计综合方案,测试桥梁合金钢的防腐性能（选做实验）。

二、实验原理

1. 金属的钝化

金属处于阳极过程时会发生电化学溶解,其反应式为

$$M \longrightarrow M^{n+} + ne^-$$

在金属的阳极溶解过程中,其电极电势必须正于其热力学电势,电极过程才能发生。这种电极电势偏离其热力学电势的行为称为极化。当阳极极化不大时,阳极过程的速率(即溶解电流密度)随着电极电势变正而逐渐增大,这是金属的正常溶解。但当电极电势正到某一数值时,其溶解速率达到最大,而后,阳极溶解速率随着电极电势变正,反而大幅度降低,这种现

象称为金属的钝化。

金属钝化一般可分为两种。若把铁浸入浓硝酸($d > 1.25$)中,一开始铁溶解在酸中并置换出 H_2,这时铁处于活化状态。经过一段时间后,铁几乎停止溶解,此时的铁不能从硝酸银溶液中置换出银。这种现象被称为化学钝化。另一种钝化称为电化学钝化,即用阳极极化的方法使金属发生钝化。金属处于钝化状态时,其溶解速率较小,一般为 $10^{-8} \sim 10^{-6} A \cdot cm^{-2}$。

金属之所以会由活化状态转变为钝化状态,至今还存在着不同的观点。第一种观点认为,金属钝化是由于金属表面形成了一层具有保护性的致密氧化物膜,从而阻止了金属进一步溶解,这称为氧化物理论;第二种观点则认为,金属钝化是由于金属表面吸附了氧,形成了氧吸附层或含氧化物吸附层,从而抑制了腐蚀的进行,这称为表面吸附理论;第三种观点认为,开始发生的是氧的吸附,随后金属从基底迁移至氧吸附膜中,然后发展为无定形的金属−氧基结构,从而使金属溶解速率降低,这称为连续模型理论。

2. 影响金属钝化过程的因素

金属表面几纳米厚的钝化膜赋予其优良的抗均匀腐蚀能力,然而,在抗均匀腐蚀的同时,金属的局部点状腐蚀(即"点蚀")却难以避免。点蚀的发生起始于材料表面,最终向材料表面以下纵深方向迅速扩展。因此,点蚀破坏具有极大的隐蔽性和突发性,特别是在石油、化工、核电等领域,点蚀容易造成金属管壁穿孔,使大量油、气泄漏,甚至造成火灾、爆炸等灾难性事故。对钝化膜影响因素的研究发现,主要影响因素有以下几个方面:

(1)溶液的组成。溶液中存在的 H^+、卤素离子及某些具有氧化性的阴离子对金属钝化现象有显著的影响。例如在中性溶液中,金属一般是比较容易钝化的,而在酸性或某些碱性溶液中则困难得多。这与阳极反应产物的溶解度有关。另外,卤素离子,特别是 Cl^- 的存在,会明显地阻止金属的钝化过程,且已经钝化了的金属也容易被它破坏(活化),这是因为 Cl^- 的存在破坏了金属表面钝化膜的完整性。溶液中如果存在具有氧化性的阴离子(如 CrO_4^{2-}),则可以促进金属的钝化。溶液中的溶解氧则可以减少金属上钝化膜遭受破坏的危险。

(2)金属的化学组成和结构。各种纯金属的钝化能力均不相同,以 Fe,Ni,Cr 三种金属为例,易钝化的顺序为 Cr>Ni>Fe。因此,在合金中添加一些易钝化的金属,则可提高合金的钝化能力和钝态的稳定性。不锈钢就是典型的例子。

(3)外界因素。升高温度或加剧搅拌,都可以推迟或防止钝化过程的发生。这与离子的扩散有关。另外,在进行测量前,对研究电极活化处理的方式及其程度也将影响金属的钝化过程。

3. 研究金属钝化的方法

电化学研究金属钝化通常有两种方法:恒电流法和恒电势法。由于恒电势法能测得完整的阳极极化曲线,因此,在金属钝化研究中恒电势法比恒电流法更能反映电极的实际过程。用恒电势法测量金属钝化可有下列两种方法。

(1)**静态法**。将研究电极的电势恒定在某一数值,同时测量相应极化状况下达到稳定后的电流。如此,逐点测量一系列恒定电势时所对应的稳定电流值,将测得的数据绘制成电流−电势图,从图中即可得到钝化电势。

(2)**动态法**。使研究电极的电势随时间线性连续地变化(见图 2−8−1),同时记录随电势改变而变化的瞬时电流,就可得完整的极化曲线图。所采用的扫描速率(单位时间电势变化的速度)需根据研究体系的性质而定。一般来说,电极表面建立稳态的速度越慢,则扫描速率也应越慢,这样才能使所测得的极化曲线与采用静态法的相近。

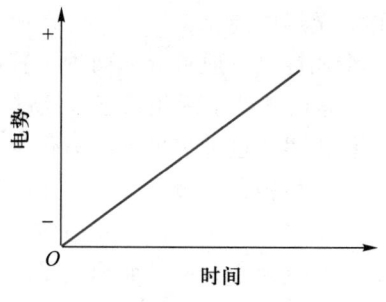

图 2-8-1　线性电势扫描信号示意图

上述两种方法,虽然静态法的测量结果较接近稳态值,但测量时间太长,所以在实际工作中常采用动态法来测量。本实验亦采用动态法。

用动态法测量金属的阳极极化曲线时,对于大多数金属均可得到如图 2-8-2 所示的图形。图中的曲线可分为四个区域:

① AB 段为活性溶解区,此时金属进行正常的阳极溶解,阳极电流随电势的变化符合 Tafel 公式。

② BC 段为过渡钝化区,电势达到 B 点时,电流为最大值,此时的电流称为钝化电流($i_{钝}$),所对应的电势称为临界电势或钝化电势($E_{钝}$)。电势过 B 点后,金属开始钝化,其溶解速率不断降低并过渡到钝化状态(C 点之后)。

③ CD 段为稳定钝化区,在该区域中金属的溶解速率基本上不随电势而改变。此时的电流称为钝态金属的稳定溶解电流。

④ DE 段为过钝化区,D 点之后阳极电流又重新随电势的正移而增大,此时可能发生高价金属离子的产生,也可能发生水的电解而析出 O_2,还可能两者同时出现。

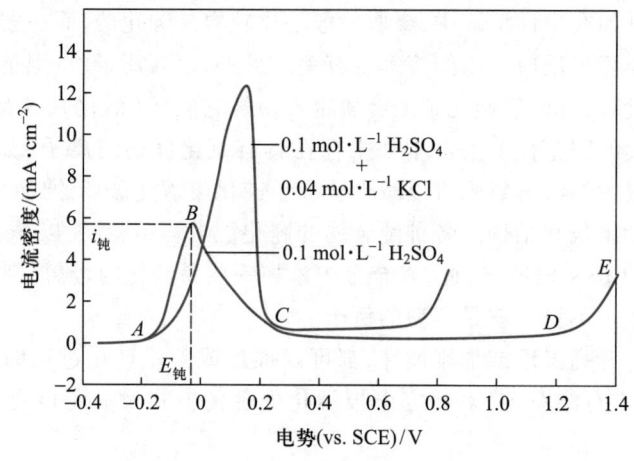

图 2-8-2　Ni 的钝化曲线示意图

三、实验仪器和药品

CHI660E 电化学工作站	三电极电解池
研究电极(直径为 0.5~0.6 cm 的 Ni 圆盘电极)	金相砂纸(02# 和 06#)
饱和甘汞电极(0.1 mol·L^{-1} H$_2$SO$_4$ 溶液作盐桥)	H$_2$SO$_4$ 溶液(0.1 mol·L^{-1})
辅助电极(Pt 丝)	KCl(分析纯)

四、实验内容及步骤

本实验用线性电势扫描法分别测量 Ni 在含 $0.1\ mol \cdot L^{-1}\ H_2SO_4$，$0.1\ mol \cdot L^{-1}\ H_2SO_4$ 和 $0.01\ mol \cdot L^{-1}\ KCl$，$0.1\ mol \cdot L^{-1}\ H_2SO_4$ 和 $0.04\ mol \cdot L^{-1}\ KCl$，$0.1\ mol \cdot L^{-1}\ H_2SO_4$ 和 $0.1\ mol \cdot L^{-1}$ KCl 的溶液中的阳极极化曲线。

（1）打开仪器和计算机的电源开关，预热 10 min。

研究电极用 06# 金相砂纸打磨后，用蒸馏水冲洗干净，擦干后将其放入已洗净并装有 $0.1\ mol \cdot L^{-1}\ H_2SO_4$ 溶液的电解池中。分别装好辅助电极和参比电极，并按图 2-8-3 接好测量线路（红色夹子接辅助电极；绿色夹子接研究电极；白色夹子接参比电极）。有关 CHI660E 系列电化学工作站的工作原理和应用可参见 3.5 节，操作步骤可扫描右侧二维码查看。

镍电极钝化实验操作演示视频

CHI660E 电化学工作站操作步骤

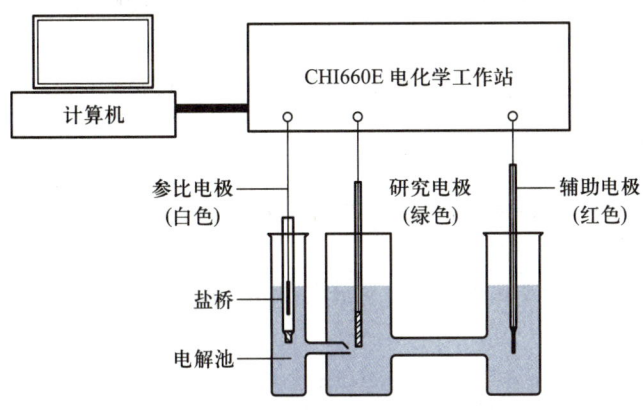

图 2-8-3 测量线路示意图

（2）在原有的溶液中用移液管添加含 $1\ mol \cdot L^{-1}\ KCl$ 和 $0.1\ mol \cdot L^{-1}\ H_2SO_4$ 的溶液，分别配成含 $0.1\ mol \cdot L^{-1}\ H_2SO_4$ 和 $0.01\ mol \cdot L^{-1}\ KCl$，$0.1\ mol \cdot L^{-1}\ H_2SO_4$ 和 $0.04\ mol \cdot L^{-1}\ KCl$，$0.1\ mol \cdot L^{-1}\ H_2SO_4$ 和 $0.1\ mol \cdot L^{-1}\ KCl$ 的溶液，重复上述步骤进行测量。每次测量前工作电极必须用金相砂纸打磨并清洗干净。

（3）将研究电极和辅助电极的位置对调，但接线方式不变，在 80 mL $0.1\ mol \cdot L^{-1}$ H_2SO_4 溶液中，设定参数方式不变，再测试一次极化曲线。

五、数据处理、实验结果及讨论

（1）分别在极化曲线图上找出 $E_钝$，$i_钝$ 及钝化区间，并将数据列成表格（可参考表 2-8-1）。

表 2-8-1 实验结果记录表

溶液组成	开路电势 V	初始电势 V	钝化电势 $E_钝/V$	钝化电流密度 $i_钝/(mA \cdot cm^{-2})$	稳定钝化区间(CD)	稳定钝化区电流密度 $i_钝/(mA \cdot cm^{-2})$

（2）打开任意一条测试曲线，点击工具栏中的"Graphics"，再点击"Overlay Plot"，选中另三个文件使四条曲线叠加在一张图中，如果曲线溢出画面，可在"Graph Option"里选择合适的 X,Y 轴量程，再作图或用鼠标放到坐标轴适当位置，出现双向箭头后适量拖动，从而得到相应范围内的曲线全貌。

打印曲线，打印前须用 Print Setup 选项将打印纸张的格式设定为"横向"。

（3）比较四条曲线，并讨论所得实验结果及曲线的意义。

（4）实验步骤（3）中，将用同一个溶液的两条曲线合并打印，请比较两者的开路电势、钝化电势和钝化电流密度的变化，根据峰位和峰型的差异，尝试解释原因。

六、思考题

（1）在测量前，为什么电极在进行打磨后，还需进行阴极极化处理？

（2）如果扫描速率改变，测得的 $E_{钝}$ 和 $i_{钝}$ 有无变化？为什么？

（3）当溶液 pH 发生改变时，Ni 电极的钝化行为有无变化？

七、安全与环保

（1）使用过程中会接触硫酸溶液，应将含酸溶液的器皿放在搪瓷托盘中，以免酸溶液腐蚀实验器材。

（2）实验过程中废弃的含酸溶液应正确放置于相应废液回收器皿内。

八、附注

（1）化学电源、电解、电镀、金属的腐蚀和防护等方面的研究和实际应用过程中都涉及金属的阳极过程。因此，研究金属的阳极行为具有重要的实际意义。例如，我国有几十家化肥厂对碳酸铵生产中的碳化塔实施阳极保护，取得了良好的效果。其保护示意图如图 2-8-4 所示。

具体为：将整个碳化塔塔体、塔内冷却系统及与液体相接触的所有需防护的部件作为阳极接到整流器的正极上；并在塔内安装一定数量的碳钢作为阴极，接在整流器的负极上；选择一种合适的参比电极安装在塔内。当氨水逐渐流入塔内时，通上较大的电流，此时所有需防护的部件逐渐钝化，进入稳定钝化区后，减小电流让其相对于参比电极的阳极电势控制在钝化区间内，这样就可使碳化塔等受到保护。

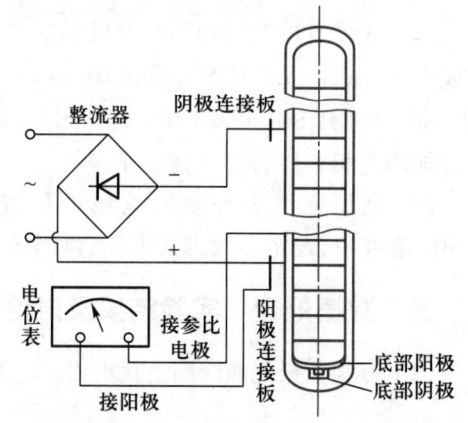

图 2-8-4　碳化塔阳极保护示意图

（2）本实验中，当 KCl 溶液浓度 ≥ 0.02 mol·L^{-1} 时，钝化电流密度会明显增大，而稳定钝化区间（CD 段）会减小，此时的过钝化电流密度（DE 段）也会明显增大，为了防止损伤工作电极，一旦当 DE 段的电流密度达到 $3\sim4$ mA·cm^{-2} 时应及时停止实验，此时只需点击工具栏中的停止键"■"即可。

（3）在进行数据处理和作金属钝化曲线图时，常用电流密度代替电流，因为电流密度的大小就是电极反应的速率。同时实验图中电势轴上应标明测量值相对于何种参比电极。

*九、开放实验：桥梁合金钢防腐性能测试

据统计,全世界每年因腐蚀损耗的钢铁约占世界钢铁年产量的 25%,我国由腐蚀造成的经济损失达 2.1 万亿,约占当年 GDP 的 3.34%。其中桥梁是受此因素影响的典型建筑,目前认为,影响桥梁寿命的主要因素是其主材料钢铁的耐蚀性能和防护方法,同时受海水盐度、大气湿度、潮汐、海冰、海洋微生物的显著影响。为了保证桥梁达到设计寿命,必须对桥梁材料的耐蚀性能和环境经验因素进行系统评估,并在此基础上选用适宜的材料和防护措施,是一个复杂的科学和工程问题。

桥梁材料的耐蚀性能可以通过系列基础实验手段完成,试通过文献检索,设计实验方案,完成不同合金钢的钝化曲线实验,并分析总结有效的腐蚀防护方案。

【实验提示】

（1）采用钝化曲线的测定,选择两种桥梁工业常用的合金钢,将其制成电极,通过配制溶液得到模拟海水,通过摸索设定电化学工作站的测试参数,分别测定二者在溶液中的钝化行为。

（2）采集海水,离心分离漂浮物和杂质后,选择两种合金钢,在第一步的实验参数基础上,进一步测试二者在真实海水中的钝化行为,并与第一步实验结果进行比较。

（3）通过喷涂或热熔的方式,将环氧树脂包裹在两种合金钢表面,对模拟海水和真实海水两种电解质溶液体系的腐蚀性能和防护效果进行比较研究。

参考资料

实验九　离子迁移数的测定

一、实验目的和要求

（1）能够说明希托夫法测定离子迁移数的原理和方法。
（2）能够用库仑计测量通过电解池的电荷量。
（3）能测定 $AgNO_3$ 水溶液中 Ag^+ 的迁移数。
*（4）验证离子迁移数与摩尔电导率之间的关系（选做实验）。

二、实验原理

当电流通过含有电解质的电解池时,导线中的电流由电子传递,而溶液中的电流则由离子传递。如溶液中无带电离子,该电路就无法导通电流。溶液中的电流是借助正、负离子的定向移动而通过溶液的。由于离子本身的大小、溶剂对离子移动的阻碍及溶液中其余共存离子的作用力不同等诸多因素,正、负离子的移动速率有所不同,从而各自所携带的电荷量也不相同。某一种离子迁移的电荷量与通过溶液的总电荷量（Q）之比称为该离子的迁移数。正、负离子的迁移数分别为

$$t_+ = q_+/Q, \quad t_- = q_-/Q \tag{2-9-1}$$

$$Q = q_- + q_+$$

式中 q_+ 和 q_- 分别是正、负离子各自迁移的电荷量。

显然 $\qquad\qquad t_- + t_+ = 1$ $\qquad\qquad$ (2-9-2)

当电解质溶液中含有数种不同的正、负离子时，t_+ 和 t_- 分别为所有正、负离子迁移数的总和。

测定离子迁移数的方法有希托夫法（Hittorf method）、界面移动法（moving boundary method）和电动势法（electromotive force method）。本实验采用希托夫法测定 Ag^+ 和 NO_3^- 的迁移数。

希托夫法的原理：根据电解前后阴、阳两电极区内电解质的质量变化来求离子的迁移数。两个电极放在含有电解质溶液的电解池中，可设想在这两个电极之间的溶液中存在着三个区域：阴极区、中间区和阳极区，如图 2-9-1 所示。假定该溶液只含+1 价和−1 价的正、负离子，而且负离子的移动速率是正离子的三倍。当直流电通过电解池时，会发生下列情况：

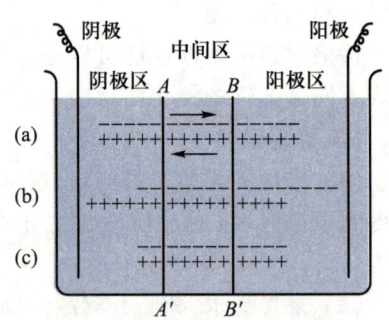

图 2-9-1　离子的电迁移示意图

（1）阳极区的正离子会向阴极区移动；而阴极区的负离子则向阳极区移动，如图 2-9-1（a）所示。

（2）当一个正离子从阳极区移出，由于负离子的移动速率是正离子的三倍，此时必定有三个负离子从阴极区移出，溶液中离子的分布情况如图 2-9-1（b）所示。

（3）若在阴极上有四个正离子还原，则必有四个负离子在阳极上放电。其结果是阴极区只剩如图 2-9-1（c）所示的两对离子，阳极区还剩四对离子，而中间区的则不变。

阴极区减少的三对离子正是由移出三个负离子而造成的，阳极区减少的一对离子则是由移出一个正离子所造成的。此时，通过溶液的电荷量等于正、负离子迁移电荷量之和，即等于四个电子的电荷量。

从上面所述不难得出下列结果：

$$\frac{正离子迁移的电荷量（q_+）}{负离子迁移的电荷量（q_-）} = \frac{阳极区减少的电解质}{阴极区减少的电解质}$$

那么，根据式（2-9-1）可得

$$t_+ = 阳极区减少的电解质/总消耗的电解质$$
$$t_- = 阴极区减少的电解质/总消耗的电解质$$

上述关系式中，阴、阳极区减少的电解质可分别通过分析通电前、后各自区域电解质的变化量得到。

在测定装置中串联一个库仑计，测定通电前、后库仑计中阴极的质量变化，可得到通过溶液的总电荷量，继而计算出电解质的总消耗量。

三、实验仪器和药品

铜库仑计 $\qquad\qquad\qquad\qquad\qquad$ 烧杯（100 mL）

电流表 $\qquad\qquad\qquad\qquad\qquad\qquad$ 导线、铁架台

希托夫迁移管　　　　　　　　　　电解铜片(99.999%)

直流稳压电源　　　　　　　　　　饱和硫酸铁铵溶液

电子天平　　　　　　　　　　　　无水乙醇

锥形瓶(50 mL 和 250 mL)　　　　AgNO$_3$ 溶液(0.10 mol·L^{-1})

移液管　　　　　　　　　　　　　HNO$_3$ 溶液(6 mol·L^{-1})

滴定管　　　　　　　　　　　　　KCNS 溶液(0.10 mol·L^{-1})

镀铜液(100 mL 水中含 15 g CuSO$_4$·5H$_2$O,5 mL 浓硫酸,5 mL 乙醇)

四、实验内容及步骤

（1）洗净所有的容器。用少量 0.10 mol·L^{-1} AgNO$_3$ 溶液洗涤希托夫迁移管三次,然后在迁移管中装入该溶液,迁移管中不应有气泡,并使 A,B 旋塞处于导通状态。

（2）铜电极放在 6 mol·L^{-1} HNO$_3$ 溶液中稍微洗涤一下,以除去表面的氧化层,用蒸馏水冲洗后,将作为阳极的两片铜电极放入盛有镀铜液的铜库仑计中。用无水乙醇淋洗铜阴极,再用热空气将其吹干(温度不能太高),在天平上称量得 W_1,然后放入铜库仑计。

（3）按图 2-9-2 接好测量线路。接通直流稳压电源,通过调节使电流在 10 mA 左右。

（4）通电 1 h 后,关闭电源。并立即关闭 A,B 旋塞。取出铜库仑计中的铜阴极,用蒸馏水冲洗后,用无水乙醇淋洗,再用热空气将其吹干,然后称量得 W_2。

（5）取中间区 AgNO$_3$ 溶液 25 mL 和原始 AgNO$_3$ 溶液 25 mL,分别称量并滴定分析其浓度。若中间区溶液的滴定结果与原始的相差太大,则实验须重做。

（6）分别将阴、阳极区的 AgNO$_3$ 溶液全部取出,放入已知质量的锥形瓶中,称量。然后分别加入 5 mL 6 mol·L^{-1} HNO$_3$ 溶液和 1 mL 饱和硫酸铁铵溶液,用 0.10 mol·L^{-1} KCNS 溶液滴定,至溶液呈淡红色,用力摇晃也不褪色为止。

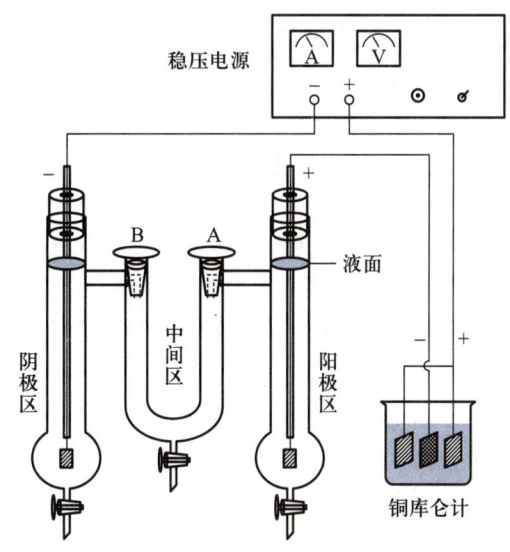

图 2-9-2　希托夫法测定离子迁移数线路图

五、数据处理、实验结果及讨论

（1）根据法拉第定律和铜库仑计中铜阴极的质量增量计算通过迁移管的总电荷量(Q),计算公式为

$$Q = \frac{2F(W_2 - W_1)}{M_{Cu}}$$

式中 F 为法拉第常数(96485 C·mol^{-1});M_{Cu} 为铜的摩尔质量(63.5 g·mol^{-1})。

（2）根据原始溶液的滴定分析结果,计算出阳极区原始溶液中 AgNO$_3$ 的量。

（3）根据通电后阳极区溶液的滴定分析结果,计算出阳极区溶液中 AgNO$_3$ 的量。

（4）根据计算结果和上述一系列公式分别求出 Ag^+ 和 NO_3^- 的迁移数。

六、思考题

（1）本实验中,若中间区的溶液浓度在通电前后有所改变,为何须重做实验?

（2）影响本实验结果准确性的因素有哪些?

（3）实验采用 U 形迁移管的目的是什么?

（4）除了 H^+,OH^- 外,为什么通常阳离子的迁移数比阴离子的小?

七、安全与环保

（1）使用玻璃仪器应轻拿轻放,避免敲碎而划伤皮肤。

（2）实验过程中废液应正确放置于相应的废液回收器皿内。

八、附注

（1）希托夫法测定离子迁移数的优点是原理简单,其缺点是不易得到准确的结果。界面移动法直接测定溶液中离子的移动速率,根据所用迁移管的截面积、通电时间内界面移动的距离及通过的电荷量来计算离子的迁移数,该方法具有较高的准确度,但问题是如何获得清晰的界面和如何观察界面移动,所以实验的条件比较苛刻。电动势法则是通过测量浓差电池的电动势来计算得到离子的迁移数,该方法的实验条件也比较苛刻而不常用。

（2）由于离子的水化作用,离子在电场作用下是带着水化壳层一起迁移的,而本实验中计算时未考虑该因素。这种不考虑水化作用测得的迁移数通常称为希托夫迁移数,或称为表观迁移数。

（3）库仑计是根据法拉第(Faraday)定律来测定通过电解池的电荷量的。法拉第定律有两条基本规则:① 电解时在电极上发生反应的物质的量与通过的电荷量成正比;② 当以相同的电荷量分别通过几个串联的电解槽时,在各电极上析出物质的量与 M/n(或 A/n)成正比,式中 M 和 A 分别是分子和原子的摩尔质量,n 为电极反应时电荷数的变化。其数学表达式为

$$W = \frac{Q}{F} \cdot \frac{M}{n}$$

式中 W 是通过 Q 电荷量时,电极上析出或溶解的物质的质量(单位为 kg 或 g);F 是 1 mol 单位电荷具有的电荷量,即 $F = Le = (6.022 \times 10^{23}\ mol^{-1})(1.6022 \times 10^{-19}\ C) \approx 96485\ C \cdot mol^{-1}$。

法拉第定律是由实验总结得出的,是一个非常准确的定律。不论在何种压力和温度下,电解过程中其电极反应所得产物的量均严格服从该定律,因此人们通常采用在电路中串联铜库仑计或银库仑计来测定电解反应时通过的电荷量。如今随着电子技术的发展,也可用数字电路代替铜或银库仑计。例如,在图 2-9-2 中采用 CHI660E 电化学工作站替代直流稳压电源和库仑计,利用该仪器的计时库仑技术(chronocoulometry)就可很方便地直接得到电解反应时通过的电荷量。

*九、选做实验: $AgNO_3$ 极限摩尔电导率的测定

离子迁移数和摩尔电导率是电解质溶液导电性质的两个重要参数,两者都受电解质溶液浓度的影响,一般采用无限稀释条件下电解质溶液的导电参数进行分析比较。摩尔电导率随溶液浓度降低而增加,通过对不断稀释强电解质溶液电阻的测量可以根据摩尔电导率与 $c^{1/2}$ 之

间的关系,线性外推至无限稀释条件下电解质溶液的极限摩尔电导率。而极限迁移数的测量远比极限摩尔电导率的测量复杂,因为它既不与 c 呈线性关系,也不与 $c^{1/2}$ 呈线性关系。从前面实验原理可知,如果知道 $AgNO_3$ 的极限摩尔电导率,以及 Ag^+ 的极限摩尔电导率,即可计算得到 Ag^+ 的极限迁移数。

【实验提示】

（1）**不同浓度 $AgNO_3$ 水溶液的配制**。配制浓度分别为 1×10^{-3} mol·L^{-1},2×10^{-3} mol·L^{-1}, 4×10^{-3} mol·L^{-1},6×10^{-3} mol·L^{-1} 和 8×10^{-3} mol·L^{-1} 的五种 $AgNO_3$ 溶液。

（2）**电导测定**。测量上述五种溶液的电导,根据电极面积和电极间距离计算电导率,计算出各浓度的摩尔电导率。

（3）**数据处理**。将摩尔电导率与浓度 $c^{1/2}$ 作图,外推到 $c=0$ 求 $AgNO_3$ 的极限摩尔电导率。根据文献值（Ag^+ 的极限摩尔电导率为 61.9×10^{-4} S·m^2·mol^{-1}）计算 Ag^+ 的极限迁移数。

参考资料

实验十 电势-pH 曲线的测定

一、实验目的和要求

（1）能够说明电极电势、电池电动势和 pH 的测量原理和方法。

（2）能够说明电势-pH 曲线的意义及应用。

（3）能够测定 Fe^{3+}/Fe^{2+}-EDTA 体系在不同 pH 条件下的电极电势,并绘制电势-pH 曲线。

*（4）能够对影响电势-pH 图中平台区的因素进行探讨（开放实验）。

二、实验原理

许多氧化还原反应的发生,都与溶液的 pH 有关,此时电极电势不仅随溶液的浓度和离子强度变化,还随溶液的 pH 不同而改变。如果指定溶液的浓度,改变其酸碱度,同时测定相应的电极电势与溶液的 pH,然后以电极电势对 pH 作图,可得电势-pH 图。图 2-10-1 为 Fe^{3+}/Fe^{2+}-EDTA 体系的电势与 pH 关系示意图。

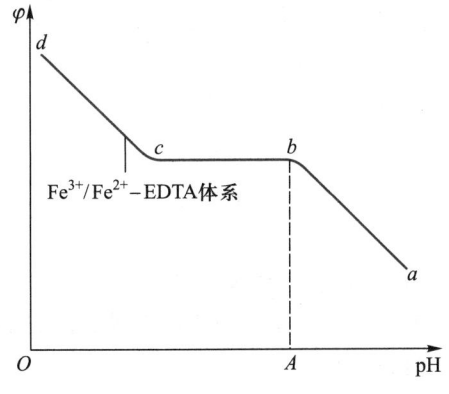

图 2-10-1 电势与 pH 关系示意图

对于 Fe^{3+}/Fe^{2+}-EDTA 体系,在不同 pH 时,其配位产物有所差异。假定 EDTA 的酸根离子为 Y^{4-},则可将 pH 分为三个区间来讨论其电极电势的变化。

(1) 在高 pH(图 2-10-1 中 ab 段)时,溶液的配合物为 $Fe(OH)Y^{2-}$ 和 FeY^{2-},其电极反应为

$$Fe(OH)Y^{2-} + e^- \Longrightarrow FeY^{2-} + OH^-$$

根据能斯特(Nernst)方程,其电极电势为

$$\varphi = \varphi^{\ominus} - \frac{RT}{F}\ln\frac{a_{FeY^{2-}} \cdot a_{OH^-}}{a_{Fe(OH)Y^{2-}}} \tag{2-10-1}$$

式中 $\varphi^{\ominus}$ 为标准电极电势;a 为活度。

已知 a 与活度系数 γ 和质量摩尔浓度 m 的关系为

$$a = \gamma \cdot m \tag{2-10-2}$$

同时考虑到在稀溶液中水的活度积 K_w 可以看作水的离子积,又按照 pH 定义,则式(2-10-1)可改写为

$$\varphi = \varphi^{\ominus} - \frac{RT}{F}\ln\frac{\gamma_{FeY^{2-}} \cdot K_w}{\gamma_{Fe(OH)Y^{2-}}} - \frac{RT}{F}\ln\frac{m_{FeY^{2-}}}{m_{Fe(OH)Y^{2-}}} - \frac{2.303RT}{F}pH \tag{2-10-3}$$

令

$$b_1 = \frac{RT}{F}\ln\frac{\gamma_{FeY^{2-}} \cdot K_w}{\gamma_{Fe(OH)Y^{2-}}}$$

在溶液离子强度和温度一定时,b_1 为常数。则

$$\varphi = (\varphi^{\ominus} - b_1) - \frac{RT}{F}\ln\frac{m_{FeY^{2-}}}{m_{Fe(OH)Y^{2-}}} - \frac{2.303RT}{F}pH \tag{2-10-4}$$

当 EDTA 过量时,生成的配合物的浓度可近似地看作配制溶液时铁离子的浓度,即 $m_{FeY^{2-}} \approx m_{Fe^{2+}}$,$m_{Fe(OH)Y^{2-}} \approx m_{Fe^{3+}}$。当 $m_{Fe^{3+}}$ 与 $m_{Fe^{2+}}$ 比例一定时,ϕ 与 pH 呈线性关系,即图 2-10-1 中 ab 段。

(2) 在特定的 pH 范围内,Fe^{2+} 和 Fe^{3+} 分别与 EDTA 生成稳定的配合物 FeY^{2-} 和 FeY^-,其电极反应为

$$FeY^- + e^- \Longrightarrow FeY^{2-}$$

电极电势表达式为

$$\varphi = \varphi^{\ominus} - \frac{RT}{F}\ln\frac{a_{FeY^{2-}}}{a_{FeY^-}} = \varphi^{\ominus} - \frac{RT}{F}\ln\frac{\gamma_{FeY^{2-}}}{\gamma_{FeY^-}} - \frac{RT}{F}\ln\frac{m_{FeY^{2-}}}{m_{FeY^-}}$$

$$= (\varphi^{\ominus} - b_2) - \frac{RT}{F}\ln\frac{m_{FeY^{2-}}}{m_{FeY^-}} \tag{2-10-5}$$

式中

$$b_2 = \frac{RT}{F}\ln\frac{\gamma_{FeY^{2-}}}{\gamma_{FeY^-}}$$

当温度一定时,b_2 为常数,在此 pH 范围内,该体系的电极电势只与 $m_{FeY^{2-}}/m_{FeY^-}$ 值有关,或者说只与配制溶液时的 $m_{Fe^{2+}}/m_{Fe^{3+}}$ 值有关。曲线中出现平台区(图 2-10-1 中 bc 段)。

(3) 在低 pH 时,体系的电极反应为

$$FeY^- + H^+ + e^- \Longrightarrow FeHY^-$$

同理可求得

$$\varphi = (\varphi^{\ominus} - b_3) - \frac{RT}{F}\ln\frac{m_{FeHY^-}}{m_{FeY^-}} - \frac{2.303RT}{F}pH \qquad (2\text{-}10\text{-}6)$$

式中 b_3 亦为常数。在 $m_{Fe^{2+}}/m_{Fe^{3+}}$ 不变时,φ 与 pH 呈线性关系(即图 2-10-1 中 cd 段)。

由此可见,只要将体系(Fe^{3+}/Fe^{2+}-EDTA)用惰性金属(Pt 丝)作导体组成一电极,并且与另一参比电极组合成电池,测定该电池的电动势,即可求得体系的电极电势。与此同时,采用酸度计测出相应条件下的 pH,即可绘制出电势-pH 曲线。

三、实验仪器和药品

数字电压表

PHSJ-3F 型酸度计

电磁搅拌器(可加热)

电子天平(0.001g)

电炉

五颈瓶(500 mL,带恒温套)

铂丝(电极)

Ag-AgCl 参比电极

三复合电极(玻璃电极、Ag/AgCl 参比电极和温度电极)

容量瓶(50 mL)

滴管

$(NH_4)_2Fe(SO_4)_2 \cdot 6H_2O$(分析纯)

$NH_4Fe(SO_4)_2 \cdot 12H_2O$(分析纯)

HCl(分析纯)

NaOH(分析纯)

EDTA(二钠盐)

氮气(高纯)

四、实验内容及步骤

1. 测量装置的搭建

按图 2-10-2 所示的测量装置接好测量线路。

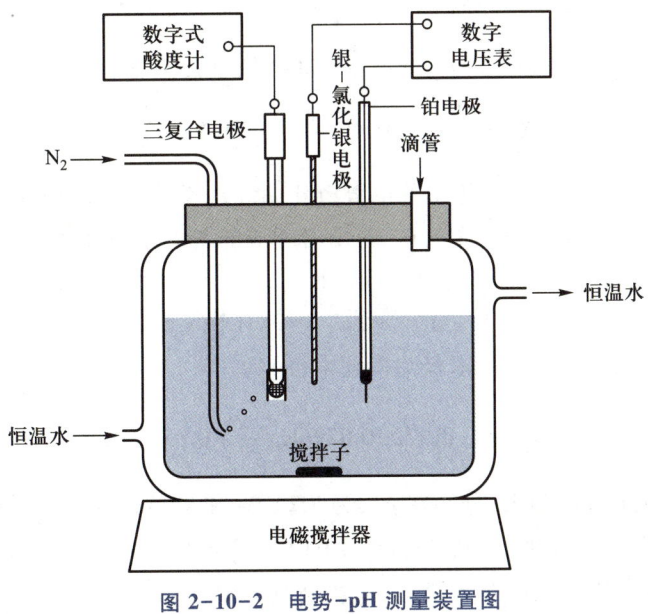

图 2-10-2 电势-pH 测量装置图

实验操作
演示视频

2. 溶液的配制

预先分别配制 $0.1\ mol \cdot L^{-1}\ NH_4Fe(SO_4)_2$ 溶液，$0.1\ mol \cdot L^{-1}\ (NH_4)_2Fe(SO_4)_2$ 溶液（配制前加两滴 $4\ mol \cdot L^{-1}\ HCl$ 溶液），$0.5\ mol \cdot L^{-1}\ EDTA$ 溶液（配制时需加 $1.5\ g\ NaOH$），$4\ mol \cdot L^{-1}\ HCl$ 溶液，$2\ mol \cdot L^{-1}\ NaOH$ 溶液各 50 mL。然后按下列次序将试剂加入五颈瓶中：30 mL $0.1\ mol \cdot L^{-1}\ NH_4Fe(SO_4)_2$ 溶液；30 mL $0.1\ mol \cdot L^{-1}\ (NH_4)_2Fe(SO_4)_2$ 溶液；40 mL $0.5\ mol \cdot L^{-1}\ EDTA$ 溶液；50 mL 蒸馏水，并迅速通入高纯氮气。

3. 三复合电极的校正

PHSJ-3F 型酸度计与三复合电极连接，采用三点法校正。具体步骤参见 3.5 节相关内容。

4. 电势和 pH 的测定

PHSJ-3F
型酸度计
操作演示
视频

打开电磁搅拌器，待搅拌子旋转稳定后，插入三复合电极，然后用 $2\ mol \cdot L^{-1}\ NaOH$ 溶液调节 pH 至 7.5~8.0。分别从数字电压表和酸度计直接读取并记录电势与相应的 pH。随后用滴管滴加 $4\ mol \cdot L^{-1}\ HCl$ 溶液调节 pH，每次改变值约为 0.2，待数值稳定后记录相应的数值，逐一进行测定，直到溶液的 pH 为 3 左右。然后，按上述方法用 $2\ mol \cdot L^{-1}\ NaOH$ 溶液调节 pH 至 8 左右。并记录有关数据。实验结束后及时取出三复合电极，用水冲洗干净后，装入保护瓶中。然后使仪器复原。

五、数据处理、实验结果及讨论

（1）以表格的形式正确记录数据，并将测定的电极电势换算成相对标准氢电极的电势。绘制电势-pH 曲线，由曲线确定 FeY^- 和 FeY^{2-} 稳定存在的 pH 范围。

（2）电势-pH 曲线在电化学分析工作中具有广泛的实际应用价值。本实验讨论的 Fe^{3+}/Fe^{2+}-EDTA 体系可用于天然气脱硫。在天然气中含有 H_2S，它是一种有害物质。利用 Fe^{3+}-EDTA 溶液可将 H_2S 氧化为 S 而过滤除去，溶液中的 Fe^{3+}-EDTA 配合物还原为 Fe^{2+}-EDTA 配合物，通过通入空气使溶液中的 Fe^{2+}-EDTA 迅速氧化为 Fe^{3+}-EDTA，从而使溶液得到再生，循环利用。其反应式如下：

$$2FeY^- + H_2S \xrightarrow{\text{脱硫}} 2FeY^{2-} + 2H^+ + S \downarrow$$

$$FeY^{2-} + \frac{1}{2}O_2 + H_2O \xrightarrow{\text{再生}} 2FeY^- + 2OH^-$$

可利用测定 Fe^{3+}/Fe^{2+}-EDTA 体系的电势-pH 曲线选择较合适的脱硫条件。例如，低含硫天然气中 H_2S 含量为 0.1~0.6 $g \cdot m^{-3}$，在 25 ℃ 时相应的 H_2S 的分压为 7.29~43.56 Pa。

根据电极反应

$$S + 2H^+ + 2e^- \Longleftrightarrow H_2S(g)$$

在 25 ℃ 时，其电极电势（饱和甘汞电极为参比电极）为

$$\varphi/V = -0.072 - 0.0296\lg\frac{p_{H_2S}}{p^\ominus} - 0.0591pH \tag{2-10-7}$$

将实验中测试时的 pH 列表，分别在 p_{H_2S} 为 7.29 Pa 和 43.56 Pa 下，计算所对应的 φ 值，并换算成相对标准氢电极的电势，与 Fe^{3+}/Fe^{2+}-EDTA 体系的电势-pH 曲线在同一图纸上作出电势-pH 两条直线，并讨论脱硫最合适的 pH 范围及其原因。

六、思考题

（1）写出 Fe^{3+}/Fe^{2+}-EDTA 体系在电势平台区、低 pH 和高 pH 时,体系的基本电极反应及其所对应的电极电势公式的具体表示式,并指出各项的物理意义。

（2）脱硫液的 $m_{Fe^{3+}}/m_{Fe^{2+}}$ 值不同,测得的电势-pH 曲线有什么差异?

（3）滴酸和滴碱的过程中,平台区的位置通常不完全重叠,而会有几毫伏的差距,试给出解释。

（4）滴酸的平台区并不是完全平坦的平台区,而直线会有一个小的斜率;而滴碱时则基本上呈现平坦的平台区（电势值基本不变）,试根据实验过程给出解释。

七、安全与环保

（1）使用气瓶和气体减压阀前必须阅读 1.2.2 节和 3.2 节,以了解气瓶和气体减压阀的使用方法及注意事项。

（2）打开气瓶、气体减压阀和针阀的顺序是:先逆时针打开高纯氮气气瓶,调整气瓶上方气体减压阀;而后打开桌面上的黑色小针阀,把导气管末端放置于盛有蒸馏水的烧杯中;最后再轻轻拧桌面上的气体减压阀,至有气泡连续冒出即可。

（3）实验过程中废弃的固体或液体药品,应正确放置于相应药品或废液回收器皿内。

八、附注

（1）对于任何具有一定 $m_{Fe^{3+}}/m_{Fe^{2+}}$ 值的脱硫液,其电极电势与反应 $S+2H^+ \rightleftharpoons H_2S(g)$ 的电极电势之差值在电势平台区的 pH 范围内随着 pH 的增大而增大。到平台区的 pH 上限时,两电极电势的差值最大;超过此 pH,两电极电势的差值不再增大而为定值。这一事实表明,任何具有一定 $m_{Fe^{3+}}/m_{Fe^{2+}}$ 值的脱硫液在其电势平台区的 pH 上限时,脱硫的热力学趋势达最大,超过此 pH 后,脱硫趋势不再随 pH 增大而增大。另外,还应指出,脱硫液的 pH 不宜过大,实验表明,如果 pH 大于 12,会有 $Fe(OH)_3$ 沉淀出来。

（2）本实验所用的 EDTA 可采用乙二胺四乙酸四钠,也可采用乙二胺四乙酸二钠,它是一种白色固体粉末,在使用二钠盐时,配制溶液需要在碱性水溶液中加热溶解。

*九、开放实验: 影响电势-pH 图中平台区的因素探讨

在前面的实验内容中,针对电势-pH 图中平台区的数据,提出了常见的两个问题[思考题（3）和（4）],有人提出滴加酸、碱的两条曲线的差异可能与溶液中的溶解氧有关,氧气参与反应的程度不同,影响了滴加酸、碱时的 $m_{Fe^{3+}}/m_{Fe^{2+}}$ 值。也有人提出可能是 Cl^- 参与配位反应,阴离子离子强度的改变影响了 $m_{Fe^{3+}}/m_{Fe^{2+}}$ 值,因此改变了平台区形态。针对以上问题设计实验,对引起差异的原因进行探讨。

【实验提示】

（1）**溶解氧的参与对平台区的影响。**

① 常温下,在前面实验步骤"4. 电势和 pH 的测定"的基础上,循环滴加酸、碱各一次,观察平台区的变化。

② 改变保护气（高纯氮气）的流量,在恒定温度下记录电势-pH 实验数据。采用体积流量计或质量流量计控制氮气流量,分别在 4~5 种不同氮气流量下滴加酸、碱,对平台区的变化进

行分析。

③ 在此基础上,恒定氮气流量,改变水浴温度,间隔 10 ℃,在 4~5 个温度下,滴加酸、碱,观察平台区的变化。

（2）阴离子种类对平台区的影响。在上述步骤③的温度和氮气流量条件下,改变滴加酸的种类,采用相同 pH 的硝酸、硫酸等强酸调节反应体系的 pH,观察电势-pH 图中平台区的变化,并与盐酸作比较。试解释阴离子种类对体系的影响。

实验十一　循环伏安法测定二茂铁的电极反应过程

一、实验目的和要求

（1）能够说明循环伏安法测定电极反应参数的基本原理。

（2）能用电化学工作站进行循环伏安法测定,判断电极反应的可逆性。

（3）能够通过循环伏安分析峰电流与浓度和扫描速率的关系。

*（4）能用循环伏安法分析不同取代基对二茂铁氧化还原反应的影响（选做实验）。

**（5）能用循环伏安法分析取代基的电子效应对二茂铁电子密度的影响（开放实验）。

二、实验原理

循环伏安法是一种常见的电化学研究方法,可用于电极反应的性质、机理和电极过程动力学参数的研究,也可用于定量确定反应物浓度、电极表面吸附物的覆盖度、电极活性面积以及电极反应速率常数、交换电流密度、反应的传递系数等动力学参数。该法是在一定的电势范围 $(E_1 \sim E_2)$ 内,控制电极电势在不同扫描速率$(v, \text{mV} \cdot \text{s}^{-1})$下随时间以三角波形一次或多次反复扫描（图 2-11-1）,使电极上能交替发生不同的还原和氧化反应,并记录电流与施加电压的关系曲线。以电势为横坐标,以电流作为纵坐标作图即得循环伏安图（图 2-11-2）。这种方法也称为三角波线性电位扫描方法。

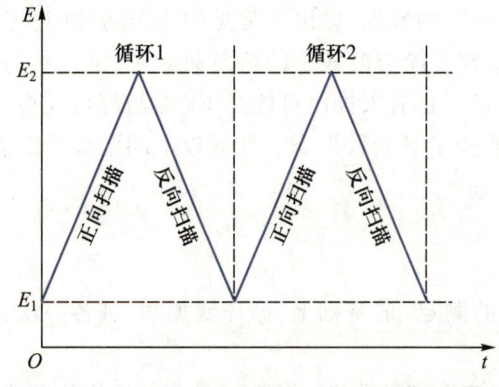

图 2-11-1　循环伏安法中电势随时间变化图

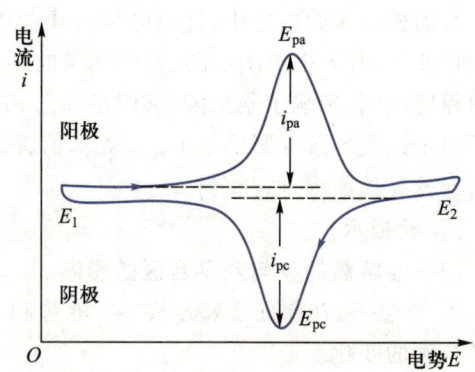

图 2-11-2　循环伏安图（i-E 曲线）

二茂铁(ferrocene,简写为 Fc)是一种重要的有机金属化合物,它由两个茂基环和一个铁原子组成,分子式为 $Fe(C_5H_5)_2$。二茂铁为橘黄色针状晶体,熔点为 173 ℃,沸点为 249 ℃,100 ℃以上升华。二茂铁具有优良的氧化还原特性,其氧化还原电势对应二茂铁分子失去或得到一个电子所需要的电势,氧化和还原的电势值与二茂铁分子内部的能级有关。在二茂铁分子内部,电子从配基茂基传递到铁中心形成的 d 轨道中。在二茂铁的氧化过程中,铁中心的 3d 轨道被氧化态所占据,同时也出现了一个空穴带,其能量等于氧化态的电势。在二茂铁还原过程中,铁中心的 3d 轨道被还原态所占据,并出现一个新的电子带,其能量等于还原态的电势。二茂铁的氧化还原过程具有很高的稳定性和可逆性,因此被广泛应用于电化学分析、催化反应和材料科学等领域,深入研究其氧化还原电势和络合物能级情况可以帮助人们更好地理解二茂铁的性质。

二茂铁 $[Fe(C_5H_5)_2]$ 的电极反应为

$$Fc - e^- \rightleftharpoons Fc^+ \qquad \varphi(vs.\ NHE) = 0.4\ V$$

在研究物质的氧化还原电势过程中,应注意电极电势与电极表面活性物质浓度间的关系符合能斯特方程:

$$\varphi = \varphi^{\ominus} + (RT/F)\ln(c_{ox}/c_{red}) \tag{2-11-1}$$

如图 2-11-1 所示,在一定扫描速率下,从起始电势 $E_1(-0.2\ V)$ 开始,正向扫描到达电势 $E_2(+0.8\ V)$,工作电极表面的 Fc 被氧化生成 Fc^+,产生氧化电流。然后反向扫描从 $E_2(+0.8\ V)$ 回到 $E_1(-0.2\ V)$,在工作电极表面生成的 Fc^+ 被还原成 Fc,产生还原电流。循环伏安图上有一对可逆的氧化/还原峰,有两个峰电流和两个峰电势,对应为阴极峰电流 i_{pc} 和阴极峰电势 E_{pc},以及阳极峰电流 i_{pa} 和阳极峰电势 E_{pa}。

峰电流与浓度、扫描速率的关系可由 Randles-Sevcik 方程表示:

$$i_p = 2.69 \times 10^5 n^{3/2} AD^{1/2} cv^{1/2} \tag{2-11-2}$$

式中 i_p 为峰电流,单位为 A;n 为电子转移数;A 为电极面积,单位为 cm^2;D 为扩散系数,单位为 $cm^2 \cdot s^{-1}$;c 为浓度,单位为 $mol \cdot cm^{-3}$;v 为扫描速率,单位为 $V \cdot s^{-1}$。

因此,峰电流 i_p 随着 $v^{1/2}$ 增加而增加,并和浓度成正比。

对于一个简单的电极反应过程,若同时满足以下两个条件:(1)峰电势差值 $\Delta E_p = E_{pa} - E_{pc} \approx \dfrac{59}{n}\ mV$;(2)$i_{pc}$ 和 i_{pa} 的值很接近,即 $i_{pc}/i_{pa} \approx 1$,即可认为电极反应是可逆反应。如果从循环伏安图得出的 ΔE_p 在 $55/n \sim 65/n\ mV$ 范围内,也可认为电极反应是可逆的。

需要注意的是,为了使溶液相传质过程只受扩散控制,应加入支持电解质并在溶液处于静止状态下进行电解。25 ℃时,在 $0.5\ mol \cdot L^{-1}$ 四氟硼酸四正丁基铵($TBABF_4$)乙腈溶液中二茂铁的扩散系数约为 $1.5 \times 10^{-5}\ cm^2 \cdot s^{-1}$,为准可逆的电化学反应。

三、实验仪器和药品

CHI660E 电化学工作站　　　　　移液枪(5 mL)

银参比电极　　　　　　　　　　二茂铁(分析纯)

玻碳工作电极($d = 4\ mm$)　　　二茂铁乙腈溶液(含 $0.5\ mol \cdot L^{-1}$ 四氟硼酸四正丁基

铂片(电极)　　　　　　　　　　铵 $TBABF_4$,二茂铁浓度分别为 $0,0.005\ mol \cdot L^{-1}$,

电解池　　　　　　　　　　　　$0.01\ mol \cdot L^{-1},0.02\ mol \cdot L^{-1},0.03\ mol \cdot L^{-1}$,

超声水浴清洗机　　　　　　　　$0.04\ mol \cdot L^{-1}$)

四、实验内容及步骤

1. 玻碳工作电极的预处理

使用不同粒度的 $\alpha-Al_2O_3$ 抛光粉,将电极表面抛光,洗去表面污物,再超声水浴清洗,每次 2~3 min,反复 3 次,得到平滑光洁的新鲜电极表面。

2. 实验装置的搭建

以玻碳为工作电极(WE)、铂片为对电极(CE)、银丝为参比电极(RE),电解池中加入 5 mL 待测电解质溶液,组装三电极电解池。如图 2-11-3 所示,与 CHI660E 电化学工作站连接。(电化学工作站的工作原理与使用方法参见 3.5 节相关内容。)

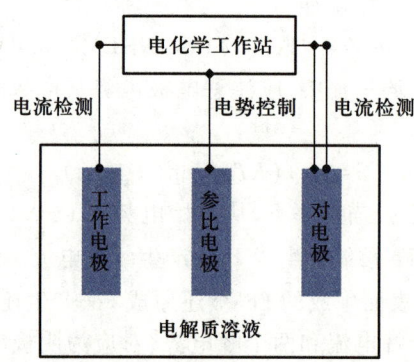

图 2-11-3　三电极电解池及与工作站连接示意图

3. 循环伏安测试

(1) 循环伏安扫描。将 0.01 mol·L^{-1} 二茂铁乙腈溶液加入电解池中,连接工作站,设置起始电势为 -0.2 V,终止电势为 $+0.8$ V,使用 20 mV·s^{-1} 的扫描速率进行循环伏安扫描,记录循环伏安图。

将二茂铁乙腈溶液换成不含二茂铁的乙腈溶液,重复上述操作,记录相应的循环伏安图。并对比两种溶液的循环中氧化峰和还原峰所对应的峰电流和峰电势(阴极峰电流 i_{pc} 和阴极峰电势 E_{pc},阳极峰电流 i_{pa} 和阳极峰电势 E_{pa}),确定二茂铁的氧化还原电势。

(2) 不同扫描速率下的循环伏安扫描。将 0.01 mol·L^{-1} 二茂铁乙腈溶液转移至电解池中,连接工作站,设置起始电势为 -0.2 V,终止电势为 $+0.8$ V,依次使用 10 mV·s^{-1},20 mV·s^{-1},50 mV·s^{-1},100 mV·s^{-1},200 mV·s^{-1} 的扫描速率进行循环伏安扫描,记录每个扫描速率下的循环伏安图中氧化峰和还原峰所对应的峰电流和峰电势(阴极峰电流 i_{pc} 和阴极峰电势 E_{pc},阳极峰电流 i_{pa} 和阳极峰电势 E_{pa})。

(3) 不同浓度下的循环伏安扫描。取不同浓度的二茂铁乙腈溶液(0.005 mol·L^{-1},0.02 mol·L^{-1},0.03 mol·L^{-1},0.04 mol·L^{-1})溶液至电解池中,设置起始电势为 -0.2 V,终止电势为 $+0.8$ V,扫描速率为 20 mV·s^{-1},进行循环伏安扫描,得相应的循环伏安图。记录不同浓度下氧化峰和还原峰所对应的峰电流和峰电势(阴极峰电流 i_{pc} 和阴极峰电势 E_{pc},阳极峰电流 i_{pa} 和阳极峰电势 E_{pa})。

五、数据处理、实验结果及讨论

(1) 结合循环伏安图,测量阴极峰电流 i_{pc} 和阴极峰电势 E_{pc}、阳极峰电流 i_{pa} 和阳极峰电

E_{pa},计算峰电势差值 ΔE_p 和 i_{pc}/i_{pa},判断二茂铁在 TBABF$_4$ 乙腈溶液中电极反应过程的可逆性。

（2）在相同浓度下,以不同扫描速率的平方根为横坐标,对应的阳极峰电流或阴极峰电流为纵坐标,得 i_p-$v^{1/2}$ 关系图。分析在一定浓度下,峰电流与扫描速率的平方根之间的关系。

（3）相同扫描速率下,以阳极峰电流或阴极峰电流为纵坐标,二茂铁浓度为横坐标作图,分析在一定扫描速率下,峰电流与二茂铁浓度之间的关系。

六、思考题

（1）如何从循环伏安图上确定峰电流和峰电势?

（2）想一想:使用循环伏安法还可以计算出什么参数?

（3）分析本实验中误差产生的主要原因。

七、安全与环保

（1）二茂铁是一种有机金属化合物,具有良好的结晶性和热稳定性。在正常使用条件下,二茂铁并不具有危害人体健康的性质。但在特定情况下,如二茂铁在强酸或碱的存在下,可能会分解产生亚铁离子,从而对人体造成伤害。同时,二茂铁对环境也具有一定的危害,可能会导致水体或土壤的污染。因此,在储存和运输过程中需要注意合理储存和操作,避免二茂铁受到酸、碱等物质的污染,以确保其安全使用。

（2）乙腈具有刺激性,长时间接触会导致皮肤干燥、发红和瘙痒。使用乙腈时应戴上适当的防护手套和护目镜,穿防护服,避免乙腈直接接触皮肤和眼睛。长时间吸入乙腈气体会导致头痛、头晕、恶心等不适症状。因此,在使用乙腈时应确保通风良好,避免乙腈气体的积聚。

八、附注

循环伏安法已经在电化学的电极过程动力学和电分析化学中得到广泛的应用。在电极反应的动力学研究中,循环伏安法是一种有效的手段,称为"电化学光谱",可以通过该方法分析在某一电势下发生的电极过程,从扫描速率的关系可以鉴别耦合均相反应和其他复杂过程（如吸附过程）,也被广泛用于测定各种电极反应机理的动力学参数。尤其值得关注的是,当首次研究某一未知体系时,研究者往往可以从循环伏安法中获取相关信息。

对于一未知体系的研究,一般首先利用循环伏安法进行定性研究,再进行半定量和定量研究,从而计算出动力学参数。在一个典型的定性实验中,通常是在一个较大的扫描速率范围内,对不同的扫描速率和不同的起始扫描电势下所得的循环伏安法图进行分析,根据所出现的几个峰,观察在扫描电势范围变化和扫描速率变化时,这些峰是怎样出现和消失的,并记录第一次循环和后续循环之间的差别,这样有可能提供由这些峰所表示的有关过程的信息。同时从扫描速率与峰电流和峰电势的关系,可以用来鉴别电极反应是否与吸附、扩散和耦合均相反应等有关。而从第二次和后继循环伏安图的差别中,可以分析电极反应的机理。但是必须强调,动力学的数据只能从第一次扫描结果中进行分析。一般情况下,循环伏安法实验所使用的扫描速率范围从几毫伏每秒到几百伏每秒。

*九、选做实验：根据循环伏安法分析不同取代基对二茂铁电化学行为的影响

不同取代基对二茂铁的氧化还原电势及可逆性等电化学性质有影响。二茂铁茂环上的取

代基不同时,电极的动力学参数会发生变化,由于该电化学反应的关键步骤是电子由 Fc 向电极表面的转移,Fc 原子的电子密度越高,反应就越容易进行。铁原子和二茂环及其取代基形成了一个共轭体系,所以与茂环连接基团的电子效应将会对反应有所影响。实验通过测定不同取代基二茂铁的循环伏安曲线,探讨取代基与二茂铁电子密度的关系。

【实验提示】

(1) **测定不同取代基二茂铁的循环伏安曲线。**以二茂铁、二茂铁甲醇、二茂铁甲醛、二茂铁甲酸为研究对象,将其加入 $0.1\ mol\cdot L^{-1} - KH_2PO_4 - 0.1\ mol\cdot L^{-1}\ Na_2HPO_4$ 缓冲溶液 $+0.1\ mol\cdot L^{-1}\ LiClO_4$ 支持电解质中,设置起始电势为 $-0.2\ V$,终止电势为 $+0.8\ V$,在一定扫描速率下($10\sim200\ mV\cdot s^{-1}$)进行循环伏安扫描。

(2) **判断电极反应的可逆性。**通过循环伏安曲线判断含取代基的二茂铁的电极反应可逆性。

(3) **从诱导效应和共轭效应探讨取代基对二茂铁电极反应的影响。**分析取代基的给电子特性和吸电子特性,探讨取代基的电子效应对电极反应的影响。

参考资料

实验十二　氢超电势的测定

一、实验目的和要求

(1) 能够说明超电势的种类和影响超电势的因素。

(2) 能够测量不可逆电极电势。

(3) 能够对氢在光亮铂电极上的活化超电势进行测定,并求出塔费尔公式中的两个常数 a 和 b。

*(4) 能够测定碱性条件下的氢超电势,并对机理进行讨论。

二、实验原理

对于氢电极,在没有电流通过时,氢离子和氢分子处于平衡状态;当有电流通过时,氢离子在电极上不断反应并化合生成氢分子,使电极反应成为单向不可逆过程。此时的电极电势比可逆(即无电流通过)时的向负值移动,其差值定义为氢超电势:

$$\eta = \varphi_{irrev} - \varphi_{rev} \tag{2-12-1}$$

式中 η 为氢超电势;φ_{irrev} 为不可逆电极电势;φ_{rev} 为可逆电极电势。η 不但与电极材料、溶液组成、电流密度有关,而且与温度、电极表面状态、溶液的搅拌等有关。氢超电势由三个部分组成:

$$\eta = \eta_R + \eta_{conc} + \eta_{act} \tag{2-12-2}$$

式中电阻超电势 η_R 是由电极上的氧化膜及溶液电阻引起的;浓差超电势 η_{conc} 是电极上产生电解反应后,由于反应物不能迅速从溶液扩散到电极,形成电极附近浓度和溶液内部浓度的差别而造成的;活化超电势 η_{act} 则是由电极反应本身需要一定的活化能而引起的。对氢电极来说,前两项比第三项要小得多,在测量时,可设法将前两项减到可忽略的程度。一般从文献上查到的超电势是活化超电势。本实验是测量氢在光亮铂电极上的活化超电势。

1905 年,塔费尔总结了大量的实验数据,得出在一定电流密度范围内,氢超电势与电流密度的关系式:

$$\eta = a + b\lg|i| \tag{2-12-3}$$

该式被称为塔费尔公式。式中 η 为电流密度 $i(A \cdot cm^{-2})$ 时的氢超电势;a 和 b 均为常数,单位都是 V。a 为单位电流密度时的超电势;b 为电流密度每增大 10 倍时超电势的变化。a 值大小与电极材料、表面状态、电流密度、溶液组成和温度等有关,它基本上表征了电极反应不可逆程度的大小,a 值越大,在所给定电流密度下氢超电势也越大,即与可逆电势偏差也越大。铂电极材料属于低氢超电势金属,其 a 值在 0.1~0.3 V。b 值随电极性质等的变化通常改变不大,对多数表面清洁且未氧化的金属来说,在合适的电势区间,b 值接近于 $2.303RT/\alpha F$ (对大多数金属,$\alpha \approx 0.5$),即 b 值接近 118 mV。

当电流密度极低时,并不服从塔费尔公式。从实验和理论上都可以证明,此时超电势与电流密度成正比,即为 $\eta \propto i$。

所以,氢超电势的测量归结为如何测量在一定范围内一系列不同电流密度下的电极电势,以及在实验中如何采取措施避免电阻超电势和浓差超电势等问题。

选择另一电极(辅助电极)与被测电极组成一个电解池;同时选择一个参比电极与被测电极组成电池,测量电池的电动势,以获得被测电极的电极电势。上述三电极体系通过恒电位仪控制,可以实现电流在被测电极(即工作电极或称研究电极)和辅助电极(即对电极)之间流动,而确保在被测电极和参比电极之间的电流接近于零。

为了减少溶液的欧姆降,通常在参比电极和被测电极之间引入一根卢金毛细管(Luggin capillary),如图 2-12-1 所示。当电流密度较大或溶液电阻较高时,电阻超电势不可忽略,这时可将卢金毛细管口置于与被测电极相距不同的距离处,测量各个对应距离下的超电势,再外延到被测电极与卢金毛细管距离为零时的超电势而校正之,从而获得活化超电势。

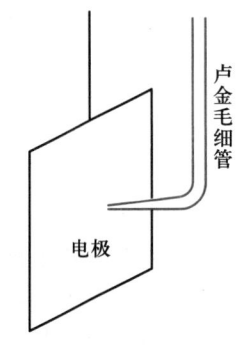

图 2-12-1　卢金毛细管装置示意图

三、实验仪器和药品

超电势测量系统　　　　　　　恒温水浴

氢气发生器(或超纯氢气)　　　镀银溶液

CHI660E 电化学工作站　　　　HCl 电解液(1 mol · L^{-1})

游标卡尺　　　　　　　　　　电导水($\kappa < 2 \times 10^{-6}$ S · cm^{-1})

光亮铂丝电极　　　　　　　　硝酸(分析纯)

四、实验内容及步骤

(1) 按图 2-12-2 安装测量系统。将恒温水浴的温度调节到合适的温度,整个实验过程在恒温条件下进行。

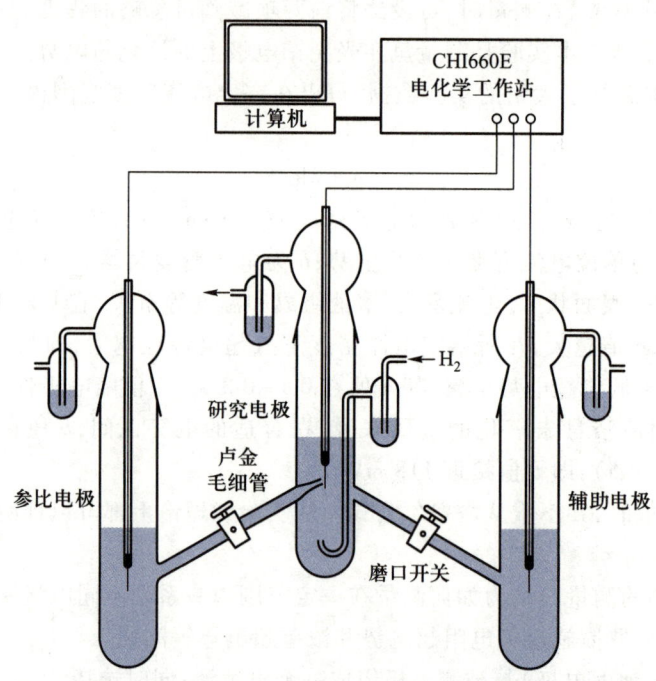

图 2-12-2　氢超电势测量装置示意图

（2）清洗电解池。电解池先用清洗液浸泡，再用自来水、蒸馏水荡洗，然后用少量电导水荡洗，最后用 1 mol·L^{-1} HCl 电解液（少许）荡洗两遍。再灌入一定量的 HCl 电解液，以可浸没电极并超出 1 cm 为宜。

（3）制备参比电极。参比电极可用氢电极，也可以选用其他参比电极，本实验采用银-氯化银电极。其制备方法参见 3.5 节相关内容。

（4）研究电极与辅助电极的处理。两电极均用直径为 0.5 mm 的铂丝，烧结在玻璃管中，一头露出管外约 10 mm，另一头留在玻璃管中与其他导体（铜丝）相连。电极制作成后，先浸入王水中约 5 min。取出后用水冲洗，再用热 NaOH 溶液浸泡 5 min。然后依次用电导水、电解液淋洗，备用。

（5）将三个电极分别插入装有 1 mol·L^{-1} HCl 电解液的电解池中，并以电解液封闭磨口活塞和进出口。安装研究电极时要注意尽量使卢金毛细管口紧靠铂丝电极表面（但一般不能小于毛细管末端外径的 5/3 倍），毛细管中不应有气泡存在。

（6）在接好线路后，开启氢气发生器或打开超纯氢气气瓶开关，旋开各气阻夹，调节通入电解池的氢气量（每秒约 2 个气泡），使整个电解池中始终充满氢气。

（7）打开 CHI660E 电化学工作站和计算机的电源开关，预热 10 min。

红色夹子接辅助电极；绿色夹子接研究电极；白色夹子接参比电极。有关 CHI600E 系列电化学工作站的工作原理和应用可参见 3.5 节相关内容。

（8）通过计算机使 CHI 仪器进入 Windows 工作界面；在工具栏里选中"T"（实验技术），此时屏幕上显示一系列实验技术的菜单，再选中"Chronopotentiometry（计时电势法）"；然后在工具栏里选中"参数设定"（在"T"的右边），此时屏幕上显示一系列需设定参数的对话框：

◆ 阴极电流（A）——设为 0 A；

- 阳极电流（A）——设为 0 A；
- 极限正电势（V）——定为 0 V；
- 极限负电势（V）——定为 -1 V；
- 阴极极化时间（Sec）——设为 180 s；
- 阳极极化时间（Sec）——设为 0 s；
- 初始极化方向——设为阴极；
- 采样间隔（Sec）——设为 1 s；
- 电流极性转换控制——选择"时间"。

至此参数已设定完毕,点击"OK"键;然后点击工具栏中的运行键,此时仪器开始运行,屏幕上即时显示电势-时间关系图,180 s 后第一个实验结束。给实验结果命名一个文件名存盘。

上述实验条件下重复测量 3 次,其电势读数平均偏差应小于 2 mV,取其平均值作为上述实验条件下的电势,然后计算其超电势。

（9）分别改变阴极电流（A）的设定值,使阴极电流密度控制在 $0 \sim 8$ mA·cm^{-2} 范围内,从小到大,逐点选择,测定 $10 \sim 15$ 个电流密度下的超电势。每个电流密度重复测 3 次。

（10）测量完毕后,取出研究电极,用游标卡尺测量铂丝的长度和直径,计算电极的表面积。最后小心倾去电解池中的电解液,并注入蒸馏水。

五、数据处理、实验结果及讨论

（1）根据测量记录的数据,计算各个电流密度时所对应的超电势。

（2）以 η 对 $\lg|i|$ 作图,通过直线斜率求常数 b,并将数据代入塔费尔公式求算常数 a 值（或用外推法求出）,写出超电势与电流密度的经验式,并根据 b 值推测 Pt 上氢超电势属于哪种机理。

六、思考题

（1）电解池中三个电极的作用分别是什么？

（2）为什么通电流测得的电动势与不通电流时测得的电动势之间差值即为该电流密度下的超电势？

（3）实验时为什么要使整个电解池中始终充满氢气？

（4）实验测得的塔费尔斜率 b 偏离理论值可能的原因有哪些？

（5）如果使用电位扫描获得塔费尔曲线,该如何选择扫描速率？为什么？

七、安全与环保

（1）使用强酸需注意安全,酸性废液需分类回收。

（2）使用氢气气瓶时,不可站在气瓶阀门侧,以防阀门或气压表意外冲出伤人。

（3）使用氢气发生器或氢气气瓶时,氢气需接入通风罩中排空,并避开热源。

八、附注

（1）许多化学反应都是在水溶液中发生的,电极反应更离不开水溶液。研究氢超电势不仅与生产实际密切相关,而且对理论研究有着重要意义。本实验测定了塔费尔公式中的两个

常数 a 和 b,它们是电极过程反应动力学的重要参数,是探讨和研究电极反应机理和动力学的重要途径之一。

(2)关于氢在阴极上电解时的反应机理,曾有人做过研究,提出了迟缓放电理论、复合理论和电化学脱附理论。这些理论认为从 H^+ 在电极上放电至 H_2 逸出,涉及以下步骤:

① 扩散　　　　　　　$H_3O^+ \longrightarrow$ 向电极(M)扩散

② 放电　　　　　　　$M + H_3O^+ + e^- \longrightarrow M—H + H_2O$

如果在碱性溶液中,由于 H_3O^+ 很少,H_2O 分子放电。即

　　　　　　　　　　　$M + H_2O + e^- \longrightarrow M—H + OH^-$

③a 复合　　　　　　　$M—H + M—H \longrightarrow 2M + H_2$

或③b 电化学脱附　　　$M—H + H_3O^+ + e^- \longrightarrow M + H_2 + H_2O$

④ 逸出　　　　　　　H_2 从电极上逸出

在以上步骤中,一般认为,①和④不决定反应速率。那么②和③中究竟哪一步最慢(即为控制步骤)呢? 迟缓放电理论认为步骤②最慢,复合理论认为步骤③a最慢,电化学脱附理论认为步骤③b最慢。

一般来说,对氢超电势较高的金属(如 Hg,Zn,Cd 等)可用迟缓放电理论来解释其实验事实。对氢超电势中等的金属[如 Pb(碱性),Sn(碱性),Ti 等]可用电化学脱附理论解释其实验事实。对氢超电势较低的金属(如 Pt,Pd 等),在低极化区(一般 $-\eta \leqslant 75$ mV)可用复合理论来解释其实验事实,而在高极化区($-\eta > 75$ mV)可用电化学脱附理论来解释其实验事实。至于氢超电势介于两者之间的金属,情况较为复杂些。但是,不论采用何种理论都能得出经验的塔费尔公式。

(3)影响氢超电势的因素较多,在测量过程中除应避免电阻超电势和浓差超电势之外,特别要注意电极的处理和溶液的清洁,这是做好本实验的关键。电极处理必须严格,如果电极表面存在杂质,尤其是有机物,会使铂中毒,即使是微量的杂质,也会严重影响测量结果。

电解池磨口应用电解质溶液湿润封闭,而不能用油脂。

电化学实验使用的玻璃仪器和电解池对洁净度要求很高,一般在使用前用强氧化性溶液(如高锰酸钾洗液、重铬酸钾洗液、浓硫酸/浓硝酸洗液、硫酸/双氧水洗液)浸泡以除去有机物,再用大量超纯水清洗。

溶液的配制,特别要注意电解质和水的高度纯净。电化学实验通常使用超纯水仪制备超纯水(电阻率 18.2 MΩ·cm)。电解液最好是以气体通入电导水中而制得的。如 HCl 溶液可使 HCl 气体通入电导水中而制得(这样可以隔绝空气)。该 HCl 气体可用纯浓 H_2SO_4 与经过高温焙烧过的 KCl 作用而获得。

另外,通入的氢气必须是高纯度的,可以将氢气分别通过盛有浓 H_2SO_4、焦性没食子酸溶液的洗气瓶,以除去氢气中微量的有机物与 O_2。同时所用的橡胶管应预先用浓 NaOH 溶液浸泡,然后用水冲洗干净。可用 4 mol·L^{-1} NaOH(35 mL)加焦性没食子酸(2 g)配制成焦性没食子酸溶液。氢气也可用含 Ag 或 Pt 的分子筛提纯。

(4)本实验的研究电极采用铂丝,而不用铂片,除节省材料之外,主要目的是减小电极面积,以便在较小电流强度下可获得较大的电流密度,这样也给电流的恒定带来方便。

(5)本实验也可采用 CHI660E 电化学工作站中的"Tafel Plot"功能来测量。详情参见 CHI660E 电化学工作站用户手册。

*九、选做实验：碱性溶液中铂电极上氢超电势的测定

氢超电势不仅取决于金属电极的种类,还受到电解质溶液组成的影响,如电解质溶液的 pH 及电解质溶液中阴、阳离子的种类。在不同 pH 下,溶液中的分子和离子可能以不同形式存在,进而影响反应的速率和路径。电解质溶液中的离子可能通过阻塞吸附位点、改变电极表面附近的界面水层结构或降低速率控制步骤中相对于反应物的过渡态能量来影响电催化速率。离子还可能通过改变局部 pH 或改变电极表面结构(如阳离子插层到金属氧化物表面)来影响电催化活性。通过比较酸性和碱性溶液中氢超电势的变化可以了解 pH 对氢在阴极上电解反应的影响。

【实验提示】

前面已经测定了在 $1 \ mol \cdot L^{-1}$ HCl 溶液中铂丝电极上的氢超电势,参照上述实验步骤,测定 $0.1 \ mol \cdot L^{-1}$ 或 $1 \ mol \cdot L^{-1}$ NaOH 溶液中的氢超电势(注意先充分清洗电解池)。在阴极电流密度为 $0\sim8 \ mA \cdot cm^{-2}$ 范围内,测定约 15 个电流密度下的超电势。每个电流密度重复测 3 次。注意在碱性溶液中,氧气还原反应的速率大于氢析出反应的速率,因此需要小心除去氧气,同时需防止空气中 CO_2 的溶解与电还原产物对铂电极的毒化。根据测量记录的数据,计算各个电流密度时所对应的超电势。

以 η 对 $\lg|i|$ 作图,通过直线斜率求常数 b,并将数据代入塔费尔公式求算常数 a 值(或用外推法求出),写出超电势与电流密度的经验式,并根据 b 值推测此时的氢超电势属于哪种机理。分析此时塔费尔斜率 b 偏离理论值可能的原因有哪些。与酸性相比,所测得 a 值增大还是减小?查阅最新文献,理解其动力学显著改变的原因。

参考资料

C. 动力学实验

实验十三　荧光法测定钌配合物发光猝灭速率常数

一、实验目的和要求

（1）了解发光光谱的基本原理，能够说明钌配合物的发光规律。

（2）能够通过实验构建斯顿-伏尔莫图，从而确定发光猝灭的速率常数。

（3）能够通过发光猝灭速率常数的测定讨论光化学电子转移动力学机理。

二、实验原理

近二十年来，分子发光光谱在研究光化学反应及其在生命体中的反应机制等多个重要领域中成了不可缺少的研究工具。为了能更好地使用分子发光光谱，我们非常有必要了解基本的分子发光原理。三(2,2′-二联吡啶)钌$[Ru(bpy)_3^{2+}]$（图2-13-1）是一种经典的光敏无机配合物。近年来，该分子作为光敏剂已广泛应用于有机光氧化还原催化（organic photoredox catalysis）反应中，掌握该分子的光物理和光化学性质将帮助我们更深入地理解光化学反应。

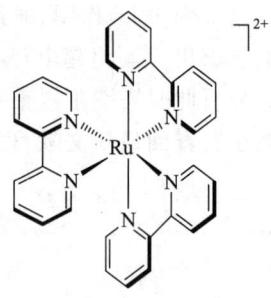

图 2-13-1　$Ru(bpy)_3^{2+}$ 的分子结构

1. 分子发光的光物理与光化学

在分子的基态，分子的所有电子填充于分子轨道中的最低能级。当该分子吸收一个光子后，基态电子态中的最高能级电子被激发到能量更高的空轨道上，该电子态被称为分子的激发态。激发态的分子倾向回到它的基态，而回到基态的过程中，激发态的能量会以多种方式耗散，可以通过分子态能级图来表述。

（1）**分子态能级图**。分子态能级图又称雅布隆斯基图（Jablonski diagram），旨在描述分子吸收光子后发生的各种光物理基本过程，如图2-13-2所示。辐射跃迁机制和无辐射跃迁机制分别用实箭头和波浪箭头表示。该图中S_0代表基态，S_1和S_2代表单线态的电子激发态，T_1和T_2代表三线态的电子激发态。该图显示，分子单线基态S_0在吸收光子后，被激发到S_1或S_2的更高振动能级，然后处于较高振动能级的分子通过内转换（IC），在10^{-12} s或更快的时间尺度振动弛豫回S_1态的最低振动能级，在$10^{-9} \sim 10^{-5}$ s时间尺度回到S_0基态并发射荧光。在S_1态的最低振动能级，经过系间窜越（ISC）及快速振动弛豫到达T_1的最低振动能级，在$10^{-5} \sim 10^{-1}$s时间尺度回到S_0基态并发射磷光。

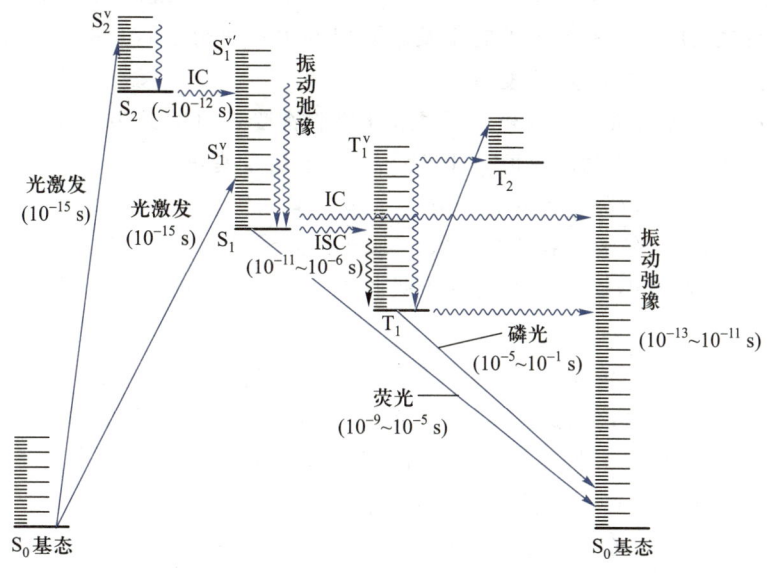

图 2-13-2　分子态能级图

（2）**辐射跃迁机制**。在辐射跃迁中,激发态分子通过释放一个光子的能量从高能级的激发态回到基态。辐射过程的类型是由发生跃迁的电子态的多线态决定的。在激发态中,不同分子轨道上的两个未配对电子可以以相反自旋或平行自旋取向存在。不同的自旋取向是单线态（S）,而平行自旋取向则是三线态（T）。基于不同电子多线态,有两种主要的辐射过程:荧光（fluorescene,简写为 $h\nu_F$）和磷光（phosphorescene,简写为 $h\nu_P$）。荧光是一个自旋允许的过程,跃迁发生在具有相同多线态即 $S_1 \rightarrow S_0$ 之间。磷光是一个自旋禁阻的过程,跃迁发生在不同多线态即 $T_1 \rightarrow S_0$ 之间。图 2-13-3 显示了随电子自旋取向变化的吸收和辐射能量耗散过程。

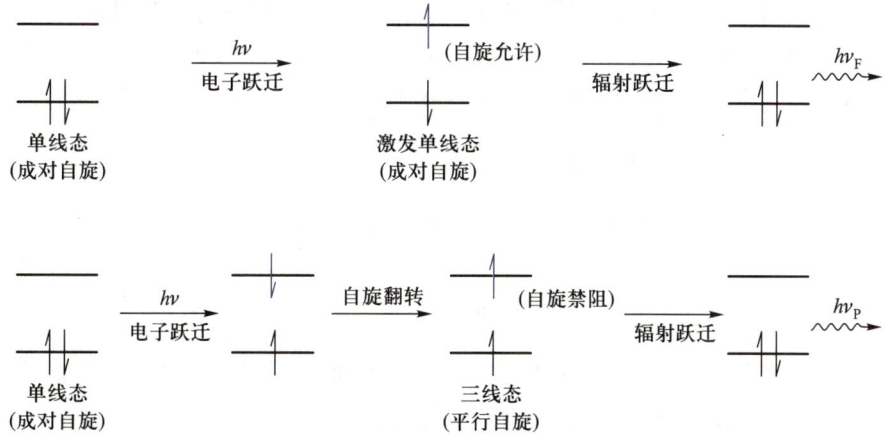

图 2-13-3　随电子自旋取向变化的吸收和辐射能量耗散过程

（3）**无辐射跃迁机制**。在无辐射跃迁机制中,分子激发态在没有任何光子发射的情况下失去能量。无辐射跃迁机制可能同时涉及光物理过程和光化学过程。光物理过程可分为内转换（internal conversion,简写为 IC,指具有相同多线态的电子态之间的转换,如 $S_2 \rightarrow S_1$ 或 $T_2 \rightarrow$

T_1)和系间窜越(intersystem crossing,简写为 ISC,指具有不同多线态的电子态之间的转换,如 $S_1 \rightarrow T_1$)。在光化学过程中,一个分子的激发态可以与另一个分子(通常是基态分子)发生电子转移,以热的形式释放能量,而非发射光子。

(4)**量子产率**。辐射跃迁机制和无辐射跃迁机制都受各自的速率常数所支配,这些速率常数都可以通过速率常数之间的比值 ϕ,即量子产率来相互关联。

$$\phi = \frac{发生某初级过程的分子数}{反应物分子吸收的光子数} = \frac{发生某初级过程的速率}{反应物分子对光子吸收速率} = \frac{v}{I_{abs}}$$

式中 I_{abs} 为单位时间内被单位体积吸光分子吸收的光子数,即光吸收速率,单位为光子数·$L^{-1} \cdot s^{-1}$ 或 Einstein·$L^{-1} \cdot s^{-1}$。

(5)**荧光/磷光猝灭**。荧光/磷光猝灭表示荧光/磷光量子产率(或荧光/磷光强度)的降低。有时荧光和磷光难以区分,因此用"发光猝灭"来表示荧光和磷光总量子产率的降低。发光猝灭机制分为动态猝灭(又称碰撞猝灭)和静态猝灭机制。动态猝灭是由于电子激发态分子在与溶液中的猝灭剂(quencher,简写为 Q)碰撞后失活而发生的。静态猝灭是由于发光物质与猝灭剂结合生成非发光物质而发生的。本实验中 $Ru(bpy)_3^{2+}$ 与氧气并不能在基态结合,因此仅发生动态猝灭。由于动态猝灭的发生,可以观察到发光强度的降低,并且可以使用斯顿-伏尔莫(Stern-Volmer)公式进行量化。

2. $Ru(bpy)_3^{2+}$ 发光和猝灭

在本实验中,将学习 $Ru(bpy)_3^{2+}$ 的发光特性。$Ru(bpy)_3^{2+}$ 经历以下过程:

(1)$Ru(bpy)_3^{2+}$ 分子经可见光照射被激发到其单线激发态 $[^1Ru(bpy)_3^{2+*}]$。

$$Ru(bpy)_3^{2+} + h\nu \xrightarrow{I_{abs}} {}^1Ru(bpy)_3^{2+*}$$

$$\frac{d[^1Ru(bpy)_3^{2+*}]}{dt} = I_{abs} \tag{2-13-1}$$

(2)单线激发态 $^1Ru(bpy)_3^{2+*}$ 经过系间窜越到达其三线激发态 $^3Ru(bpy)_3^{2+*}$,这一过程的量子产率为 100%,因此 $Ru(bpy)_3^{2+}$ 不发射荧光。$^3Ru(bpy)_3^{2+*}$ 发射磷光回到基态。值得一提的是,室温条件下溶液中的磷光很罕见,但是 $Ru(bpy)_3^{2+}$ 溶液是可以发射磷光的。

$$^1Ru(bpy)_3^{2+*} \xrightarrow{k_{ST}} {}^3Ru(bpy)_3^{2+*}$$

$$^3Ru(bpy)_3^{2+*} \xrightarrow{k_P} Ru(bpy)_3^{2+} + h\nu_P$$

$$\frac{d[^3Ru(bpy)_3^{2+*}]}{dt} = k_{ST}[^1Ru(bpy)_3^{2+*}] - k_P[^3Ru(bpy)_3^{2+*}] \tag{2-13-2}$$

(3)$^3Ru(bpy)_3^{2+*}$ 也可以无辐射跃迁方式耗散回到基态,并把热能传给溶剂。$^3Ru(bpy)_3^{2+*}$ 的无辐射跃迁可以用速率常数 k_{nr} 来描述。

$$^3Ru(bpy)_3^{2+*} \xrightarrow{k_{nr}} Ru(bpy)_3^{2+} + heat$$

$$\frac{d[^3Ru(bpy)_3^{2+*}]}{dt} = -k_{nr}[^3Ru(bpy)_3^{2+*}] \tag{2-13-3}$$

(4)$^3Ru(bpy)_3^{2+*}$ 磷光发射又可以被氧分子通过如下两种途径猝灭。

$$^3\text{Ru}(\text{bpy})_3^{2+*} + {}^3\text{O}_2 \xrightarrow{k_q} \text{Ru}(\text{bpy})_3^{2+} + {}^1\text{O}_2 \qquad\qquad \text{途径 A}$$

$$^1\text{O}_2 \longrightarrow {}^3\text{O}_2 + h\nu$$

$$^3\text{Ru}(\text{bpy})_3^{2+*} + \text{O}_2 \xrightarrow{k_q} \text{Ru}(\text{bpy})_3^{3+} + \text{O}_2^- \qquad\qquad \text{途径 B}$$

$$\frac{\text{d}[{}^3\text{Ru}(\text{bpy})_3^{2+*}]}{\text{d}t} = -k_q[{}^3\text{Ru}(\text{bpy})_3^{2+*}][\text{O}_2] \qquad\qquad (2\text{-}13\text{-}4)$$

对于途径 A，$^3\text{Ru}(\text{bpy})_3^{2+*}$ 与三线态氧分子碰撞进行能量转移，生成 $^1\text{Ru}(\text{bpy})_3^{2+*}$ 和单线态氧分子，单线态氧分子回到三线态基态并释放出一个波长为 1270 nm 的光子。

对于途径 B，$^3\text{Ru}(\text{bpy})_3^{2+*}$ 与氧气发生电子转移，生成 $\text{Ru}(\text{bpy})_3^{3+}$ 和 O_2^-。上述两途径均造成 $^3\text{Ru}(\text{bpy})_3^{2+*}$ 的磷光猝灭。

如果激发光强度恒定且不存在不可逆的光化学反应，则这些反应达到稳态。

对 $^1\text{Ru}(\text{bpy})_3^{2+*}$ 进行稳态近似处理，则

$$\frac{\text{d}[{}^1\text{Ru}(\text{bpy})_3^{2+*}]}{\text{d}t} = I_{\text{abs}} - k_{\text{ST}}[{}^1\text{Ru}(\text{bpy})_3^{2+*}] - k_{\text{F}}[{}^1\text{Ru}(\text{bpy})_3^{2+*}] = 0 \qquad (2\text{-}13\text{-}5)$$

则得

$$I_{\text{abs}} = (k_{\text{ST}} + k_{\text{F}})[{}^1\text{Ru}(\text{bpy})_3^{2+*}] \qquad\qquad (2\text{-}13\text{-}6)$$

对 $^3\text{Ru}(\text{bpy})_3^{2+*}$ 进行稳态近似处理，则

$$\frac{\text{d}[{}^3\text{Ru}(\text{bpy})_3^{2+*}]}{\text{d}t} = k_{\text{ST}}[{}^1\text{Ru}(\text{bpy})_3^{2+*}] - k_{\text{P}}[{}^3\text{Ru}(\text{bpy})_3^{2+*}] - k_{\text{nr}}[{}^3\text{Ru}(\text{bpy})_3^{2+*}] -$$

$$k_q[{}^3\text{Ru}(\text{bpy})_3^{2+*}][\text{O}_2] = 0 \qquad\qquad (2\text{-}13\text{-}7)$$

则得

$$[{}^3\text{Ru}(\text{bpy})_3^{2+*}] = \frac{k_{\text{ST}}[{}^1\text{Ru}(\text{bpy})_3^{2+*}]}{(k_{\text{P}} + k_{\text{nr}} + k_q[\text{O}_2])} \qquad\qquad (2\text{-}13\text{-}8)$$

$$\begin{aligned}
\phi &= \frac{k_{\text{P}}[{}^3\text{Ru}(\text{bpy})_3^{2+*}]}{I_{\text{abs}}} = \frac{k_{\text{ST}}[{}^1\text{Ru}(\text{bpy})_3^{2+*}]}{k_{\text{P}} + k_{\text{nr}} + k_q[\text{O}_2]} \cdot \frac{k_{\text{P}}}{I_{\text{abs}}} \\
&= \frac{k_{\text{ST}}[{}^1\text{Ru}(\text{bpy})_3^{2+*}]}{k_{\text{P}} + k_{\text{nr}} + k_q[\text{O}_2]} \cdot \frac{k_{\text{P}}}{(k_{\text{F}} + k_{\text{ST}})[{}^1\text{Ru}(\text{bpy})_3^{2+*}]} \\
&= \frac{k_{\text{P}}}{k_{\text{P}} + k_{\text{nr}} + k_q[\text{O}_2]} \cdot \frac{k_{\text{ST}}}{k_{\text{F}} + k_{\text{ST}}} \\
&= \frac{k_{\text{P}}}{k_{\text{P}} + k_{\text{nr}} + k_q[\text{O}_2]}\phi_{\text{ST}} \qquad\qquad (2\text{-}13\text{-}9)
\end{aligned}$$

那么，当存在猝灭剂时，简化以上公式后可得磷光量子产率表达式：

$$\phi = \frac{k_{\text{P}}}{k_{\text{P}} + k_{\text{nr}} + k_q[\text{O}_2]}\phi_{\text{ST}} \qquad\qquad (2\text{-}13\text{-}10)$$

那么，当不存在猝灭剂时，磷光量子产率表达式为

$$\phi^0 = \frac{k_{\text{P}}}{k_{\text{P}} + k_{\text{nr}}}\phi_{\text{ST}} \qquad\qquad (2\text{-}13\text{-}11)$$

k_q 与其他速率常数及相对量子产率的关系由下式确定，即斯顿-伏尔莫公式。

$$\frac{I^0}{I} = \frac{\phi^0}{\phi} = \frac{\tau^0}{\tau} = 1 + \frac{k_q}{k_P + k_{nr}}[O_2] = 1 + k_q \tau_P [O_2] = 1 + K_{SV}[O_2] \tag{2-13-12}$$

式中 $\tau_P = \dfrac{1}{k_P + k_{nr}}$，斯顿-伏尔莫常数 $K_{SV} = k_q \tau_P$。用磷光光谱测量的相对面积代替相对量子产率，绘制（面积）/（面积）vs $[O_2]$，斜率为斯顿-伏尔莫常数 K_{SV}，截距为 1。

值得一提的是，由以上实验原理可知，荧光和磷光仅在产生机制上有所不同，在测量仪器的使用上非常相似。习惯上，用于测量发光光谱的光谱仪均称为荧光光谱仪。

三、实验仪器和药品

Agilent Eclipse 荧光光谱仪	通气软管
氮气气瓶	Agilent Cary 60 分光光度计
氧气气瓶	通气比色皿
气体流量计	橡胶塞
针头	$Ru(bpy)_3Cl_2$（分析纯）

四、实验内容及步骤

1. 吸光度

在测量光谱之前，先用去离子水采集空白光谱，随后采集 $Ru(bpy)_3Cl_2$ 的光谱，波长采集范围为 250~650 nm，读取 450 nm 处的吸光度值，满足吸光度值在 0.1~0.2，不满足则调整浓度。

2. 发光光谱

（1）启动荧光光谱仪，设置激发光波长为 450 nm，发射光扫描范围为 500~700 nm。

（2）第一个样品是空气平衡样品，运行扫描，完成后利用软件中的分析模块进行发光峰面积积分，获得该空气平衡样品的发光强度（记下当前的气压和温度）。

（3）第二个样品为无氧条件下的样品。在比色皿的橡胶塞上先插入一根用于排气的短针头，随后将通氮气的长针头插入比色皿底部通气 10 min，然后取出氮气针和排气针。使用步骤（2）中的程序进行发射扫描和分析。

（4）第三个和第四个样品分别为含氧量约 50% 和 75% 的样品，利用流量计调节氧气和氮气的通气速率，在比色皿的橡胶塞上先插入一根排气短针头，再将两种气体的通气长针头同时插入比色皿底部通气 10 min，然后取出通气针和排气针。使用步骤（2）中的程序进行发射扫描和分析，获取两种含氧条件下的发光强度。

（5）最后一个样品为含饱和氧气的样品，操作步骤同（3）。

3. 发光寿命

本实验附注中表 2-13-2 给出了 $Ru(bpy)_3^{2+}$ 的发光寿命数据。

五、数据处理、实验结果及讨论

（1）按表 2-13-1 制表并记录数据。

表 2-13-1　数据处理表

样品	O_2 含量/%	$\dfrac{O_2 浓度}{10^{-4}\,mol \cdot L^{-1}}$	I	I^0/I
样品 1	0	0		
样品 2	21	2.91		
样品 3	50	6.93		
样品 4	75	10.40		
样品 5	100	13.86		

（2）以 I^0/I 对 O_2 浓度作图，从斯顿-伏尔莫图的斜率获得 K_{SV}。

（3）利用附注中提供的发光寿命数据，绘制荧光强度的自然对数随时间的变化，拟合数据得到 τ_P。

（4）利用上述步骤（2）和（3）获得的结果，计算猝灭速率常数 k_q，并估算计算误差。

（5）溶液中 A、B 反应物的碰撞速率可使用式 $k_d = \dfrac{8RT}{3\eta}$ 计算。式中 k_d 为碰撞速率常数（单位 $L \cdot mol^{-1} \cdot s^{-1}$）；$R$ 为摩尔气体常数（$8.314\ J \cdot K^{-1} \cdot mol^{-1}$）；$T$ 为温度（单位 K）；η 为溶剂黏度（水在 20 ℃ 时 $\eta = 1.0020\ cP$，$1\ cP = 10^{-3}\ Pa \cdot s$）。计算 20 ℃ 时水的 k_d 值。

六、思考题

（1）解释术语：基态和激发态，辐射和无辐射跃迁，以及量子产率。给出辐射和无辐射跃迁的例子。

（2）如何通过斯顿-伏尔莫图确定磷光猝灭的速率常数？

（3）为什么要用荧光光谱仪的发光光谱下的面积来做发光强度的计算？

（4）碰撞速率常数 k_d 的重要性是什么？（提示：k_q 的倒数可被理解为 $^3Ru(bpy)_3^{2+*}$ 分子在 $1.0\ mol \cdot L^{-1}$ O_2 浓度下被 O_2 猝灭所需的平均时间。）

（5）猝灭速率常数计算误差的主要来源是什么？

（6）激发态双分子猝灭的三种常见机制是什么？

（7）如何进一步确定 $Ru(bpy)_3^{2+}$ 磷光被氧气猝灭的机制？

七、安全与环保

（1）使用气瓶和气体减压阀前必须阅读 1.2.2 节和 3.2 节，以了解气瓶和气体减压阀的使用方法及注意事项。

（2）废弃通气用针头需弃于利器盒中，不可与普通实验垃圾相混。

八、附注

（1）本实验测定了 O_2 对 $Ru(bpy)_3^{2+}$ 的发光猝灭速率常数，但并不能确定具体的猝灭途径，进一步通过采用近红外荧光探测器来检测单线态氧在 1270 nm 处的发光，则可以区分猝灭途径。

（2）Ru(bpy)$_3^{2+}$ 的发光寿命数据列于表 2-13-2。

表 2-13-2 Ru(bpy)$_3^{2+}$ 的发光寿命

数据	时间/μs	强度/a.u.
1	0.0385	0.162
2	0.125	0.150
3	0.50	0.0979
4	1.00	0.0551
5	1.50	0.0308
6	2.00	0.0176
7	2.50	0.0101
8	3.00	0.00548
9	3.50	0.00346
10	4.00	0.00101
11	4.50	0.00141
12	5.00	0.000372

参考资料

实验十四 化学振荡反应

一、实验目的和要求

（1）能够说明化学振荡反应的机理。

（2）能够通过测定电势-时间曲线求得化学振荡反应的表观活化能。

（3）能够说明非线性非平衡态现象及非线性反应的基本动力学特征。

*（4）能够用循环伏安法研究甲醛的电氧化振荡（选做实验）。

二、实验原理

人们通常所研究的化学反应，其反应物和产物的浓度呈单调变化，最终达到不随时间变化的平衡状态。而某些化学反应体系中，会出现非平衡非线性现象，即有些组分的浓度会呈现周期性变化，该现象称为化学振荡。为了纪念最先发现、研究这类反应的两位科学家（Belousov 和 Zhabotinskii），人们将可呈现化学振荡现象的含溴酸盐的反应系统笼统地称为 BZ 振荡反应（BZ oscillating reaction）。化学振荡反应自发现以来，在分析化学、生物化学和临床检测等方面的应用日益广泛，如很多金属离子、气体、氨基酸和肽等物质的浓度会影响化学振荡反应的振幅和周期，通过化学振荡反应可以对这些物质的浓度进行测定，还可以对结构进行判断。这种远离平衡的宏观体系中自发产生各种时空有序结构（状态）的现象在自然界十分普遍，所形成的有序结构称为"耗散结构"。这种结构只有在非平衡条件下通过与外界环境的物质、能量交换才能得到维持。研究远离平衡态条件下的热力学称为非线性(非平衡态)热力学,非线性热力学能够为认识上述有序结构的起因提供线索。任何一种新出现的有序结构总可以看作某种无序状态失去稳定性的结果,即在不稳定性之后某种涨落被放大的结果。

从动力学的观点来看,产生不稳定的一个必要条件是动力学过程中必须包括适当的非线性反馈,使得体系中各个单元有可能协同行动而形成有序的耗散结构。大量的实验研究表明,化学振荡现象的发生必须满足三个条件:(1) 必须是远离平衡的敞开体系;(2) 反应历程中应含有自催化步骤;(3) 体系必须具有双稳态性(bistability),即可在两个稳态间来回振荡。

有关 BZ 振荡反应的机理,目前为人们所普遍接受的是 FKN 机理,即由 Field、Körös 和 Noyes 三位学者提出的机理。对于下列著名的化学振荡反应:

$$2BrO_3^- + 3CH_2(COOH)_2 + 2H^+ \xrightarrow{Ce^{3+}, Br^-} 2BrCH(COOH)_2 + 3CO_2 + 4H_2O \qquad (A)$$

FKN 机理认为,在硫酸介质中以铈离子作催化剂的条件下,丙二酸被溴酸盐氧化的过程至少涉及九个反应。

(1) 当上述反应中[Br^-]较大时,BrO_3^- 是通过下面系列反应被还原为 Br_2 的:

$$Br^- + BrO_3^- + 2H^+ \xrightarrow{k_1} HBrO_2 + HOBr \qquad (1)$$

$$HBrO_2 + Br^- + H^+ \xrightarrow{k_2} 2HOBr \qquad (2)$$

$$HOBr + Br^- + H^+ \xrightarrow{k_3} Br_2 + H_2O \qquad (3)$$

其中,反应(1)是速率控制步骤。上述反应产生的 Br_2 使丙二酸溴化,即

$$Br_2 + CH_2(COOH)_2 \xrightarrow{k_4} BrCH(COOH)_2 + Br^- + H^+ \qquad (4)$$

因此,导致丙二酸溴化的总反应为上述四个反应之和,从而形成一条反应链:

$$BrO_3^- + 2Br^- + 3CH_2(COOH)_2 + 3H^+ \longrightarrow 3BrCH(COOH)_2 + 3H_2O \qquad (B)$$

(2) 当[Br^-]较小时,溶液中的下列反应导致 Ce^{3+} 的氧化:

$$2HBrO_2 \xrightarrow{k_5} BrO_3^- + HOBr + H^+ \qquad (5)$$

$$H^+ + BrO_3^- + HBrO_2 \xrightarrow{k_6} 2BrO_2 + H_2O \qquad (6)$$

$$H^+ + BrO_2 + Ce^{3+} \xrightarrow{k_7} HBrO_2 + Ce^{4+} \quad (k_7 = 快速) \qquad (7)$$

上面三个反应的总和组成了下列反应链:

$$BrO_3^- + 4Ce^{3+} + 5H^+ \longrightarrow HOBr + 4Ce^{4+} + 2H_2O \qquad (C)$$

该反应链是振荡反应发生所必需的自催化反应,其中,反应(6)是速率控制步骤。

最后,Br^- 可通过下列两步反应而得到再生:

$$BrCH(COOH)_2 + 4Ce^{4+} + 2H_2O \xrightarrow{k_8} Br^- + HCOOH + 2CO_2 + 4Ce^{3+} + 5H^+ \qquad (8)$$

$$HOBr + HCOOH \xrightarrow{k_9} Br^- + CO_2 + H^+ + H_2O \quad (k_9 = 快速) \qquad (9)$$

上述两式耦合给出的净反应为

$$BrCH(COOH)_2 + 4Ce^{4+} + HOBr + H_2O \longrightarrow 2Br^- + 3CO_2 + 4Ce^{3+} + 6H^+ \qquad (D)$$

如将反应式(B)、(C)和(D)相加就组成了反应系统中的一个振荡周期,即得到总反应式(A)。必须指出,在总反应中铈离子和溴离子已对消,起到了真正的催化作用。

综上所述,BZ 振荡反应体系中存在着两个受溴离子浓度控制的过程(B)和(C),即[Br^-]

起着转向开关的作用,当$[Br^-]>$临界浓度$[Br^-]_{临界}$时发生(B)过程;而当$[Br^-]<[Br^-]_{临界}$时发生(C)过程。该反应溴离子的临界浓度为

$$[Br^-]_{临界} = \frac{k_6}{k_2}[BrO_3^-] = 5\times10^{-6}[BrO_3^-]$$

若已知实验的初始$[BrO_3^-]$,由上式可估算$[Br^-]_{临界}$。

测定、研究 BZ 振荡反应可采用离子选择性电极法、分光光度法和电化学方法等。本实验采用电化学方法,即在不同的温度下通过测定因$[Ce^{4+}]$和$[Ce^{3+}]$之比产生的电势随时间变化曲线,分别从曲线中得到诱导时间(t_u)和振荡周期(t_z),并根据阿伦尼乌斯方程:

$$\ln(1/t_u)[或 \ln(1/t_z)] = -(E/RT) + \ln A$$

(式中 E 为表观活化能;R 是摩尔气体常数;T 是热力学温度;A 是提前因子。)分别作 $\ln(1/t_u) - 1/T$ 图和 $\ln(1/t_z) - 1/T$ 图,最后从图中的曲线斜率分别求得表观活化能(E_u 和 E_z)。

三、实验仪器和药品

CHI 电化学工作站(包括计算机)　　　　小漏斗、有机玻璃板

超级恒温槽　　　　　　　　　　　　　量筒(10 mL)

电磁搅拌器　　　　　　　　　　　　　试管(20 mL)

饱和甘汞电极(带 1.0 mol·L^{-1}硫酸盐桥)　分析天平

铂盘电极　　　　　　　　　　　　　　硫酸铈铵(分析纯)

电解池(100 mL,带夹套)　　　　　　　溴酸钾(分析纯)

容量瓶(100 mL)　　　　　　　　　　　丙二酸(分析纯)

烧杯(50 mL,200 mL)　　　　　　　　硫酸(分析纯)

搅拌棒、滴管、搅拌子、洗瓶

四、实验内容及步骤

1. 配制溶液

分别用蒸馏水配制 5.00×10^{-3} mol·L^{-1}硫酸铈铵溶液(必须在 0.20 mol·L^{-1}硫酸介质中配制)、0.40 mol·L^{-1}丙二酸溶液、0.20 mol·L^{-1}溴酸钾和 3.00 mol·L^{-1}硫酸溶液各 100 mL。

2. 准备工作

(1) 测量线路如图 2-14-1 所示。打开仪器电源预热 10 min;同时开启恒温槽电源(包括循环水的电源),并调节温度为 30 ℃(或比当时的室温高 3~5 ℃)。

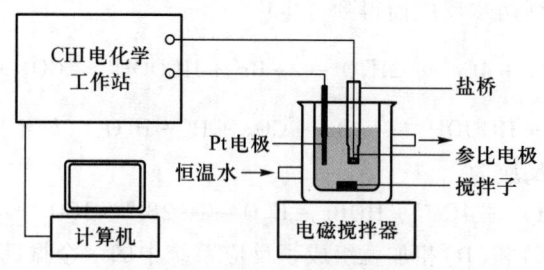

图 2-14-1　振荡反应测量线路图

（2）将配好的硫酸铈铵溶液、丙二酸溶液和硫酸溶液各 10 mL 放入已洗干净的电解池中,同时将 10 mL 溴酸钾溶液放在恒温槽中恒温。开启电磁搅拌器的电源使溶液在设定的温度下恒温至少 10 min。在以下系列实验过程中尽量使搅拌子的位置和转速保持一致。

（3）通过计算机使电化学工作站进入 Windows 工作界面,在工具栏里通过鼠标点击"T"（实验技术）,此时屏幕上显示一系列实验技术的菜单;点击"Open Circuit Potential-Time"（即应用"开路电位-时间"技术）,点击"OK";再点击工具栏里的参数设置键,在对话框中填入适当的"数值":

    ＊ Run Time（sec）＝"700"　（在实验过程中根据需要可随时终止实验）

    ＊ High E Limit（V）＝"1.2"

    ＊ Low E Limit（V）＝"0.6"

再点击"OK"键,至此参数已设置完毕。上述高和低两项极限值可根据需要而设定。有关电化学工作站的工作原理和详细使用方法可参见 3.5 节相关内容。

3. 测量

（1）被测溶液在指定温度下恒温足够长时间（至少 10 min）后,点击工具栏里的"运行"键,实验即刻开始,屏幕上会显示电势-时间曲线（同时也分别显示电势和时间的数值）,此时的曲线应该为一水平线。60 s（或基线平坦）后将预先已恒温的 10 mL 溴酸钾溶液倒入电解池中。此时曲线（电势）会发生突跃,同时注意溶液颜色的变化。经过一段时间的"诱导",开始振荡反应,此后的曲线呈现有规律的周期变化（如图 2-14-2 所示）,实验结束后给实验结果取个文件名存盘。

实验操作
演示视频

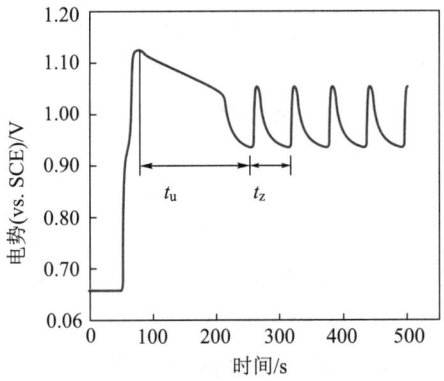

图 2-14-2　化学振荡反应的电势-时间曲线

（2）将恒温槽温度调至 32 ℃,取出电极,洗净电解池和所有用过的电极及小漏斗,然后重复上述步骤进行测量。每间隔 2 ℃测定一条曲线,至少测量六个温度下的曲线。

（3）如有兴趣,在测量最后一条曲线前将参数改成 Run Time（sec）＝"3000"或更长一些,则可从实验结果中看到化学振荡反应的"兴衰"。

五、数据处理、实验结果及讨论

（1）分别从各条曲线中找出诱导时间（t_u）和振荡周期（t_z）,并列表（可参考表 2-14-1）。

表 2-14-1 实验记录表格示意

温度 /K	$\dfrac{1}{T}/(10^{-3}K)$	t_u	$\ln(1/t_u)$	t_z	$\ln(1/t_z)$

(2) 根据计算结果分别作 $\ln(1/t_u)-1/T$ 图和 $\ln(1/t_z)-1/T$ 图。

(3) 根据图中直线的斜率分别求出诱导表观活化能(E_u)和振荡表观活化能(E_z)。

六、思考题

(1) 影响诱导期、振荡周期及振荡寿命的主要因素有哪些？

(2) 为什么在实验过程中应尽量使搅拌子的位置和转速保持一致？

(3) 实验中可观察到怎样的颜色变化？

(4) 根据 FKN 反应机理，该振荡反应的催化剂是 Ce^{3+} 和 Br^-，但反应初始并没有加入这两种离子，为什么仍会发生振荡反应？

(5) 实验所研究的 BZ 振荡反应会否一直振荡下去而不停止？为什么？

(6) FKN 反应机理是否是严格意义上的反应机理？

七、安全与环保

(1) 实验中使用到稀硫酸，须注意避免硫酸接触皮肤。如接触皮肤，立刻用大量自来水冲洗。

(2) 本实验涉及饱和甘汞电极。如不慎打破，需要立即收集滚落的水银，并置于水银回收瓶中，再在污染区域撒上硫黄粉。

(3) 实验结束后，反应液及未用完的硫酸铈铵溶液和溴酸钾溶液需倒入废液回收容器内。倒入后，保持回收容器敞口一段时间。

八、附注

(1) 为了防止参比电极中离子对实验的干扰及溶液对参比电极的干扰，所用的饱和甘汞电极与溶液之间必须用 $1.0\ mol \cdot L^{-1}$ 硫酸盐桥隔离。

(2) 所使用的电解池、电极和一切与溶液相接触的器皿是否干净是本实验成败的关键，故每次实验完毕后必须将所有用具冲洗干净。

(3) 大多数反应在所研究的一定温度范围内是符合阿伦尼乌斯方程的，包括基元反应和一些复杂反应。只是复杂反应的活化能是组成该反应各基元步骤的活化能的代数和。通常，复杂反应的活化能称为表观活化能。

*九、选做实验：甲醛的电氧化振荡

BZ 振荡反应是均相反应。电化学振荡则是在电极/溶液界面发生的振荡现象。借助外电源（开放系统）可以很容易地使电极反应在强极化（远离平衡）条件下进行，而多个电极反应（双稳态或多稳态）中的传质步骤、表面物理化学步骤和电荷传递步骤的耦合则提供了非线性正负反馈。利用旋转电极或搅拌溶液改变传质速率可以判断振荡反应是由传质步骤还是由表面步骤所控制。强对流下,前者振荡消失,后者振荡仍可维持。电化学振荡反应很多,包括简单离子或配离子的还原、金属的电沉积与电溶解、有机物小分子/生物分子的电催化氧化等。本选做实验为甲醛的电氧化振荡,CO 的表面吸脱附在该振荡反应中起主要作用。

【实验提示】

(1) **实验准备**。三电极 H 形玻璃电解池一个。

铂盘电极一支作为工作电极,饱和甘汞电极一支作为参比电极,铂片或铂丝辅助电极一支。

测试溶液:1.0 mol·L^{-1}甲醛 + 1.0 mol·L^{-1}硫酸混合溶液(现配)。

(2) **工作电极表面清洁**。铂盘电极用细粒径的金相砂纸(如 1200 目)打磨抛光,丙酮除油。

(3) **循环伏安测试**。在三电极 H 形玻璃电解池中,装入 1.0 mol·L^{-1}甲醛 + 1.0 mol·L^{-1}硫酸混合溶液,选择恰当的上、下限电势−1.5~0.5 V,电流量程 0~15 mA,扫描速率(100 mV·s^{-1})和数据采集速率,采集循环伏安图。

(4) **振荡曲线测定**。采用电流扫描或恒电流法。

电流扫描时,阳极氧化电流扫描区间设为 0 至循环伏安正扫氧化峰电流的一半左右,扫描速率为 0.1 mA·s^{-1}左右。

恒电流时,恒电流值可在循环伏安正扫氧化峰电流的一半以下选择一个或几个值。

(5) **数据处理**。采用软件,绘制循环伏安谱、电流扫描伏安谱及恒电流电势−时间图。

(6) **思考与拓展**。

① 甲醛发生电氧化振荡的原因是什么?

② 产生电化学振荡的一般条件是什么?

③ 甲醇、甲酸等有机小分子的阳极氧化也可出现类似甲醛的振荡现象。

参考资料

实验十五　旋光法测定蔗糖转化反应的速率常数

一、实验目的和要求

(1) 能够说明旋光仪的基本原理和使用方法,并测定溶液的旋光度。

(2) 能够说明反应物浓度与旋光度之间的关系。

(3) 能够用旋光法测定蔗糖转化反应的速率常数和半衰期。

*(4) 能够用旋光法测定蔗糖转化反应中蔗糖的反应级数(选做实验)。

二、实验原理

蔗糖在水中转化成葡萄糖与果糖,其反应为

$$C_{12}H_{22}O_{11}(蔗糖) + H_2O \xrightarrow{H^+} C_6H_{12}O_6(葡萄糖) + C_6H_{12}O_6(果糖)$$

这是一个二级反应,在纯水中此反应的速率极慢,通常需要在 H^+ 催化作用下进行。由于反应时水是大量存在的,尽管有部分水分子参加了反应,仍可近似地认为整个反应过程中水的浓度是恒定的;而且 H^+ 是催化剂,其浓度也保持不变。因此,蔗糖转化反应可看作一级反应。

一级反应的速率方程可由下式表示:

$$-\frac{dc}{dt} = kc \tag{2-15-1}$$

式中 c 为时间 t 时反应物的浓度;k 为反应速率常数。上式积分可得

$$\ln c = \ln c_0 - kt \tag{2-15-2}$$

c_0 为反应开始时反应物的浓度。

当 $c = \frac{1}{2}c_0$ 时,时间 t 可用 $t_{1/2}$ 表示,即为反应的半衰期:

$$t_{1/2} = \frac{\ln 2}{k} = \frac{0.693}{k} \tag{2-15-3}$$

从式(2-15-2)可看出,在不同时间测定反应物的相应浓度,并以 $\ln c$ 对 t 作图,可得一直线,由直线斜率即可求得反应速率常数 k。然而反应是在不断进行的,要快速分析出反应物的浓度是困难的。但蔗糖及其转化产物都具有旋光性,而且它们的旋光能力不同,故可以利用体系在反应进程中旋光度的变化来度量反应的进程。

测量物质旋光度所用的仪器称为旋光仪。溶液的旋光度与溶液中所含旋光物质的旋光能力、溶剂性质、溶液浓度、样品管长度及温度等均有关系。当其他条件均固定时,旋光度 α 与反应物浓度 c 呈线性关系,即

$$\alpha = \beta c \tag{2-15-4}$$

式中比例常数 β 与物质的旋光能力、溶剂性质、溶液浓度、样品管长度及温度等有关。

物质的旋光能力用比旋光度来度量,比旋光度用下式表示:

$$[\alpha]_D^{20} = \frac{\alpha \cdot 100}{l \cdot c} \tag{2-15-5}$$

式中 $[\alpha]_D^{20}$ 右上角的"20"表示实验温度为 20 ℃,D 是指旋光仪所采用的钠灯光源 D 线的波长(即 589.3 nm);α 为测得的旋光度(°);l 为样品管长度(dm);c 为浓度(g·100 mL^{-1})。

作为反应物的蔗糖是右旋性物质,其比旋光度 $[\alpha]_D^{20} = 66.6$(°)·dm²·kg^{-1}。生成物中葡萄糖也是右旋性物质,其比旋光度 $[\alpha]_D^{20} = 52.5$(°)·dm²·kg^{-1}。但果糖是左旋性物质,其比旋光度 $[\alpha]_D^{20} = -91.9$(°)·dm²·kg^{-1}。由于生成物中果糖的左旋性比葡萄糖的右旋性大,所以生成物呈现左旋性质。因此,随着反应进行,体系的右旋角不断减小,反应至某一瞬间,体系的旋光度可恰好等于零,而后就变成左旋,直至蔗糖完全转化,这时左旋角达到最大值 α_∞。

设体系最初的旋光度为

$$\alpha_0 = \beta_{反} c_0 \quad (t = 0,蔗糖尚未转化) \tag{2-15-6}$$

体系最终的旋光度为

$$\alpha_\infty = \beta_{生} c_0 \quad (t = \infty,蔗糖已完全转化) \tag{2-15-7}$$

式(2-15-6)和式(2-15-7)中 $\beta_反$ 和 $\beta_生$ 分别为反应物与生成物的比例常数。

当时间为 t 时,蔗糖浓度为 c,此时旋光度为 α_t,即

$$\alpha_t = \beta_反 c + \beta_生(c_0 - c) \tag{2-15-8}$$

由式(2-15-6)、式(2-15-7)式(2-15-8)联立,可解得

$$c_0 = \frac{\alpha_0 - \alpha_\infty}{\beta_反 - \beta_生} = \beta'(\alpha_0 - \alpha_\infty) \tag{2-15-9}$$

$$c = \frac{\alpha_t - \alpha_\infty}{\beta_反 - \beta_生} = \beta'(\alpha_t - \alpha_\infty) \tag{2-15-10}$$

将式(2-15-9)和式(2-15-10)代入式(2-15-2),即得

$$\ln(\alpha_t - \alpha_\infty) = -kt + \ln(\alpha_0 - \alpha_\infty) \tag{2-15-11}$$

显然,如以 $\ln(\alpha_t - \alpha_\infty)$ 对 t 作图可得一直线,从直线斜率即可求得反应速率常数 k。

三、实验仪器和药品

旋光仪	移液管(25 mL)
恒温箱	蔗糖(分析纯)
恒温槽	葡萄糖(分析纯)
具塞大试管(50 mL)	HCl 溶液(3 mol·L^{-1})
锥形瓶(150 mL)	蔗糖酶液(自制)

四、实验内容及步骤

1. 仪器装置

请仔细阅读 3.4.4 节"旋光度的测定",了解旋光仪的构造和原理,掌握使用方法。

2. 旋光仪的零点校正

实验操作
演示视频

蒸馏水为非旋光物质,可以用来校正旋光仪的零点(即 $\alpha = 0$ 时仪器对应的刻度)。样品管带有恒温水套,使用时需打开恒温水浴泵,通过恒温水维持反应温度。校正时,先洗净样品管,将管的一端加上盖子,并由另一端向管内灌满蒸馏水,在上面形成一凸面,然后盖上玻璃片和套盖,玻璃片紧贴于旋光管,此时管内不应有气泡存在,若管中液体有微小气泡,可将其赶至旋光管的凸起部分。必须注意旋紧套盖时,一只手握住管上的金属鼓轮,另一只手旋套盖,勿使漏水。然后用吸滤纸将管外的水吸干,再用擦镜纸将样品管两端的玻璃片擦净,放入旋光仪的光路中。打开光源,调节目镜聚焦,使视野清晰,再旋转检偏镜至能观察到三分视野暗度相等为止。记下检偏镜的旋光度 α,重复测量三次,取其平均值。此平均值即为零点,用来校正仪器系统误差。

3. 反应过程中的旋光度测定

洗净、烘干四支具塞大试管,备用。

将恒温水浴和恒温箱都调节到所需的反应温度(如 25 ℃,30 ℃或 35 ℃)。在锥形瓶内,称取 20 g 蔗糖,加入 100 mL 蒸馏水,使蔗糖完全溶解,若溶液混浊,则须加热、振摇加速溶解。用移液管吸取 25 mL 蔗糖溶液,注入预先已清洁干燥的 50 mL 试管内并加盖;同法,用另一支移液管吸取 25 mL 3 mol·L^{-1} HCl 溶液,置于另一支 50 mL 试管内并加盖。将这两支试管一起置于恒温水浴内恒温 10 min 以上。然后将两支试管取出,擦干试管外壁的水珠,将 HCl 溶液

倒入蔗糖溶液中,同时记下时间,来回倒三四次,使之均匀后,立即用少量反应液荡洗旋光管两次,然后将反应液装满旋光管,旋上套盖,放进预先恒温的旋光仪内,测量各时间的旋光度。(注意:荡洗和装样只能用去一半左右的反应液。)要求在反应开始后 2~3 min 内测定第一个数据(约在 5°)。在以后的 15 min 内,每间隔 1 min 测量一次。随后由于反应物浓度降低而使反应速率变慢,此时可将每次测量的时间间隔适当放宽,一直测量到反应时间为 50 min 为止。在此期间,将剩余的另一半反应液置于 50~60 ℃ 的恒温水浴内温热待用。

4. α_∞ 的测量

将已在恒温水浴内温热 40 min 的反应液取出,冷至实验温度下测定旋光度。在 10~15 min 内,读取 5~7 个数据,如在测量误差范围内,则取其平均值,即为 α_∞ 值。

5. 改变温度测量

将恒温水浴温度调高 5 ℃,按上述步骤 3 和 4 再测量一套数据。

五、数据处理、实验结果及讨论

(1)分别将在两个不同温度下反应过程中所测得的旋光度 α_t 与对应时间 t 列表,作出 $\alpha_t - t$ 曲线图。

(2)分别从两条 $\alpha_t - t$ 曲线上 10~40 min 区间内,取 8 个($\alpha_t - t$)数组,并通过计算,以 $\ln(\alpha_t - \alpha_\infty)$ 对 t 作图,由直线斜率求反应速率常数 k,并计算反应半衰期 $t_{1/2}$。

(3)根据实验测得的 $k(T_1)$ 和 $k(T_2)$,利用阿伦尼乌斯方程计算反应的平均活化能。

六、思考题

(1)实验中用蒸馏水来校正旋光仪的零点,试问在蔗糖转化反应过程中所测定的旋光度 α_t 是否必须要进行零点校正?

(2)配制蔗糖溶液和盐酸时,操作是将盐酸加到蔗糖溶液中,可否将蔗糖溶液加到盐酸中?为什么?

(3)旋光管凸起部分有什么作用?

(4)实验开始时安装旋光管及调三分视野消失需要一定时间,对实验有什么影响?

七、安全与环保

(1)装样品时,旋光管管盖旋至不漏液体即可,不要用力过猛,以免压碎玻璃片,造成事故。

(2)由于酸对仪器有腐蚀,操作时应避免酸液滴到仪器上。测量时旋光管外面一定要擦干。实验结束后应立即将旋光管洗干净,用 pH 试纸测试旋光管内洗涤残余液为中性后,将洗涤管装满蒸馏水。

(3)实验中产生的废液应倒入指定的废液回收桶中,不可随意倒入水槽中。

八、附注

(1)蔗糖在纯水中水解速率很慢,但在催化剂作用下反应会迅速加快,此时反应速率大小不仅与催化剂种类有关,而且与催化剂的浓度有关。

本实验除了用 H^+ 作催化剂外,也可用蔗糖酶催化。后者的催化效率更高,并且用量可减少。如用蔗糖酶液(3~5 活力单位·mL^{-1}),其用量仅为 2 mol·L^{-1} HCl 溶液用量的 1/50。蔗糖酶的制备可参见实验二十中相关内容。

本实验用 HCl 溶液作催化剂(浓度保持不变)。如果改变 HCl 溶液浓度,其蔗糖转化速率也随之变化。

(2)温度对反应速率常数影响很大,所以严格控制反应温度是做好本实验的关键。建议在反应开始时溶液的混合操作在恒温箱中进行。

反应进行到后阶段,为了加快反应进程,采用 50~60 ℃恒温,促使反应进行完全。但温度不能高于 60 ℃,否则会产生副反应,此时溶液变黄。因为蔗糖是由葡萄糖的苷羟基与果糖的苷羟基之间缩合而成的二糖。在 H⁺催化下,除了苷键断裂进行转化反应外,由于高温还发生脱水反应。这就会影响测量结果。

(3)本实验在安排上,由于时间原因,采用测定两个温度下的反应速率常数来计算反应活化能。如果时间许可,最好测定 5~7 个温度下的反应速率常数,用作图法求算反应活化能 E_a,则更合理可靠。

*九、选做实验:旋光法测定蔗糖转化反应的反应级数

确定化学反应的速率方程,不仅能为工业反应器设计提供依据,还能为反应机理的拟定提供重要信息。反应速率方程需要通过实验来确定,常用的做法是在指定温度下测定反应物或产物浓度随时间的变化,然后采用下面的一些方法来确定速率方程。

(1)积分法:又称尝试法,将实验数据代入零级、一级、二级反应的速率方程的积分式,看 k 是否为常数,从而确定反应级数和速率方程。

(2)微分法:若体系中只有一种反应物或各反应物的起始浓度相等,则该反应的速率方程为

$$-\frac{d[A]}{dt} = k[A]^n \tag{2-15-12}$$

取对数可得

$$\lg\left(-\frac{d[A]}{dt}\right) = \lg k + n\lg[A] \tag{2-15-13}$$

从[A]-t图中求出物质 A 在不同浓度[A]下的 d[A]/dt 值,然后作出 lg(-d[A]/dt)对 lg[A]图,所得直线的斜率为反应级数 n,由截距可求出反应常数 k。

(3)半衰期法:半衰期与反应物的起始浓度的关系因反应级数的不同而异,因此,可由半衰期求出反应级数,从而确定速率方程。

(4)孤立法:当参与反应的物质不止一种时,如两种(A,B)或两种以上(A,B,C,…)的物质参与同一反应时,通常先使除 A 以外的反应物大大过量,求出某一反应物 A 的级数。然后以相同方法求出其他反应物的级数。

蔗糖转化反应中水大量存在,反应中酸催化剂浓度、水浓度可看作恒定不变,因此,可以通过孤立法来测定蔗糖的反应级数。

本实验通过测定不同反应时间的旋光度,通过式(2-15-10)计算得到瞬时浓度 c。然后分别通过积分法、微分法和半衰期法确定蔗糖转化的反应级数。

【实验提示】
(1)用蒸馏水校正旋光仪的零点(即 $\alpha = 0$ 时仪器对应的刻度)。
(2)将恒温水浴和恒温箱都调节到所需的反应温度(如 30 ℃)。在锥形瓶内配制不同浓

度的蔗糖溶液,分别称取 15 g,20 g,25 g 蔗糖,加入 100 mL 蒸馏水,使蔗糖完全溶解。用移液管吸取 25 mL 蔗糖溶液,注入预先已清洁干燥的 50 mL 试管内并加盖;同法,用另一支移液管吸取 25 mL 1 mol·L^{-1} HCl 溶液,置于另一支 50 mL 试管内并加盖。将这两支试管一起置于恒温水浴内恒温 10 min 以上。然后将两支试管取出,混合,快速加装反应液,旋上套盖,放进预先恒温的旋光仪内,测量各时间的旋光度 α_t。在刚开始的 20 min 内,每间隔 1 min 测量一次。之后可将每次测量的时间间隔适当放宽,一直测量到反应时间为 50 min 为止。在此期间,将剩余的另一半反应液置于 50~60 ℃ 的恒温水浴内温热待用。

(3) 初始旋光度 α_0 的测量。将配好的蔗糖溶液加入旋光管,预热至实验温度下测定,即得 α_0。

(4) 反应完全转化时旋光度 α_∞ 的测量。将已在恒温水浴内温热 40 min 的反应液取出,冷至实验温度下,测定旋光度。在 10~15 min 内,读取 5~7 个数据,如在测量误差范围内,则取其平均值,即为 α_∞ 值。

(5) 根据不同反应时间反应液的旋光度计算蔗糖浓度,分别用积分法、微分法和半衰期法确定蔗糖转化的反应级数,比较三种求算反应级数方法的优缺点。

参考资料

实验十六　苯甲醇选择性氧化动力学测试

一、实验目的和要求

(1) 能够用液相法进行纳米金催化苯甲醇选择氧化的反应性能测试。

(2) 能够用气相色谱分析苯甲醇氧化中反应物和产物含量,推测反应级数,计算活化能。

*(3) 能够用核磁共振技术测定苯甲醇选择性氧化反应中反应物和产物的含量(选做实验)。

二、实验原理

催化反应按反应物与催化剂是否处于同一聚集态区分为均相催化和多相催化。若反应物和催化剂不处于同一相中,而是处于两相或多于两相中,反应在相界面上进行,则称为多相催化反应。催化剂的研究和开发是现代化学工业的核心问题之一,现代化学工业的巨大成就是同使用催化剂联系在一起的,80% 以上的工业过程使用催化剂来加速目标反应。负载型金催化剂,是负载贵金属催化剂中较晚被广泛研究的一类催化剂,长期以来,人们一直认为金是一种化学惰性的、无催化活性的金属。在 20 世纪 80 年代,Hutchings 和 Haruta 的研究发现,选择合适的技术方法制备出的负载型纳米金催化剂,对一些反应具有显著的催化活性。随后,研究人员不断开拓负载型高分散纳米金多相催化剂的应用领域,从催化选择性氧化、选择性加氢到成环反应,甚至碳碳键偶联反应等。

研究表明,催化剂对反应速率的影响和浓度、温度的影响不同,浓度或温度影响反应速率时,一般不改变反应机理,而催化剂对反应速率的影响却是通过反应机理实现的。通常,在催化剂参与下,反应往往分成几个步骤进行,各步骤的活化能都不大,其总的活化能比没有催化剂时的活化能小,因而加快反应速率。催化反应活性是指特定的催化反应中催化剂使反应物转化能力的大小,常常用来衡量催化剂的催化效率。工业上常用单位质量或单位体积的催化剂对反应物的转化率来表示,实验室里常用反应速率常数、活化能等来表征。影响催化反应性能的因素很多,包括反应物浓度、反应温度、反应压力等。通常情况下反应温度对催化反应性能的影响显著,反应温度低,催化的反应转化率往往较低。但反应温度过高也会导致副反应增加、目标产物选择性降低。

有机物的选择氧化是化学工业中的重要过程,选择性氧化产物往往是精细化工和医药化工的重要中间体。如苯甲醛就是医药、染料、香料和树脂工业的重要原料。工业上通常采用甲苯氯化水解法生产苯甲醛,但是该法具有工艺流程长、产物分离困难、排放腐蚀性气体和有机废物的缺陷,特别是产物中氯离子的存在大大限制其在生物、医药领域的应用。苯甲醇与无机氧化物反应可生成无氯苯甲醛,但生产过程中易造成试剂浪费和环境污染,且不适于大规模生产。负载型纳米金催化剂对液相催化苯甲醇氧化有其特有的催化活性和选择性,这时在固液相界面上发生如下反应:

$$\text{苯甲醇} \xrightarrow{[O]} \text{苯甲醛} \xrightarrow{[O]} \text{苯甲酸}$$

其中,氧可以是来自空气中的氧气,也可以是活泼化学试剂提供的活性氧物种,如叔丁基过氧化氢。本实验采用气相色谱法检测相关反应物的转化率及产物选择性随时间的变化,进而通过尝试法判断该反应的反应级数,比较不同反应温度时苯甲醇氧化反应在负载型纳米金催化剂 Au/TiO$_2$ 作用下反应速率的增加程度,探究影响负载型纳米金催化剂催化活性的因素。

三、实验仪器和药品

气相色谱仪　　　　　　　　　苯甲醇(分析纯)
恒温磁力搅拌油浴　　　　　　苯甲醛(分析纯)
双颈瓶/三颈瓶(25 mL)　　　　苯甲酸(分析纯)
过滤头　　　　　　　　　　　甲苯(分析纯)
1% Au/TiO$_2$ 催化剂

四、实验内容及步骤

1. 气相色谱仪运行准备

(1) 按照操作说明板,开启气相色谱仪,调用专用分析方法,预热运行。

(2) 标准物质的定性分析。气相色谱仪预热完成后,分别进样分析标准物质苯甲醇、苯甲醛和苯甲酸,记录各物质的保留时间。

2. 气相色谱测定催化活性

在 25 mL 双颈瓶或三颈瓶(分别安装冷凝管、温度计、取样口,内置一磁子)中分别加入 1 mmol(约100 μL)苯甲醇、10 mL 甲苯,并置于已恒温到 60 ℃ 的油浴中,开启搅拌,恒温后(或检测反应液温度达到设定温度),快速加入 100 mg 1% Au/TiO$_2$ 催化剂、10 μL 叔丁基过氧化氢,开始计时。反应 10 min 后取一定量反应液于 1 mL 离心管中,补加10 μL 叔丁基过氧化氢到反应体系,继续反应。用滤膜过滤反应液,取澄清滤液用气相色谱分析。并于 20 min, 40 min, 60 min, 80 min 进行同样的取样分析。

实验操作
演示视频

色谱开机
说明

按上述操作,完成 80 ℃时的催化活性测试。

五、数据处理、实验结果及讨论

(1)根据色谱分析结果,计算不同反应温度下各反应时间点的转化率、选择性。

(2)根据以上数据作不同反应温度下转化率-反应时间图,并通过尝试法作不同反应级数的积分式关系曲线,尝试判断反应级数,并计算相应的反应速率常数 k 及反应半衰期 $t_{1/2}$。

(3)根据不同温度下测得的 k,计算反应的表观活化能。

六、思考题

(1)试结合实验操作,讨论影响实验结果的主要因素。

(2)试结合理论知识和实验数据,讨论有效调控连续反应中各步反应产物选择性的技术方法。

(3)结合文献,从反应动力层面讨论反应体系中乙醇、水的引入,对反应活性、产物选择性的影响机制。

(4)结合文献,探讨影响纳米金催化活性的因素。

七、安全与环保

(1)使用气瓶和气体减压阀前必须阅读 1.2.2 节和 3.2 节,以了解气瓶和气体减压阀的使用方法及注意事项。

(2)实验过程中,取用甲苯前仔细阅读相关注意事项,做好防护,规范取用。实验后严格将废弃的固体或液体药品转移到相应的器皿内。

八、附注

1.负载型纳米金催化剂的制备

(1)纳米金胶粒法:将 50 mL 1×10^{-3} mol·L^{-1} HAuCl$_4$ 溶液于冰水浴中冷却搅拌 0.5 h,加入 555.5 mg 聚乙烯吡咯烷酮(PVP),继续搅拌 0.5 h,然后快速加入 5 mL 0.1 mol·L^{-1} NaBH$_4$ 溶液,继续搅拌 0.5 h。移取 10 mL 上述溶液,加入 0.2 g P25(TiO$_2$ 载体),搅拌 0.5 h,离心分离,用 20 mL 水洗涤三次,再用 10 mL 无水乙醇洗涤三次,最后用 10 mL 甲苯洗涤一次,将催化剂转移到反应管中,如前所述,进行活性测试。

(2)沉积沉淀法:在室温搅拌的条件下,取 2 mL HAuCl$_4$ 溶液(0.5 g Au/100 mL)于 100 mL 去离子水中,1 g 载体 TiO$_2$(Evonik,P25)。然后用 0.25 mol·L^{-1} NaOH 溶液将上述悬浮液 pH 调至 8~9,于 70~80 ℃水浴中搅拌 1 h,过滤洗涤至无氯离子。得到的滤饼真空干燥 12 h 后于马弗炉中 300 ℃下焙烧 4 h,升温速率为 2 ℃·min^{-1},研磨,获得理论负载量为1%(质量分数)的 Au/TiO$_2$ 催化剂。整个制备过程中用锡箔纸包裹烧杯、砂芯漏斗等避光。

2.气相色谱仪定量分析

经气相色谱柱分离后的各组分,按其特性及含量由色谱检测器转化为相应电信号,即响应值,获得色谱流出曲线上各组分的色谱峰。检测器的响应表明,一定浓度或一定含量的组分物质进入检测器后,就产生一定线性响应的信号(峰高或峰面积)。色谱分析的依据就是被检测组分的质量或浓度在一定条件下与测得的色谱峰高或峰面积成正比,即

$$W_i = f'_i A_i \qquad (2\text{-}16\text{-}1)$$

式中 W_i 为被测组分 i 的量;f'_i 为比例系数,称为定量校正因子;A_i 为被测组分 i 的峰面积。

气相色谱定量分析方法有几种,本实验采用标准曲线法与面积归一法相结合的方式,每一物质的相对响应值已提供。根据各组分的出峰峰面积与相对响应值,用下式计算各组分含量:

$$x_i = \frac{A_i / f''_i}{\sum\limits_{i=1}^{n} A_i / f''_i} \qquad (2\text{-}16\text{-}2)$$

式中 A_i 为组分 i 的峰面积;f''_i 为组分 i 的相对响应值,通过实验获得。

*九、选做实验:纳米金催化氟代苯甲醇选择性氧化动力学测试(^{19}F NMR)

前面基础实验基于气相色谱检测法对苯甲醇选择性氧化进行了研究,与气相色谱检测相比,核磁共振(NMR)技术具有制样简便、检测快速自动、重复性好、不破坏样品等优势,在化学、生物学、药学等领域广泛应用。随着科学技术发展,NMR 的准确度和精确度已经由原本的定性分析水准,逐步接近或达到高效液相色谱(HPLC)和气相色谱(GC)的定量分析水准,能够同时实现定性鉴定和定量分析计算,部分检测分析技术和方法已经广泛录入美国等国家的药典。

使用 NMR 分析涉及三个参数:化学位移、耦合常数和共振峰面积。定量分析中,化学位移和耦合常数与物质的结构测定相关,同时要求被测样品中有一组特征吸收峰不互相重叠,共振峰面积与该峰对应物质所含特征原子数成正比。NMR 技术作为重要的检测技术,在本科教学实验中更多地用于有机物的定性分析,鲜有定量检测应用。以 NMR 为检测方法研究化学动力学过程,如分子结构和构象、化学交换及立体化学反应速率和其他动力学问题,具有所需样品含量少、分析速度快、重复性好及不终止反应等优点。

在本部分实验中引入 NMR 技术用于催化活性的动力学测试。鉴于反应溶剂含 H 导致的 ^{1}H NMR 复杂性,在苯环上引入取代基 F 原子,使用 ^{19}F NMR 检测。^{19}F NMR 具有受干扰小、检测迅速与自动进样的特点,可以提高时间利用率。同时,可通过团队合作进行反应底物拓展,比较取代基位置对催化反应速率的影响,进而深入探究反应机理,将物理化学中的反应动力学、NMR 技术与有机化学中的电子效应等理论知识有机融合。

1. 实验原理

本实验通过使用催化剂 Au/TiO_2,在甲苯体系中催化氧化氟代苯甲醇,得到产物氟代苯甲醛。反应过程中间隔取样,通过 ^{19}F 核磁共振谱(^{19}F NMR)检测反应转化率 α。尝试法计算判断该反应的反应级数,最后以一级反应拟合得到反应速率常数 k 和表观活化能 E_a。催化反应的化学方程式为

2. 实验仪器和药品

核磁共振仪　　　　　　　　　　氟代苯甲醇(GC)

Au/TiO₂(Au 质量分数 1%)　　　甲苯(分析纯)

叔丁基过氧化氢(70%)

3. 实验内容及步骤

选做实验
操作演示
视频

(1) **混合标准样品的配制和测定**。准确量取对氟苯甲醇 50 μL,分别加入对氟苯甲醛 10 μL,20 μL,30 μL,40 μL,50 μL,60 μL,70 μL,用甲苯定容到 5 mL 容量瓶。取上述混合标准样品溶液 500 μL 于 NMR 样品管中,按照核磁共振仪使用步骤进行 ^{19}F NMR 测定。

(2) **基于 ^{19}F NMR 的催化活性测试**。在 25 mL 三颈瓶上分别安装温度计、回流冷凝管和空心塞,依次加入甲苯 15 mL、氟代苯甲醇 150 μL,置于 60 ℃ 油浴中恒温至反应温度。加入 Au/TiO₂ 催化剂 200 mg,之后快速加入叔丁基过氧化氢(TBHP)15 μL,并开始计时,10 min 时取反应液 0.6 mL 于 1 mL 离心管中,然后补加 TBHP 15 μL。所取样品用滤膜过滤,取滤液用 ^{19}F NMR 分析反应结果。并分别在 20 min,30 min,50 min,70 min,90 min 时进行同样的取样分析。

重复上述操作,测定 80 ℃ 和 100 ℃ 时氟代苯甲醇的催化活性。

4. 数据处理、实验结果及分析

(1) 根据 ^{19}F NMR 数据,计算不同反应温度下各反应时间时的转化率。

参考资料

(2) 根据以上结果,作不同反应温度下转化率-反应时间图,再通过尝试法对结果进行反应级数的判断,根据判断结果推算不同反应温度下的反应速率常数 k 及对应的半衰期 $t_{1/2}$。

(3) 根据不同温度下实验测得的 k,利用阿伦尼乌斯方程计算反应的表观活化能。

实验十七　分光光度法测定罗丹明
B 光催化降解速率常数

一、实验目的和要求

(1) 能够说明光催化原理及其应用的领域。

(2) 能够说明光催化反应性能测试的实验方法。

(3) 能够用沉淀法进行磷酸银催化剂的制备。

(4) 能够用光化学反应仪测定催化剂对染料降解的催化活性,讨论影响其催化活性的因素。

*(5) 能够制备并测定有机半导体 g-C₃N₄ 催化剂对 Cr(Ⅵ) 还原反应的催化活性(选做实验)。

**(6) 能够制备并测定 Ag₃PO₄/g-C₃N₄ 复合催化剂在降解染料或 Cr(Ⅵ) 还原反应中的催化活性(开放实验)。

二、实验原理

光催化反应是物质在光和催化剂同时作用下所进行的化学反应。光催化是催化化学、光电化学、半导体物理、材料科学和环境科学等多学科交叉的新型研究领域。

光催化材料是指在光作用下可诱发光氧化-还原反应的一类半导体材料。它可利用太阳能将水转化为氢能、降解矿化环境中的有机污染物,也可在紫外光作用下,催化还原制备有机化合物,具有成本低、效率高、不产生二次污染等优点。在解决当前能源与环境问题方面,半导体光催化材料具有广阔的应用前景。近年来,半导体光催化材料在清洁能源转换和环境污染控制等领域的应用研究,已经成为世界各国研究人员关注的焦点之一。纳米二氧化钛是目前被研究和应用最广泛和成熟的光催化剂。但其作为光催化剂也存在诸多不足之处,如禁带宽度大,仅能吸收波长小于 380 nm 的紫外光(在太阳光中的比例仅为 4% 左右),导致光源利用率较低。因此,研究工作者近年来一直在努力合成和研究可高效吸收太阳光中占比较高的可见光的新型催化材料。研究发现,一种简单的无机盐——Ag_3PO_4,由于较小的能带间隙及其本身的良好的光电性质备受人们的关注。

半导体不像金属有着连续的电子能级,而是有着空能级区域,在这一区域中没有能级供光激发所产生的电子和空穴在固体中进行复合。半导体的基本能带结构:由一个充满电子的低能价带(valence band,VB)和一个空的高能导带(conduction band,CB)构成,价带和导带之间由禁带分开。光催化的基本原理是指光催化剂受到大于禁带宽度能量的光子照射后,发生电子跃迁,生成光生电子(e^-)和空穴对(h^+)(途径 A),光生电子具有很强的还原能力,可以还原去除水中的金属离子,或与表面的吸附氧发生还原反应生成 $\cdot O_2^-$(途径 D)。而空穴具有极强的氧化性,可对吸附在其表面的污染物进行直接或间接的氧化降解。此外,空穴还可以氧化 H_2O 生成反应活性极高的羟基自由基($\cdot OH$)(途径 E),$\cdot OH$ 是一种强氧化剂(氧化还原电势为 + 2.8 eV),它可以将大多数有机染料氧化为可矿化的最后产物。另外,产生的光生空穴和电子也会发生复合,进而以热或光的形式散发(途径 B 和 C)。其具体激发过程可由图 2-17-1 表示,其中 CB 表示导带,VB 表示价带。

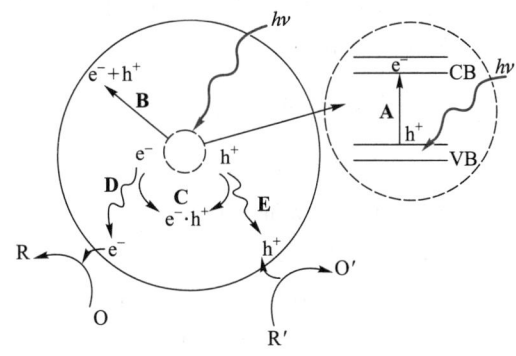

图 2-17-1　半导体光催化原理示意图

本实验分别以 TiO_2 和 Ag_3PO_4 为催化剂。下面以本实验中的 TiO_2 催化剂为例讲述其催化机理。TiO_2 的能带间隙为 3.20 eV,当波长小于 387 nm 的光激发时,处于价带的电子就被激发到导带,价带便生成空穴(h^+)。TiO_2 光催化反应机理可用以下各式表示:

$$TiO_2 + h\nu \longrightarrow TiO_2(e^- + h^+)$$
$$TiO_2(h^+) + OH^- \longrightarrow TiO_2 + \cdot OH$$
$$TiO_2(e^-) + O_2 \longrightarrow TiO_2 + \cdot O_2^-$$
$$\cdot O_2^- + H^+ \longrightarrow \cdot HO_2$$
$$2 \cdot HO_2 \longrightarrow H_2O_2 + O_2$$
$$H_2O_2 + \cdot O_2^- \longrightarrow \cdot OH + OH^- + O_2$$
$$H_2O_2 + h\nu \longrightarrow 2 \cdot OH$$
$$有机物 + \cdot OH + O_2 \longrightarrow CO_2 + H_2O + 其他产物$$

式中 $h\nu$ 是将 TiO_2 的电子从价带激发到导带的光子能量。

大部分染料在可见光区有一个很宽的吸收带,因此可以方便地用分光光度计测定反应过程中底物浓度随时间的变化情况。按照比尔-朗伯定律(Beer-Lambert law):

$$A = -\lg T = abc_{底物} \tag{2-17-1}$$

式中 A 为吸光度;T 为透射率;a 为吸光系数;b 为样品池光径长度。

染料的降解过程是一个复杂的反应。一般可假设上述降解反应为伪一级反应,并且假定所有的底物都被氧化为 CO_2 和 H_2O 等小分子化合物。因此其反应速率方程为

$$r = -\frac{dc_{底物}}{dt} = kc_{底物} \tag{2-17-2}$$

式中 k 为反应速率常数。积分后,上式又可写成

$$\ln\frac{[A]_0}{[A]} = kt \tag{2-17-3}$$

以 $\ln\dfrac{[A]_0}{[A]}$ 对时间 t 作图,所得斜率即为反应速率常数。

根据所测罗丹明 B(RhB)的吸光度 A 值可以计算降解率,公式如下:

$$降解率 = \frac{A_0 - A}{A_0}\times100\% = \frac{c_0 - c}{c_0}\times100\% \tag{2-17-4}$$

式中 A_0 为初始底物的吸光度;A 为照射时间 t 时剩余底物的吸光度;c_0 为罗丹明 B 的初始浓度;c 为罗丹明 B 在照射时间 t 时的浓度。

三、实验仪器和药品

光化学反
应仪实物
照片

光化学反应仪(CEL-LB50)　　　　　容量瓶(100 mL)

紫外-可见分光光度计　　　　　　　移液管(10 mL,2 mL)

高速离心机(TGL-16G)　　　　　　罗丹明 B(RhB)溶液(500 mg·dm^{-3})

低速离心机(LD4-2)　　　　　　　氧化钛(P25)

冷却水循环机(LX-300)　　　　　　硝酸银(分析纯)

磁力搅拌器　　　　　　　　　　　磷酸钠(分析纯)

烧杯(250 mL,500 mL)

四、实验内容及步骤

实验操作
演示视频

1. 工作曲线的绘制

(1)配制标准浓度 10 mg·dm^{-3} 的 RhB 溶液(每组 4 份)。准确量取 2 mL 浓度为 500 mg·dm^{-3} 的 RhB 溶液于 100 mL 容量瓶中,定容至刻度,备用。

(2)配制系列标准溶液。分别移取 10.0 mL,8.0 mL,6.0 mL,4.0 mL,2.0 mL 10 mg·dm^{-3} 标准溶液于 10 mL 容量瓶中,定容得到系列标准溶液。

(3)通过紫外-可见分光光度计检测系列标准溶液的吸光度值(检测波长 521 nm),绘制出浓度[$c/(\text{mg·dm}^{-3})$]对吸光度(A)的工作曲线。

2. 磷酸银催化剂的制备

准确称取 0.170 g 硝酸银和 0.128 g 磷酸钠,分别溶于 60 mL H_2O 中,放于暗室下搅拌 30 min 充分溶解之后,将两溶液混合,室温下继续搅拌 1 h,然后离心(对称放置,3000 r·min^{-1},

20 min），60 ℃真空烘箱中烘干 8 h，备用。

3. 空白活性的测试

将一份配制好的 100 mL 10 mg·dm^{-3} 的标准溶液加入 250 mL 烧杯中，置于光化学反应仪的双层反应器内，开通低温循环系统并保持在 20 ℃。开启搅拌，打开风扇（Power），再打开光源（Light），并开始计时。于反应开始至反应 4 min，8 min，12 min，16 min，20 min，24 min 分别取样（取样时请戴好防护眼镜，全部取样结束即关闭光源），测试每个样品的吸光度，检测是否具有反应活性。

4. 纳米二氧化钛（TiO$_2$）光催化活性的测试

将一份配制好的 100 mL 10 mg·dm^{-3} 的标准溶液及 5 mg TiO$_2$ 催化剂加入 250 mL 烧杯中，置于光化学反应仪的双层反应器内，开通低温循环系统（20 ℃），开启搅拌，暗态吸附 30 min。开启光源（Light），并开始计时。于反应开始至反应 4 min，8 min，12 min，16 min，20 min，24 min 分别取样，经高速离心机离心（对称放置，15000 r·min^{-1}，5 min）后，小心取样并测试其吸光度，检测 TiO$_2$ 光催化活性。

5. 磷酸银（Ag$_3$PO$_4$）光催化活性的测试

将一份配制好的 100 mL 10 mg·dm^{-3} 的标准溶液及 20 mg 已制备的 Ag$_3$PO$_4$ 催化剂置于 250 mL 烧杯中，按上法（步骤 3）检测 Ag$_3$PO$_4$ 的光催化活性。注意，需要预先在氙灯上装好 420 nm 滤波片，保证照射样品的光源为可见光。

五、数据处理、实验结果及讨论

（1）根据所绘制标准曲线，计算各催化剂在各反应时间点时的降解率。

（2）根据所测数据作各催化剂的反应时间 $t - c/c_0$ 图，并通过动力学知识判断反应级数，根据一级反应动力学曲线 $[t - \ln(c/c_0)]$ 图，拟合计算反应速率常数 k。

六、思考题

（1）活性测试实验中，为什么要进行暗吸附？

（2）通过查阅相关文献和书籍，探讨光源对催化剂活性的影响。

（3）实验前为何要确定染料检测的最佳波长？

（4）本实验采用氙灯为光源，如采用 LED 光源，需要注意什么？

（5）本实验还有哪些可以改进的地方？请给出建议。

七、安全与环保

（1）使用光化学反应仪和高速离心机前必须阅读其使用方法及注意事项。需要特别强调的是，由于本实验采用的光源功率较大，为避免对眼睛造成伤害，打开光化学反应仪取样分析的时候务必要戴上防护眼镜。

（2）本实验中磷酸银的合成需要用到真空干燥烘箱，旋片式真空泵使用时会产生油雾，需要把真空泵排气口接入负压设备中，不可直接排放在室内。

（3）实验中使用的染料废水及催化剂需要按照要求分别进行固、液废弃物回收处理，不可直接倒入水槽中。

八、附注

（1）本实验采用的典型染料 —— 罗丹明 B，其结构式为

光催化降解过程中会产生多种碎片，要了解降解过程的详细机理，可借助液相色谱－质谱联用技术对降解过程的中间体进行分析；对完全褪色的染料废液，还可以采用总有机碳分析（TOC）测定判断其矿化程度。

（2）光催化反应中的光源有很多种，大功率的光源一般采用氙灯、卤素灯及高压汞灯。氙灯和卤素灯一般称为白光，其光谱与太阳光谱较为接近，其中氙灯是目前最接近太阳光谱的光源，所以一般用来模拟太阳光辐照的实验。高压汞灯属于紫外光源，中心波长 365 nm，适用于需要紫外光为光源的场合。由于大功率紫外光对人体有较大伤害，尤其是眼角膜，故使用光化学反应仪的时候务必要确认光源的主要发射波长，假如是紫外辐照为主的光源，务必按照要求做好严格的防护措施（皮肤不可裸露于光照范围内，如需开门取样分析，必须佩戴专用防护眼镜！），以防发生人身伤害事故。

*九、选做实验：有机半导体催化剂 g-C₃N₄ 光催化还原 Cr（Ⅵ）的活性测试

前面用 TiO_2 与 Ag_3PO_4 进行了光催化降解 RhB 染料的活性测试，属于光催化氧化反应。众所周知，铬是重要的工业原料之一，广泛用于电镀、皮革、染料等行业，但工业过程中污水的大量排放，导致铬污染正成为一个严重的问题。Cr(Ⅵ)是环境中主要的污染物，且毒性较大，对人体有致畸和致癌危害，将有毒的 Cr(Ⅵ) 还原为无毒的 Cr(Ⅲ) 可解决这一问题。传统去除 Cr(Ⅵ) 的方法有电解法、沉淀法、离子交换法等，但这些方法存在治理污染过程复杂、成本较高、去除效率低且易对环境造成二次污染等问题。光催化技术可将有毒的 Cr(Ⅵ) 还原为无毒的 Cr(Ⅲ)，从而消除污染物，且反应条件温和、成本低、操作简单、去除效率高，是一种环保友好的去除 Cr(Ⅵ) 的方法。本选做实验测试 g-C₃N₄ 催化剂光催化还原Cr(Ⅵ)的活性，并根据所测数据计算反应速率常数 k。

其主要化学反应为

$$14H^+ + Cr_2O_7^{2-} + 6e^- \longrightarrow 2Cr^{3+} + 7H_2O$$

【实验提示】

（1）工作曲线的绘制。

① 配制 Cr(Ⅵ) 标准浓度 10 mg·dm⁻³ 的重铬酸钾（$K_2Cr_2O_7$）溶液。准确称取 14.1 mg $K_2Cr_2O_7$，在烧杯中溶解后定量转移到 500 mL 容量瓶中，定容至刻度，备用。

② 配制系列标准溶液。分别移取 10.0 mL，8.0 mL，6.0 mL，4.0 mL，2.0 mL 10 mg·dm⁻³标准溶液于 10 mL 容量瓶中，定容得到系列标准溶液。

③ 通过紫外-可见分光光度计检测系列标准溶液的吸光度值(检测波长 390 nm),绘制出浓度$[c/(\text{mg} \cdot \text{dm}^{-3})]$对吸光度$(A)$的工作曲线。

(2) **g-C₃N₄ 催化剂的制备**。称取 5 g 尿素,加入 25 mL 陶瓷坩埚中,用铝箔包裹,置于空气马弗炉中进行程序升温煅烧(以 5 ℃·min^{-1}的速率从室温升到 550 ℃),维持煅烧温度为 550 ℃,持续 2 h,冷却后取出,用玛瑙研磨研细,最终得到淡黄色 g-C₃N₄ 粉末。

(3) **空白活性的测试**。将一份配制好的 100 mL 10 mg·dm^{-3}标准溶液加入 250 mL 烧杯中,置于光化学反应仪的双层反应器内,开通低温循环系统并保持在 20 ℃。参照以上基础实验步骤进行测试。

(4) **P25(TiO₂)光催化活性的测试**。将一份配制好的 100 mL 10 mg·dm^{-3}标准溶液及 5 mg P25 催化剂加入 250 mL 烧杯中,置于光化学反应仪的双层反应器内,开通低温循环系统(20 ℃),开启搅拌,暗态吸附30 min。参照以上基础实验步骤检测 P25 的光催化活性。

(5) **g-C₃N₄ 光催化活性的测试**。将一份配制好的 100 mL 10 mg·dm^{-3}标准溶液及 5 mg 已制备的 g-C₃N₄ 催化剂置于250 mL烧杯中,按上法(步骤 3)检测 g-C₃N₄ 的光催化活性。

十、开放实验（一）：Ag₃PO₄/g-C₃N₄ 复合催化剂光催化降解 RhB 染料或还原 Cr（Ⅵ）的活性测试

前面用 TiO₂ 与 Ag₃PO₄ 分别进行了光催化降解 RhB 染料的活性测试,属于单一材料光催化反应。由于单一催化材料均有其缺点,如 TiO₂ 只对紫外光响应,纯相 Ag₃PO₄ 的光稳定性较差,g-C₃N₄ 的光生载流子复合率较高,导致最终活性不佳。因此,将不同的半导体进行复合是目前较为流行的做法。半导体复合指的是将两种或两种以上半导体通过物理或化学等方法进行复合,从而可以实现多个材料特性优势综合利用的一种材料构建途径。根据所用材料是否为同一类材料,又可以分为异质结和同质结,目前的主流方式是构建异质结来实现催化性能的提高。本开放实验通过合成 Ag₃PO₄/g-C₃N₄ 异质结复合半导体催化剂,并用于降解 RhB 染料或还原 Cr(Ⅵ)的活性测试,探讨异质结复合半导体催化剂性能提升的因素,并根据所测数据计算反应速率常数 k。

【**实验提示**】

(1) Ag₃PO₄/g-C₃N₄ 复合催化剂的制备:准确称取 0.170 g 硝酸银和 0.128 g 磷酸钠,分别溶于 60 mL H₂O 中,放于暗室下搅拌 30 min,充分溶解后将两溶液混合,加入 4.18 g 预先制备好的 g-C₃N₄,超声混合均匀,室温下继续搅拌 1 h,然后离心(对称放置,3000 r·min^{-1},20 min),80 ℃烘干 8 h,待用。

(2) 按照上述实验步骤进行标准曲线绘制、空白活性测定,P25 光催化活性测试。

(3) 称取 5 mg Ag₃PO₄/g-C₃N₄ 复合催化剂,参照上述实验步骤测定其光催化活性。

十一、开放实验（二）：不同浓度 RhB 染料或重铬酸钾（K₂Cr₂O₇）对光催化活性的影响

在前面实验中使用 10 mg·dm^{-3}的 RhB 染料对不同催化剂进行了活性测试,属于单一浓度光催化反应。但实际水体中污染物并非只是定值浓度,本开放实验使用Ag₃PO₄/g-C₃N₄复合催化剂进行不同浓度 RhB 染料或重铬酸钾(K₂Cr₂O₇)的活性测试,并根据所测数据计算不同浓度的反应速率常数 k。

【实验提示】

可以配制不同浓度的 RhB 染料或重铬酸钾（$K_2Cr_2O_7$）溶液,如 5 mg · dm^{-3} 或 15 mg · dm^{-3};通过活性测试来研究 RhB 染料或重铬酸钾浓度对反应速率的影响规律。

实验十八　电导法测定乙酸乙酯皂化反应的速率常数

一、实验目的和要求

（1）能够说明二级反应的特点,并用图解计算法求取二级反应的速率常数。

（2）能用电导法测定乙酸乙酯皂化反应的速率常数,说明反应活化能的测定方法。

*（3）能用电导法测定丙烯酸甲酯皂化反应的速率常数(选做实验)。

**（4）能够测定植物油脂与动物油脂的皂化反应速率,并进行原料选用的比较分析(开放实验)。

二、实验原理

反应速率的实验测定对研究反应的动力学和选择合适的反应条件十分重要。本实验的主要内容是分析一系列不同的反应时间时反应物或产物的浓度,通过确定浓度随时间的变化,得到反应速率常数。通过测定不同温度下的反应速率常数,就能够得到反应的表观活化能。上述反应物或产物浓度的分析可以采用化学方法或物理方法。

乙酸乙酯皂化是一个二级反应,其反应式为

$$CH_3COOC_2H_5 + Na^+ + OH^- \longrightarrow CH_3COO^- + Na^+ + C_2H_5OH$$

该反应对反应物 $CH_3COOC_2H_5$ 和 NaOH 均为一级。在反应过程中,各物质的浓度随时间而改变。某一时刻的 OH^- 浓度可用标准酸进行滴定求得,也可通过测量溶液的某些物理性质而得到。用电导仪测定溶液的电导值 G 随时间的变化关系,可以监测反应的进程,进而可求算反应的速率常数。如果反应物 $CH_3COOC_2H_5$ 和 NaOH 的初始浓度相同(均为 c),则反应时间为 t 时,反应所产生的 CH_3COO^- 和 C_2H_5OH 的浓度为 x,而 $CH_3COOC_2H_5$ 和 NaOH 的浓度均为 $(c-x)$。设逆反应可忽略,则反应物和产物的浓度随时间的关系为

$$CH_3COOC_2H_5 + NaOH \longrightarrow CH_3COONa + C_2H_5OH$$

	$CH_3COOC_2H_5$	NaOH	CH_3COONa	C_2H_5OH
$t=0$	c	c	0	0
$t=t$	$c-x$	$c-x$	x	x
$t\rightarrow\infty$	$\rightarrow 0$	$\rightarrow 0$	$\rightarrow c$	$\rightarrow c$

上述二级反应的速率方程可表示为

$$\frac{\mathrm{d}x}{\mathrm{d}t} = k(c-x)(c-x) \tag{2-18-1}$$

积分得

$$kt = \frac{x}{c(c-x)} \qquad (2\text{-}18\text{-}2)$$

显然,只要测出反应进程中 t 时的 x 值,再将 c 代入式(2-18-2),就可得到反应速率常数 k 值。

由于反应物是稀的水溶液,故可假定 CH_3COONa 全部解离。则溶液中参与导电的离子有 Na^+,OH^- 和 CH_3COO^- 等,而 Na^+ 在反应前后浓度不变,OH^- 的迁移率比 CH_3COO^- 的大得多。随着反应时间的增加,OH^- 不断减少,而 CH_3COO^- 则不断增多,所以体系的电导值不断下降。在一定范围内,可以认为体系电导值的减少量与 CH_3COONa 的浓度 x 的增加量成正比,即

$$t = t \qquad x = \beta(G_0 - G_t) \qquad (2\text{-}18\text{-}3)$$
$$t \to \infty \qquad c = \beta(G_0 - G_\infty) \qquad (2\text{-}18\text{-}4)$$

式中 G_0 和 G_t 分别为溶液起始和 t 时的电导值;G_∞ 为反应终了时的电导值;β 为比例常数。将式(2-18-3)和式(2-18-4)代入式(2-18-2),得

$$kt = \frac{\beta(G_0 - G_t)}{c\beta[(G_0 - G_\infty) - (G_0 - G_t)]} = \frac{G_0 - G_t}{c(G_t - G_\infty)} \qquad (2\text{-}18\text{-}5a)$$

或写成

$$\frac{G_0 - G_t}{G_t - G_\infty} = ckt \qquad (2\text{-}18\text{-}5b)$$

从直线方程式(2-18-5b)可知,只要测出 G_0,G_∞ 及一组 G_t 值,利用 $(G_0 - G_t)/(G_t - G_\infty)$ 对 t 作图,应得一直线,由斜率即可求得反应速率常数 k 值,k 的单位为 $L \cdot mol^{-1} \cdot min^{-1}$。求得不同温度下 k 值,根据阿伦尼乌斯方程可算得反应的表观活化能 E_a。

三、实验仪器和药品

DDSJ-307F 型电导率仪　　　　　　　　试管(40 mL)

双管电导池　　　　　　　　　　　　　容量瓶(50 mL,100 mL)

铂黑电极　　　　　　　　　　　　　　量筒(10 mL)

恒温水浴　　　　　　　　　　　　　　洗耳球

烘箱　　　　　　　　　　　　　　　　NaOH(分析纯)

移液管(10 mL,50 mL)　　　　　　　　CH_3COONa(分析纯)

针筒(50 mL)　　　　　　　　　　　　$CH_3COOC_2H_5$(分析纯)

四、实验内容及步骤

1. 开启仪器

开启恒温水浴电源,将温度调至实验所需值。开启电导率仪的电源,预热。电导率仪的使用方法参见 3.5 节相关内容。

2. 配制溶液

分别配制 0.020 $mol \cdot L^{-1}$ NaOH 溶液、0.020 $mol \cdot L^{-1}$ $CH_3COOC_2H_5$ 溶液各 50 mL,0.010 $mol \cdot L^{-1}$ NaOH溶液、0.010 $mol \cdot L^{-1}$ CH_3COONa 溶液各 100 mL。

3. G_0 的测量

本实验采用单管电导池即试管进行测量。

实验操作
演示视频

（1）用电导水洗涤试管和铂黑电极。

（2）将铂黑电极插入电导池中，用少量 $0.010\ mol \cdot L^{-1}$ NaOH 溶液润洗。

（3）试管中加入 10 mL $0.010\ mol \cdot L^{-1}$ NaOH 溶液，至能浸没铂黑电极并超出 1 cm。

（4）将整个系统置于恒温水浴中，恒温 10 min。

（5）电导率仪中设定不补偿模式，测定当前实时温度下的电导率。

（6）待温度读数稳定后，测量该溶液的电导率，每隔 2 min 读一次数据，读取三次。

（7）更换溶液，重复测量，如果两次测量值在千分之三的误差允许范围内，则取平均值，即为 G_0。

4. G_∞ 的测量

实验测定中，不可能等到 $t \to \infty$，且反应也并不完全不可逆，故以 $0.010\ mol \cdot L^{-1}$ CH₃COONa 溶液的电导率作为 G_∞，测量方法与 G_0 的测量相同。但必须注意，每次更换测量溶液时，须用电导水润洗电极和电导池，然后再用被测溶液润洗三次。

5. G_t 的测量

本实验采用双管电导池进行测量，其装置如图 2-18-1 所示。

（1）洗净双管电导池并烘干，置于恒温水浴内。

（2）用电导水洗涤铂黑电极，再用吸水纸擦干电极外表面，小心吸干电极内部残余的水分。

（3）用移液管量取 10 mL $0.020\ mol \cdot L^{-1}$ NaOH 溶液，放入 A 管中；用另一支移液管吸取 10 mL $0.020\ mol \cdot L^{-1}$ CH₃COOC₂H₅ 溶液，注入 B 管中，电导池 A 管塞上带橡胶塞的铂黑电极，B 管塞上带橡胶塞的针筒。注意，塞上针筒前，针筒活塞先拉出至 40~50 mL 的刻度处。然后恒温 10 min。

（4）用针筒通过 B 管上口将 CH₃COOC₂H₅ 溶液较快速地完全推入 A 管中，同时记录反应时间和电导率值。然后小幅度推拉针筒的活塞几次，使溶液混合均匀，然后继续测量，记录电导率。

（5）反应的前 5 min，每隔 15 s 读一次数据；接下来的 10 min，每隔 30 s 读一次数据，实验共计 15 min。

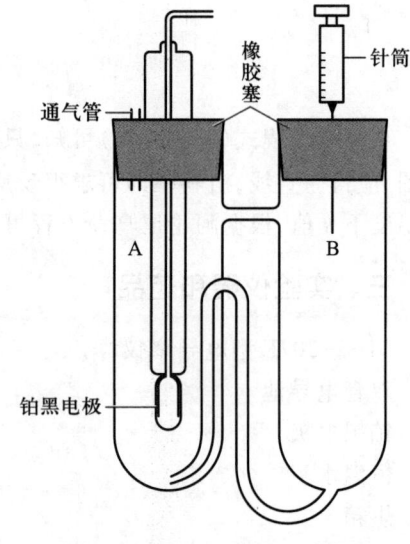

图 2-18-1　双管电导池示意图

（6）反应结束后，重新测量 G_∞，如果测量结果与前一次的基本相同，则可进行下一步实验。

6. 反应活化能的测定

按上述操作步骤测定另一个温度时的反应速率常数，并按如下阿伦尼乌斯方程计算反应活化能。

$$\ln \frac{k_2}{k_1} = \frac{E_a}{R} \cdot \frac{T_2 - T_1}{T_1 T_2} \qquad (2-18-6)$$

式中 k_1, k_2 分别为温度 T_1, T_2 时测得的反应速率常数；R 是摩尔气体常数；E_a 为反应的活化能。

五、数据处理、实验结果及讨论

（1）根据测定结果，分别以 $(G_0 - G_t)/(G_t - G_\infty)$ 对 t 作图，并从直线斜率计算反应速率常

数 k_1 和 k_2。

（2）根据式（2-18-6）计算反应的活化能。

（3）文献值：

$\dfrac{c_{CH_3COOC_2H_5}}{mol \cdot L^{-1}}$	$\dfrac{c_{OH^-}}{mol \cdot L^{-1}}$	$\dfrac{t}{℃}$	$\dfrac{k}{L \cdot mol^{-1} \cdot s^{-1}}$	$\dfrac{k}{L \cdot mol^{-1} \cdot min^{-1}}$	$\dfrac{E}{kcal \cdot mol^{-1}}$	参考资料
		0	8.65×10^{-3}	0.519		[3]
0.01	0.02	10	2.35×10^{-2}	1.41	14.6	
0.021	0.023	25		6.85		[4]
$\lg[k/(L \cdot mol^{-1} \cdot min^{-1})] = -1780(T/K)^{-1} + 0.00754T/K + 4.53$						[5]

六、思考题

（1）为何本实验要在恒温条件下进行，而且 $CH_3COOC_2H_5$ 溶液和 NaOH 溶液在混合前还要预先恒温？

（2）恒温时间过长对实验结果有何影响？

（3）反应分子数与反应级数是两个完全不同的概念，反应级数只能通过实验来确定。试问如何从实验结果来验证乙酸乙酯皂化反应为二级反应？

（4）乙酸乙酯皂化反应为吸热反应，试问在实验过程中如何处置这一影响而使实验得到较好结果？

（5）如果 $CH_3COOC_2H_5$ 溶液和 NaOH 溶液均为浓溶液，试问能否用此方法求得 k 值？为什么？

七、安全与环保

（1）本实验涉及的双管电导池为玻璃材质，而且中间的连管较细，在转移和塞橡胶塞时需注意正确握持，以免造成双管电导池损坏或发生碎玻璃划伤。

（2）从烘箱中取出双管电导池时，须戴防护手套，以免发生烫伤。

（3）NaOH 溶液具有腐蚀性，使用时须戴好防护手套和防护眼镜，防止溶液伤到皮肤和眼睛。

八、附注

（1）在 NaOH 溶液初始浓度 a 略大于 $CH_3COOC_2H_5$ 溶液初始浓度 b 的情况下，可以推导出：

$$\ln \frac{G_t - B/m}{G_t - G_\infty} = a_\infty kt + \ln \frac{G_0 - B/m}{G_0 - G_\infty} \tag{2-18-7}$$

式中 B 和 m 分别与有关离子的摩尔电导率 λ、电导池常数 K 及 NaOH 溶液的初始浓度 a 有关：

$$\left. \begin{array}{l} B = K/(\lambda_{OH^-} - \lambda_{Ac^-}) \\ m = a(\lambda_{Na^+} + \lambda_{Ac^-})/(\lambda_{OH^-} - \lambda_{Ac^-}) \end{array} \right\} \tag{2-18-8}$$

a_∞ 可根据反应终了时的 pH 求算：

$$\lg a_\infty = pH - 14 \tag{2-18-9}$$

这样只要以 $\ln[(G_t - B/m)/(G_t - G_\infty)]$ 对 t 作图,由斜率即可计算反应速率常数 k。还需指出,利用这个方法甚至无须精确测定反应体系中乙酸乙酯的浓度,也可计算出 k 值。

(2)由于空气中的 CO_2 会溶入电导水和配制的 NaOH 溶液中,而使溶液浓度发生改变,故在实验中可采用煮沸的电导水,以及在配好的 NaOH 溶液瓶上装配碱石灰吸收管等方法处理。由于 $CH_3COOC_2H_5$ 溶液会缓慢水解,且水解产物又会部分消耗 NaOH,故所用的溶液必须新鲜配制。

*九、选做实验:丙烯酸甲酯皂化反应速率常数的测定

丙烯酸甲酯是工业上重要的一类单体,用于生产丙烯酸系的聚合物和共聚物。丙烯酸甲酯在制造涂料、香料、地板上光剂等工业和日用制品方面有着重要用途。丙烯酸系的聚合物与溶剂的混合物是涂料的主要成分。近年来,人们设法减少涂料中对环境构成污染的有机溶剂的含量,采用毒性小的含水混合溶剂或共溶剂,所有这些均与聚合物和溶剂间的相互作用有关。本选做实验使用电导法,测定丙烯酸甲酯在水溶剂及在 50% 醇-水混合溶剂中的皂化反应,获得此类反应体系在 25 ℃ 和 40 ℃ 时的反应速率常数,了解醇对丙烯酸甲酯皂化反应活性的影响。

【实验提示】

(1)**溶液的配制**。用去离子水分别将 500 mL 分析纯无水乙醇(C_2H_5OH)、异丙醇 [$(CH_3)_2CHOH$]和1,2-丙二醇($C_3H_8O_2$)稀释至 1 L,即为"50% 醇-水混合溶剂"。

(2)G_0,G_t 及 G_∞ 的测定。将各 10 mL 的 0.020 mol·L^{-1} NaOH 溶液和 0.020 mol·L^{-1} 丙烯酸甲酯溶液分别置于双管电导池的 A 管和 B 管中,后续测定步骤同乙酸乙酯皂化反应。每隔 1 min 记录一次 G_t 值,共记录 30 min。将 NaOH 溶液稀释 1 倍,在单管电导池中测定 G_0 值。测定 G_∞ 值时,将恒温水浴升温至 60 ℃,将测完 G_t 的溶液放入该水浴中恒温 1 h,再降温至所需测定温度,恒温 10 min 后测定。

(3)**测定以水为溶剂的 G_0,G_t 及 G_∞**。实验步骤同上。

(4)**数据处理**。丙烯酸甲酯皂化反应为二级反应,数据处理方法同乙酸乙酯皂化反应。

(5)**结果讨论**。

① 醇的种类是否影响丙烯酸甲酯皂化反应的速率常数?

② 如需提高丙烯酸甲酯皂化反应的速率,应选取哪种溶剂?

**十、开放实验:植物油脂与动物油脂的皂化反应速率比较

植物油脂和动物油脂均为甘油三酸酯,在碱的作用下会发生皂化反应,故均可作为制皂原料。

【实验提示】

(1)**实验准备**。植物油脂可以选择豆油、橄榄油、椰子油、棕榈油等。

动物油脂可以选择猪油、羊油、牛油等。

(2)**溶液的配制**。查阅上述油脂的平均相对分子质量。选择合适的醇,调节醇、水比,以及油脂的量,配制相同且浓度尽量高的酯溶液。

(3)G_0,G_t 及 G_∞ 的测定。在两个温度下测定 G_0,G_t 和 G_∞。

(4)**数据处理**。数据处理方法同乙酸乙酯皂化反应。

（5）**结果讨论**。

① 油脂的种类是否影响皂化反应的速率？

② 如需提高制皂工艺的效率，应选取哪种油脂？

③ 为什么通常采用动物油脂制皂？除了皂化速率上的考虑，还有哪些可能影响制皂效率的因素？

实验十九　弛豫法测定铬酸根–重铬酸根离子反应的速率常数

一、实验目的和要求

（1）能够说明弛豫法测定反应速率常数的原理和方法。

（2）能够用体系浓度突变的弛豫法测定铬酸根–重铬酸根离子反应的速率常数。

*（3）能够用分光光度计监测体系的弛豫过程（选做实验）。

二、实验原理

1. 弛豫法

在研究一个化学反应的动力学问题时，常在一定温度条件下将反应物混合，再以检测器跟踪反应物或产物随时间变化的情况，借以探讨有关的反应机理并求得其动力学数据。由于受到混合时间和检测器响应速度的限制，常规的方法只适用于半衰期较长的反应。近年来，实验技术的进步已使速率较快的一些反应也能得以研究。然而，对于半衰期在秒、毫秒、微秒数量级，甚至更短的快速反应则必须另辟其他途径。弛豫法就是一种应用较多的用于研究快速反应的重要手段。弛豫是指一个因受外来因素快速扰动而偏离平衡位置的体系，在新的条件下趋向新平衡的过程。

设有一平衡反应体系：

$$A + B \underset{k_r}{\overset{k_f}{\rightleftharpoons}} D$$

在其他实验条件不变的情况下，加入少量浓度相差较大的某一组分，并迅速混合，则整个体系的平衡受到扰动，体系将移向新的平衡，这一过程称为弛豫过程。在此过程中，各组分的浓度随时间变化关系可用图 2-19-1 示意说明。若扰动组分 A 或 B 由浓突然变稀，则图 2-19-1（a）上下 180°翻转。同样，组分 D 浓度可能由大变小，也只需将图 2-19-1（b）上下翻转 180°。图中，$\bar{c}_i^0$ 表示体系原来平衡状态时某组分的浓度；c_i^0 表示扰动瞬间某组分的浓度；c_i^t 和 $\bar{c}_i$ 分别为弛豫过程某一时刻 t 和达到新平衡后某组分的浓度。

在某一时刻 t，各组分的浓度可表示为

$$c_i^t = \bar{c}_i + \Delta c_i^t \tag{2-19-1}$$

根据反应方程又有

$$-\Delta c_A = -\Delta c_B = \Delta c_D \equiv \Delta c \tag{2-19-2}$$

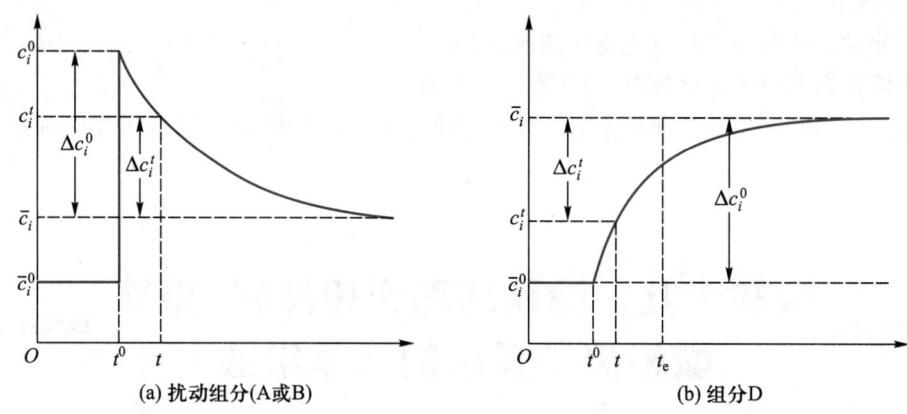

图 2-19-1　浓度突变弛豫过程体系某组分浓度与时间的关系

反应速率方程则为

$$\frac{\mathrm{d}c_D}{\mathrm{d}t} = \frac{\mathrm{d}(\bar{c}_D + \Delta c'_D)}{\mathrm{d}t} = \frac{\mathrm{d}\Delta c}{\mathrm{d}t} = k_f(\bar{c}_A - \Delta c)(\bar{c}_B - \Delta c) - k_r(\bar{c}_D + \Delta c) \qquad (2-19-3)$$

体系平衡时,$k_f\bar{c}_A\bar{c}_B = k_r\bar{c}_D$,在有限的扰动范围内,$\Delta c$ 足够小,故$(\Delta c)^2$ 可忽略,得

$$\frac{-\mathrm{d}(\Delta c)}{\Delta c} = [k_f(\bar{c}_A + \bar{c}_B) + k_r]\mathrm{d}t \qquad (2-19-4)$$

这是一个类一级反应的动力学方程,对其作定积分,则

$$\int_{\Delta c_i^0}^{\Delta d_i^t} \frac{\mathrm{d}(\Delta c)}{\Delta c} = -[k_f(\bar{c}_A + \bar{c}_B) + k_r]\int_{t_0}^{t}\mathrm{d}t$$

$$-\ln\frac{\Delta c_i^t}{\Delta c_i^0} = [k_f(\bar{c}_A + \bar{c}_B) + k_r](t - t_0)$$

将 $\dfrac{\Delta c_i^t}{\Delta c_i^0} = \mathrm{e}^{-1}$ 所需的时间$(t_e - t_0)$定义为弛豫时间 τ,其物理意义就是体系某物质浓度与新的平衡浓度之偏差值 $\Delta c'$ 减小到 Δc^0 的 $\dfrac{1}{\mathrm{e}}$ 所需的时间,所以前述反应体系的 τ 与速率常数存在下述关系:

$$\tau^{-1} = (t_e - t_0)^{-1} = k_f(\bar{c}_A + \bar{c}_B) + k_r \qquad (2-19-5)$$

至此,可得到一个在弛豫过程中具有普遍意义的微分方程:

$$\left|\frac{\mathrm{d}c}{\mathrm{d}t}\right| = -\frac{\mathrm{d}(\Delta c)}{\mathrm{d}t} = \frac{1}{\tau}\Delta c \qquad (2-19-6)$$

即体系某一组分的反应速率与它相对于新的平衡浓度的偏差 Δc 成正比。

弛豫时间 τ 不仅依赖于反应机理及某一反应的速率常数 k,还依赖于有关的平衡常数 K 和反应物种平衡浓度 $\bar{c}$。

对于前述的平衡体系,只要测定一系列 τ^{-1} 及相应的$\bar{c}_A,\bar{c}_B$,由式(2-19-5)即可得 k_f,k_r 的值。

实际上用于对体系进行扰动的手段很多,如整个体系的浓度、温度、压力、pH、强电场等因素的突然改变都能引起弛豫效应。

弛豫动力学以体系建立新的平衡状态作为讨论的基础,其最大优点在于可以简化速率方程,它能用线性关系来表示而与反应的级数无关。

本实验选择一个反应速率不算太快的体系作为实例,以便对弛豫方法有基本了解,所采用的扰动方式为体系浓度的突变。

2. 铬酸根-重铬酸根离子体系

对于铬酸盐与重铬酸盐在水中的平衡反应:

$$2H^+ + 2CrO_4^{2-} \rightleftharpoons Cr_2O_7^{2-} + H_2O$$

其反应机理是

$$H^+ + CrO_4^{2-} \underset{k_{-1}}{\overset{k_1}{\rightleftharpoons}} HCrO_4^- (快)$$

$$2HCrO_4^- \underset{k_{-2}}{\overset{k_2}{\rightleftharpoons}} Cr_2O_7^{2-} + H_2O (慢)$$

反应体系达到平衡时

$$K_1 = \frac{c_{HCrO_4^-}}{c_{H^+} c_{CrO_4^{2-}}} \tag{2-19-7}$$

$$K_2 = \frac{c_{Cr_2O_7^{2-}} \cdot c_{H_2O}}{c_{HCrO_4^-}^2} \tag{2-19-8}$$

由于 k_1 和 k_{-1} 远大于 k_2 和 k_{-2},故在任何时刻式(2-19-7)都成立。

对体系提供一个微扰时,则有

$$c_{HCrO_4^-} + \Delta c_{HCrO_4^-} = K_1(c_{H^+} + \Delta c_{H^+})(c_{CrO_4^{2-}} + \Delta c_{CrO_4^{2-}})$$

$$\Delta c_{HCrO_4^-} = K_1(c_{H^+} \Delta c_{CrO_4^{2-}} + c_{CrO_4^{2-}} \Delta c_{H^+}) \tag{2-19-9}$$

由反应可知

$$\Delta c_{H^+} = \Delta c_{CrO_4^{2-}} \tag{2-19-10}$$

故

$$\Delta c_{HCrO_4^-} = K_1(c_{H^+} + c_{CrO_4^{2-}}) \Delta c_{CrO_4^{2-}}$$

$$\Delta c_{CrO_4^{2-}} = \frac{\Delta c_{HCrO_4^-}}{K_1(c_{H^+} + c_{CrO_4^{2-}})} \tag{2-19-11}$$

令 c_{Cr} 表示以各种形态存在的铬(Ⅵ)离子浓度的总和,并选择实验条件 pH 为 $6.0 \sim 7.3$,c_{Cr} 约为 10^{-2} mol·L^{-1},温度为 25 ℃,则

$$c_{Cr} = c_{HCrO_4^-} + 2c_{Cr_2O_7^{2-}} + c_{CrO_4^{2-}} \tag{2-19-12}$$

因

$$\Delta c_{Cr} = 0$$

故

$$\Delta c_{HCrO_4^-} = -2\Delta c_{Cr_2O_7^{2-}} - \Delta c_{CrO_4^{2-}} \tag{2-19-13}$$

由式(2-19-11)和式(2-19-13)可得

$$\Delta c_{HCrO_4^-} = \frac{-2K_1(c_{H^+} + c_{CrO_4^{2-}})}{1 + K_1(c_{H^+} + c_{CrO_4^{2-}})} \Delta c_{Cr_2O_7^{2-}} \tag{2-19-14}$$

又有

$$\frac{dc_{Cr_2O_7^{2-}}}{dt} = k_2(c_{HCrO_4^-} + \Delta c_{HCrO_4^-})^2 - k_{-2}(c_{Cr_2O_7^{2-}} + \Delta c_{Cr_2O_7^{2-}})(c_{H_2O} + \Delta c_{H_2O}) \tag{2-19-15}$$

如果忽略浓度变量 Δc 的二次项,则

$$\frac{d\Delta c_{Cr_2O_7^{2-}}}{dt} = 2k_2 c_{HCrO_4^-}\Delta c_{HCrO_4^-} - k_{-2}(c_{Cr_2O_7^{2-}}\Delta c_{H_2O} + c_{H_2O}\Delta c_{Cr_2O_7^{2-}}) \tag{2-19-16}$$

将式(2-19-14)代入式(2-19-16),得

$$\frac{d\Delta c_{Cr_2O_7^{2-}}}{dt} = [2k_2 c_{HCrO_4^-}R - k_{-2}(c_{Cr_2O_7^{2-}} + c_{H_2O})]\Delta c_{Cr_2O_7^{2-}} \tag{2-19-17}$$

其中

$$R = \frac{-2K_1(c_{H^+} + c_{CrO_4^{2-}})}{1 + K_1(c_{H^+} + c_{CrO_4^{2-}})}$$

在选定的实验条件下,$c_{H_2O} \gg c_{Cr_2O_7^{2-}}$,$K_1(c_{H^+} + c_{CrO_4^{2-}}) \gg 1$,则

$$-\frac{d\Delta c_{Cr_2O_7^{2-}}}{dt} = (4k_2 c_{HCrO_4^-} + k_{-2} c_{H_2O})\Delta c_{Cr_2O_7^{2-}} \tag{2-19-18}$$

经定积分得

$$\tau^{-1} = 4k_2 c_{HCrO_4^-} + k_{-2} c_{H_2O} \tag{2-19-19}$$

以 τ^{-1} 对 $c_{HCrO_4^-}$ 作图,便可求得 k_2 及 k_{-2} 的值。

三、实验仪器和药品

精密酸度计($\Delta pH = 0.001$)	注射器(长针头 0.25 mL,1 mL,2 mL)
电磁搅拌器	KOH 溶液($2.0\ mol \cdot L^{-1}$)
容量瓶(50 mL,250 mL)	HNO_3 溶液($0.5\ mol \cdot L^{-1}$)
碱式滴定管	KNO_3 溶液($0.060\ mol \cdot L^{-1}$,离子强度调节剂)
带恒温夹套的玻璃容器(内径 40 mm,高 110 mm)	$K_2Cr_2O_7$ 溶液($0.0500\ mol \cdot L^{-1}$,含 $0.060\ mol \cdot L^{-1}$ 的 KNO_3)
超级恒温水浴	$pH = 4.008$ 的邻苯二甲酸氢钾缓冲溶液(25 ℃)
秒表	$pH = 6.865$ 的混合磷酸盐(25 ℃)
移液管(10 mL,25 mL,50 mL)	

四、实验内容及步骤

1. 酸度计的标定

选用 $pH = 4.008$ 和 $pH = 6.865$ 标定液采用二点法对 pH 计进行标定。

2. 扰动液的配制

准确移取一定体积的 $K_2Cr_2O_7$ 溶液于 50 mL 容量瓶中,用 KNO_3 溶液稀释至刻度,摇匀,分别得到浓度为 $5 \times 10^{-2}\ mol \cdot L^{-1}$,$2.5 \times 10^{-2}\ mol \cdot L^{-1}$ 和 $1 \times 10^{-2}\ mol \cdot L^{-1}$ 的三种溶液 A_1,A_2 和 A_3。

3. 被扰动液的配制

配制 pH 在 6.0~7.3,所含 $K_2Cr_2O_7$ 浓度分别为 $2.5 \times 10^{-3}\ mol \cdot L^{-1}$,$1 \times 10^{-2}\ mol \cdot L^{-1}$ 和 $5 \times 10^{-2}\ mol \cdot L^{-1}$ 左右的被扰动液,根据配制要求,分别移取一定体积的 $5.00 \times 10^{-2}\ mol \cdot L^{-1}$ 的 $K_2Cr_2O_7$ 溶液于三个容量瓶中。用滴定管加入适量的 $2.0\ mol \cdot L^{-1}$ KOH 溶液,再用离子强度调节剂 KNO_3 溶液将溶液稀释至刻度,摇匀,制得被扰动溶液 B_1,B_2 和 B_3。

4. 弛豫过程 pH 的测量

弛豫过程 pH 的测量装置如图 2-19-2 所示。

开启恒温水浴,准确移取 50 mL 被扰动液 B 于玻璃容器中,开启搅拌器,插入 pH 电极和温度传感器,测定 pH,并用 2 mol·L^{-1} KOH 溶液和0.5 mol·L^{-1} HNO$_3$ 溶液进一步调节体系的 pH,使之处于 6.0~7.3 的某一合适的数值,待体系温度恒定在(25.0±0.1) ℃时,精确记录 pH。用注射器吸取适量扰动液 A,迅速注入被扰动体系 B 中,并精确记录 pH 随时间 t 的变化关系,可在 pH 每变化 0.002 单位时,读取时间 t。过程需时近百秒,最后等体系到达新的平衡(pH 恒定时间 2 min 以上),准确读取其 pH。至少测定六组不同配比溶液的实验数据。

注意,为了满足前述近似,必须控制扰动液 A 的加入量,使体系扰动前后 Cr(Ⅳ)离子总浓度改变量小于 5%。

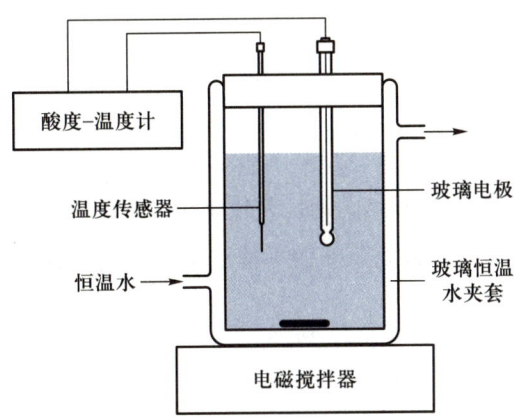

图 2-19-2　弛豫过程 pH 测量装置示意图

五、数据处理、实验结果及讨论

1. τ^{-1} 的求取

对式(2-19-18)不定积分可得

$$-\ln\Delta c_{Cr_2O_7^{2-}} = t/\tau + 常数\ a \tag{2-19-20}$$

由式(2-19-10)和式(2-19-13)可得

$$\Delta c_{Cr_2O_7^{2-}} = -\frac{1}{2}(\Delta c_{HCrO_4^-} + \Delta c_{H^+})$$

将式(2-19-9)和式(2-19-10)代入上式,得

$$\Delta c_{Cr_2O_7^{2-}} = -\frac{1}{2}[K_1(c_{H^+} + c_{CrO_4^{2-}}) + 1]\Delta c_{H^+}$$

由实验条件可知:$c_{H^+} \approx 10^{-7} \sim 10^{-6}$ mol·L^{-1}, $c_{CrO_4^{2-}} \approx 10^{-3} \sim 10^{-2}$ mol·L^{-1}, $\Delta c_{H^+} \approx 10^{-8}$ mol·L^{-1}, 故,$K_1(c_{H^+} + c_{CrO_4^{2-}}) \approx K_1 c_{CrO_4^{2-}} \gg 1$,且可视其为常数,则

$$-\ln\Delta c_{Cr_2O_7^{2-}} = -\ln\Delta c_{H^+} + 常数\ b = t/\tau + 常数\ c \tag{2-19-21}$$

以 $-\ln\Delta c_{H^+}$ 对时间 t 作图,其斜率即为 τ^{-1}。

2. 各次实验 $\overline{c}_{HCrO_4^-}$ 值的求算

其求算公式如下:

$$\bar{c}_{HCrO_4^-} = \frac{1}{4K_2} \left[-\left(1 + \frac{1}{K_1 c_{H^+}}\right) + \sqrt{\left(1 + \frac{1}{K_1 c_{H^+}}\right)^2 + 8K_2 c_{Cr(VI)}} \right] \qquad (2\text{-}19\text{-}22)$$

其中

$$c_{Cr(VI)} = c_{CrO_4^{2-}} + c_{HCrO_4^-} + 2c_{Cr_2O_7^{2-}}$$

3. k_2 和 k_{-2} 的求算

以 τ^{-1} 对 $\bar{c}_{HCrO_4^-}$ 作图,由式(2-19-19)求得 k_2 和 k_{-2}。

4. 文献值

（1）平衡常数 $K_1(25\ ℃) = 1.3 \times 10^6\ L \cdot mol^{-1}$；$K_2(25\ ℃) = 50\ L \cdot mol^{-1}$。

（2）铬酸氢根-重铬酸根离子反应的速率常数：

$k_2(23\ ℃)/(L \cdot mol^{-1} \cdot s^{-1})$	1.4±0.5	1.15
$k_{-2}(23\ ℃)/(10^{-4}\ L \cdot mol^{-1} \cdot s^{-1})$	5.3±1.0	3.83
参考资料	[5]	[4]

六、思考题

（1）推导式(2-19-22),在计算 $\bar{c}_{HCrO_4^-}$ 时,为什么用反应达到新的平衡后的 pH?

（2）试计算本实验各反应体系处于新的平衡状态下的离子强度值,讨论离子强度对反应速率常数的影响。

（3）为什么体系的 pH 选择在 6.0~7.3?

七、安全与环保

含铬的废液应倒入指定的废液回收器皿内。

八、附注

（1）被扰动液 B 的初始 pH 控制。体系中 $HCrO_4^-$ 的浓度与溶液 pH 密切相关。为得到较为适宜的 pH,可预先按其配制方法移取一定量的 $K_2Cr_2O_7$ 溶液,用 KNO_3 溶液稀释至240 mL。然后用滴定管滴定一定体积的 KOH 溶液并测定其 pH。以 pH 对 V_{KOH} 作工作曲线图,为实验中调节 pH 提供参考。

（2）式(2-19-22)中需预先得知体系中 Cr(Ⅵ)的总浓度,如以注射器所吸取的扰动液体积进行计算,误差较大。可以在弛豫反应结束并精确测定 pH 后,对反应体系的 Cr(Ⅵ)总量以碘量法进行精确测定。

（3）弛豫法可用于快速反应的研究,其适用的半衰期范围通常从 $10^{-10} \sim 10^0$ s,本实验所测定的体系尽管不算很快,但涉及的原理和数据处理方法具有普遍适用的意义。就改变体系平衡的手段而言,温度突变是目前使用最广的一种技术:借助高压电源使容器充电,触发后产生的焦耳热可使溶液在几微秒内上升 5 ℃左右。

（4）研究快速反应的另一种重要技术是停止流动法:流动着的反应物溶液在几微秒内完全混合,在流动突然停止后用计算机跟踪采样,绘出浓度对时间的曲线,据此同样可以对反应进行研究。

（5）在不同温度下进行测定,可以进一步求算反应的热焓和活化能。

（6）由于 Cr（Ⅵ）的毒性大，对环境污染严重，可以用 $AgNO_3$ 代替 $K_2Cr_2O_7$，使生成 Ag_2CrO_4 沉淀来干扰反应，减少了净化工序，满足绿色化学的要求。

*九、选做实验：分光光度法测定铬酸根-重铬酸根离子反应的速率常数

用分光光度计同样可以监测这一体系的弛豫过程。为跟踪氢离子的浓度以监测反应的平衡进程，在溶液中须加入酸碱指示剂，这样，待测体系就有另一个平衡：

$$H_3^+O + In^- \overset{K_{HIn}}{\rightleftharpoons} HIn + H_2O$$

同样可得到 $\tau^{-1} = 4k_2 c_{HCrO_4^-} + k_{-2} c_{H_2O}$。具体推导可参阅有关文献（[5]，[7]）。酸碱指示剂的变色范围最好为 $pH = 6.0 \sim 7.3$。

【实验提示】

（1）**配制扰动液**。按上述方法配制扰动液和被扰动液，不同的是在被扰动液中加入浓度约为 $10^{-5} mol \cdot L^{-1}$ 的溴百里酚蓝甲醇溶液。

（2）**测量**。在 2 cm 比色皿中加入已恒温的 6 mL B 溶液，置于分光光度计的比色槽中，再恒温 20 min，用微型注射器注入相应体积的 A 溶液，用注射器吸、放溶液使其充分混合。立刻监测在 620 nm 波长的透射率随时间变化的情况，以及达到新的平衡（透射率停止变化）后的透射率 $\overline{T}$。实验在不同起始浓度的条件下进行 6～8 次。

（3）**计算**。以 $-\ln[\lg(\overline{T}/T)]$ 对时间 t 作图，从直线斜率求得 τ^{-1} 值。根据式（2-19-22）求得 $c_{HCrO_4^-}$。以 τ^{-1} 对 $\overline{c}_{HCrO_4^-}$ 作图，由式（2-19-19）求得 k_2 和 k_{-2}。

参考资料

实验二十　分光光度法测定蔗糖酶的米氏常数

一、实验目的和要求

（1）能用分光光度法测定蔗糖酶的米氏常数 K_M 和最大反应速率 v_{max}。

（2）能够说明底物浓度与酶反应速率之间的关系。

（3）能用分光光度计测定物质的含量。

*（4）能用分光光度法测定酪氨酸酶催化多巴氧化的米氏常数（选做实验）。

二、实验原理

酶是生物体内产生的具有催化活性的一类蛋白质。这类蛋白质表现出特异的催化功能，因此把酶称为生物催化剂。它和一般催化剂一样，在相对浓度较低的情况下，仅能影响化学反应速率，而不改变反应平衡点，并在反应前后本身不发生变化。但酶的催化效率比一般催化剂要高 $10^7 \sim 10^{13}$ 倍，且具有高度的选择性，一种酶只能作用某一种或某一类特定的物质。又因为酶是一类蛋白质，所以其催化作用一般在常温、常压和近中性的溶液条件下进行。

酶反应速率与底物浓度、酶浓度、温度及 pH 等因素有关,因此在实验中必须严格控制这些条件。

在酶催化反应中,底物浓度远远超过酶的浓度,在指定实验条件下,酶的浓度一定时,总的反应速率随底物浓度的增大而增大,直至底物过剩,此时底物浓度的进一步增大就不再影响反应速率了,而反应速率为最大,以 v_{max} 表示,如图 2-20-1 所示。图中,v 为反应速率,c_s 为底物浓度。在反应达到最大速率 v_{max} 之前的速率,一般称为反应初始速率。

米夏埃利斯(Michaelis)应用酶反应过程中形成中间络合物的学说,导出了著名的米氏方程,这个方程直接给出了酶反应速率和底物浓度的关系,即

$$v = \frac{v_{max} \cdot c_s}{K_M + c_s} \tag{2-20-1}$$

式中 K_M 为米氏常数,在指定条件下对每一种酶的反应都有其特定的 K_M 值,与酶的浓度无关,因此它对研究酶反应动力学有很重要的实际意义。

由式(2-20-1)不难看出,米氏常数是反应速率达到最大值的一半时的底物浓度,即当 $v = v_{max}/2$ 时,$K_M = c_s$,(K_M 的单位与底物浓度的单位一致)。基于这一点,测定不同底物浓度时的酶反应速率,利用作图法,求出 v_{max},在 $v_{max}/2$ 处的相应位置上就可以求出 K_M 的近似值。但用这种方法并不理想,因为即使是用很大的底物浓度,也只能求得 K_M 的近似值。

为了准确求得 K_M 值,可采用双倒数作图法,即将方程(2-20-1)改写成直线方程:

$$\frac{1}{v} = \frac{K_M}{v_{max}} \cdot \frac{1}{c_s} + \frac{1}{v_{max}} \tag{2-20-2}$$

以 $1/v$ 为纵坐标,$1/c_s$ 为横坐标作图可得如图 2-20-2 所示的直线,直线的截距是 $\frac{1}{v_{max}}$,斜率为 $\frac{K_M}{v_{max}}$,直线与横坐标的交点为 $-\frac{1}{K_M}$。

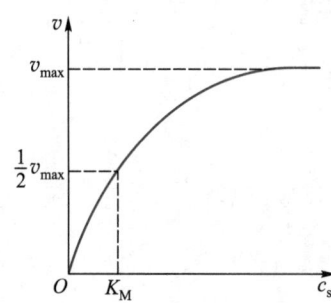

图 2-20-1 酶反应速率与底物浓度的关系

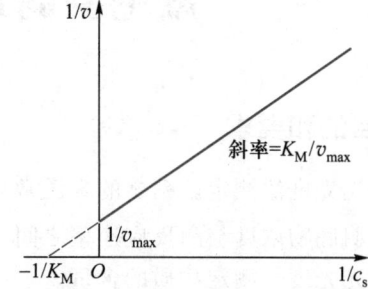

图 2-20-2 $\frac{1}{v}$ 与 $\frac{1}{c_s}$ 关系图

本实验用的蔗糖酶是一种水解酶,它能使蔗糖水解成葡萄糖和果糖,反应式如下:

蔗糖 葡萄糖 果糖

该反应的速率可以用单位时间内葡萄糖(产物)浓度的增加来表示。可以通过加入 NaOH 来终止反应,然后测定葡萄糖的浓度。葡萄糖是一种还原糖,3,5-二硝基水杨酸与它 100 ℃ 共热后被还原成棕红色的氨基化合物。在一定浓度范围内,还原糖(葡萄糖)的量和棕红色物质颜色的深浅程度成一定比例关系,因此可以用分光光度法来测定反应在单位时间内生成葡萄糖的量,从而计算出反应速率。测量出不同底物(蔗糖)浓度 c_s 的相应反应速率 v,就可以利用式(2-20-2),将 $\dfrac{1}{v}$ 对 $\dfrac{1}{c_s}$ 作图,从而计算出米氏常数 K_M 值,再计算最大反应速率。

三、实验仪器和药品

高速离心机

分光光度计

恒温水浴

移液管(1 mL,2 mL)

比色管(25 mL)

容量瓶(50 mL)

试管(1.0 cm×10 cm)

甲苯(分析纯)

3,5-二硝基水杨酸(DNS)

醋酸溶液(4.0 mol·L^{-1})

醋酸缓冲液(0.1 mol·L^{-1})

蔗糖酶溶液(2~5 单位·mL^{-1}[①])

蔗糖(分析纯)

葡萄糖(分析纯)

NaOH 溶液(2.0 mol·L^{-1})

四、实验内容及步骤

1. 蔗糖酶的制取

在 50 mL 锥形瓶中加入 10 g 鲜酵母和 0.8 g 醋酸钠,搅拌 15~20 min 后使团块熔化,再加 1.5 mL 甲苯,用软木塞将瓶口塞住,摇动 10 min,放入 37 ℃ 的恒温箱中保温 60 h。取出后加 1.6 mL 4.0 mol·L^{-1} 醋酸溶液和 5 mL 水,使 pH 为 4.5 左右。混合物以 3000 r·min^{-1} 离心 30 min。离心后混合物形成三层,将中层移出,注入试管中,即为粗制酶液。

2. 溶液的配制

(1) 0.1% 葡萄糖标准液(1 mg·mL^{-1}):预先在 90 ℃ 下将葡萄糖烘 1 h,然后准确称取 1.0 g 于 100 mL 烧杯中,用少量蒸馏水溶解后,定量转移至 1000 mL 容量瓶中,稀释至刻度。

(2) 3,5-二硝基水杨酸(DNS)试剂:将 6.3 g DNS 试剂和 262 mL 2.0 mol·L^{-1} NaOH 溶液加到酒石酸钾钠的热溶液中(182 g 酒石酸钾钠溶于 500 mL 水中),再加 5 g 重蒸酚和 5 g 亚硫酸钠,微热搅拌溶解,冷却后加蒸馏水定容到 1000 mL,储于棕色瓶中备用。

(3) 0.1 mol·L^{-1} 蔗糖液:准确称取 34.2 g 蔗糖于 100 mL 烧杯中,加少量蒸馏水溶解后,定量转移到 1000 mL 容量瓶中,稀释至刻度。

3. 葡萄糖标准曲线的制作

在 9 个 50 mL 容量瓶中按表 2-20-1 所示分别加入 0.1% 葡萄糖标准液及蒸馏水,得到一系列不同浓度的葡萄糖液。

分别吸取上述不同浓度的葡萄糖液 1.0 mL 注入 9 支试管内,另取一支试管加入 1.0 mL 蒸

---

① 20 ℃ 时,质量分数为 2.5% 的蔗糖溶液在 3 min 内释放出 1 mg 还原糖的酶量,即定为一个[活力]单位。粗制酶液经精制后按此法测定,再稀释至所需浓度。

馏水,然后在每支试管中加入 1.5 mL DNS 试剂,混合均匀,在沸水浴中加热 5 min 后,取出以冷水冷却,每支试管内再注入蒸馏水2.5 mL,摇匀。在分光光度计上测量其吸光度 A 值,测量时采用 540 nm 进行比色测定。根据测量结果作出标准曲线。

表 2-20-1　不同浓度葡萄糖液的配制

编号	$V_{0.1\%葡萄糖液}/mL$	V_{H_2O}/mL	葡萄糖液最终浓度/($\mu g \cdot mL^{-1}$)
1	5.0	45.0	100
2	10.0	40.0	200
3	15.0	35.0	300
4	20.0	30.0	400
5	25.0	25.0	500
6	30.0	20.0	600
7	35.0	15.0	700
8	40.0	10.0	800
9	45.0	5.0	900

4. 蔗糖酶米氏常数 K_M 的测定

按表 2-20-2 数据在 9 支试管中分别加入 0.1 mol·L^{-1} 蔗糖液、0.1 mol·L^{-1} 醋酸缓冲液(pH = 4.6),总体积达 2.0 mL,置于 35 ℃ 水浴中预热。另取预先制备的酶液在 35 ℃ 水浴中保温 10 min,依次向试管中加入稀释过的酶液各 2.0 mL,精确作用 5 min(用停表计时)后,再依次加入 0.5 mL 2.0 mol·L^{-1} NaOH 溶液,摇匀,令酶反应终止。测定时,从每支试管中各吸取 0.5 mL 酶反应液加入盛有 1.5 mL DNS 试剂的 25 mL 比色管中,并加入 1.5 mL 蒸馏水,在沸水浴中加热 5 min 后,用冷水冷却,再用蒸馏水稀释至刻度,摇匀。然后用分光光度计逐一进行比色测定吸光度值,波长用 540 nm。

表 2-20-2　反应物溶液的配制数据表

编号	1	2	3	4	5	6	7	8	9
$\dfrac{V_{蔗糖液}}{mL}$	0	0.20	0.25	0.30	0.35	0.40	0.50	0.60	0.80
$\dfrac{V_{缓冲液}}{mL}$	2.00	1.80	1.75	1.70	1.65	1.60	1.50	1.40	1.20

五、数据处理、实验结果及讨论

根据上述各反应液测得的吸光度值,在葡萄糖标准曲线上查出对应的葡萄糖浓度,结合反应时间计算其反应速率 v,并将对应的底物(蔗糖)浓度 c_s 同时用表格形式列出,将 $1/v$ 对 $1/c_s$ 作图。然后以直线斜率和截距求出 K_M 和 v_{max} 值。

某些酶的 K_M 值列于表 2-20-3 中。

表 2-20-3　某些酶的 K_M 值

酶	底物	$K_M/(\text{mol} \cdot \text{L}^{-1})$
麦芽糖酶	麦芽糖	2.1×10^{-1}
蔗糖酶	蔗糖	2.8×10^{-2}
磷酸酯酶	磷酸甘油	$<3.0 \times 10^{-3}$
乳酸脱氢酶	丙酮酸	3.5×10^{-5}
琥珀酸脱氢酶	琥珀酸	5.0×10^{-7}

摘自:南京药学院. 生物化学[M]. 北京:人民卫生出版社,1979:56.

六、思考题

（1）为什么测定酶的米氏常数要采用初始速率法？
（2）试讨论本实验中米氏常数的测定结果与底物浓度、反应温度和酸度的关系。

七、安全与环保

（1）使用分光光度计前必须阅读仪器使用说明及注意事项。
（2）实验中产生的废液倒入液体废弃物回收瓶中,勿直接倒入水槽中。

八、附注

（1）测定 K_M 的意义。米氏常数 K_M 是酶的一种特征常数。测定 K_M 值不仅对研究酶的特性具有重要意义,而且通过 K_M 可以了解酶催化动力学反应的有关性质。

米氏方程(2-20-1)是根据中间产物理论推导出来的。即在酶催化反应中,酶(E)和底物(S)首先生成中间产物(ES),然后分解成产物(P)和游离酶(E):

$$E + S \underset{k_{-1}}{\overset{k_1}{\rightleftharpoons}} ES \xrightarrow{k_2} P + E \tag{2-20-3}$$

式中 k_1, k_{-1}, k_2 分别代表各步反应的速率常数。当反应以稳态进行时,ES 的生成速率等于分解速率,即

$$k_1 \cdot c_E \cdot c_S = (k_{-1} + k_2) c_{ES} \tag{2-20-4}$$

或

$$\frac{c_E c_S}{c_{ES}} = \frac{k_{-1} + k_2}{k_1}$$

式中 c_E, c_S 和 c_{ES} 分别代表酶、底物和中间产物的浓度。令

$$K_M = \frac{k_{-1} + k_2}{k_1} \tag{2-20-5}$$

或

$$K_M = \frac{c_E c_S}{c_{ES}}$$

设反应前酶的初始浓度为 $c_{0,E}$,则

$$c_E = c_{0,E} - c_{ES} \tag{2-20-6}$$

由式(2-20-5)和式(2-20-6)得

$$\frac{c_{0,E}}{c_{ES}} = \frac{K_M}{c_S} + 1 \tag{2-20-7}$$

当酶的浓度一定时,测定的是底物反应的初速率,那么由 S $\longrightarrow$ P 的反应速率为 v,但在反应方程式(2-20-3)中,ES 的分解速率很慢,这一步成了总反应的决定步骤,则有

$$v = k_2 c_{ES} \tag{2-20-8}$$

在反应开始阶段,底物浓度 c_S 的增加,反应速率也随着增加;当 c_S 增加到过剩时,c_S 进一步增加则不再影响反应速率,即达到 v_{max},如图 2-20-1 所示。此时绝大部分酶与底物都结合了。可近似地看作 $c_{0,E} \approx c_{ES}$,则有

$$v_{max} = k_2 c_{0,E} \tag{2-20-9}$$

由式(2-20-8)和式(2-20-9)可得

$$\frac{c_{0,E}}{c_{ES}} = \frac{v_{max}}{v} \tag{2-20-10}$$

将式(2-20-10)代入式(2-20-7),整理后即为米氏方程:

$$v = \frac{v_{max} \cdot c_S}{K_M + c_S} \tag{2-20-11}$$

从以上看出,米氏常数 K_M 是一个比较复杂的常数,它由 k_1,k_{-1},k_2 三个反应速率常数决定。但实际上,可以认为 K_M 是酶和底物形成的活化络合物的不稳定常数,是酶催化反应的一项很好的定量标志。K_M 越小,表示酶和底物反应越完全。所以,K_M 值可以表示酶与底物的亲和力的大小。

(2)从反应速率与底物浓度的关系来看,如式(2-20-1)和式(2-20-9)所示,当底物浓度接近于零或很小时,该体系为一级反应,即反应速率与底物浓度一次方成正比;但底物浓度增加到一定极限时,此后的反应速率与底物浓度无关($c_S \gg K_M$),即该体系接近于零级反应。本实验的测试工作,其底物浓度应选择适当,使反应在初始阶段进行。

(3)本实验的操作全过程大约一天半时间,在安排学生实验时可以安排两天,如果事先预备好标准曲线和制备好酶液也可安排一天完成。

*九、选做实验:酪氨酸酶催化多巴氧化的米氏常数测定

土豆、苹果、香蕉、山芋及蘑菇的表皮损坏后在空气的作用下很快变为棕色,这是因为它们的组织中含有一种酪氨酸酶(tyrosinase),它能催化酪氨酸的氧化反应。经多步氧化,酪氨酸最终转变成为黑色素,其中,多巴(3,4-二羟基苯丙氨酸)是酪氨酸的第一步氧化产物。酪氨酸酶也广泛地存在于动物的毛发、表皮和眼球组织中,在紫外光的辐射下,酪氨酸酶被活化,生成更多的黑色素,因此皮肤被晒黑。而白化病患者因皮肤缺乏酪氨酸酶,致使酪氨酸不能转变成黑色素。酪氨酸酶含铜,铜的螯合剂如二乙基氨基二硫代甲酸钠(铜试剂)、叠氮化钠、苯硫脲等会抑制酪氨酸酶的活性,这些抑制剂的存在能减慢或停止酶促反应的进行。本选做实验测定酪氨酸酶催化多巴氧化的米氏常数,并考察抑制剂对酶催化作用的影响。

【实验提示】

(1)**实验准备**。pH = 6.8 的磷酸钠缓冲液:取 23.5 mL 0.1 mol·L^{-1} NaOH 溶液和 50.0 mL 0.1 mol·L^{-1} NaH$_2$PO$_4$ 溶液混合,并稀释至 100 mL。

左旋多巴(l-DOPA)溶液:配制成每毫升缓冲溶液中含 4 mg 多巴。多巴为类白色固体,

微溶于水,pH>7 及加热时易变色。

铜试剂及叠氮化钠溶液:分别用缓冲液配制成 0.001 mol·L^{-1}溶液。

(2) **酪氨酸酶的提取**。迅速称取 12.5 g 经过冰冻的去皮土豆,在预冷过的研钵中切成小块状。然后加入冰冷的磷酸钠缓冲液 25 mL,研磨约 1 min,混合物用多层纱布过滤。滤液经离心分离后,倾出上层清液放在冰浴中备用。因低温有利于酶保持活性,操作应尽量迅速。提取物呈浅棕色,放置后会逐渐变黑,故须在临用前提取。

(3) K_M 和 v_{max} 的测定及抑制剂的作用。在干燥试管中依次加入缓冲液、左旋多巴溶液,摇匀(考察抑制剂作用时尚需加抑制剂),在恒温槽中恒温至 30 ℃。待加入酶提取物后立即计时。反应达 1 min 时,将反应液放入 1 cm 比色皿中于 475 nm 处迅速测定吸光度。以缓冲液与酶作为参比溶液。应用吸光系数 $\lg\varepsilon = 3.7$,求出 v。

空白组为 4.8 mL 缓冲液 + 0.2 mL 酶提取物。

正常实验组的缓冲液体积为 1.8~3.3 mL,左旋多巴溶液体积为 1.5~3.0 mL,酶提取物固定为0.2 mL,保持总体积为 5.0 mL。

以铜试剂为抑制剂的实验组,缓冲液体积减少 0.2 mL,但加入 0.2 mL 铜试剂,保持总体积为 5.0 mL。

以叠氮化钠为抑制剂的实验组,缓冲液体积减少 1.0 mL,但加入 1.0 mL 叠氮化钠溶液,保持总体积为 5.0 mL。

(4) **数据处理**。数据处理方法同蔗糖酶的米氏常数测定实验。

(5) **结果讨论**。

① 如果酶提取物的浓度不同,v_{max} 是否相同? K_M 是否相同?

② 与无抑制剂时的双倒数关系图比较,加入抑制剂后其斜率和截距有无变化? 两种抑制剂对截距和斜率的影响是否相同? 原因是什么?

参考资料

实验二十一　丙酮碘化反应的速率方程

一、实验目的和要求

(1) 能够用孤立法确定反应级数。

(2) 能够测定酸催化作用下丙酮碘化反应的速率常数和活化能。

(3) 能够根据动力学结果进行反应机理推测。

*(4) 能够确定进行动力学测定所需的合理浓度范围(选做实验)。

二、实验原理

大多数化学反应是由若干个基元反应组成的。这类复杂反应的反应速率和反应物活度之间的关系大多不能用总包化学反应方程式相关的质量作用定律预示。以实验方法测定反应速率和反应物活度的计量关系,是研究反应动力学的一个重要内容。对复杂反应,可采用一系列实验方法获得可靠的实验数据,并据此建立反应速率方程式,以其为基础,推测反应的机理、提出反应模式。

孤立法是动力学研究中常用的一种方法。设计一系列溶液,其中只有某一物质的浓度不同,而其他物质的浓度均相同,借此可以求得反应对该物质的反应级数。同样亦可得到其他各种反应物质的级数,从而确立速率方程。

实验以丙酮碘化为例,说明如何应用孤立法和稳定态近似条件来推得速率方程及可能的反应机理。丙酮卤化反应是一个复杂反应,其反应式为

$$\underset{\substack{\|\\O}}{H_3C-C-CH_3} + X_2 \rightleftharpoons \underset{\substack{\|\\O}}{H_3C-C-CH_2X} + X^- + H^+ \tag{2-21-1}$$

式中 X 为卤素。实验表明,反应的速率几乎与卤素的种类及其浓度无关,但却与溶液中的丙酮和氢离子浓度密切相关。实际上,在一定浓度范围内,通常可以用物质的浓度替代活度表示某一物质对反应速率的影响。

假设上述反应的反应速率方程为

$$\frac{-dc_{碘}}{dt} = kc_{丙}^x \, x_{酸}^y \, c_{碘}^z \tag{2-21-2}$$

式中 x, y, z 分别代表丙酮、氢离子和碘的反应级数。将该式取对数,得

$$\lg \frac{-dc_{碘}}{dt} = \lg k + x\lg c_{丙} + y\lg c_{酸} + z\lg c_{碘} \tag{2-21-3}$$

在上述三种物质中,首先固定其中两种物质的浓度,配制出第三种物质浓度不同的一系列溶液。如此,反应速率只是该物质浓度的函数。以 $\lg(-dc_{碘}/dt)$ 对该组分浓度的对数作图,所得直线的斜率即为该物质在此反应中的反应级数。同理,可以得到其他两个物质的反应级数。

碘在可见光区有一个很宽的吸收带,因此可以方便地用分光光度计测定反应过程中碘浓度随时间变化的关系。按照比尔-朗伯定律:

$$A = -\lg T = -\lg \frac{I}{I_0} = abc_{碘} \tag{2-21-4}$$

式中 A 为吸光度;T 为透射率;I 和 I_0 分别为某一定波长的光线通过待测溶液和空白溶液后的光强;a 为吸光系数;b 为样品池光径长度。以 A 对时间 t 作图,其斜率应为 $a \cdot b \cdot (-dc_{碘}/dt)$。如已知 a 和 b,则可计算出反应速率。

$c_{丙} \approx c_{酸} \gg c_{碘}$,可以发现 A 值对 t 的关系图为一直线。显然,只有当 $-dc_{碘}/dt$ 不随时间而改变时,该线性关系才能成立。这也就意味着,反应速率与碘的浓度无关,从而可得知丙酮碘化反应对碘的级数为零。

本实验选定丙酮的浓度范围为 $0.1 \sim 0.4 \, \text{mol} \cdot \text{L}^{-1}$,氢离子浓度为 $0.1 \sim 0.4 \, \text{mol} \cdot \text{L}^{-1}$,碘的浓度为 $0.0001 \sim 0.01 \, \text{mol} \cdot \text{L}^{-1}$。反应过程中可认为 $c_{丙}$ 和 $c_{酸}$ 保持不变,又因 $z = 0$,则由式(2-21-2)积分得

$$c_{碘1} - c_{碘2} = kc_{丙}^x \, c_{酸}^y (t_2 - t_1) \tag{2-21-5}$$

将式(2-21-4)代入上式,得

$$k = \frac{A_2 - A_1}{t_2 - t_1} \cdot \frac{1}{ab} \cdot \frac{1}{c_{丙}^x \, c_{酸}^y} \tag{2-21-6}$$

三、实验仪器和药品

722 型光栅分光光度计

容量瓶(25 mL)

碘量瓶(100 mL)

超级恒温水浴

移液管(5 mL)

烧杯(50 mL)

丙酮溶液(2.00 mol·L^{-1})：称量配制

盐酸溶液(2.00 mol·L^{-1})：以浓盐酸配制，并经 Na$_2$B$_4$O$_7$·10H$_2$O 标定(参考资料[3])

碘溶液(0.02 mol·L^{-1})的具体配制方法为：准确称取 0.1427 g 分析纯 KIO$_3$，在 50 mL 烧杯中加少量水微热溶解，加入 1.1 g 分析纯 KI，加热溶解，再加入 10 mL 0.41 mol·L^{-1}盐酸溶液，混合后倒入 100 mL 容量瓶中，稀释至刻度，反应而得：

$$KIO_3 + 5KI + 6HCl \Longrightarrow 3I_2 + 6KCl + 3H_2O$$

四、实验内容及步骤

1. 对光

在 3 cm 比色皿样品池里装 2/3 的蒸馏水。将波长调节盘调到 520 nm 处，合上盖板，调节拉杆位置及 100 旋钮使透射率在 100 的位置上。打开盖板，用透射率调零旋钮调到 0.000。同时，将测量选择挡调至吸光度(A)位置，合上盖板，用消光零调节使显示 0.000。打开盖板观察是否显示 1。待系统稳定，倒出蒸馏水。

2. 测量

将超级恒温水浴温度调至 25.0 ℃，27.0 ℃ 或 35.0 ℃，将装有蒸馏水的洗瓶和装有 2.00 mol·L^{-1}丙酮溶液的磨口瓶置于恒温水浴中恒温。在 25 mL 容量瓶中分别移入一定体积的 2.00 mol·L^{-1}盐酸溶液和 0.02 mol·L^{-1}碘溶液，再加入蒸馏水至约 20 mL，亦置于恒温水浴中恒温 10 min 以上。待溶液都恒温后，在容量瓶中移入已恒温的一定体积的丙酮溶液，加入已恒温的蒸馏水，稀释至刻度。迅速混匀后，计时，并尽快倒入样品池中。读取 722 型光栅分光光度计面板吸光度读数 A，当吸光度为 0.400 时开始计时，之后吸光度每下降 0.05 记录具体的时间，吸光度降至 0.100 的时刻为记录的最后时间，结束本组实验。要求在吸光度回到 0.100 时能均匀采得 6~10 个数据点，切勿少于 5 个数据点。

3. 配制溶液

按前述各溶液浓度范围配制反应体系。为求得反应级数，每个系列不得少于 6 个不同浓度的溶液。第一个反应溶液，可移取盐酸和丙酮溶液各 2.50 mL、碘溶液 1.00 mL，稀释至 25 mL。随后其他反应溶液中各反应物浓度可自行选择决定。

4. 量取样品池光径长度

五、数据处理、实验结果及讨论

(1) 分别将测得的各组反应液的吸光度 A 值对 t 作图，并求出斜率。以该斜率对该组分浓度作双对数图，从其斜率可求得反应对各物质的级数 x，y 和 z。

（2）根据式（2-21-6）计算反应速率常数 k。

（3）根据不同温度下计算获得的反应速率常数 k，结合阿伦尼乌斯方程（$k = Ae^{-E_a/RT}$），以 $\ln k$ 对 $1/T$ 作图，获得实验条件下的反应活化能的数值 E_a。

（4）文献值

① 吸光系数 a 可采用 $0.001\ mol \cdot L^{-1}$ 碘溶液自行测定。复旦大学化学系学生实验统计结果为 $180\ mol \cdot L^{-1} \cdot cm^{-1}$。

② $x = 1$，$y = 1$，$z = 0$（参考资料［1］）。

③ 反应速率常数如下（参考资料［2］）：

$t/℃$	0	25	27	35
$k/(10^{-5}L \cdot mol^{-1} \cdot s^{-1})$	0.115	2.86	3.60	8.80
$k/(10^{-3}L \cdot mol^{-1} \cdot min^{-1})$	0.69	1.72	2.16	5.28

④ 活化能 E_a = 20.6 kcal $\cdot$ mol^{-1} = 86.2 kJ $\cdot$ mol^{-1}（参考资料［2］）。

六、思考题

（1）动力学实验中，正确计算时间是很重要的实验关键。本实验中，从反应物开始混合，到开始读数，中间有一段不很短的操作时间，这对实验结果有无影响？

（2）从样品池倒出后，样品架不一定能完全正确复位，如稍有变动，致使 I_0 变成 80 或 120，这对结果有何影响？

（3）对于实验中进样、控温相关的具体部分，有没有改进的建议？

七、安全与环保

（1）实验试剂碘溶液应避光保存，盐酸和丙酮溶液配制过程应在通风橱内进行。

（2）恒温水浴在加热开关开启之前需检查电路连接及热电偶是否正确插入水浴之中。

（3）紫外-可见分光光度计的恒温槽内的循环水管需定期检查，如有老化应及时更换，以防存在漏水隐患。

（4）实验过程中废弃的溶液应正确放置于相应废液回收器皿内。

八、附注

（1）反应机理推测。根据实验测得反应级数及卤化反应速率与卤素几乎无关的事实，一般对丙酮卤化反应机理可作如下推测：

$$H_3C-\overset{\overset{O}{\|}}{C}-CH_3 + H^+ \underset{k_{-1}}{\overset{k_1}{\rightleftharpoons}} (H_3C-\overset{\overset{OH}{\|}}{C}-CH_3)^+ \tag{2-21-7}$$

（A）　　　　（H$^+$）　　　　　　（B）

$$(H_3C-\overset{\overset{OH}{\|}}{C}-CH_3)^+ \underset{k_{-2}}{\overset{k_2}{\rightleftharpoons}} (H_3C-\overset{\overset{OH}{\|}}{C}=CH_2) + H^+ \tag{2-21-8}$$

（B）　　　　　　（D）　　　　（H$^+$）

$$\underset{(D)}{H_3C-\underset{\overset{|}{OH}}{C}=CH_2} + \underset{(X)}{X_2} \underset{k_3}{\rightleftharpoons} \underset{(E)}{H_3C-\underset{\overset{\|}{O}}{C}-CH_2X} + X^- + H^+ \qquad (2-21-9)$$

因为丙酮是很弱的碱,所以方程(2-21-8)生成的中间体 B 很少,故有

$$c_B = K_1 c_A c_{H^+} \qquad \left(K_1 = \frac{k_1}{k_{-1}} \right) \qquad (2-21-10)$$

烯醇式 D 和产物 E 的反应速率方程为

$$\frac{dc_D}{dt} = k_2 c_B - (k_{-2} c_{H^+} + k_3 c_X) \cdot c_D \qquad (2-21-11)$$

$$\frac{dc_E}{dt} = k_3 c_D c_X \qquad (2-21-12)$$

合并式(2-21-10)、式(2-21-11)和式(2-21-12),并应用稳定态条件,令 $\dfrac{dc_D}{dt} = 0$,得

$$\frac{dc_E}{dt} = \frac{K_1 k_2 k_3 c_A c_{H^+} c_X}{k_{-2} c_{H^+} + k_3 c_X} \qquad (2-21-13)$$

若烯醇式 D 与卤素的反应速率比烯醇式 D 与氢离子的反应速率大得多,即 $k_3 \gg k_{-2} c_{H^+}$,则式(2-21-13)可取以下简单的形式:

$$\frac{dc_E}{dt} = K_1 k_2 c_A c_{H^+} \qquad (2-21-14)$$

令 $k = K_1 k_2$,又 $dc_E = - dc_碘$,则得到 $z = 0$ 时的式(2-21-2)。因此,上述推理可能是可以成立的。

（2）在一定条件下,特别是卤素浓度较高时,反应(2-21-9)并不停留在一元卤化丙酮上,可能会形成多元取代,故应测定开始一段时间的反应速率。但当 $c_碘$ 偏大或 $c_丙$ 和 $c_酸$ 偏小时,因不符合比尔-朗伯定律或浓度变化过小,将导致读数误差较大。

（3）根据教学课时数安排,可改变 $c_碘$ 证明 $z = 0$,也可由 A-t 的线性关系得出同样结论。

＊九、选做实验：丙酮碘化实验的最佳碘浓度范围探究

在前面实验中假定当碘的浓度小于丙酮与盐酸浓度时,速率方程中碘的反应级数为 0,这样大大地优化了实验的过程与数据情况。但是在实际过程中,有可能遇到碘浓度过高或在反应体系混合中局部碘浓度过高的情况,从而导致反应结果与期望不一致性。因此,有必要针对碘的浓度对反应结果的影响进行分析,进而选取更理想的碘浓度范围,以获得更加准确有效的实验结果。

【实验提示】

（1）参考基础实验中的反应条件设置与对光要求,选取水浴温度为 25 ~ 32 ℃,将装有蒸馏水的洗瓶和装有 2.00 mol·L⁻¹ 丙酮溶液的磨口瓶置于恒温水浴中恒温。在 25 mL 容量瓶中分别移入 5 mL 2.00 mol·L⁻¹ 盐酸溶液和 1 mL 0.05 mol·L⁻¹ 碘溶液,再加入蒸馏水至约 20 mL,亦置于恒温水浴中恒温 10 min 以上。

（2）待溶液都恒温后,在容量瓶中移入 5 mL 2.00 mol·L⁻¹ 丙酮溶液,加入已恒温的蒸馏

水,稀释至刻度。迅速混匀后,计时,并尽快倒入样品池中。读取 722 型光栅分光光度计面板吸光度读数 A。建议从吸光度在 0.500~0.600 时即可开始计时。吸光度每下降 0.05 读取一次反应时间,直至吸光度降低到 0.100 为止。

参考资料

（3）改变碘溶液的体积,重复测定,获得相关的动力学数据。

（4）分析相应的实验数据,找到符合线性范围的碘浓度,如果实验数据（$A-t$ 关系）呈现非线性的表达,则说明在该浓度下,可能丙酮碘化反应向着多级取代方向发展。

D. 胶体化学和表面化学实验

实验二十二　最大泡压法测定溶液的表面张力

一、实验目的和要求

（1）能够说明表面张力的性质、表面自由能的意义及表面张力和吸附的关系。

（2）能够说明最大泡压法测定表面张力的原理及技术要点。

（3）利用最大泡压法测定不同浓度乙醇水溶液的表面张力，计算表面吸附量和乙醇分子的横截面积。

*（4）利用最大泡压法测定溶液的动态表面张力，计算表面寿命（选做实验）。

二、实验原理

1. 表面自由能

液体表面的分子和内部分子所受的作用力不同，因而它们的物理化学性质也不相同。液体内部分子受到周围分子对其吸引力的合力为零，因此，其在液体内部可以任意移动而无须做功。表面分子处于气-液界面，受液体内部的吸引力远大于外部蒸气分子对它的吸引力，因此，要把分子从液体内部移到表面，就需要对体系做功，故表面分子的能量比体相分子的能量高。根据热力学原理，在恒温、恒压条件下，当体系以可逆方式形成新表面相时，环境对体系所做的功为

$$- W = \sigma \cdot \Delta A \tag{2-22-1}$$

式中 σ 为液体的比表面自由能，单位为 $J \cdot m^{-2}$；ΔA 为新生的表面。同时，也可把 σ 视为作用在界面上每单位长度边缘上的力，称为表面张力，其单位为 $N \cdot m^{-1}$。它是表面自动缩小趋势的度量。表面张力是液体的重要特性之一，其量值与液体的成分、温度及表面气氛等因素有关。

2. 溶液的表面吸附

对纯液体而言，由于表面层的组成与体相的组成相同，降低表面自由能的唯一途径是尽可能缩小其表面积。对于溶液，由于溶质会影响表面张力，故可以通过调节溶质在表面层的浓度来降低表面自由能。

根据能量最低原理，若溶质能降低溶剂的表面张力，表面层中溶质的浓度会比溶液内部溶质的浓度大；反之，若溶质使溶剂的表面张力升高，表面层中溶质的浓度就比体相的小。这种表面浓度与溶液体相浓度不同的现象称为表面吸附。在指定的温度和压力下，溶质的表面吸附量与溶液表面张力及溶液浓度之间的关系遵守吉布斯（Gibbs）吸附方程：

$$\Gamma = -\frac{c}{RT}\left(\frac{\partial\sigma}{\partial c}\right)_T \tag{2-22-2}$$

式中 Γ 为表面吸附量（$mol \cdot m^{-2}$）；T 为热力学温度（K）；c 为溶液浓度（$mol \cdot L^{-1}$）；R 为摩尔气体常数。

当 $\left(\dfrac{\partial\sigma}{\partial c}\right)_T < 0$ 时，$\Gamma > 0$，称为正吸附，表明溶质在液体表面富集，液体的表面张力下降，这些溶质称为表面活性物质。反之，$\left(\dfrac{\partial\sigma}{\partial c}\right)_T > 0$ 时，$\Gamma < 0$，称为负吸附，表明溶质在表面层的浓度小于在溶液体相的浓度，这些溶质称为非表面活性物质。

表面活性物质具有显著的不对称结构，它们由亲水的极性基团和憎水的非极性基团构成。对于有机化合物，表面活性物质的极性部分一般为 $-NH_3^+$，$-OH$，$-SH$，$-COOH$，$-SO_3H$ 等，而非极性部分为碳氢基。乙醇就是这样的表面活性物质，在水溶液表面，羟基一般指向溶液内部，烷基择优指向空气。由于憎水基团有自发离开水相的动力而富集于表面，因此增大溶液单位表面所需的功比纯水要小，体现为表面张力降低。

以表面张力对表面活性物质浓度作图，可得到 $\sigma-c$ 曲线，如图 2-22-1 所示。从图中可以看出，在开始时 σ 随浓度升高而迅速下降，随后的变化则比较缓慢。

在 $\sigma-c$ 曲线上任选一点 i 作切线，即可得到该点所对应浓度 c_i 的斜率 $(d\sigma/dc_i)_T$，将其代入式（2-22-2），可求得不同浓度时的表面吸附量 Γ 值。

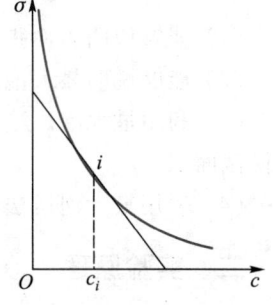

图 2-22-1　表面张力与表面活性物质浓度的关系

3. 饱和吸附与溶质分子的横截面积

在一定温度下，吸附量 Γ 与浓度 c 之间的关系，可用朗缪尔（Langmuir）吸附等温式表示：

$$\Gamma = \Gamma_\infty \frac{Kc}{1+Kc} \tag{2-22-3}$$

式中 Γ_∞ 为饱和吸附量；K 为常数。将上式整理可得

$$\frac{c}{\Gamma} = \frac{c}{\Gamma_\infty} + \frac{1}{K\Gamma_\infty} \tag{2-22-4}$$

如果以 c/Γ 对 c 作图，则图中直线斜率为 $1/\Gamma_\infty$。

如果以 N 代表 $1\ m^2$ 表面上饱和吸附的溶质分子数，则

$$N = \Gamma_\infty L \tag{2-22-5}$$

式中 L 为阿伏加德罗常数。由此可得每个溶质分子在表面上所占据的横截面积 S_0：

$$S_0 = \frac{1}{\Gamma_\infty L} \tag{2-22-6}$$

因此，若测得不同浓度溶液的表面张力 σ，从 $\sigma-c$ 曲线上求出不同浓度时的吸附量 Γ，再从 $c/\Gamma-c$ 直线上求出 Γ_∞，便可从式（2-22-6）计算出溶质分子的横截面积 S_0。

4. 最大泡压法

测定表面张力的方法有多种。本实验采用单管式最大泡压法，实验装置如图 2-22-2 所示。

将被测液体装入测定管中，使毛细管下端端面与被测液体液面正好相切。然后，用连接管

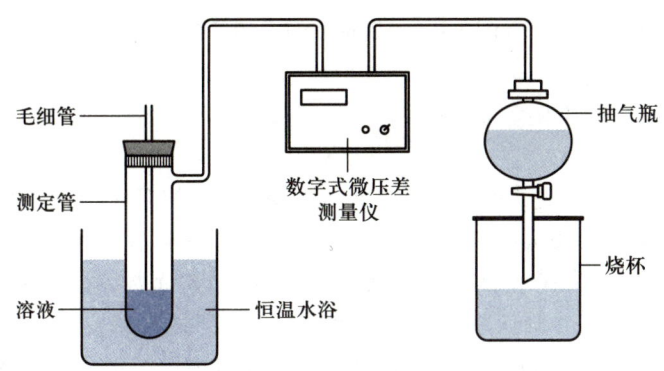

图 2-22-2　测定表面张力的实验装置示意图

将测定管、数字式微压差测量仪、抽气瓶（滴液漏斗）连接。打开抽气瓶的旋塞缓缓放水抽气，此时测定管中的压力 p_r 逐渐减小，与毛细管中的大气压力 p_0 形成压差，逐渐将毛细管中液面压至管口，并形成气泡。当气泡开始形成时，表面几乎是平的，曲率半径最大，随着气泡的增大，其曲率半径逐渐变小，直到形成半球形，即其曲率半径恰好等于毛细管半径 r。根据杨-拉普拉斯（Young-Laplace）方程，此时气泡能承受的压力差为最大：

$$\Delta p_{max} = p_0 - p_r = \frac{2\sigma}{r} \qquad (2\text{-}22\text{-}7)$$

随着继续放水抽气，大气压力将把该气泡压出管口。最大压力差可通过数字式微压差测量仪得到。

在实验中，如果用同一根毛细管和测定装置在相同温度下进行测定，可以利用已知表面张力的液体（如水）作为标准，分别测定水及被测液体的最大泡压（Δp_1，Δp_2），根据下列关系式，利用式（2-22-8）可计算出被测液体的表面张力：

$$\sigma_1 = \frac{r}{2}\Delta p_1; \qquad \sigma_2 = \frac{r}{2}\Delta p_2; \qquad \frac{\sigma_1}{\sigma_2} = \frac{\Delta p_1}{\Delta p_2}$$

$$\sigma_1 = \sigma_2 \frac{\Delta p_1}{\Delta p_2} = K'\Delta p_1 \qquad (2\text{-}22\text{-}8)$$

式中 K' 称为毛细管常数。

三、实验仪器和药品

数字式微压差测量仪　　　　　　温度计

阿贝折射仪　　　　　　　　　　测定管

恒温水浴　　　　　　　　　　　乳胶管

抽气瓶（滴液漏斗）　　　　　　滴管

烧杯（250 mL）　　　　　　　　乙醇（分析纯）

四、实验步骤

1. 配制溶液

分别用 50 mL 容量瓶配制浓度为 0.5 mol · L^{-1}，1.0 mol · L^{-1}，1.5 mol · L^{-1}，2.5 mol · L^{-1}，

实验操作
演示视频

3.5 mol·L⁻¹, 4.5 mol·L⁻¹, 5.5 mol·L⁻¹,6.5 mol·L⁻¹的乙醇水溶液。

2. 调节恒温水浴温度

夏季调节为 25 ℃,冬季调节为 30 ℃。

3. 测定毛细管常数

将玻璃器皿认真洗涤干净,在测定管中装入去离子水,使管中液面恰好与毛细管端面相切。置于恒温水浴内恒温 10 min,毛细管须保持垂直并注意液面位置。在滴液漏斗中加入适量自来水。打开数字式微压差测量仪电源,如显示非零读数,按置零键置零。然后,按图 2-22-2 连接测量系统,并确认系统的气密性良好。打开抽气瓶旋塞,调节抽气速率使气泡从毛细管底下端以单泡逸出,以每分钟逸出 8~12 个气泡为宜。记录气泡脱离毛细管端一瞬间数字式微压差测量仪显示的压差(最大泡压),连续读取 3 次,取平均值。

4. 测定乙醇溶液的表面张力

按实验步骤 3.分别测量不同浓度乙醇溶液的表面张力,从稀到浓依次进行。每次测量前用少量被测液体洗涤测定管,尤其是毛细管部分,确保毛细管内、外溶液的浓度一致。

5. 测定折射率

取已测定表面张力的乙醇溶液样品,测定其折射率。阿贝折射仪的使用方法详见 3.4 节相关内容。

五、数据处理、实验结果及讨论

(1) 以去离子水的测量结果按式(2-22-8)计算 K' 值。纯水的表面张力见附录三表 3-32。

(2) 根据所测折射率数值,由实验室提供的浓度-折射率工作曲线查出各溶液的浓度。

(3) 分别计算不同浓度乙醇溶液的 σ 值。文献数据见附录三表 3-33。

(4) 作 $\sigma - c$ 图,并在曲线上取 10 个点,分别作其切线,并求得对应的斜率。代入吉布斯吸附方程求算不同浓度溶液的吸附量值 Γ。

(5) 作 $\dfrac{c}{\Gamma} - c$ 图,由直线斜率求取 Γ_∞(mol·m⁻²),并根据式(2-22-6)计算 S_0 值(nm²)。

(6) 在测量中,如果抽气速率过快,或两三个气泡一起逸出,对测量结果有何影响?

六、思考题

(1) 如果将毛细管底端插入溶液内部进行测量,对结果有何影响?

(2) 本实验中为什么要读取最大压力差?

(3) 玻璃器皿的清洁与否及温度恒定与否对测量数据有何影响?

七、安全与环保

操作使用测定管、抽气瓶等玻璃器皿时要严格按规程且应特别当心,如有破损或破碎要及时清理处置,以免伤人。

八、附注

(1) 表面活性剂在工业和日常生活中被广泛用作去污剂、乳化剂、润湿剂及起泡剂等。它们的主要作用发生在界面上,研究这些物质的表面效应具有重要的现实意义。对于离子型表面活性剂,式(2-22-2)不适用,其表面吸附应以 3.6 节中式(3-6-9)表示。

(2)由实验测定的吸附量计算的各种直链醇的截面积为 $0.274 \sim 0.289 \text{ nm}^2$,直链有机酸的为 $0.302 \sim 0.310 \text{ nm}^2$,直链胺的约为 0.27 nm^2。这说明直链有机物的非极性尾巴竖立于溶液表面上。

另外,因吸附量 Γ 实际上是一个过剩量,即使无吸附,表面上仍有溶质分子。所以,式(2-22-6)在得出分子横截面积 σ 时忽略了表面上原有的溶质分子。对于较浓的溶液,在计算表面上溶质分子数时,除了吸附分子,还应考虑原有分子,故溶液浓度为 c 时每个溶质分子在表面上的实际面积为

$$S_c = 1 / \left[\Gamma L + 100 (cL)^{2/3} \right] \tag{2-22-9}$$

式中 Γ 为溶液浓度为 c 时的吸附量。

由饱和吸附量 Γ_∞、溶质的摩尔质量 M 和密度 d 还可以求出吸附层的厚度 δ:

$$\delta = \Gamma_\infty M / d \tag{2-22-10}$$

(3)最大泡压法测定表面张力时,由于气泡曲率半径无法直接测量,在精确测定中常可用校正因子方法加以校正,具体方法可参阅附录三表 3-34。

(4)本实验可以用坐标纸手工作图,求出 S_0 值。另外,也可将式(2-22-3)代入式(2-22-2),整理可得

$$-\frac{1}{RT} \left(\frac{d\sigma}{dc} \right)_T = \frac{K\Gamma_\infty}{Kc + 1} \tag{2-22-11}$$

将上式积分,得

$$\sigma = -\Gamma_\infty RT \ln(1 + Kc) + b \tag{2-22-12}$$

式中 b 为积分常数。将实验测定的 σ 和 c 代入式(2-22-12),利用 Origin 软件进行拟合计算,直接求得 $\sigma = f(c)$,并得到常数 Γ_∞ 和 K,从而求得 S_0。

(5)做好本实验的关键在于测定管必须洗涤干净;毛细管应保持垂直,其端面应平整无缺损;溶液恒温后,体积可能略有改变,应注意毛细管端面与液面接触处要相切。

*九、选做实验:最大泡压法测定溶液的动态表面张力

表面张力是多相系统的重要界面性质,对于泡沫分离、蒸馏、萃取、乳化、吸附、润湿等过程有重要影响。由式(2-22-2)吉布斯吸附方程可知,对于多组分液体系统,在温度一定时表面张力 σ 与表面活性物质在表面吸附平衡时的吸附量 Γ 有关,但并没有考虑吸附达到平衡所需的时间。对于表面活性剂溶液的新鲜表面,其表面张力接近于溶剂的表面张力,一段时间后才降低到吸附平衡时的表面张力。由于表面活性剂种类和分子结构的不同,达到吸附平衡所需时间差异很大。对于许多实际过程,不仅表面张力的平衡值决定液体的行为,界面形成的动力学——即吸附达到平衡值所需要的时间也同样重要。例如,摄影用薄胶片的制备中,要求感光材料流速为 $0.35 \sim 2.03 \text{ m} \cdot \text{s}^{-1}$,表面性能短暂变化(时间范围为 $10^{-3} \sim 1 \text{ s}$)对过程有很大影响。再如,水溶性农作物杀虫剂使用过程中,杀虫剂的分散和在农作物叶面上铺展所花的时间对药效的利用有很大的影响,乳化剂的筛选需考虑界面形成的动力学。

所谓动态表面张力,就是研究表面张力的时间效应。对于纯液体,特别是分子结构比较对称的纯液体,表面张力一般不存在时间效应,但对于含有表面活性剂的溶液情况就不同了。

图 2-22-3 所示的是 25 ℃时不同浓度聚氧乙烯脂肪醇醚 $C_{14}EO_8$ 水溶液的表面张力随时间的变化。由图 2-22-3 可见,在刚开始的瞬间,由于溶液新生表面上的浓度与体相浓度无异,这种瞬时产生的新表面处于未老化状态,即表面寿命为零($t = 0$)。

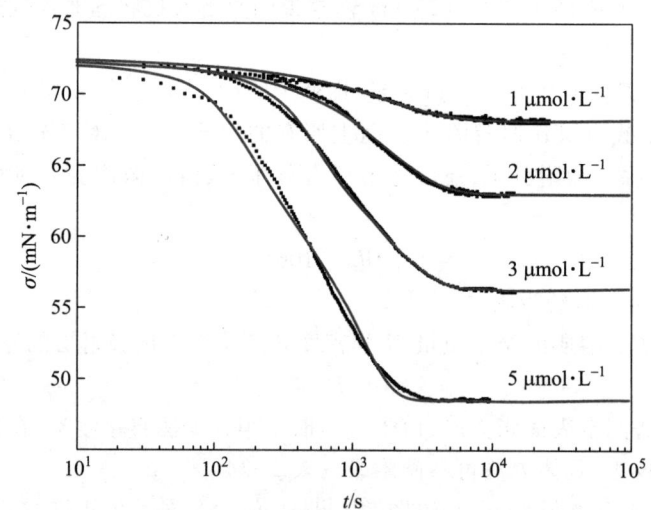

图 2-22-3　25 ℃时不同浓度非离子型表面活性剂 $C_{14}EO_8$ 水溶液的表面张力随时间的变化

(图中点为实验数据,实线是根据 Fick 方程拟合的结果)

从表面寿命为零开始,随着时间推移,体相的表面活性剂扩散至溶液表面,表面张力逐渐下降,当表面活性剂在新生表面上的吸附达到平衡时,才达到吉布斯吸附方程所描述的平衡值,即静态表面张力。此时的表面寿命称为 t_1。在从 0 至 t_1 时间内,表面张力随时间的变化值,称为动态表面张力。

最大泡压法测定溶液的表面张力,在本质上是一种涉及不断形成气-液界面的准动态法。当快速形成新鲜气泡(新生界面)时,界面可能偏离吸附平衡,因为表面活性分子从溶液内部扩散到新生表面需要一定的时间。此时测得的溶液表面张力与平衡时的表面张力有区别。这就是前面实验步骤中强调控制出泡速度的原因所在。最大泡压法通过监测产生气泡的不同频率可以获得表面张力对时间的依赖关系。动态表面张力可以反映传质过程(如表面活性剂从体相到表面相的扩散系数),以及吸附、黏附、铺展等过程的有关信息,这对于相关化工过程的设计与研究具有重要意义。

最大泡压法测定溶液的动态表面张力,其测量原理与前面基础实验基本相同,关键在于表面寿命的求取。

当压力下空气在毛细管中移动后成为气泡,其曲率半径从大到小,再从小到大,最终从管口逸出的过程,实际上可分为两个阶段,如图 2-22-4 所示。由 $a \rightarrow b$ 为第一阶段,是毛细管内空气与溶液界面上表面活性物质吸附的时间,称为气泡的表面寿命 t_1,b 点是气泡的最大压差处;第二阶段由 $b \rightarrow c$,对应于气泡表面迅速扩大并脱离毛细管口逸出的时间,称为死时间 t_d。应该指出,这里定义的气泡的寿命 t_1 与气泡从产生到从毛细管口逸出的总时间(t_b)不同,前者是气液表面上吸附的时间,在此过程中,气泡的面积不断增大。而气泡从产生到从毛细管口时间逸出的总时间 $t_b = t_1 + t_d$。只要测得每次出泡的时间间隔 t_b,减去死时间 t_d,即可求得表面寿命 t_1。

根据 Austin 经验公式,如果每分钟出泡个数为 N_b,那么死时间 t_d 为

$$t_d = (31.9 - 0.0042N_b) \times 10^{-3} \qquad (2\text{-}22\text{-}13)$$

因而,气泡寿命 t_1 为

$$t_1 = 60/N_b - t_d \qquad (2\text{-}22\text{-}14)$$

式中 t_d 和 t_1 的单位均为 s。

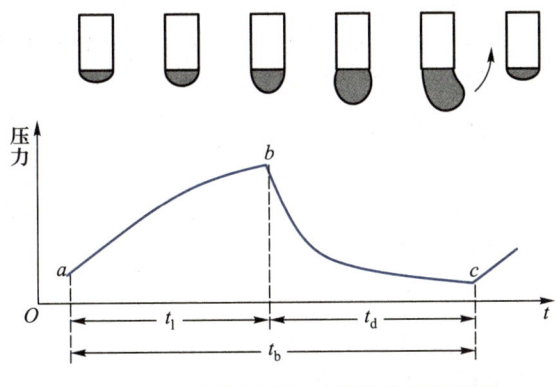

图 2-22-4　气泡压力随时间的变化示意图

【实验提示】

1. 实验仪器和药品

闪光测速仪　　　　　　　　丁醇水溶液($0.05\ \text{mol}\cdot\text{L}^{-1}$,$0.1\ \text{mol}\cdot\text{L}^{-1}$,$0.3\ \text{mol}\cdot\text{L}^{-1}$)

其余仪器同基础实验部分　　十六烷基三甲基溴化铵(CTAB)水溶液($1.0\times10^{-4}\ \text{mol}\cdot\text{L}^{-1}$,$3.0\times10^{-4}\ \text{mol}\cdot\text{L}^{-1}$,$5.0\times10^{-4}\ \text{mol}\cdot\text{L}^{-1}$)

2. 实验内容及步骤

(1) 参照前面基础实验,利用闪光测速仪,设计最大泡压法测定溶液动态表面张力的实验。

(2) 分别测定 $0.05\ \text{mol}\cdot\text{L}^{-1}$,$0.1\ \text{mol}\cdot\text{L}^{-1}$,$0.3\ \text{mol}\cdot\text{L}^{-1}$ 丁醇水溶液和 $1.0\times10^{-4}\ \text{mol}\cdot\text{L}^{-1}$,$3.0\times10^{-4}\ \text{mol}\cdot\text{L}^{-1}$,$5.0\times10^{-4}\ \text{mol}\cdot\text{L}^{-1}$ 十六烷基三甲基溴化铵(CTAB)水溶液的动态表面张力 σ_t。

3. 数据处理、实验结果及讨论

(1) 分别作不同浓度丁醇水溶液和 CTAB 水溶液的 σ_t-t 图。计算各溶液表面吸附达到平衡所需的时间,即最终达到静态表面张力时的表面寿命 t_1。

(2) 比较测得的两种表面活性剂的表面寿命值,并分析讨论产生差异的原因。

参考资料

实验二十三　黏度法测定水溶性聚合物相对分子质量

一、实验目的和要求

(1) 能够说明乌氏(Ubbelohde)黏度计测定聚合物相对分子质量的原理。

（2）能够用乌氏黏度计测定聚乙烯醇的相对分子质量。

*（3）能够用乌氏黏度计测定两种不同液体的相对黏度,判定二者分子间是否具有相互作用(选做实验)。

二、实验原理

聚合物是由小分子单体聚合而成的,其聚合度并非都相同,即每个分子的大小并不都相同,故聚合物的相对分子质量是一个统计平均值。聚合物的相对分子质量是其特性的基本参数之一,相对分子质量不同的聚合物,其性能差异很大。因此,测定聚合物相对分子质量对研究、合成和使用聚合物材料具有重要意义。黏度法是测定聚合物相对分子质量的常用方法之一。

黏度是指液体对流动所表现的阻力,这种力反抗液体中邻接部分的相对移动,因此可看作一种内摩擦。图 2-23-1 是液体流动示意图。当相距为 ds 的两个液层以不同速率(v 和 $v + dv$)移动时,产生的流速梯度为 dv/ds。当建立平稳流动时,维持一定流速所需的力(即液体对流动的阻力)f' 与液层的接触面积 A 及流速梯度 dv/ds 成正比,即

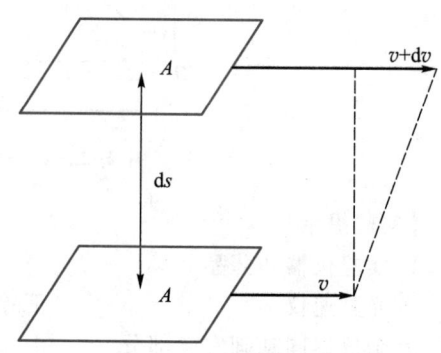

$$f' = \eta \cdot A \cdot \frac{dv}{ds} \qquad (2-23-1)$$

若以 f 表示单位面积液体的黏滞阻力,$f = f'/A$,则

$$f = \eta \left(\frac{dv}{ds} \right) \qquad (2-23-2)$$

图 2-23-1　液体流动示意图

式(2-23-2)称为牛顿黏度定律表示式,其比例常数 η 称为黏度系数,简称黏度,单位为 $Pa \cdot s$。

聚合物稀溶液的黏度,主要反映了液体在流动时存在着内摩擦。其中因溶剂分子之间的内摩擦表现出来的黏度叫纯溶剂黏度,记作 η_0;此外还有聚合物分子相互之间的内摩擦,以及聚合物与溶剂分子之间的内摩擦。三者之总和表现为溶液的黏度 η。在同一温度下,一般 $\eta > \eta_0$。相对于溶剂,其溶液黏度增加的分数,称为增比黏度,记作 η_{sp},即

$$\eta_{sp} = \frac{\eta - \eta_0}{\eta_0} \qquad (2-23-3)$$

而溶液黏度与纯溶剂黏度的比值称为相对黏度,记作 η_r,即

$$\eta_r = \frac{\eta}{\eta_0} \qquad (2-23-4)$$

η_r 也是整个溶液的黏度行为,η_{sp} 则意味着已扣除了溶剂分子之间的内摩擦效应。两者关系为

$$\eta_{sp} = \frac{\eta}{\eta_0} - 1 = \eta_r - 1 \qquad (2-23-5)$$

对于聚合物溶液,增比黏度 η_{sp} 往往随溶液浓度 c 的增大而增大。为了便于比较,将单位浓度下所显示出的增比黏度,即 η_{sp}/c 称为比浓黏度;而 $\ln\eta_r/c$ 称为比浓对数黏度。η_r 和 η_{sp} 都是量纲为 1 的量。

为了进一步消除聚合物分子之间的内摩擦效应,将溶液无限稀释,使得每个聚合物分子彼

此相隔极远,其相互干扰可以忽略不计。这时溶液所呈现出的黏度行为基本上反映了聚合物分子与溶剂分子之间的内摩擦。这一黏度的极限值记为

$$\lim_{c \to 0} \frac{\eta_{sp}}{c} = [\eta] \tag{2-23-6}$$

$[\eta]$称为特性黏度,其值与浓度无关。实验证明,当聚合物、溶剂和温度确定以后,$[\eta]$的数值只与聚合物的相对分子质量$\overline{M}$有关,它们之间的半经验关系可用马克-豪温克(Mark-Houwink)方程表示:

$$[\eta] = K \overline{M}^{\alpha} \tag{2-23-7}$$

式中K为比例常数;α是与分子形状有关的经验常数。它们都与温度、聚合物、溶剂性质有关,在一定的相对分子质量范围内与相对分子质量无关。在已知K和α值时,即可利用式(2-23-7)计算得到$\overline{M}$。

K和α的数值可通过渗透压法、光散射法等实验方法确定,通常可查表获得。本实验通过黏度法测定$[\eta]$,求算出$\overline{M}$。

上述溶液黏度的名称、符号和定义归纳于表 2-23-1。

表 2-23-1　溶液黏度的名称、符号和定义

名称	符号和定义
黏度(系数)	η
相对黏度	$\eta_r = \eta / \eta_0$ (η_0 为溶剂的黏度)
增比黏度	$\eta_{sp} = (\eta - \eta_0) / \eta_0 = \eta_r - 1$
比浓黏度	η_{sp} / c
比浓对数黏度	$\ln \eta_r / c$
特性黏度	$[\eta] = (\eta_{sp} / c)_{c \to 0} = (\ln \eta_r / c)_{c \to 0}$

测定液体黏度的方法主要有三种:(1)用毛细管黏度计测定液体在毛细管里的流出时间;(2)用落球式黏度计测定圆球在液体里的下落速率;(3)用旋转式黏度计测定液体与同心轴圆柱体相对转动的情况。

测定聚合物的$[\eta]$时,用毛细管黏度计最为方便。当液体在毛细管黏度计内因重力作用而流出时遵守泊肃叶(Poiseuille)定律:

$$\frac{\eta}{\rho} = \frac{\pi h g r^4 t}{8 l V} - m \frac{V}{8 \pi l t} \tag{2-23-8}$$

式中ρ为液体的密度;l为毛细管长度;r为毛细管半径;t为流出时间;h为流经毛细管液体的平均液柱高度;g为重力加速度;V为流经毛细管液体的体积;m是与仪器的几何形状有关的常数,在$r/l \ll 1$时,可取$m=1$。

对某一支指定的黏度计而言,令$\alpha = \dfrac{\pi h g r^4}{8 l V}$,$\beta = \dfrac{mV}{8 \pi l}$,则式(2-23-8)可改写为

$$\frac{\eta}{\rho} = \alpha t - \frac{\beta}{t} \tag{2-23-9}$$

式中$\beta < 1$,当$t > 100$ s 时,等式右边第二项可以忽略。设溶液的密度ρ与溶剂密度ρ_0近似相

等。这样,通过分别测定溶液和溶剂的流出时间 t 和 t_0,就可求算 η_r :

$$\eta_r = \frac{\eta}{\eta_0} = \frac{t}{t_0} \qquad (2\text{-}23\text{-}10)$$

进而可分别计算得到 η_{sp},η_{sp}/c 和 $\ln\eta_r/c$ 值。配制一系列不同浓度的溶液分别进行测定,以 η_{sp}/c 和 $\ln\eta_r/c$ 为同一纵坐标,c 为横坐标作图,得两条直线,分别外推到 $c = 0$ 处(如图 2-23-2 所示),其截距即为 $[\eta]$,代入式(2-23-7)(K,α 已知),即可得到 $\overline{M}$。

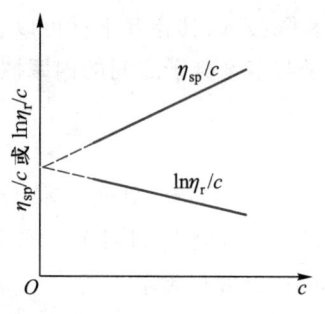

图 2-23-2　外推法求 $[\eta]$ 示意图

三、实验仪器和药品

乌氏黏度计　　　　　　　　容量瓶(100 mL,250 mL)
砂芯漏斗(3 号)　　　　　　烘箱
移液管(5 mL,10 mL)　　　恒温水浴
锥形瓶(100 mL)　　　　　　加热电炉
烧杯(100 mL)　　　　　　　真空水泵
大烧杯(2000 mL)　　　　　超声波清洗机
搅拌棒　　　　　　　　　　秒表(0.01 s)
大号针筒(50 mL)　　　　　精密分析天平
微型注射器(1 mL)　　　　　聚乙烯醇(分析纯)
铁架台　　　　　　　　　　正丁醇(分析纯)
夹子　　　　　　　　　　　无水酒精(分析纯)
重锤

四、实验内容及步骤

1. 溶液配制

聚合物溶液:用分析天平准确称取 0.8 g 聚乙烯醇,置于 100 mL 烧杯中,加入约 60 mL 蒸馏水,在水浴中加热,不断搅拌,直至溶液完全透明。溶解完全后取出烧杯,自然冷却至室温,再将溶液移至 100 mL 容量瓶中,用微型注射器加入 0.3 mL 正丁醇,蒸馏水稀释至刻度。定容后的溶液用洗净并烘干的 3 号砂芯漏斗和锥形瓶进行常压自然过滤,以除去可能存在的颗粒或纤维,避免堵塞黏度计毛细管。

溶剂:由于溶液配制中加入正丁醇以防止聚乙烯醇起泡,另配制 0.3%(体积分数)正丁醇 250 mL 作为溶剂。

玻璃器皿均应预先仔细洗净。

2. 黏度计的洗涤

乌氏黏度计如图 2-23-3 所示。将黏度计灌满蒸馏水,放于存有蒸馏水的超声波清洗机中清洗 5 min。取出后用蒸馏水冲洗,然后用水泵抽滤毛细管使蒸馏水反复流过毛细管部分,洗净黏度计。

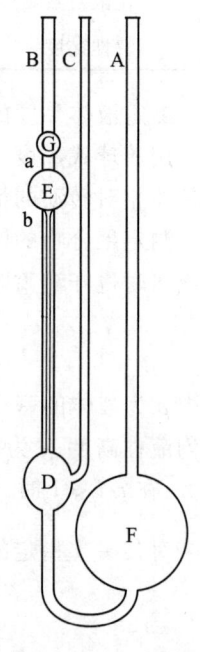

图 2-23-3　乌氏黏度计示意图

3. 溶剂流出时间 t_0 的测定

开启恒温水浴和搅拌器电源,调节温度为 30 ℃。在黏度计的 C 管和 B 管的上端套上干燥清洁的橡胶管,在铁架台上调节好黏度计的垂直度和高度,再将黏度计安放在恒温水浴中(G 球及以下部位应在水浴的液面下)。从 A 管加入 10 mL 左右的溶剂,恒温 10 min 左右,然后用夹子夹住 C 管上的橡胶管下端,使其不通大气。在 B 管的橡胶管口用针筒将溶液从 F 球经 D 球、毛细管、E 球抽至 G 球中部,取下针筒,同时松开 C 管上夹子,将 C 管通大气。此时溶液顺毛细管流下,当液面流经刻度 a 线处时,立刻按下秒表开始计时,至 b 处则停止计时。记下液体流经 a,b 之间所需的时间。重复测定三次,偏差应小于 0.2 s,取其平均值,即为 t_0 值。本实验流出时间测定的准确性对整个实验结果至关重要。要保证各次测定时,视线在同一高度;黏度计远离搅拌器和加热器,尽可能降低温度波动的影响。

4. 不同浓度溶液流出时间 t 的测定

取出黏度计,倾去正丁醇溶液,加入少量的无水乙醇润洗黏度计,沥尽乙醇并用水泵抽掉毛细管中乙醇,放入烘箱中烘干。

同上法安装调节好黏度计,用移液管吸取 10.0 mL 聚合物溶液后小心加入黏度计 F 球内(不要将溶液粘在黏度计的管壁上)。在恒温过程中,用溶液浸润毛细管。恒温完成后测定溶液的流出时间 t。然后依次分别加入 2.0 mL,3.0 mL,5.0 mL 和 10.0 mL 的溶剂至 F 球内,每次稀释后均需将 F 球中溶液摇匀。在恒温过程中,将溶液抽至黏度计毛细管的 E 和 G 球,使黏度计内各处溶液的浓度相等。恒温完成后按上述方法分别测量不同浓度时的 t 值。

五、数据处理、实验结果与讨论

(1) 根据不同浓度溶液测得的相应流出时间,分别计算 η_{sp},η_r,η_{sp}/c 和 $\ln\eta_r/c$ 值,并列表。

(2) 以 η_{sp}/c 和 $\ln\eta_r/c$ 对 c 作图,得两条直线,外推至 $c = 0$ 处,求出 $[\eta]$。

(3) 将 $[\eta]$ 值代入式(2-23-7),计算 $\overline{M}$。30 ℃ 时聚乙烯醇水溶液的参数:$K = 6.65 \times 10^{-2}$ cm^3 · g^{-1},$\alpha = 0.64$。

六、思考题

(1) 乌氏黏度计中的支管 C 有什么作用? 除去支管 C 是否仍可以测黏度?

(2) 评价黏度法测定聚合物相对分子质量的优缺点,指出影响准确测定结果的因素,如何进一步提高准确性?

(3) 聚合物相对分子质量分为哪几种? 测定聚合物相对分子质量的方法有哪些? 分别测定聚合物的何种相对分子质量?

七、安全与环保

(1) 黏度计的 B 和 C 管在用水泵抽滤洗涤及实验中需插上乳胶管,在此操作中需防止过度紧握黏度计导致黏度计破裂,造成手部受伤。

(2) 在放入烘箱烘干前,须确保润洗黏度计的无水乙醇已基本去除。

八、附注

本实验所测定的聚乙烯醇($[C_2H_4O]_n$),平均相对分子质量在 10^4 数量级。聚乙烯醇是重要的化工原料,广泛用于制造聚乙烯醇缩醛、耐汽油管道、乳化剂、黏合剂和医药工业等。

图 2-23-2 中所示的溶液的黏度与浓度的关系可表示为两条直线:

$$\eta_{sp}/c = [\eta] + a[\eta]^2 c \tag{2-23-11}$$

$$\ln\eta_r/c = [\eta] + \left(a - \frac{1}{2}\right)[\eta]^2 c + \left(\frac{1}{3} - a\right)[\eta]^3 c^2 + \cdots \tag{2-23-12}$$

其中式(2-23-11)为线性方程,大多数聚合物在较稀的浓度范围内都符合此式。式(2-23-12)可包括下列三种情况

(1) 若 $a = \frac{1}{3}$,且令 $b = \frac{1}{2} - a$,则有

$$\ln\eta_r/c = [\eta] - b[\eta]^2 c \tag{2-23-13}$$

以 $\ln\eta_r/c$ 对 c 作图,可得一直线,其直线斜率为负值,而以 η_{sp}/c 对 c 作图,所得直线的斜率为正值,分别进行外推可得到共同的截距 $[\eta]$,如图 2-23-2 所示。

(2) 若 $a > \frac{1}{3}$,以 $\ln\eta_r/c$ 对 c 作图,不呈直线。当浓度较高时,曲线向下弯曲,切线斜率 $b > \left(\frac{1}{2} - a\right)$。切线与 $\eta_{sp}/c - c$ 线在 $c > 0$ 处相交于 A 点,两者截距不等,如图 2-23-4 所示。

(3) 当 $a < \frac{1}{3}$,以 $\ln\eta_r/c$ 对 c 作图,也不呈直线,但情况与(2)不同,如图 2-23-5 所示。

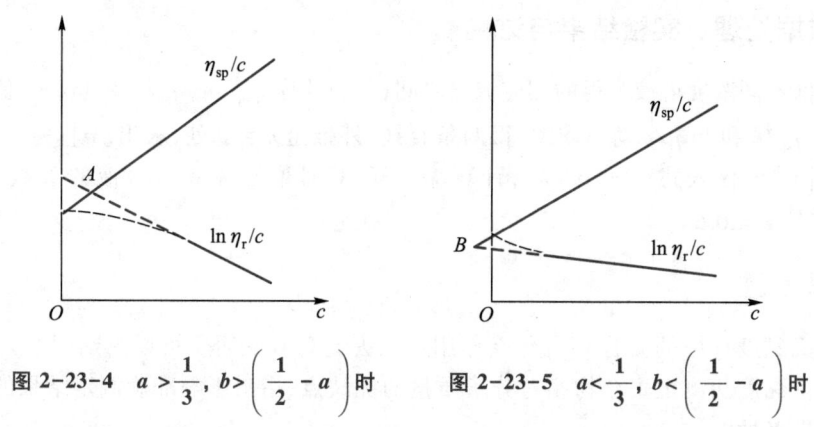

图 2-23-4 $a > \frac{1}{3}$, $b > \left(\frac{1}{2} - a\right)$ 时 　　图 2-23-5 $a < \frac{1}{3}$, $b < \left(\frac{1}{2} - a\right)$ 时

如果出现(2)和(3)这两种情况,而溶液不太稀时,可取 $\eta_{sp}/c = [\eta] + a[\eta]^2 c$ 的截距作为特性黏度。如果溶液浓度太高,图的线性不好,外推不可靠。如果溶液浓度太低,测得的 t 和 t_0 很接近,则 η_{sp} 的相对误差比较大。合适的浓度是使 η_r 在 $1.2 \sim 2.0$。

上述作图求 $[\eta]$ 的方法称为稀释法或外推法,结果较为可靠。但在实际工作中,往往由于样品少,或要测定大量同品种的样品,为了简化操作,可采用"一点法",即在一个浓度下测定 η_{sp},直接计算出 $[\eta]$ 值。"一点法"的使用必须事先用外推法测出所用体系的 a,b 值,并假定 $a = \frac{1}{3}$ 和 $a + b = \frac{1}{2}$,则由式(2-23-11)和式(2-23-13)可得

$$[\eta] = \frac{\left[2(\eta_{sp} - \ln\eta_r)\right]^{\frac{1}{2}}}{c} \tag{2-23-14}$$

或

$$[\eta] = \left(\eta_{sp} + \frac{a}{b}\ln\eta_r\right) \Big/ \left(1 + \frac{a}{b}\right)c \qquad (2-23-15)$$

*九、选做实验：通过黏度测定，判定两种不同液体分子间是否具有相互作用

由前面的黏度测定原理可知，使用同一黏度计测定两种液体时，当已知液体 1 和 2 的黏度系数分别为 η_1 和 η_2 时，由简化的式（2-23-9）可知：

$$\eta_1 \propto \rho_1 t_1 \qquad (2-23-16)$$
$$\eta_2 \propto \rho_2 t_2 \qquad (2-23-17)$$

式中 ρ_1 和 ρ_2 分别为液体 1 和 2 的密度；t_1 和 t_2 分别为液体 1 和 2 的流出时间。则有

$$\frac{\eta_1}{\eta_2} = \frac{\rho_1 t_1}{\rho_2 t_2} \qquad (2-23-18)$$

理论上，将 n_1(mol) 的液体 1 与 n_2(mol) 的液体 2 混合，则

$$\eta^E = \eta_{mix} - n_1\eta_1/(n_1 + n_2) - n_2\eta_2/(n_1 + n_2) \qquad (2-23-19)$$

式中 η^E 为混合液的黏度差。测量不同 $n_1/(n_1 + n_2)$ 的系列混合溶液，并通过查阅 η_1，可求得对应的 η^E，作 $\eta^E - n_1/(n_1 + n_2)$ 图，如有极值，则表示两种液体分子间具有相互作用。

【实验提示】

（1）以水-乙醇体系为例，按照上述方法，调整水浴温度为 25 ℃ 或 30 ℃，准确移取 10 mL 纯水至干燥的乌氏黏度计中，恒温 10 min，测得纯水的流出时间 t_0。

（2）然后依次分别加入 2.0 mL，3.0 mL，5.0 mL 和 10.0 mL 无水乙醇至 F 球内，每次稀释后均需将 F 球中溶液摇匀。在恒温过程中，将溶液抽至黏度计的毛细管、E 和 G 球，使黏度计内各处溶液的浓度相等。恒温完成后按上述方法分别测量不同浓度时的 t 值。

（3）准确移取 10 mL 无水乙醇至干燥的乌氏黏度计中，恒温 10 min，测得流出时间 t_0。

（4）然后依次分别加入 2.0 mL 和 3.0 mL 纯水至 F 球内，每次稀释后均需将 F 球中溶液摇匀。在恒温过程中，将溶液抽至黏度计的毛细管、E 和 G 球，使黏度计内各处溶液的浓度相等。恒温完成后按上述方法分别测量不同浓度时的 t 值。

（5）根据式（2-23-19）计算得 η^E，并作 $\eta^E - n_1/(n_1 + n_2)$ 图，判断水与乙醇分子间是否具有相互作用。

参考资料

实验二十四　电导法测定水溶性表面活性剂的临界胶束浓度

一、实验目的和要求

（1）能够说明表面活性剂的特性及胶束形成原理。

（2）能够说明表面活性剂的临界胶束浓度测定的几种方法。

（3）能够用电导率仪测定溶液的电导率。

（4）能够用电导法测定阴离子型表面活性剂十二烷基硫酸钠的临界胶束浓度。

*（5）能够用表面张力法测定阴离子型表面活性剂十二烷基硫酸钠的临界胶束浓度（选做实验）。

二、实验原理

表面活性剂是由具有明显"两亲"性质的分子组成的物质。这一类分子既含有亲油的足够长的（多于 10 个碳原子）烃基，又含有亲水的极性基团（离子化的）。表面活性剂能显著降低溶液的表面张力，可用作渗透剂、润湿剂、乳化剂、分散剂、增溶剂、起泡剂、消泡剂和助磨剂等，广泛应用于石油、煤炭、化工、制药、冶金、材料、食品、环保等领域和日常生活中。表面活性剂分子都是由极性和非极性两部分组成的，若按离子的类型分类，可分为以下三大类。

（1）阴离子型表面活性剂：如羧酸盐（肥皂，$C_{17}H_{35}COONa$）、烷基硫酸盐［十二烷基硫酸钠，$CH_3(CH_2)_{11}SO_4Na$］、烷基磺酸盐［十二烷基苯磺酸钠，$CH_3(CH_2)_{11}C_6H_5SO_3Na$］等。

（2）阳离子型表面活性剂：主要是胺盐，如月桂胺基盐酸盐［$CH_3(CH_2)_{11}NH_3^+Cl^-$］和溴代十六烷基三甲胺［$CH_3(CH_2)_{15}N^+(CH_3)_3Br^-$］。

（3）非离子型表面活性剂：如聚氧乙烯类［$R{-}O{-}(CH_2CH_2O)_nH$］。

表面活性剂溶入水中后，在低浓度时富集在表面，其亲水基插入水相，亲油基指向气相。当浓度增加到一定程度时，许多表面活性物质的分子会结合成很大的集团，形成"胶束"。以胶束形式存在于水中的表面活性物质是比较稳定的。表面活性物质在水中形成胶束所需的最低浓度称为临界胶束浓度，以 CMC（critical micelle concentration）表示。在 CMC 点上，溶液的一些物理及化学性质（如表面张力、电导、渗透压、浊度、光学性质等）与浓度的关系曲线出现明显转折，如图 2-24-1 所示。这个现象是测定 CMC 的实验依据，也是表面活性剂的一个重要特征。

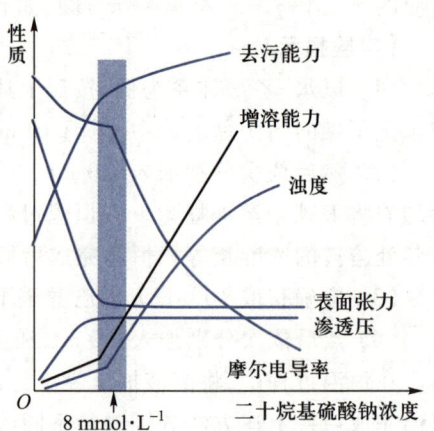

图 2-24-1 25 ℃时十二烷基硫酸钠水溶液的物理性质和浓度的关系

这种特征行为可用生成分子聚集体或胶束来说明，如图 2-24-2 所示。当表面活性剂溶于水中后，不但定向地富集在水溶液表面，而且达到一定浓度时

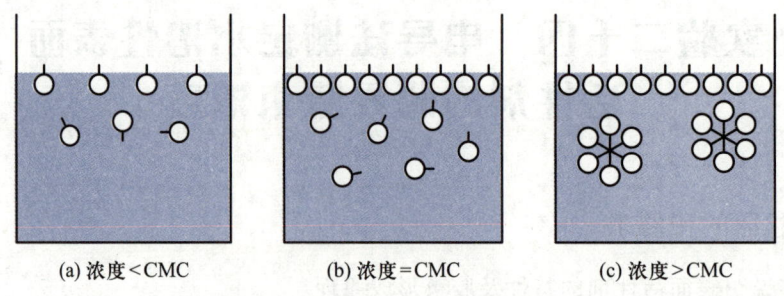

(a) 浓度<CMC (b) 浓度=CMC (c) 浓度>CMC

图 2-24-2 胶束形成过程示意图

还会在溶液中发生定向排列而形成胶束,表面活性剂为了使自己成为溶液中的稳定分子,有可能采取两种途径:一是把亲水基留在水中,亲油基伸向油相或空气;二是让表面活性剂的亲油基团相互靠在一起,以减少亲油基与水的接触面积。前者就是表面活性剂分子富集在表面上,其结果是降低表面张力,形成定向排列的单分子膜;后者就是形成了胶束。由于胶束的亲水基方向朝外,与水分子相互吸引,使表面活性剂能稳定地溶于水中。

随着表面活性剂在溶液中浓度的增长,球形胶束还可能转变成棒形胶束,以至层状胶束,如图 2-24-3 所示。后者可用来制作液晶,它具有各向异性的性质。

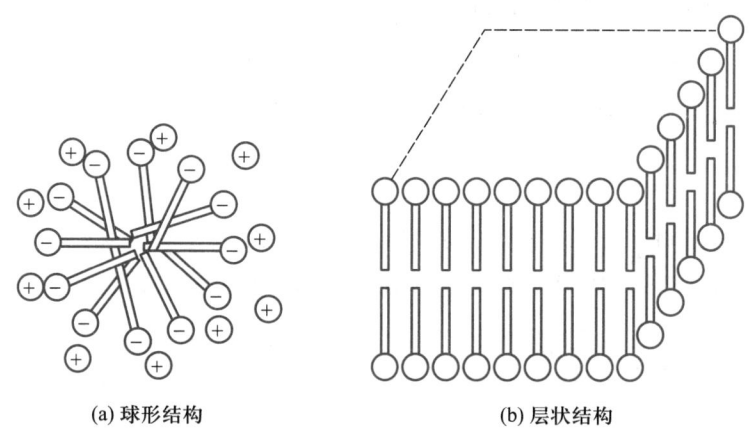

(a) 球形结构　　　　　　　　(b) 层状结构

图 2-24-3　胶束的球形结构和层状结构示意图

本实验利用 DDS-307F 型电导率仪测定不同浓度的十二烷基硫酸钠水溶液的电导率(或摩尔电导率),并作电导率(或摩尔电导率)与浓度的关系图,从图中的转折点即可求得临界胶束浓度。

三、实验仪器和药品

DDS-307F 型电导率仪　　　　　　　　容量瓶(100 mL,1000 mL)

DJS-1VTC 型铂黑电极　　　　　　　　十二烷基硫酸钠(分析纯)

恒温水浴　　　　　　　　　　　　　　氯化钾(分析纯)

试管(大)

四、实验内容及步骤

(1)用电导水或重蒸馏水准确配制 0.01 mol·L^{-1} KCl 标准溶液。

(2)将十二烷基硫酸钠在 80 ℃下烘干 3 h,用电导水或重蒸馏水分别准确配制浓度为 0.002 mol·L^{-1},0.004 mol·L^{-1},0.006 mol·L^{-1},0.007 mol·L^{-1},0.008 mol·L^{-1},0.009 mol·L^{-1},0.010 mol·L^{-1},0.012 mol·L^{-1},0.014 mol·L^{-1},0.016 mol·L^{-1},0.018 mol·L^{-1},0.020 mol·L^{-1}的十二烷基硫酸钠溶液各 100 mL。

(3)开通电导率仪和恒温水浴的电源,预热 20 min。调节恒温水浴温度至 25 ℃或其他合适的温度。

(4)用蒸馏水洗净试管和电极。在恒定温度下用 0.01 mol·L^{-1} KCl 标准溶液标定电极的电导池常数。

（5）用电导率仪从稀到浓分别测定上述各溶液的电导率。设定不补偿模式,测定当前实时温度下的电导率值,各溶液测定前必须恒温 10 min,待温度读数稳定后,每个溶液的电导率读数三次,取平均值。更换样品时,需充分清洗电极和容器,用后一个溶液荡洗存放过前一个溶液的电导电极和容器三次以上,电导率仪的校准和测量具体步骤参见 3.5 节相关内容。

（6）列表记录各溶液对应的电导率或摩尔电导率。

（7）实验结束后用蒸馏水洗净试管和电极,并且测量所用水的电导率。

五、数据处理、实验结果及讨论

作出电导率(或摩尔电导率)与浓度的关系图,从图中转折点处求得临界胶束浓度。

文献值:40 ℃,$C_{12}H_{25}SO_4Na$ 的 CMC 为 8.7×10^{-3} mol·L^{-1}。

六、思考题

（1）若要知道所测得的临界胶束浓度是否准确,可用何种实验方法验证?

（2）溶解的表面活性剂分子与胶束之间的平衡与温度和浓度有关,其关系式可表示为

$$\frac{\mathrm{d}\ln c_{CMC}}{\mathrm{d}T} = -\frac{\Delta H}{2RT^2}$$

试问如何测出其热效应 ΔH 值?

（3）非离子型表面活性剂能否用本实验方法测定临界胶束浓度,为什么?若不能,则可用何种实验方法测定?

七、安全与环保

实验过程中废弃的固体或液体药品,应正确放置于相应药品或废液回收器皿内。

八、附注

表面活性剂的渗透、润湿、乳化、去污、分散、增溶和起泡等作用广泛应用于石油、煤炭、机械、化学、冶金材料领域及轻工业、农业生产中。研究表面活性剂溶液的表面性质和内部性质(胶束形成)有着重要意义。而临界胶束浓度可以作为表面活性剂的表面活性的一种量度。CMC 越小,则表示该表面活性剂形成胶束所需浓度越低,达到表面(界面)饱和吸附的浓度也越低。因而改变表面性质,起到润湿、乳化、增溶、起泡等作用所需的浓度也越低。此外,临界胶束浓度又是表面活性剂溶液性质发生突变的一个"分水岭"。因此,表面活性剂的大量研究工作都与各种体系中的 CMC 测定有关。

测定 CMC 的方法很多,常用的有表面张力法、电导法、染料法、增溶作用法、光散射法等。这些方法,原则上都是从溶液的物理化学性质随浓度变化关系出发求得 CMC。其中,电导法和表面张力法比较简便准确。电导法是一种经典方法,简便可靠,但只限于离子型表面活性剂。此法对于有较高活性的表面活性剂准确性较高,但过量无机盐存在会降低测定的灵敏度,因此配制溶液必须用电导水。表面张力法除了可求得 CMC 之外,还可以求出表面吸附等温线。此法还有一优点,就是无论对于高表面活性还是低表面活性的表面活性剂,其 CMC 的测定都具有相似的灵敏度。同时,此法不受无机盐的干扰,也适合于非离子型表面活性剂的测定。

*九、选做实验：表面张力法测定阴离子型表面活性剂的临界胶束浓度

前面用电导率法测定了阴离子型表面活性剂的临界胶束浓度，该法要求表面活性剂必须为离子型表面活性剂。非离子型表面活性剂不能导电，故无法测定其临界胶束浓度。表面张力法可测定离子型、非离子型表面活性剂的临界胶束浓度。溶液的表面张力随表面活性剂浓度的增大而降低，在 CMC 处表面张力 σ 降低变缓，在表面张力对浓度图上有明显的转折点（CMC）。因此，可由 σ-$\lg c$ 曲线确定 CMC 值。表面张力法还可测得表面吸附量，且此法不受无机盐的干扰。表面张力的测定方法有多种，如最大泡压法、毛细管法、圈环法和滴重法等，本实验采用最大泡压法，实验原理及装置详见实验二十二。

【实验提示】

（1）配制溶液。参照上述实验内容与步骤中的方法，准确配制浓度为 0.002 mol · L^{-1}，0.004 mol · L^{-1}，0.006 mol · L^{-1}，0.007 mol · L^{-1}，0.008 mol · L^{-1}，0.009 mol · L^{-1}，0.010 mol · L^{-1}，0.012 mol · L^{-1}，0.014 mol · L^{-1}，0.016 mol · L^{-1}，0.018 mol · L^{-1}，0.020 mol · L^{-1} 的十二烷基硫酸钠溶液各 100 mL。

（2）调节恒温水浴温度为 25 ℃ 或其他跟电导法测试对应的温度。

（3）参考实验二十二中的方法，测定毛细管常数。

（4）测定表面活性剂水溶液的表面张力。分别测量不同浓度的表面活性剂水溶液的表面张力，从稀到浓依次进行。每次测量前用少量被测溶液洗涤测定管，尤其是毛细管部分，确保毛细管内、外溶液的浓度一致。

（5）数据处理。分别计算不同浓度的表面活性剂水溶液的 σ 值。作 σ-$\lg c$ 曲线，通过曲线转折点求得临界胶束浓度，并与电导法测定的临界胶束浓度进行比较。

参考资料

实验二十五　物理吸附法测定固体的比表面积和孔径分布

一、实验目的和要求

（1）能够利用低温氮气物理吸附测定介孔分子筛的比表面积和孔径分布。

（2）能够说明多分子层吸附理论和容量法测量固体比表面积的基本原理。

（3）能够说明毛细凝聚法测量多孔材料孔径分布的基本原理。

（4）能够描述物理吸附仪的工作原理和使用方法。

*（5）能够说明微孔材料与介孔材料在吸附特性方面的差异（选做实验）。

二、实验原理

1. 物理吸附与固体比表面积

固体物质的比表面积是指每克固体所具有的总表面积，包括外表面积和内表面积。由于诸多的化学过程如多相催化、腐蚀、电化学等反应都发生在固体表面，所以固体表面积的大小

会直接影响化学变化的速率与进程,在多相催化中比表面积也是反映催化剂性能好坏的一个直观物理量,因而比表面积的测定在固体物质性质的表征中十分重要。

固体比表面积的测定以物理吸附为基础,即根据不同相对压力下测得的吸附量来求吸附剂表面被吸附质单分子层覆盖满的吸附量,再根据每一吸附质分子在表面所占面积及吸附剂质量得出吸附剂的比表面积。求单分子层饱和吸附量的方法有许多种,较常用的是 BET 方程,具体原理见本书 3.7 节"气体吸脱附表征技术"。

2. 物理吸附与孔径分布

固体物质的另一个重要宏观性质是孔结构,由于一般多孔物质所含有的孔形状不规则、大小不均一,所以物质的孔结构通常用孔径分布来加以描述,即各种孔径的孔体积占总孔体积的分数。根据 IUPAC 的建议,孔的范围按照孔半径的大小可以分为大孔(半径大于50 nm)、中孔(2 ~ 50 nm)和微孔(2 nm 以下)。根据物质孔径的范围不同需要使用不同的测量方法和计算方法。

毛细凝聚方法主要针对中孔范围的孔径分布,它是基于对吸附剂浸润的吸附质气体在吸附剂孔中会发生凝聚而建立的一种测量方法。设想在细孔吸附剂的吸附过程中,当压力尚未达到饱和蒸气压就可以在孔中发生凝聚,而且在较低压力下,半径小的孔首先被凝聚充满,随着压力升高逐步使大孔径的孔充满。在实验中通过测量不同压力时的吸附量就可以得到吸附等温线 $V=f(p)$,并利用开尔文方程计算出吸附剂的孔径分布。具体的原理及计算方法参见 3.7 节"气体吸脱附表征技术"。

三、实验仪器和药品

Micrometrics Tristar Ⅱ 3020 物理吸附仪(见图 2-25-1)

SBA-15 介孔分子筛

复合氧化物

高纯氮

液氮

氦气

图 2-25-1　Micrometrics Tristar Ⅱ 3020 物理吸附仪

四、实验内容及步骤

1. 样品的称量

取一个干净的样品管,在电子天平上精确称其质量,加入 0.2~0.3 g SBA-15 介孔分子筛或者复合氧化物。

2. 样品的活化

将样品管接到 Micro Vac pre 061 处理装置上,旋转三通阀到"Vac",待真空指示读数低于 600,旋开样品管上方的针阀,并调节加热温度至 300 ℃,待加热炉升温至 300 ℃保持 2 h,加热时间结束后,将炉温调至室温,并冷却样品管。

3. 样品质量测定

待样品活化结束后,取下样品管并在电子天平上精确称取其质量,计算出样品的最终质量。

4. 样品氮气吸附脱附测试

(1) 打开吸附仪电源键,开启电脑,等待连接,双击"Tristar3020"测试软件,点击主菜单上 File 键,选择 New sample,出现一个对话框(图 2-25-2)。选用所需要的分析方法与条件文件,输入样品的名称、质量,点击 Save as 键保存文件。

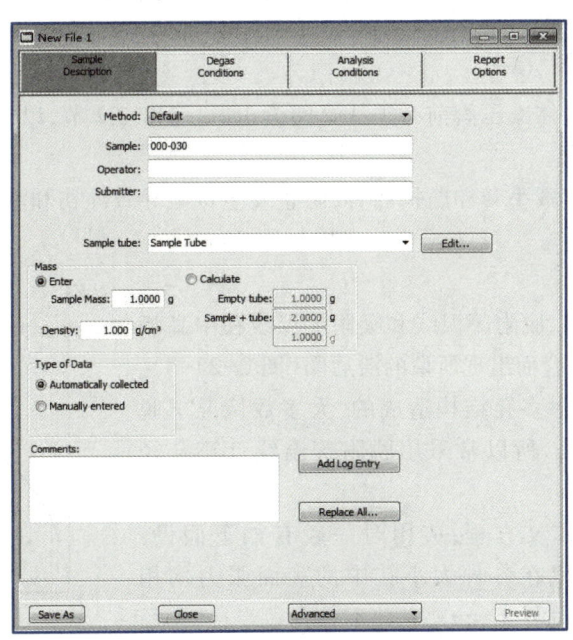

图 2-25-2　应用程序对话框示意图

(2) 加一玻璃棒到处理好的样品管,套上保温夹套,安装到物理吸附仪上,将装有液氮的杜瓦瓶放置在吸附仪的升降台上。

(3) 点击主菜单上 Unit 键,点击 Analysis,选择新设置的文件,点击 start 键开始分析。

5. 测试报告

样品测试结束后,点击主菜单上 Reports 键,选择 Start reports,选择所测试样品文件,点击 OK 键,出现测试报告,点击 Print 键即可打印结果。

五、数据处理、实验结果及讨论

从测量得到的一系列对应的吸附量 V 和平衡压力 p 的数据,作出 $p/V(p_0-p)$ 对 p/p_0 的直线图,由直线的斜率和截距算出单分子层饱和吸附量 V_m,代入下式可求得 SBA-15 介孔分子筛的比表面积,结果可与计算机得出的结果进行比较。

$$A^S = \frac{V_m L}{22400} \cdot \frac{A_{mole}}{W} \qquad (2-25-1)$$

根据氮气吸脱附数据,做氮气吸脱附等温线图与样品孔径分布图,了解样品的宏观结构。

六、思考题

(1) 为什么要测量死体积? 试比较用氦气、氢气或氮气测量死体积的优缺点。

(2) 测量吸附量时,吸附平衡的建立需要有足够的时间,如何判断吸附已达到平衡? 如果吸附平衡尚未达到,就测量吸附量和系统压力,对测量结果将有什么影响?

(3) 若用 Langmuir 方法处理测量得到的数据,样品的比表面积偏大还是偏小?

(4) 现有方法得到的样品孔径大小与实际值有差距,最主要原因是什么?

(5) 为什么不能用现有方法准确得到微孔材料的孔径分布?

七、安全与环保

(1) 使用气瓶和气体减压阀前必须认真阅读 1.2.2 节和 3.2 节,以了解气瓶和气体减压阀的使用方法及注意事项。

(2) 使用液氮时应戴手套和防护面具,防止发生接触导致冻伤和液氮泄漏导致窒息。

八、附注

(1) 在物理吸附中,脱附等温线和吸附等温线在中高相对压力部分常常不能重合而出现所谓的滞后圈(图 2-25-3)。通常认为,滞后现象是由多孔结构造成的,大多数情况下脱附的热力学平衡更完全,所以常采用脱附等温线计算孔径分布。

计算时可采用开尔文方程,应用时一般有如下假设: ① 孔为圆筒型;② 液氮在各种大小孔中的表面张力均相同;③ 计算得到的 r 为临界半径 r_k,它并不是孔径半径,孔径半径 $r_p = r_k + t$,t 为吸附层厚度。

对于氮的吸附,t 可由下式(Halsey 方程,单位为 nm)计算:

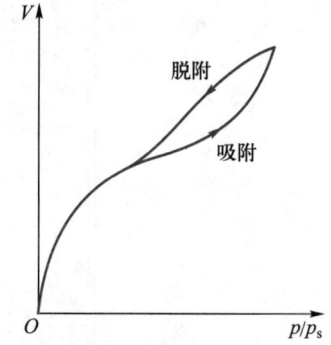

图 2-25-3　脱附等温线与吸附等温线滞后现象示意图

$$t = 0.354\left(-\frac{5}{\ln\dfrac{p}{p_0}}\right)^{\frac{1}{3}} \qquad (2-25-2)$$

从实验数据可作出吸附量随孔径变化的关系图,即 dV/dr 与 r 关系图(图 2-25-4),称为微分孔径分布曲线。它表示随着孔的半径增大时吸附量变化的规律。曲线的最大值表示半径

为 $r_{\max}$ 的孔在固体表面所占的比例最大,所以 $r_{\max}$ 也称为最概然半径。在实际工作中也可用百分数来表示孔的大小的分布。

利用 Micrometrics Tristar Ⅱ 3020 全自动物理吸附仪可得样品的微分孔径分布曲线。

(2)多分子层吸附理论的基本假定决定了 BET 公式只适用于相对压力 p/p_0 在 0.05 ~ 0.35 范围内的情况。因为在低压下,表面的不均匀性突出,且吸附量较少,无法建立多层吸附模型;在高压下,吸附分子之间有作用,多孔材料还可能有毛细作用,使得吸附质分子在孔道内凝聚,也不符合多层吸附模型。

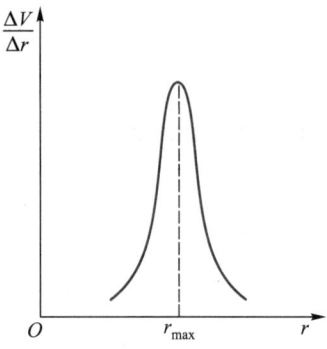

图 2-25-4　微分孔径分布曲线

(3)BET 容量法的测量范围为 1 ~ 1500 $m^2 \cdot g^{-1}$,该方法的不足之处在于 A^S 数值不够严格,所以方法本身仍具有相对性,精度一般可在 ±5% 之内。在测量之前,需将吸附剂表面上原已吸附的气体分子除去,否则会影响比表面积的测定结果,该操作又称为活化。活化的温度与时间,因吸附剂的性质而异。

(4)死体积通常用氦气进行测量,因为在低温条件下氦气不会被吸附剂所吸附。但氦气的来源比较困难,价格又昂贵,因此当氢气对某些吸附剂几乎为惰性时,也可采用氢气来测量死体积,但要校正氢气测量死体积所带来的偏差。

*九、选做实验：微孔分子筛的比表面积与孔结构的测定

作为微孔材料的典型代表之一,沸石分子筛由于具有独特的孔道结构、较高的热稳定性和可调节的酸性等优点被广泛应用于吸附、分离及催化等领域,因而沸石的比表面积与孔结构的测定对于沸石材料的设计与应用十分重要。本选做实验旨在了解微孔材料和介孔材料在氮气吸附中的差别及对孔结构分析的影响。

【实验提示】

取 0.2 ~ 0.3 g 准确称量的 ZSM-5 沸石置于样品管中,在 450 ℃下活化 3 ~ 4 h。按上述同样的方法测量样品在液氮温度下的吸附和脱附等温线。利用仪器的自身软件导出样品的比表面积、孔体积和孔径分布曲线。

利用 t-plot 计算微孔比表面积和微孔孔体积。

观察利用 Langmuir 方法得到的比表面积数值与 BET 方法得到的比表面积数值的区别。

观察利用 BJH 方法得到的沸石孔径分布图,注意这一结果其实并不能反映出沸石实际的孔径分布,因为沸石孔道的尺寸较小,相对的两个孔壁距离很近,孔壁产生的范德华力相互作用势重叠,因而在沸石孔道内分子行为不同于中孔和大孔孔道内。目前,应用较多的计算类似沸石这样的微孔材料孔径分布的方法是密度泛函法(DFT 法),其基本思路是利用材料的晶体结构信息建立模型,然后使用 DFT 法计算模型中的孔隙大小与分布情况。假设吸附等温线是由无数的"单孔"吸附等温线乘以它们的覆盖孔径范围的相对分布得到的,那么只要给定吸附质/吸附剂的体系,就能通过 DFT 模拟得到一组等温线,通过快速非负数最小二乘法解方程就能推导出孔径分布曲线。实际测量中为了能更准确得到微孔段的孔径分布,需要在相对压力较低的部分增加更多的测量点。用 Ar 代替 N_2 作为实验的吸附质则是另一种理想的手段。

参考资料

实验二十六　胶粒的制备及 ζ 电势的测定

一、实验目的和要求

（1）能够说明电渗法和电泳法测定 ζ 电势的原理。

（2）能用电渗法和电泳法技术测定不同类型胶粒 ζ 电势。

*（3）能用还原法制备金属纳米胶粒，并对其进行表征（选做实验）。

二、实验原理

胶体溶液是一个多相体系，分散相胶粒和分散介质带有数量相等而符号相反的电荷，因此在相界面上建立了双电层结构。当胶体相对静止时，整个溶液呈电中性。但在外电场作用下，胶体中的胶粒和分散介质反向相对移动，就会产生电势差，此电势差称为 ζ 电势。ζ 电势是表征胶粒特性的重要物理量之一，在研究胶体性质及实际应用中有着重要的作用。ζ 电势和胶体的稳定性有密切关系。$|\zeta|$ 值越大，表明胶粒荷电越多，胶粒之间的斥力越大，胶体越稳定；反之，则不稳定。当 ζ 电势等于零时，胶体的稳定性最差，此时可观察到聚沉的现象。因此，无论制备胶体，还是破坏胶体，均需要了解所研究胶体的 ζ 电势。

在外加电场作用下，若分散介质对静态的分散相胶粒发生相对移动，称为电渗；若分散相胶粒对分散相介质发生相对移动，则称为电泳。实质上两者都是荷电粒子在电场作用下的定向运动，所不同的是，电渗研究液体介质的运动，而电泳则研究固体粒子的运动。

ζ 电势可通过电渗法、电泳法或 Zeta 电势仪测定。

1. 电渗公式的推导

在外加电场作用下，液体通过多孔固体隔膜，可贯穿隔膜的许多毛细管。所以，根据液体在外加电场下通过毛细管的例子，就能推导出电渗公式。

如图 2-26-1 所示，设电渗发生在一半径为 r 的毛细管中，又设固体与液体接触界面处的吸附层厚度为 δ，若表面电荷密度为 ρ，电势梯度为 ω，则界面上单位面积所受静电力为 $f_1 = \rho\omega$，而液体在毛细管中做层流运动时，单位面积所受阻力为

$$f_2 = \frac{\mathrm{d}u}{\mathrm{d}x} \cdot \eta \cdot \frac{u}{\delta} \qquad (2\text{-}26\text{-}1)$$

式中 u 为电渗速度；η 为液体的黏度，故

$$u = \frac{\omega\rho\delta}{\eta} \qquad (2\text{-}26\text{-}2)$$

设界面处的电荷分布情况与一个平板电容器上的电荷分布情况类似，由平板电容器的电容

$$C = \frac{\rho}{\zeta} = \frac{\varepsilon}{4\pi\delta} \qquad (2\text{-}26\text{-}3)$$

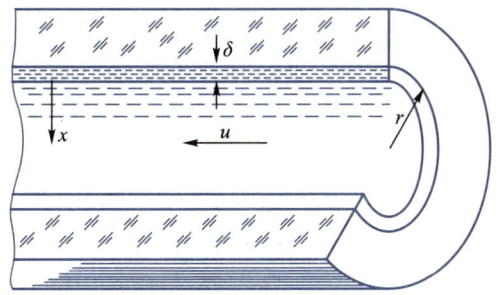

图 2-26-1　毛细管电渗模型

得到

$$\zeta = \frac{4\pi\rho\delta}{\varepsilon} \qquad (2-26-4)$$

式中 ε 为液体介质的介电常数。合并式(2-26-2)和式(2-26-4),得

$$u = \frac{\zeta\varepsilon\omega}{4\pi\eta} \qquad (2-26-5)$$

若毛细管截面积为 A,液体在单位时间内流过毛细管的流量为 υ,则

$$\upsilon = Au = \frac{A\zeta\varepsilon\omega}{4\pi\eta} \qquad (2-26-6)$$

而

$$\omega = \frac{IR}{l} = I\frac{\dfrac{l}{A\kappa}}{l} = \frac{I}{A\kappa} \qquad (2-26-7)$$

式中 I 为通过两电极间的电流;R 为两电极间的电阻;κ 为液体介质的电导率;l 为两电极间距离。于是可得

$$\upsilon = \frac{\zeta I\varepsilon}{4\pi\eta\kappa} \qquad (2-26-8)$$

或

$$\zeta = \frac{4\pi\eta\kappa\upsilon}{\varepsilon I} \qquad (2-26-9)$$

若已知液体介质的黏度 η,介电常数 ε 和电导率 κ,只要测定在电场作用下通过液体介质的电流强度 I,以及单位时间内液体由于受电场作用流过毛细管的流量 υ,就可以从式(2-26-9)算出 ζ 电势。

2. 电泳公式的推导

当带电荷的胶粒在外电场作用下迁移时,若胶粒的电荷量为 q,两电极间的电势梯度为 ω,则胶粒受到的静电力为

$$f_1 = q\omega \qquad (2-26-10)$$

球形胶粒在介质中运动受到的阻力按斯托克斯(Stokes)定律为

$$f_2 = 6\pi\eta r u \qquad (2-26-11)$$

若胶粒运动速度 u 达到恒定,则有

$$q\omega = 6\pi\eta r u \qquad (2-26-12)$$

$$u = \frac{q\omega}{6\pi\eta r} \qquad (2-26-13)$$

胶粒的带电性质通常用 ζ 电势而不用电荷量 q 表示,根据静电学原理:

$$\zeta = \frac{q}{\varepsilon r} \qquad (2-26-14)$$

式中 r 为胶粒的半径。将式(2-26-14)代入式(2-26-13),得

$$u = \frac{\zeta\varepsilon\omega}{6\pi\eta} \qquad (2-26-15)$$

式(2-26-15)适用于球状胶粒。对于棒状胶粒,其电泳速度为

$$u = \frac{\zeta\varepsilon\omega}{4\pi\eta} \qquad (2-26-16)$$

或

$$\zeta = \frac{4\pi\eta u}{\varepsilon\omega} \qquad (2-26-17)$$

式(2-26-16)即为电泳公式。同样,若已知 ε 和 η,则通过测量 u 和 ω,代入式(2-26-17)也可算出 ζ 电势。

三、实验仪器和药品

电渗仪	锥形瓶(100 mL)
电泳仪	滴管
电导仪	H_2S 发生器
恒温水浴	TiO_2 粉末(80~100 目)
直流电源(200~1000 V)	胶棉液
直流电源(30~50 V)	酒石酸锑钾溶液(0.5%)
秒表	HCl 辅助溶液(0.0004 mol·L^{-1})

四、实验内容和步骤

A. 用电渗法测定 TiO_2 对水的 ζ 电势

1. 电渗仪的安装

电渗仪的结构和测量线路如图 2-26-2 所示。刻度毛细管两端通过连通管分别与铂丝电极相连;A 管的两端装有多孔薄瓷板,A 管内装二氧化钛;在刻度毛细管的一端接有另一根尖嘴形的毛细管 G 管,通过它可以将一个测量流速用的气泡压入刻度毛细管。

洗净电渗仪。取下磨口瓶塞,将 80~100 目的二氧化钛与蒸馏水拌和而成的糊状物注入 A 管中,盖上瓶塞。分别拔去铂丝电极,从电极管口注入蒸馏水,直至能浸没电极为止,插好铂丝电极。用洗耳球从 G 管压入一小气泡至刻度毛细管的一端。将整个电渗仪浸入恒温水浴中,恒温 10 min 以待测定。

2. 电渗时液体流量 v 和电流强度 I 的测定

在电渗仪的两铂丝电极间接上直流电源,测量回路中串联一个毫安表、耐高压的电源开关和换向开关。调节电源电压,使电渗时毛细管中气泡从一端刻度至另一端刻度行

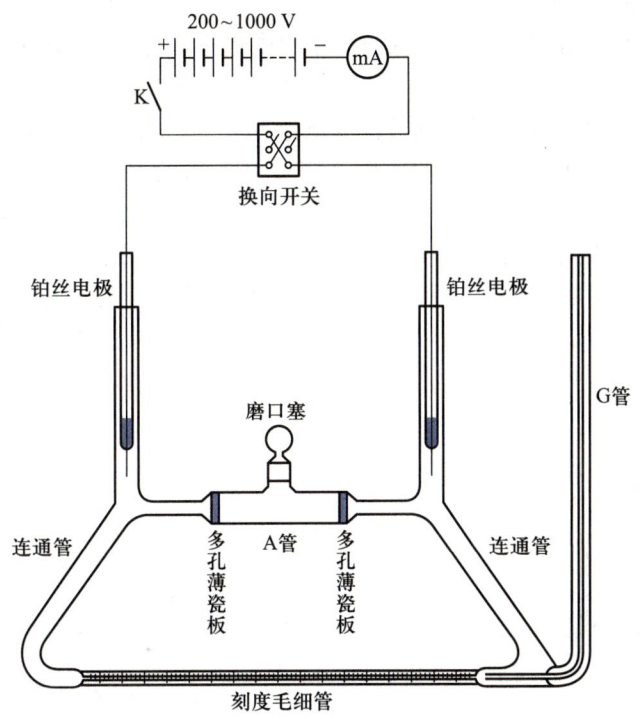

图 2-26-2　电渗仪的结构和测量线路

程时间约为 20 s。然后准确测定此时间。利用换向开关,可使两电极的极性变换,从而使电渗方向倒向。由于电源电压较高,换向操作时应先切断电源开关,换向开关转换后,再接通耐高压的电源开关。反复测量正、反向电渗时液体流量 v 值各五次,同时记下电流强度 I 值。

改变电源电压,使毛细管中气泡的行程时间分别改为 15 s, 25 s,按上述方法分别测量相应的 v 和 I 值。

最后拆去电渗仪电源,用电导仪测定电渗仪中蒸馏水的电导率 κ。电导仪的使用方法参见 3.5 节相关内容。

B. 用电泳法测定硫化锑胶体溶液的 ζ 电势

1. 渗析半透膜的制备

在预先洗净并烘干的 150 mL 锥形瓶中加入约 10 mL 胶棉液(溶剂为 1∶3 乙醇-乙醚混合液),小心转动锥形瓶,使胶棉液在瓶内壁形成一均匀薄膜,倾出多余的胶棉液。将含胶锥形瓶倒置于铁圈上,使乙醚挥发完。此时如用手指轻轻触及胶膜,应无黏着感。然后将蒸馏水注入胶膜与瓶壁之间,小心取出胶膜,将其置于蒸馏水中浸泡待用,同时检查是否有漏洞。还可参阅 3.6 节相关内容。

2. 硫化锑胶体溶液的制备

将 50 mL 0.5% 的酒石酸锑钾溶液置于锥形瓶中,在通风橱内通入清洁的 H_2S 气体,直至溶液颜色不再加深为止。然后将制得的 Sb_2S_3 胶体溶液装入预先制备的渗析半透膜中,浸泡在蒸馏水中渗析,直至无硫离子存在为止。

3. 电泳速度 u 和电势梯度的测定

电泳仪结构如图 2-26-3 所示。电泳仪应事先洗涤干净并烘干,旋塞上涂一薄层凡士林,塞好旋塞。

将待测的 Sb_2S_3 胶体溶液通过小漏斗注入电泳仪的 U 形管底部至适当部位。再用两支滴管,将电导率与胶体溶液相同的稀 HCl 溶液,沿 U 形管左右两臂的管壁,等量地缓缓加入至约 10 cm 高度,保持两液相间的界面清晰。轻轻将铂电极插入 HCl 液层中。切勿扰动液面,铂电极应保持垂直,并使两极浸入液面下的深度相等,记下胶体液面的高度位置。按图 2-26-4 所示将两极接于 30~50 V 直流电源上,按下电键,同时秒表开始计时至 30~45 min,记下胶体液面上升的距离和电压的读数。沿 U 形管中线量出两极间的距离。此数值须测量多次,并取其平均值。实验结束后应回收胶体溶液,洗净 U 形管和电极,并在 U 形管中放满蒸馏水浸泡铂电极。

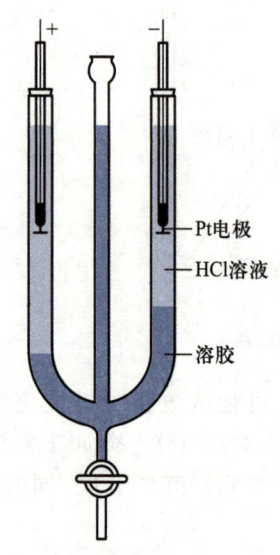

图 2-26-3 电泳仪结构示意图

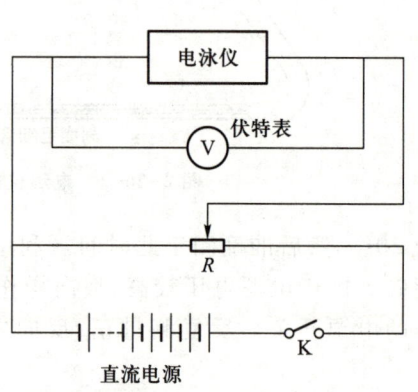

图 2-26-4 电泳测量线路图

五、数据处理、实验结果及讨论

1. TiO_2 对水的 ζ 电势

计算各次电渗测定的 v/I 值,并取平均值,将所测的电渗仪中蒸馏水的电导率 κ 和 v/I 平均值代入式(2-26-9),可求得 TiO_2 对水的 ζ 电势。

2. Sb_2S_3 胶体溶液的 ζ 电势

由 U 形管的两边在时间 t 内界面移动的距离 d 值,计算电泳速度($u = d/t$),再由测得的电压 U 和两电极间的距离 l,计算得电势梯度($\omega = U/l$),然后将 u 和 ω 代入式(2-26-17)计算出 Sb_2S_3 胶体溶液的 ζ 电势。此时式(2-26-17)中的 η 和 ε 用水的数值代入,不同温度时水的介电常数按 $\varepsilon = 80-0.4(T/K-293)$ 计算。

六、思考题

(1)为什么说刻度毛细管中气泡在单位时间内移动的体积就是单位时间内流过样品室 A 管的液体量?

（2）固体粉末样品粒度太大,电渗测定结果重现性差,其原因何在?

（3）如果电泳仪事先没有洗净,管壁上残留有微量的电解质,对电泳测量的结果将有什么影响?

（4）电泳速度的快慢与哪些因素有关?

（5）电渗测量时,若连续通电使溶液发热,会造成什么后果?

七、安全与环保

（1）实验过程中,应仔细阅读试剂取用规范,注意防护,规范取用 H_2S 气体,取用后,及时归置到原位。

（2）实验过程中废弃的固体或液体药品,应正确放置于相应药品或废液回收器皿内。

八、附注

（1）根据扩散双电层模型,胶粒上的表面紧密层电荷相对说固定不动,而液相中的反离子则受到静电吸引和热运动扩散两种力的作用,故而形成一个扩散层。ζ 电势是紧密层与扩散层之间的电势差。ζ 电势也就是胶粒所带电荷的动电电势,是胶粒稳定的主要因素。不过有关 ζ 电势的确切物理意义目前尚不够清楚。

（2）利用式（2-26-9）和式（2-26-17）计算 ζ 电势时,应注意式中各物理量的单位,用 SI 单位,计算所得 ζ 电势单位为 V;如果人为规定各物理量的单位,则需对公式作相应改写。读者在参阅各类参考书时要特别注意。

（3）在进行电泳测量时,要使胶体溶液和辅助溶液的电导率基本相同,否则必须对式（2-26-17）进行修正。

（4）测量电泳现象的实验方法分为宏观法和微观法两类。宏观法是观察胶体与不含胶粒的辅助导电液的界面在电场中的移动速度;微观法则是直接观察单个胶粒在电场中的泳动速度。对于高分散的或过浓的胶体,因不易观察个别胶粒的运动,只能用宏观法。对于颜色太浅的或浓度过稀的胶体,则适宜用微观法。

在推导电渗公式（2-26-8）时,并没有考虑毛细管壁的表面电导。严格地说,表面电导通常不能忽略,此时应将式（2-26-8）中的 κ 换算成 $(\kappa + \kappa_l \cdot l/A)$,其中 l 为毛细管壁的圆周长度,κ_l 为毛细管壁单位圆周长度的表面电导。实际上,对于粉末固体隔膜,只要液体介质电导足够大,粉末固体粒度足够小,表面电导则可忽略不计。

*九、选做实验: 金纳米粒子的制备及性质测定

纳米粒子指的是粒度在 1~100 nm 的粒子,属于胶体粒子大小的范畴,处于宏观体系和微观体系之间,这使纳米尺度的粒子具备一些特殊的性质,如金纳米粒子,不同尺寸的金粒子呈现出不同的颜色。由于纳米粒子的大小与生物分子（如蛋白质、DNA）的大小相似,因此纳米粒子被广泛应用于各种生物医学领域,如成像、生物传感及基因和药物递送等领域。金纳米粒子具有纳米粒子的尺寸效应、量子效应和特殊的稳定性,在各类高新技术应用中得到实践应用,包括增强光谱、生物传感、化学催化、纳米医学等。因此,金纳米粒子的制备与合成引起了科学工作者的极大兴趣。目前,金纳米粒子的制备方法较多,主要分为化学法和物理法,报道最多的是还原剂还原氯金酸制备金纳米粒子。在制备过程中,由于金纳米粒子表面能大、活性

高、不稳定、容易团聚,常需要不同保护剂来控制和调节金纳米粒子的粒径和形貌。聚乙烯吡咯烷酮(PVP)、明胶、海藻多糖、淀粉等都被用来控制和稳定金纳米粒子的粒径和形貌,这为金纳米胶粒的制备提供了很大的选择空间。

1. 实验仪器和药品

Zeta 电位仪   柠檬酸钠

透析膜(D7000)   聚乙烯醇(PVA)

氯金酸(分析纯)   硼氢化钠(分析纯)

2. 金纳米粒子的制备与纯化

请查阅文献,选择合适的制备方法,制备金纳米粒子。尝试设计制备不同尺寸金胶粒甚至原子个数可控的金纳米团簇,并选择合适的方法对所制备的金胶粒进行表征。

提示方法 1:在搅拌下取 1 mL Au 含量为 5 mg·mL^{-1} 的 HAuCl$_4$ 溶液,加入 93 mL 去离子水中,然后加入 1 mL 5 mg·mL^{-1} PVA 溶液,继续搅拌 0.5 h 后,缓慢滴加 5 mL 1 mg·mL^{-1} NaBH$_4$ 溶液,继续搅拌 1 h。将制备得到的金纳米粒子通过高速离心或透析膜进行纯化处理。

提示方法 2:称量 2.5 g PVA 粉末溶解在 200 mL 蒸馏水中,配制成 12.5 g·L^{-1} 的 PVA 水溶液。称量 0.1 g HAuCl$_4$ 溶解在 50 mL 蒸馏水中,配制成 2 g·L^{-1} 的 HAuCl$_4$ 水溶液。量取一定量的 PVA 溶液,加入一定量的氯金酸溶液蒸馏水,使溶液总体积控制在 15 mL,搅拌 10 min 使其聚乙烯醇和氯金酸混合均匀。快速加入一定量的硼氢化钠溶液还原,使溶液总体积控制在 20 mL,可以观察到反应混合物颜色由淡黄色变为绿色或紫色,继续搅拌反应 60 min,得到金纳米溶胶,4 ℃下低温保存,备用。将上述金纳米溶胶多次离心分离、洗涤、干燥,得到金纳米粉末,低温保存,备用。

3. 金纳米粒子性质的表征

不同应用领域对金纳米粒子的尺寸、结构要求不同。请查阅文献,选择合适的技术方法对金纳米粒子进行表征,获取金纳米粒子的尺寸、形貌、表面带电等性质,为其应用奠定基础。

4. 数据处理、实验结果及讨论

(1)比较分析三种方法得到的金纳米粒子的 ζ 电势。

(2)分别分析粒度仪与电镜拍摄金纳米粒子的尺寸,比较其差异。

(3)根据实验结果,讨论如何优化金纳米粒子的制备条件,设计绿色环保的金纳米粒子制备方案。

【实验提示】

(1)分别采用上述电渗法、电泳法,测金纳米粒子在水中的 ζ 电势。

(2)采用较先进的电位仪、粒度仪,对制备金纳米粒子进行表征:打开 Zeta 电位及粒度分析程序,将纯化过的上述金纳米粒子溶液加入比色皿中,插入样品槽中,进入程序后,设置金纳米粒子形状为球形(实验前教师通过电镜证实),分散介质选择水,开始测量。打开 Zeta 电位程序,将上述胶粒溶液加入比色皿 1/3 高度处,赶走气泡,将钯电极插入溶液,再将钯电极插入仪器内的插口中。将比色皿放入样品槽中,进入程序后,设胶粒形状为球形(实验前教师通过电镜证实),分散介质选择水,开始测量。

(3)紫外-可见吸收光谱分析,量取 1 mL 金纳米溶胶,加入 4 mL 蒸馏水稀释。取一定量稀释后的金纳米溶胶置于石英样品池中,进行紫外光谱分析。紫外波长扫描范围为 350~900 nm。

（4）形貌表征：取少量金纳米粒子的溶液滴在 SEM 样品台上并干燥。将样品台置于电镜中的样品室，观察金纳米粒子的粒径和形貌。具体操作，可参见实验七开放实验。

实验二十七　沸石分子筛表面酸性的表征及模拟

一、实验目的和要求

（1）能够说明分子筛酸性的来源、酸强度的评估方法及 NH$_3$-TPD 的工作原理。

（2）能够使用 LASP 软件、神经网络势函数计算系统总能量和分子吸附能。

（3）能够进行吸附能与脱附温度之间的换算。

*（4）能够用 NH$_3$-TPD 法表征沸石分子筛的表面酸性（选做实验）。

二、实验原理

1. SAPO-34 分子筛及其酸性

分子筛是由[TO$_4$]四面体单元（T = Si,Al ,P 等）通过共享顶点而形成的一类微孔骨架材料，具有规整的微孔结构、较高的内比表面积及特殊的吸附性和择形性，被广泛应用于能源、化工、环保等领域。根据国际分子筛协会的沸石结构数据库，目前已合成约 250 余种不同孔径的分子筛。对于每一种骨架，国际分子筛协会（IZA）都会给出一个由三个大写英文字母组成的编码代号，例如，ZSM-5 分子筛是由美国美孚（Mobil）公司于 20 世纪 70 年代末合成出来的一种沸石分子筛，ZSM 是 Zeolite Socony Mobil 的首字母缩写，其骨架类型被命名为"MFI"。本实验要研究的 SAPO-34 分子筛的骨架类型为"CHA"型。其不同于常规的硅铝分子筛，骨架中有 P 元素，因此被命名为 SAPO（SAPO 是 Si,Al,P,O 四种元素名称首字母的缩写）。

磷铝分子筛（AlPO）是一类把磷酸铝作为骨架的分子筛，其结构由等量的磷氧四面体和铝氧四面体组成，通过桥接氧共顶点连接而成，具有规则孔道和大的比表面积。在 AlPO 分子筛的基础上，当五价 P 被四价 Si 取代后会引入桥连羟基，产生 Brönsted 酸位点。而当存在骨架外 Al 或不饱和配位的 Al 物种时则会产生 Lewis 酸位点。其中，桥连羟基的存在及其 Brönsted 酸具有独特的催化性能。然而，由于存在各种 T 原子分布的排列组合，导致分子筛中羟基的周围环境也是千变万化的。其中，Si 原子取代 P 原子会产生各种可能的组合，包括单胞中含有 1 个或多个 Si 原子、多个 Si 原子在同一单胞中产生不同的分布等。因此，如何鉴定出关键的酸性位点是分子筛领域的科学前沿。

2. NH$_3$ 程序升温脱附（NH$_3$-TPD）

NH$_3$-TPD 是一种用于研究催化剂表面酸性的常用实验技术。该技术通过逐渐升高催化剂温度，观察表面吸附氨的脱附情况，从而揭示催化剂表面上的活性位点和吸附特性。一般而言，分子的物理吸附和化学吸附都是放热过程，以探针分子和催化剂为体系考虑时，总的能量降低，因此吸附的逆过程——脱附则是一个能量升高的过程，需要外部供给一定的能量才能实现。实验上，在 NH$_3$-TPD 的测试中，这种能量就是以热能的形式供给的，即通过电热炉加热

使吸附的 NH_3 分子从催化剂上发生脱附。NH_3 分子吸附首先发生在催化剂的强酸位,然后发展到弱酸位。强酸位点对碱性气体的作用力比弱酸位点强,因此脱附首先从弱酸位开始,然后到强酸位点。通过分析 NH_3-TPD 实验结果,可以得到一些有关催化剂表面酸性的重要信息。例如,脱附峰的位置和强度可以提供有关催化剂表面上不同吸附态的信息,如强吸附态和弱吸附态及它们的相对数量。此外,NH_3-TPD 还可以用于研究不同条件下吸附和脱附动力学的变化。NH_3-TPD 实验步骤参见本实验中选做实验,实验测试的是分子筛中的酸性质。

3. 理论计算模拟 NH_3-TPD

NH_3 吸附能详细计算过程

在存在 NH_3 分子的情况下,NH_3 分子会吸附到分子筛酸性位点上,以 Brönsted 酸性位点为例:$OH + NH_3 \longrightarrow OH-NH_3$。酸的强弱会影响 NH_3 分子的吸附强度。因此,评估酸性的强弱取决于 NH_3 分子的吸附能(ΔG_{ads}):

$$\Delta G_{ads} = G_{OH-NH_3} - G_{OH} - \mu_{NH_3} \qquad (2-27-1)$$

式中 G_{OH-NH_3} 是 NH_3 吸附以后体系的 Gibbs 自由能;G_{OH} 为酸性位点的 Gibbs 自由能;μ_{NH_3} 为 NH_3 分子的化学势。这三项均是与温度相关的函数,因此 $\Delta G_{ads}(T)$ 也是与温度相关的函数。在 0 K 时,ΔG_{ads} 为负值;随着温度升高,焓和熵对能量的贡献增加会导致 ΔG_{ads} 逐渐趋近于 0。到某个温度 T 时,ΔG_{ads} 等于 0,此时所对应的温度即为 NH_3 的脱附温度 T_{des}。而测量 NH_3-TPD 的关键就是获得 T_{des}。因此,理论上可以很容易评估任何一个 Brönsted 酸性位点的 NH_3 吸附能,利用热力学校正反推出 NH_3 的脱附温度。然后,对不同酸性位点进行热力学加权求和,即可模拟 NH_3-TPD 谱图。

通过简化处理,ΔG_{ads} 可通过计算 0 K 下体系总能量(E_{OH-NH_3})、酸性位点的能量(E_{OH})和 NH_3 分子的能量(E_{NH_3})得到:

$$\Delta G_{ads} = (E_{OH-NH_3} - E_{OH} - E_{NH_3}) + 0.95 - \Delta E_{NH_3} \qquad (2-27-2)$$

式中不同温度所对应的 ΔE_{NH_3} 值可查表得到,见表 2-27-1(该表是根据 NIST 物理化学性质数据库数据换算得到的)。

因此,整个的计算过程需要获得 0 K 下酸性位点的能量和 NH_3 吸附以后的能量值。由于分子筛存在各种可能的酸性位点,需要对所有可能性都进行计算,这就要求有快速获得体系能量的计算方法。准确但昂贵的第一性原理方法无法实现快速的能量评估;便宜但精度低的力场方法会导致酸性评估结果不可靠,而神经网络势函数方法可以调和计算成本和精度之间的矛盾,实现快速和准确的能量评估。因此,本实验将基于神经网络势函数方法实现 SAPO-34 分子筛的不同酸位点的能量评估,从而获得每种酸位点的稳定性和 NH_3 吸附能。

图 2-27-1 展示了针对 SAPO-34 分子筛的 NH_3-TPD 模拟工作流程图。在获得每种酸性位点稳定性和 NH_3 吸附能以后,需要通过热力学加权求和模拟出 NH_3-TPD 谱图。具体过程如下。

步骤 1:计算 Brönsted 酸性位点的稳定性。

获得 NH_3 的脱附温度以后,下一步需要获取吸附量。吸附量取决于分子筛酸性位点的个数,且每种分子筛中存在多种酸性位点。而酸性位点的分布概率假定服从玻尔兹曼分布。玻尔兹曼分布是一个概率分布,它给出了在某温度下处于某种能级处的概率。它的定义为

$$p_i = \frac{e^{-E_i/k_B T}}{\sum_i^n e^{-E_i/k_B T}}$$

表 2-27-1　不同温度所对应的 ΔE_{NH_3} 值

T/K	ΔE/eV	T/K	ΔE/eV	T/K	ΔE/eV	T/K	ΔE/eV	T/K	ΔE/eV	T/K	ΔE/eV	T/K	ΔE/eV	T/K	ΔE/eV
300	0.506	400	0.339	500	0.165	600	-0.015	700	-0.199	800	-0.387	900	-0.578	1000	-0.774
305	0.498	405	0.330	505	0.156	605	-0.024	705	-0.208	805	-0.396	905	-0.588	1005	-0.784
310	0.489	410	0.321	510	0.147	610	-0.033	710	-0.217	810	-0.406	910	-0.598	1010	-0.793
315	0.481	415	0.313	515	0.138	615	-0.042	715	-0.227	815	-0.415	915	-0.608	1015	-0.803
320	0.473	420	0.304	520	0.129	620	-0.051	720	-0.236	820	-0.425	920	-0.617	1020	-0.813
325	0.465	425	0.296	525	0.120	625	-0.060	725	-0.245	825	-0.434	925	-0.627	1025	-0.823
330	0.456	430	0.287	530	0.111	630	-0.070	730	-0.255	830	-0.444	930	-0.637	1030	-0.833
335	0.448	435	0.278	535	0.102	635	-0.079	735	-0.264	835	-0.453	935	-0.646	1035	-0.843
340	0.440	440	0.270	540	0.093	640	-0.088	740	-0.273	840	-0.463	940	-0.656	1040	-0.853
345	0.431	445	0.261	545	0.084	645	-0.097	745	-0.283	845	-0.473	945	-0.666	1045	-0.863
350	0.423	450	0.252	550	0.075	650	-0.106	750	-0.292	850	-0.482	950	-0.676	1050	-0.873
355	0.415	455	0.244	555	0.066	655	-0.115	755	-0.302	855	-0.492	955	-0.685	1055	-0.882
360	0.406	460	0.235	560	0.057	660	-0.125	760	-0.311	860	-0.501	960	-0.695	1060	-0.892
365	0.398	465	0.226	565	0.048	665	-0.134	765	-0.321	865	-0.511	965	-0.705	1065	-0.902
370	0.389	470	0.217	570	0.039	670	-0.143	770	-0.330	870	-0.521	970	-0.715	1070	-0.912
375	0.381	475	0.209	575	0.030	675	-0.152	775	-0.339	875	-0.530	975	-0.725	1075	-0.922
380	0.373	480	0.200	580	0.021	680	-0.162	780	-0.349	880	-0.540	980	-0.734	1080	-0.932
385	0.364	485	0.191	585	0.012	685	-0.171	785	-0.358	885	-0.549	985	-0.744	1085	-0.942
390	0.356	490	0.182	590	0.003	690	-0.180	790	-0.368	890	-0.559	990	-0.754	1090	-0.952
395	0.347	495	0.173	595	-0.006	695	-0.189	795	-0.377	895	-0.569	995	-0.764	1095	-0.962

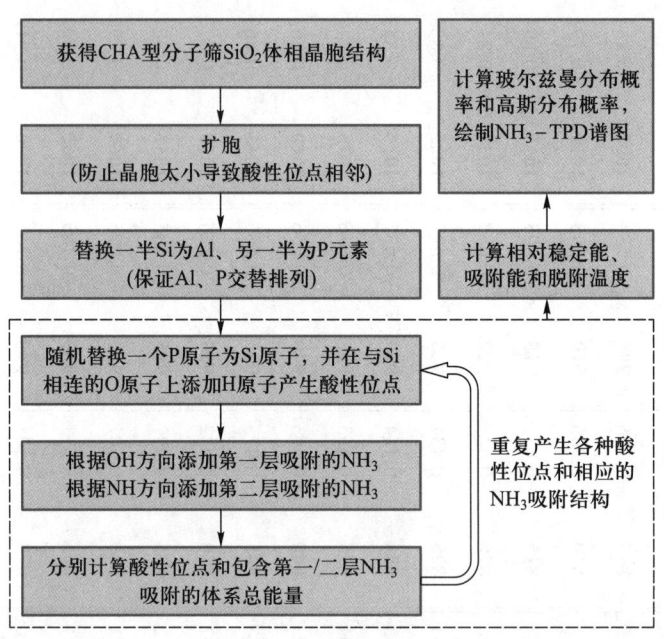

图 2-27-1 针对 SAPO-34 分子筛的 NH₃-TPD 模拟工作流程图

式中 p_i 是状态 i 的概率;E_i 是状态 i 的能量;k_B 是玻尔兹曼常量;T 是系统的热力学温度;n 是系统所能到达的所有状态的数目。而分子筛中酸性位点的分布:

$$a_i = \frac{e^{-\Delta E_{i,\text{zeo}}/k_B T_s}}{\sum\limits_i^n e^{-\Delta E_{i,\text{zeo}}/k_B T_s}} \qquad (2-27-3)$$

式中 $\Delta E_{i,\text{zeo}}$ 是不同酸性位点的能量与最稳定酸性位点能量的差值;T_s 表示分子筛在合成时的水热温度,通常为 150~220 ℃。现取较为常用的合成温度 200 ℃。因此,通过计算分子筛的不同酸性位点的能量即可得到其分布情况。

步骤 2:绘制 NH₃-TPD 模拟谱图。

获得每一个酸性位点的分布概率和 NH₃ 脱附温度以后,加和即可得到 NH₃-TPD 模拟谱图。考虑测试过程中气体流速和升温速率等其他因素会导致 NH₃ 的脱附温度偏离理论脱附温度,每个 NH₃ 分子的真实脱附温度应服从正态分布。

正态分布又名高斯分布(Gaussian distribution),最早由 Abraham de Moivre 在求二项分布的渐近公式中得到。高斯在研究测量误差时从另一个角度导出了它。正态曲线形状两头低,中间高,左右对称。因其曲线呈钟形,因此人们又经常称之为钟形曲线。

$$f = \frac{1}{\sqrt{2\pi}\,\sigma} e^{-\frac{(x-\mu)^2}{2\sigma^2}}$$

若随机变量 X 服从一个数学期望为 μ、方差为 σ^2 的正态分布,记为 $N(\mu, \sigma^2)$。其概率密度函数为正态分布的期望值 μ 决定了其位置,其标准差 σ 决定了分布的幅度。

因此,对于每个酸性位点的 NH₃ 脱附温度,应考虑在理论脱附温度附近添加高斯分布,从而模拟真实实验测量过程中的误差,即

$$A_{\mathrm{des}} = \sum_{i}^{n} a_i \mathrm{e}^{-\frac{(T-T_{\mathrm{des}})^2}{2\sigma^2}} \tag{2-27-4}$$

式中 σ 假设为 50 K。最终,联用式(2-27-2)、式(2-27-3)和式(2-27-4)即可模拟 NH_3-TPD 谱图。

三、计算软件及基本参数介绍

LASP(large-scale atomic simulation package)是复旦大学刘智攀课题组开发的用于大规模原子模拟的程序包,主要用于针对复杂材料体系的原子模拟。软件核心特色功能是神经网络势函数(neural network potential,NNP)模块和全局随机表面行走搜索算法。LASP 是目前拥有最多不同体系 NNP 的商业计算程序。

NNP 是一种新型的能量计算方法,属于机器学习势函数(MLP)方法中的一种。MLP 可以弥合高精度但昂贵的量子力学方法与廉价但精度差的力场方法之间的差距。MLP 方法和力场方法都直接提供了原子位置和能量之间的函数关系,从而避免求解薛定谔方程。但相比于力场方法,MLP 方法的函数形式是通过自动的机器学习算法获得的,从而产生更灵活和通用的函数形式。这就使得 MLP 方法可以达到量子力学级别的计算精度,且计算成本与力场方法相当。目前,国内外有许多不同的 MLP 方法,包括 NNP、高斯过程回归势函数和动量张量势函数等。

Materials Studio 是专门为材料科学领域研究者开发的一款可运行在个人计算机上的模拟软件。它可以帮助用户解决当今化学、材料工业中的一系列重要问题。Materials Studio 使化学及材料科学的研究者们能更方便地建立三维结构模型,并对各种晶体、无定形材料及高分子材料的性质和相关过程进行深入的研究。

四、实验内容及步骤

1. 获取 SAPO-34 分子筛结构

Materials Studio 软件本身提供了一个庞大的数据库,里面包含了大量金属、氧化物、矿物等的晶体结构。从数据库中找到 CHA 型分子筛结构。CHA 型分子筛结构单胞具有 12 个 T 原子,将其中 6 个 T 原子替换为 Al 元素,其中 6 个替换为 P 元素,要求 Al 和 P 元素间隔排列,严禁出现 Al—O—Al 键和 P—O—P 键。然后寻找晶胞的对称性并进行扩胞处理,最终产生一个包含 36 个 T 原子的结构文件。

计算模拟
软件详细
操作过程

2. 引入 Si 元素产生酸性位点

下一步,将在晶胞中引入 Si 原子产生酸性位点。不考虑对称性的情况下,晶胞内包含 18 个 P 原子,因此共可以产生 18 种 Si 替换的位点。又因为每个 Si 原子与 4 个 O 原子相连,每个额外添加的 H 原子又有 4 种可能性。因此,共计有 18×4 = 72 种可能的酸性位点结构,需要产生这 72 种不同的酸性位点结构并计算其能量,即获得 E_{OH}。

3. 添加吸附的 NH_3 分子

下一步,将在晶胞中的酸性位点附近添加 NH_3 分子。真实情况下,NH_3 存在单层和多层吸附,在此,只考虑单层和双层吸附。可以使用 Material Studio 手动自行添加 NH_3 分子或利用 getoneNH3.py 和 gettwoNH3.py 脚本自动添加。

4. 体系总能量计算

下一步,需要对 NH_3 吸附结构进行能量评估,即获得 $E_{\mathrm{OH-NH_3}}$。

5. 吸附能计算

待计算完成后,将所有结果汇总用于后续 NH_3 吸附能和骨架稳定能的计算。

五、数据处理、实验结果及讨论

（1）气相 NH_3 分子的能量 E_{NH_3} 为 -18.43088 eV。

（2）根据式（2-27-2）计算 NH_3 吸附能,根据表 2-27-1 将吸附能换算到脱附温度。

（3）根据式（2-27-3）计算峰强度。

（4）作出理论计算的 NH_3-TPD 图,并和实验图进行比较。

六、思考题

（1）该实验中的理论计算主要误差有哪些?

（2）如何将实验中的气体流速囊括在理论模拟的 NH_3-TPD 谱图?

（3）分别绘制单层吸附的 NH_3-TPD 谱图和第二层的 NH_3-TPD 谱图,比较二者的差别。

（4）分析 TPD 曲线中的低温峰和高温峰分别归属于哪些酸性位点的贡献,以及哪种酸性位点的贡献最大。

*七、选做实验：SAPO-34 分子筛 NH_3-TPD 谱图的实验测定

前面我们模拟了 SAPO-34 分子筛的 NH_3-TPD 谱图,现可以通过实验获得 NH_3-TPD 谱图,从而评估分析计算模拟的准确性和精细解析实验谱图。

【实验提示】

实验采用 AutoChem Ⅱ 2920 型全自动程序升温化学吸附仪进行分子筛 NH_3-TPD 谱图的测定。实验步骤如下：

（1）开启氦气（He）、10% NH_3-He 及 10% H_2-He 气瓶,调节气瓶出口压力至 $0.3 \sim 0.4$ MPa。

（2）准确称量 $100 \sim 200$ mg $40 \sim 60$ 目的 SAPO-34 分子筛样品,装入吸附 U 形石英管内（SAPO-34 分子筛预先在马弗炉内于 450 ℃下焙烧 4 h）。

（3）将 U 形石英管连接于吸附仪高温炉,通入氦气,设置气体流量为 30 mL·min^{-1},设置高温炉升温速率为 10 ℃·min^{-1},将样品于 400 ℃下活化处理 2 h。

（4）打开 micromeritics 测试软件,选择 NH_3-TPD 测试方法,输入样品准确质量,设置 10% NH_3-He 及 He 气体流量为 20 mL·min^{-1},设置氨气吸附温度为 50 ℃,氨气脱附测试温度区间为 $50 \sim 800$ ℃,点击开始后,仪器自动开始测试。

（5）测试结束后,点击 Report,选择信号值（TCD signal）和温度（Temperature）,导出测试报告。

数据分析
操作过程

软件使用
及参数
设置

报告输出
及数据
处理

参考资料

E. 物质结构实验

实验二十八　偶极矩的测定和理论计算

一、实验目的和要求

（1）能够说明偶极矩与分子电性质的关系。

（2）能够说明溶液法测定偶极矩的原理和方法。

（3）能够使用溶液法测定乙酸乙酯的偶极矩。

*（4）能够用量子化学软件计算乙酸乙酯的偶极矩（选做实验）。

二、实验原理

1. 偶极矩与极化度

分子结构可以近似地看成由电子云和分子骨架（原子核及内层电子）所构成。分子中正、负电荷的数量相等，整体呈电中性。由于分子空间构型的不同，其正、负电荷中心可能是重合的，也可能不重合，前者称为非极性分子，后者称为极性分子。分子极性的大小用偶极矩（μ）来度量，其定义为

$$\mu = q \cdot d \tag{2-28-1}$$

式中 q 是正、负电荷中心所带的电荷量；d 为正、负电荷中心之间的距离；μ 是一个向量，其方向规定为从正到负，如图 2-28-1所示。偶极矩的 SI 单位是 C·m（库仑·米）。因分子中原子间距离的数量级为 10^{-10} m，电荷的数量级为 10^{-20} C，所以偶极矩的数量级是 10^{-30} C·m。过去偶极矩的单位习惯用

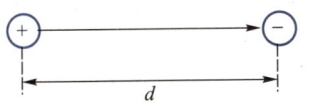

图 2-28-1　电偶极矩示意图

CGS 单位德拜（D），1 D = 3.33564×10^{-30} C·m。通过偶极矩的测定可以了解分子结构中有关电子密度的分布和分子对称性等情况，还可以判别几何异构体和分子的立体结构等。

极性分子具有永久偶极矩，在没有外电场存在时，由于分子的热运动，偶极矩取向是任意的，故偶极矩的统计值等于零。若将极性分子置于均匀的外电场中，则偶极矩在电场的作用下会趋向电场方向排列，称为分子极化，极化的程度可用摩尔转向极化度 $P_{转向}$ 来衡量。

$P_{转向}$ 与永久偶极矩 μ 的平方成正比，与热力学温度 T 成反比，其关系为：

$$P_{转向} = \frac{1}{4\pi\varepsilon_0}\frac{4}{3}\pi L\frac{\mu^2}{3k_BT} = \frac{1}{9}L\frac{\mu^2}{\varepsilon_0 k_BT} \tag{2-28-2}$$

式中 k_B 为玻尔兹曼常量，L 为阿伏加德罗常量；ε_0 为真空介电常数（$\varepsilon_0 = 8.854 \times 10^{-12}$ J^{-1}·C^2·m^{-1}）。

在外加电场作用下，不论极性分子还是非极性分子，都会发生电子对分子骨架（分子中所有原子核组成的骨架）的相对移动，分子骨架（键长或键角）也会发生变形，这种现象称为诱导

极化或变形极化,用摩尔诱导极化度 $P_{诱导}$ 来衡量。显然,$P_{诱导}$ 可分为两项,即电子极化度 $P_{电子}$ 和原子极化度 $P_{原子}$,因此 $P_{诱导} = P_{电子} + P_{原子}$。$P_{诱导}$ 与外电场强度成正比,与温度无关。

当外加电场改变方向时,偶极矩的方向也随之改变,偶极矩转向所需时间称为弛豫时间。

当处于静电场或频率小于 10^{10} s^{-1} 的低频电场中,极性分子所产生的摩尔极化度是转向极化、电子极化和原子极化的总和,即

$$P = P_{转向} + P_{电子} + P_{原子} \tag{2-28-3}$$

当处于频率为 $10^{12} \sim 10^{14}$ s^{-1} 的中频(红外频率)电场时,电场的交变周期小于分子偶极矩的弛豫时间,极性分子的转向运动跟不上电场的变化,即极性分子来不及沿电场取向,故 $P_{转向} = 0$。此时极性分子的摩尔极化度等于摩尔诱导极化度,即 $P = P_{诱导}$。

当交变电场的频率大于 10^{15} s^{-1}(可见光和紫外频率)时,极性分子的转向运动和分子骨架变形都跟不上电场的变化,故 $P_{转向} = 0$,$P_{原子} = 0$,此时极性分子的摩尔极化度等于电子极化度,即 $P = P_{电子}$。

因此,原则上只要在静电场或低频电场下测得极性分子的摩尔极化度 P,在红外频率下测得极性分子的摩尔诱导极化度 $P_{诱导}$,两者相减得到极性分子的摩尔转向极化度 $P_{转向}$,代入式(2-28-2),即可求出极性分子的永久偶极矩 μ。

2. 极化度的测定

Clausius,Mosotti,Debye 从电磁理论导出摩尔极化度 P 与介电常数 ε 之间的关系:

$$P = \frac{\varepsilon - 1}{\varepsilon + 2} \cdot \frac{M}{\rho} \tag{2-28-4}$$

式中 M 为被测物质的摩尔质量;ρ 是该物质的密度。

式(2-28-4)是假定分子间无相互作用时推导得到的,所以它只适用于温度不太低的气相体系。然而,测定气相的介电常数和密度在实验上难度较大,有些物质甚至根本无法使其处于稳定的气相状态。因此,人们提出了溶液法。其基本思路是,在非极性溶剂无限稀释的溶液中,溶质分子所处的状态与气相时相近,于是无限稀释溶液中溶质的摩尔极化度 P_2^{∞} 就可以看成式(2-28-4)中的 P。

Hedestran 首先利用稀溶液的近似公式:

$$\varepsilon_{溶} = \varepsilon_1(1 + \alpha x_2) \tag{2-28-5}$$

$$\rho_{溶} = \rho_1(1 + \beta x_2) \tag{2-28-6}$$

根据溶液的加和性,推导出无限稀释时溶质摩尔极化度的公式:

$$P = P_2^{\infty} = \lim_{x_2 \to 0} P_2 = \frac{3\alpha\varepsilon_1}{(\varepsilon_1 + 2)^2} \cdot \frac{M_1}{\rho_1} + \frac{\varepsilon_1 - 1}{\varepsilon_1 + 2} \cdot \frac{M_2 - \beta M_1}{\rho_1} \tag{2-28-7}$$

上述式(2-28-5)、式(2-28-6)、式(2-28-7)中,$\varepsilon_{溶}$,$\rho_{溶}$ 分别是溶液的介电常数和密度;M_2,x_2 是溶质的摩尔质量和摩尔分数;ε_1,ρ_1 和 M_1 分别是溶剂的介电常数、密度和摩尔质量;α,β 分别是与 $\varepsilon_{溶} - x_2$ 和 $\rho_{溶} - x_2$ 直线斜率有关的常数。因此,只要测定纯溶剂和不同浓度(x_2)溶液的密度(ρ_1,$\rho_{溶}$)和介电常数(ε_1,$\varepsilon_{溶}$),即可求出溶质分子的摩尔极化度 P。

根据光的电磁理论,在同一频率的高频电场作用下,透明物质的介电常数 ε 和折射率 n 的关系为

$$\varepsilon = n^2 \tag{2-28-8}$$

一般地,用摩尔折射度 R_2 表示高频区测得的极化度,因为此时 $P_{转向} = 0$,$P_{原子} = 0$,则

$$R_2 = P_{电子} = \frac{n^2 - 1}{n^2 + 2} \cdot \frac{M}{\rho} \tag{2-28-9}$$

在稀溶液情况下也存在近似公式：

$$n_{溶} = n_1(1 + \gamma x_2) \tag{2-28-10}$$

同样，由式(2-28-9)可以推导出无限稀释时溶质的摩尔折射度的公式：

$$P_{电子} = R_2^\infty = \lim_{x_2 \to 0} R_2 = \frac{n_1^2 - 1}{n_1^2 + 2} \cdot \frac{M_2 - \beta M_1}{\rho_1} + \frac{6n_1^2 M_1 \gamma}{(n_1^2 + 2)^2 \rho_1} \tag{2-28-11}$$

上述式(2-28-10)、式(2-28-11)中，$n_{溶}$ 是溶液的折射率，n_1 是溶剂的折射率，γ 是与 $n_{溶}$-x_2 直线斜率有关的常数。因此，溶质的摩尔折射度可通过在可见光区测定溶剂和溶液的折射率(n_1, $n_{溶}$)而求得。

3. 偶极矩的测定

原子极化度只有电子极化度的 5%～15%，而转向极化度又比电子极化度大得多，在不很精确的测量中常常忽略原子极化度。

由式(2-28-2)、式(2-28-3)、式(2-28-7)和式(2-28-11)可得

$$P_{转向} = P_2^\infty - R_2^\infty = \frac{1}{9} L \frac{\mu^2}{\varepsilon_0 k_B T} \tag{2-28-12}$$

上式把物质分子的微观性质偶极矩和它的宏观性质介电常数、密度和折射率联系起来，分子的永久偶极矩就可用下面简化式计算：

$$\mu = 0.04274 \times 10^{-30} \sqrt{(P_2^\infty - R_2^\infty)T} \quad (C \cdot m) \tag{2-28-13}$$

式中极化度和温度的单位分别为 $cm^3 \cdot mol^{-1}$ 和 K。

若在某些情况下需要考虑 $P_{原子}$ 的影响时，只需对 R_2^∞ 作部分修正即可。

溶液法测得的溶质偶极矩与气相测得的数值之间存在偏差，原因是非极性溶剂与极性溶质分子相互间的作用——"溶剂效应"。Ross 和 Sack 等人曾对溶剂效应开展过研究，并推导出校正公式，有兴趣的读者可阅读有关参考资料。

测定偶极矩的实验方法还有多种，如温度法、分子束法、分子光谱法及利用微波谱的斯塔克法等。

4. 介电常数的测定

介电常数 ε(也称电容率)是电容器两极间充满某物质时的电容 C_x 与同一电容器在真空时的电容 C_0 的比值，即

$$\varepsilon = \frac{C_x}{C_0} \tag{2-28-14}$$

对于空气，$\varepsilon = 1.00583$，很接近于 1，所以介电常数可近似地表示为

$$\varepsilon \approx \frac{C_x}{C_空} \tag{2-28-15}$$

式中 $C_空$ 为该电容器以空气为介质时的电容值。因此，介电常数的测定就变为电容的测定。

电容测量的方法很多，有电桥法、拍频法和谐振法。本实验采用电桥法，所用仪器为 PCM-1A 型精密电容测量仪。

实验中测得的电容读数值 C_x' 是电容池两极间介质的电容 C_x 和整个测试系统分布电容

（仪器的本底值）C_d 两部分的加和，即 $C'_x = C_x + C_d$。对同一台仪器而言，一定温度下可以认为 C_d 是一个恒定值。需要先求出仪器的分布电容 C_d，并在每个样品的测量值中扣除 C_d，才能获得样品的 C_x。

三、实验仪器和药品

阿贝折射仪	移液管
PCM-1A 型精密电容测量仪	电吹风
电容池	容量瓶（50 mL）
超级恒温槽	乙酸乙酯（分析纯）
密度瓶（25 mL）	环己烷（分析纯）

四、实验内容及步骤

实验操作
演示视频

1. 溶液配制

用称量法配制六种乙酸乙酯摩尔分数分别为 0.05，0.07，0.09，0.11，0.13，0.15 的乙酸乙酯-环己烷溶液，盛于容量瓶中。操作时应注意防止溶质和溶剂的挥发，以及溶液吸收极性较大的水汽，溶液配好后应迅速盖上瓶盖，加液体时避免液体沾到容量瓶的磨口上。

2. 折射率测定

在 25.0 ± 0.2 ℃ 条件下用阿贝折射仪测定环己烷及系列乙酸乙酯溶液的折射率。测定时注意每个样品需加样三次，每次读取三个数据，然后取平均值。阿贝折射仪的构造参见 3.4 节相关内容。

3. 介电常数测定

（1）空气电容 $C_空$ 和分布电容 C_d 的测定。

本实验采用环己烷作为测定分布电容 C_d 的标准物质，其介电常数的温度 t（℃）公式为

$$\varepsilon_标 = 2.023 - 0.0016(t-20) \tag{2-28-16}$$

用电吹风（冷风）将电容池两极间的间隙及样品室吹干，盖上池盖，将电容池与小电容测量仪连接，接通恒温浴导油管，使电容池在 25.0 ± 0.2 ℃ 下恒温 10 min，仪表显示的读数为 $C'_空$。

用移液管将 5 mL 环己烷注入干燥的电容池样品室中，迅速盖上池盖，至数显稳定后记录下 $C'_标$。然后打开池盖，吸出样品室中的环己烷，放入相应的回收瓶。

用电吹风（冷风）将电容池电极及样品室吹干，盖上池盖，$C'_空$ 值与其初始读数的差值小于 0.02 pF，则可进行下次测量。重新装样环己烷，测量其电容值，取两次测量的平均值。

（2）乙酸乙酯溶液电容的测定。

用测定环己烷电容相同的方法，分别测定系列乙酸乙酯-环己烷溶液的电容。

（3）溶液密度的测定。

采用密度瓶法测定每个溶液的密度。测量方法如下：

① 调节恒温槽温度为 25 ℃。

② 在电子天平上称得洗净、干燥的空密度瓶（见图 2-28-2）的质量 m_0。

③ 用纯净水充满密度瓶，插入温度计，注意瓶中不应有气泡，

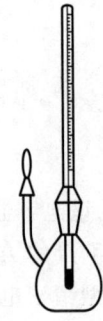

图 2-28-2　密度瓶示意图

用滤纸吸除温度计与瓶口接触处溢出的水,将密度瓶置于 25 ℃ 的恒温水浴中,至密度瓶温度达到 25 ℃,并使侧管中的液面与侧管管口齐平。取出密度瓶,用滤纸吸去溢出侧管的水,立即盖上侧管罩,用吸水纸擦干瓶外壁,立即称量,记为 m_1。

④ 倒掉密度瓶中的去离子水,用冷风吹干密度瓶、瓶塞和侧管罩。在瓶内装入待测溶液,恒温后同上步骤(3),称得质量为 m_2。

环己烷和各溶液的密度为

$$\rho^{25\,℃} = \frac{m_2 - m_0}{m_1 - m_0} \cdot \rho_{水}^{25\,℃} \qquad (2\text{-}28\text{-}17)$$

(以 $g \cdot mL^{-1}$ 为单位。)

五、数据处理、实验结果及讨论

(1) 根据测得的每个溶液折射率平均值,从工作曲线上查找各溶液的实际浓度 x_2。

(2) 根据测得的 $C'_空$,$C'_标$,$C'_溶$,先利用式(2-28-18)计算 C_d,然后计算每个溶液的 $C_溶$ 值及介电常数 $\varepsilon_溶$,作 $\varepsilon_溶 - x_2$ 图,由直线斜率计算 α 值。

$$C_d = \frac{C'_空 \varepsilon_标 - C'_标}{\varepsilon_标 - 1} \qquad (2\text{-}28\text{-}18)$$

(3) 计算环己烷及各溶液的密度(以 $g \cdot mL^{-1}$ 为单位),作 $\rho - x_2$ 图,由直线斜率计算 β 值。水的密度参见附录三表 3-13。

(4) 作 $n_溶 - x_2$ 图,由直线斜率计算 γ 值。

(5) 将 ρ_2,ε_1,α 和 β 值代入式(2-28-7),计算 P_2^∞。

(6) 将 ρ_1,n_1,β 和 γ 值代入式(2-28-11),计算 R_2^∞。

(7) 将 P_2^∞,R_2^∞ 值代入式(2-28-13),计算乙酸乙酯分子的偶极矩 μ 值。

(8) 文献值见表 2-28-1。

表 2-28-1　298 K 时乙酸乙酯分子的偶极矩

μ/D	$\mu/(10^{-30}C \cdot m)$	状态或溶剂	参考资料
1.78	5.94	气	[3]
1.68	5.60	C_5H_{12}	[4]
1.70	5.67	CCl_4	[4]

其他化合物分子的偶极矩数值可参见附录三表 3-40。

六、思考题

(1) 分析本实验误差的主要来源,如何改进?

(2) 试说明溶液法测量极性分子永久偶极矩的要点,有何基本假定?推导公式时作了哪些近似?

(3) 如何利用溶液法测量偶极矩的"溶剂效应"来研究极性溶质分子与非极性溶剂的互相作用?

(4) 如何利用分子极性及相互作用指导液体的分离和萃取中溶剂的选择?

七、安全与环保

（1）乙酸乙酯和环己烷易燃，具刺激性和致敏性，实验时要做好个人防护，且保持实验室通风良好，溶液和试剂远离火种和热源。

（2）废液按要求回收，溶液使用后及时盖好试剂瓶盖。

八、附注

（1）由于溶液电容的温度系数很小，而且本实验只需求得稀溶液的 $\varepsilon_{溶}-x_2$ 的直线斜率，在室温变化不大时，可以在室温下进行电容测定。如欲作温度校正，除了式（2-28-15）外，还可参考附录三表 3-39 有关乙酸乙酯介电常数与温度 $t(\text{℃})$ 的关系式：

$$\varepsilon = 6.02 - 0.015(t-25) \tag{2-28-19}$$

（2）本实验所用试剂均易挥发，操作时注意尽量避免测量过程中溶液浓度的改变。

（3）溶液法测定极性分子的偶极矩，由于"溶剂效应"测量值与气相测得值及计算值之间存在着偏差，通常溶液法测得的偶极矩值小于气相法值。参考资料[5]介绍了一种用温度法测量气相分子永久偶极矩的方法，有兴趣的读者可比较两种不同方法的特点和各自的局限性。

*九、选做实验：偶极矩的理论计算

1. 原理与方法

对于多原子分子，由分子对称性可知，如该分子具有对称中心，或存在相交但不重合的两个旋转轴，或存在对称面与旋转轴仅相交于一点的，则其正电荷中心和负电荷（电子）中心是重合的，不具有永久偶极矩，即为非极性分子。不具备上述对称性的分子，具有一定的极性。早期通过求各种单键键矩的矢量和来计算所组成分子的偶极矩。随着理论计算程序的发展，通过求解薛定谔（Schrödinger）方程，可得分子的所有电子波函数 ψ，进而得到电子在全空间出现的概率密度分布，即可以计算出该分子的偶极矩 μ。将式（2-28-1）改写成空间中各正、负点电荷量与位置矢量积的和的通用形式，同时包含体系中各原子核正电荷和各电子负电荷对偶极矩的贡献 μ_n 和 μ_e：

$$\mu = \mu_n + \mu_e = \sum_{i=1}^{n} q_i \cdot r_i - \sum_{e=1}^{m} (\psi_e | r_e | \psi_e) \tag{2-28-20}$$

式中 r_i 为正电荷质点（原子核）的空间坐标向量；q_i 为相应的核电荷数；n 为原子数量；m 为电子数量。由于偶极矩矢量方向的定义为从正电荷指向负电荷，一般把偶极矩矢量原点定位于所有正电荷的平均坐标 $\dfrac{\sum\limits_{i=1}^{n} q_i \cdot r_i}{\sum\limits_{i=1}^{n} q_i}$ 处。

当分子处于一个外电场 F 中，将产生诱导偶极。电子密度对偶极矩的贡献部分 μ_e 根据泰勒级数展开如下：

$$\mu_e = -\langle \psi | r_e | \psi \rangle + \alpha F + \frac{1}{2}\beta F^2 + \frac{1}{6}\gamma F^3 + \cdots \tag{2-28-21}$$

式中 α 为极化率（即单个分子在外电场作用下的电子变形极化率）；β 为超极化率；γ 为二阶超极化率；等等。极化率可以由计算能量对电场的二阶梯度获得，超极化率及更高阶的超极化率需要

计算能量对电场的更高阶响应。由于分子内部不同方向的偶极可能存在差异,因此极化率本身亦存在方向上的区别。当忽略超极化率以及更高阶项时,其诱导偶极矩为

$$\boldsymbol{u}_i = \alpha\boldsymbol{F} = \begin{pmatrix} \alpha_{xx} & \alpha_{xy} & \alpha_{xz} \\ \alpha_{xy} & \alpha_{yy} & \alpha_{yz} \\ \alpha_{xz} & \alpha_{yz} & \alpha_{zz} \end{pmatrix}\begin{pmatrix} F_x \\ F_y \\ F_z \end{pmatrix} \tag{2-28-22}$$

计算程序输出的极化率分别由 xx, xy, yy, xz, yz, zz 六个数值组成。

由 Clausius-Mosotti-Debye 方程可得前述的电子极化度 $P_{电子}$ 与极化率的关系:

$$P_{电子} = \frac{1}{4\pi\varepsilon_0}\frac{4\pi L}{3}\alpha \tag{2-28-23}$$

式中 L 为阿伏加德罗常数。

需要指出的是,由于 Clausius-Mosotti-Debye 方程适用于非极性体系和理想的线性偶极,式(2-28-23)中的极化率是通过平均偶极矩反推而来的。理论计算给出的是各向异性的极化率矩阵,计算程序中给出的平均极化率(isotropic polarizability)为 xx, yy, zz 三个极化率分量的平均值。

2. 模拟软件和硬件

量子化学计算软件包:如商用版的高斯(Gaussian16/09,G16 或 G09),Q-Chem,或开源的基于 Python 的电子结构计算软件 PySCF 等。

3D 分子建模软件:如商用版的 GaussView,ChemOffice,或开源的 Avogadro 等。

个人计算机(Linux/Windows)或基于 IntelCPU 的 Mac。根据分子建模软件要求和实际条件,可以选用 Windows,Linux 或 Mac Os 等不同操作系统版本。

3. 实验内容及步骤

(1)运用 3D 分子建模软件构建乙酸乙酯分子模型,用分子力场方法初步优化其几何结构。

(2)编制量子化学计算软件(如 G16 或 G09)输入卡,选用 B3LYP/6-311+G(d,p)优化气相乙酸乙酯分子的几何构型,并作频率分析,以确保所得构型为处于稳态的平衡构型。

(3)从计算输出文件中提取分子极化率数据。

4. 实验结果及讨论

(1)比较理论计算结果与实验测定所得乙酸乙酯偶极矩数值,如存在差异,试分析原因。

(2)理论计算结果的电子布居分析中,每个原子分配了电荷量,基于原子坐标与之构建的偶极矩矢量结果与程序直接输出的偶极矩是否相同? 如存在差异,试分析原因。

分子偶极
矩的理论
计算步骤

参考资料

实验二十九　配合物磁化率的测定

一、实验目的和要求

(1)能够说明古埃(Gouy)磁天平测定物质磁化率的基本原理,掌握磁天平的操作方法。

(2)用古埃磁天平测定 $FeSO_4 \cdot 7H_2O$ 和 $K_4Fe(CN)_6 \cdot 3H_2O$ 的磁化率,推算其不成对电子数。

*（3）能够使用量子力学软件 VASP 计算配合物晶体中未成对电子数（选做实验）。

*（4）能够说明磁化率的理论计算方法，并使用 Gaussian 量子化学软件计算亚铁氰根离子 $[Fe(CN)_6]^{4-}$ 和六水合亚铁离子 $[Fe(H_2O)_6]^{2+}$ 的磁化率（选做实验）。

二、实验原理

1. 磁化与磁化率

在外磁场的作用下，物质会被磁化产生附加磁感应强度，此时物质内部的磁感应强度 B 等于[1]：

$$B = B_0 + B' = \mu_0 H + \mu_0 \chi H \tag{2-29-1}$$

式中 B_0 为外磁场的磁感应强度；B' 为物质磁化产生的附加磁感应强度；H 为外磁场强度；μ_0 为真空磁导率，其数值等于 $4\pi \times 10^{-7}$ N·A^{-2}；χ 为物质的体积磁化率，它是当外加磁场强度为 H 时，在单位体积内所产生的磁矩的大小与外加磁场强度的比值，量纲为 1。

化学中常用质量磁化率 χ_m 或摩尔磁化率 χ_M 来表示物质的磁化能力，它们的定义分别为

$$\chi_m = \frac{\chi}{\rho} \tag{2-29-2}$$

$$\chi_M = M \cdot \chi_m = \frac{M \cdot \chi}{\rho} \tag{2-29-3}$$

式中 ρ 为物质的密度（kg·m^{-3}）；M 为物质的摩尔质量；χ_m 的单位是 m^3·kg^{-1}；χ_M 的单位是 m^3·mol^{-1}。

2. 分子磁矩与磁化率

根据 χ_M 的特点，可把物质分成三类：

（1）$\chi_M < 0$，称为逆磁性物质。这类物质本身并不呈现磁性，但由于其内部电子的轨道运动，在外磁场作用下会产生拉莫尔 Larmor 进动，感应出诱导磁矩，表现为一个附加磁场，磁矩的方向与外磁场方向相反，其磁化强度与外磁场强度成正比，并随着外磁场的消失而消失。

（2）$\chi_M > 0$，称为顺磁性物质。这类物质的原子、分子或离子本身具有永久磁矩 μ_m，由于热运动，永久磁矩指向各个方向的机会相同，所以该磁矩的统计值等于零。在外磁场作用下，一方面永久磁矩会顺着外磁场方向排列，其磁化方向与外磁场相同，磁化强度与外磁场强度成正比；另一方面物质内部电子的轨道运动也会产生拉莫尔进动，其磁化方向与外磁场相反。这类物质在外磁场下表现的附加磁场是上述两种作用的总结果，其摩尔磁化率 χ_M 是摩尔顺磁化率 χ_μ 和摩尔逆磁化率 χ_0 之和，即

$$\chi_M = \chi_\mu + \chi_0 \tag{2-29-4}$$

由于 $\chi_\mu \gg |\chi_0|$，在不很精确的计算中，可以近似地把顺磁性物质的 χ_μ 当作 χ_M，即

$$\chi_M \approx \chi_\mu \tag{2-29-5}$$

（3）χ_M 与外磁场强度 H 有关，它随着外磁场强度的增加而急剧增强，当外磁场消失后，这类物质的磁性并不消失，呈现出剩磁现象。这类物质称为铁磁性物质，不属于本实验讨论范畴。

假定分子间无相互作用，根据居里（Curie）定律，物质摩尔顺磁化率 χ_μ 和永久磁矩 μ_m 之间的关系为

$$\chi_\mu = \frac{L\mu_m^2\mu_0}{3k_BT} = \frac{C}{T} \tag{2-29-6}$$

式中 L 为阿伏加德罗常数；k_B 为玻尔兹曼常量；T 为热力学温度；C 为居里常数。

由式（2-29-4）~（2-29-6）可得

$$\chi_M = \chi_\mu + \chi_0 \frac{L\mu_m^2\mu_0}{3k_BT} \tag{2-29-7}$$

式（2-29-7）将物质的宏观性质（χ_M）和其微观性质（μ_m）联系起来，因此可通过实验测定 χ_M 来计算分子的永久磁矩 μ_m。

物质的顺磁性来自未成对电子自旋产生的磁矩。电子有两个自旋状态，根据泡利不相容原理（Pauli exclusion principle），每一轨道上不能存在两个自旋相同的电子。因而，各个轨道上成对电子自旋所产生的磁矩是相互抵消的。如果原子、分子或离子中两个自旋状态的电子数不相等，则该物质在外磁场中就呈现顺磁性。

物质的永久磁矩 μ_m 和它所包含的未成对电子数 n 的关系可用下式表示：

$$\mu_m = \sqrt{n(n+2)}\,\mu_B \tag{2-29-8}$$

式中 μ_B 称为玻尔（Bohr）磁子，其物理意义是单个自由电子自旋所产生的磁矩，其值为

$$\mu_B = \frac{eh}{4\pi m_e} = 9.274078\times10^{-24}\ \mathrm{J\cdot T^{-1}} \tag{2-29-9}$$

式中 e 为电子电荷；h 为普朗克常量；m_e 为电子质量。

3. 磁化率与分子结构

一般认为，配合物是由中心原子或离子 M 和若干个配体 L 按一定的组成和空间构型所形成的化合物。其中，M 通常是具有能量较低的空轨道可接受孤对电子的过渡金属原子或离子，L 则为可以提供至少一对孤对电子的分子或离子。对于过渡金属 M，其价层原本简并的 5 个 d 轨道在非球形对称配位场的作用下，组成不同对称性的群轨道与配体轨道组合出不同能级的分子轨道。以配离子 $[Fe(H_2O)_6]^{2+}$ 为例，6 个配体分子包围中心离子 Fe^{2+}，形成一个正八面体配位结构。中心离子 Fe^{2+} 电子组态为 $(3d)^6$，价层 3d 轨道在正八面体场下分属对称性分别为 T_{2g} 和 E_g 的两组轨道。同时，6 个配体中氧原子上各有一对孤对电子朝向 Fe^{2+}，它们在正八面体对称性下组成分属 A_{1g}、E_g 和 T_{1u} 的群轨道。其中 E_g 群轨道与 Fe^{2+} 的 E_g 轨道组合出 2 个成键轨道 e_g 和 2 个反键轨道 e_g^*，使 e_g^* 的能级高于 t_{2g}，这一能级差 Δ_0 在晶体场理论中称为分裂能。此外，配体 L 往往还具有 2 个垂直于 σ 键轴方向的 π 轨道，组成 12 个群轨道，其中有 3 个 T_{2g} 群轨道同样会与 M 的 T_{2g} 群轨道组合出能级更低的成键轨道 t_{2g} 和能级更高的反键轨道 t_{2g}^*。当配体 L 的 π 轨道能级较低，已有电子占据，则 t_{2g}^* 接近 e_g^*，降低了表观的分裂能。反之，当配体 L 的 π 轨道能级较高，为空轨道，则拉开了 t_{2g} 与 e_g^* 的能级差，提高了表观的分裂能（图 2-29-1）。当分裂能小于电子平行自旋带来的交换能时，根据洪德（Hund）规则，电子倾向于占据更多的能级相同/近的轨道，形成含较多未成对电子数的配合物。这种情况，在晶体场理论中称为弱场高自旋；反之，为强场低自旋的情况。另外，当最高占据轨道存在简并且电子占据情况不均衡时，将发生姜-泰勒（Jahn-Teller）畸变，这部分简并轨道进一步组合分裂，使电子尽可能占据更低能级的轨道，提高体系的稳定性。已知体系未成对电子数后，可以由式（2-29-8）得到永久磁矩，接着由式（2-29-7）估算出相应的摩尔磁化率。由于不同体系的大小

及其电子结构不同,理论上需通过体系哈密顿在外磁场下的响应来严格求得磁化率[3]。

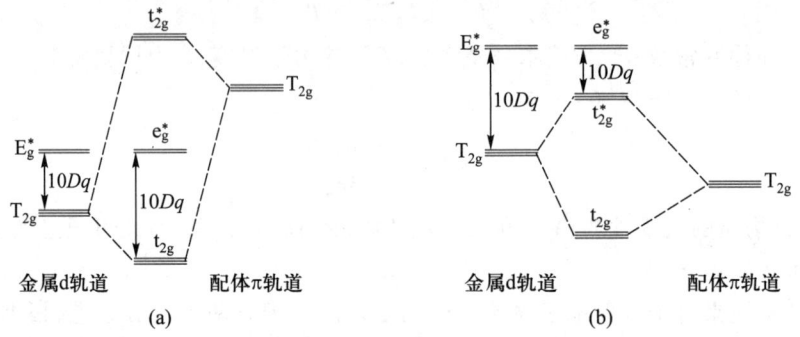

图 2-29-1 配体 π 轨道组成的 T_{2g} 群轨道与中心金属的 d 轨道的组合情况

本实验采用古埃磁天平测量物质的摩尔磁化率 χ_M,代入式(2-29-7)求出 μ_m,再根据式(2-29-8)算得未成对电子数 n,从而可以推断离子的电子组态及配合物分子的配键情况。

古埃磁天平的构造和 χ_M 的测定方法见 3.4 节相关内容。

三、实验仪器和药品

古埃磁天平	$FeSO_4 \cdot 7H_2O$(分析纯)
软质玻璃样品管	$K_4Fe(CN)_6 \cdot 3H_2O$(分析纯)
装样品工具(包括研钵、角匙、小漏斗、玻璃棒)	莫尔盐$(NH_4)_2SO_4 \cdot FeSO_4 \cdot 6H_2O$(分析纯)

四、实验内容及步骤

实验操作
演示视频

(1)按操作规程及注意事项细心启动磁天平。

(2)测定磁场两极中心处磁场强度 H。

① 用高斯计重复测量五次,分别读取励磁电流值和对应的磁场强度值。

② 用已知 χ_M 的莫尔盐标定对应于特定励磁电流值的磁场强度值。

标定步骤如下:

① 取一支清洁、干燥的空样品管悬挂在古埃磁天平的挂钩上,使样品管底部正好与磁极中心线齐平,准确称得空样品管质量;将励磁稳流电流开关接通,由小至大调节励磁电流至 I_1,迅速且准确地读取此时的天平示数;继续由小至大调节励磁电流至 I_2,再次读取天平示数;继续将励磁电流缓升至 I_3,接着将励磁电流缓降至 I_2,再读取空样品管的天平示数;然后将励磁电流降至 I_1,再次读取天平示数;完毕,将励磁电流降至零,断开电源,此时磁场无励磁电流,最后称取空样品管质量。

上述励磁电流由小至大、再由大至小的测定方法,是为了抵消实验时磁场剩磁现象的影响。此外,实验时还须避免气流扰动对测量的影响,并注意勿使样品管与磁极碰撞;磁极距离不得随意变动;每次称量后应将天平盘托起。

同法重复测定一次。根据下列公式计算二次测得数据的平均值:

$$\Delta m_{\text{空管}(I_1)} = \frac{1}{2}\left[\Delta m_{1(I_1)} + \Delta m_{2(I_1)} \right] \tag{2-29-10}$$

$$\Delta m_{空管(I_2)} = \frac{1}{2}\left[\Delta m_{1(I_2)} + \Delta m_{2(I_2)}\right] \qquad (2\text{-}29\text{-}11)$$

② 取下样品管,将事先磨细的莫尔盐通过小漏斗装入样品管,装填过程中需不断将样品管底部轻轻敲击橡胶垫,以使粉末样品均匀填实,直至装满(高度约 18 cm),继续在橡胶垫上敲击样品管底部至样品高度不变为止。用直尺准确测量并记录样品高度 h。将装有莫尔盐的样品管悬挂在古埃磁天平上,同步骤①中方法,在相应的励磁电流 I_1, I_2 和 I_3 下进行测量,并取二次测定数据的平均值。

测定完毕,将样品管中的莫尔盐样品倒入回收瓶,然后洗净样品管,干燥备用。

(3) 测定 $FeSO_4 \cdot 7H_2O$ 和 $K_4Fe(CN)_6 \cdot 3H_2O$ 的摩尔磁化率。

在标定磁场强度用的同一样品管中,分别装入 $FeSO_4 \cdot 7H_2O$ 和 $K_4Fe(CN)_6 \cdot 3H_2O$,重复上述实验步骤②,分别测定每个样品的摩尔磁化率。

五、数据处理、实验结果及讨论

(1) 由莫尔盐质量磁化率和实验数据计算相应励磁电流下的磁场强度 H 值。

(2) 将 $FeSO_4 \cdot 7H_2O$ 和 $K_4Fe(CN)_6 \cdot 3H_2O$ 的测定数据代入下式,计算它们的 χ_M。

$$\chi_M = \frac{M}{\rho}\chi = \frac{2(\Delta m_{样品+空管} - \Delta m_{空管})ghM}{\mu_0 mH^2} + \frac{M}{\rho}\chi_{空} \qquad (2\text{-}29\text{-}12)$$

再根据式(2-29-7)和式(2-29-8)算出所测样品的 μ_m 和未成对电子数 n。

(3) 根据未成对电子数,讨论 $FeSO_4 \cdot 7H_2O$ 和 $K_4Fe(CN)_6 \cdot 3H_2O$ 中 Fe^{2+} 的最外层电子结构。

(4) 某些元素和化合物的磁化率文献值见附录三中表 3-38。

六、思考题

(1) 试比较用高斯计和莫尔盐标定的相应励磁电流下的磁场强度数值,并分析两者测定结果差异的原因。

(2) 不同励磁电流下测得的样品摩尔磁化率是否相同? 如果测量结果不同应如何解释?

(3) 实验时要求样品的高度应在 16 cm 以上,因为推导式(3-4-8)时假定 H_0 忽略不计,样品有足够的高度才能满足此假定。试利用本实验仪器,设计一种实验方法,验证样品高度多少时式(3-4-8)成立(规定不能用高斯计)。

七、安全与环保

$K_4Fe(CN)_6 \cdot 3H_2O$ 属低毒类化学品,吸入会引起咳嗽、气短。$FeSO_4 \cdot 7H_2O$ 沾在手上会造成皮肤刺激,进入眼睛会造成严重眼刺激。$(NH_4)_2SO_4 \cdot FeSO_4 \cdot 6H_2O$ 会刺激眼睛、鼻腔、喉咙。装样操作时注意戴好一次性手套、口罩和防护眼镜,装样后及时盖好试剂瓶。

八、附注

(1) 磁化率的单位习惯上采用 CGS 电磁单位制,本实验已改用国际单位制(SI)。国际单位制和 CGS 电磁单位制的质量磁化率、摩尔磁化率的换算关系分别为

$$1 \ \mathrm{m}^3 \cdot \mathrm{kg}^{-1}(\text{SI 单位}) = \frac{10^3}{4\pi} \ \mathrm{cm}^3 \cdot \mathrm{g}^{-1} \quad (\text{CGS 电磁单位制})$$

$$1 \ \mathrm{m}^3 \cdot \mathrm{mol}^{-1}(\text{SI 单位}) = \frac{10^6}{4\pi} \ \mathrm{cm}^3 \cdot \mathrm{mol}^{-1} \quad (\text{CGS 电磁单位制})$$

（2）本实验测定的几种配合物都带有结晶水，存放的时间或环境的原因可能导致试剂部分失水，从而影响配合物的摩尔质量及计算的磁化率和未成对电子的数值。配合物的结晶水含量可通过热重-差热（TG-TDA）谱测定，用热谱测得值校正后的摩尔质量进行计算，结果的准确度会更好。

（3）在配合物磁化学的研究中，为了从测得的摩尔磁化率求算中心原子或离子的磁矩，需要对配体及中心原子的逆磁化率 χ_0 的贡献进行校正，从式（2-29-7）得

$$\mu_{\mathrm{eff}} = \left[(\chi_{\mathrm{M}} - \chi_0) T \right]^{1/2} \left(\frac{3k}{L\mu_0} \right)^{1/2} \tag{2-29-13}$$

由此计算得的磁矩称为有效磁矩。至于有机配体的逆磁化率可用帕斯卡加和规则计算，而无机配体和中心原子的逆磁化率可查表得到。有兴趣的读者请参阅资料[1,4,5]。

（4）核磁共振波谱（NMR）法，又称 Evans 法，也可用来测定过渡元素离子化合物的磁化率和磁矩。NMR 法将含有一种顺磁性物质的溶液置于磁场中，此时顺磁性物质所附加的额外场强会使在它周围的分子所感受的静磁场较仅有外界磁场时要强。因此，当一种顺磁性样品加入 NMR 溶液中，局部磁场的变化可由指示化合物的 NMR 谐振频率的变化灵敏地反映出来。合适的指示化合物要求不与顺磁性物质反应（即成键）。

当磁场垂直于样品时，联系顺磁性物质磁化率与指示化合物 NMR 谐振谱线位移的方程是

$$\chi_{\mathrm{m}} = \frac{3\Delta\nu}{2\pi\nu m} + \chi_1 + \chi_1 \left(\frac{d_1 - d_{\mathrm{s}}}{m} \right) \tag{2-29-14}$$

式中 χ_{m} 为顺磁性物质的质量磁化率（$\mathrm{cm}^3 \cdot \mathrm{g}^{-1}$）；$\chi_1$ 为溶剂的质量磁化率；m 为 1 cm^3 溶液中所含顺磁性物质的质量（$\mathrm{g} \cdot \mathrm{cm}^{-3}$）；$\Delta\nu$ 为观察核（也可就是溶剂本身的共振核）在纯溶剂中和含有顺磁性物质的溶液中的共振频率差（以 Hz 表示）；ν 为 NMR 的频率（通常为 60 MHz）；d_1 和 d_{s} 分别为溶剂和溶液的密度（$\mathrm{g} \cdot \mathrm{cm}^{-3}$）。方程最后一项相对于前两项很小，对高顺磁性物质通常来说可忽略。

*九、选做实验（一）：配合物晶体中未成对电子数的理论计算

1. 原理和方法

在上面的实验中，通过测定磁化率求得了配合物中未成对电子数，并据此判断分子的配键类型。事实上，通过密度泛函理论（density functional theory，DFT）方法也可以计算获得这些信息。通过理论和实验的对照，可以对本实验有一个更深的理解。密度泛函理论在计算含有未成对电子的体系时采用了自旋极化密度泛函理论，其是密度泛函理论的一个扩展，用于描述材料中的自旋相关性质。在自旋极化密度泛函中，考虑了电子自旋自由度，并将电子的自旋态考虑为系统的一部分。自旋极化密度泛函的核心思想是通过考虑自旋态的电荷密度来描述材料的电子结构和性质。在传统的密度泛函理论中，电子的自旋被合并成一个总的电荷密度，而在自旋极化密度泛函中，分别考虑了两个自旋方向的电荷密度，如下面两个公式所示：

$$\hat{h}_{\mathrm{eff}}^{\alpha} \phi_{i\alpha}(\mathrm{r}) = \left[-\frac{1}{2}\nabla^2 + \nu_{\mathrm{eff}}^{\alpha} \right] \phi_{i\alpha}(\mathrm{r}) = \varepsilon_{i\alpha} \phi_{i\alpha}(\mathrm{r}) \quad i = 1, 2, \cdots, N^{\alpha} \tag{2-29-15}$$

$$\hat{h}_{\text{eff}}^{\beta}\phi_{j\beta}(r) = \left[-\frac{1}{2}\nabla^2 + \nu_{\text{eff}}^{\beta}\right]\phi_{j\beta}(r) = \varepsilon_{j\beta}\phi_{j\beta}(r) \quad j = 1,2,\cdots,N^{\beta} \qquad (2\text{-}29\text{-}16)$$

式中 $\phi_{i\alpha}(r)$ 和 $\phi_{j\beta}(r)$ 分别是 α 自旋和 β 自旋的 Kohn-Sham 波函数。因此,自旋极化密度泛函可以描述材料中 α 和 β 自旋电子的分布情况,以及它们之间的相互作用。在自旋极化密度泛函中,通过引入交换-相关泛函来处理电子的交换和相关能对自旋态的影响。交换-相关泛函中的交换项处理了 α 自旋和 β 自旋电子的交换效应,而相关项则处理了它们之间的关联效应。这使得自旋极化密度泛函能够准确描述自旋相关性质,如磁性、自旋劈裂和磁矩等。

2. 模拟软件

在具体计算方面,采用了 VASP(vienna ab-initio simulation package)软件。VASP 是奥地利 G. Kresse 等人开发的用于从头算量子力学计算的程序,使用平面波基组,赝势则采用超软赝势或者 PAW 赝势。两种赝势都可以相当程度地减少平面波基组的数目。VASP 是目前使用最广泛的平面波商业计算程序。

【实验提示】

(1)从网络上的数据库中获取配合物晶体结构。

(2)创建 VASP 输入文件,包括 POSCAR,POTCAR,INCAR,KPOINTS 四个文件,然后通过 VASP 进行计算。

(3)从 VASP 的输出文件中读出成单电子数,并和磁化率实验结果进行比较。

未成对电子数的理论计算步骤

*十、选做实验(二):分子磁化率的理论计算

1. 原理与方法

基于电子结构理论计算分子的磁化率,体系电子的哈密顿算符 $\hat{H}$ 需要考虑外磁场和分子中各磁矩的影响。当体系所处的均匀外磁场为 $\boldsymbol{B}$,所包含的 n 个原子核坐标分别为 $\boldsymbol{R}_1, \boldsymbol{R}_1, \cdots, \boldsymbol{R}_n$,磁矩分别为 $\boldsymbol{\mu}_1, \boldsymbol{\mu}_1, \cdots, \boldsymbol{\mu}_n$,体系的哈密顿可以写为

$$\hat{H} = \frac{1}{2}\sum_j \left[-i\,\nabla_j + \frac{\boldsymbol{A}(r_j)}{c}\right]^2 + V \qquad (2\text{-}29\text{-}17)$$

$$\boldsymbol{A}(r_j) = \frac{1}{2}\boldsymbol{B}\times r_j + \sum_k^n \frac{\boldsymbol{\mu}_k\times(r_j - \boldsymbol{R}_k)}{|r_j - \boldsymbol{R}_k|^3} \qquad (2\text{-}29\text{-}18)$$

式中 c 为光速;V 是无外磁场下电子的势能;$\boldsymbol{A}(r_j)$ 为电子 j 受磁场影响的势能。基于分子轨道由原子轨道线性组成的假设和规范不变原子轨道理论(GIAO),变分自洽求解薛定谔方程后可得体系能量 E。进一步求该能量 E 对磁场 $\boldsymbol{B}$ 的二阶偏导,可得体系的磁化率张量 $\chi_{pq}(p,q = x,y,z)$,即

$$\chi_{pq} = \frac{1}{2}\left[\frac{\partial^2 E(\boldsymbol{B}, \boldsymbol{\mu}_1, \boldsymbol{\mu}_1, \cdots, \boldsymbol{\mu}_n)}{\partial B_p \partial B_q}\right]_{B = \mu = 0} = \chi_{pq}^{\text{diam}} + \chi_{pq}^{\text{param}} \qquad (2\text{-}29\text{-}19)$$

分别包含逆磁项和顺磁项。

2. 模拟软件和硬件

量子化学计算软件包:如商用版的高斯(Gaussian16/09,G16 或 G09),Q-Chem,或开源的基于 Python 的电子结构计算软件 PySCF 等。

3D 分子建模软件:如商用版的 GaussView,ChemOffice,或开源的 Avogadro 等。

个人计算机(Linux/Windows)或基于 IntelCPU 的 Mac。根据分子建模软件要求和实际条

件,可以选用 Windows,Linux 或 Mac Os 等不同操作系统版本。

3. 实验提示

$K_4Fe(CN)_6 \cdot 3H_2O$ 中,K 为+1 价离子,6 个 CN^- 配体与 Fe^{2+} 组成八面体配离子 $[Fe(CN)_6]^{4-}$。而在 $FeSO_4 \cdot 7H_2O$ 中,Fe^{2+} 与其中 6 个水分子配体组成八面体配离子 $[Fe(H_2O)_6]^{2+}$。为了简化计算,本实验只计算气相条件下的亚铁氰根离子 $[Fe(CN)_6]^{4-}$ 和六水合亚铁离子 $[Fe(H_2O)_6]^{2+}$。已知 CN^- 为强场配体,会使 Fe^{2+} 的 d 轨道分裂能变大,使得中心金属离子价层的 6 个 d 电子填充到三个 t_{2g} 轨道上,自旋多重度为 1。而 H_2O 分子为中弱场配体,其分裂能是否足够大使之形成低自旋配合物(自旋多重度为 1),或是较小而形成高自旋配合物(自旋多重度为 5),可以通过理论计算给予检验,能量最低的形态具有最高的分布。通过能量最低形态的自旋多重度得知未成对电子数,可用于估算体系摩尔磁化率。此外,也可以直接通过求体系能量在磁场下的二阶偏导来得到分子磁化率(本实验),相应实验步骤如下:

分子磁化率的理论计算步骤

(1) 用 3D 分子建模软件分别构建 $[Fe(CN)_6]^{4-}$ 模型和 $[Fe(H_2O)_6]^{2+}$ 模型。

(2) 编制量子化学计算软件(如 G16 或 G09)输入卡,选用密度泛函理论的 B3LYP 泛函和 6-311+G(d,p) 基组[B3LYP/6-311+G(d,p)]优化气相条件下这两个配合物在各自在不同自旋多重度情况下的几何构型,并做频率分析,以确保所得构型为处于稳态的平衡构型。

(3) 根据上一步计算结果,以不同多重度的最优构型所对应的 0 K 下的热力学能(自洽场能量+零点能)的高低,来判断其最可能存在的形态。进一步添加关键词(在 G16 或 G09 中选用 nmr=susceptibility),用 B3LYP/6-311+G(2d,p) 计算磁化率。

4. 实验结果及讨论

(1) 计算结果中的磁化率。磁化率张量 χ 为 3×3 的矩阵,在计算结果输出文件中,搜索 "susceptibility tensor",可以搜索到五个相关的磁化率张量,分别是以原子单位(a.u.)表示的磁化率的抗磁项(diamagnetic susceptibility tensor)、磁化率的顺磁项(paramagnetic susceptibility tensor)和总磁化率(magnetic susceptibility tensor),以及分别用国际单位制单位和高斯制单位表示的总磁化率。为了数值上的可读性,国际单位制单位表示的磁化率数值单位为 10^{-30} J · T^{-2};高斯制单位为 ppm。

(2) 试比较理论计算得到的磁化率与实验中的磁化率在单位表示上的不同,并讨论其数值上的转换与比较。

参考资料

(3) 试讨论体系未成对电子数是否一定为整数,以及实验获得的非整数的未成对电子数的物理意义。

(4) 试探讨不同的理论计算方法对磁化率结果的影响。

实验三十 X 射线粉末法物相分析

一、实验目的和要求

(1) 能够说明 X 射线粉末衍射方法的基本原理和 X 射线衍射仪的构造。

(2) 能够用 X 射线粉末衍射仪测定粉末样品的 X 射线衍射图谱。

（3）能根据 X 射线粉末衍射谱图,对多晶样品进行物相分析,计算晶胞参数。

*（4）能利用计算软件模拟设定样品的 X 射线衍射谱图(选做实验)。

二、实验原理

决定物质性能的因素不仅是化学组成,还有相关原子在空间结合成分子或物质的方式,即结构形式。因此,结构与结构分析一直是化学学科发展中很重要的内容。1895 年,德国物理学家伦琴(Roentgen)在研究阴极射线时,发现了一种短波长的电磁波,称为 X 射线。1912 年,劳厄(Laue)发展了 X 射线的衍射理论,开创了人类认识物质微观结构的新纪元。一个多世纪以来,X 射线使人类认识了大量物质微观结构,发展了许多相关学科。而作为结构研究基础的 X 射线晶体学日渐成熟,相关的计算也被广泛应用,在学科研究和工程技术中的应用日趋广泛和富有成效。

尽管自然界中的晶体大小悬殊、形状各异,然而深入观察不难发现它们有惊人的一致性。理想的晶体结构是具有一定对称性关系的、周期的、无限的三维点阵结构。一个点阵点代表结构中一个不对称单元。晶体的理想外形和宏观物理性质制约于 32 点群,而原子和分子水平上的空间结构的对称性则分属于 230 个空间群。

X 射线是一种电磁波,入射晶体时晶体中产生周期变化的电磁场。原子中的电子和原子核受迫振动,原子核的振动因其质量很大而忽略不计。振动着的电子成为次生 X 射线的波源,其波长、周相与入射光相同。基于晶体结构的周期性,晶体中各个电子的散射波可相互干涉相互叠加,称为相干散射或 Bragg 散射,也称衍射。散射波周相一致相互加强的方向称衍射方向。衍射方向取决于晶体的周期或晶胞的大小。衍射强度由晶胞中各个原子及其位置决定。衍射方向和衍射强度均可被一定的实验装置记录下来。

1. 衍射方向

一个理想晶体空间点阵可以从各个方向予以划分而成为许多组平行的平面点阵。由图 2-30-1 可见,一个晶体可看成由一些相同的平面网按一定的距离 d_1 平行的平面排列而成,也可看作由另一些平面网按 d_2,d_3,…距离平面排列。各种结晶物质的单胞大小,单胞的对称性,单胞中所含的离子、原子或分子的数目,以及它们在单胞中所处的相对位置都不尽相

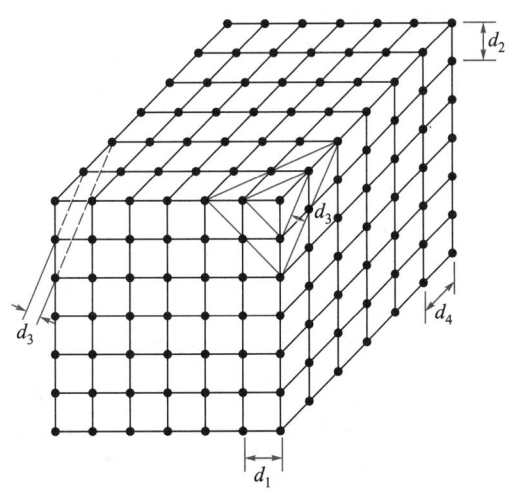

图 2-30-1　空间点阵划分为平面点阵组示意图

同,因此,每一种晶体都必然存在着一系列特定的 d 值,可以用于表征该种晶体。

为了描述标记这些晶面和点阵平面,米勒(Miller)提出了一种方法。该方法利用点阵平面在三个晶轴上截数的倒易数的互质之比 (h,k,l) 来表示该晶面,称为晶面指标或 Miller 指数。选择一组能把点阵划分成为最简单合理的格子的平移矢量 $\boldsymbol{a},\boldsymbol{b},\boldsymbol{c}$,并将它们的方向分别定为坐标轴 x,y,z,如图 2-30-2 中所示,点阵平面与三个轴分别相交于 ra,sb,tc,即它们在三个坐标轴的截数分别为 r,s,t,三个截数的倒数之比为 $\dfrac{1}{r}:\dfrac{1}{s}:\dfrac{1}{t}$,因 r,s,t 均为整数,可以化为互质的整数之比,即 $\dfrac{1}{r}:\dfrac{1}{s}:\dfrac{1}{t}=h:k:l$,其中 (h,k,l) 称为 Miller 指数,也就是该晶面的指标。图 2-30-2 中的 r,s,t 分别等于 $3,2,1$,则其晶面就可用 (236) 来表示。指数过高的晶面,其间距及组成晶面的阵点密度都较小,所以实际应用的 Miller 指数通常为 $0,1,2$ 等数值。

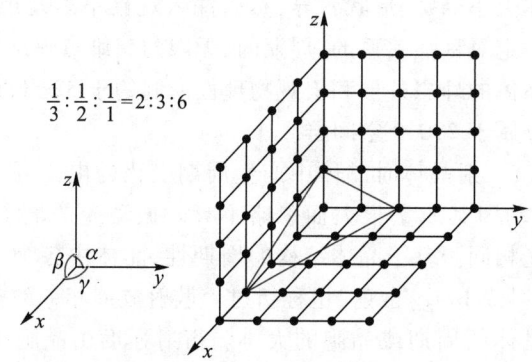

$$\frac{1}{3}:\frac{1}{2}:\frac{1}{1}=2:3:6$$

图 2-30-2　晶轴、夹角与 Miller 指数

决定衍射方向和晶胞形状大小之间关系的方程有两个:劳厄方程和布拉格方程,劳厄方程从组成晶体点阵结构的直线点阵考虑,布拉格方程从平面点阵考虑,二者效果是一致的。

当波长与晶面间距相近的 X 射线照射到晶体上,有的光子与电子发生非弹性碰撞,形成较长波长的不相干散射;而当光子与原子上束缚较紧的电子相作用时,发生弹性碰撞,其能量不损失,形成波长不变的相干散射,并可以在一定的角度产生衍射。图 2-30-3 表示一组晶面间距为 $d_{(hkl)}$ 的邻面网对波长为 λ 的 X 射线产生衍射的情况。它们之间的关系可用布拉格方程表示:

$$2d_{(hkl)}\sin\theta = n\lambda \tag{2-30-1}$$

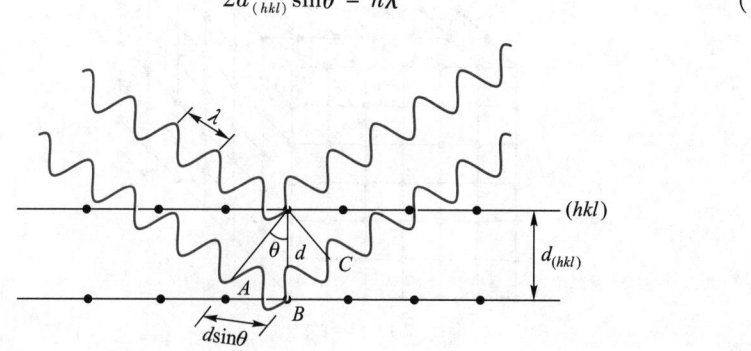

图 2-30-3　两相邻面网上反射线的光程差

式中 n 称为衍射级次。只有当入射角 θ 恰好使光程差 $(AB+BC)$ 等于波长的整数倍时,方能产生相互叠加而增强的衍射线。在晶体结构分析中,常把布拉格方程写为

$$2\frac{d_{(hkl)}}{n}\sin\theta = \lambda \tag{2-30-2}$$

或简化为

$$2d\sin\theta = \lambda \tag{2-30-3}$$

式(2-30-3)将 n 隐含在晶面间距 d 中,而将所有的衍射都看成一级衍射,这样可使计算简化和统一。

2. 衍射强度

布拉格方程只确定衍射方向,衍射强度是由晶体一个晶胞中原子的种类、数目和排列方式决定的。仪器等实验条件对其数值也有影响。

（1）原子散射强度

当强度为 I_0 的入射 X 射线贯穿物质时,它的电磁波产生的电磁场使物质原子中的原子核和电子都处于受迫振动的状态,由于原子核的质量比电子质量大得多,所以可以忽略原子核的振动,振动的电子能向外发射与 X 射线具有相同频率和位相的电磁波,其距离电子为 r 处的强度由汤姆孙(Thomson)公式表示:

$$I_e = \frac{I_0 e^4}{r^2 m^2 c^4} \cdot \frac{1 + \cos^2(2\theta)}{2} \tag{2-30-4}$$

式中 2θ 是散射线和入射线的夹角。对于元素序数为 Z 的原子,若 Z 个电子集中在一点产生散射,则原子散射强度为

$$I_a = \frac{I_0 (Ze)^4}{r^2 (Zm)^2 c^4} \cdot \frac{1 + \cos^2(2\theta)}{2} = I_e Z^2 \tag{2-30-5}$$

但实际上,Z 个电子并不处于一点,所以产生一定 d 相位差。这样相互干涉结果,使得强度有所减小,实际可表示为

$$I_a = I_e f^2 \tag{2-30-6}$$

式中 f 为原子散射因子。

电子散射的振幅 E_e 与强度 I_e 的关系为 $E_e \propto I_e^{1/2}$,所以原子散射的振幅为

$$E_a = E_e f \tag{2-30-7}$$

（2）晶胞衍射强度

对于一个含 N 个原子的晶胞,由于各原子散射的相位不一致,所以晶胞在 hkl 衍射方向上产生的衍射强度 $I(hkl)$ 也不是原子散射强度的简单加和。若单位向量为 a,b,c 的晶胞中有 N 个原子,其原子坐标和相应散射因子分别为 x_j,y_j,z_j 和 $f_j(j=1,2,\cdots,N)$,对于 hkl 衍射,第 j 个原子和晶胞原点之间光程差为

$$\Delta_j = r_j \cdot (S - S_0) = (x_j a + y_j b + z_j c) \cdot (S - S_0) \tag{2-30-8}$$

式中 r_j 是第 j 个原子对于晶胞原点坐标的向量,利用劳厄方程,可得

$$\Delta_j = \lambda(hx_j + ky_j + lz_j) \tag{2-30-9}$$

则对应的相位差 ϕ_j 是

$$\phi_j = \frac{2\pi\Delta_j}{\lambda} = 2\pi(hx_j + ky_j + lz_j) \tag{2-30-10}$$

于是,整个晶胞散射波振幅 E_c 为

$$E_c\exp(i\phi) = \sum_{j=1}^{N} E_{aj}\exp(i\phi_j) \tag{2-30-11}$$

利用原子散射因子 $f_j = \dfrac{E_{aj}}{E_e}$,并定义 $|F_{hkl}| = \dfrac{E_c}{E_e}$,上式两边同除 E_e,可得

$$F_{hkl} = |F_{hkl}|\exp(i\phi) = \sum_{j=1}^{N} f_j\exp[2\pi i(hx_j + ky_j + lz_j)] \tag{2-30-12}$$

式中 F_{hkl} 称为结构因子,其数值由晶胞中原子的种类、数目和分数坐标决定; $|F_{hkl}|$ 是结构振幅; ϕ 是相位角。衍射强度与振幅平方成正比,即

$$I_{hkl} = K|F_{hkl}|^2 \tag{2-30-13}$$

式中比例常数 K 与晶体大小、入射光强度、温度等因素有关。

3. X 射线衍射图谱

X 射线衍射测定晶体结构实验方法的基本过程就是利用照相法或衍射仪法,通过实验得到衍射方向和强度的数据,并根据劳厄方程、布拉格方程及强度分布的结构因子等,解出晶胞的参数和晶胞内原子种类位置,从而测定晶体结构。

粉末衍射法是单色 X 射线照射到晶体粉末上的衍射方法,是一种多晶衍射法,目前常用实验仪器为 Bragg-Brentano 衍射仪,其构造见图 2-30-4,样品呈平板状,采用发散入射光,光在样品上衍射后聚焦于接收狭缝处,经单色器后进入计数探测器(闪烁计数器),经电子线路处理后输入计算机,即可获得样品的衍射图谱(图 2-30-5)。计算机系统除了起控制仪器运转,采集和存储数据的作用以外,还具有对原始衍射数据处理的功能,如进行平滑,确定衍射峰位,晶面间距、峰强度及半高宽等的计算。此外,还会配备对数据进一步分析以得出结构数据的软件,如物相定性与定量分析、点阵常数的测定、晶粒尺寸及微应变的测定、全谱拟合等。因此,可以根据粉末 X 射线衍射图谱,分析所测样品的微结构性质,常分析的微结构性质介绍如下。

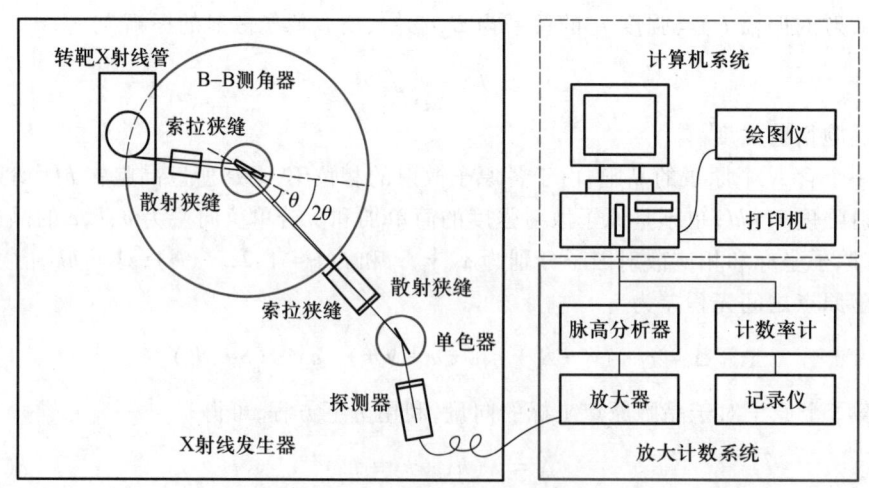

图 2-30-4　Bragg-Brentano 衍射仪

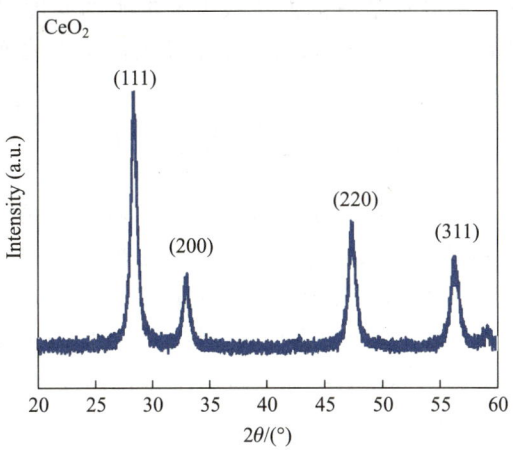

图 2-30-5　粉末样品的 X 射线衍射图谱

（1）**物相分析**。每种晶体的原子都按照各自的特定方式进行排布，所以都有它们特定的晶面间距 d 值。这就反映在粉末衍射图中，各种晶体的谱线有特定的位置、数目和强度。其中，有若干条较强的线可作为某种物质晶相的特征衍射线。因此只要将未知样品衍射图中各谱线测定的衍射角 θ 和强度 $I(2\theta)$ 与已知样品所得谱线进行比较，就可以对样品进行定性分析。随着计算机技术的发展，许多先进衍射仪都带有自动检索软件，它已将所有已知样品的粉末衍射文件（PDF）卡的数据贮存在计算机中，可以通过元素成分、卡片索引等多种途径，对 XRD 图谱进行自动检索，迅速便捷地得出可能的物相，供分析结果参考。由于混合谱中各相的衍射强度与它们在混合物中的含量成正比，故物相分析不仅可定性，还可定量。物相分析是 X 射线粉末衍射被广泛使用的一种应用。

（2）**衍射图谱的指标化**。利用粉末样品衍射图谱确定相应晶面的 Miller 指数 hkl 的值，称为指标化。指标化结果可用于识别晶体所属晶系和晶胞点阵型式。

例如，立方晶系 $a = b = c = a_0$，$\alpha = \beta = \gamma = 90°$，根据几何关系可知其晶面间距 d 与边长 a_0 的关系为

$$d = \frac{a_0}{\sqrt{h^2 + k^2 + l^2}} \tag{2-30-14}$$

代入布拉格方程，可得

$$\sin^2\theta = \frac{\lambda^2}{4a_0^2}(h^2 + k^2 + l^2) \tag{2-30-15}$$

由一个物相产生的同一张粉末衍射图上 $\lambda^2/4a_0^2$ 是一个常数，$\sin^2\theta$ 和 $(h^2 + k^2 + l^2)$ 成正比。将 $\sin^2\theta$ 值化为简单整数比，这一套整数即是可能的平方和 $(h^2 + k^2 + l^2)$，有了平方和就容易得到衍射指标。

（3）**微结构的测定**。晶粒中位错、层错等缺陷的存在，使点阵发生畸变，产生微应力，还有构成材料的微小晶粒的尺寸，这些晶体中的微结构都会对衍射峰的峰形产生影响，因而可以从峰形分析来推测出结构的微结构参数。这些影响因素大致上可分为两类：一类与衍射域的尺寸有关；另一类与点阵畸变有关。如果晶体样品是无限大的单晶，则根据衍射公式得到的衍射线是一条很细的谱线。但实际多晶样品是由一些非常细小的单晶聚集而成的。这里的平均粒

度是指内部为有序排列的小单晶在某一晶面法线方向的平均厚度,用它来表征晶粒的大小。由于实际产生衍射的小单晶厚度是有限的,所以它就使实际衍射线变宽。它们之间满足谢乐(Scherrer)公式:

$$\overline{D}_{hkl} = \frac{k\lambda}{\beta_{hkl}\cos\theta} \tag{2-30-16}$$

式中 $\overline{D}_{hkl}$ 是垂直于晶面 hkl 方向的平均厚度;k 为与晶体形状有关的常数,通常取值为 0.89;β_{hkl} 是衍射峰的半高宽,即衍射峰强度极大值一半处衍射峰的宽度。实际测得的半高宽 β_{hkl} 除了与晶粒大小有关外,还受到仪器精度水平影响(波长分布、X 射线发散度和光栅高度)及 X 射线中 $K_{\alpha 1}$ 和 $K_{\alpha 2}$ 双线的影响。所以必须对 β_{hkl} 进行双线校正和仪器因子校正。最简单的方法是令 $\beta_{hkl} = B - b$,其中 B 为实验测得的样品衍射峰半高宽;b 是仪器致宽度,一般选用高度结晶的物质,其衍射在样品衍射峰附近的衍射峰宽度。

从 β 求晶体中存在的微应变的公式是

$$\Sigma = \frac{\Delta d}{d} = \beta/4\tan\theta \tag{2-30-17}$$

而 Wilson 提出了均方应变的概念及相应的公式:

$$<e^2> = \frac{1}{2}(2\pi)^{-\frac{3}{2}}\beta\cot\theta \tag{2-30-18}$$

从衍射峰上量取峰宽,作一定校正后,求晶粒尺寸和微应变的方法是比较简单粗糙的,现在发展的傅里叶变换法、峰形拟合法等方法,可以比较准确地将光谱不纯及仪器因素造成的峰形分去,还可以将不同微结构因素的影响分开,更细致地获得微结构信息。

三、实验仪器和药品

X 射线多晶衍射仪	圆底烧瓶
磁力搅拌器	烧杯
马弗炉	硝酸铈(分析纯)
旋蒸仪	硝酸镍(分析纯)
玛瑙研钵	乙醇(分析纯)
烘箱	草酸(分析纯)

四、实验内容和步骤

1. 样品制备

(1)溶解:取干净的圆底烧瓶,分别称取一定量的硝酸铈、硝酸镍,置于圆底烧瓶中,加入 100 mL 乙醇,搅拌溶解。取干净的烧杯,称取一定量的草酸,置于烧杯中,加入 50 mL 乙醇,搅拌溶解。

(2)沉淀:在不断搅拌下将草酸的乙醇溶液逐滴滴加到硝酸盐的乙醇溶液中,滴加完毕后,继续搅拌 30 min 以上。

(3)干燥:沉淀完毕后,将圆底烧瓶中的磁子取出,旋蒸除去乙醇,收集样品,120 ℃下烘干过夜。

(4)焙烧:将烘干的样品前驱体在马弗炉中 500 ℃下焙烧 2 h,备用。

实验操作
演示视频

2. 样品准备

将样品于研体中磨细（可以选择不同目数的筛子过筛控制），装填到样品测试槽中，用载玻片压平，将样品槽安装到仪器样品盘上。

3. 样品测试

实验前须认真阅读3.9节的有关内容。

（1）双击测试软件，点击"start jobs"创建测试文件，点击"sample position"选择样品放置位置、点击"experiment name"栏目调用仪器运行参数文件，点击"result file name"选择数据保存路径，命名数据文件，创建完成后，点击"start"开始。

（2）将测试的数据文件，转存成 raw 或 UXT 格式，完成数据分析。

（3）测试完毕后，关闭电流，开启仪器舱门，取出样品台，回收样品。

注意：开关 X 射线多晶衍射仪时必须有指导教师在场，并严格按"X 射线多晶衍射仪操作规程"操作。

五、数据处理、实验结果及讨论

（1）在图谱上标出每条衍射线的 2θ 值，计算各衍射线的 $\sin^2\theta$ 之比，确定 CeO_2 和 NiO 的点阵型式。

（2）根据标出的各衍射线的指标 hkl，选择某一角度的衍射线，将 $\sin\theta$、衍射指标及所用 X 射线的波长代入式（2-30-14），求算晶胞参数 a_0。

（3）物相分析，首先将 CeO_2 的各衍射线依其衍射强度的强弱顺序排列，得 $d_1,d_2,d_3,\cdots$；然后按3.9节所述 Hanawalt 方法查找。检索得到可能的 PDF 卡片后，再仔细核对各衍射线的 d 值及相应的相对强度。如数据在实验误差允许范围内，即可确定该样品的物相。也可依 d 值大小顺序按 Fink 方法查找。由于实验条件的差异，核对卡片时，允许相对强度有较大的误差。

在确定 CeO_2 物相后，依上法确定剩余物相。

此外，还可根据化学分析结果，按字顺索引直接查得 CeO_2 和 NiO 卡片进行比较。

（4）文献值：CeO_2 的 PDF 卡片号为34-0394；NiO 的 PDF 卡片号为44-1159。

六、思考题

（1）布拉格方程并未对衍射级数 n 和晶面间距 d 作任何限制，但实际应用中为何只用数量非常有限的一些衍射线？

（2）计算晶胞参数 a 时，为什么要用较高角度的衍射线？

（3）X 射线对人体有什么危害？应如何防护？

七、安全与环保

实验时须指导教师在场，应注意安全，防止高压触电和 X 射线辐射，严格按照操作规程开关仪器。

八、附注

（1）物相分析是 X 射线多晶衍射分析中重要的用途之一。由于粉末法本身的特性，考虑到基础教学的需要,选用的样品最好应为对称性高的晶系。立方晶系当然最为理想,其衍射线条较简单。通过数据处理,易于进一步分析晶体的各种结构参数。详见 3.9 节相关内容。

(2)未知物的 X 射线衍射物相分析,通常应先了解其化学组成。

(3)粉末衍射的谱图质量与样品的制备有着密切关系。研磨样品时,必须以不损坏晶体的晶格为前提。通常,样品细些,所得衍射线较为平滑。立方、六方等高对称性晶系的晶体,通过 200 目筛往往就能得到较好的谱图。但单斜、三斜等晶系的样品,即使通过 325 目筛,有时也不能得到很好的谱图。粉末衍射仪要求样品的表面为非常平整的平面,试片装上样品台后其平面与衍射仪轴重合,与聚焦圆相切。

(4)衍射实验中,有一些具体的实验条件将会影响结果,如发散狭缝、接收狭缝、防散射狭缝、扫描方式等。在测试时,需根据样品的衍射能力和实验的目的(对数据的要求)进行选定。

*九、选做实验：计算机模拟 CeO_2 和 NiO 的 XRD 图谱

通过在计算机上运用可视化工具建立具有晶胞参数的周期性原子模型,再根据前面介绍的衍射角和衍射强度的公式,可以直接模拟出该结构的 XRD 图像。计算过程首先根据晶胞参数及所需计算的衍射角范围(比如 $2\theta = 20° \sim 70°$),计算出衍射角范围所对应的 Miller 指数范围,即从 $(h_{min}, k_{min}, l_{min})$ 到 $(h_{max}, k_{max}, l_{max})$,共 $(h_{max} - h_{min}) \times (k_{max} - k_{min}) \times (l_{max} - l_{min}) - 1$ 组;计算并收集每一组 Miller 指数所对应的衍射角和衍射强度,即可模拟获得 XRD 图谱。

【实验提示】

(1)CeO_2 和 NiO 晶体结构的 XRD 图谱计算。提前准备好 CeO_2 和 NiO 的晶体结构文件,以 arc 文件的格式保存在硬盘上(可以从 Material Studio 数据库或晶体结构数据库下载并进行格式转换)。运行 mpirun -np 24./xrd.x -f CeO_2.arc 或 ./xrd.x -f NiO.arc,并获得 xrd.output。其中第一列为 2θ 角,第二列为衍射强度。将该文件用 Excel,或其他数据处理软件打开并绘制连线图,即可得到晶体的 XRD 图谱。

(2)CeO_2 和 NiO 团簇结构的 XRD 图谱计算。运用 MS 软件对 CeO_2 和 NiO 晶体建立若干不同团簇模型,并记录团簇尺寸(建议最大粒径不超过 4 nm)及形貌(暴露晶面),并建立不同大小立方晶胞(建议晶胞边长不超过300 Å),将团簇结构任意旋转并放置在晶胞的不同位置,输出 InsightII MolecularFiles 格式(*.car*.arc)文件,在服务器上另存为 CeO_2.arc 或 NiO.arc(如图 2-30-6 所示),与第一步相同,计算纳米团簇的 XRD 图谱。并结合提示 1 的结果与谢乐公式对照。

(3)思考与讨论。

① 如果对第一步中对晶体结构建立超胞,是否改变计算的 XRD 图谱?

② 第二步中,团簇的形貌和尺寸、晶胞大小、团簇在晶胞中的位置及空间取向等条件,哪些会影响 XRD 图谱? 会产生怎样的影响? 为什么?

③ 对团簇的 XRD 图谱的计算代价明显大于对晶体结构计算的代价。影响计算代价的主要因素有哪些? 如果要在硬件和软件资源不变的前提下尽量加速得到结果,可以做哪些设定?

参考资料

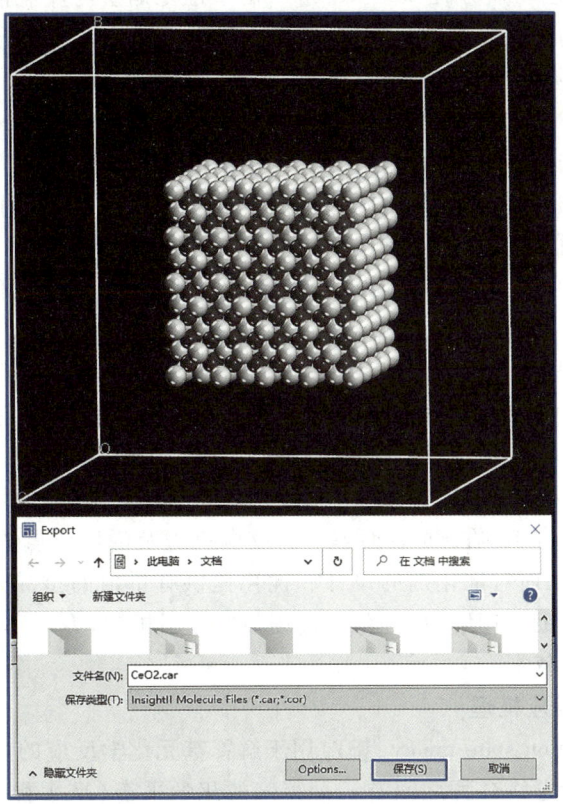

图 2-30-6 输出文件的保存路径图

实验三十一 H₂ 在 Cu 表面势能面的构建

一、实验目的和要求

（1）能够说明势能面的基本概念，并能从势能面中找出反应过渡态等关键中间物种。

（2）掌握 Materials Studio 的基本操作，能够构建 Cu(111) 表面模型，搭建表面吸附分子结构等。

（3）能够通过过渡态理论和反应能垒计算反应速率常数。

*（4）编写程序从海塞矩阵计算振动频率，并计算热力学校正值（选做实验）。

二、实验原理

1. 多相催化

多相催化反应是指催化剂与反应物居于不同相态的反应，多相催化是一个极其重要的研究领域，在化学工业中普遍应用。其中，气固相催化的应用尤为广泛。对于多相催化剂参与下的化学反应,根据阿伦尼乌斯方程:$k = Ae^{-E_a/RT}$,由于催化剂参与反应使活化能 E_a 值减小,从而使反应速率显著提高。在多相催化反应中,固体催化剂对反应物分子发生化学吸附作用,使反应物分子得到活化,降低了反应的活化能,从而使反应速率加快。

在多相催化过程中,小分子在固体催化剂表面的吸附是其中的第一步。吸附过程就是指气相或液相中小分子和固体表面通过范德华力、化学键等相互作用牢固地结合在一起。根据分子与表面相互作用的强弱,可以将吸附过程分为物理吸附和化学吸附。其中,物理吸附指小分子和固体表面之间通过范德华力结合在一起。物理吸附不会引起分子及表面几何和电子结构明显变化,其吸附能在 $2\sim 10$ kcal $\cdot$ mol^{-1}。而在化学吸附中,小分子和表面之间通过化学键相互结合在一起。分子和表面之间的电子云发生了明显的重新排布,并可能会导致吸附分子结构的显著变化,如某些化学键的断裂。其吸附能在 $15\sim 100$ kcal $\cdot$ mol^{-1}。

本实验选择 H_2 在 Cu 表面吸附这一重要过程作为研究对象。H_2 在 Cu 表面的解离反应在催化领域中具有重要的应用背景。Cu 是一种广泛应用于多种催化反应的重要催化剂,包括氢化反应、氧化反应和羰基化反应等。在这些反应中,H_2 在 Cu 表面的解离反应被认为是关键步骤之一。通过深入研究 H_2 在 Cu 表面解离的反应机理及活性位点的特性,可以揭示 Cu 催化剂的活性和选择性,从而对催化剂的设计和优化提供有价值的指导。此外,对 H_2 在 Cu 表面解离反应的认识还有助于理解 H_2 在催化过程中的作用机制,为开发更高效、环境友好的催化反应提供重要的科学依据。

2. 过渡态理论和反应机理

过渡态理论(transition state theory,TST)用于解释基元化学反应的反应速率。该理论假设在反应物和活化的过渡态络合物之间有一种特殊的化学平衡(准平衡)。过渡态理论最初用于定性地解释化学反应是如何发生的。这一理论在 1935 年由普林斯顿大学的艾林(Eyring)和曼彻斯特大学的埃文斯(Evans)、波拉尼(Polanyi)同时提出。过渡态理论也叫“活化络合物理论”“绝对速率理论”或“绝对反应速率理论”。在过渡态理论出现之前,人们广泛地使用阿伦尼乌斯速率定律确定反应能垒的能量。阿伦尼乌斯方程是从经验推导而来的,忽视了对机理的考虑。例如,没有考虑从反应物到产物的转化涉及一个还是几个反应中间体。因而,需要进一步发展,以了解和此定律相关联的两个参数:指前因子(pre-exponential factor,A)和活化能(activation energy,E_a)。过渡态理论成功地解决了这个问题。根据艾林方程,双分子反应速率常数 k 可表示为

$$k = \frac{k_B T}{h}\exp\left(\frac{\Delta S^{\neq}}{R}\right) \cdot \exp\left(-\frac{\Delta H^{\neq}}{RT}\right) \tag{2-31-1}$$

式中 h 为普朗克常量;k_B 为玻尔兹曼常量;R 为摩尔气体常数;$\Delta S^{\neq}$,$\Delta H^{\neq}$ 分别为活化熵和活化焓。

通过过渡态理论,对于一个基元反应,可以计算得到初态、终态和过渡态的能量。将这些能量通过可视化的方式展现出来就是反应机理的势能面图,可用于可视化和理解化学反应的能量变化过程。在势能面图中,横轴通常表示与反应坐标相关的物理量,如化学键长度、反应物间的角度或其他描述反应进程的坐标。纵轴表示系统的势能,即反应物和产物之间的相对能量差。通过绘制势能面图,可以可视化不同反应路径的能垒高低、能量变化的趋势及可能的中间体或过渡态。势能面图的形状和特征提供了关于反应机理的重要信息。例如,能垒的高低可以反映反应的速率,能量变化的趋势可以揭示反应的放热或吸热性质。同时,势能面图还

可以帮助确定反应过程中可能存在的中间体、过渡态或能量最低点,从而推导出反应的具体机理路径。通过理解和分析反应机理势能面图,可以获得有关反应的定性和定量信息,从而指导催化剂设计、反应条件优化及理解反应速率和选择性等关键问题。势能面图的构建和分析对于探索和开发新的化学反应及催化体系具有重要的应用价值。

3. 势能面概述

理论模拟的研究对象是运用数学模型模拟的分子和原子体系。体系的任何一个构象可以通过定义体系中每一个原子在直角坐标系(或内禀坐标系)内的位置来确定。确定量子态体系的任何一个确定的几何结构都对应着一个唯一确定的势能。而一个体系在全空间或给定形变范围内所有可能的微观态所对应的势能的集合就称为势能面。根据这个定义,势能面就是体系几何结构的能量函数,在计算模拟过程中,势能面既可以运用预先确定的势函数进行描述,也可以通过迭代自洽求解薛定谔方程得到每一个结构的势能。图 2-31-1(a)所示的就是一个简单的势能面,其中,能量(纵坐标)是两个几何结构参数(两个水平坐标)的函数。

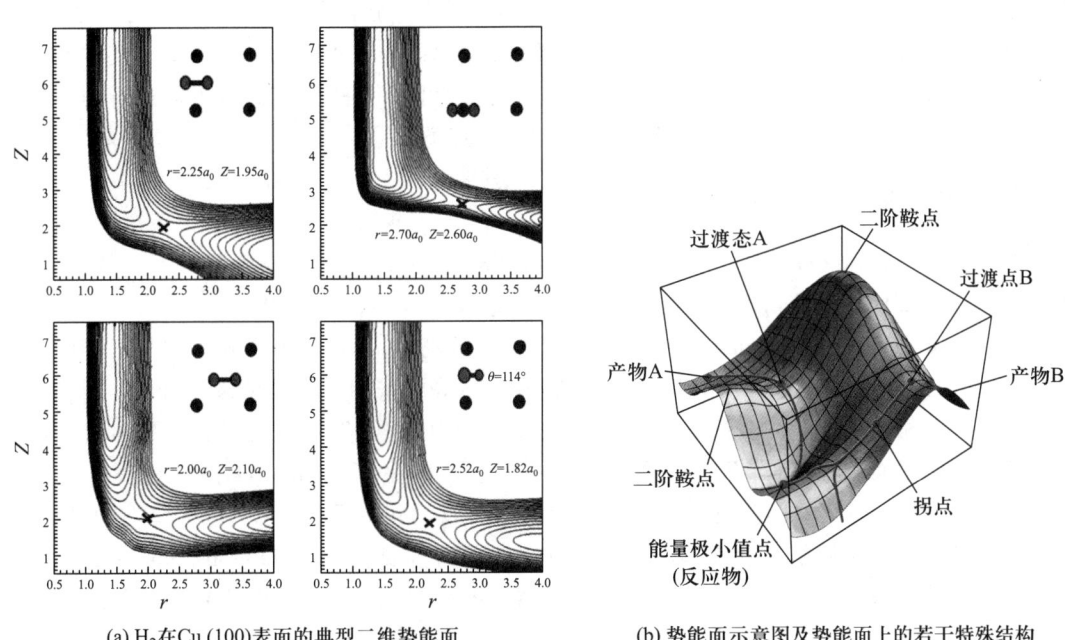

(a) H₂在Cu(100)表面的典型二维势能面　　　(b) 势能面示意图及势能面上的若干特殊结构

图 2-31-1　势能面

分子结构和势能面的概念来源于玻恩-奥本海默(Born-Oppenheimer, BO)近似,这一近似使人们可以将电子运动从几何结构优化中分离出来。由于原子核的质量远大于电子的质量,而其运动速率却远小于电子,在 BO 近似的前提下就可以通过固定原子坐标求解电子结构的问题,并且这种操作可以对所有可能的几何结构进行。因此,一个分子体系的能量就可以描述成原子核坐标的包含参数的函数,也就产生了势能面的概念。

作为本实验的例子,让我们来看一下 H₂ 在 Cu(100)表面的典型二维势能面,如图 2-31-1(a)所示。从图中可以看出其势能面形状和 H₂ 与表面的相对位置有显著关系。

进一步,如图 2-31-1(b)所示,势能面可以直观地看作一张连绵起伏的地形图,具有山谷、山峰、隘口等地形特征。势能面的绝大多数重要的特征都可以从这张图中看出来。势能面

构型优化
和过渡态
搜索原理

上的谷地所对应的极小值点代表化学反应中的反应物、产物及稳定中间体的结构。连接反应物和产物所在的极小值点的能量最低通道就是反应通道。能量最低通道上的能量最高点就是反应对应的过渡态，过渡态与反应物之间的能量差对应反应的能垒。过渡态在势能面上是一个隘口，从数学上来讲是一阶鞍点，其沿着反应发生的自由度上为极大值，在其他维度上为极小值。势能面上的山峰是高阶鞍点，在化学反应中人们一般不关心高阶鞍点的信息。

利用能量对几何结构参数的一阶导数和二阶导数，可以根据式(2-31-1)建立势能面的二次近似函数，即

$$E(x) = E(x_0) + g_0^T \Delta x + 1/2 \Delta x^T H_0 \Delta x \qquad (2-31-2)$$

式中 x 是新的坐标；x_0 是旧的坐标；E 是能量；g_0 是 x_0 的梯度($\partial E/\partial x_i$)，H_0 是 x_0 处的海塞(Hessian)矩阵，其矩阵元为 $H_{ij}(\partial^2 E/\partial x_i \partial x_j)$。负梯度就是分子中原子受力的向量。由于在能量极小点、过渡态及高阶鞍点处的力向量都为零，因此人们也把这些点称为驻点。海塞矩阵也称为力常数矩阵，是使用直角坐标得到的质量加权的海塞矩阵中的本征向量对应于分子的简正振动模式。势能面上的能量极小点对应于反应物、产物和中间体，其海塞矩阵的本征值都必须是正数；相应地，振动频率都是实数。势能面上的一阶鞍点就是过渡态，其海塞矩阵本征值有且仅有一个负数；相应地，过渡态有且仅有一个虚振动频率。运用梯度和海塞矩阵信息就可以进行构型优化和过渡态搜索，这两个是量子化学计算中最常用的计算类型。

三、实验仪器与软件

带有 Materials Studio 程序的台式计算机 1 台，安装 VASP 的计算服务器 1 台。其中，台式计算机运行 Windows 系统，计算服务器运行 Linux 系统。核心软件介绍如下。

密度泛函理论介绍

VASP(vienna ab-initio simulation package)：是奥地利 G. Kresse 等人开发的基于密度泛函理论的量子力学计算程序。VASP 使用平面波基组，赝势则采用超软赝势或者 PAW 赝势。两种赝势都可以相当程度地减少平面波基组的数目。VASP 是目前使用最广泛的平面波商业计算程序。对于平面波程序，有几个重要的控制精度的参数：平面波 cutoff、k 点数量等。

Materials Studio：是专门为材料科学领域研究者开发的一款可运行在个人计算机上的模拟软件。它可以帮助人们解决化学、材料工业中的一系列重要问题。Materials Studio 使化学及材料科学领域的研究者们能更方便地建立三维结构模型，并对各种晶体、无定形材料及高分子材料的性质及相关过程进行深入的研究。

Linux 基本操作

Linux：是一个强大而灵活的计算环境。Linux 提供各种工具和命令，使人们能够管理文件、运行程序、配置系统和网络等。在 Linux 终端中，可以使用命令行界面来执行各种任务。

四、实验内容及数据处理

1. 构建 Cu(111) 表面

实验操作演示视频

Materials Studio 软件本身提供了一个庞大的数据库，包含大量金属、氧化物、矿物等的晶体结构。首先，从该数据库中载入金属 Cu 的结构。下一步，利用 Materials Studio 的图形界面，切出 Cu 的最稳定表面，即(111)晶面。此外，在许多量子力学计算软件中，采用了三维周期性模型。在三维周期性模型中，往往采用 slab(平板)模型来模拟表面。为此，对于 slab 的厚度就有一定的要求。原则上，越厚的 slab 能够得到越精确的结构，同时计算量也越大。本实验采用 3 层 Cu 原子厚度的 slab 模型来模拟表面。之前的研究表明，该厚度已经可以较好地模拟表

面,并且计算量适中。

2. 放入 H₂ 分子

下一步,在晶胞中放入 H₂ 分子。Cu(111) 表面不是一个光滑的表面,因此不同位置所具有的化学活性会有所不同。对于 fcc 金属的(111)晶面,有几个特殊的位置,即图 2-31-2 中的 top 位、edge 位及 hollow 位。在本实验中,我们选择一个位置,然后将 H₂ 分子的质心近似地放在以上这三个不同位置中的任意一处。

slab 模型模拟表面的具体操作过程

放入 H₂ 分子的具体操作过程

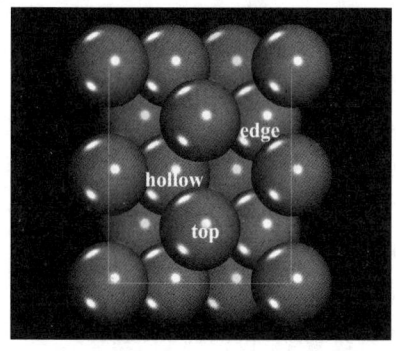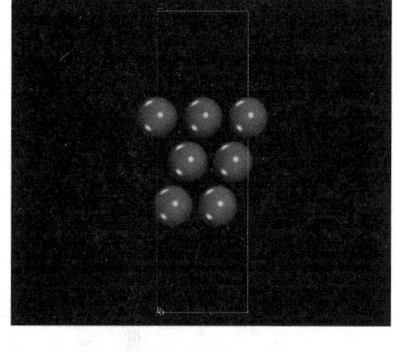

图 2-31-2　Cu(111) slab 模型的俯视图(左)以及侧视图(右)

3. 准备 VASP 输入文件

从这个初始模型出发,开始准备 VASP 输入文件。VASP 输入文件包含 4 个独立的文件:INCAR,POSCAR,POTCAR 及 KPOINTS,均在服务器的 file 目录中。INCAR 包含计算参数,POSCAR 包含原子坐标信息,POTCAR 包含所有的赝势文件,KPOINTS 则是计算所用的 k 点。其中,INCAR,POTCAR 及 KPOINTS 在实验过程中均不需要修改,在实验之前已经给出。在扫描势能面时只需要构建 POSCAR 文件。为了方便学生修改,本实验提供一个 POSCAR 模板文件,如图 2-31-3 所示。其中需要修改的有两部分,已经用灰色背景标出。第一部分是晶胞参数,第二部分是分数坐标。

POSCAR 的具体修改过程

4. 调节 H₂ 的构型及势能面绘制

从初始构型出发,在扫描势能面时,需要首先选定反应坐标。在本实验中,选择 H₂ 分子离 Cu 表面的高度及 H—H 键键长作为反应坐标。由于仅靠这两个几何参数还不能完全确定 H₂ 分子的构型,在扫描势能面的过程中,还规定 H—H 键取向保持不变,H₂ 质心在表面的投影位置也保持不变。通过这个限制条件,就能将 H₂ 的构型唯一地确定。

随后,逐渐调节 H₂ 离表面的距离及 H—H 键键长,以得到完整的势能面。原则上,可以通过手动调节 H₂ 的构型来计算势能面,但是该方法效率较低。在本实验中提供一个名为 gen-pes.sh 的 bash 脚本文件帮助构建并计算所有的结构。该脚本文件能够帮助实验者自动地生成 H₂ 分子不同构型的坐标。

产生二维势能面的具体步骤

最后得到的二维势能面如图 2-31-4 所示。需要注意的是,该势能面中横坐标的定义是该数据点对应的模型与在 Materials Studio 中初始摆的模型的 H₂ 分子的高度差,而纵坐标的定义是 H—H 键键长相对于初始模型键长的差。

5. 严格计算过渡态、初态和终态

在下一步实验中,将用严格的过渡态搜索方法(dimer 方法)计算 H₂ 解离的过渡态。对于

严格计算过渡态、初态和终态的方法

```
Structure_395    Sym. group:    1
1.00000000000000
        5.502280707125005      −0.000000000000002       0.000000000000000
        0.000000000000000       4.765114871123258       0.000000000000000
        0.000000000000000       0.000000000000000      14.492593384672155
H    Cu
2    12
Direct configuration=    100
        0.5052063007232372     1.0868078216181964      0.7895077060042857
        0.5057995556820922     0.9315244942616213      0.7889146417893438
        0.0000000000000000     0.0000000000000000      0.6549961854799455
        0.2500000000000003     0.5000000000000002      0.6549961854799455
        0.2500000000000001     0.1666666666666669      0.5000000000000000
        0.0000000000000002     0.6666666666666665      0.5000000000000000
        0.0000000000000009     0.3333333333333337      0.3450038145200544
        0.2500000000000014     0.8333333333333342      0.3450038145200544
        0.5000000000000000     0.0000000000000000      0.6549961854799455
        0.7500000000000014     0.5000000000000002      0.6549961854799455
        0.7500000000000014     0.1666666666666676      0.5000000000000000
        0.5000000000000002     0.6666666666666665      0.5000000000000000
        0.5000000000000007     0.3333333333333333      0.3450038145200544
        0.7500000000000019     0.8333333333333337      0.3450038145200544
```

图 2-31-3　POSCAR 模板文件

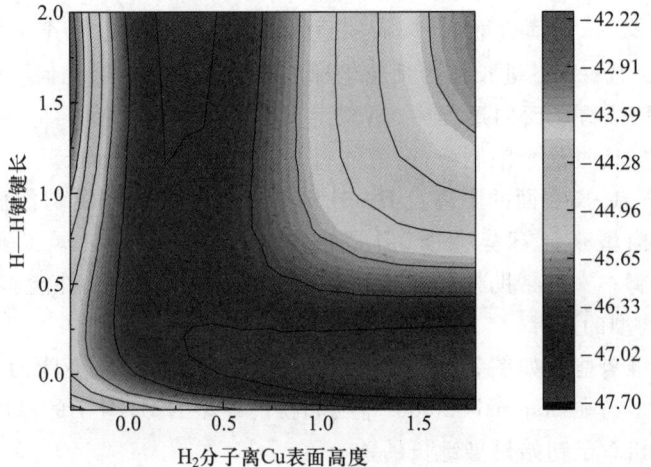

图 2-31-4　H_2 在 Cu(111) 表面的二维势能面

初态(IS)和终态(FS),用构型优化方法(BFGS 方法)严格计算其结构。在计算结束后,将该能量记录下来,用于后面计算反应能垒。

6. 自由能校正

真实的化学反应是在有限温度下进行的,因此需要在 DFT 计算的能量基础上进行热力学校正。一种比较简单的校正方式是计算体系的振动频率,然后利用统计力学从振动频率计算熵、焓等热力学量。具体原理和计算过程见二维码"自由能校正具体原理和计算过程",实际操作通过调用 vaspkit 软件包实现。

自由能校正具体原理和计算过程

*五、编写代码计算振动频率和自由能校正(选做实验)

在前面自由能校正部分,已经简单介绍了通过振动频率计算自由能校正的原理和方法。本选做实验中,将从更底层的海塞矩阵出发,通过编写代码计算振动频率,并进一步通过自己编写代码计算热力学校正。从 VASP 输出的海塞矩阵计算振动频率的内容编写脚本(见二维码"自由能校正具体原理和计算过程")计算振动频率。下一步,根据计算自由能校正的公式(见二维码"自由能校正具体原理和计算过程")算出初态、终态、过渡态的自由能校正值,并和vaspkit 的结果进行比较。

vaspkit 进行热力学校正的基本步骤

六、思考题

(1) 查阅相关文献,查找 H_2 在 Cu 表面解离能的实验值,并和理论值进行比较。

(2) 试讨论实验中估算反应能垒的可能误差。

(3) 画出一个流程图来表示本实验的内容和它们相互之间的关联,阐述实验过程中用到的知识点。

参考资料

━━ 实验三十二　一维无限深势阱模型应用 ━━

一、实验目的和要求

(1) 能够通过理论计算紫外-可见吸收光谱中的跃迁所需的能量。

(2) 能够用 Python 语言编写简单程序。

(3) 能够使用无限深势阱模型近似计算视黄醛分子中的电子从 HOMO 到 LUMO 跃迁所需要的光的波长。

*(4) 能够采用休克尔(Hückel)分子轨道理论计算视黄醛的 HOMO 和 LUMO 能量(选做实验)。

二、实验原理

1. 视黄醛分子结构

视黄醛(retinal),也称维生素 A 醛,是视黄醇(维生素 A)的氧化衍生物。它是由 β-胡萝卜素发生氧化断裂生成的,还原得到视黄醇,氧化得到视黄酸。视黄醛是视紫红质的辅基,视觉细胞内 11-顺式视黄醛与视蛋白组成视色素。11-顺式视黄醛吸收光后异构为全反式视黄醛,使视紫红质构象发生变化,启动对大脑的神经脉冲,从而形成视觉。全反式视黄醛分子式如图 2-32-1 所示。它由三部分组成:一个三甲基环己烯作为疏水基团,一个共轭四烯作为连接单元,一个醛基作为极性碳氧官能团。在该分子中,存在一个由 11 个 C 原子和 1 个 O 原子组成的离域大 π 键,决定了视黄醛电子从最高占据分子轨道(HOMO)到最低未占据分子轨道(LUMO)的跃迁。该共轭 π 体系是本实验研究的主要对象。

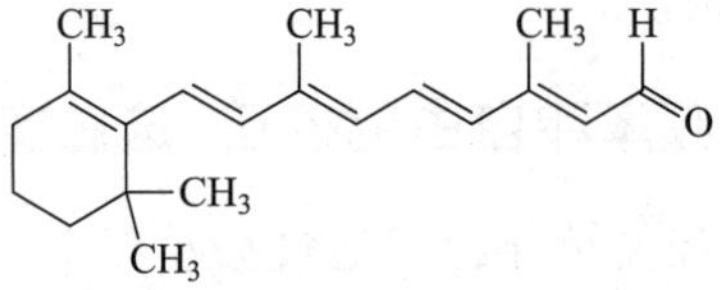

CH₃ ... 图（全反式视黄醛分子式结构图）

图 2-32-1　全反式视黄醛分子式

2. 紫外-可见光谱

紫外-可见光谱是一种常见的分析技术,用于研究化学物质的电子跃迁过程。在紫外-可见光谱中,被测物质通常暴露于可见光束或紫外光束中,吸收或散射光线,并生成一个图谱,显示不同波长光线的强度与样品吸收程度之间的关系。紫外-可见光谱图的横坐标通常为波长,范围在 200~800 nm。紫外-可见光谱图的纵坐标通常为吸光度(absorbance)或透射率。吸光度代表样品吸收光的程度,与样品中存在的化学物质的浓度和光路程有关。透射率代表通过样品的光线的强度,与样品中存在的化学物质的浓度和样品的厚度有关。在紫外-可见光谱图中,吸光度和透射率是负相关的,即当吸光度增加时,透射率会减少。图 2-32-2 给出了实验室测定的视黄醛的紫外-可见吸收光谱,可以看到,视黄醛在波长 373 nm 处有一个吸收峰。

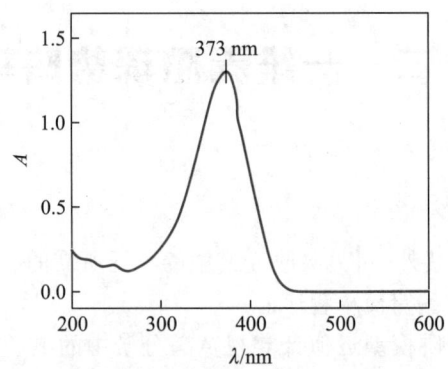

图 2-32-2　视黄醛的紫外-可见吸收光谱

3. 一维势箱中粒子的薛定谔方程及其解

一维势箱是量子力学中最简单的体系。一维势箱指粒子在一个长度为 l 的一维箱子中运动。箱子中势能 V 为零,在箱子的两边($x \leqslant 0$ 或 $x \geqslant l$ 处)势能是无穷大的。故该体系的薛定谔方程如下:

$$\left(-\frac{h^2}{2m}\frac{\mathrm{d}^2}{\mathrm{d}x^2} + V \right)\psi = E\psi \tag{2-32-1}$$

其中

$$V \to \infty \quad (x \leq 0 \text{ 或 } x \geq l) \tag{2-32-2}$$

$$V = 0 \quad (0 < x < l) \tag{2-32-3}$$

该方程具有解析解,解的形式如下:

$$\psi(x) = \sqrt{\frac{2}{l}} \sin \frac{n\pi x}{l} \quad (n = 1, 2, 3, \cdots) \tag{2-32-4}$$

$$E = \frac{n^2 h^2}{8ml^2} \quad (n = 1, 2, 3, \cdots) \tag{2-32-5}$$

式中 $\psi(x)$ 是波函数;n 是量子数;l 是势箱长度(单位为 m);x 是一维势箱内的坐标;h 是普朗克常量(6.626×10^{-34} J·s);m 是电子质量(9.109×10^{-31} kg)。式(2-32-5)表明,能级间距随着势箱长度 l 的增大而减小。并且,随着量子数 n 的增大,能级间距也越来越大。一维势箱中粒子的能级和波函数空间分布见图2-32-3。

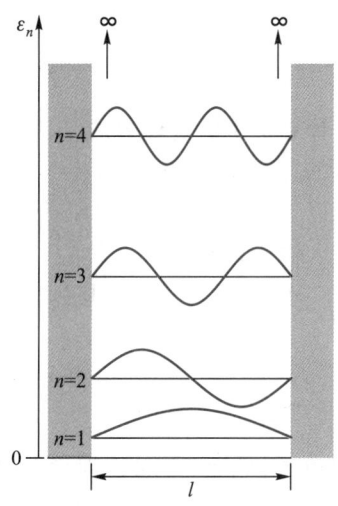

图2-32-3 一维势箱中粒子的能级和波函数空间分布

4. 一维势箱中的电子排布及电子跃迁

在本实验中,将视黄醛分子中的共轭体系(由 11 个 C 原子和 1 个 O 原子组成的 Π_{12}^{12})近似看成一维势箱。在一维势箱近似下,势箱的每一个轨道对应共轭体系的一个分子能级。根据泡利不相容原理,电子属于费米子,每个分子轨道只能容纳两个自旋相反的电子。因此,对于一个含有 N 个电子的分子体系,将有 $n = N/2$ 个最低的能级被填充,而所有更高的能级是未占据的。

在光照条件下,光能将分子中的电子从占据轨道激发跃迁到未占据轨道中。但并不是所有电子的跃迁都是允许的,需要满足对称性要求。轨道间电子跃迁的可能性可以由跃迁矩阵元 μ_{ij} 来描述:

$$\mu_{ij} = \langle \psi_i | \mu_x | \psi_j \rangle \tag{2-32-6}$$

式中 $\mu_x (\mu_x = x)$ 为 x 方向的偶极矩算符。对于一维势箱中的电子跃迁,可以证明,当 i 和 j 其中一个为奇数、另一个为偶数时,跃迁矩阵元 μ_{ij} 不为零,此时电子跃迁是对称性允许的;相反,当 i 和 j 同为奇数或同为偶数时,跃迁矩阵元 μ_{ij} 等于零,此时电子跃迁是对称性禁阻的。

通过图 2-32-3 中波函数的空间分布的形状定性分析可以推出该结论。对于量子数 $n = 1$，$3,5,\cdots$ 的波函数，其空间分布相对于一维势箱中心始终是偶对称的。而对于量子数 $n = 2$，$4,6,\cdots$ 的波函数，其空间分布相对于一维势箱中心是奇对称的。偶极矩算符 μ_x 相对于一维势箱中心是奇对称的。因此，只有当 i 和 j 其中一个为奇数、另一个为偶数时，$\psi_i\mu_x\psi_j$ 整体为偶函数，其全空间积分不为零，故 i 和 j 间电子跃迁是允许的。相反，当 i 和 j 同为奇数或同为偶数时，$\psi_i\mu_x\psi_j$ 整体为奇函数，其全空间积分等于零，故此时 i 和 j 间电子跃迁是禁阻的。详细证明可见复旦大学范康年、周鸣飞主编的《物理化学》（第三版）中例题 2-4-2。

在所有允许的电子跃迁过程中，所需能量最小的跃迁对应于分子的一个电子从 HOMO 跃迁到 LUMO 的过程。通过式（2-32-5），电子跃迁的能量变化可以用如下公式计算：

$$\Delta E = E^{\text{LUMO}} - E^{\text{HOMO}} = \frac{\left(\dfrac{N}{2} + 1\right)^2 h^2}{8ml^2} - \frac{\left(\dfrac{N}{2}\right)^2 h^2}{8ml^2} = \frac{(N + 1)h^2}{8ml^2} \tag{2-32-7}$$

$$\lambda = \frac{hc}{\Delta E} = \frac{8ml^2c}{(N + 1)h} \tag{2-32-8}$$

式中 N 代表共轭体系的电子数。

*5. 休克尔分子轨道法及其在计算机中的实现方法

在上面的处理中，对共轭分子做了相当大的近似，将其看成只有一个长度参数 l 的一维势箱。若要获得更准确的结果，可以尝试进一步采用量子化学方法，如休克尔分子轨道法（Hückel molecular orbital method）求解薛定谔方程。休克尔分子轨道法主要用于计算具有 π 电子的共轭有机分子的电子结构。对于视黄醛分子，其休克尔行列式具有 12 阶，手动求解非常困难，需要借助计算机。

休克尔分子轨道法及其在计算机中的解法

三、计算软件

VASP（vienna ab-initio simulation package）是奥地利 G. Kresse 等人开发的用于从头算量子力学计算的程序，使用平面波基组，赝势则采用超软赝势或者 PAW 赝势。两种赝势都可以相当程度地减少平面波基组的数目。VASP 是目前使用最广泛的平面波商业计算程序。对于平面波程序，有几个重要的控制精度的参数：平面波 cutoff，k 点数量等。

Materials Studio 是专门为材料科学领域研究者开发的一款可运行在个人计算机上的模拟软件。它可以帮助人们解决当今化学、材料工业中的一系列重要问题。Materials Studio 使化学及材料科学领域的研究者们能更方便地建立三维结构模型，并对各种晶体、无定形材料及高分子材料的性质及相关过程进行深入研究。

Python 的基本语法

Python 是一种解释型、面向对象的高级编程语言，最初由 Guido van Rossum 于 1991 年发明并推出。Python 的设计理念强调代码的可读性、简洁性和清晰度，具有语法简单、易于学习和使用的特点。Python 支持多种编程范式，包括面向对象、函数式和过程式编程。它是一种开源软件，用户可以免费下载、使用和修改，也可以在其他项目中将其作为组件或模块使用。

SMILES（simplified molecular input line entry system）是一种用于表示分子结构的文本字符串格式。它通过使用一系列规则将分子的化学结构编码为一行字符，使计算机可以方便地存储、传输和处理分子结构信息。例如，本实验用到的视黄醛的 SMILES 代码为 CC1 = C(\C = C\C(C) = C\C = C\C(C) = C\C = O)C(C)(C)CCC1，其中"C"和"O"分别代表 C

原子和 O 原子;任意两个相邻的元素符号(如"CCC")表示这些元素之间通过单键相连;两个"C1"代表两个不相邻的 C 之间成键;等号"＝"代表双键,括号"()"代表支链,反斜杠"\"代表双键的几何异构,用于定义顺式或反式。

rdkit 是一个开源的分子信息学工具包,可以用 Python、C++ 和 Java 等多种编程语言进行调用。它可以用于化学结构检索、化学信息管理、分子描述符计算、化学反应预测等多个领域。其中,rdkit 可以对 SMILES 字符串进行解析和处理,从而实现从 SMILES 生成三维分子结构、计算分子描述符、分析分子性质等多种功能。rdkit 支持多种操作系统和编程语言,易于集成和扩展,被广泛应用于化学、生物学和药学领域。

构型优化是一种常见的计算化学方法,其主要目的是在给定的势能面上寻找最稳定的分子构型。在构型优化中,通常将分子看作一个由原子组成的体系,通过调整原子之间的距离和角度来寻找分子的最稳定构型。在本实验中,采用了第一性原理计算来描述原子之间的相互作用。构型优化算法通过改变这些参数的值来探索势能面,寻找最低能量的构型。这些算法包括梯度下降法、共轭梯度法、牛顿法等。需要注意的是,构型优化是一个高度迭代和计算密集的过程,通常需要耗费大量的计算资源和时间。

四、实验内容及步骤

本实验的主要过程是,首先构建视黄醛分子的原子结构模型,采用 VASP 软件优化原子结构模型,使得原子处于平衡位置。进一步,测量共轭体系的总长度,作为前面一维势箱的长度参数 l。根据式(2-32-7)编写 Python 代码,计算获得 ΔE。然后根据式(2-32-8)计算得到波长。最后,与紫外-可见吸收光谱中的主要吸收峰位置进行对比。每个步骤的具体过程如下。

一种产生视黄醛分子结构的 Python 代码

1. 构建视黄醛分子的原子结构模型

视黄醛分子的原子结构模型的构建可以采用两种方法:第一种是直接通过 Materials Studio 软件在图形界面下构建视黄醛的三维分子结构。第二种是通过编写代码自动生成三维分子结构。第一种方法的优点是操作简单、上手快,但是对于结构比较大的分子构建模型比较困难。第二种方法需要一定的编程基础,有一定难度,但是最后的代码通用性高,可以生成大量复杂的分子结构。学生可自主选择采用哪种方法进行建模。

arc2pos.py 脚本源代码

2. 构型优化并确定共轭体系的长度

首先,将包含分子结构信息的 input.arc 文件转换成 VASP 的描述分子几何结构坐标的 POSCAR 文件(这部分可通过 arc2pos.py 脚本完成),然后通过 VASP 软件进行构型优化,得到稳定的分子构象。然后,将 VASP 优化得到的分子构型导入 Materials Studio 软件,测量图 2-32-1 中最左侧 C 原子和最右侧 O 原子的直线距离,并将其作为一维势箱的长度 l。

计算视黄醛 HOMO 到 LUMO 电子跃迁所需波长的 Python 代码

3. Python 编程计算电子跃迁波长

将长度 l 和 N 代入式(2-32-7),通过式(2-32-8)即可以得到紫外-可见吸收光谱第一个吸收峰的位置对应的波长 λ。在式(2-32-7)的计算中,需要特别注意单位制的切换。在量子力学中,常采用原子单位制度(a.u.)。采用 Python 自带数据库 math,即可通过简单的程序计算得到波长,并和紫外-可见吸收光谱实验测量的结果进行比较。

*五、休克尔分子轨道法求解共轭视黄醛电子结构(选做实验)

本选做实验中编写 Python 代码,通过矩阵对角化方法求解休克尔分子轨道。具体来说,

利用对角化方法求解休克尔分子轨道的 **Python** 代码

若一个分子的久期方程如下：

$$\begin{bmatrix} H_{11}-ES_{11} & H_{12}-ES_{12} & \cdots & H_{1n}-ES_{1n} \\ H_{21}-ES_{21} & H_{22}-ES_{22} & \cdots & H_{2n}-ES_{2n} \\ \cdots & \cdots & \cdots & \cdots \\ H_{n1}-ES_{n2} & H_{n2}-ES_{n2} & \cdots & H_{nn}-ES_{nn} \end{bmatrix} \begin{bmatrix} c_1 \\ c_2 \\ \vdots \\ c_n \end{bmatrix} = 0 \qquad (2\text{-}32\text{-}9)$$

$$H = \begin{bmatrix} H_{11} & H_{12} & \cdots & H_{1n} \\ H_{21} & H_{22} & \cdots & H_{2n} \\ \cdots & \cdots & \cdots & \cdots \\ H_{n1} & H_{n2} & \cdots & H_{nn} \end{bmatrix}, \quad S = \begin{bmatrix} S_{11} & S_{12} & \cdots & S_{1n} \\ S_{21} & S_{22} & \cdots & S_{2n} \\ \cdots & \cdots & \cdots & \cdots \\ S_{n1} & S_{n2} & \cdots & S_{nn} \end{bmatrix}, \quad c = \begin{bmatrix} c_1 \\ c_2 \\ \vdots \\ c_n \end{bmatrix} \qquad (2\text{-}32\text{-}10)$$

久期方程可写为 $(H-ES)c = 0$，其中，能量 E 是一个标量。该线性齐次方程组有 n 个解，即有 n 个 E_i 和 n 套系数解 c_i。

令

$$E = \begin{bmatrix} E_1 & 0 & \cdots & 0 \\ 0 & E_2 & \cdots & 0 \\ \cdots & \cdots & \cdots & \cdots \\ 0 & 0 & \cdots & E_n \end{bmatrix}, \quad C = \begin{bmatrix} c_1 & c_2 \cdots & c_n \end{bmatrix} = \begin{bmatrix} c_{11} & c_{12} & \cdots & c_{1n} \\ c_{21} & c_{22} & \cdots & c_{2n} \\ \cdots & \cdots & \cdots & \cdots \\ c_{n1} & c_{n2} & \cdots & c_{nn} \end{bmatrix} \qquad (2\text{-}32\text{-}11)$$

则久期方程可改写为 $(H-E_iS)c_i = 0$。移项后得 $Hc_i = Sc_iE_i$。把所有的 n 个 E_i 和 n 套系数解 c_i 写成矩阵形式，则总方程为 $HC = SCE$。由休克尔分子轨道的第三个近似可知 $S = \delta_{ij}$，即 S 退化为对角元为 1 的单位阵。总方程可进一步简化为 $HC = CE$，则 $H = CEC^{-1}$。已知 E 是一个对角矩阵，因此可以把哈密顿矩阵 H 进行对角化，即得到 E，而进行该对角化的线性变换矩阵 C，即为对应的所有系数解。于是就将复杂的解线性方程组过程简化为对哈密顿矩阵 H 的对角化，而这个对角化过程是一般计算机都能很快实现的标准化过程。

六、思考题

（1）采用一维势箱模型计算 HOMO–LUMO 跃迁时的误差可能来自哪些方面？

*（2）采用 HMO 方法求解薛定谔方程时的误差来自哪些方面？

（3）如果要进一步增加计算精度，可以采用哪些方法？

参考资料

实验三十三 配合物电子光谱的测定

一、实验目的和要求

（1）能够说明配合物电子光谱的原理和特点。

（2）能够说明紫外–可见吸收光谱的工作原理、操作方法，并对谱图进行分析处理。

（3）通过对一些配合物吸收光谱的测定，计算其晶体场分裂能、拉卡（Racah）常数及电子云伸展系数,写出这些配体的光谱化学序列及电子云伸展序列。

*(4) 能够用量子化学软件计算和分析配合物的电子光谱(选做实验)。

二、基本原理

配合物电子光谱是由组成配合物的各结构单元的价电子跃迁产生的。配合物的分子结构、键型、化学性质、立体构型等都与其价电子的分布密切相关。研究电子光谱对确定配合物结构、揭示其结构与反应性能之间的关系具有重要意义。

对配合物电子光谱的理论解析,涉及晶体场(配位场)理论、量子化学和群论等相关知识。本实验以 Co^{3+} 六配位配合物为主要讨论对象,通过实验测定结合量化理论计算,分析讨论配体性质对正八面体配合物电子光谱的影响及其作用机理,并将实验测得的结果与理论计算结果进行比较。

1. 晶体场理论

晶体场理论(crystal field theory, CFT)是 1929 年由贝特(Bethe)提出的,到 1953 年因成功解释 $[Ti(H_2O)_6]^{3+}$ 的光谱特性和过渡金属配合物的其他性质后,受到化学界的普遍重视。晶体场理论的要点是:(1) 配合物中的中心原子(或离子)与配体(视为点电荷或偶极子)之间的作用类似于离子晶体中正、负离子之间的静电相互作用。(2) 配体产生的非球形对称静电场使中心原子(或离子)原来五个简并的 d 轨道分裂成两组或两组以上能级不同的轨道,有的能量比晶体场中 d 轨道的平均能量降低了,有的能量升高了。分裂的情况主要取决于中心原子(或离子)和配体的本质及配体的空间分布。(3) d 电子在分裂的 d 轨道上重新排布,此时配合物体系总能量降低,这个总能量的降低值称为晶体场稳定化能(CFSE)。

1935 年,范佛莱克(van Vleck)在晶体场理论的基础上吸收了分子轨道理论的观点,发展了配位场理论(ligand field theory, LFT)。配位场理论认为,配体不是无结构的点电荷,而是具有一定电荷分布和结构的原子(或分子);成键作用既包含静电作用,又包含共价作用,并且考虑中心过渡金属离子(原子)与配体之间的轨道重叠对于配合物能级的影响,但基本上依然采用晶体场理论的计算方式,配位场理论也被称为改进的晶体场理论。

配位场理论及由此导出的分子能级图是理解配合物电子光谱的重要基础。

2. 配合物的电子光谱

配合物的电子光谱属于分子光谱,它是电子在不同能级的分子轨道间跃迁产生的光谱。根据电子跃迁机理,配合物的电子光谱可分为三种:配体内部的电子光谱;电荷迁移光谱;d 轨道能级之间的跃迁光谱(d-d 跃迁谱),也称配位场光谱。其中,最重要的是配位场光谱,也是下文重点介绍及本实验要测定的内容。

(1) 配体内部的电子光谱。

配体(如水或有机分子等)在紫外区经常出现吸收谱带。形成配合物后,这些谱带仍保留在配合物光谱中,但吸收波长位置通常会发生移动。配体内部的电子光谱主要包括以下三种类型:

① n→σ* 跃迁。处于非键轨道的孤对电子到最低未占据分子轨道(LUMO)σ* 反键分子轨道的跃迁。水、醇、胺、卤化物等配体常发生这类跃迁。

② n→π* 跃迁。处于非键轨道的孤对电子到最低未占据分子轨道(LUMO)π* 反键分子轨道的跃迁,常出现在含羰基的醛类和酮类配体分子中。

③ π→π* 跃迁。处于最高占据轨道(HOMO)π 分子轨道的电子向 LUMO π* 反键分子轨

道的跃迁,常出现在含双键、三键的有机分子中。

（2）电荷迁移光谱。

电荷迁移（charge transfer,CT）光谱,简称荷移光谱,是由中心金属离子和配体间电荷迁移引起的分子从基态向激发态跃迁产生的光谱。荷移光谱也称氧化-还原光谱。其特点是吸收强度大,跃迁能量高,常出现在紫外区。

荷移光谱一般有配体到金属的荷移（LMCT）、金属到配体的荷移（MLCT）及金属到金属的荷移（MMCT）三种。

① 配体到金属的荷移。这类跃迁相当于金属离子被还原,配体被氧化。氧化能力强的金属离子形成的配合物常产生配体对金属离子的荷移光谱。一般来说,金属离子的氧化性越强或配体的还原性越强,LMCT 跃迁的能量越低,产生的荷移光谱的波长越长。

② 金属到配体的荷移。这类荷移光谱会出现在易于被氧化的低价金属离子（如 Ti^{3+},V^{3+},Fe^{2+},Cu^{+}）与具有较大电子亲和能的配体（如吡啶、联吡啶、二氮杂菲）等组成的配合物中。通常这类配体是具有低的空轨道的有机分子。此时金属离子是还原剂,配体是氧化剂。

③ 金属到金属的荷移。一种金属离子以不同价态同时存在于一个配合物时,在不同价态之间会发生电荷的迁移,在可见区出现强吸收带。例如,普鲁士蓝 $KFe^{III}[Fe^{II}(CN)_6]$ 的 $Fe^{II} \rightarrow Fe^{III}$ 的电荷迁移,钼蓝中的 $Mo^{IV} \rightarrow Mo^{V}$ 的电荷迁移。

（3）配位场光谱。

物质呈现的颜色与吸收光峰值波长之间的关系

配位场光谱是指配合物中心金属离子的电子光谱,是电子在 d 电子组态衍生出来的能级间跃迁的光谱,所以又称 d-d 跃迁光谱。这种光谱有以下三个特点:① 一般包含一个或多个吸收带;② 强度比较弱,这是因为 d-d 跃迁是光谱选律所禁阻的;③ 跃迁能量较小,一般出现在可见区,所以许多过渡金属配合物都具有颜色。物质所呈现的颜色是它从日光中吸收最少的那一部分可见光的颜色,或者说是其吸收色的补色。对于有数个吸收峰都落在可见区内的配合物,其颜色就是这些吸收峰混合光带的互补色。

图 2-33-1 是两种第一过渡系金属离子水合物的电子光谱。从该图可知,两种配合物电子光谱的谱带数、谱带宽度和吸收强度（摩尔吸光系数）都显著不同。那么,影响电子光谱谱带数目、强度、能量和宽度的因素是什么呢?

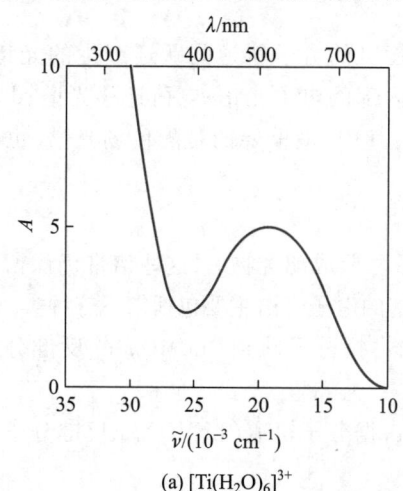

(a) $[Ti(H_2O)_6]^{3+}$

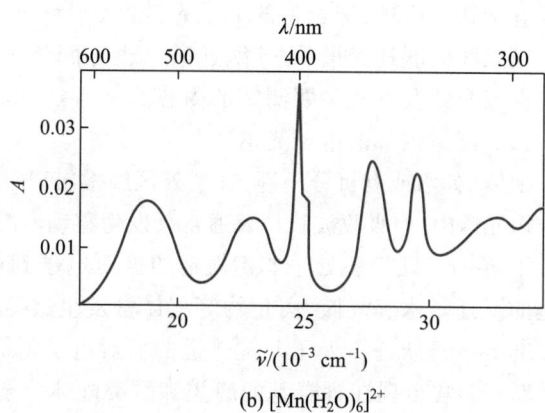

(b) $[Mn(H_2O)_6]^{2+}$

图 2-33-1　$[Ti(H_2O)_6]^{3+}$水溶液的电子光谱(a)和$[Mn(H_2O)_6]^{2+}$水溶液的电子光谱(b)

① d-d 跃迁谱带强度和数目。当一束光子入射到配合物分子时,与分子内电子能级差匹配的某些波长的光会被吸收,出现电子跃迁。但并不是任何两个能级之间都可以发生电子跃迁,只有符合一定光谱选律的跃迁才能实现。光谱选律可以从量子力学推导出来,它是角动量守恒定律和宇称守恒定律的结果。d-d 跃迁光谱选律可以归纳为两条:

第一条,自旋选律,也称多重性选择。电子只能在自旋多重性($2S + 1$)相同的能级间跃迁,即 $\Delta S = 0$,电子在不同自旋多重性之间的跃迁称为系间跨越(intersystem crossing),即 $\Delta S \neq 0$,这种跃迁为禁阻的跃迁。

第二条,轨道选律,又称 Laporte 选律或宇称选律,主要针对分子中有反演对称中心(如六配位的正八面体和二配位的线性分子)的配合物。它规定电子只有在反演对称性不同的能级间跃迁是允许的,即角量子数 $\Delta l = \pm 1$ 之间的电子跃迁是允许的,$\Delta l = 0$ 之间的电子跃迁是禁阻的。从对称性角度来说,原子轨道的角度部分有中心对称(g)和反对称(u)之分,而角量子数为零和偶数的轨道(s,d)具有 g 对称性,角量子数为奇数的轨道(p,f)具有 u 对称性。根据轨道选律,如果分子或离子具有对称中心,那么 g↔g 和 u↔u 跃迁是禁阻的跃迁,而 g↔u 跃迁是允许的跃迁。没有反演对称中心的配合物 d-d 跃迁不受轨道选律的限制。

如果严格按照上述两条光谱选律,将看不到过渡金属八面体配合物的 d-d 跃迁,当然也就看不到这些过渡金属配合物的颜色。因为 d-d 跃迁是轨道选律所禁阻的。但事实上过渡金属离子八面体配合物具有丰富多彩的颜色,这是因为上述选律往往由于某种原因而使禁阻被部分解除。这种禁阻的部分解除也称为"松动"。例如,在多电子体系中,自旋-轨道耦合(电子自旋磁矩与轨道磁矩的相互作用)会使自旋禁阻得到部分松动。又如,正八面体配合物中某些非对称振动模式的存在,使配合物的中心离子偏离它的对称中心位置,以及 π 受体和 π 供体与 d 轨道的部分混合,这也可使轨道选律的禁阻状态受到部分解除。虽然上述禁阻被部分解除,但毕竟 d-d 跃迁是属于轨道选律所禁阻的,所以 d-d 跃迁光谱的强度都不大。不同类型跃迁的摩尔吸光系数列于表 2-33-1 中。

表 2-33-1　不同类型电子跃迁的摩尔吸光系数(ε)

跃迁类型	$\varepsilon/(\text{L·mol}^{-1}\text{·cm}^{-1})$	典型配合物
自旋禁阻,轨道禁阻	$10^{-3} \sim 1$	d^5 组态离子高自旋配合物,如 $[\text{Mn}(\text{H}_2\text{O})_6]^{2+}$
自旋允许,轨道禁阻	$1 \sim 10$	大多正八面体配合物,如 $[\text{Ni}(\text{H}_2\text{O})_6]^{2+}$
自旋允许,d-p 混合使轨道部分允许	$10 \sim 10^2$	四面体或平面正方形配合物,如 $[\text{PdCl}_4]^{2-}$
自旋允许,轨道允许	$10^2 \sim 10^6$	荷移跃迁,如 $[\text{MnO}_4]^-$

② d-d 跃迁吸收峰的半宽度。由于晶格振动使得配体与中心金属原子(或离子)之间的键长不停地变化,从而使晶体场分裂能随键长的增加而减小。而分裂能的变化将导致配位场谱项之间的能量间隔发生变化,并维持在一定的范围。同时,姜-泰勒(Jahn-Teller)效应导致轨道能级进一步分裂,这种分裂常使吸收峰谱带加宽。另外,自旋-轨道耦合使谱项进一步分裂,从而也使谱带加宽。

基于上述三方面的原因,d-d 跃迁吸收峰的半宽度大多比较大,跃迁光谱都是带状光谱。

③ d-d 跃迁产生的吸收的能量(波长)。d-d 跃迁的能量与配位场强度、金属离子所含电子数、离子价态及金属离子所在周期数密切相关。Δ 和 B 是配位场理论的两个重要参数。Δ

是配位场强度参数。B 是拉卡(Racah)参数,它是多电子离子(分子)中电子之间相互作用程度的参数。

对于同一金属离子,配位场强度与配体的性质、数目及空间构型密切相关。相同中心离子和配体生成的四面体配合物的晶体场分裂能(Δ_t)只有正八面体配合物的晶体场分裂能(Δ_o)的 4/9。

对于同一中心离子与不同配体形成的八面体配合物或准八面体配合物,晶体场分裂能 Δ_o(10 Dq)值随配位场强度的增强而增大。按照 Δ_o 值相对大小排列的配体顺序称为"光谱化学序列",它反映了配体所产生的配位场强度的相对大小。

自由金属离子的拉卡参数 B_0 值,可以从其发射光谱测得。金属离子与配体形成配合物后,其 B 值均小于自由离子的 B_0 值。由于 B 值包含有 Slater 径向积分,故 B 值的改变意味着过渡金属离子 d 电子的径向分布在不同配位场中是不同的。

设

$$\beta = B/B_0 \tag{2-33-1}$$

β 称为电子云伸展系数。按照 β 值递减次序,将配体排成一个序列,称"电子云伸展序列"。该序列反映了金属离子与配体形成的化学键的共价性程度,β 值越小,d 电子离域作用越大,共价性成分越多。借助 β 值,可以间接地预测过渡金属配合物的共价键程度。

对同一配体组成的配合物而言,分裂能 Δ_o 随金属离子的不同而异。同一金属原子,随离子价数的升高,分裂能 Δ_o 增大;d 电子数相同,价数相等的金属离子,随周期数增大,分裂能 Δ_o 增大。

研究 d-d 跃迁光谱必须同时考虑 d 电子间的排斥作用(B)和配位场的作用(Δ_o)。中心金属离子的电子数、电子排布情况(高低自旋)、离子构型、配体等变化都会引起 d-d 跃迁光谱的变化。根据研究金属离子电子光谱的弱场方法,首先考虑 d 电子间相互排斥作用引起的能级改变,获得自由离子 d^n 组态的光谱项,然后考虑各光谱项在配位场中的分裂情况及光谱选律来确定谱带数及其强度。需要特别指出的是,自由离子光谱项在配位场作用下发生分裂时,多重性是不变的。

图 2-33-2 是 Co^{3+}(d^6 电子组态)在正八面体场中的 Tanabe-Sugano 能级图。图中,横坐标为 Δ_o/B,纵坐标是光谱项及其能量 E/B,最左边是自由离子的能级,右边是晶场能级。图中,黑色线表示的能级是自旋允许跃迁的能级,蓝色线表示的是自旋禁阻跃迁的能级。d^6 电子组态的离子在弱场中($\Delta_o/B < 18.9$),如 $[CoF_6]^{3-}$,是高自旋态,$^5T_{2g}$ 是其基态。根据光谱选律,只有一个自旋允许($^5T_{2g} \rightarrow {}^5E_g$)的跃迁。可以预见 $[CoF_6]^{3-}$ 的 d-d 光谱中只有一个吸收峰,该峰的能量就是晶场的分裂能

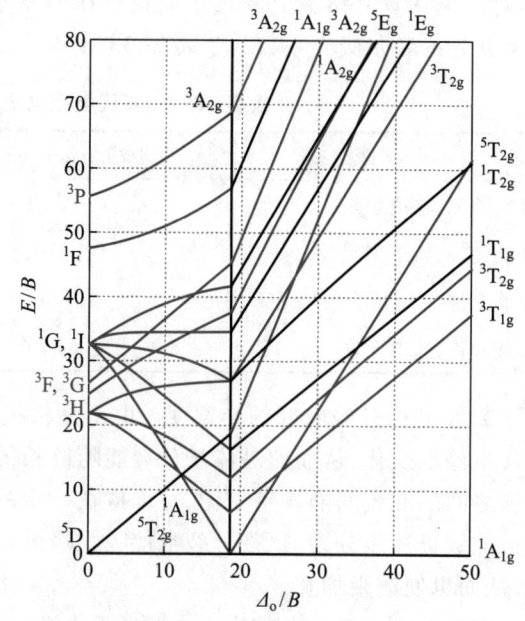

图 2-33-2 Co^{3+}(d^6 电子组态)在正八面体场中的 Tanabe-Sugano 能级图

(Δ_o)。在强场中 $(\Delta_o/B \geqslant 18.9)$，如 $[Co(H_2O)_6]^{3+}$，$[Co(NH_3)_6]^{3+}$ 等是低自旋态，$^1A_{1g}$ 是其基态，根据光谱选律，有 $^1A_{1g} \rightarrow {}^1T_{1g}$，$^1A_{1g} \rightarrow {}^1T_{2g}$ 两个自旋允许的跃迁。可见区会出现两个吸收峰。需要特别强调的是，Tanabe-Sugano 能级图对于强场和弱场，基态的能量都定义为零，所有其他谱项的能量相对于基谱项绘制。

三、实验仪器和药品

紫外-可见分光光度计　　　　　　　甘氨酸钠 (NH_2CH_2COONa，LG)

真空水泵　　　　　　　　　　　　草酸钾 ($K_2C_2O_4$，分析纯)

冰(水)浴锅　　　　　　　　　　　浓盐酸 (HCl，分析纯)

磁力搅拌器　　　　　　　　　　　冰醋酸 (CH_3COOH，分析纯)

加热板　　　　　　　　　　　　　硝酸 (HNO_3，分析纯)

烧杯 (25，50，100 mL)　　　　　　乙二胺盐酸盐 ($C_2H_{10}Cl_2N_2$，分析纯)

容量瓶 (50 mL)　　　　　　　　　碳酸氢钾 ($KHCO_3$，分析纯)

抽滤瓶　　　　　　　　　　　　　亚硝酸钠 ($NaNO_2$，化学纯)

布氏漏斗　　　　　　　　　　　　六水合硝酸钴 [$Co(NO_3)_2 \cdot 6H_2O$，分析纯]

巴斯德移液管　　　　　　　　　　六水合氯化钴 ($CoCl_2 \cdot 6H_2O$，分析纯)

双氧水 (H_2O_2，30%)　　　　　　氢氧化钠 (NaOH，分析纯)

预先准备: 4.22 mmol $\cdot$ L^{-1} $CoCl_2$ (Co^{2+} 溶液)；0.24 mol $\cdot$ L^{-1} HCl 溶液；4 mol $\cdot$ L^{-1} HNO_3 溶液

四、实验内容和步骤

1. 样品的制备

(1) $[Co(CO_3)_3]^{3-}$ 的制备。称取 1.45 g (4.98 mmol) $Co(NO_3)_3 \cdot 6H_2O$ 于 25 mL 烧杯中，加入 1.2 mL 水和 2.0 mL 30% H_2O_2，放入冰浴。在另一烧杯中加入 3.5 g (34.9 mmol) $KHCO_3$ 和 3.5 mL 去离子水，放入磁子，放入冰浴中，并开启搅拌。(等待过程做其他配合物。) $KHCO_3$ 溶液在冰浴中保持搅拌，将 $Co(NO_3)_2$ 溶液滴入，速率不要太慢。抽滤，去除多余 $KHCO_3$，滤液转移至烧杯，放入冰浴(后续再次使用)。取 5 滴溶液于比色皿中，用去离子水稀释，测定紫外-可见吸收光谱。

(2) $[Co(NO_2)_6]^{3-}$ 的制备。称取 0.38 g (1.31 mmol) $Co(NO_3)_3 \cdot 6H_2O$ 于 50 mL 烧杯中，加入 8 mL 去离子水；溶解后加入 3.07 g (44.5 mmol) $NaNO_2$ 和 1.5 mL 冰醋酸，此时剧烈冒泡；转移至 50 mL 容量瓶中，定容，摇晃 2~3 min。

用移液管将 1 mL 此溶液转移到另一个 50 mL 容量瓶中，定容并摇匀。

取 15 滴溶液加入比色皿，用去离子水稀释，测定紫外-可见吸收光谱。

(3) $[Co(ox)_3]^{3-}$ 的制备。在 25 mL 烧杯中加入 5 mL Co^{2+} 溶液，0.775 g (4.66 mmol) 草酸钾，摇晃使其溶解。加入 0.5 mL 30% H_2O_2，40 ℃ 水浴加热，直到蓝绿色溶液形成，放入比色皿中，测定紫外-可见吸收光谱。

(4) $[Co(en)_3]^{3+}$ 的制备。分别称取 0.6 g (2.52 mmol) $CoCl_2 \cdot 6H_2O$ 和 1.33 g (9.99 mmol) 乙二胺盐酸盐于 25 mL 烧杯中，加入 2.5 mL 去离子水，摇晃溶解；加入 0.8 g (20 mmol) NaOH，摇

晃溶解;然后,加入 2.0 mL 30% H_2O_2,同时摇晃;微沸 10~15 min,直到溶液表面有一层沉淀生成,冰浴冷却 10 min,抽滤;抽干晶体,计算产率。

称取 0.02 g 晶体溶解于 10 mL 去离子水中,测定紫外-可见吸收光谱。

(5) $[Co(gly)_3]$ 的制备。在 50 mL 烧杯中加入 10 mL Co^{2+} 溶液和 0.75 g (7.73 mmol) 甘氨酸钠,摇晃直到溶解;加入 0.5 mL 30% H_2O_2,周期性摇晃 5 min 确保氧化完成,测定紫外-可见吸收光谱。

(6) $[Co(H_2O)_6]^{3+}$ 的制备。在 50 mL 烧杯中加入 1 mL $[Co(CO_3)_3]^{3-}$ 溶液和 20 mL 4 mol·L^{-1} HNO_3 溶液,摇晃均匀,测定紫外-可见吸收光谱。

2. 电子光谱的测定

首先,用去离子水对光谱进行校正。然后,在 200~780 nm 波长范围内用 1 cm 比色皿,分别测定 $[Co(NO_2)_6]^{3-}$,$[Co(en)_3]^{3+}$,$[Co(gly)_3]$,$[Co(ox)_3]^{3-}$,$[Co(H_2O)_6]^{3+}$,$[Co(CO_3)_3]^{3-}$ 样品溶液的光谱。以溶剂作参比,每隔 10 nm 测定一次吸光度值,在接近吸收峰处多测定几个数据点。

五、数据处理、实验结果及讨论

(1) 画出各种钴配合物的吸收光谱曲线,指定吸收谱带对应的电子跃迁能级($^1A_{1g} \rightarrow {}^1T_{1g}$,$^1A_{1g} \rightarrow {}^1T_{2g}$)归属及最大吸收处的波长($\lambda$,单位为 nm)。

(2) 按下式将两个吸收峰的波长(λ,单位为 nm)转换为能量($\tilde{\nu}$,单位为 cm^{-1}):

$$\tilde{\nu}(cm^{-1}) = \frac{1}{\lambda} \times 10^7。$$

(3) 计算两个吸收峰能量的比值,即 $\tilde{\nu}_1(^1A_{1g} \rightarrow {}^1T_{2g})/\tilde{\nu}_2(^1A_{1g} \rightarrow {}^1T_{1g})$。

(4) 在 d^6 电子组态在正八面体场的 Tanabe-Sugano 能级图上找到对应上述比值的 Δ_o/B 值及纵坐标上对应的 E/B 值,根据测得的 ν_2(或 ν_1)值(cm^{-1})及 E/B 数值,计算 B 值,然后横坐标的 Δ_o/B 值及 B 计算晶体场分裂能($\Delta_o = 10 Dq$),按由大到小顺序排出这些配合物中配体的光谱化学序列。

(5) 已知 Co^{3+} 自由离子的 B_0 值为 1100cm^{-1},计算上述配合物的 β 值,按由大到小顺序排出这些配合物中配体的电子云伸展序列。

(6) 将上述配合物的颜色、吸收带波长(λ)、晶体场分裂能(Δ_o)、拉卡(Racah)参数 B 和 β 值列表。

六、附注

(1) 不同 d 电子组态离子的光谱基项和在晶体场中的分裂的光谱项不同,因此计算晶体场分裂能的方法也不尽相同。如对 d^3 电子组态的离子(如 V^{2+},Cr^{3+},Mn^{4+}),在强场或弱场中,基态电子排布都是一样的,其 Tanabe-Sugano 能级图见图 2-33-3。

只有一个象限,其基态为 $^4A_{2g}$ 能级,在 O_h 场中的第一跃迁能($^4A_{2g} \rightarrow {}^4T_{2g}$)即为分裂能 Δ_o,此值可以从吸收光谱图中最低能量的吸收峰波长(nm),根据普朗克(Planck)方程:$E = h\nu = hc/\lambda$ 求得。

而对于 d^6 电子组态的 Co^{3+} 的配合物来说,强场和弱场时基态 d 电子的排布有高自旋和低自旋的区别。光谱基项和晶体场分裂的谱项也不同。Δ_o 和 B 的求算需要借助 Tanabe-Sugano

能级图来完成。

（2）对于混合配体配合物，如[Co(NH$_3$)$_5$Cl]$^{2+}$，其在八面体场O_h的Δ_o值求算，可使用"平均环境经验规则"，即（MA$_n$B$_{6-n}$）混配配合物的Δ_o值与单配配合物[MA$_6$]和[MB$_6$]的Δ_o有以下关系：

$$\Delta_o[MA_nB_{6-n}] = n/6\Delta_o[MA_6] + (6-n)/6\Delta_o[MB_6]$$

七、思考题

（1）变色硅胶是一种常用的干燥剂，主要成分是多孔氧化硅，变色指示剂是CoCl$_2$。干燥时硅胶呈蓝色且颜色较深，吸水饱和时呈粉红色且颜色很浅，请问其中的原因是什么？

（2）测试温度和使用的溶剂对电子光谱有没有影响？为什么？

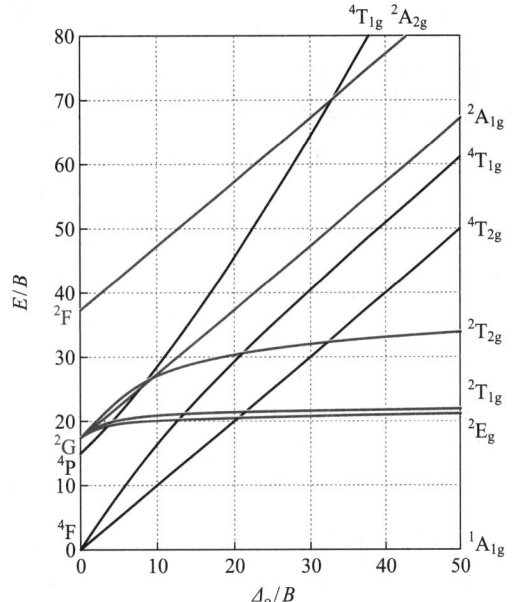

图 2-33-3　d^3 电子组态离子的
Tanabe-Sugano 能级图

八、安全与环保

（1）光谱仪的使用方法及注意事项请阅读有关手册。

（2）若本实验使用的试剂误食、吸入体内或与皮肤直接接触，会造成一定损害，制备样品和装样操作时务必戴好防护手套、口罩和防护眼镜。

*九、选做实验：配合物电子光谱的理论计算与分析

1. 原理与方法

含时密度泛函理论（time-dependent density functional theory，TDDFT）是一种用于研究分子和凝聚态系统的理论方法。它是基于密度泛函理论（density functional theory，DFT）发展而来的，可以描述系统中的电子在时间上的演化。TDDFT 在描述和求解电子结构问题方面具有很大的优势和应用潜力。传统的 DFT 方法主要用于计算系统的基态性质，如电子密度、能量和结构等。然而，在许多实际的应用中，需要理解和研究系统的激发态，如光谱吸收、发射和激发能级等。这就需要使用 TDDFT 来描述系统的时间演化和激发态行为。TDDFT 的核心思想是将系统的电子密度视为变量，并通过求解含时 Kohn-Sham 方程来描述电子的时间演化：

$$i\frac{\partial}{\partial_t}\phi_j(r,t) = -\left[\frac{\nabla^2}{2} + v_s(r,t)\right]\phi_j(r,t)$$

$$v_s[n,\psi_0,\Phi_0](r,t) = v(r,t) + v_H(r,t) + v_{xc}[n,\psi_0,\Phi_0](r,t)$$

$$n(r,t) = \sum_{j=1}^{N} |\varphi_j(r,t)|^2$$

式中 $\varphi_j(r,t)$ 为对应的无相互作用参考系统的含时 Kohn-Sham 轨道;v_s 为 Kohn-Sham 势;v 为外势场;$v_H(r,t)$ 是由瞬时电荷密度 $n(r,t)$ 决定的经典库仑势;v_{xc} 为含时的交换关联势;ψ_0 为真实相互作用体系的初始多体波函数;Φ_0 为 Kohn-Sham 参考体系的初始波函数。

在 TDDFT 中,系统的总能量是电子密度的泛函,因此通过求解含时 Kohn-Sham 方程可以得到电子密度随时间的演化。这个方程的形式与 DFT 中的 Kohn-Sham 方程相似,但包含了时间相关的势能项。通过求解这个方程,可以获得系统中电子的时间演化行为,如电子的激发和弛豫。除了电子密度的时间演化,TDDFT 还可以用于计算系统的激发态光谱性质。

2. 模拟软件和硬件

Gaussian16/09,学术软件 ORCA 或开源的 PySCF 等。

3D 分子建模软件:如商用版的 GaussView,ChemOffice 或开源的 Avogadro 等。

个人计算机,搭载 Windows 或者 Linux 操作系统。

3. 实验内容及步骤

(1) 使用 3D 分子建模软件如 GaussView 或者 Avogadro 建立 $[Co(H_2O)_6]^{3+}$ 分子模型,用分子力场(如 MMFF94 或 UFF 等)初步优化其几何结构。检查结构的分子对称性是否属于 D_{2h} 或 T_h 点群。

(2) 使用 GaussView 建立量子化学软件 Gaussian 的输入文件,采用密度泛函理论(DFT)方法中的 B3LYP 泛函,6-31G(d,p)基组,CPCM 隐式溶剂模型,溶剂选用水,优化 $[Co(H_2O)_6]^{3+}$ 分子结构,并做频率分析,以确保所得构型为处于稳态的平衡构型。

(3) 使用优化后的分子结构再次建立输入文件,计算分子激发态相关性质,使用含时密度泛函理论(TDDFT)方法,选 B3LYP 泛函,6-31G(d,p)基组,CPCM 隐式溶剂模型,溶剂选用水,指定包含 20 个电子激发组态,并且同时考虑单重态和三重态激发。

(4) 用文本编辑器打开 TDDFT 计算的输出文件,找到各个激发态的相关数据,获取激发能、振子强度、自旋态、电子态对称性及激发轨道贡献等信息。

4. 实验结果及讨论

(1) 比较理论计算结果与实验测定的 $[Co(H_2O)_6]^{3+}$ 的激发态能量数值,如存在差异,尝试分析原因。

(2) 尝试不使用溶剂模型进行几何优化并计算激发态性质,查看激发态能量是否有变化,讨论溶剂对激发能的影响。

3D 分子建模演示视频

DFT 计算输入文件

TDDFT 计算输入文件

TDDFT 输出文件分析演示视频

参考资料

实验三十四　HCl 气体的红外光谱测定

一、实验目的和要求

(1) 能够使用红外光谱仪测定气体样品的红外光谱。

(2) 能够说明振动-转动光谱的基本原理和分析方法,并用于计算 HCl 分子的转动惯量、力常数及平衡键距等基本物理参数。

*（3）能够进行 HCl 同位素气体的振动-转动光谱测定与分析（选做实验）。

二、实验原理

红外光谱作为一种常规的谱学表征手段，在物种鉴别、结构分析和化学反应机理研究等方面具有十分广泛的应用。根据研究对象所处的不同状态，红外光谱可以简单地分为气相红外光谱、液相红外光谱和固相红外光谱，相关光谱的测量需要借助不同的红外附件，通过谱学分析可以获取物质在不同状态条件下的结构信息。气相红外光谱是一种对气体样品进行组分和结构分析的有力工具。处于游离状态的气相分子的运动包含了平动（t）、转动（r）、振动（v）和电子跃迁（e），其总能量 $E_{总}$ 可以描述为

$$E_{总} = E_t + E_r + E_v + E_e \tag{2-34-1}$$

分子的平动能级间隔极小，其跃迁一般可视为非量子化的连续过程，而转动、振动和电子能级间的跃迁都是量子化的。当分子与特定波长的光相互作用时会发生吸收，导致不同能级间的激发跃迁，由此可以获得相应的吸收光谱。当用能量较低的远红外光（波长大于 10^4 nm）激发分子时，只能引起分子转动能级的跃迁，得到纯转动光谱；如果是采用射频或微波电磁场与分子相互作用引起的转动能级跃迁，所得到的吸收光谱则被称为微波光谱。当用红外光（波长在 $10^3 \sim 10^4$ nm）激发分子时，会引起包含转动能级在内的振动能级跃迁，得到振动-转动光谱，即常见的红外光谱。当用能量更高、波长更短的紫外-可见光（波长在 $100 \sim 800$ nm）激发分子时，则可能引起包含振转能级改变的电子能级跃迁，得到紫外-可见吸收光谱。

对于气相分子，通过振动-转动光谱的测量和解析可以获取其准确的结构信息。以双原子分子为例，在解析振动-转动光谱时，可将其视为简谐振子和刚性转子模型，其简谐振子的振动能 E_v 为

$$E_v = \left(v + \frac{1}{2}\right)h\nu_e \quad (v = 0,\ 1,\ 2,\ 3,\ \cdots) \tag{2-34-2}$$

$$\nu_e = \frac{1}{2\pi}\left(\frac{k}{\mu}\right)^{\frac{1}{2}} \tag{2-34-3}$$

式中 v 为振动量子数；ν_e 为振动频率；k 为力常数；μ 为折合质量，对于一个由 2 个质量分别为 m_1 和 m_2 的原子组成的双原子分子，$\mu = m_1 m_2 / (m_1 + m_2)$。

双原子分子的位能 U 随原子核间距 r 的变化曲线和振动能级如图 2-34-1 所示。对于极性分子，振动能级跃迁的吸收选律为 $\Delta v = \pm 1$。

对于理想模型的刚性转子，其转动能 E_r 为

$$E_r = J(J+1)\frac{h^2}{8\pi^2 I} \quad (J = 0,\ 1,\ 2,\ 3,\ \cdots) \tag{2-34-4}$$

$$I = \mu r_e^2 \tag{2-34-5}$$

式中 J 为转动量子数；I 为转动惯量；r_e 为分子平衡键距。转动能级跃迁的吸收选律为 $\Delta J = \pm 1$。

如以波数（cm^{-1}）为能量单位，分子的转动能级 $\tilde{\nu}_r$ 则可描述为

$$\tilde{\nu}_r = \frac{E_r}{hc} = J(J+1)\frac{h}{8\pi^2 cI} = J(J+1)B \tag{2-34-6}$$

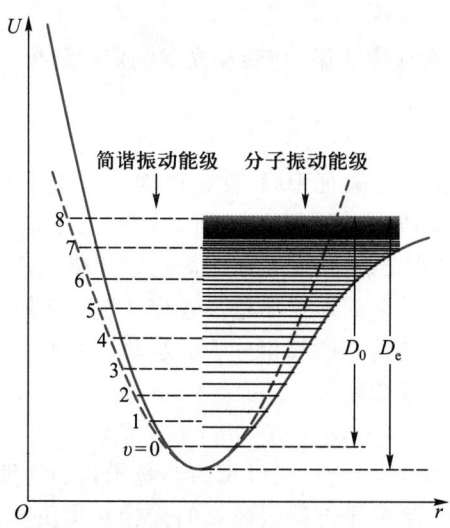

图 2-34-1　双原子分子的位能 U 随原子核间距 r 的变化曲线和振动能级

$$B = \frac{h}{8\pi^2 cl} \tag{2-34-7}$$

式中 B 为转动常数；h 为普朗克常量(6.626×10^{-34} J · s)；c 为光速(3×10^8 m · s^{-1})。

　　双原子分子的简谐振动可以发生 $v'' = 0$ 到 $v' = 1$ 的振动–转动能级跃迁，如图 2-34-2 所示。其中 $\Delta J = -1$ 的跃迁对应于可观察吸收谱带的 P 支；$\Delta J = +1$ 的跃迁对应于谱带的 R 支；$\Delta J = 0$ 的跃迁对应于谱带的 Q 支，该跃迁在双原子分子中无红外活性，无法观察。对于可观察的振动–转动跃迁，其能级为

$$\tilde{v} = \frac{\Delta E}{hc} = (v' - v'')\tilde{v}_e + [J'(J' + 1) - J''(J'' + 1)]B \tag{2-34-8}$$

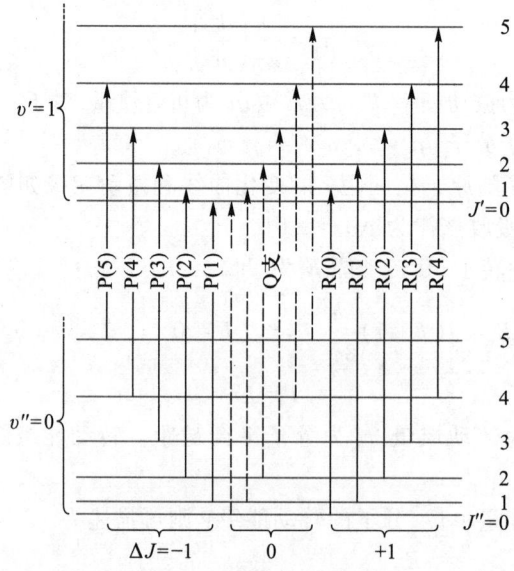

图 2-34-2　双原子分子振动基态($v'' = 0$)和第一激发振动态($v' = 1$)的转动能级及跃迁示意图

式中"'"表示跃迁终态;"""表示跃迁始态。

若 $v'' = 0$ 和 $v' = 1$,则对于转动量子数 $J' = J'' + 1$ 的跃迁(即 R 支),得

$$\tilde{v} = \tilde{v}_e + 2(J'' + 1)B \qquad (J'' = 0, 1, 2, 3, \cdots) \qquad (2-34-9)$$

对于转动量子数 $J' = J'' - 1$ 的跃迁(即 P 支),得

$$\tilde{v} = \tilde{v}_e - 2J''B \qquad (J'' = 0, 1, 2, 3, \cdots) \qquad (2-34-10)$$

由于实际分子并不是刚性转子,在振动-转动跃迁过程中也不是简谐振子,在处理实际体系时需对上述简化模型进行修正。针对振动的非简谐性,双原子分子的位能曲线(图 2-34-1)可用 Morse 势函数近似表达为

$$U = D_e \left[1 - e^{-\beta(r - r_e)} \right]^2 \qquad (2-34-11)$$

式中

$$\beta = v_e \left(\frac{2\pi^2 \mu}{D_e} \right)^{\frac{1}{2}} \qquad (2-34-12)$$

式中 D_e 为双原子分子的解离能,由于粒子即使处于绝对零度的真空中依然存在最低振动状态所对应的"零点能",即 $h v_e / 2$,使得基态分子的解离能 D_0 为

$$D_0 = D_e - \frac{1}{2} h v_e \qquad (2-34-13)$$

将上述位能函数 U 代入薛定谔方程求解,并对双原子分子的非简谐性做一级近似处理,其振动能 E_v 可表达为

$$E_v = \left(v + \frac{1}{2} \right) hc\tilde{v}_e - \left(v + \frac{1}{2} \right) hcX_e\tilde{v}_e \qquad (2-34-14)$$

式中非简谐常数 X_e 为

$$X_e = \frac{h \tilde{v}_e c}{4D_e} \qquad (2-34-15)$$

如图 2-34-1 所示,非简谐效应会导致分子每个振动能级低于简谐振子的振动能级,且对应振动能级间的间距随着振动量子数 v 的增大而减小,能级相互靠近,此时跃迁选律为 $\Delta v = \pm 1, \pm 2, \pm 3, \cdots$。由于振动的非简谐效应使得除 $v'' = 0 \rightarrow v' = 1$ 的基频跃迁谱带之外,还可以观察到泛频谱带,如 $v'' = 0 \rightarrow v' = 2$ 和 $v'' = 0 \rightarrow v' = 3$ 等。一般情况下,泛频谱带的强度远低于基频谱带的强度。

除了非简谐效应的矫正,实际双原子分子的振动-转动还需要考虑非刚性转子的修正项 $J^2(J + 1)D$(D 为离心变形常数)和振动转动的相互作用项 $J(J + 1)\left(v + \frac{1}{2} \right)\alpha$($\alpha$ 为振动转动相互作用常数)。由此,双原子分子振动-转动能级跃迁可表达为

$$\tilde{v} = \left(v + \frac{1}{2} \right)\tilde{v}_e - \left(v + \frac{1}{2} \right)^2 X_e\tilde{v}_e + J(J + 1)B - J(J + 1)\left(v + \frac{1}{2} \right)\alpha - J^2(J + 1)^2 D$$

$$(2-34-16)$$

定义转动系数为 $B_v = B - \left(v + \frac{1}{2} \right)\alpha$,上式可以简化为

$$\tilde{\nu}_e = \left(\upsilon + \frac{1}{2}\right)\tilde{\nu}_e - \left(\upsilon + \frac{1}{2}\right)^2 X_e \tilde{\nu}_e + J(J+1)B_\upsilon - J^2(J+1)^2 D \qquad (2\text{-}34\text{-}17)$$

对于 $\upsilon''(=0) \to \upsilon'$ 和 $J'' \to J''+1$（即 $J'=J''+1, J''=0,1,2,\cdots$）的跃迁，式（2-34-17）变为

$$\tilde{\nu}_R(J'') = \upsilon'[1-(\upsilon'+1)X_e]\tilde{\nu}_e + 2B_{\upsilon'} + J''(3B_{\upsilon'}-B_0) + (J'')^2(B_{\upsilon'}-B_0) - 4(J''+1)^3 D$$

$$(2\text{-}34\text{-}18)$$

即为谱带的 R 支。

对于 $\upsilon''(=0) \to \upsilon'$ 和 $J'' \to J''-1$（即 $J'=J''-1, J''=0,1,2,\cdots$）的跃迁，式（2-34-17）变为

$$\tilde{\nu}_P(J'') = \upsilon'[1-(\upsilon'+1)X_e]\tilde{\nu}_e - J''(B_{\upsilon'}+B_0) + (J'')^2(B_{\upsilon'}-B_0) - 4(J'')^3 D$$

$$(2\text{-}34\text{-}19)$$

即为谱带的 P 支。

式（2-34-18）和式（2-34-19）中右边第一项 $\upsilon'[1-(\upsilon'+1)X_e]\tilde{\nu}_e$ 对应于 $\Delta J = 0$ 的跃迁，为谱带的原线即 Q 支。

如果只考虑具有相同 J'' 值的 R 支和 P 支谱线组分（即具有相同起始态的跃迁），转动系数 $B_{\upsilon'}$ 和离心变形常数 D 可通过下式计算获得：

$$\tilde{\nu}_R(J'') - \tilde{\nu}_P(J'') = 2(2J''+1)B_{\upsilon'} - 4[(J''+1)^3 + (J'')^3]D \qquad (J''=1,2,3,\cdots)$$

$$(2\text{-}34\text{-}20)$$

若考虑具有相同终态的 R 支和 P 支谱线组分，转动系数 B_0（即 $B_{\upsilon'}, \upsilon''=0$）和离心变形常数 D 可通过下式计算获得：

$$\tilde{\nu}_R(J'') + \tilde{\nu}_P(J''+2) = 2(2J''+3)B_0 - 4[(J''+1)^3 + (J''+2)^3]D \qquad (J''=0,1,2,3,\cdots)$$

$$(2\text{-}34\text{-}21)$$

由式（2-34-20）式（2-34-21）可以看出，由两支组分相加可以得出包含谱带原线的方程为

$$\tilde{\nu}_R(J'') + \tilde{\nu}_P(J''+1) = 2\upsilon'[1-(\upsilon'+1)X_e]\tilde{\nu}_e + 2(J''+1)^2(B_{\upsilon'}-B_0) \qquad (J''=0,1,2,\cdots)$$

$$(2\text{-}34\text{-}22)$$

据此可以计算谱带原线，即差值 $(B_{\upsilon'}-B_0)$。

三、实验仪器和药品

INSA OPTICS FOLI10-R 红外光谱仪

气体红外吸收池（单晶硅窗片，厚度 1.5 mm；气体池直径约 2 cm，长度 10 cm）

HCl 气体发生装置

浓盐酸（分析纯）

固体 $CaCl_2$（分析纯）

四、实验内容及步骤

1. HCl 气体的制备

HCl 气体发生装置如图 2-34-3 所示。

将 6 g 左右的无水 $CaCl_2$ 置于圆底烧瓶(2)中，在分液漏斗(1)中装入约 3 mL 浓盐酸，按图中所示通过四通旋塞(5)连接好实验装置。开启机械泵(6)，在关闭分液漏斗的状态下对整个体

系抽真空,至真空计(4)读数在 0.1 mbar 左右;待空气赶尽,关闭连接机械泵的二通旋塞(3),检查红外气体池(7)的气密性;然后打开二通旋塞(8),同时将分液漏斗中的浓盐酸快速滴入圆底烧瓶(2)中,产生 HCl 气体,此时可看到真空计(4)的读数明显上升,至 4 mbar 左右,关闭红外气体池的二通旋塞(8),取下红外气体池(7)进行红外光谱测量。

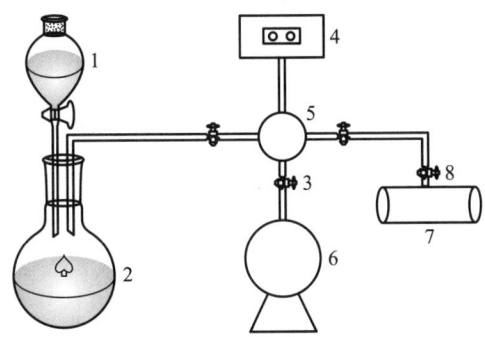

1—装有浓盐酸的分液漏斗;2—装有 $CaCl_2$ 的圆底烧瓶;
3,8—二通旋塞;4—真空计;5—四通旋塞;
6—机械泵;7—红外气体池

图 2-34-3　HCl 气体发生装置示意图

2. 红外光谱测量

打开红外光谱仪和与之匹配的计算机,运行光谱操作软件 INSA S-IR 程序,设置谱学测量范围为中红外区域 4000~500 cm^{-1},分辨率为 2 cm^{-1}。首先测量抽真空后红外气体池的红外光谱,并将其设置为背景吸收。然后将充入 HCl(压力约 4 mbar)的红外气体池放置在光谱仪样品仓内的样品架上,测量样品的红外光谱,并将光谱数据保存。实验测得的 HCl 气体红外光谱中的基频振动-转动光谱如图 2-34-4 所示。

红外光谱仪操作演示视频

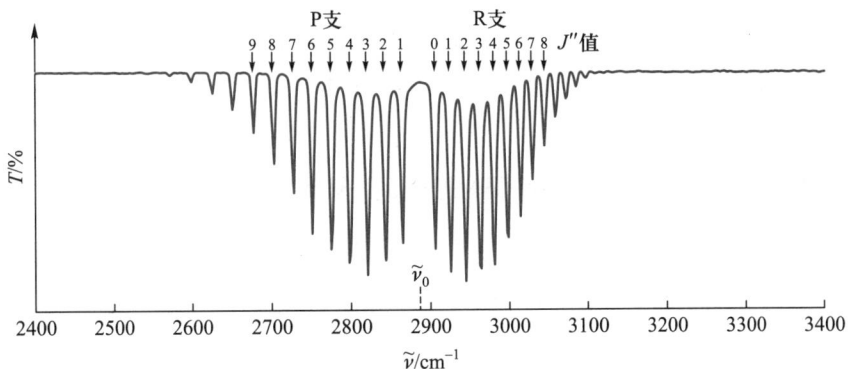

图 2-34-4　HCl 气体的基频振动-转动红外吸收光谱

(气体池长约 10 cm,气体压力约为 4 mbar)

五、数据处理、实验结果及讨论

(1) 利用红外光谱软件在谱图中测定出 $\tilde{\nu}_R(J'')$ 和 $\tilde{\nu}_P(J'')$ 各谱带的波数。

(2) 依据式(2-34-20)以 $0.5[\tilde{\nu}_R(J'') - \tilde{\nu}_P(J'')]/[(2J'' + 1)]$ 对 $2[(J'' + 1)^3 + (J'')^3]/$

$[(2J''+1)]$（$J''=1,2,3,\cdots$）作图，由斜率获得离心变形常数 D，由截距获得转动系数 $B_{v'}$。

（3）依据式(2-34-21)以 $0.5[\tilde{\nu}_R(J'')+\tilde{\nu}_P(J''+2)]/[(2J''+3)]$ 对 $2[(J''+1)^3+(J''+2)^3]/[(2J''+1)]$（$J''=0,1,2,3,\cdots$）作图，由斜率获得离心变形常数 D，由截距获得转动系数 B_0。

（4）依据式(2-34-7)计算转动惯量 I' 和 I''，进而依据式(2-34-5)计算分子的平衡键距 r_e' 和 r_e''。

（5）将光谱中 $\Delta J=0$ 的谱峰位置近似为 ν_e 值，通过式(2-34-3)估算化学键的力常数 k，计算解离能 D_e 和 D_0。

六、思考题

（1）为什么在红外区能看到转动谱线的结构？振动-转动光谱和微波光谱有哪些异同点？

（2）气相红外光谱的峰形和强度与哪些因素有关？什么情况下可以看到分子的转动谱线结构？

（3）什么情况下可以在振动光谱中看到转动跃迁的 Q 支谱带？

（4）在测 HCl 气体红外光谱过程中还可以同时发现哪些其他分子的振动-转动光谱？与 HCl 的转动谱带有何区别？

七、安全与环保

（1）必须严格按照红外光谱仪说明书的操作规程进行实验操作。

（2）实验过程中排出的多余 HCl 气体及实验结束后红外气体池中的 HCl 气体均需排往通风橱。同时保持实验室内干燥、通风。

八、附注

（1）必须确保气体池的气密性，并应提前测量抽真空后红外气体池的吸收光谱。

（2）通入的气体样品应预先干燥，实验后要将气体样品排空，并用氮气反复清洗气体吸收池。

*九、选做实验：HCl 同位素气体的振动-转动光谱测量与分析

自然界中氯元素有 ^{35}Cl 和 ^{37}Cl 两种，天然丰度分别为 75.77% 和 24.23%。所以常规制备的 HCl 气体中自然包含两种同位素，通过提高红外光谱仪的分辨率（如增加至 0.5 cm^{-1}），可以在红外光谱中观察到每个转动谱峰发生裂分，分别对应于 H^{35}Cl 和 H^{37}Cl。

【实验提示】

同位素会导致 HCl 分子的折合质量 μ 发生改变，从而影响化学键的力常数 k 和平衡键距 r_e 等。通过拓展光谱测量和谱学数据分析可以测定不同同位素分子的相关结构参数，了解分子中同位素取代对化学键的影响。

此外，将红外光谱仪的测量上限拓展至 6000 cm^{-1}，在光谱中可以直接观察到 HCl 伸缩振动的倍频所对应的振动-转动跃迁谱带。参考基频转动光谱的分析方法，对倍频光谱进行解析，借助基频和倍频谱带原线可获得非简谐常数 X_e 和 $\tilde{\nu}_e$ 值。

参考资料

实验三十五　X 射线光电子能谱法测定物质表面元素组成及状态

一、实验目的和要求

（1）能够说明 X 射线光电子能谱仪的构造和使用方法。

（2）能够说明 X 射线光电子能谱技术的基本原理和功能。

（3）能够根据 X 射线光电子能谱图,分析物质表面元素组成及大致化学状态。

（4）能够根据结合能位置计算元素的化学位移,并判断元素化学价态。

*（5）能够测定元素的俄歇电子能谱,结合 XPS 元素轨道电子结合能绘出二维状态图。

二、基本原理

固体是物质固有的三种形态之一,所有的固体都具有表面或界面。表面或界面是物质存在的一种形式,表面力场的不饱和性赋予表面一种不同于体相的特殊性。根据定义,表面相就是非均匀的原子势能区。尽管这样的定义非常科学,但很难进行实际测量。因此,可以根据实际测量技术的特点给予表面确切的含义。通常低于 10 nm 深度的分析称为表面分析。最为常用的表面能谱分析技术包括:X 射线光电子能谱（XPS）、俄歇电子能谱（AES）、紫外光电子能谱（UPS）、高分辨电子能量损失谱（HREELS）、二次离子质谱（SIMS）及离子散射谱（ISS）等。其中,AES 主要用于导电样品的表面分析,如在金属冶金领域的应用,而 XPS 则更侧重于化学材料领域的表面分析。SIMS 和 ISS 由于其定性定量较为复杂,一般用于分析有机大分子,包括高分子化合物的检测及应用。

1. 光电子能谱

光电子能谱是由瑞典 Uppsala 大学的 Siegbahn 教授提出的,依据的基本原理是光电效应。能量为 $h\nu$ 的单色光照射到样品上时,部分样品表面原子会吸收此能量,如果 $h\nu$ 大于原子轨道中的电子结合能 E_b（或电子的电离能 I）,电子就会被激发脱离原子轨道而逸出,成为具有一定动能 E_k 的自由电子,这就是光电子。同时,激发光还能产生俄歇电子和荧光 X 射线等。其中,俄歇电子的产生机制则比光电子的更为复杂,高能射线激发原子内层电子电离,外层电子向内跃迁填补空穴,该跃迁过程所释放的能量,使得同层或外层的其他电子二次激发出的电子即为俄歇电子。简单来说,XPS 为单电子跃迁过程,AES 则为双电子跃迁过程。气体中原子被激发产生光电子的能量关系式为

$$h\nu = E_b + E_k + E_r \tag{2-35-1}$$

式中 $h\nu$ 为入射光能量;E_k 为光电子动能;E_b 为原子的始终态能量差,可以看成发射的光电子的结合能;E_r 为原子的反冲能量。其中,相对于原子而言,电子的质量很小,反冲速率也很小,所以通常可以忽略数值很小的 E_r（< 0.1 eV）,式（2-35-1）可简化为

$$h\nu = E_b + E_k \tag{2-35-2}$$

对于孤立原子,轨道结合能就是把电子从所在轨道移到真空能级（能量零点）,使其完全

脱离核势场所需的能量。对于固体样品,必须考虑晶体势场和表面势场对光电子的束缚作用,通常选取费米能级（0 K 时固体能带中充满电子的最高能级）为结合能的参考点。因此式（2-35-2）中的 E_b 就是某能级上的电子跃迁到费米能级所需的能量;由费米能级激发到真空中变成自由电子所需的能量称为逸出功或功函数（Φ）。综上,电子从固体表面激发的能量关系式如下:

$$hv = E_k + E_b + \Phi \qquad (2-35-3)$$

在光电子能谱实验中,固体样品一直被光激发逸出电子,为了减少相应的正电荷的积累,样品与仪器需要保持良好的电接触,这时两者的费米能级是一致的。但是由于样品和仪器可能拥有不同的功函数 Φ_s 和 Φ_{sp},在仪器中实际测得的电子动能和结合能为:

$$E_k' = E_k - (\Phi_{sp} - \Phi_s) = hv - E_b - \Phi_{sp} \qquad (2-35-4)$$

$$E_b = hv - E_k' - \Phi_{sp} \qquad (2-35-5)$$

式（2-35-5）为固体样品的光电子能量公式,Φ_{sp} 对于每台特定仪器来说通常是一个常数,与样品无关。使用能量为 hv 的入射 X 射线,用电子能谱仪测量光电子的动能 E_k',最终可以得到电子的结合能 E_b。

2. X 射线光电子能谱

XPS 还有一个人们所熟知的同义词——ESCA（electron spectroscopy for chemical analysis,用于化学分析的电子能谱）。XPS 通常采用能量为 1000~1500 eV 的 X 射线源,能激发深层芯级的电子,而元素周期表中的每一种元素内层电子的结合能通常都是特征性的,所以 XPS 可以用于鉴别化学元素种类。XPS 利用波长在 X 射线范围的高能光子照射样品,激发的光电子能量被电子能谱仪分析,得到强度相对于电子能量的谱图。绝大部分元素至少可以发射两种电子,即光电子和俄歇电子。因此,XPS 谱图中总是伴随着俄歇电子能谱。这样的俄歇电子能谱主要在 KLL,LMM 和 MNN 上有强谱线。XPS 在实验测试时表面受辐照损伤小,能检测元素周期表中除 H 和 He 以外的所有元素,并且具有很高的表面灵敏度。X 射线光电子能谱仪介绍、样品测试和谱图分析请阅读 3.10 节相关内容。

3. 化学位移与元素定性分析

原子内层电子的精确结合能随元素在分子中的电子环境或化学环境的改变而发生位移,这一现象称为 XPS 的化学位移。对大多数元素来说,化学状态的改变会导致 XPS 谱图上电子结合能产生明显的位移,所以化学位移是 XPS 元素状态分析中非常重要的依据。可以用原子的静电模型来简单解释化学位移现象,内层电子不仅受到原子核强烈的库仑作用而具有一定的结合能,还受到外层电子的屏蔽作用。因此,当外层电子密度减小时,相应的屏蔽作用就会减弱,内层电子的结合能增大;相反地,结合能就会变小。当原子被氧化或与电负性较大的原子结合时,原子核对内壳层的作用增强,结合能增大。除惰性元素之外,所有元素都有一定的化学位移,化学位移的范围因元素不同而不同,通过与标准样品进行比对,可以获得样品中不同元素的精确化学价态。例如,纯铁的 2p3/2 轨道电子结合能为 706.7 eV,当它被氧化为正三价的氧化铁时,其 2p3/2 轨道电子结合能为 710.8 eV,增加了 4.1 eV。又如,碳酸锂 Li_2CO_3 中锂的 1s 轨道结合能为 55.4 eV,而氟化锂 LiF 中锂的 1s 轨道结合能则为 56.1 eV,结合能变化的原因就是与锂离子结合的阴离子不同。具体元素不同化学状态的电子结合能可以查询相应的数据库。

4.元素定量分析

样品的表面组成往往与体相组成不同,化学状态也有可能会有差别,固相化学反应的进行大多涉及固体表面,所以要了解材料的表面性能,分析其表面组成就变得很关键。因为XPS光电子峰面积强度(I)和元素表面原子浓度(n)呈线性关系,可以用一种简便的方式得到均匀固体的光电子强度(I),公式如下:

$$I = Jn\sigma K\lambda \tag{2-35-6}$$

式中J为光子通量（光子数·cm^{-2}·s^{-1}）;σ为光电子产生截面;K为与角度效率、光电过程效率、样品有效面积、检测效率及光电子能量有关的系数;λ为电子的衰减长度。在实际情形中,为了简化表示,σ,K和λ被包含在灵敏度因子S中,该灵敏度因子只适用于所使用的光电子能谱仪中,或者是明确的定量分析算法中。通过XPS标准手册,可得各元素主要光电子峰的S值。当计算表面不同元素的比值时,式(2-35-6)变为

$$\frac{n_1}{n_2} = \frac{I_1/S_1}{I_2/S_2} \tag{2-35-7}$$

假设实验中的X射线能量保持一致,则可以计算某元素A的原子百分含量C_A,用峰面积除以灵敏度因子,转换成归一化强度之和的分数,公式如下:

$$C_A = \frac{n_A}{\sum_i n_i} = \frac{I_x / S_x}{\sum_i I_i / S_i} \tag{2-35-8}$$

用该方法计算表面组分的前提是假设XPS测量范围内的元素组成是均匀的。在定量分析中,关键的问题是得到光电子峰面积强度。通常情况下,XPS谱峰会叠加到一个连续的背景上,在积分前首先要扣除背景峰。如果一个谱峰由多个光电子峰组成,需要通过去卷积或解叠拟合将其分为多个单峰,该过程可以在专门的XPS分析软件上完成。

三、实验仪器和药品

X射线光电子能谱仪	剪刀
镊子	刮刀
乳胶手套	洗耳球
药匙	无尘纸
导电胶	双面胶
压片机	氧化钛（P25）

四、实验内容和步骤

1.样品制备

以氧化钛（P25）样品为例,分别剪取两片12 mm×12 mm左右的铝箔纸及10 mm×8 mm左右的双面胶,将双面胶粘在铝箔纸上,并在双面胶表面填装少量P25样品,用刮刀轻轻地压平整,再将另一片铝箔纸盖在其上,随之转移至压片机进行压片。与此同时,裁剪6 mm×6 mm左右的导电胶粘于样品台上,用剪刀去除压好片的样品四周多余的部分粘到上述样品台上,用洗耳球将表面可能的细碎粉末吹干净。最后转移到XPS预处理真空室中,待该真空室真空度降到3×10^{-4} Pa后,将样品台转移至主真空室,等待恰当的真空度再进行测试。

样品制备
实验操作
演示视频

2.样品测试

（1）双击打开 XPS 测试软件 AugerScan，点击 File 菜单中的 open 选项分别打开已有的全谱和窄谱数据文件。

（2）在全谱分析窗口中，点击 Acquisition 菜单中 Setting 选项选择全谱扫描范围（一般选择 0~1100 eV），确定后点击 start 按钮进行测试，注意观察谱峰状态，如有异常波动，则点击 stop now 按钮并重新点击 start 按钮。测试结束后会自动弹出保存界面，按照自己所需命名文件进行保存。

（3）点击 Window 菜单切换到窄谱窗口，在窄谱窗口中点击 Acquisition 菜单中 Setting 选项，随即在弹出的 Setting 窗口中点击 add 按钮选择添加所需元素及轨道，如 C1s，O1s，Ti 2p 等，点击 sweeps 和 step 按钮按需求调整扫描次数及结合能范围，扫描结束后按需进行积分定量处理并保存。

（4）测试完成后，按要求关闭循环冷却水和面板上的所有按钮。

注意：样品测试前一定要注意主真空室的真空度，如果测试过程中高于 $4×10^{-5}$ Pa 则立即停止测试，等待系统达到合适的真空度。开关 XPS 系统必须有指导教师在场，并严格按照"XPS 操作注意事项"进行操作。

五、数据处理、实验结果及讨论

（1）首先进行全谱分析，根据数据库确认谱图中所存在的元素峰，指认样品中所含元素。

（2）根据元素的不同结合能，以污染碳 284.6 eV 为准，进行荷电碳校正，逐一判断元素的价态，需要注意元素的 p，d，f 峰为自旋双线结构，它们之间存在着确定的能量间隔和强度比。此外，化学位移的变化分析也非常重要，不仅可以说明样品表面的化学状态还可以解释样品表面元素之间的电子相互作用。

（3）计算样品表面各元素相对含量。除了利用相对灵敏度因子计算不同元素的相对原子浓度之外，同种元素不同化学状态下的原子相对浓度同样可以进行分析。

六、思考题

（1）解释说明 XPS 中化学位移产生的原因，以及利用化学位移可以得到何种表面信息。

（2）简要说明为什么 XPS 分析测试需要超高真空。

（3）简要说明 XPS 测试中荷电效应的产生及其造成的影响，列举消除荷电效应影响的几种方法。

七、安全与环保

实验时指导教师必须全程在场，注意安全，防止电离辐射。必须严格按照操作步骤及规程进行仪器开关及样品放置。由于实验中涉及多个真空泵的开启及真空阀门的使用，必须严格按照操作规程进行，以免大气进入真空系统导致仪器损坏。另外，设备中有高电压、高能射线等危险部件，需要特别注意安全防护。一般真空系统中的离子泵还有较强的磁场，需要注意精密仪器及部件不要过于靠近，以免被磁化。铁质或铁磁性的工具也要远离强磁场，避免伤害事故的发生。

八、附注

（1）XPS样品制备与光电子能谱谱图有着密切的关系，应避免使用塑料自封袋［通常含有聚二甲基硅氧烷（PDMS）等有机硅或芥酸酰胺等滑爽剂］装样品，而这些物质很有可能转移到样品表面。由于XPS表面分析为纳米级探测深度，因此为了便于测试，样品制样时应尽量薄一些。XPS样品应具备良好的导电性，制样时尽量将样品表面与样品台进行电导通，尽可能减少荷电效应。

（2）当利用XPS测试绝缘体或半导体时，由于光电子的连续发射使得样品表面得不到电子补充而出现电子亏损，这种现象称为"荷电效应"。XPS中的荷电效应经常会引起测试过程能量的位移，导致测量的结合能偏离真实值而造成偏差。因此，需要对荷电效应所引起的偏差进行校正。在实际测试中，可以采取以下操作进行荷电调整：① 更换测试位置（一般移向边缘处）；② 尝试插拔样品台接地线，对比结果差异；③ 在软件中调整中和枪参数，直至谱峰正常；④ 重新制样。

（3）当样品表面的结构存在明显差异时（如氧化、钝化或镀膜），就需要对样品进行表面清洗或深度剖析来研究其真实的化学状态，达到对样品纵深元素化学状态分布进行分析的目的。利用氩离子枪对样品表面进行氩离子刻蚀，把握好深度再进行采谱分析。通常，将刻蚀和采谱交替进行，总结样品化学状态信息随深度的变化规律，如此可大大提高XPS分析的应用范围。

*九、 选做实验：Cu元素的俄歇电子能谱测定

前文提到元素的光电子能谱具有特征性，同样地，X射线激发的俄歇电子能谱（XAES）也具有特征性。俄歇电子能谱（AES）是一种利用X射线或电子束激发样品的俄歇效应，随之通过检测俄歇电子的能量和强度，从而获得样品的表面元素组成和化学状态的方法。俄歇电子的产生前文已有提及，按照俄歇跃迁方式的不同，其产生的俄歇电子能量不同，可被标记为WXY跃迁，如KLL跃迁，K层电子被激发后，可产生KL_1L_1，KL_1L_2，KL_2L_3等K系俄歇电子。俄歇电子能量具有特征性，因为其能量主要由原子的种类决定，只依赖于原子的能级结构和俄歇电子发射前所处的能级位置，和入射光源的能量无关。

对于俄歇电子能谱分析，要注意的是，对于原子序数小于15的轻元素，K系俄歇电子及所有元素的L系和M系俄歇电子产额都很高。因此，利用俄歇电子能谱可以非常有效地检测出轻元素。通常，对于原子序数介于15~42的元素，采用LMM俄歇电子较为合适；当原子序数大于42时，则使用MNN和MNO俄歇电子。

本选做实验采用部分氧化的铜片为样品，测试表面的Cu 2p及Cu LMM峰，配合氩离子溅射，分析表面铜的价态及不同价态的分布比例。在此基础上，尝试绘制铜样品的二维化学状态图，以确定铜的具体化学状态。

【实验提示】

该选做实验的样品准备与测试过程均与上一部分相同，除了样品改为部分氧化的铜片。

参考资料

F.综合实验

实验三十六　表面催化虚拟仿真实验——银表面甲醇氧化及微观反应通道模拟

一、实验目的和要求

（1）能够规范连接各结构单元，设置反应参数开启反应性能评价装置。

（2）能够熟练控制各反应参数，完成不同反应条件下催化甲醇选择氧化反应性能测试。

（3）能够比较不同催化体系在甲醇氧化中的行为差异，说明工业生产上选择电解银催化剂的优劣。

（4）能够根据含铁催化剂与新鲜催化剂的性质对比，推测电解银催化剂中毒原因。

（5）能够根据系统里提供的动画，分析模拟甲醇氧化微观反应通道，合理解释不同反应条件对反应性能的影响。

二、实验原理

甲醇氧化生产甲醛是一个典型的气固相催化反应，在理论和应用上均有大量的研究。甲醛是工业上不可或缺的通用化工原料，广泛应用于家具、人造板、纺织品、树脂、乳漆胶、胶水、防腐液、油漆等产业。我国甲醛的生产起步于 1957 年，上海溶剂厂采用苏联技术建成我国第一套甲醛生产装置，规模为年产 3000 t，催化剂为浮石银。20 世纪 70 年代以后，复旦大学化学系物理化学教研组成功开发了电解银催化剂，电解银 F-79 法生产甲醛技术获上海市重大科技成果奖和国家发明奖。自此我国甲醛工业无论在产能、生产技术还是在设备、节能和自动控制等方面，都有了极大的提高。2007 年我国甲醛的总生产能力已达 1340 万吨，约占世界总产能的 37%，且每年以 4.9% 的速度增长。

采用甲醇空气氧化法生产甲醛，主要有两种不同的工艺，其一是以电解银、浮石银为催化剂的银法工艺，使用这种方法时，甲醇在原料混合气中的操作浓度高于爆炸区上限（36%），即在甲醇过量的情况下操作，由于反应氧化不足，反应温度较高，有脱氢反应同时发生，所以又称为氧化-脱氢工艺。其二是以 $Fe_2O_3-MoO_3$ 为催化剂的铁法工艺，此法是在空气-甲醇混合气中甲醇浓度低于爆炸区的下限（小于 6.7%），即在含有过量空气的情况下操作，由于空气过剩，甲醇几乎全部被氧化，所以此法又称为纯粹的氧化工艺。我国普遍采用"银法工艺"。

银催化氧化总反应是一个放热反应过程，副反应较多，其副产物有 CO，CO_2，H_2，$HCOOH$，$HCOOCH_3$ 等。

主反应：

$$CH_3OH + \frac{1}{2}O_2 === CH_2O + H_2O \qquad\qquad 156.557 \text{ kJ} \cdot \text{mol}^{-1}$$

$$CH_3OH \Longrightarrow CH_2O + H_2 \qquad\qquad -85.270 \ kJ \cdot mol^{-1}$$

$$H_2 + \frac{1}{2}O_2 \Longrightarrow H_2O \qquad\qquad 241.827 \ kJ \cdot mol^{-1}$$

副反应：

$$CH_3OH + O_2 \Longrightarrow CO + 2H_2O \qquad\qquad 393.009 \ kJ \cdot mol^{-1}$$

$$CH_3OH + \frac{3}{2}O_2 \Longrightarrow CO_2 + 2H_2O \qquad\qquad 675.998 \ kJ \cdot mol^{-1}$$

$$CH_3OH + \frac{1}{2}O_2 \Longrightarrow HCOOH \qquad\qquad 246.73 \ kJ \cdot mol^{-1}$$

$$HCOOH \Longrightarrow CO + H_2O \qquad\qquad -10.278 \ kJ \cdot mol^{-1}$$

银催化甲醇氧化脱氢生产甲醛的目标是原料甲醇高转换率反应,产物高选择性得到甲醛。反应结果与催化剂表面性质及其反应条件都密切相关,本实验通过仿真软件帮助学生了解气固相催化研究的基本方法和技能,应用物理化学知识理解和指导实际研究。

三、实验软件及方法

该实验通过仿真软件实施,实验平台为复旦大学虚拟仿真教学项目共享服务平台,用户在此平台上完成用户注册并登录,即可进行实验。该套仿真软件由四大模块组成,分别为基本知识(基本理论、装置结构和催化剂填装)、活性考评仿真(气密性检测、活性测试启动、反应条件调控、反应结果实时检测)、催化体系拓展仿真(不同催化剂拓展、失活机制研究、正常反应中止)和微观反应机理模拟仿真,各模块之间的操作相对独立,但知识内容上存在层层递进关系。希望通过本实验的开展,学生能够掌握一定的表面催化、催化剂活性评价、催化剂表面性质、微观反应通道模拟等知识,并通过实验结果的分析讨论,进行初步的催化剂结构-性能关联分析,体会工业生产与基础研究的思维差异,学会催化剂的拓展设计。

四、实验内容及操作

用户进入实验系统后,会看到如图 2-36-1 所示的实验界面,点击"开始实验"按钮开始实验。屏幕左上角可以选择"学习模式"或"考核模式";左下角为步骤提示框,仅在学习模式中配合实验步骤弹出;右上角分别为"重新实验""设备展示""实验简介"和"全屏"按钮,前三者仅在"学习模式"下可用。

实验操作
演示视频

1. 熟悉实验系统

(1)进入实验场景。进入实验界面,点击"开始实验"后进入"学习模式",开始实验。首先观察实验场景:通过键盘的上下左右键操作,并配合鼠标右键拖拽移动视野方向,全方位观察甲醇氧化实验装置图,如图 2-36-1 所示。

(2)学习实验内容并了解设备。点击"教学"按钮,选择"基本理论""装置结构"和"催化剂装填",进行相关内容的学习。通过键盘和鼠标操作,全方位观察甲醇氧化活性测试所需实验装置。

(3)实验流程(学习模式主界面操作)。如图 2-36-2 所示,在实验过程中,通过点击左上角"教学"按钮,可以随时进行实验目的和实验原理的浏览学习。通过"提示"和"考核"按钮,可以显示当前步骤的内容,同时配以红色指示来进行提示。

图 2-36-1　实验界面图

图 2-36-2　主界面功能按钮布局图

2. 实验操作

（1）实验装置的连接及安全气密性检测。将整个系统各出口阀门关闭，关闭甲醇及蒸馏水进料阀门，打开氮气气瓶，打开装置上氮气进气阀门，缓慢调节减压阀到 2 MPa，使整个反应系统充气并关闭气瓶，进行系统检漏，如果 15 min 系统压力不变化，证明系统密封性良好（图2-36-3）。（如发现系统气体压力下降，则表明系统漏气。应用虚拟肥皂水刷涂管线，查看漏气处，并进行相应的处理。）

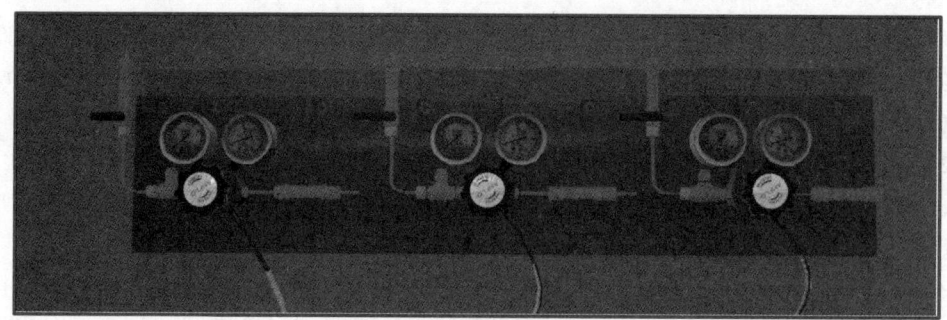

图 2-36-3　装置气密性检测

（2）催化剂装填。该装置采用固定床反应器,催化剂床层上下加"石英砂层"作为固定。装填催化剂时,首先安装反应器底部接头,然后向反应器中依次加入石英砂、催化剂、石英砂,层间加石英棉作为隔断(图 2-36-4)。该实验中,催化剂的质量为 2 g。

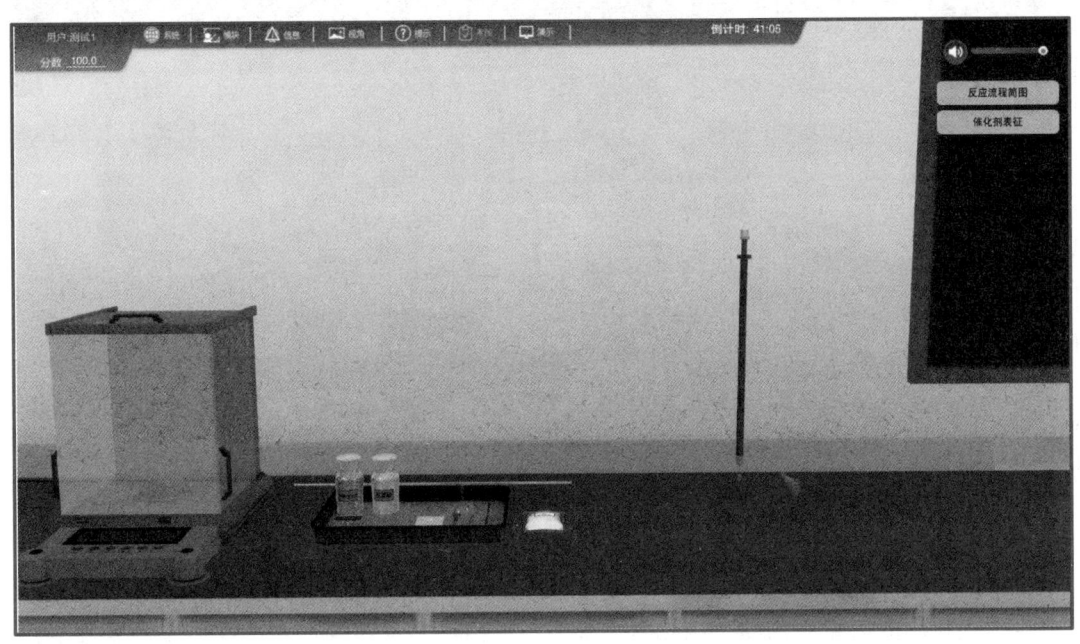

图 2-36-4　催化剂装填

催化剂装填结束后,将反应器连接到反应装置中,并安装热电偶(图 2-36-5)。

在该步骤中,可以利用现有实验材料自由操作,在装入反应管前,系统会对催化剂装填是否正确进行判断,若安装错误,则会提示进行重新操作。

（3）甲醇选择性氧化活性评价。

① 开启空气进气阀门,设定空气流量,之后设置汽化室和反应器温度分别为 120 ℃和 640 ℃;之后打开换热器冷凝水阀门,打开吸收塔冷水进料阀门,打开吸收塔排空阀及出料阀(图 2-36-6)。

② 待反应器温度达到设定值后,开始通入甲醇及蒸馏水,并按照一定的流速输入汽化室,原料通过反应器中,开始反应。

③ 产物经在线色谱分析,反应后的气相产物,采用带有双检测器的气相色谱仪测定 CO,CO_2 及 $HCHO$ 的含量。

通过设定自动采样或手动采样,对反应过程中的产物组成进行实时跟踪,通过色谱分析结果计算反应的转化率及产物选择性等结果。

（4）反应条件对反应活性影响的考察。

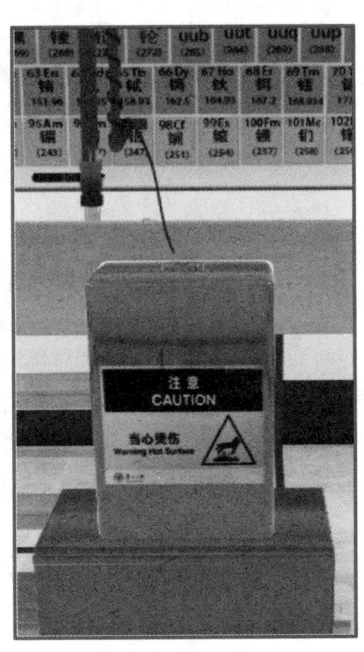

图 2-36-5　反应器安装效果图

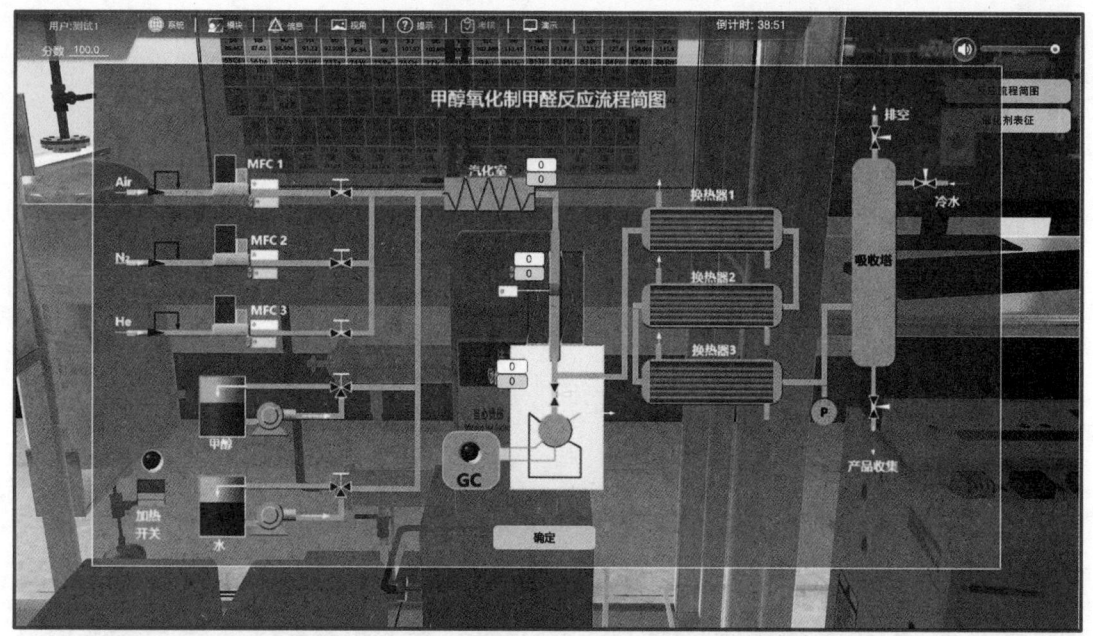

图 2-36-6　反应装置各部分温度及进料准备示意图

① 氧醇比的影响:在反应温度及空速一定的条件下,调变氧醇比,测相应的甲醇转化率、甲醛及二氧化碳的选择性,记录结果(图 2-36-7)。(提示:反应温度和空速一定的条件下,改变氧醇比。)

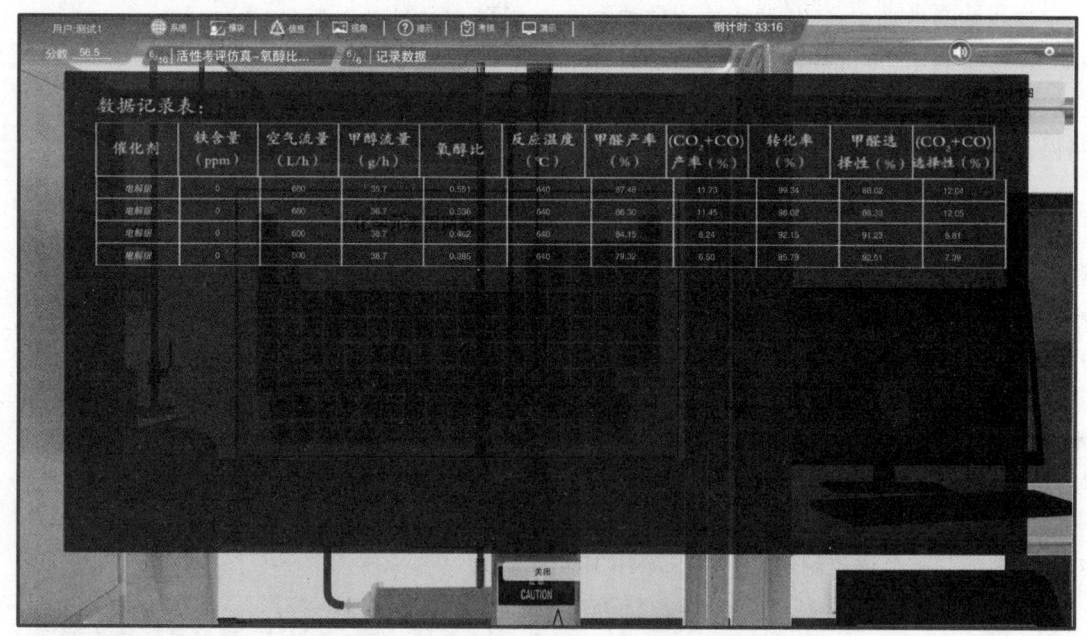

图 2-36-7　氧醇比对反应过程的影响

② 反应温度的影响:考察氧醇比固定、连续改变反应温度,检测甲醇转化率及甲醛、副产物选择性变化(图 2-36-8)。

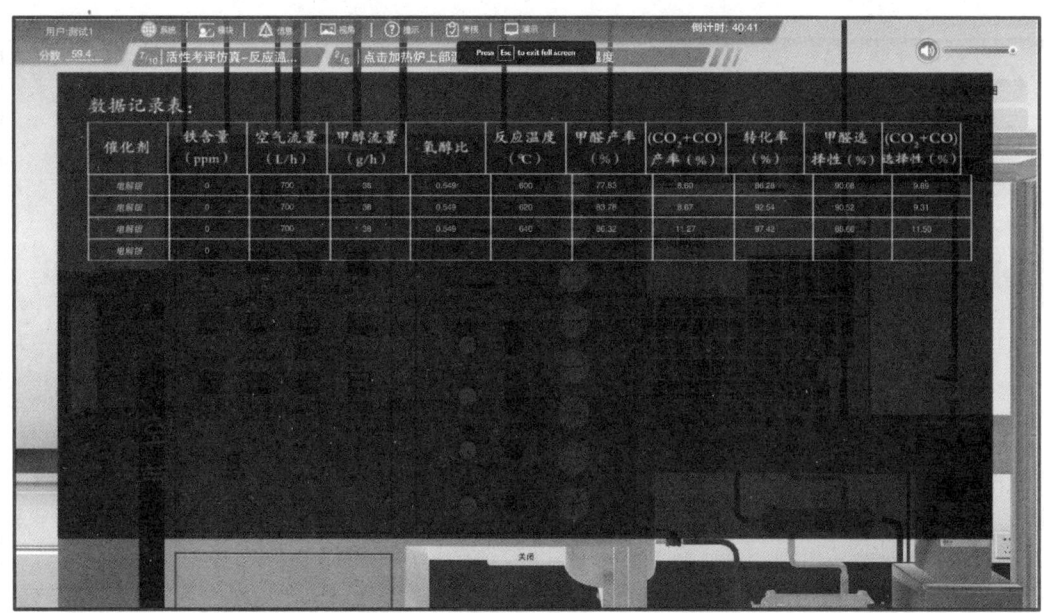

图 2-36-8　反应温度对反应过程的影响

③ 催化剂中毒因素模拟：研究表明，在该反应过程中，催化剂中毒主要是由于表面吸附原料中的微量铁离子，导致甲醛选择性逐渐下降。因此，本系统通过测试用不同 Fe 含量的催化剂，比较反应性能差异，对催化剂的中毒失活过程进行模拟研究（图 2-36-9）。

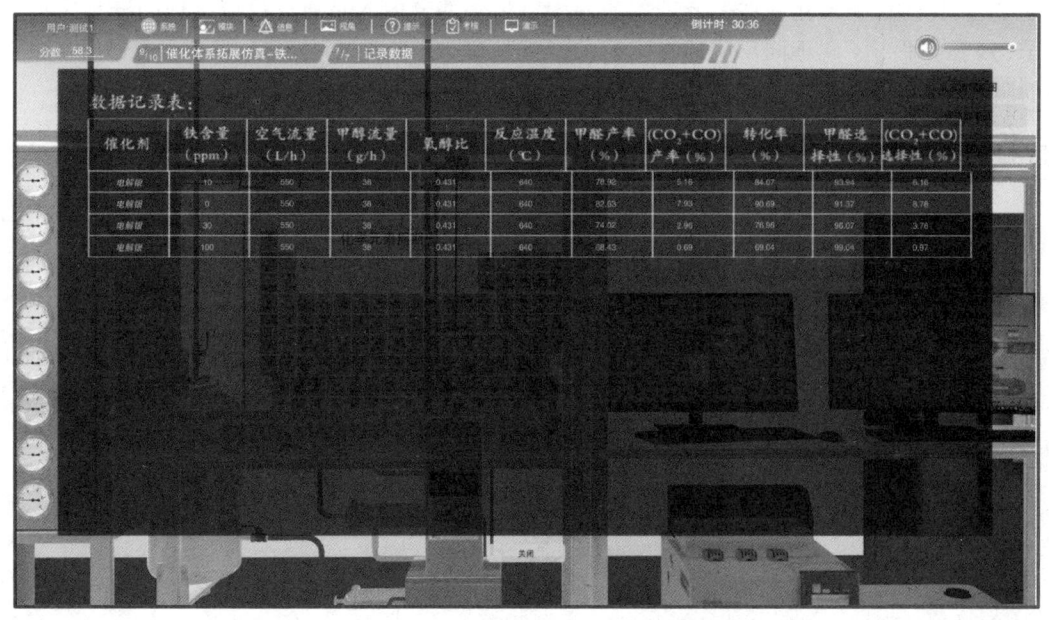

图 2-36-9　催化剂 Fe 含量对反应过程的影响

④ 催化剂体系拓展：在该实验系统中，可以对不同催化剂的性能进行测试，会获得不同的活性结果（图 2-36-10）。试结合文献，了解工业催化剂的筛选过程及影响催化剂选型的主要因素，进而理解工业催化剂的选择与基础研究中的主要差异。

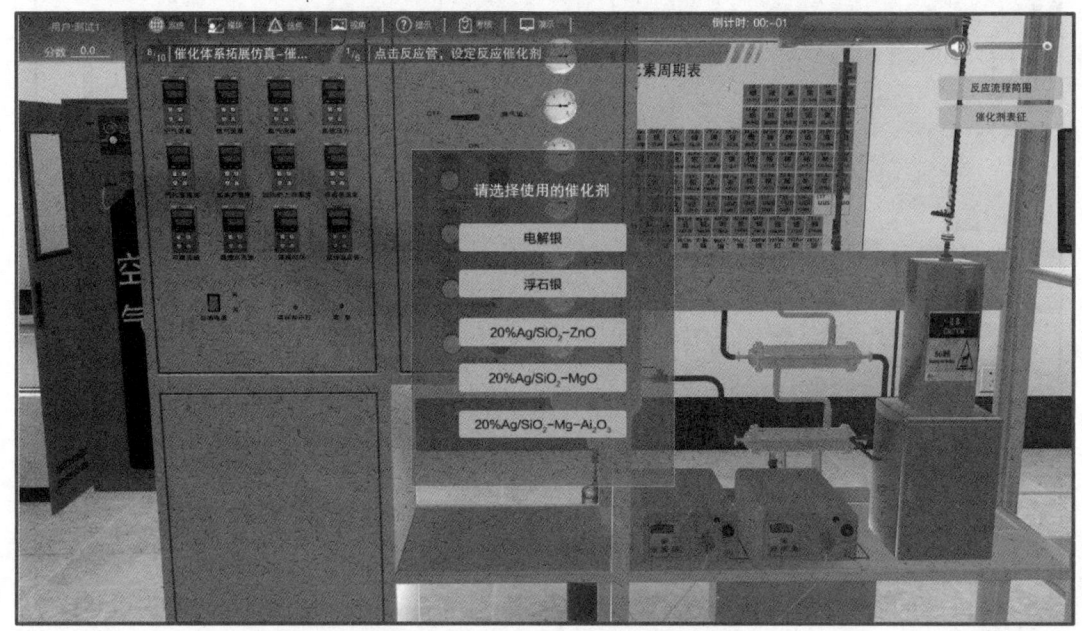

图 2-36-10　不同催化剂的拓展测试

（5）催化剂床层催化剂表面性质以及反应通道微观模拟仿真。该模块包含两部分内容：一部分内容是关于新鲜催化剂与失活催化剂的部分性质数据，可将催化剂的活性差异与性质差异结合，探讨影响催化活性差异的本质原因。另一部分内容是通过反应机理的分步模拟，从原子、分子水平上了解不同反应通道进行的微观过程，理解反应物甲醇、氧气分子在催化剂表面的吸附、活化、断键、成键及产物脱附的微过程（图 2-36-11）。

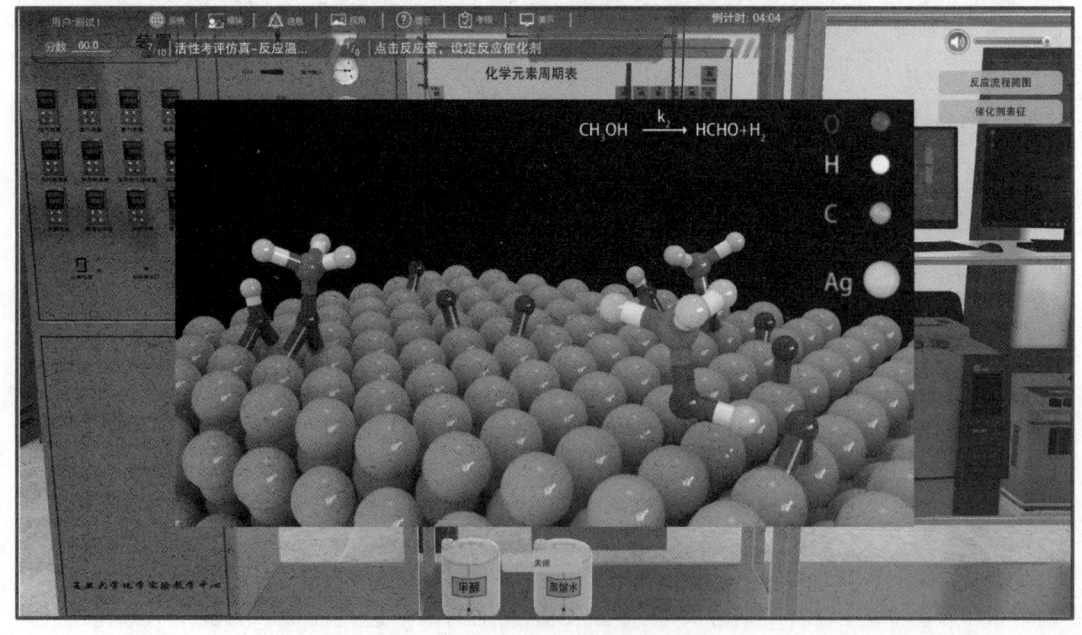

图 2-36-11　反应通道微观模拟图

（6）实验完成。实验结束后，关闭甲醇及蒸馏水进料，汽化室、反应器开始降温，待其降至室温后，关闭空气进气阀，并逐步关闭换热器、吸收塔、气相色谱，最后关闭装置电源。

点击"实验完成"对话框中"确定"按钮，完成实验。

五、数据处理、实验结果及讨论

（1）根据上述数据记录，作不同反应条件下甲醇转化、甲醛选择性图，讨论各因素对反应性能的影响。

（2）分析新鲜催化剂与含铁催化剂结构特征，尝试构效关联，讨论催化剂的失活原因及再生方案。

（3）根据反应通道微观模拟，画出电解银上甲醇选择性氧化机理图，并根据前面反应数据，初步推断反应决速步骤。

六、思考题

（1）试结合微观反应步骤，并查阅文献，思考氧醇比、反应温度等因素影响反应性能的原因。

（2）试结合微观机理展示，思考银表面甲醇氧化反应的可能路径（提示：可以考虑氧分子的吸附、解离，甲醇分子的吸附活化，产物的生成、脱附等关键步骤，并加以文字描述，如有参考文献，请注明文献出处）。

七、附注

水蒸气在甲醇氧化脱氢生产甲醛中具有极为重要的作用。水蒸气可以促进产物在催化剂表面的脱附，有效抑制有机物在高温催化剂上的积炭，因此加入水蒸气可以显著提高甲醛的产率。更为重要的是，甲醛生产工艺上应用的是绝热床反应器，反应温度依靠反应放热和物料移热平衡来控制，因此调节水蒸气量可以控制反应温度。基于此原理，可以通过反应热计算需要加入的水蒸气量。

对于甲醇氧化脱氢生产甲醛，如果知道反应温度，甲醇、空气和水蒸气的进料量，甲醇的转化率和产物的选择性，就可以进行放大设计。实验室小试可以考察并获得优化的反应参数和反应结果，即合适的反应温度，甲醇、空气空速，最佳的甲醇转化率和产物选择性，但无法获得维持最佳反应温度所需的水蒸气量。因为小试装置距离绝热床反应器偏差过大，反应温度只能靠电加热维持。物料和热量计算可以帮助人们推算工业生产中所需的水蒸气用量，如一套甲醛生产装置每小时进料甲醇 590 L，空气 600 m³（标准），得到 37% 的甲醛 1140 L，尾气中 CO_2 体积分数 3.8%，副反应只考虑生成 CO_2 的反应，则根据热量平衡就能计算出每小时需要多少水蒸气可以使反应温度维持在 640 ℃。

参考资料

实验三十七 光电化学分解水制氢

一、实验目的和要求

（1）能够理解电解水制氢和光电化学分解水制氢的基本原理。

（2）能够掌握镍铁氢氧化物催化电极及钒酸铋光电极的制备方法。

（3）能够掌握电化学工作站使用方法及电化学和光电化学性能测试方法。

（4）能够掌握电化学性能和光电化学性能数据的处理方法。

（5）了解光电极/催化剂界面性质对光电化学析氧反应动力学的影响。

二、实验原理

1. 电解水制氢原理

氢能循环（hydrogen cycle）是碳中和能源体系的重要形式之一，主要由可再生能源分解水制氢和氢燃料电池两个部分构成。其中，可再生能源发电耦合电解水制氢是目前总能量效率最高的绿色制氢方式。电解水制氢的工作原理如图2-37-1所示，由浸没在电解液中的一对电极构成电解池，当通以一定的直流电时阴极析出氢气、阳极析出氧气。

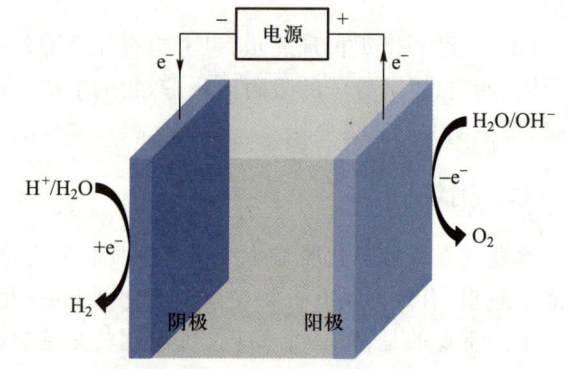

图 2-37-1 电解水制氢的工作原理示意图

电解水制氢的反应方程式如下：

阴极：

$$4H^+ + 4e^- \longrightarrow 2H_2（酸性条件） \tag{2-37-1a}$$

$$4H_2O + 4e^- \longrightarrow 2H_2 + 4OH^-（碱性条件） \tag{2-37-1b}$$

阳极：

$$2H_2O \longrightarrow O_2 + 4H^+ + 4e^-（酸性条件） \tag{2-37-1c}$$

$$4OH^- \longrightarrow O_2 + 2H_2O + 4e^-（碱性条件） \tag{2-37-1d}$$

总反应方程式：

$$2H_2O \longrightarrow 2H_2 + O_2 \tag{2-37-1e}$$

电解水时施加在电解池上的直流电压必须大于水的理论分解电压，并克服电解池中各种电极极化电动势及电阻电势降才能使反应发生。因此，电解水所需电压可以表示为

$$E = E_r + IR + \eta_H + \eta_0 \tag{2-37-2}$$

式中 E_r 是水的可逆分解电压；IR 是电阻电势降；η_H 和 η_0 分别是阴极析氢的超电势和阳极析氧的超电势。根据热力学中能斯特（Nernst）方程可知：

$$\Delta G^{\ominus} = -nFE^{\ominus} \tag{2-37-3}$$

式中 $\Delta G^{\ominus}$ 是标准状态下可逆电池反应的吉布斯自由能变化；n 是反应中的电子转移数；F 是法拉第常数（96485 C·mol^{-1}）；$E^{\ominus}$ 是标准状态下反应的标准电动势。由于生成水的化学反应

中 $\Delta G^{\ominus} = -474.4 \text{ kJ} \cdot \text{mol}^{-1}$，可知在 0.1 MPa 和 25 ℃下水的可逆分解电压 E_r 为 1.23 V，它随温度的升高而降低，随压力的升高而增大，压力每增加 10 倍，电压约升高 43 mV。

然而，电解水实际需要的电压远大于 1.23 V，其主要是因为电阻电势降和电极超电势。因此，降低电解体系内的电阻和减小电极超电势是提高电解水效率的主要方法。其中，电阻电势降在较低电流密度下贡献较小，而电极析氢和析氧超电势是影响电解效率的主要因素。影响电极超电势的因素很多，如电极材料、电极比表面积、电解液性质、温度等，而目前最有效的减小电极超电势的方法是寻找合适的催化材料，例如，酸性条件下析氢超电势最小的是铂基催化剂，酸性条件下析氧超电势最小的是氧化铱基催化剂，碱性条件下析氢超电势较小的是镍基合金催化剂，碱性条件下析氧超电势最小的是镍铁氢氧化物催化剂。通过催化材料电子结构、催化位点的调控可实现电极超电势的优化。

镍铁氢氧化物是一种基于氢氧化镍的层状材料，又常称为水滑石相镍铁氢氧化物（NiFe layered double hydroxide，NiFe LDH）。它由镍氧八面体中的二价镍部分被三价铁所取代形成。由于三价铁的引入导致层内积累正电荷，使得带有相反电荷的阴离子能够插入层间平衡电荷，形成稳定的 LDH 结构。镍铁氢氧化物催化剂对于降低析氧超电势有着诸多优势，如层内较为丰富的镍铁位点有利于析氧过程中的镍/铁协同作用、层间易于交换的阴离子有利于反应物氢氧根的扩散、易于形成高比表面积的催化材料，因而在研究前沿中广受关注。镍铁氢氧化物材料可通过多种合成方法制备获得，最常见的方法有电镀法、沉淀法、溶剂热法和水解法等。

2. 光电化学分解水制氢原理

光电化学分解水制氢又称为光电催化分解水制氢，其基本原理如图 2-37-2 所示，是一种光催化与电催化联用的新型制氢技术，同时具有光催化与电催化的特点，可将两种技术的优点最大化体现。相比于纯电解水制氢，光电催化反应可以通过半导体产生的光电压大大降低外部能量的注入，可有效减少能源消耗和环境污染。相比于光催化分解水制氢，光电催化反应可以使因能带结构的失配而不适用于光催化分解水的催化剂在适当的外加电压下适用于水分解制氢的反应。

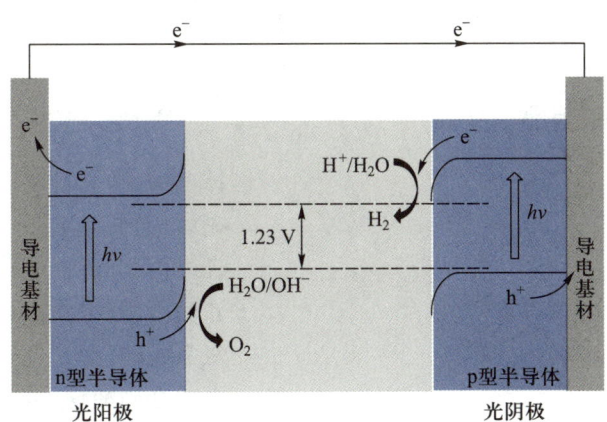

图 2-37-2　光电化学分解水制氢基本原理示意图

光电催化反应过程是有光照射作用下的电化学过程。由于半导体材料存在带隙，价带电子与导带电子之间的相互作用很弱，在光照射作用下价带电子受激发进入导带，并在价带上留下空穴，实现电荷分离。当半导体（固相）与电解液（液相）接触时，半导体/溶液体系达到平衡的条件是半导体界面处的费米能级（E_f）与溶液中氧化还原电对的能级相等。受到氧化还原电对的影响，半导体一侧的界面上会形成空间电荷区（space charge region）。该空间电荷区会改变载流子（电子或空穴）的分布状态，进而产生能带弯曲，形成载流子的定向移动。当溶液中氧化还原电对能级与费米能级无法匹配时，可以通过外加电压下实现费米能级的调节使其匹配，进而使得载流子能够定向移动促使溶液相氧化还原反应发生。

在光电催化反应中光电极半导体材料和催化材料是两个重要的组成部分。半导体材料带隙越大，可提供的光电压越大，相比于电解水制氢节省的能源越多，但由于半导体带隙与其可吸收光的最大波长和能量相关，带隙越大则对应的可吸收光的能量越高，对太阳光的吸收效率越低，进而影响光电催化分解水的效率。因此，寻找具有合适带隙和价带/导带结构的半导体对光电催化至关重要。同时，催化材料对光电催化水分解制氢效率起到关键作用。当半导体表面没有催化材料时，犹如电解水制氢过程中电极上没有任何催化材料的情况，能量效率较低。当半导体表面存在高性能催化材料时，光生电子或光生空穴可有效转移至催化材料上并进一步在催化材料表面发生催化析氢/析氧反应，有效地提高能量效率。与附着催化材料的电极略有不同的是，在光电极上光生电子/光生空穴具有较高的反应能量、较差的电荷分离，定向移动可能会导致半导体材料的降解及电荷重组效应，因而催化材料和半导体材料之间界面的有效复合促进电荷定向移动对于光电催化反应效率尤其重要。

钒酸铋（$BiVO_4$）被认为是光电化学分解水制氢最有前景的光阳极材料之一。$BiVO_4$ 的带隙约为 2.4 eV，在 AM 1.5 G（$100 \ mW \cdot cm^{-2}$）的模拟太阳光照射下可达到的理论光电流密度为 $7.5 \ mA \cdot cm^{-2}$ 及理论太阳能至氢气（STH）转换效率为 9.2%。$BiVO_4$ 的带隙大小与其晶体结构密切相关，其晶体结构为层状结构，由 BiO_6 八面体和 VO_6 八面体交替排列而成，由于 Bi—O 键键长和 V—O 键键长不同导致 Bi—O 键形成的价带和 V—O 键形成的导带之间存在较大的能隙。其带隙可通过晶面调控及杂原子掺杂的方式进行调控。虽然 $BiVO_4$ 的带隙比光电分解水的理想带隙略大，但其导带边缘位置靠近析氢电势，因此在低电势区域 $BiVO_4$ 相比于其他材料有着更低的起始电势和更高的光电流密度，在光电催化分解水制氢领域广受关注。

三、实验仪器和药品

电化学工作站	冰醋酸（分析纯）
太阳光模拟器	硝酸（分析纯）
电化学池	乙酰丙酮氧钒 $[VO(acac)_2]$
加热磁力搅拌器	乙酰丙酮（分析纯）
马弗炉	氢氧化钠（分析纯）
真空干燥箱	九水合硝酸铁（分析纯）
铂片电极	六水合硝酸镍（分析纯）
银/氯化银电极	七水合硫酸亚铁（99%）
FTO 电极	六水合硫酸镍（99%）
亲水碳纸电极	氢氧化钾（分析纯）
五水合硝酸铋（98%）	

四、实验内容及步骤

1. 镍铁氢氧化物电极的制备及电化学性能测试

查阅文献，了解镍铁氢氧化物析氧催化电极的电镀方法，设计制备镍铁氢氧化物电极并组装三电极测试体系，测量循环伏安曲线及极化曲线。

【实验提示】

配制 $0.1\ mol \cdot L^{-1}\ Ni(NO_3)_2 + 0.005\ mol \cdot L^{-1}\ Fe(NO_3)_3$ 溶液作为电解液，剪取两片 $1\ cm \times 2\ cm$ 的亲水碳纸电极，浸没 $1\ cm^2$ 的活性电极面积，以三电极测量方式在工作电极上施加恒定为 $5\ mA$ 的阴极还原电流 $120\ s$，取工作电极的碳纸，用水进行冲洗，然后在 $60\ ℃$ 下干燥待用。

配制 $1\ mol \cdot L^{-1}\ KOH$ 溶液作为电解液，以镍铁氢氧化物电极作为工作电极搭建三电极测量体系，先以 $100\ mV \cdot s^{-1}$ 的扫描速率进行 10 圈的循环伏安曲线扫描使电极稳定，然后分别以 $10\ mV \cdot s^{-1}$ 和 $1\ mV \cdot s^{-1}$ 的扫描速率进行循环伏安曲线和极化曲线测试。

2. BiVO₄ 光电极的制备及光电化学性能测试

查阅文献，了解 $BiVO_4$ 光电极制备方法，制备 $BiVO_4$ 电极并组装光电极测试体系，测试并比较在光照和暗处测量的极化曲线。

【实验提示】

配制 $0.2\ mol \cdot L^{-1}\ Bi(NO_3)_3$ 溶液（$pH = 0.44$）作为电解液：将 $8\ mmol\ Bi(NO_3)_3 \cdot 5H_2O$ 溶于含有 $16\ mL$ 冰醋酸和 $1.6\ mL$ 浓硝酸的 $40\ mL$ 溶液中。以 FTO 电极作为工作电极搭建三电极电镀体系，施加 $2.82\ V$ vs. RHE（约 $2.60\ V$ vs. Ag/AgCl）$30\ min$。所获得的电极用水进行冲洗，风干待用。

将电极放置在加热盘上均匀滴加 $80\ \mu L\ 0.05\ mol \cdot L^{-1}\ VO(acac)_2$ 的乙酰丙酮溶液。滴加完成后在 $500\ ℃$ 下焙烧 $1\ h$，冷却至室温后将电极浸没在 $1\ mol \cdot L^{-1}\ NaOH$ 溶液中约 $20\ min$，去除多余的 V_2O_5。最终通过水冲洗并在真空干燥箱 $60\ ℃$ 下干燥，待用。

以 $BiVO_4$ 光阳极搭建三电极光电催化测试体系，将 $BiVO_4$ 光阳极放置在离太阳光模拟器合适的距离上（约 $100\ mW \cdot cm^{-2}$），分别在暗处和光照条件下以 $5\ mV \cdot s^{-1}$ 的扫描速率测试极化曲线。

3. 镍铁基催化剂附着的 BiVO₄ 光电极的制备及光电化学性能测试

查阅文献，了解 $FeOOH/BiVO_4$ 光电极和 $NiOOH/FeOOH/BiVO_4$ 光电极的制备方法，将上述 $BiVO_4$ 光电极附着催化剂后测试光照和暗处的极化曲线，与 $BiVO_4$ 光电极的极化曲线进行比较。以铂片电极为阴极，以镍铁氢氧化物电极和 $NiOOH/FeOOH/BiVO_4$ 光电极作为阳极和光阳极搭建两电极分解水制氢体系，比较电解水制氢和光电化学分解水制氢的性能。

【实验提示】

利用光辅助电沉积的方式制备 $FeOOH/BiVO_4$ 和 $NiOOH/FeOOH/BiVO_4$ 光电极。$FeOOH/BiVO_4$ 采用新鲜配制的 $0.1\ mol \cdot L^{-1}\ FeSO_4$ 溶液作为电解液，在 AM 1.5 G 光照条件下施加 $0.25\ V$ vs. Ag/AgCl 约 $20\ min$ 获得。$NiOOH/FeOOH/BiVO_4$ 光电极在上述操作基础上采用新鲜配制的 $0.1\ mol \cdot L^{-1}\ NiSO_4$ 溶液（调节至 $pH = 7$ 左右）作为电解液，在 AM 1.5 G 光照条件下施加 $0.11\ V$ vs. Ag/AgCl 约 $5\ min$ 获得。建议两者电极在光照条件沉积的基础上额外增加

1 min 的暗处沉积来获取最优性能。

以 FeOOH/BiVO₄ 和 NiOOH/FeOOH/BiVO₄ 光电极搭建三电极测试体系,以 5 mV·s⁻¹ 的扫描速率测试极化曲线并进行比较,并以镍铁氢氧化物电极和 NiOOH/FeOOH/BiVO₄ 光电极作为阳极和光阳极搭建两电极分解水制氢体系,以 5 mV·s⁻¹ 的扫描速率测试极化曲线并进行比较。

4. 镍铁基催化剂附着的 BiVO₄ 光电极的表征及构效关系的探索

利用 X 射线光电子能谱(XPS)表征 FeOOH/BiVO₄ 和 NiOOH/FeOOH/BiVO₄ 光电极表面元素的种类和价态。利用扫描电子显微镜(SEM)表征 FeOOH/BiVO₄ 和 NiOOH/FeOOH/BiVO₄ 各组分的形貌与厚度。通过调变 FeOOH 和 NiOOH 的沉积参数构建不同厚度 FeOOH 或 NiOOH/FeOOH 覆盖层的 FeOOH/BiVO₄ 和 NiOOH/FeOOH/BiVO₄ 光电极,将 SEM 表征的厚度与光照下的极化曲线进行比较和关联,探索其构效关系。

【实验提示】

采用 Phenom XL 台式扫描电子显微镜进行结构观察及厚度测量,采用背散射和二次电子探头进行观察。采用 PHI 5000C&PHI5300X 射线光电子能谱仪进行表面元素种类和价态分析。扫描电子显微镜原理及使用参见实验七开放实验中相关内容,X 射线光电子能谱仪原理及使用参见 3.10 节相关内容。

五、数据处理、实验结果及讨论

(1)对于镍铁氢氧化物电极,根据循环伏安曲线标注 Ni²⁺/Ni³⁺ 氧化还原峰和析氧反应起始电势,并通过极化曲线拟合塔费尔曲线获取塔费尔斜率和交换电流密度。

(2)对于 BiVO₄ 光电极,利用光照和暗处条件下的极化曲线测算 BiVO₄ 电极的光电压。

(3)比较 BiVO₄、FeOOH/BiVO₄、NiOOH/FeOOH/BiVO₄ 的极化曲线,并拟合塔费尔曲线获取塔费尔斜率,讨论催化剂复合电极结构与光电化学析氧反应之间的关系。

(4)作图比较两电极电解水制氢和光电化学分解水制氢的极化曲线,讨论是否与三电极体系测量有所差异。

六、思考题

(1)镍铁氢氧化物电极的电镀原理是什么?

(2)BiVO₄ 电极合成过程中颜色发生何种变化?对应什么反应过程?

(3)光照和暗处电极动力学有什么差异?两者的塔费尔斜率是否相同?光电压与理论预测的 BiVO₄ 带隙有没有差别?

(4)电解水制氢和光电化学分解水制氢的优缺点分别是什么?

七、安全与环保

因电化学和光电化学测试过程中有氢气和氧气释放,实验过程中应注意安全防护和通风措施:

(1)严禁明火加热和电子打火设备的使用。

(2)在通风良好的条件下开展电化学和光电化学测试。

(3)光照过程中严禁直视光源。应在光源开启前调整光源和光电化学池的相对位置,并在测量完成后及时关闭光源。

八、附注

本实验涉及的电化学测试和光电化学测试均采用三电极体系,主要包括工作电极(working electrode,WE)、参比电极(reference electrode,RE)和对电极(counter electrode)。其中工作电极对应绿线,参比电极对应白线,对电极对应红线。电化学工作站一般集成了各种电压、电流的测试方法,如循环伏安法、线性扫描法等,可通过软件进行程序选择并设置好参数,连接准确的电极后测量即可。参数设置可参考图 2-37-3。

循环伏安曲线测试参数设置　　　　　　极化曲线测试参数设置

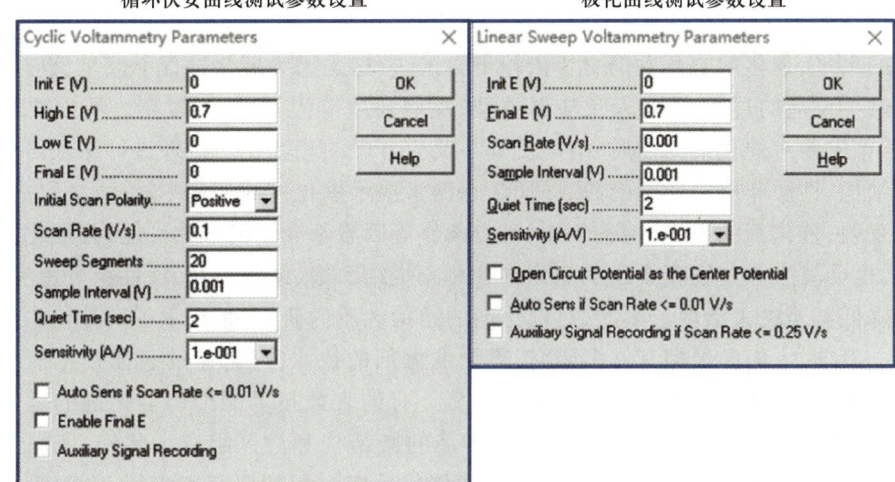

图 2-37-3　电化学工作站参数设置

镍铁基催化剂的电化学极化曲线测试的电压范围建议选取 0~0.7 V。光电极的光电化学极化曲线测试的电压范围建议选取-1.0~0.7 V。

参考资料

实验三十八　碳材料负载 Pd 催化剂的制备及其性能测试

一、实验目的和要求

(1)能制备负载 Pd 催化剂,并进行催化活性评价。

(2)能说明化学储氢物质制氢的原理及意义,完成不同反应条件下负载 Pd 样品的催化制氢性能测试。

(3)能够说明不同表征技术表征催化剂的意义,采用合适的表征技术表征负载 Pd 样品。

(4)能合理分析动力学数据及催化剂表征数据,尝试将负载 Pd 催化剂的结构、性质与催化制氢性能进行关联分析,探讨影响催化性能的本质。

二、实验原理

催化科学与技术对人类社会发展产生了巨大的推动作用,作为化学工业的基石,在解决人类的生存需求同时,还极大地提高了人类的生活质量。据不完全统计,80%以上的现代化工生产需借助催化技术实现,如催化合成氨及化肥的生产技术解决了 60 亿人的吃饭问题;齐格勒-纳塔(Ziegler-Natta)催化剂及三大合成材料解决了人类穿和用的问题;石油炼制催化技术解决了人类行的问题。一个反应过程的催化工艺与其非催化工艺相比,通常具有反应条件温和、节能、环境友好等优点。随着人类对能源、环境和健康等问题的普遍关注,催化技术的应用越来越广泛,这给催化科学和催化技术发展提供了广阔的发展前景。

虽然催化技术为人类社会发展做出了巨大贡献,但催化理论的发展远没有达到能够预测催化作用的水平,催化剂的开发仍主要依赖于尝试法,这是因为催化过程不仅是反应物分子在催化剂上发生反应的过程,还涉及反应器类型、反应环境等因素,极其复杂。所以要阐明某种催化过程,首先要对催化剂的性质、结构及其与反应分子的相互作用机理进行深入研究。开展催化剂的结构、性质和反应性能的深入研究,有助于揭示催化剂的催化本质。

研究表明,催化剂的组成、制备条件、反应条件等因素都会影响催化性能,且催化反应过程中,催化剂也会发生一些物理或化学变化,如中毒、烧结团聚、结焦积炭、活性组分流失等,导致催化活性降低甚至失去活性。因此,对催化剂的结构性质的研究,是揭示理解催化本质的一个重要方面。目前,人们已经拥有许多研究、表征催化剂的技术方法,有的表征技术能分析催化剂的宏观层次信息,如催化剂的颗粒和孔系分析。有的表征技术能给出催化剂的微观层次信息,如分析电子显微镜(AEM)技术可以分析样品的微结构和微区组成。此外,人们还在不断探索将物理-化学新效应、新现象用于催化剂和催化反应过程的研究和表征,希望更精确地测定活性位的结构、数量,并向原子、分子层次发展,力求从时间-空间两个方面提高对催化剂表面所发生过程的分辨能力。

催化活性评价是开发新型催化剂的研究核心,催化活性标志着特定的催化反应中催化剂使反应物转化能力的大小,以及对某种产物的单程收率的多少。无论在催化剂筛选阶段,还是在优化阶段,大量的研制工作都是围绕催化活性展开的。评价催化剂的反应性能,主要是考察催化剂活性、选择性、寿命和强度等。催化反应动力学也是催化研究的重要内容,通过动力学研究,一方面可以确定化学反应速率与反应温度、反应压力、接触时间(即空速的倒数)、反应物配料比等因素间的关系;另一方面,揭示反应物变为产物的途径,理解影响化学反应速率的本质,进而更加精准地控制和调节化学反应速率,达到提高产品质量和数量的目标。

1. 催化剂的制备方法

催化剂制备技术研究一直以来备受国内外科研人员的重视,近年不断有新的研究成果问世。常见的制备方法有浸渍法、沉积-沉淀法、溶胶-凝胶法、微波法、微乳液法、等离子体技术、超临界流体法等。制备方法的选择,往往需要考虑目标催化剂的组成、所针对催化反应的特点等综合因素。

2. 催化剂反应性能的评价方法

催化活性是催化剂在一定工艺条件下催化性能的最主要的指标,一般用反应物的转化率或某种产物的单程收率来体现。例如,在反应方程式 $a\mathrm{A} \longrightarrow b\mathrm{B} + c\mathrm{C} + d\mathrm{D} + \cdots$ 中,反应物 A 的转化率为

$$X_A = \frac{N_{0A} - N_A}{N_{0A}} \times 100\%$$

式中 N_{0A}，N_A 分别为反应物 A 在反应前和反应后的克分子数；X_A 为反应物 A 的转化率。

产物 B 的单程产率为

$$Y_B = \frac{aN_B}{bN_{0A}} \times 100\%$$

式中 N_B 为产物 B 的克分子数；a，b 分别为反应物 A 和产物 B 的化学计量数。

对产物 B 来说，其单程产率和反应物 A 的转化率之比即为产物 B 的选择性，符号为 S_B，计算式为

$$S_B = \frac{Y_B}{X_A} \times 100\% = \frac{aN_B}{b(N_{0A} - N_A)} \times 100\%$$

同理，可以获得产物 C 和 D 的单程产率和选择性。

催化剂反应性能的评价装置有多种，主要包括进样、反应、产物分析等组成部分。装置中常需要配置各种阀件、控制计量的流量计或流量泵、控温系统、产物接收分离系统、分析检测系统。因此，即使一个简单的化学反应装置也很复杂，实验室常用的反应器有积分反应器、微分反应器、循环流动反应器和脉冲反应器。可根据具体反应的实际需求，进行选择。

化学动力学的首要任务就是确定化学反应速率及各种因素（浓度、温度、催化剂等）对反应速率的影响，化学反应速率与参加反应的各物质浓度之间的关系即为化学反应速率方程。化学反应速率方程的确定十分重要，这是因为速率方程是设计工业反应器的依据，而且可以为推测反应机理提供信息。通过测定在不同温度下反应物或产物浓度随时间的变化，然后采用一定的方法，可以获得速率方程。

3. 催化剂的表征

（1）XRD（X-ray diffraction）测试。

采用 X 射线衍射仪进行样品的物相分析，具体操作见实验三十五。

（2）SEM（scanning electron microscope）测试。

采用扫描电子显微镜进行结构观察和元素分析，采用背散射和二次电子探头进行观察。具体使用方法见实验七。

（3）EDS（energy dispersive spectroscopy）测试。

采用场发射透射电子显微镜进行测定。将样品进行表面镀铂金后，放入样品室中，使用 15 kV 的加速电压对测试位置进行放大观察，并用 X 射线能谱分析仪对样品进行元素定性半定量分析。

（4）BET 测试。

采用物理吸附仪测定样品的 N_2 吸附/脱附等温线，由 BET 方程计算样品比表面积，用 BJH 等效圆柱模型计算孔分布。具体操作参见实验二十五。

（5）TEM（transmission electron microscope）测试。

采用场发射透射电子显微镜测试负载 Pd 催化剂，拍摄电镜照片，分析统计催化剂上钯金属粒子的颗粒大小。

三、实验仪器和药品

磁力搅拌器	集气瓶
电子天平	碳纳米管
水浴锅	XC-72
圆底烧瓶	氯化钯
烧杯	活性炭
量筒	氢氧化钠
冷凝管	硼氢化钠
移液管	甲酸钾
砂芯漏斗	科琴黑碳粉
水泵	碳酸氢钠

四、实验内容与步骤

实验操作
演示视频

1. 催化剂制备

催化研究中的催化新材料制备是一个非常活跃的研究领域。本实验建议选用简单易行的化学还原法制备负载钯催化剂,请查阅资料,选择合适的制备条件,制备负载 Pd 催化剂。

参考方案:室温下,称取 0.5 g 科琴黑碳粉置于 500 mL 烧杯中,加入 200 mL 纯净水,开启磁力搅拌使其分散均匀。用 1 mol·L^{-1}氢氧化钠溶液调节 pH 为 9~10,用铝箔包裹烧杯避光,室温搅拌 2 h。加入 11 mL 4 g·L^{-1}氯化钯溶液,使钯在催化剂上的理论负载量为 5%,用 1 mol·L^{-1}氢氧化钠溶液调节 pH 为 9。称取约 0.2670 g 硼氢化钠置于小烧杯中,加入 5 mL 纯净水搅拌溶解,缓慢滴加到大烧杯中,将溶液中的钯还原。室温下继续搅拌 1 h,用砂芯漏斗过滤,纯净水洗涤至滤液无氯离子检出。将固体粉末转移至培养皿中,于 80 ℃ 烘箱中干燥 1.5 h,得到的催化剂记作 5 Pd/C-2 h(科琴黑)。

按表 2-38-1 所列信息,选择不同变量,如改变金属种类、氯化钯溶液量、载体种类等条件,制备不同催化剂。

表 2-38-1 催化剂制备可选条件

	条件 1	条件 2	条件 3
负载量	2% Pd	5% Pd	8% Pd
预分散时间	2 h	14 h	24 h
载体种类	碳纳米管	科琴黑	活性炭
金属种类	Au	Pd	Ag

2. 催化反应性能评价

对于不同催化反应,可以选择不同的实验装置和实验条件开展相应的活性测试。本实验建议将催化甲酸钾的分解作为评价负载钯活性的探针反应。在氢能产业链中,选取合适的制氢储氢体系十分重要。固体甲酸盐可作为便于运输的储氢载体,其水溶液在适当催化剂作用下可以释放氢气,副产物碳酸氢盐也可以再生形成甲酸盐,理论上可以构建制氢-储氢可逆循环：

$$HCOO^-(aq) + H_2O(l) \longrightarrow H_2(g) + HCO_3^-(aq) \qquad (2\text{-}38\text{-}1)$$

$$HCO_3^-(aq) + H_2(g) \longrightarrow H_2O(l) + HCOO^-(aq) \qquad (2\text{-}38\text{-}2)$$

查阅资料,制定实验方案,完成负载钯样品催化甲酸钾的反应性能测试。

参考方案:在 50 mL 茄形瓶中加入 10 mL 3.6 mol·L^{-1} 甲酸钾溶液,于 30 ℃ 水浴中磁力搅拌恒温 10 min。恒温过程中,如图 2-38-1 所示连接反应系统,确保反应系统气密性。恒温后,快速加入 13.5 mg 钯碳催化剂,反应生成的气体先通过球形冷凝管,再通入盛满饱和碳酸氢钠溶液的试剂瓶,用天平称量排出的碳酸氢钠溶液质量,前 5 min 每 30 s 读数一次,随后每 1 min 读数一次,直至 30 min。

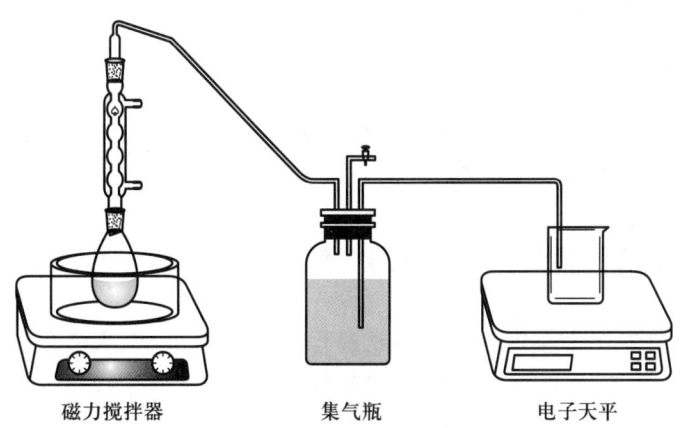

磁力搅拌器　　　　　集气瓶　　　　　电子天平

图 2-38-1　实验装置示意图

3. 催化反应动力学测试

参照上述催化性能评价方案,选择表 2-38-2 所列信息,如改变反应温度或底物浓度,对制备的催化剂进行催化反应性能测试,通过尝试法或初始速率法判断反应级数,计算反应活化能。

表 2-38-2　活性测试可选条件

	条件 1	条件 2	条件 3	条件 4
反应温度/ ℃	25	30	35	40
底物浓度/(mol·L^{-1})	1.8	3.6	4.8	6.0

4. 催化剂的结构表征

查阅碳负载钯催化剂的结构性质表征方法及其功能,参考"实验仪器和药品"中所列的表征仪器,制定本实验中催化剂表征方案,开展相应的催化剂表征。

五、数据处理、实验结果及讨论

(1)根据反应式(2-38-1)及时间-质量数据,将所得不同溶液质量转化为氢气的产量,绘制时间-氢气产量图,比较不同催化剂的催化性能。

(2)绘制不同反应条件下,时间-甲酸钾转化率关系图,并选择合适的方法,推测反应速率方程,计算不同催化剂催化甲酸钾分解的反应活化能并讨论优选的反应条件。

（3）分析催化剂结构数据,与催化活性关联分析,尝试探讨催化剂结构与性能的构效关系。

六、思考题

（1）通过钯催化剂反应性能分析,讨论如何优化钯催化剂的制备方案。要深度理解反应分子在催化剂表面的反应行为,还可以开展哪些研究工作?

（2）催化化学储氢物质制氢,对人类的能源安全有何意义?

（3）人类历史上有哪些里程碑式的催化应用? 对人类发展具有什么样的价值和意义? 理解催化技术在提高生产效率、提高产品质量方面的突破。

七、环保与安全

因活性测试过程中,有氢气释放,实验过程中应注意安全防护:

（1）在通风良好的通风橱内开展活性测试;

（2）严禁明火加热;

（3）活性测试前,集气瓶中装满饱和碳酸氢钠溶液,并对系统进行气密性检测,确认密封后,方可开始活性测试;

参考资料

（4）集气瓶上加装氢气输出管,活性测试过程中,关闭截止阀,保证系统的密封性,活性测试结束后,关闭加热电源,小心打开截止阀,将集气瓶内氢气通过管线导出收集,进行检验并妥善处理。

第三章

实 验 技 术

3.1 温度的测量和控制技术

3.1.1 引言

温度是表述宏观物质体系状态的一个基本参量,同时也反映了物质内部大量分子和原子平均动能的大小。不同温度的物体相接触,必然有能量以热能的形式由高温物体传至低温物体。或者说,两个物体处于热平衡时,其温度相同。这是温度测量的基础。当温度计与被测体系之间真正达到热平衡时,与温度有关的物理量才能用以表征体系的温度。物质的物理化学性质与温度有密切的关系,因此,准确测量和控制温度在科学实验中十分重要。

3.1.2 温标

温标可以说是温度量值的表示方法。为了表示温度的数值,需要建立温标,即确定温度间隔的划分与刻度的表示方法。确立一种温标应包括:选择测温仪器、确定固定点及对分度方法加以规定。下面介绍三种最常用的温标。

1. 热力学温标

热力学温标,又称开尔文(Kelvin)温标,是一种建立在卡诺(Carnot)循环基础上的理想的科学温标。由于该温标是建立在纯理论基础上的,因此需要寻找一个可以使用的温标来实现。在定容或定压条件下,理想气体的压力或体积与热力学温度之间存在严格的线性关系。因此,可以选定气体温度计来实现热力学温标。氦、氢、氮等气体在高温、低压条件下的行为接近理想气体,因此可以使用这些气体温度计来校准热力学温标。原则上说,其他温度计都可以用气体温度计来标定,使温度计的校正读数与热力学温标相一致。

热力学温标用单一固定点定义。1948 年第九届国际计量大会决定,定义水的三相点的热力学温度为 273.16 度,水的三相点到绝对零度之间的 1/273.16 为热力学温标的 1 度。2018

年 11 月 16 日,第 26 届国际计量大会通过决议,1 开尔文定义为"对应玻尔兹曼常量为 1.380 649×10^{-23} J·K^{-1} 的热力学温度",其符号为 T,单位符号为 K。

2. 国际温标

气体温度计的装置十分复杂,使用不便。为了更好地统一国际间的温度量值,国际计量大会于 1927 年决定采用"国际温标"。从国际温标的定义方法来看,它仍然是一种经验温标。但它是以热力学温度为标准而制定的,是热力学温度的一种近似。随着科学技术的发展,经过多次修订,现在采用的是 1990 年国际温标(ITS—90)。ITS—90 温标使用一组规定的定义固定点(见附录表 3-7)及利用规定的内插法来分度,各温度段的插补公式请参阅中国计量出版社出版的《1990 年国际温标宣贯手册》和《1990 年国际温标补充资料》。

3. 摄氏温标

摄氏温标使用较早,应用方便。它以水银-玻璃温度计来测定水的相变点,规定在标准压力 $p^{\ominus}$ 下,水的凝固点(即水的冰点)为 0 摄氏度,沸点为 100 摄氏度,在这两点之间划分为 100 等分。每等分代表 1 摄氏度,以 ℃ 表示。摄氏温度的符号为 t。

在定义热力学温标时,水的三相点的热力学温度本来是可以任意选取的,但为了和人们过去的习惯相符合,规定水的三相点的热力学温度为 273.16 K,使得水的沸点和凝固点之差仍保持 100 ℃。这就使热力学温标与摄氏温标之间只相差一个常数。因此,以热力学温标对摄氏温标重新定义,即

$$t/℃ = T/K - 273.15 \tag{3-1-1}$$

根据这个定义,273.15 为摄氏温标零度的热力学温度值,开尔文温度和摄氏温度的分度值相同,水的冰点为 0 ℃,水的三相点温度为 0.01 ℃。

3.1.3　温度计

可以用于测量温度的物质都具有某些与温度密切相关且能严格复现的物理性质,如体积、长度、压力、电阻、温差电势、频率及辐射波等。利用这些特性可以设计并制成各类测温仪器——温度计。

1. 分类

温度计的种类很多,通常可分为接触式和非接触式两类。如按用途分,则有温度测量和温差测量两类。

接触式温度计是基于热平衡原理设计的。利用物质的体积、电阻、热电势等物理性质与温度之间的函数关系制成的温度计都属于这一类。测温时需将温度计触及被测体系,使其与体系处于热平衡,两者的温度相等。这样由测温物质的特定物理参数就可换算出体系的温度值,也可将物理参数值直接转换成温度值显示出来。常用的水银温度计就是根据水银的体积直接在玻璃管壁上刻上温度值。铂电阻温度计和常见的热电偶温度计则分别利用其电阻和温差电势来指示温度。

非接触式温度计是基于电磁辐射的波长分布或强度变化与温度间的函数关系制成的。全辐射光学高温计、灯丝高温计和红外光电温度计都属于这一类。

在精密的热效应测量中,使用的都是精度较高的接触式温度计。表 3-1-1 按设计原理及制作材料不同分别介绍了一些常用的温度计。下面将对其中部分温度计作较详细讨论。

表 3-1-1 常用温度计

类型	使用范围 ℃	分辨率 ℃	使用要求	特点
液体-玻璃温度计			恒温、恒压	简单,价廉;响应慢,误差来源较多,易损坏
(1)水银	$-30\sim360$	$\geqslant10^{-2}$		
(2)水银(充气)	$-30\sim600$	$\geqslant10^{-1}$		准确度稍差
(3)酒精	$-110\sim50$	10^{-1}		线性较差
(4)戊烷	$-190\sim20$	10^{-1}		
(5)贝克曼	$-20\sim150$	10^{-3}		量程为 5~6 ℃,专门作温差测量用
热电偶温度计*		$\geqslant10^{-3}$	毫伏计或电桥,冷端温度	体积小,操作简单;测量误差较小;制作再现性较差,接点及材料的非均一性可引起额外电势
(1)铜-考铜	$-250\sim300$			热电势较大;材质易氧化,需常标定
(2)镍铬-镍硅	$-200\sim1100$			可在 1300 ℃ 短时间使用
(3)铂铑-铂	$-100\sim1500$	10^{-2}		价格高,热电势较小,不能在还原性气氛中使用
(4)半导体	$-200\sim500$	10^{-4}*		可在 1700 ℃ 短时间使用
电阻温度计*			稳定电源,电势测量	响应快
(1)铂	$-260\sim1100$	10^{-4}		灵敏,准确;成本高
(2)半导体	$-273\sim300$	10^{-4}		小、轻,响应值大;非线性,稳定性差,需常标定,适于温差测量
石英频率温度计*	$-78\sim240$	10^{-2}		两个探头可作温差测量用,温差分辨率可达 10^{-4} ℃
气体温度计		10^{-2}	恒容或恒压,气压计或膨胀仪	线性好;体积大,响应慢,使用不方便,通过精确计算,可作为重现热力学温标的基准温度计
(1)He	$-269\sim0$			
(2)H_2	$0\sim110$			
(3)N_2	$110\sim1550$			
蒸气压温度计	$-272\sim-173$	10^{-2}	气压计	灵敏,简便;量程很小
辐射高温计				非接触,不干扰被测体系;与被测体系表面辐射情况有关,需标定
(1)灯丝式	$700\sim2000$	10^{0}		
(2)全辐射式*	$700\sim2000$	10^{0}		
(3)光电式*	$150\sim1600$	10^{-2}		对被测对象的辐射系数要校核

* 电荷量输出。

2. 液体-玻璃温度计

液体-玻璃温度计以液体作为测温物质,由于玻璃的膨胀系数很小,而毛细管又是均匀的,故测温液体的体积变化可用长度改变量表示,在毛细管上直接标出温度值来。液体温度计要达到热平衡需较长时间。特别是在体系降温的测量中常会发生滞后现象,但其构造简单,读数方便,价格较低,所以,迄今仍被普遍使用。

1) 水银温度计

液体-玻璃温度计中以水银温度计的使用最为广泛,它是摄氏温标的基础。水银的体积膨胀系数在相当大的温度范围内变化很小。

水银温度计按其刻度和量程范围不同,还可分为

(1) 常用的刻线以 1 ℃ 为间隔,量程范围有 0~100 ℃ ,0~250 ℃ ,0~360 ℃ 等。

(2) 由多支温差计配套而成,刻度以 0.1 ℃ 为间隔,每一支量程为 50 ℃ 或更小,交叉组成量程范围为 -10~200 ℃ 或 400 ℃ 等。

(3) 作为量热计或精密控温设备的测温附件,有刻度间隔 0.01 ℃ 或 0.02 ℃ 的精密温度计。其量程只有 10 ℃ 或 15 ℃ ,只适于室温使用。

(4) 高温水银温度计,管壁采用特硬玻璃制作,其中充以氮或氩,最高可测至 600 ℃ 。如以石英制成,则可测至 750 ℃ 。

2) 水银温度计的校正

大部分水银温度计为"全浸式"的,使用时应将水银完全置于被测体系中,使两者完全达到热平衡,如图 3-1-1 所示。但实际使用中往往做不到这一点,所以在较精密的测量中需校正。除此之外,还有其他因素也会影响测量的可靠性,同样需校正。通常引起误差的主要原因和校正方法有:

(1) 零点校正。由于水银温度计下端玻璃球的体积可能会有所改变,导致温度读数与真实值不符,因此必须校正零点。对此,可以把温度计与标准温度计进行比较,也可以用纯物质的相变点标定校正。冰水体系是较常使用的一种。

(2) 露茎校正。全浸式水银温度计如有部分露在被测体系之外,则因温度差异必然引起误差。这就必须作露茎校正。其方法如图 3-1-2 所示。校正值按下式计算:

$$\Delta t_{露} = 1.6 \times 10^{-4} h(t_{观} - t_{环}) \tag{3-1-2}$$

式中系数 1.6×10^{-4} 是水银对玻璃的相对膨胀系数($℃^{-1}$);h 为露出于被测体系之外的水银柱长度,称为露茎高度,以温度差值($℃$)表示;$t_{观}$ 为测量温度计上的读数;$t_{环}$ 为环境温度,可用一支辅助温度计读出,其水银球应置于测量温度计露茎高度的中部。

(3) 其他因素的校正。使用精密温度计时,读数前须轻轻敲击水银面附近的玻壁以防止水银的黏附。其次,应等温度计和被测体系真正建立热平衡,水银柱面不再变动方能读数。变温体系的温度测量往往会造成滞后误差,也应予以校正。其计算较为复杂,可参阅温度测量方面的专著。此外,还应避免太阳光线、热源、高频场等辐射能的干扰。应用实例可参见实验五。

3. 热电偶温度计

1) 原理

将两种金属导线构成一闭合回路,如果两个接点的温度不同,就会产生一个电势差,称为温差电势。如在回路中串接一个毫伏表,则可粗略显示该温差电势的量值(图 3-1-3)。这一对金属导线的组合就称为热电偶温度计,简称热电偶。

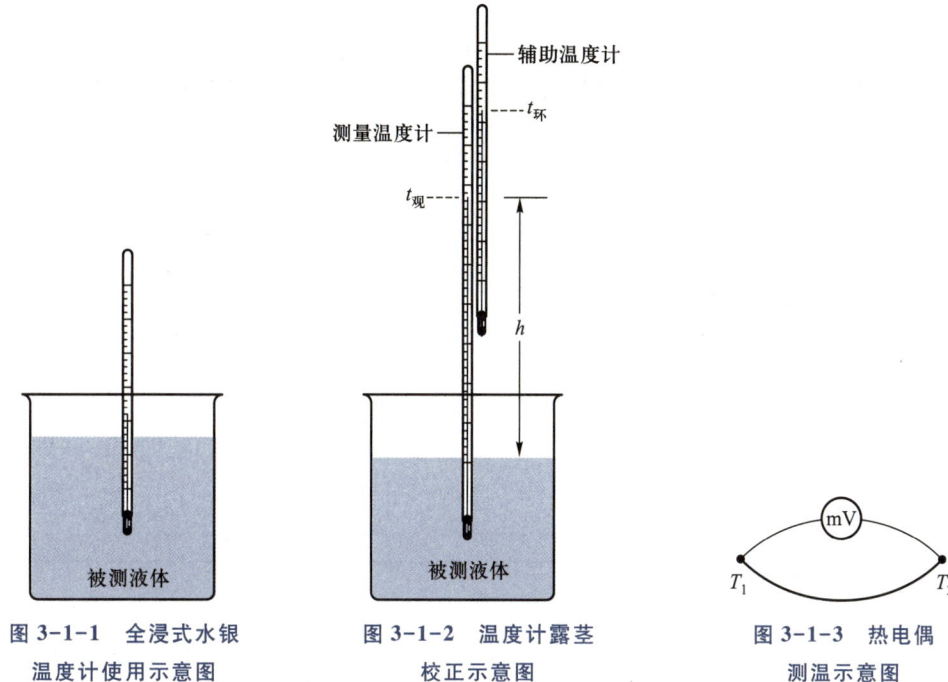

图 3-1-1　全浸式水银
温度计使用示意图

图 3-1-2　温度计露茎
校正示意图

图 3-1-3　热电偶
测温示意图

实验表明,温差电势 E 与两个接点的温度差 ΔT 之间存在函数关系。如其中一个接点的温度恒定不变,则温差电势只与另一个接点的温度有关:$E = f(T)$。通常将其一端置于标准压力 $p^{\ominus}$ 下的冰水共存体系,那么,由温差电势就可直接测出另一端的摄氏温度值。在要求不高的测量中,可用锰铜丝制成冷端补偿电阻。

2）特点

（1）灵敏度高。如常用的镍铬-镍硅热电偶的热电系数达 $40\ \mu V \cdot {}^{\circ}\!C^{-1}$,镍铬-考铜的热电系数更高达 $70\ \mu V \cdot {}^{\circ}\!C^{-1}$。用精密的电位差计测量,通常均可达到 $0.01\ {}^{\circ}\!C$ 的精度。若将热电偶串联组成热电堆（图 3-1-4）,则其温差电势是单对热电偶电势的加和,灵敏度可达 $10^{-4}\ {}^{\circ}\!C$。

（2）重现性好。热电偶制作条件的不同会引起温差电势的差异。但一支热电偶制作后,经过精密的热处理,其温差电势-温度函数关系的重现性极好。由固定点标定后,可在较长时期内使用。热电偶常被用作温度标准传递过程中的标准量具。

（3）量程宽。热电偶的量程仅受其材料适用范围的限制。

（4）非电量变换。温度的自动记录、处理和控制在现代科学实验和工业生产中是非常重要的。这首先要将温度这个非电参量变换为电参量,热电偶就是一种比较理想的温度-电量变换器。

3）种类

热电偶的种类繁多,各有其优缺点。表 3-1-2 列出几种常

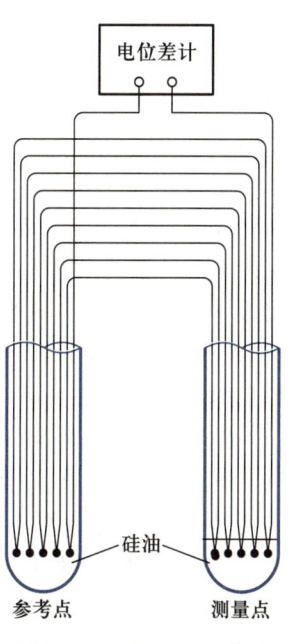

图 3-1-4　热电堆示意图

257

用热电偶的主要技术指标。

表 3-1-2　常用热电偶的主要技术指标

类别	分度号	最高使用温度/℃		热电势允许偏差*	
		长期	短期	0~600 ℃	>600 ℃
铂铑 10-铂	S	1300	1600	±2.4 ℃	±0.4%t
铂铑 30-铂铑 6	B	1600	1800	0~600 ℃	>600 ℃
				±3 ℃	±0.5%t
镍铬-镍硅	K	1000	1300	0~400 ℃	>600 ℃
				±4 ℃	±0.75%t
镍铬 10-考铜	—	600	800	0~400 ℃	>600 ℃
				±4 ℃	±1%t

*t 为实测温度值,单位:℃。

除此之外,套有柔性不锈钢管的各种铠装热电偶也已普及。管内装有 $\phi \leqslant 0.5$ mm 的热电偶丝,用熔融氧化镁绝缘。外径可细到 $\phi = 1$ mm。长度可按需要自行截取,剥去铠装使热偶丝露出,绞合后焊接即可。

4)测量

热电偶的测量精度受测量温差电势的仪表所制约。直流毫伏表是一种最简便的测温二次仪表,可将表盘刻度直接标成温度读数。该方法精度较差,通常为 ±2 ℃左右。使用时整个测量回路中总的电阻值应保持不变。最好是对每支热电偶及其所匹配的毫伏表作校正。

数字电压表量程选择范围可达 3~6 个数量级。它可以自动采样,并能将电压数据的模量值变换为二进位值输出。数据可输入计算机,便于与其他测试数据综合处理或反馈以控制操作系统。数字电压表的测试精度虽然很高,但它的绝对测量值需标定。

温差电势的经典测量方式是使用电位差计以补偿法测量其绝对值。有关电位差计的基本原理和使用方法可参见 3.5 节相关内容。

5)标定和校正

热电偶的温差电势 E 与温度值 T 之间关系的标定,一般不按内插公式进行计算,而是采用实验方法以列表或工作曲线形式表示。标定时通常以水的冰点作参考温度,再根据所需工作范围选择附录三表 3-7、表 3-8 所列的某些固定点进行标定。测量时应确保热电偶两端处于各自的热平衡状态。标定后的热电偶通称为标准热电偶。

工作热电偶常以标准热电偶校正。通常是将它和标准热电偶一起放在某一恒温介质中,逐步改变恒温介质的温度,在热平衡状态下测量一系列温度下的温差电势,作成工作曲线。

商品型热电偶制作工艺统一,在精度要求不很高的情况下可以由附录三表 3-18 至表 3-20 的热电势-温度换算表查出。有些精度较好的热电偶还附有该热电偶的校正数据。

6)热电偶温度计使用时应注意的问题

(1)应避免测量介质的氧化还原性对热电偶的影响,即易被氧化的金属热电偶(如铜-康铜)不应插在氧化性气氛中,易被还原的金属热电偶(如铂-铂铑)则不应插在还原性气氛中。

(2)如金属热电偶不能与被测物质直接接触,应将热电偶插在合适的套管中,并在套管中加入适当的石蜡油,以促进测量过程中的热传导过程。

(3)参考点的温度应保持不变,一般将其放置在冰水中。

(4)使用金属热电偶温度计与仪表连接时,应注意"+""-"端子,避免反接。

(5)金属热电偶温度计在使用过程中应注意其测温范围,在该温度区间内温差电势与温度最好呈线性关系,并且应选择温差电势的温度系数大的热电偶,以提高温度测量的灵敏度。

4. 其他测温温度计

1)金属电阻温度计

利用测温材料的电阻随温度变化的特性制成的温度计称为电阻温度计。它们与热电偶一样可用于温度-电量转换。在各种纯金属中,铂、铜和镍是制造电阻温度计最合适的材料。其中,铂的熔点高,易于提纯,在氧化性介质中很稳定。它的热容极小,对温度变化响应极快,而且有良好的重现性。所以,规定将铂电阻温度计作为 $13.81 \sim 903.89$ K($-259.34 \sim 630.74$ ℃)温度范围内,体现国际温标的标准温度计。

电阻温度计在低温区和中温区的测温性能优于热电偶。实用的铂电阻温度计通常有两种规格,其主要技术数据见表 3-1-3。表中还列有商品型的铜电阻温度计的规格、型号。附录三表 3-21 附有商品型铂电阻温度计的电阻值与温度关系表。

表 3-1-3　　电阻温度计的主要技术数据

电阻种类	分度号	0 ℃时电阻值 R_0 及其允差/Ω	100 ℃时电阻值与 0 ℃时电阻值之比 R_{100}/R_0 及其允差	长期使用温度/℃	分度表的允差 Δt/℃	
铂电阻	BA$_1$(Pt-46)	46±0.046	1.391±0.001	$-200 \sim 500$	$-200 \sim 0$	$0 \sim 500$
	BA$_2$(Pt-100)	100±0.1			$\pm(0.3+6\times10^{-3}\left|t\right|^*)$	$\pm(0.3+4.5\times10^{-3}\left|t\right|^*)$
铜电阻	G	53±0.053	1.425±0.002	$-50 \sim 150$	$\pm(0.3+6\times10^{-3}t^*)$	

* $\left|t\right|$ 为测得的摄氏温度绝对值。

由于铂电阻的阻值变化大约每摄氏度只有 0.4%,因此应使用高精度的测量仪表。测量回路内电阻、接点的寄生温差电势及测量电流引起铂电阻的焦耳热等问题都应尽可能消除。电阻温度计的标定方法与热电偶的相同。

2)石英频率温度计

利用石英晶体的共振频率作为频率标准时,通常要选择其温度系数最小的切割晶面。而石英温度计是利用共振频率与温度关系最大的晶面制成的测温元件,以振荡器测量晶体的共振频率。这种晶体振动频率与温度近似具有线性函数关系,可用于测定 $-80 \sim 250$ ℃范围内的温度,其测量精度可达到 0.05 ℃。有的产品可在 $-20 \sim 120$ ℃范围内调节测温量程为 10 ℃,这时测量准确度可达 0.001 ℃。

3)蒸气压低温温度计

液体的蒸气压是温度的函数。图 3-1-5 所示为低温下七种气体的饱和蒸气压与温度的关系曲线。如以蒸气压测量来计算温度,其精度很高。图 3-1-6 所示为根据这一原理设计的氧气压力温度计。它常被用于测定液氮的温度,因而也就可以算出该液氮的饱和蒸气压。

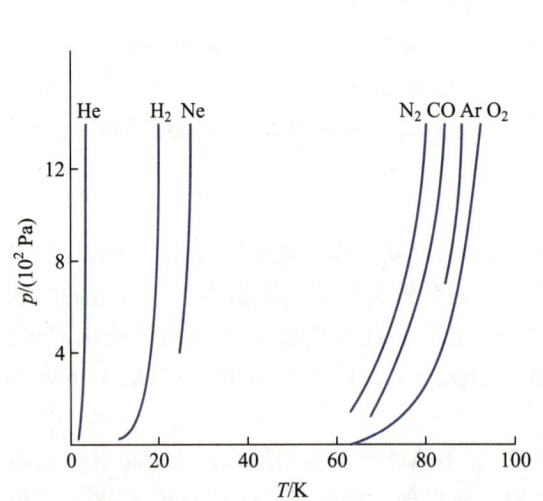

图 3-1-5　低温下七种气体饱和蒸气压与温度的关系曲线　　　图 3-1-6　氧气压力温度计示意图

氧气压力温度计的制作步骤如下:由 F 将适量纯净水银注入 D-E 管中。在 A 端焊接上真空三通,抽真空并熔封之。将压力计缓慢向 D 侧倾斜,使一部分水银经 C 流入 B 管,再将压力计复位,这样可在 C 处获得极高的真空度。在 F 端也接上真空三通旋塞,对 E,G 管抽真空,充入纯净、干燥的氧气。再反复抽真空、充氧气 3~5 次。最后充入氧气,使其在室温下管内的压力达到 1.07×10^5 Pa 左右。关闭三通旋塞,用液氮将小球 H 冷却,熔封 F 端。

测量时,将小球连同部分 G 管浸于被测介质中,此时管内部分氧气凝聚成液态,空间被饱和的氧气所充满。D,E 管中水银柱高度差即为被测介质温度下氧的饱和蒸气压。附录三表 3-11 列有 77~84 K(-196.15 ~ -189.15 ℃)下氧和氮的饱和蒸气压与温度的对应数据。

蒸气压低温温度计体积较大,达到热平衡需时较长。其主要缺点是每种工作物质都只能测量略低于其正常沸点的一个较小量程。

4)光学高温计(或称辐射式温度计)

对于较高温度下的被测物体,可利用光辐射进行测量。测温上限可达 2000 ℃。尽管在2000 K 及更高温度下,光学高温计是唯一可行的测温方法,但其误差一般较大。在热化学测量中使用不多。

5. 温差测量温度计

对于一个热效应,体系温差(温度变化量)的精确测量往往比准确测定体系温度本身更加重要。这里介绍几种常用的温差测量温度计。

1)贝克曼(Beckmann)温度计

刻度为 0.01 ℃,量程仅为 5~6 ℃,但其使用温度可根据需要在 -5~120 ℃ 范围内调节。贝克曼温度计在早期的实验中应用较多,但现在已逐渐被数字式温差测量仪所替代。

2）石英频率温度计

前述石英频率温度计，如用两个探头就可用作温差测量。在外界温度变化不大时，以精度较高的振荡器作为标准，其分辨率可达 10^{-4} ℃。

3）半导体热敏电阻温度计

半导体材料的电阻具有很大的温度系数，其电阻值随温度上升而呈指数下降。常用的有金属氧化物、锗、碳等材料。一块质量为 0.2 mg，体积仅为 0.03 mm^3 的半导体就可以构成一个热敏元件，而且其温度响应可以快到 0.1 s。这些特性对于小型监测仪器的设计来说是很有意义的。

半导体热敏电阻温度计的最大缺点是产品技术数据难以控制，而且每个电阻的阻值因老化而逐渐有所改变，需要经常标定。另外，热敏电阻大都不适于在较高温度下使用。在实际测量中，与金属电阻温度计一样可用于温度-电量转换，有着同样的误差来源。

在使用精密电位差计或电桥进行测量时，其分辨率可达 $10^{-5} \sim 10^{-4}$ ℃。经标定后，很适用于温差测量。

4）数字式温差测量仪

数字式温差测量仪采用现代电子技术，能精密测量介质的温度和温差，其分辨率达到 0.001 ℃。由于分辨率高、操作简单、数据直观等特点，数字式温差测量仪已逐渐取代传统的贝克曼温度计。数字式温差测量仪有多种型号，此处以 SWC 系列数字式温差测量仪为例说明其原理和功能。

该仪器的硬件框图见图 3-1-7。温度测量采用高精度 Pt100 传感器，经恒流电路后，将电阻信号转化为电压信号，采用低温漂，高精度电阻、电容、运算放大器，将电压信号进行差分放大，有效抑制共模信号，以及电源对信号的影响，放大信号经 24BitA/D 模数转换芯片，将模拟信号转换为数字信号并由 CPU 采集后对信号进行数字非线性校正，可同时显示介质温度和温差，显示可采用液晶或数码管显示，通过 USB 接口与计算机通信。

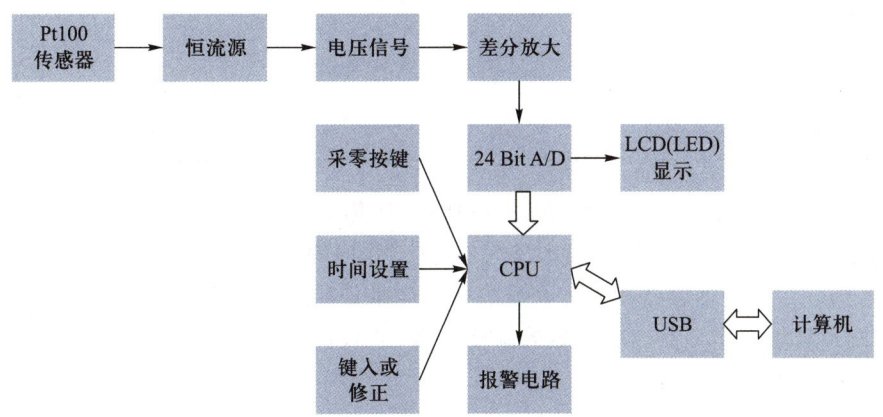

图 3-1-7 SWC 系列数字式温差测量仪硬件框图

由于仪器采用了全集成电路设计，具有质量轻、体积小和稳定性高等特点。主要技术指标如下：

电源电压：190~240 V/50 Hz　　　　　环境温度：−10~40 ℃

稳定度：±0.001 ℃　　　　　　　　　温差测量范围：−50~190 ℃

3.1.4　温度控制技术

物质的物理化学性质,如密度、黏度、蒸气压、表面张力等都随温度变化而发生改变;一些物理化学常数,如平衡常数、化学反应速率常数等也与温度有关。这些参数的测量都需要在恒定温度下进行,同时许多其他实验工作也需要在恒定温度下进行,因此,掌握温度控制技术非常必要。

在物理化学实验中,控温范围可分为常温(室温~250 ℃)、高温(>250 ℃)和低温(-218 ℃~室温)。其控温的基本原理是相同的,差别仅在于合理地选择工作介质和控制元器件。从控温要求来看,有恒温控制和程序升、降温控制两种。

1. 常温控制

在常温区间,恒温浴槽是一种最常用的控温装置。它通过电子继电器对加热器自动调节,来实现恒温目的。当恒温浴因热量向外扩散等原因使体系温度低于设定值时,继电器使加热器工作。直至体系再次达到设定温度时,又自动停止加热。这样周而复始,就可以使体系温度在一定范围内保持恒定。随着技术的发展,在恒温浴槽内引入循环泵和制冷盘管,通过使用不同的介质,便可形成能在-15~200 ℃范围内精准控温的超级恒温槽装置。由于其控温精度高、性能稳定、操作方便,如今已广泛应用于精细化工、生物工程、医药食品、冶金、石油、农业等领域。关于工作介质的选择,要根据恒温范围而定,可参考表3-1-4所列数据。

表 3-1-4　某些液体介质的工作温度范围

液体介质	使用温度范围/℃
乙醇或乙醇水溶液	-60~30
水	0~90
甘油	80~160
液体石蜡或硅油	70~200

恒温浴槽的基本结构由浴槽、温度计、搅拌器、加热器、接触温度计(或称导电表)和继电器等组成,如图3-1-8所示。以恒温水浴为例,其工作原理简述如下:

(1)浴槽。浴槽包括容器和液体介质。如果要求设定的温度与室温相差不太大,通常可用20 L的圆形玻璃缸作容器。若设定的温度较高(或较低),则应对整个槽体保温,以减小热量的传递速度,提高恒温精度。

如对装置稍作改动并选用其他合适的液体作为工作介质,则上述恒温浴槽可在较大的温度范围内使用。关于工作介质的选择,要根据恒温范围而定,可参考表3-1-4所列数据。

(2)温度计。由于设定(控制)温度用的接触温度计的精度不够高,必须再用一支分度值为0.1 ℃的水银温度计以便观察恒温浴的温度。此温度计应尽量安装在靠近被测系统处。

(3)搅拌器。搅拌器以小型电动机带动,其功率可选40 W,用变速器或变压器来调节搅拌速率。搅拌器一般应安装在加热器附近,使热量迅速传递,以使槽内各部位温度均匀。

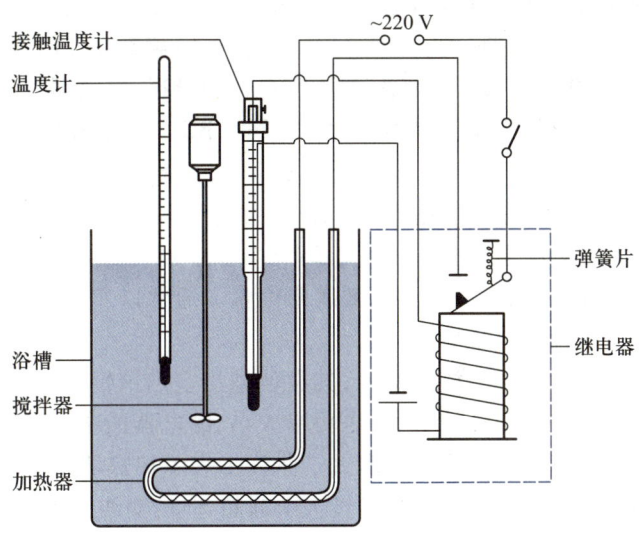

图 3-1-8 恒温浴槽装置示意图

（4）加热器。加热器的选择原则是热容量小、导热性能好、功率适当。如果容量为 20 L 的浴槽，要求恒温在 20～30 ℃之间，可选用 200～300 W 的加热器。室温过低时，则应选用较大功率的加热器或采用两组加热器。

（5）接触温度计。接触温度计又称水银导电表，其结构如图 3-1-9 所示。水银球中部装有金属丝，温度计上半部有另一金属丝，两者通过引出线接到继电器的信号反馈端。接触温度计的顶部有一磁性螺旋调节帽，用来调节上部金属丝触点的高低。同时，从温度计调节指示螺母在标尺的位置可以估读出大致的控温设定温度值。浴槽温度升高时，水银膨胀并上升至触点，继电器内线圈通电产生磁场，加热线路弹簧片跳开，加热器停止加热。随后浴槽的热量不断向外扩散，使温度下降，此时水银收缩并与触点脱离，继电器的电磁效应消失，弹簧片弹回而接通加热器回路，系统温度又开始回升。如此接触温度计反复工作，而使系统温度得到控制。可以说它是恒温浴的中枢，对恒温起着关键作用。应注意的是，当实际温度恒定在设定温度范围内时，应将接触温度计上的锁定螺丝旋紧，以免实验过程中因震动等引起接触温度计偏离原设定值。

随着电子技术的发展，水银接触温度计逐渐被热敏电阻温度计所替代，它是以热敏电阻作为感温元件和晶体管继电器相连来实现恒温控制的。

（6）继电器。接触温度计必须与继电器和加热器相连，才能起到控温作用。实验室常用的继电器有电子管继电器

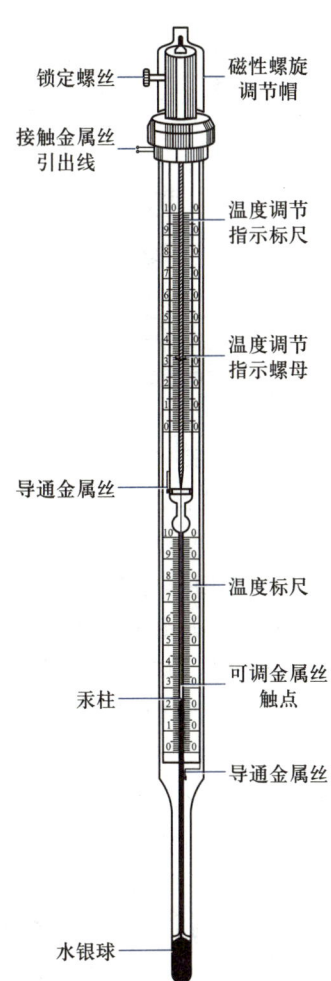

图 3-1-9 接触温度计结构示意图

和晶体管继电器。典型的晶体管继电器电路如图 3-1-10 所示。它是利用晶体管工作在截止区以及饱和区呈现的开关特性制成的。其工作过程是：当接触温度计的触点 T_r 断开时，E_c 通过 R_K 给锗三极管 BG 的基级注入正向电流 I_b，使 BG 饱和导通，继电器 J 的触点 K 闭合，接通加热电源。当被控对象的温度升至设定温度时，T_r 接通，BG 的基级和发射级被短路，使 BG 截止，触点断开，加热停止。当 J 线圈中的电流突然变小时，会感生出一个较高的反电动势，二极管 D 的作用是将它短路，避免晶体管被击穿。必须注意，晶体管继电器不能在高温下工作，因此不能用于烘箱和马弗炉等高温场合。

衡量恒温浴槽的品质好坏，可以用其灵敏度来度量。通常以实测的最高温度值与最低温度值之差的一半数值来表示其灵敏度。

恒温浴槽的灵敏度又称恒温浴槽的精度，其数值越小表示该恒温浴槽性能越好。灵敏度与采用的工作介质、感温元件、搅拌速率、加热功率大小、继电器的物理性能等因素均有关系。灵敏度曲线一般有图 3-1-11 所示的三种形式。曲线①表示加热器功率过大、热惯性小引起超调量；曲线②表示加热器功率适中，但热惯性大引起超调量；曲线③表示加热器功率适中，热惯性小，温度波动小，即恒温浴槽灵敏度较高。

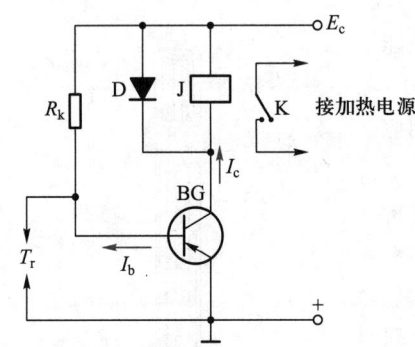

图 3-1-10　晶体管继电器工作原理示意图

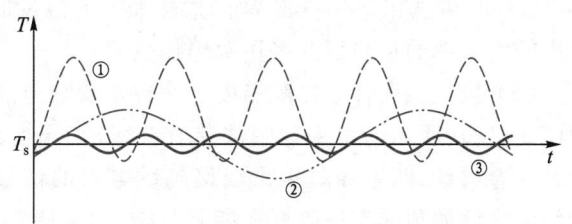

图 3-1-11　恒温浴槽灵敏度曲线的几种形式

2. 高温控制

1）动圈式温度控制器

动圈式温度控制器采用能工作于高温的热电偶作为变换器，常用于马弗炉和管式炉等高温条件下的温度控制。其原理如图 3-1-12 所示。热电偶将温度信号变换为电压信号，加于动圈式毫伏表的线圈上。当线圈中因电流通过而产生的磁场与外磁场相作用时，线圈就偏转一个角度，所以称为"动圈"。偏转的角度值与热电偶的电动势成正比，通过指针在刻度板上直接将被测温度指示出来。指针上装有一片"铝旗"，它随指针左右偏转。在刻度板后面另装有一个可调节设定温度的检测线圈 L_3，通过刻度板前面与之相连的设定指针指示设定的温度。

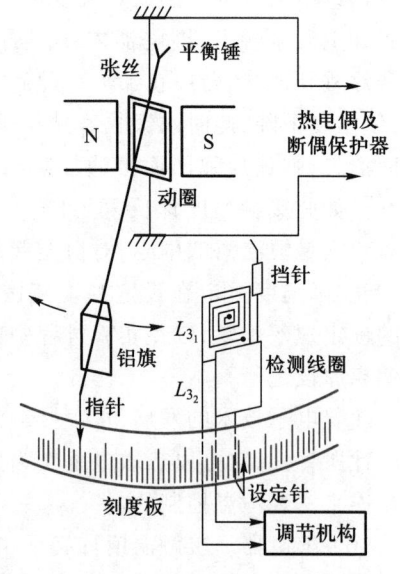

图 3-1-12　动圈式温度检测机构示意图

动圈式温度控制器的控温原理如图 3-1-13 所示。

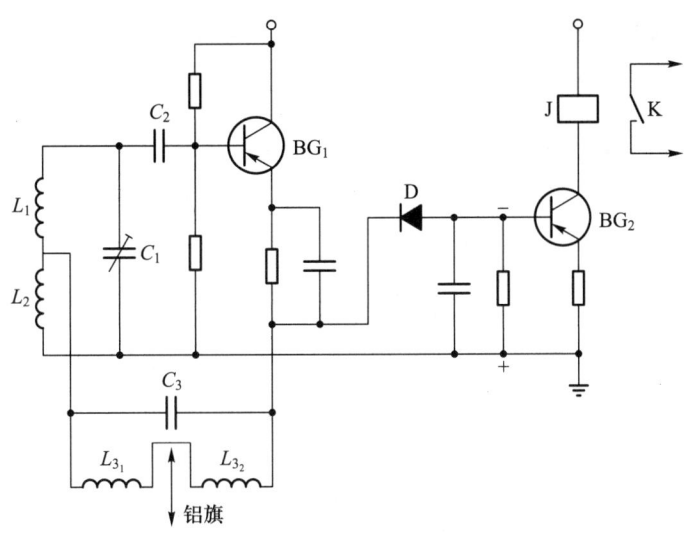

图 3-1-13 动圈式温度控制器的控温原理

检测线圈 L_3 与电容 C_3 组成一个谐振型的选频网络,接在振荡管 BG_1 的射极回路中。L_1,L_2,C_1 和 BG_1 构成一个三点式的振荡器,其振荡频率为 f_1。当被控对象的温度低于设定温度时,铝旗在检测线圈 L_3 之外,此时 L_3 的电感量最大,L_3C_3 的固有频率 f_3 低于振荡频率 f_1,因此选频网络对 f_1 呈低值电容性阻抗,振荡器的损耗小,处于全振荡状态。此振荡电压被二极管 D 检波成直流电压,加在直流放大管 BG_2 的基极上,使 BG_2 导通,继电器 J 的触点 K 闭合,进而驱使另一功率较大的交流接触器动作,最终使电加热器工作。当温度上升至设定温度值时,铝旗全部进入检测线圈中,由于铝旗的高频涡流效应,使 L_3 的电感量减小,而 L_3C_3 选频网络的谐振频率 f_3 接近于 f_1,呈高值纯电阻性阻抗,此时振荡器的损耗增大,破坏了振荡条件而停振或振荡极弱。二极管 D 检波后的直流电压也随之降低,使 BG_2 的直流放大器处于截止状态,继电器 J 随即断开,加热停止。为防止被控对象的温度高于设定温度时铝旗冲出 L_3,产生错误的加热动作,因而在 L_3 旁加一挡针。

2)比例-积分-微分温度控制器

动圈式温度控制器只有断和通两种工作状态,电流大小无法自动调节,控制精度低。物理化学实验和研究工作中,常需对被测体系的温度进行精密控制,常用的是控温器是比例-积分-微分温度控制器,简称 PID 控制器。

PID 控制器能在整个控温过程中按照偏差信号的变化规律自动调节加热电流。当温度偏差很大时,加热电流也很大;当偏差信号逐渐变小时,加热电流会按比例作相应的降低,这就是"比例调节"。但当被控对象体系温度升至设定值时,偏差为零,加热电流也将降为零,就不能够补偿体系向环境的热耗散。因此,单靠比例调节不能保持体系在设定值时的热平衡,体系温度必然下降,也即产生"偏差"。所以还需通过"积分调节"把前期的偏差信号进行累积,当偏差信号变成极小时仍能产生一个相当的加热电流,使体系和环境之间保持热平衡。"微分调节"在控温一开始能输出一个较单比例调节大得多的加热电流,使体系温度迅速上升,缩短加热时间。这种加热电流具有按微分指数曲线降低的规律,随着时间的增长,加热电流会逐渐降低,控制过程随即从微分调节规律过渡到比例、积分调节规律。加上微分调节规律后,能有效地控制热惰性大的体系,并能对付突发性的干扰因素。

因此,PID 调节器能按比例、积分、微分调节规律自动地调节加热电流,而电流调节是通过一个可控硅电路来实现的。

（1）可控硅调流原理。将一交流电压加在如图 3-1-14 所示的可控硅 SCR 的阳极 a 和阴极 k 之间,如果其正向电压小于可控硅的转折电压,则可控硅不导通。但只要在其控制极 g 和阴极间加上一个触发脉冲电压,可控硅即导通。此时如将该触发脉冲电压去除,可控硅仍会继续维持其导通状态,直至正半周结束。在可控硅导通时,有一整流电流 i_R 流过电热丝 R_H,R_H 两端电压 U_R 的波形如图 3-1-15 所示。当交流电过渡到负半周时,可控硅截止。当交流电再次处于正半周时,因没有触发电压输入,故可控硅仍处于截止状态。如有一个脉冲信号电源,能在每一正半周时,以某一相位角(又称控制角)α 同步地输入一个触发电

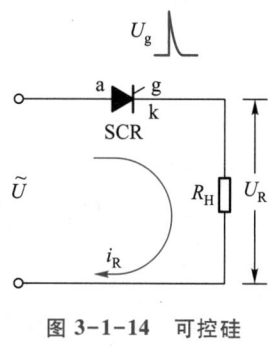

图 3-1-14　可控硅
调流原理图

压 U_g,可控硅就能以半波整流的形式连续工作。图中 θ 称为导通角。显然,控制角 α 开得越迟,导通角 θ 越小,通过电热丝的平均电流就相应减小。以上就是可控硅的调流原理。由于单半波可控硅整流电路的效率不高,因此实际使用中均采用双半波可控硅交流控制电路,其整流后的波形如图 3-1-16 所示。

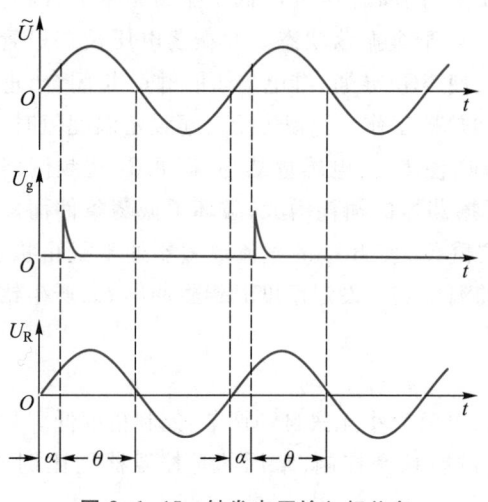

图 3-1-15　触发电压输入相位角
对可控硅导通的影响

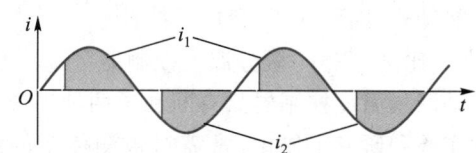

图 3-1-16　双半波可控硅交流
控制整流后的波形

为了实现可控硅的自动调流,要求脉冲信号源输出电压的控制角 α 能根据偏差信号的大小自动调节。常用的脉冲信号源是以单结晶体管为主要元件构成的"弛张振荡电路",其特点是所用交流电源与可控硅加热电路均取自市电电源,因而其输出的脉冲信号能与可控硅的工作电压严格同步。弛张振荡器输出的触发电压控制角受输入弛张振荡器中的控制电压的控制。控制电压越大,输出的触发脉冲控制角越早,可控硅加热电路的输出功率也就相应变大;反之则小。其过程可参见图 3-1-17。起控制作用的直流电压通过弛张振荡器变换成具有一定控制角度的触发脉冲电压,去触发可控硅使之导通,最后使电加热器输出一定的功率。

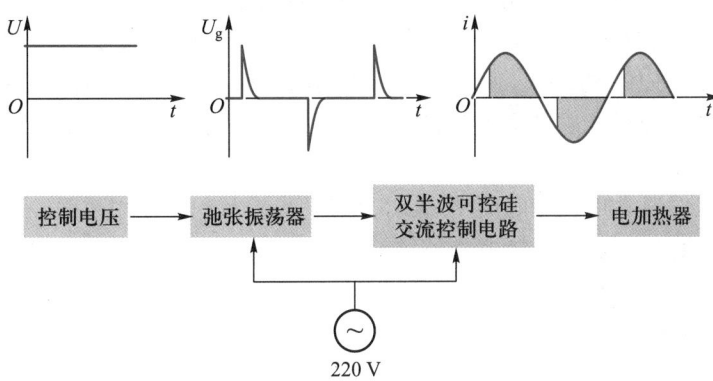

图 3-1-17　可控硅调流过程示意图

（2）PID 调节器的工作原理。PID 调节器的核心部分是一个带有负反馈回路的放大器。它兼有比例、积分和微分型规律的调节作用。

比例调节：所谓比例调节，就是要求输出的控制电压能跟随偏差信号电压的变化，自动地按比例增大或减小。常用"比例带"P 来衡量这种比例调节作用的强弱，其定义为

$$P = \frac{偏差电压}{控制电压}$$

显然，比例带是放大器放大倍数的倒数。比例带越小，比例调节作用则越强，在同样的偏差电压作用下，放大器输出的控制电压越大，最终在可控硅加热电路中的输出功率也相应增大。

如要使被控对象的温度能稳定在设定值处，就必须使加热器在单位时间内继续提供一定的热量以补偿被控对象向环境耗散的热量。由于在单纯的比例调节中，加热器提供的功率会随着温度上升时偏差的减小而降低。当加热器提供的热量不足以补偿耗散时，温度就不再回升上去，这种现象称为"静差"，在单比例调节中是不可避免的。

比例-积分调节：为克服单比例调节中产生的静差，通常在比例反馈电路之前加一个微分反馈电路，该电路所产生的反馈电压会随时间的增长而自行降低。图 3-1-18（a）是其电路图，图中的 R_p 起比例调节作用，放大器输出端的控制电压不直接加在 R_p 上，而是通过微分电路 C，R_D（$R_D = R_{D1} + R_{D2}$），再将 R_D 上随时间衰减的电压加在 R_p 上。微分电路的特点是：控制电压加到微分电路的两端时，充电电流 i_c 一开始很大，但随着电容器 C 上充电电压的升高而不断降低，因此 R_D 上的电压（$i_c R_D$）随时间 t 的变化具有如图 3-1-18（b）所示微分型指数衰减规律。显然，R_{D1} 阻值越大，i_c 的衰减速率越慢，R_p 上的电压衰减亦越慢。这种随时间衰减的电压加到比例调节电阻 R_p 上后，反馈网络输出端 A，B 间的反馈电压即具有随时间按指数衰减的规律，又能通过 R_p 调节反馈电压在放大器输入电压中的比例。因此，放大器输出的控制电压呈现的变化规律为：开始时由于反馈电压很大，致使总的输入电压很小，因而控制电压也很小。随着反馈电压按微分型指数衰减，总的输入电压按积分型指数规律递增。输出的控制电压也按积分型指数规律递增，如图 3-1-18（c）所示。因此加热电流与偏差信号的积分成比例，当偏差电压随着被控温度的回升而减小时，输出的控制电压也随即减小。这时，充了电的电容器 C 上的电压，还是原来的控制电压值。此时导致电容器 C 反过来向 R_D 缓慢放电，由于

放电时电流方向相反,A,B端反馈电压的极性反转,成为正反馈,致使加热器继续保持较大的输出功率。直至电容器放电到其电压与控制电压相等为止。可见积分器调节作用有一种始终将加热器输出功率"拖住"的作用,使它不像单比例调节那样,因偏差电压的变小而立即变小。当被控对象的温度回升到接近设定值时,偏差电压虽然极小,但加热器仍能在一段时间内维持一个较大的功率输出,从而消除静差。

积分作用的强弱通常用积分时间T_I表示,T_I越短,表示积分作用越强,不仅过渡过程时间可以缩短,而且消除静差也快,但此时如被控对象的热惰性大,就会使超调量增大,甚至引起不稳定;反之,如T_I长,则过渡过程时间长。积分时间是用图$3-1-18$(a)中的可变电阻R_{D1}来调节的,R_{D1}越小,T_I也越短。

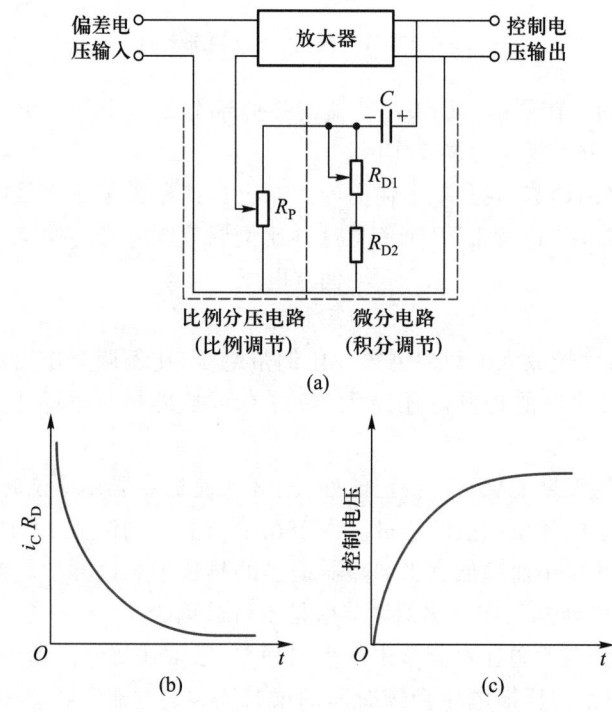

图 3-1-18　比例-积分调节电路原理图

比例-积分-微分调节:比例-积分-微分调节规律在体系温度回升到设定值的整个过程时间内各自分阶段起作用,微分调节在前段,比例-积分调节在中段和后段。其具体电路如图$3-1-19$所示,在微分反馈电路之前加一个积分反馈电路。控制电压首先加在由R_1,R_2构成的分压电路上。由于$R_1 \gg R_2$,所以$V_{R1} \gg V_{R2}$。V_R通过可变电阻R_3向电容器C_1充电,C_1上的电压按积分型指数曲线的规律递增到V_{R1}。加到微分电路C,D两端的电压V_{CD},由V_{C1}和V_{R2}叠加构成。因此,当偏差电压产生的一瞬间,由放大器输出的控制电压还来不及在电容器C_1上建立起电压,V_{CD}接近等于V_{R2},所以V_{CD}在一开始是很低的。低的V_{CD}使A,B两端的负反馈电压也很低,致使PID调节器在偏差电压输入的一瞬间,有一个较大的控制电压输出,从而迅速升温。随着V_{C1}不断增大(充电速率由R_3调节),V_{CD}和V_{AB}均按积分型指数曲线规律升高,控制电压及加热电流均按微分型指数曲线规律降低。当C_1充电结束时,微分调节规律也随即结束,PID调节器过渡到比例-积分调节规律。微分调节作用通常用微分时间T_D来衡量,

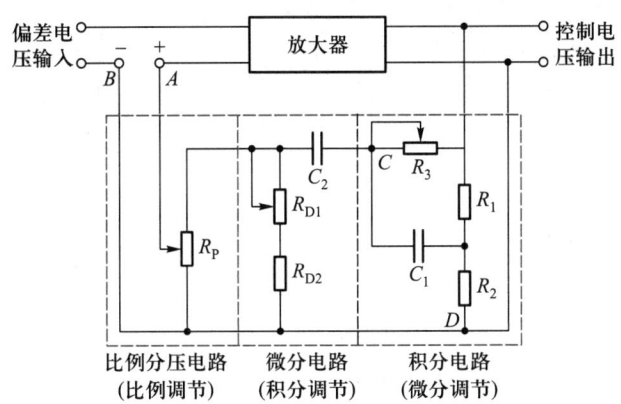

图 3-1-19　比例-积分-微分调节电路原理图

T_D 越长,微分调节作用越强,升温快。但 T_D 过长也会引起振荡,所以 T_D 要调整适当。

(3) PID 参数的智能调节(AI)。有关 P, T_I, T_D 这三个参数的设定是一个较为复杂的问题,须根据具体情况来选定。总的原则是,要求过渡时间短、超调量小、不发生振荡。尽管 PID 算法能精确控制被调节对象,但有超调过大、PID 参数较难确定、对扰动恢复慢等缺点。

随着数字技术的发展,可通过"自整定"协助得到最合适的 PID 控制参数。所谓自整定,就是在常规 PID 调节中加入新的微分和积分作用,对设定值与测量值变化造成的偏差分别采用不同的调节方式,同时加入模糊调节算法的规则。在误差大时,运用模糊算法进行调节,以彻底消除 PID 饱和积分现象。当误差趋小时,采用改进后的 PID 算法进行调节,具有无超调、高控制精度、参数确定简单、对复杂对象也能获得较好控制效果的优点。在此基础之上,运用人工智能调节技术(AI),包含 PID 调节、模糊规则及自适应学习与记忆能力,能够提供零误差无超调的精密温度控制。这类新型控制仪表如今被广泛应用到科学研究和工业生产的各个领域,其性能优异性如图 3-1-20 所示。

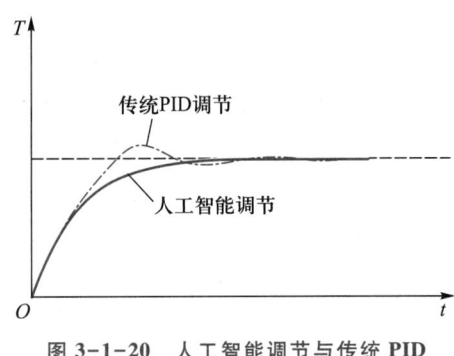

图 3-1-20　人工智能调节与传统 PID
调节控温精度对比

3. 低温控制

有些实验需在低于室温的条件下进行,此时须用低温控制装置。如果恒温温度只是比室温稍低,可用带有制冷机的恒温浴槽,如 DC-1006 型低温恒温槽。该仪器带有制冷功能,其控温范围为 $-10 \sim 95\ ℃$,当需控温的温度低于 5 ℃ 时,应将浴槽中的蒸馏水换成乙二醇与蒸馏水的混合液。

实验室中也可用冰盐混合物的低共熔点特性使被测体系温度恒定。表 3-1-5 列出了一些化合物和冰的低共熔点。

表 3-1-5　一些化合物和冰的低共熔点

化合物	化合物的混合比 质量分数/%	最低温度/℃	化合物	化合物的混合比 质量分数/%	最低温度/℃
KCl	19.5	−10.7	NaCl	22.4	−21.2
KBr	31.2	−11.5	KI	52.2	−23.0
NaNO₃	44.8	−15.4	NaBr	40.3	−28.0
NH₄Cl	19.5	−16.0	NaI	39.0	−31.5
(NH₄)₂SO₄	39.8	−18.3	CaCl₂	30.2	−49.8

参考资料

利用表 3-1-5 中的化合物作冷冻剂时,可将冷冻剂装入蓄冷桶中,配以超级恒温槽,利用超级恒温槽的循环泵输送测量用的液体。

3.2　热化学测量技术

3.2.1　引言

研究化学过程中热效应及其规律的科学叫作热化学。早期的热化学研究工作为热力学的发展奠定了基础;反过来说,热化学又是热力学第一定律在化学过程中的具体应用。实际上,除了生成热、燃烧热和其他化学反应外,溶解、混合、吸附、相变等物理及生物过程的热效应也都属于热化学研究的范畴。热化学的实验数据有其明确的实际应用价值;而以其为基础,还可以进一步获得反应的平衡常数和热力学的其他基本参数,并可得到有关化合物稳定性、分子结构等方面的信息。

国际热分析及量热学联合会(International Confederation for Thermal Analysis and Calorimetry, ICTAC)对热分析作了下述定义:热分析是研究样品性质与温度间关系的一类技术。我国于 2008 年实施的国家标准《热分析术语》(GB/T6425—2008)中对热分析技术的定义为:热分析是在程序控制温度下(和一定气氛中),测量物质的物理性质与温度或时间关系的一类技术。根据所测定物理性质种类的不同,热分析技术的分类如表 3-2-1 所示。

表 3-2-1　热分析技术的分类

物理性质	技术名称	简称	测量的物理量
质量	热重分析法	TG	质量变化
	微分热重分析法	DTG	
	逸出气检测法	EGD	
	逸出气分析法	EGA	气体性质与数量
	放射性热分析	ETA	

物理性质	技术名称	简称	测量的物理量
温度	差热分析法	DTA	温度差、温度
焓	差示扫描量热法	DSC	热量、热容
尺寸	热膨胀法	TD	长度变化、体积变化
力学特性	热机械分析	TMA	长度变化
	动态热机械分析	DMA	损耗模量、损耗因子等
声学特性	热发声法	TS	音频
	热传声法	TA	
光学特性	热光学法	TP	透射率、吸光度等
电学	热电学法	TE	电阻、电导、电容等
磁学	热磁学法	TM	磁化率

3.2.2 量热方法

热是能量交换的一种形式,测量一定条件下热效应的大小及其对时间的函数关系,可研究一些动力学行为。程序控温技术,如差热分析(DTA)、差示扫描量热(DSC)及程序升温脱附(TPD)等,都是非等温的实验方法。它连续记录待测体系的某些性质随时间或温度的变化关系,不仅可反映体系在各平衡态的信息,还可提供各平衡态之间转变的动力学信息。

"量热"通常包括物质计量和热量测定两大部分。热效应大小与参比态及体系本身的压力、温度、体积等状态有关。所以,热量的测定必须标明各种有关参数,以便于比较。在条件允许时,应尽可能在标准状态或某一特定状态下进行测定。

量热计,按其测量原理可分为补偿式和温差式两大类;按工作方式又可分为恒温、环境恒温和绝热三大类。

1. 量热计的测量原理

1) 补偿式量热

将研究体系置于量热计中,热效应势将引起体系温度的变化,而补偿式量热方法将以热流形式及时、连续地予以补偿,使体系温度得以保持恒定。利用相变潜热和电-热或电-致冷效应是常用的两种方法。

(1) 相变补偿量热方法。设将一反应体系置于冰水浴中,其热效应将使部分冰融化或使部分水凝固。已知冰的单位质量熔化焓,只要测得冰水转变的质量,就可求得热效应的数值。这是一种最简单的冰量热计,这类量热计简单易行,灵敏度和准确度都较高,热损失小。然而,热效应是处于相变温度这一特定条件下发生的。这既为确定热效应的环境温度提供了精确的数据,但也限制了这类量热计的使用范围。表3-2-2列出了几种常见的中低温相变体系的相变温度和相变热。

表 3-2-2 　几种常见的中低温相变体系的相变温度和相变热

相平衡体系	相变温度		相变热	外界压力
	T/K	$t/℃$	$J \cdot g^{-1}$	Pa
氮,液-气	77.35	−195.80	199	10^5
干冰/丙酮,固-气	194.7	−78.5		1.01325×10^5
氨,液-气	240.0	−33.0	1370	10^5
水,固-液	273.15	0	333.7	1.01325×10^5
二苯醚,固-液	300.1	26.9		1.01325×10^5
$Na_2SO_4 \cdot 10H_2O$,固-固-液 *	305.53	32.38		1.01325×10^5
丙酮,液-气	329.30	56.15		1.01325×10^5
水,液-气	373.15	100.0	2356	10^5

* $Na_2SO_4 \cdot 10H_2O$-$Na_2SO_4 \cdot H_2O$-$NaSO_4/H_2O$。

(2) 电效应补偿量热原理。对于一个吸热的化学或物理变化过程,可将体系置于一液体介质中,利用电热效应对其补偿,使介质温度保持恒定。这类量热计的工作原理与恒温水浴相似:由测温系统将测得值与设定值比较后,反馈给控制系统。其不同点在于,加热器所消耗的电功可由电压 U、电流 I 和时间 t 的精确测定求得。如不考虑体系的介质与外界的热交换,则该变化过程的焓变 ΔH 为

$$\Delta H = Q_p = \int U(t) \cdot I(t) \cdot \mathrm{d}t \qquad (3-2-1)$$

显然,介质温度可根据需要予以设定,温度波动情况可用高灵敏度的温差温度计显示。电荷量的测量精度远高于温度的测量精度。只要介质恒温良好,焓变的测得值就可靠。至于介质与外界的热交换,介质搅拌所产生的热量及其他干扰因素都可以通过空白实验予以校正。

电子控制系统的设计及操作参数的选择将直接影响温度恒定的情况,即控温品种是否良好。图 3-2-1 表示流向样品的热流、温度控制系统的温度波动及电热功率随时间变化的情况。图中 Δt 为信号反馈的时间常数。曲线①为漂移型,曲线②为振荡型,曲线③为非周期性变化的较理想状况。

对于放热效应就必须使用电致冷元件,利用 Peltier 效应来补偿。在两种不同金属组成的回路上通以一定的电流,双金属的接点上将分别形成冷端和热端。Peltier 功率在两端的分配比例与电流大小有关。两端功率相等时的回路电流为 I_0。在某一小于 I_0 的工作电流 I 时,其致冷功率为

$$P_{冷} = \eta \cdot I(1 - I/I_0) \qquad (3-2-2)$$

式中 η 称 Peltier 系数,它与所用元件材料及工作温度有关。实际上,由于冷、热端之间的导热,将使得致冷功率低于计算值。这会给放热效应的测量带来一定的系统误差。不过,到目前为止,电冷效应补偿热量计的应用仍为数不多。

2) 温差式量热

量热计中发生的热效应,导致量热计温度变化的情况下,热量的测量可以用不同时间 t 或

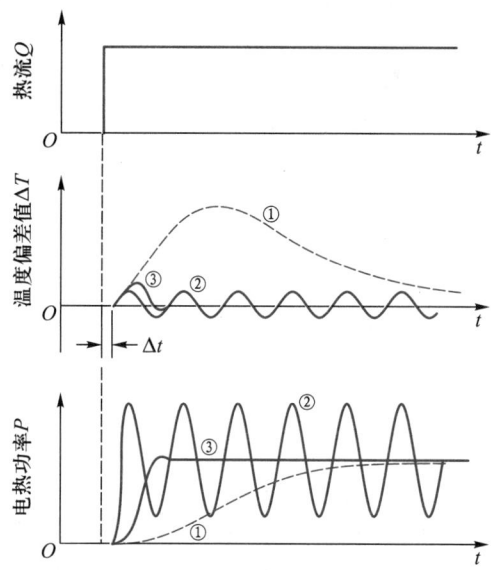

图 3-2-1　反馈控制系统对吸热效应补偿的品质

在不同位置 x_i 测得的温差来表示：

$$\Delta T = T(t_1) - T(t_2) \tag{3-2-3}$$

或

$$\Delta T = T(x_1) - T(x_2) \tag{3-2-4}$$

（1）时间温差测量方法。氧弹量热计就是根据温度随时间变化的原理设计的。热效应为

$$Q_V = C_{计} \cdot \Delta T \tag{3-2-5}$$

式中 $C_{计}$ 为量热计的热容或量热计的水当量，它包括构成量热计的各部件、工作介质及研究体系本身。$C_{计}$ 与测量时的温度，甚至与热效应所造成的温差 ΔT 有关。同时，量热计与环境水夹套的热交换（即所谓"热漏"）在所难免。因此，$C_{计}$ 必须用已知热效应值的标准物质，或用电能，在相近的实验条件下进行标定，再以雷诺（Reynolds）作图法予以修正。

（2）位置温差测量方法。体系的热效应以一定的热流形式向量热计或周围环境散热，其间存在着温度梯度。同时测量两个位置的温度 $T(x_1)$ 和 $T(x_2)$，由其温差对时间积分可以测得热量：

$$Q = K \cdot \int \Delta T(t) \, \mathrm{d}t \tag{3-2-6}$$

式中 K 为仪器常数，由标定求得。

图 3-2-2 为管式液-液反应的流动式热计测定反应热的示意图。设处于相同的温度 $T(x_1)$ 的两个反应物连续流入反应管，混合后起反应并伴有热效应。设在 x_2 处其反应已全部完成。一定时间后，反应管与周围环境的热交换关系将处于稳定态，则 ΔT 也将恒定。$\Delta T(x)$ 与反应热成正比，其比例系数也同样须经标定求得。

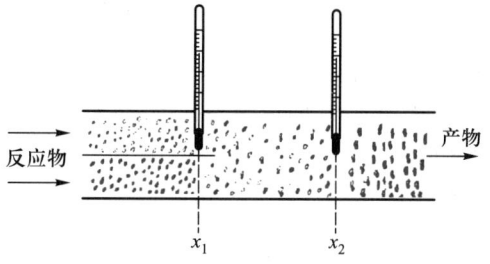

图 3-2-2　管式液-液反应的流动式
量热计测定反应热示意图

2. 量热计的工作方式

1）恒温

把体系处于一个热容量很大的恒温环境中，设两者之间的热导率非常大，其间的热阻 $R_热$ 趋于零。则体系与环境的热交换可在瞬间完成。这样一来，发生热效应的体系和环境的温度相等，$T_体 = T_环 =$ 恒定值。

实际上，环境需用上述相变或电补偿效应予以补偿才有可能抵消体系传导出来的热效应。而热效应的大小恰好可以通过补偿的能量计算出来。在理想条件下，图 3-2-3 所示体系的体系温度 $T_体$ 和环境温度 $T_环$ 应不随时间和空间而异。实际测量中，体系、测温元件、介质、加热或冷却元件之间的差异及滞后是必然存在的。所谓"恒温"，只是恒温变化的幅度可以忽略而已。尽管如此，恒温量热在热化学测量中仍占有很重要的地位。

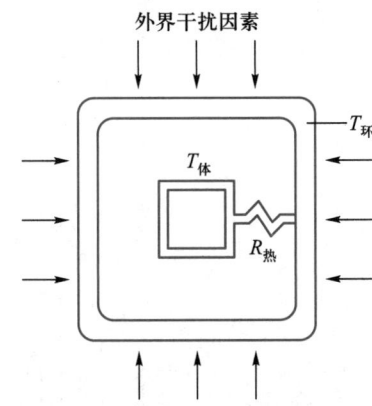

1. 恒温：$T_体 = T_环 =$ 恒定值，$R_热 \to 0$；
2. 环境恒温：$T_体 = f(t)$，$T_环 =$ 定值，$R_热 =$ 有一定值；
3. 绝热：$T_体 = T_环 = f(t)$，$R_热 \to \infty$

图 3-2-3　热量计的三种工作方式示意图

2）环境恒温

环境恒温就是在环境温度恒定的条件下来测量体系温度变化的情况。所谓环境，通常是一个恒温浴、相变浴或金属恒温块。在"燃烧热测定"实验中所用到的氧弹量热计尽管没有恒温浴，但可认为它是以室温水夹套作为环境的，所以可将其当成环境恒温测量方式的一个例子。以图 3-2-3 的示意表示，$T_环$ 不变，$T_体$ 是时间的函数。

热的损失，或称"热漏"，在量热实验中往往是引起误差的重要因素。通常情况下，在一定温差时的热漏可以通过标定予以校正。

热导式量热计是一种较为常见的环境恒温的量热计。体系产生的热效应有一部分 Q_R 通过热阻流向环境，其余的热量 Q_C 将使体系及其容器的温度改变。在该过程的某一时刻，热效应 Q 的功率为

$$P = \frac{dQ}{dt} = \frac{dQ_C}{dt} + \frac{dQ_R}{dt} \qquad (3-2-7)$$

将热流与电流相比拟，温差相当于电压，则通过热阻 $R_热$ 的热传导达到稳态时，热流 dQ_R/dt 应为 $\Delta T/R_热$，而 $dQ_C = C_计 \cdot d(\Delta T)$，将两者代入式（3-2-7），得

$$P = C_计 \cdot \frac{d(\Delta T)}{dt} + \frac{\Delta T}{R_热} \qquad (3-2-8)$$

式中 $C_计$ 为量热容器及其内含物总的有效热容。

体系与环境之间传导热流的"热阻"可由测量两者温差的热电堆组成。它所输出的温差电动势在记录仪上的响应值 h 与 ΔT 成正比，令其比例常数为 g。式（3-2-7）和式（3-2-8）合并的积分式为

$$Q = \int_{t_1}^{t_2} P dt = C_计 \int_{T_1}^{T_2} d(\Delta T) + \frac{1}{R_热} \int_{t_1}^{t_2} \Delta T dt = \frac{C_计}{g} \int_{h_1}^{h_2} dh + \frac{1}{R_热 g} \int_{t_1}^{t_2} h dt \qquad (3-2-9)$$

设定边界条件就可得到某一段时间内体系产生的热量。由图 3-2-4 可以看出，若 t_1 和 t_2 分别

选定于热效应的前后,h_1 和 h_2 都将在热谱曲线的基线上,$dh = 0$,即式(3-2-9)右边的前项为零。结果,热效应计算式变为

$$Q = \int_{-\infty}^{+\infty} P\mathrm{d}t = \frac{1}{R_\text{热}g} \int_{-\infty}^{+\infty} h\mathrm{d}t \qquad (3-2-10)$$

即整个变化过程的热效应可用热谱曲线下的峰面积来计算。与仪器及操作条件有关的常数 $C_\text{计}$,$R_\text{热}$ 及 g 都可借助与测定相近条件下的电能加以精确标定。

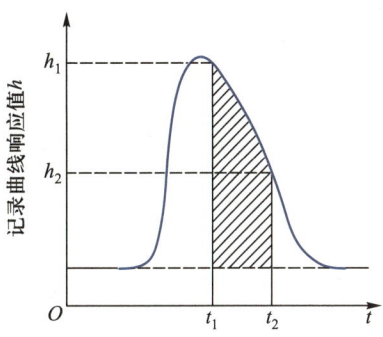

图 3-2-4　热导式量热计记录曲线

3)绝热

理想的绝热状态意味着被测体系与环境之间无热量交换。如果热效应过程极其迅速,在整个测定中来不及进行热交换;或是体系与环境的隔热十分完善,热阻无限大,这都可达到绝热的目的。显然,这两种方法在实际使用中都难以实现。较为实际可行的一种办法是让环境温度随体系温度改变,两者始终保持一致,即 $T_\text{环} = T_\text{体} = f(t)$。然而,在被测体系与环境的接触面积很大或体系温度变化过于急剧时,因传热过快或环境补偿滞后,将引起较大误差。一般来说,这种绝热测量方法宜用于热效应变化较慢的过程。在扫描量热中,热效应 Q 的数值可通过测定用于补偿所消耗的电功来计算。扫描的量热方式,其基本实验技术与3.2.3节所述热分析方法相似。

3. 空白、标定及其他

为提高量热测定结果的可靠性,通常可在与实验完全一致的操作条件下做空白试验,以校正由搅拌、热导、热漏等因素带来的影响。

在较精密的测量中,为避免外界条件波动的影响,常设计一个作为参比的量热容器与测量容器组成双体式结构。参比容器的一切条件都尽可能与体系容器相一致。而热效应的测量是以两者的温度差为基础的。

如前所述,$C_\text{计}$,$R_\text{热}$ 和 g 这些仪器常数与各台仪器本体、外界条件及热效应大小和样品性质本身都有关,只有通过标定才能精确求得。通常,热效应的大小是通过与另一已知能量定量转化的热效应相比较而求得的,所以,量热计可看成一个用于比较热效应的工具,已知与未知热效应之间的联系就是仪器常数。实验中常采用已知反应热的化学反应或精确测量的电能作为标定基础。而电补偿恒温和绝热测量方法就是直接以电能来度量热效应的。

图 3-2-5 是以电热为例表示电标定工作系统线路示意图。环境为一恒温金属块,参比管与量热管的热电堆对接输出。稳定的外加电压 U 通过精密数字电压表测量,借助标准电阻也可以电压形式测得电流强度 I,时间 t 可用电子计时器自动控制。设电热转换效率100%,根据式(3-2-1)即可算出热效应。通过记录仪的响应与电能关系就可求出仪器常数。

电热补偿恒温或绝热,其电热元件置于液态介质的环境中。所消耗电功的记录与温度控制系统相连以记下电压和电流强度随时间变化的情况,通常积分求得总的结果。

量热过程能量变化与时间的关系,实质上是该变化过程动力学性质的体现。在仪器的热滞后可以忽略的情况下,一条完整的热化学曲线不仅给出了一定时间内热效应大小的数值 Q,同时还反映该变化过程的动力学特性。无论是上面谈到的等温方法,还是下一节将要讨论的非等温方法,都可以测定不同体系(如气相反应、溶液反应和固相反应)的反应动力学参数。

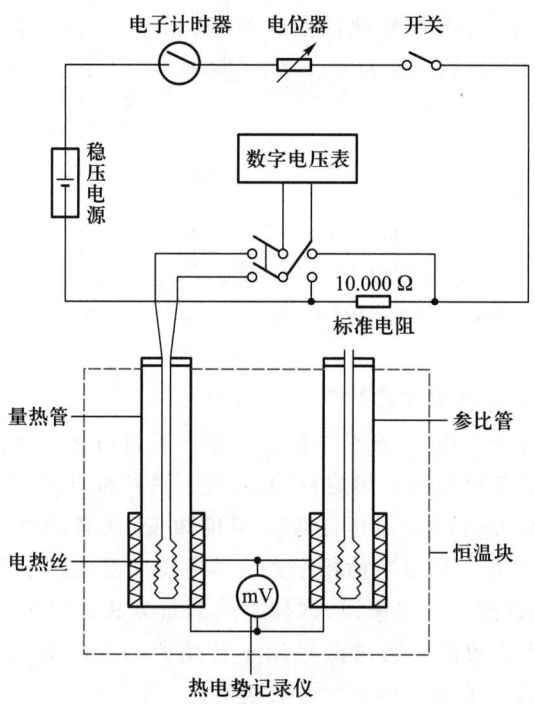

图 3-2-5　电标定工作系统线路示意图

3.2.3　热分析方法

1. 概述

熔融、升华、晶形转变及化学反应等过程都伴随着吸热或放热。这些物理变化和某些化学变化往往只需提高样品温度就可以发生。伴随这种变化过程的热效应与时间或温度成函数关系,这是差热分析和差示扫描量热法的基础。利用这些热分析方法还可以测定固体样品的热容、纯度,以及提供绘制相图的资料和动力学数据。此处只讨论程序升温时物质的熔变与温度的关系。至于程序降温、其他控温形式及升温时其他物理性质的变化和测量这里不拟涉及。

选取一种对热稳定的物质作为参比物,将其与欲研究的样品一同置于加热炉内,以一定速率 β 使参比物的温度升高:

$$T = T_0 + \beta \mathrm{d}t \tag{3-2-11}$$

当体系达到一定温度时,样品发生变化,其伴随的热效应使得体系温度偏离控制程序。放热过程体系的热焓减少,$\Delta H < 0$,样品温度偏高;相反,吸热过程体系的 $\Delta H > 0$,样品温度偏低。研究样品与惰性参比物的温度差与时间或温度关系的技术称为差热分析(DTA)。如以电能对 ΔH 进行补偿,通过样品和惰性参比物在相同温度下所需热流的差值来测定这些过程的焓变化,则称为功率补偿型差示(或称差动)扫描量热技术(DSC 或 DPSC)。根据补偿的电功率 P 可以求算热流差:

$$P = \frac{\mathrm{d}Q_\text{样}}{\mathrm{d}t} - \frac{\mathrm{d}Q_\text{参}}{\mathrm{d}t} = \frac{\mathrm{d}H}{\mathrm{d}t} \tag{3-2-12}$$

样品与参比物之间的热流差等于单位时间内样品的焓变。按照惯例,在 DTA 曲线上,放热效应使样品温度高于参比物,以向上的峰表示;DSC 曲线则因其热焓减小而以峰顶向下表示,如图 3-2-6 所示。

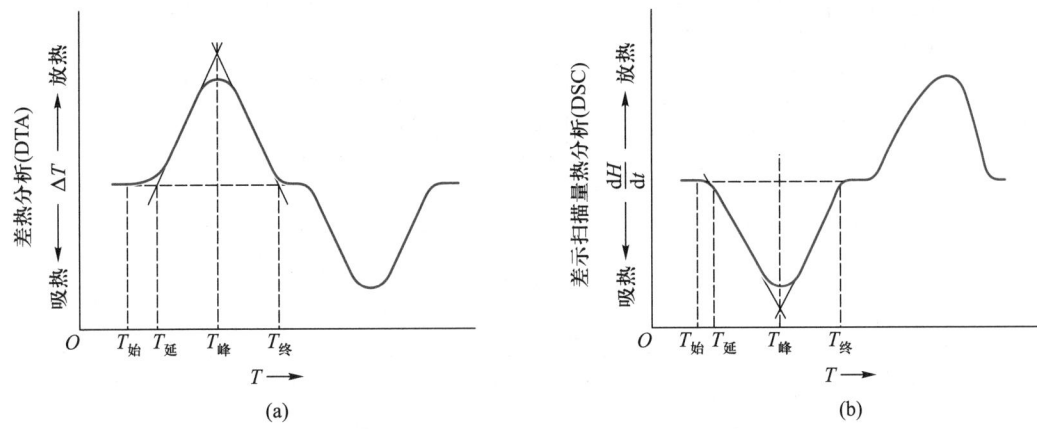

图 3-2-6　热分析曲线示意图

图中 $T_始$ 表示热效应开始,曲线偏离基线,该温度称为起始温度;$T_峰$ 为峰顶温度,不对称峰的峰顶位置由两侧最大斜率外延交点决定;$T_终$ 表示过程的结束,称终止温度。然而,国际热分析及量热学联合会规定,用峰前缘上斜率最大的一点作切线与外延基线的交点 $T_延$ 作为表征某一特定变化过程的温度,并将 $T_延$ 命名为外延起始温度。实验证明,$T_延$ 受操作条件影响最小,它与其他方法求得的结果也较一致。

2. 热分析仪器的基本原理

图 3-2-7 是三种热分析仪基本原理示意图。经典 DTA 常用一金属块作为样品保持器以确保样品和参比物处于相同的加热条件下。Boersma 式 DTA 对样品容器做了改进,对定量测定有所改善。DSC 的主要特点是样品和参比物分别各有独立的加热元件和测温元件,并由两个系统进行监控。其中一个用于控制升温速率,另一个用于补偿样品和惰性参比物之间的温差。其工作原理示意图见图 3-2-8。为了提高灵敏度,DSC 所用样品容器与电热丝紧密接触。但由于制造技术上的问题,目前最高使用温度只能达到 1200 ℃。DTA 则一般可用到 1600 ℃

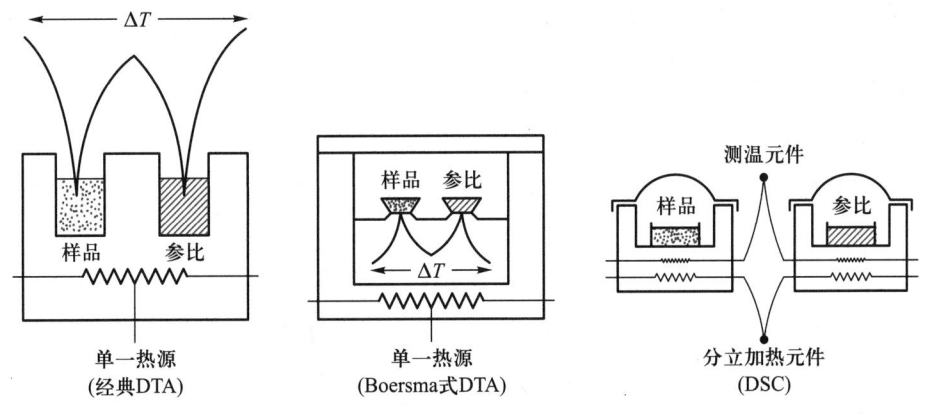

图 3-2-7　三种热分析仪基本原理示意图

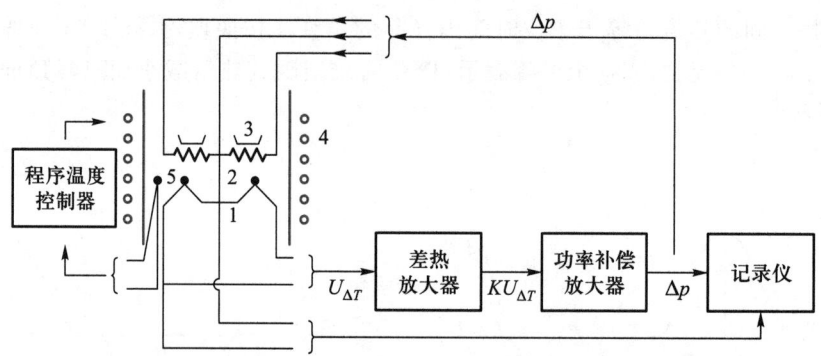

1—温差热电偶；2—补偿电热丝；3—坩埚；4—电炉；5—控温热电偶

图 3-2-8　功率补偿型 DSC 工作原理示意图

的高温,最高可达 2400 ℃。热分析技术已广泛用于石油产品、高聚物、金属、络合物、液晶及生物体系、医药等等有机化合物和无机物的分析,成为研究有关问题的有力工具。从 DSC 得到的实验数据比从 DTA 得到的更为定量,并更易于用作理论解释。

3. 实验条件对热分析曲线的影响

热分析是一种动态技术,许多因素会对所得曲线有较明显影响。实验条件的变化,不仅会改变峰的温度,有时甚至连峰型及峰的个数都会有所不同。因此,热分析必须严格控制实验条件,而且还应详细标明。

1) 温度的标定

热分析曲线是以温度作为变量的。为了正确表示变化过程的温度,必须对仪器标示的温度值加以标定。国际热分析及量热学联合会的标准委员会确定了 14 种标准物质作为热分析仪的温度标定,数据见表 3-2-3。标定方法如下:按所需温度范围,选取若干标准物质,测定其熔点或晶形转变点的外延起始温度 $T_延$。作出仪器的温度校正曲线,根据曲线以校正对应的 $T_延$。

表 3-2-3　热分析仪温度标定用的标准物质

相平衡体系	相变点*/℃	DTA 平均值	
		$T_延$/℃	$T_峰$/℃
环己烷,固-液	−86.9	−86.1	−81.5
1,2-二氯乙烷,固-液	−35.6	−35.8	−31.5
二苯醚,固-液	26.9	25.4	28.7
邻联三苯,固-液	56.2	55.0	57.9
KNO_3,固-固	127.7	128	135
In,固-液	156.6	154	159
Sn,固-液	231.9	230	237
$KClO_4$,固-固	299.5	299	309
Ag_2SO_4,固-固	430	424	433

续表

相平衡体系	相变点*/℃	DTA 平均值	
		$T_{延}$/℃	$T_{峰}$/℃
SiO_2(石英),固-固	573	571	574
K_2SO_4,固-固	583	582	588
K_2CrO_4,固-固	665	665	673
$BaCO_3$,固-固	810	808	819
$SrCO_3$,固-固	925	928	938

* 标准压力 $p^{\ominus}$ 时。

2）仪器方面的因素

加热炉的形状和尺寸,样品皿或支架的材料、大小和几何形状,以及记录仪的响应等对热分析结果都有影响。

3）实验条件对热分析曲线的影响

（1）升温速率。升温速率对实验结果的影响明显。一般控制在 $2\sim20$ ℃·min^{-1},常用 5 ℃·min^{-1}。升温速率增大,热效应峰的起始温度、峰顶温度及终止温度都会有不同程度偏高;峰的形状尖锐,峰面积也可能略增大。升温速率还会对峰的检测灵敏度、相邻峰的分辨率有所影响。

以 $CuSO_4\cdot5H_2O$ 的脱水为例,其受热过程可解释为

$$CuSO_4\cdot5H_2O \longrightarrow CuSO_4\cdot3H_2O + 2H_2O(l)$$
$$H_2O(l) \longrightarrow H_2O(g)$$
$$CuSO_4\cdot3H_2O \longrightarrow CuSO_4\cdot H_2O + 2H_2O(g)$$
$$CuSO_4\cdot H_2O \longrightarrow CuSO_4 + H_2O(g)$$

在其他条件相同的情况下,不同升温速率对其 DTA 曲线的影响可见图 3-2-9。通常,低升温速率有利于改善分辨率。但本例的脱水起于约 90 ℃,其后液态水汽化。在低升温速率

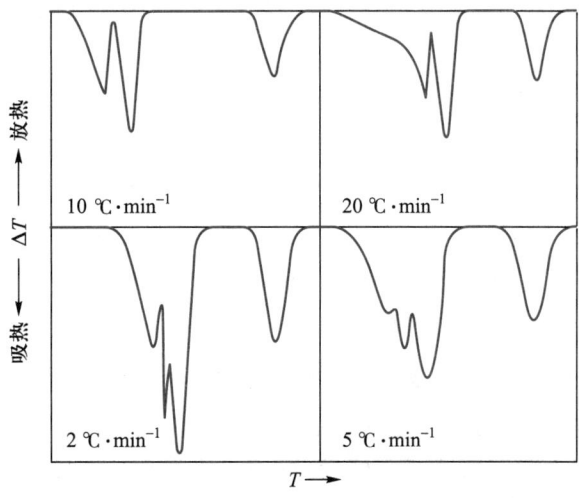

图 3-2-9 不同升温速率下 $CuSO_4\cdot5H_2O$ 脱水过程的 DTA 曲线(静态空气,50 mg 样品)

时,这两个步骤同时完成,使分辨率降低。当然,如果升温速率再继续提高到32 ℃·min^{-1}乃至64 ℃·min^{-1},可以看到相邻峰的分辨率确实又会变差。

(2)炉内气氛。静止或流动的氧化性、还原性、惰性气氛及真空状态对某些 DTA 或 DSC 曲线有明显影响。这主要与化学反应或化学平衡有关。例如,草酸钙吸热分解生成的 CO,在氧化性气氛中会燃烧,在曲线上将出现一个较大的放热峰,从而将原来的吸热峰完全掩盖。又如,碳酸盐的分解产物 CO$_2$ 如被气流或真空泵带走,将会导致分解吸热峰向较低温度方向移动。

(3)热电偶位置。DTA 所用样品较多,热电偶又直接置于样品中,如热电偶位置偏离中心或浮于样品表层上,显示的温度往往会偏高。

4)样品的处理

样品的热导性能及气体在样品中的扩散性质都将改变热分解曲线的形状。

(1)样品用量。样品用量多,测定灵敏度提高,结果的偶然误差将减少,但用量过多往往使样品存在温度梯度,导致峰型扩大、分辨率下降;样品用量少,测定灵敏度降低,优点是样品基本上处于相同的温度和气氛条件下,均一性较好。

(2)样品粒度。对于较大的颗粒,峰型较宽、分辨率也差些,特别是受扩散控制的反应过程与样品粒度关系更为明显。还以上述 CuSO$_4$·5H$_2$O 脱去 4 个水分子的过程为例(图 3-2-10):大颗粒表面上的分子先脱去两个水分子,这些水的蒸发将与内部分子的脱水同时发生。另外,脱离晶体的水分子从内部往表面扩散又需要一定时间,所以,两个峰就会相重合。过细的颗粒,表面积很大,脱结晶水的反应温度会下降。结果,第二个峰与第三个峰重合。所以,对于一个未知样品,必须尝试各种不同的操作条件。总的说来,颗粒必须均匀,以约 200 目的细颗粒为宜。

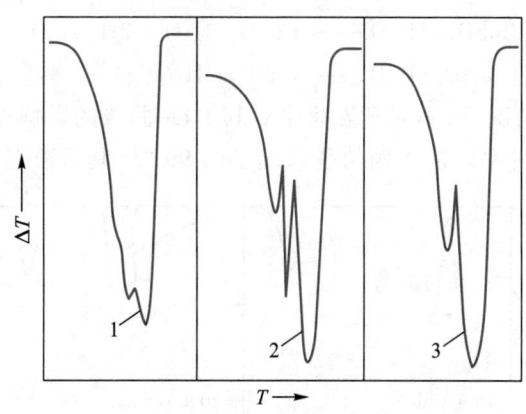

1—14~18 目;2—52~72 目;3—72~100 目(英制)

图 3-2-10 CuSO$_4$·5H$_2$O 在氮气气氛中脱去

4 个水分子的 DTA 曲线(β = 10 ℃·min^{-1})

(3)装填情况。DTA 所用样品较多,样品装填不均易引起导热及温度的差异,曲线将出现一些无法解释的小峰,主峰的位置也会移位。

(4)稀释剂的影响。为了防止样品烧结,或为了改善样品的导热和透气性质、改善基线等,有时在样品中加入参比物或其他热惰性材料作为稀释剂。

5）操作参数

表 3-2-4 总结了一些热分析主要操作参数。实际上，许多条件因样品而异。最好是在正式测定之前对每一种参数都细加考虑，先尝试而后再选定最佳条件。

表 3-2-4 热分析主要操作参数选择参考表

主要参数	欲获得较佳分辨率	欲获得较佳灵敏度
样品粒度	宜小	宜大
样品保持器	金属恒温块	分别小容器
气氛	H_2、He 等	真空
升温速率	宜慢	宜快

4. 热焓的测定

在精心选择实验条件之后，可从 DTA 或 DSC 曲线的峰面积来测量热效应值的大小。其计算式为

$$\Delta H = \frac{K \cdot A}{m} \tag{3-2-13}$$

式中 m 为样品的质量；K 是仪器系数；A 为曲线的峰面积。必须指出，将 DTA 曲线的峰面积转换成热量关系的因素较为复杂，故在定量测量方面，DSC 的精度高于 DTA 的精度。

1）峰面积的表示

DSC 直接记录的是热流量随时间变化的曲线。该曲线与基线所构成的峰面积与热焓成正比。如不考虑比热及样品不均匀性等因素的影响，DTA 曲线的峰面积同样也与热效应大小成正比。所以，在不同情况下正确求算峰面积是颇为关键的工作。如图 3-2-11 所示，较常见的热分析曲线峰面积的确定方法有 4 种。图中（a）面积容易求算，（b）和（c）通常是样品在变化过程中热容改变而引起的。对于（b），可采用基线连接以构成峰面积。而（c）基线的漂移表示产物的热容与原样品明显不同，因此常将峰面积分成两部分加和。（d）表示分辨情况不够理想的两个相邻峰，在两峰面积相差不大的情况下，可以按峰谷为界线分别计算。

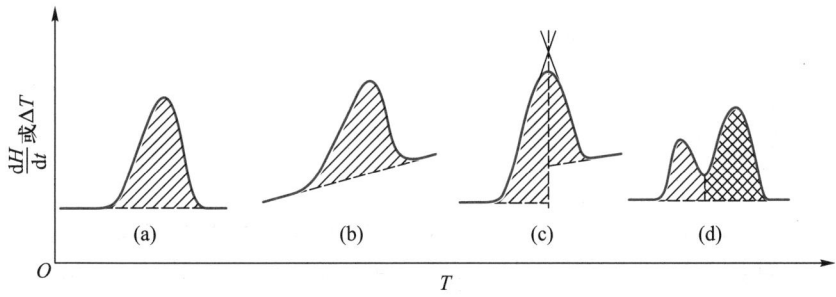

图 3-2-11 热分析曲线峰面积的确定

2）仪器系数

与 3.2.2 节量热方法所述一样，仪器系数可通过测定已知热效应物质的方法来求得。必须指出，尽管 DSC 的定量精度较高，但其仪器系数 K 在一定程度上与温度有关。因此，有必要使用多种标定物质在若干温度下测定仪器系数。通常，在低于 750 ℃ 时，大多以 DSC 方法测定

其焓变。在 750 ℃以上则用 DTA 方法测定。

为了正确求出各个温度区间的仪器系数,表 3-2-5 列出国际热分析及量热学联合会推荐作为量热校正的 14 种标准物质,共 17 个转变温度。

表 3-2-5 DSC 量热校正的标准物质

化合物	温度 ℃	转变	ΔH kJ·mol^{-1}	平均标准偏差 ±kJ·mol^{-1}	±%	性质
H_2O	0	m.p.	6.03	0.12	2.0	
AgI	149	p.t.	6.56	0.05	0.7	I
In	157	m.p.	3.26	0.02	0.6	
$RbNO_3$	166	p.t.	3.87	0.02	0.6	
$AgNO_3$	168	p.t.	2.27	0.01	0.3	I
$AgNO_3$	211	m.p.	12.13	0.08	0.7	I
$RbNO_3$	225	p.t.	3.19	0.01	0.4	
Sn	232	m.p.	7.19	0.03	0.4	
Bi	272	m.p.	11.09	0.12	1.1	
$RbNO_3$	285	p.t.	1.29	0.01	0.5	
$NaNO_3$	306	m.p.	15.75	0.11	0.7	I
Pb	327	m.p.	4.79	0.07	1.4	
Zn	419	m.p.	7.10	0.04	0.6	
Ag_2SO_4	426	p.t.	15.90	0.16	1.0	I
CsCl	476	p.t.	2.90	0.03	1.0	
$LiSO_4$	576	p.t.	24.46	0.07	0.3	II
K_2CrO_4	668	p.t.	6.79	0.10	1.5	III

注:m.p.—熔点;p.t.—多晶转变;I—易分解;II—具有吸湿性;III—基线校正困难。

3.2.4 热重分析法

热重分析法(thermogravimetric analysis,TG 或 TGA)是在程序控制温度下,测量物质质量与温度关系的一种技术。许多物质在加热过程中常伴随质量的变化,这种变化过程有助于研究晶体性质的变化,如熔化、蒸发、升华和吸附等物质的物理现象;也有助于研究物质的脱水、解离、氧化、还原等物质的化学现象。

热重分析仪主要由热天平、加热炉、程序控温系统、气氛控制系统、称量系统、数据实时采集和记录系统等部分构成,如图 3-2-12 所示。当代发展的综合热分析仪,集成了热重分析、差热分析、差示扫描量热及微分热重分析等功能,并可同时测定温度和时间的变化。

热天平作为热重分析仪的核心部件,其主要工作原理是将电路和天平结合起来。如

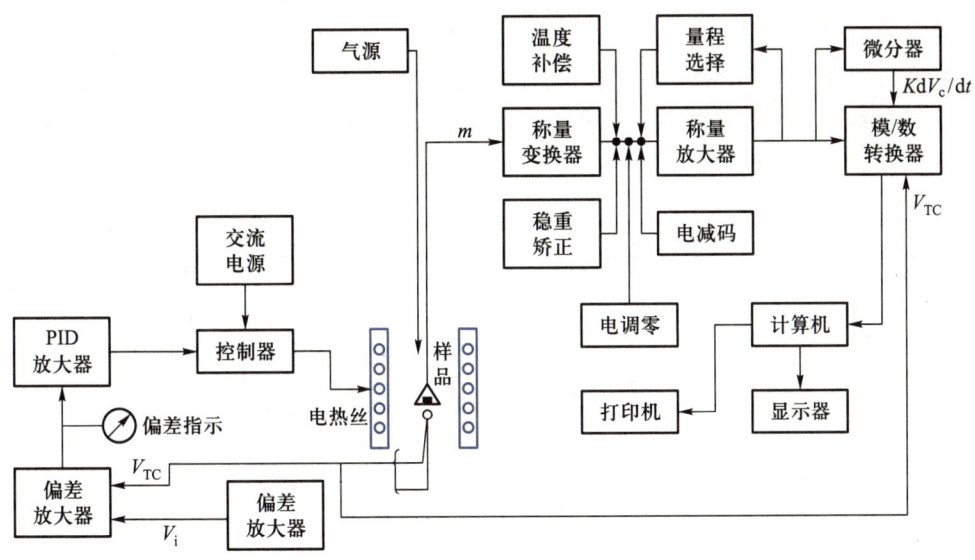

图 3-2-12 热重分析仪的基本结构框图

图 3-2-13 所示,电压式微量热天平采用的是差动变压器法,即零位法。用光学方法测定天平梁的倾斜度,以此信号调整安装在天平系统和磁场中线圈的电流,线圈转动恢复天平梁的倾斜。通过程序控温仪使加热电炉按一定的升温速率升温(或恒温),当被测样品发生质量变化,光电传感器能将质量变化转化为直流电信号,此信号经称量放大器放大并反馈至天平动圈,产生反向电磁力矩,驱使天平梁复位。反馈形成的电势差与质量变化成正比(即可转变为样品的质量变化)。根据天平类型、炉子大小及最高测试温度,热天平的测量量程为 1~5 g,分辨率为 0.1~1 μg。

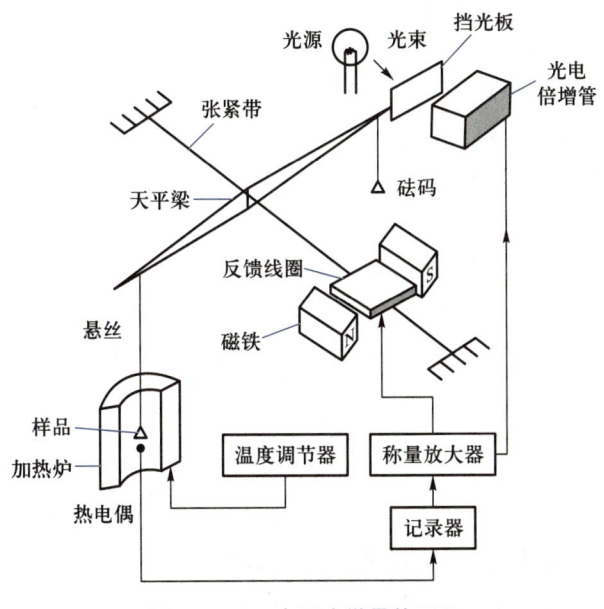

图 3-2-13 电压式微量热天平

如图 3-2-14 所示,热天平有多种形式,主要为上皿式、垂直悬浮式和平行式(图中箭头表示装样式炉体运动方向)。日本岛津公司 TG-50 型热重分析仪采用上皿式、垂直悬浮式;梅特勒-托利多 TGA/DCS2 型综合热分析仪采用平行式。需要注意的是:①在天平和炉体间必须采取结构性措施以保护天平室内的天平免受热辐射的影响和防止腐蚀性分解产物进入。多数情况下,用保护性气体吹扫天平罩。②必须使用恒温水浴槽,通过对天平室进行恒温,可以确保称量信号有良好的重现性。

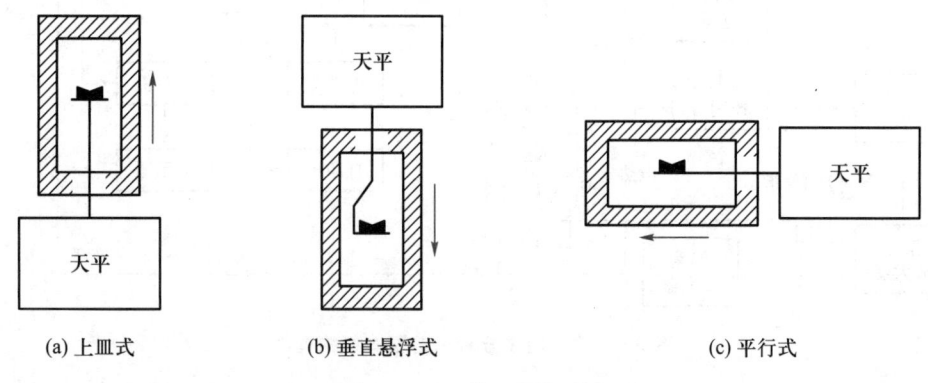

(a) 上皿式　　　　　　　　(b) 垂直悬浮式　　　　　　　　(c) 平行式

图 3-2-14　热天平的形式

热重分析法通常可分为两大类:静态法和动态法。静态法包括等压质量变化测定和等温质量变化测定。等压质量变化测定是指在程序控制温度下,测量物质在恒定挥发物分压下平衡质量与温度关系。以质量变化为纵坐标,温度 T 为横坐标作等压质量变化曲线图。等温质量变化测定是指一物质在恒温下,物质质量变化与时间 t 的相对关系,以质量变化为纵坐标,以时间为横坐标,获得等温质量变化曲线图。动态法是在程序升温的情况下,测量物质质量的变化对温度(或时间)的函数关系。

热重法实验得到的曲线称为热重曲线(TG 曲线)。理想 TG 曲线如图 3-2-15 中曲线(a)所示,表示热重过程是在某一特定温度下发生并完成的。曲线上每一个阶梯都与一个热重变化机理相对应。TG 曲线以质量为纵坐标,从上向下表示质量减少;以温度(或时间)为横坐标,自左至右表示温度(或时间)增加。如含水化合物的脱水、化合物的分解、固体的升华、液体的蒸发等均会引起样品质量的减少;而样品与周围气氛的化合(如金属的高温氧化)将导致样品质量的增加。微分热重分析又称导数热重分析(derivative thermogravimetry,DTG),它是 TG 曲线对温度(或时间)的一阶导数。以物质的质量变化速率(dm/dt)对温度 T(或时间 t)作图,即得 DTG 曲线,其峰值点表征了各失/增重台阶的质量变化速率最快的温度或时间点。实际 TG 曲线如图 3-2-15 中曲线(b)所示,热重过程实际上是在一个温度区间内完成的,曲线上往往并没有明晰的平台。两个相继发生的变化有时不易划分,因此也就难以计算出质量的变化值。此时,若对 TG 曲线进行微分处理,得到 DTG 曲线,如图 3-2-15 中曲线(c)所示,其结果提高了 TG 曲线的分辨力,可以较准确地判断各个热重过程的发生和变化情况。

热重分析的实验结果受到许多因素的影响,基本上可分为仪器因素和样品因素两类。仪器因素包括升温速率、样品所处气氛、加热炉几何形状、坩埚的材料等;样品因素包括样品的质量、粒度、样品导热性、样品装载的均匀与紧密程度等。

在 TG 测定中,由于热传递过程的影响,升温速率增大会导致样品分解、温度升高。如升

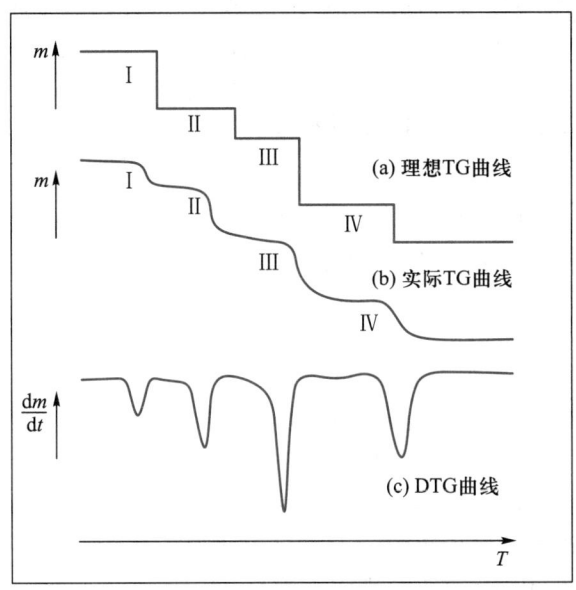

图 3-2-15 热重分析和微分热重分析曲线示意图

温过快,样品所处的某一热重阶段来不及达到平衡,从而导致 TG 曲线上各阶段重合而分不开。热重分析中常用的升温速率为 $5 \sim 10 \ ℃ \cdot min^{-1}$。

在升温过程中,样品往往会有吸热或放热现象,这会使温度偏离线性程序升温,从而改变 TG 曲线位置。样品装载量越大,这种影响则越大。对于受热会产生气体的样品,样品量越大,气体越不易扩散。此外,样品量较大时,样品内部存在明显温度梯度,也将影响 TG 曲线位置。总之,实验时应根据天平的灵敏度,尽量减小样品装载量。另外,样品的粒度不能太大,否则将影响热量在颗粒内外的传递;粒度也不能太小,否则开始分解的温度和分解完毕的温度都会降低。

3.2.5 固体恒压热容的测定

热容数据在理论和实际上都具有重要意义。热容数值不仅与过程有关,而且与温度也有关。能斯特(Nernst)曾设计绝热真空热量计,逐点精确测量热容与温度的函数关系。他还利用所测得的大量固体热容数据验证了热定理。

现代的自动低温绝热热容量热计就是在能斯特工作的基础上发展起来的。其基本方法是,在样品管的电阻丝上输入恒定的电功率 UI。记录温度 T 对时间 t 的关系曲线,由曲线上任意温度下的 dt/dT 值,计算相应的热容:

$$C_p = \left(\frac{dQ}{dT} \right)_p = UI \frac{dt}{dT} \tag{3-2-14}$$

这个方法通常用于测定低温下的热容。虽然它最高也可用到 1700 K,但 373 K 以上的固体热容常用高温跌落式量热计测定。

热分析方法也可用于测定热容。尽管其测量精度较差,但由于操作较方便,使用范围较广,故常被采用。

当物质样品的温度以线性增长时,流入样品的热流与样品的瞬时热容成正比:

$$\frac{\mathrm{d}H}{\mathrm{d}t} = C_p \frac{\mathrm{d}T}{\mathrm{d}t} \tag{3-2-15}$$

由于实验测得的 $\mathrm{d}H/\mathrm{d}t$ 和 $\mathrm{d}T/\mathrm{d}t$ 数据有着一定误差,所以并不直接由上式求得 C_p 值。通常用已知质量和热容的标准物质(如蓝宝石)与样品在同样条件下作比较,就能得到样品的热容随温度变化的函数关系。所得热容的精度可达 0.3%。测定方法简介如下:将两个空的铝质样品皿分别放在样品支架和参比支架上,在较低温度先记录一条恒温基线。然后程序升温扫描测定温区,停止温度扫描,再记录较高温度时的另一段恒温基线,见图 3-2-16 中 350 ℃基线、空白基线、370 ℃基线。再用该样品皿依次测定已知质量 m 的样品和蓝宝石,在相同条件下分别测得其 DSC 曲线。根据同一温度下两曲线的高度 $h_样$ 和 $h_蓝$ 可求得样品热容和蓝宝石热容的比值:

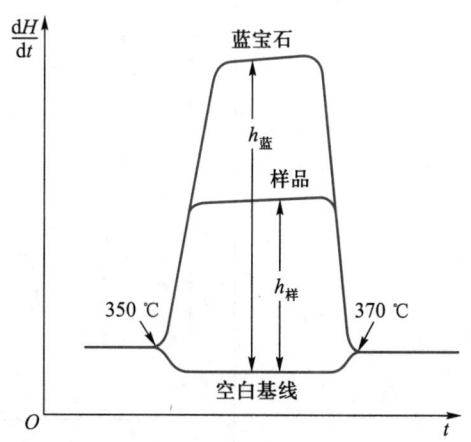

图 3-2-16　DSC 温度扫描区 350~370 ℃的示意图

$$\frac{\mathrm{d}H}{\mathrm{d}t} = mC_p \frac{\mathrm{d}T}{\mathrm{d}t} \tag{3-2-16}$$

$$C_{p样} = C_{p蓝} \cdot \frac{h_样}{h_蓝} \cdot \frac{m_蓝}{m_样} \tag{3-2-17}$$

参考资料

蓝宝石的热容已经精确测定,可从手册查得不同温度下的数据,代入上式即可得到样品的热容。由于所测熵的变化微小,应选用较高的灵敏度和较大的升温速率以提高曲线的高度。

3.3　压力的测量和控制技术

压力是用来描述体系状态的一个重要热力学函数。物质的许多物理、化学性质,如熔点、沸点、蒸气压等都与压力有关。因此,压力的测量具有重要的意义。压力通常可分为高压、中压、常压和负压。压力范围不同,测量方法不一样,精确度要求不同,所使用的单位也不同。

物理学上把均匀垂直作用于物体单位面积上的力称为压强,工程上也叫压力。压力的国际单位制(SI)单位是帕斯卡,以"Pa"或"帕"表示。当作用于 1 m²(平方米)面积上的力为 1 N(牛顿)时压力就是 1 Pa(帕斯卡)。但是,原来的许多压力单位现在仍在使用,如 atm(标准大气压,简称大气压)、kg·cm⁻²(工程大气压)、bar(巴)等。另外,还常选用一些标准液体(如汞)制成液体压力计,压力大小就直接以液柱的高度来表示。这些压力单位用于表示同一压力时,可根据表 3-3-1 中所列换算关系进行相互转换。

表 3-3-1 常用压力单位换算

压力单位	Pa	kg·cm^{-2}	atm	bar	mmHg
Pa	1	1.019716×10^{-5}	0.986923×10^{-2}	1×10^{-5}	7.5006×10^{-3}
kg·cm^{-2}	9.80665×10^{4}	1	0.967841	0.980665	735.55924
atm	1.01325×10^{5}	1.03323	1	1.01325	760.0
bar	1×10^{5}	1.019716	0.986923	1	750.062
mmHg	133.3224	1.35951×10^{-3}	1.31579×10^{-3}	1.33322×10^{-3}	1

除了所用单位不同外,压力还可采用不同的表示方式。常用的有绝对压、表压和真空度,三者的关系如图 3-3-1 所示。

当压力高于大气压时:

$$绝对压 = 大气压 + 表压$$

反之,表压的绝对值就是真空度:

$$绝对压 = 大气压 - 真空度$$

当然,上述公式等号两端都必须采用相同的压力单位。

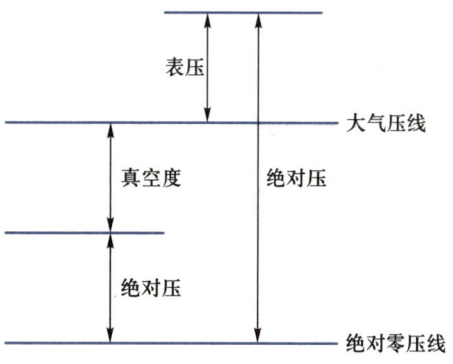

图 3-3-1 绝对压、表压与真空度的关系

3.3.1 压力测量仪表

1. 液柱式压力计

液柱式压力计是化学实验中常用的压力计。其构造简单,使用方便,能测量微小压力差,测量准确度比较高,且制作容易,价格低廉,但是测量范围不大,示值与工作液密度有关,且其结构不牢固,耐压程度较差。液柱式压力计中较常用的是 U 形压力计。液柱式 U 形压力计由两端开口的垂直 U 形玻璃管及垂直放置的刻度标尺所构成(图 3-3-2)。管内下部盛有适量工作液作为指示液。U 形管的两支管分别连接于两个测压口。因为气体的密度远小于工作液的密度,因此,由液面高度差 Δh 及工作液的密度 ρ、重力加速度 g 可以得到下式:

$$p_1 = p_2 + \rho g \Delta h \quad 或 \quad \Delta h = \frac{p_1 - p_2}{\rho g}$$

液柱式 U 形压力计可用来测量:

(1) 两气体压力差;

(2) 气体的表压(p_1 为测量气压,p_2 为大气压);

(3) 气体的绝对压(令 p_2 为真空,p_1 所示即为绝对压);

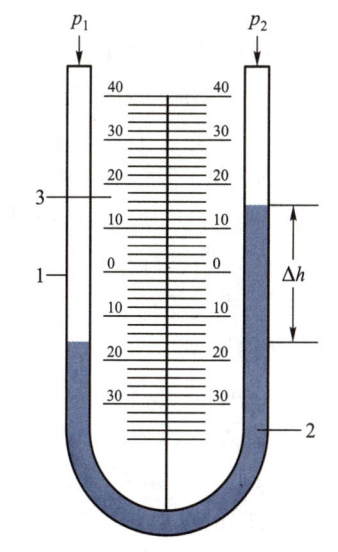

1—U 形玻璃管;2—工作液;3—刻度尺

图 3-3-2 液柱式 U 形压力计

（4）气体的真空度（p_1 通大气，p_2 为负压，可测其真空度）。

2. 弹性式压力计

利用弹性元件的弹性力来测量压力，是测压仪表中相当重要的一种形式。由于弹性元件的结构和材料不同，它们的弹性位移与被测压力的关系各不相同。实验室中接触较多的为单管弹簧管式压力计。这种压力计广泛用于各种压力容器、高压气瓶所用减压器等上的压力指示。这种压力计的压力由弹簧管固定端进入，通过弹簧管自由端的位移带动指针运动，指示压力值，如图3-3-3所示。

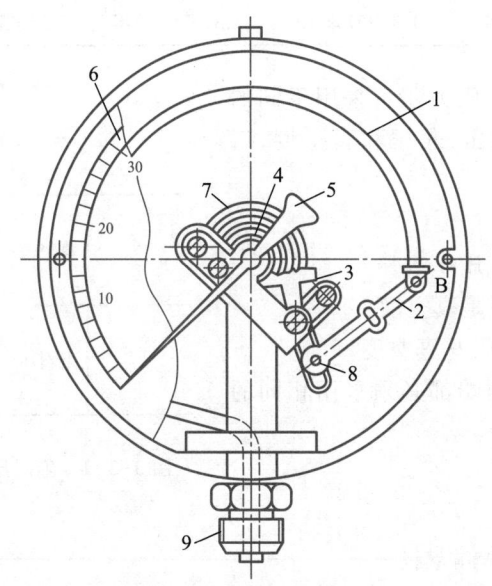

1—弹簧管；2—拉杆；3—扇形齿轮；4—中心齿轮；
5—指针；6—分度标尺；7—游丝；8—调整螺钉；9—接头

图 3-3-3　单管弹簧管式压力计

使用弹性式压力计时应注意以下几点：

（1）合理选择压力表量程。为了保证足够的测量精度，选择的量程应在仪表分度标尺的 1/2～3/4 范围内。

（2）使用时环境温度不得超过 35 ℃，如超过应给予温度校正。

（3）测量压力时，指针不应有跳动或停滞现象。

（4）应定期进行校验。

3. 福丁式气压计

1）结构原理

福丁（Fortin）式气压计是一种单管真空汞压力计，如图3-3-4所示。福丁式气压计是以汞柱来平衡大气压力的。大气压力的单位通常以 Pa 或 kPa 表示，或直接使用汞柱的高度（mmHg）表示；在气象学上也常用 bar 或 mbar 作单位。福丁式气压计的主要结构为一根长 90 cm、上端封闭的玻璃管，管中盛有汞，倒插入下部汞槽内。玻璃管中汞面上部是真空，汞槽下部用羚羊皮袋作为汞储槽，它既与大气相通但汞又不会漏出。在底部有一调节螺旋，可用来调节汞面的高度。象牙针的尖端是黄铜标尺刻度的零点，利用黄铜标尺上的游标尺，读数的精度可达 0.1 mm 或 0.05 mm。可以看出,当大气压力与汞槽内的汞面作用达到平衡时,汞就会在玻璃管内上升到一定高度,通过测量汞的高度,就可确定大气压力的数值。

2)使用方法

(1)铅直调节。福丁式气压计必须垂直放置。在常压下,若与铅直方向相差 1°,则汞柱高度的读数误差大约为 0.015%。为此,在气压计下端,设计一固定环。在调节时,先拧松气压计底部圆环上的三个螺旋,令气压计铅直悬挂,再旋紧这三个螺旋,使其固定。

(2)调节汞槽内的汞面高度。慢慢旋转底部的汞面调节螺旋,使汞槽内的汞面升高,利用汞槽后面白磁板的反光,注视汞面与象牙针间的空隙,直至汞面恰好与象牙针尖相接触,然后轻轻扣动铜管使玻璃管上部汞的弯曲处于正常状态,这时象牙针与汞面的接触应没有变动。

(3)调节游标尺。转动游标尺调节螺旋,使游标尺的下沿边与管中汞柱的凸面相切,这时观察者的眼睛和游标尺前后的两个下沿边应处于同一水平面,见图 3-3-5。

(4)读数。游标尺的零线在标尺上所指的刻度,为大气压力的整数部分(mmHg 或 kPa),再从游标尺上找出一根恰与标尺某一刻度相吻合的刻度线,此游标尺刻度线上的数值即为大气压力的小数部分。

(5)整理工作。向下转动汞槽液面调节螺旋,使汞面离开象牙针,记下气压计上附属温度计的温度读数,并从所附的仪器校正卡片上读取该气压计的仪器误差。

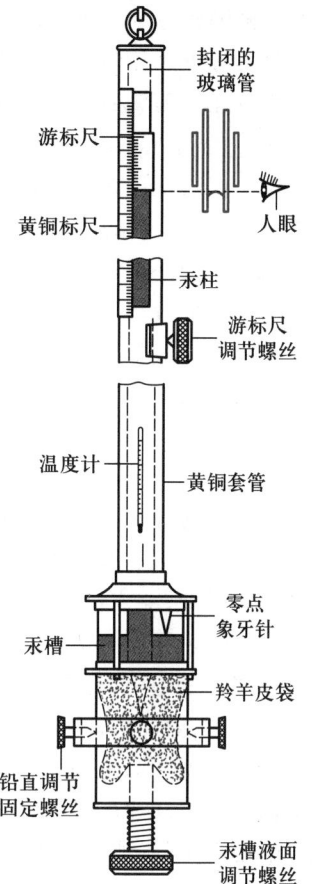

图 3-3-4 福丁式气压计

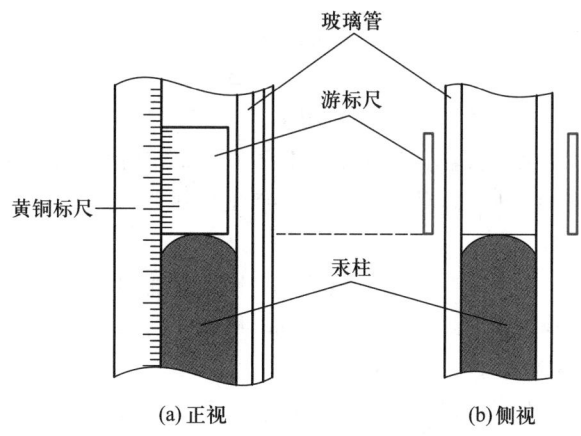

图 3-3-5 游标尺位置的调节

3)气压计读数的校正

当气压计的汞柱与大气压力相平衡时,$p_{大气} = g \cdot d \cdot h$,但汞的密度 d 与温度有关,重力加

速度 g 随测量地点不同而异。因此,规定以温度为 0 ℃,重力加速度 $g = 9.80665\ \text{m} \cdot \text{s}^{-2}$ 条件下的汞柱为标准来度量大气压力,此时汞的密度 $d = 13.5951\ \text{g} \cdot \text{cm}^{-3}$。凡是不符上述规定所读得的大气压力值,除仪器误差校正外,在精密的测量工作中还必须进行温度、纬度和海拔高度的校正。

(1) 仪器误差校正。由汞的表面张力引起的误差,汞柱上方残余气体的影响,以及压力计制作时的误差,在出厂时都已作了校正。在使用时,由气压计上读得的示值,首先应按制造厂所附的仪器误差校正卡上的校正值 Δ_K 进行校正。

(2) 温度校正。在对气压计进行温度校正时,除考虑汞的密度随温度的变化外,还要考虑标尺随温度的线形膨胀。设 α 为汞的膨胀系数,β 为刻度标尺的线膨胀系数,p_0 为 0 ℃时的大气压力。那么,经温度校正后的校正值可由下式计算:

$$\Delta_t = p_t - p_0 = -\frac{(\alpha - \beta)t}{1 + \alpha t} \cdot p_t \tag{3-3-1}$$

已知汞的 $\alpha = [181792 + 0.175t/℃ + 0.035116(t/℃)^2] \times 10^{-9}\ ℃^{-1}$,黄铜的 $\beta = 18.4 \times 10^{-6}\ ℃^{-1}$。将 α, β 值和室温 t 代入式(3-3-1),即可求得温度校正值 Δ_t。在测量精确度要求不高的情况下,上式也可简化为

$$\Delta_t = -1.63 \times 10^{-4} t \cdot p_t \tag{3-3-2}$$

在实际使用中,可查阅附录三中表 3-3 给出的温度校正值,只要将气压计上读得的示值减去该压力、温度条件下的校正值即为 p_0。

(3) 纬度和海拔高度校正。由于国际上用水银压力计测定大气压力时,是以纬度 45° 的海平面上重力加速度 $9.80665\ \text{m} \cdot \text{s}^{-2}$ 为准的。而实验中各地区纬度和海拔高度不同,重力加速度值也就不同,所以要作纬度和海拔高度校正。设测量地点的纬度为 L,海拔高度为 H,则校正值分别为

纬度校正值:　　　　$$\Delta_L = -2.66 \times 10^{-3} p_t \cdot \cos(2L) \tag{3-3-3}$$

海拔高度校正值:　　　$$\Delta_H = -3.14 \times 10^{-7} H p_t \tag{3-3-4}$$

在实际使用中,可查阅附录三中表 3-5 和表 3-6 的数据。

经上述各项校正之后的真实大气压力数值为:

$$p = p_t + \Delta_K + \Delta_t + \Delta_L + \Delta_H \tag{3-3-5}$$

必须指出,在使用式(3-3-5),特别是利用上述附录的三个表时,均须注意各校正值的正负。Δ_K 的正负由说明书中给定;若实验时室温高于 0 ℃,Δ_t 值为负,若室温低于 0 ℃,则 Δ_t 值为正;实验地点纬度小于 45° 时,Δ_L 值为负,大于 45° 时,则 Δ_L 值为正;一般实验地点均在海拔高度之上,所以 Δ_H 值为负。

(4) 校正举例。若在上海地区测量大气压力,上海所处的纬度可近似地认为北纬31.15°,即 $L = 31.15°$,海拔高度可近似地看作 $H = 25\ \text{m}$,测量时室温为 25 ℃,气压计上的示值 $p_t = 1.01311 \times 10^5\ \text{Pa}$。试计算其真实大气压力值。

解:① 仪器误差校正值由仪器说明书中查得:$\Delta_K = +13\ \text{Pa}$。

② 温度校正值可用式(3-3-2)计算,因室温为 25 ℃,所以有

$$\Delta_t = -1.63 \times 10^{-4} t \cdot p_t = -1.63 \times 10^{-4} \times 25 \times 1.01311 \times 10^5\ \text{Pa} = -413\ \text{Pa}$$

③ 纬度校正值可用式(3-3-3)计算,$L = 31.15°$,则

$$\Delta_L = -2.66 \times 10^{-3} p_t \cos(2L) = -2.66 \times 10^{-3} \times 1.01311 \times 10^5 \times \cos(2 \times 31.15°)\ \text{Pa} = -125\ \text{Pa}$$

④ 海拔校正值可用式(3-3-4)计算,$H = 25$ m,则

$$\Delta_H = -3.14 \times 10^{-7} Hp_t = (-3.14 \times 10^{-7} \times 25 \times 1.01311 \times 10^5) \text{ Pa} \approx -0.80 \text{ Pa}$$

所以该测量的真实大气压力值为

$$p = p_t + \Delta_K + \Delta_t + \Delta_L + \Delta_H = (1.01311 \times 10^5 + 13 - 413 - 125 - 0.80) \text{ Pa} = 1.00785 \times 10^5 \text{ Pa}$$

4. 空盒气压表

空盒气压表,如图 3-3-6 所示,由随大气压力变化而产生轴向移动的空盒组作为感应元件,通过拉杆和传动机构带动指针指示出大气压力的值。

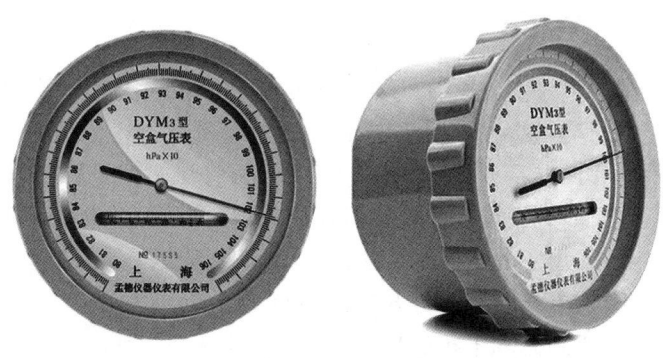

图 3-3-6 空盒气压表

当大气压力升高时,空盒组被压缩,通过传动机构使指针顺时针转动一定角度;当大气压力降低时,空盒组膨胀,通过传动机构使指针逆向转动一定角度。空盒气压表测量范围在 600~800 mmHg,度盘最小分度值为 0.5 mmHg,测量温度为 -10~40 ℃。读数经仪器校正和温度校正后,误差不大于 1.5 mmHg。空盒气压表的仪器校正值为 +0.7 mmHg。温度每升高 1 ℃,气压校正值为 -0.05 mmHg。仪器刻度校正值见表3-3-2。例如,温度升高 16.5 ℃时,空盒气压表上的读数为 724.2 mmHg,仪器校正值为 +0.7 mmHg,温度校正值为

$$16.5 \times (-0.05 \text{ mmHg}) = -0.8 \text{ mmHg}$$

表 3-3-2 空盒气压表仪器刻度校正值

仪器示度/mmHg	校正值/mmHg	仪器示度/mmHg	校正值/mmHg
790	-0.8	680	+0.2
780	-0.4	670	0.0
760	0.0	660	-0.2
750	+0.1	650	-0.1
740	+0.2	640	0.0
730	+0.5	630	-0.2
720	+0.7	620	-0.4
710	+0.4	610	+0.6
700	+0.2	600	-0.8
690	+0.2		

仪器刻度校正值由表查得是+0.6 mmHg,校正后大气压力为

$$(724.2+0.7-0.8+0.6)\ \text{mmHg} = 724.7\ \text{mmHg} = 9.662 \times 10^4\ \text{Pa}$$

在使用空盒气压表时应注意,因每台仪器在鉴定时的环境温度和大气压力都不尽相同,所以每台仪器的仪器刻度校正值、温度校正值和仪器校正值都不相同,应根据每台仪器所提供的校正表格里的数据进行校正。

5. 电子式压力测量仪

电子式压力测量仪是一种利用电子技术来测量压力的仪表。常见的电子式压力测量仪包括数字式气压计和压力变送器。

1) 数字式气压计

数字式气压计是随着电子技术和压力传感器的发展而产生的新型气压计。由于其质量轻、体积小、使用方便、数据直观,且无汞污染,故已经逐渐取代上述传统的气压计。

数字式气压计的工作原理是,利用精密压力传感器,将压力信号转换成电信号,由于该电信号较微弱,还需经过低漂移、高精度的集成运算放大器放大后,再由 A/D 转换器转换成数字信号,最后由数字显示器输出。其分辨率可达到 0.01 kPa,甚至更高。

数字式气压计使用极其方便,只需打开电源预热 15 min,即可读数。但须注意,应将仪器放置在空气流动较小,不受强磁场干扰的地方。

2) 压力变送器

压力变送器是工业实践中较为常用的一种传感器,广泛应用于各种工业自控环境。压力变送器的主要作用是把压力信号传到电子设备,进而在计算机上显示压力。其原理大致是,利用某些材料(如硅、锗等半导体)受外界压力变化时引起的电阻率变化(压阻效应),将压力的力学信号转变成电压或电流(4~20 mA)信号,压力和电压或电流大小呈线性关系。所以,变送器输出的电压或电流随压力增大而增大,由此得出一个压力和电压或电流的关系式。传感器的敏感元件通常是在单晶硅片上,采用集成电路工艺技术扩散成 4 个等值应变电阻,组成惠斯通(Wheatstone)电桥,如图 3-3-7(a)所示。不受压力作用时,电桥处于平衡状态;受压力作用时,电桥的一对桥臂电阻变大,另一对桥臂电阻变小,电桥失去平衡。若对电桥加一恒定的电压或电流,便可检测对应于所加压力的电压或电流信号,从而达到测量气体、液体压力大小的目的。压力变送器的基本结构如图 3-3-7(b)所示,被测介质的压力作用在敏感元件的隔

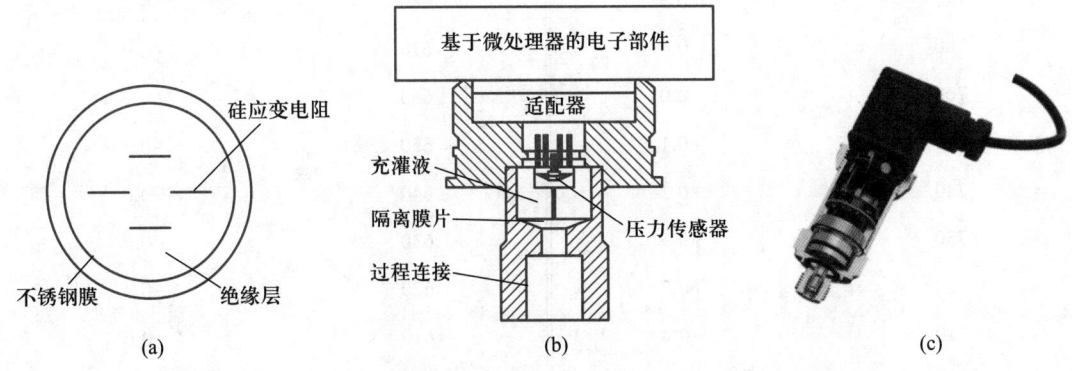

**图 3-3-7　压阻式传感器(a)、压力变送器(b)的结构示意图及
Z11A 通用型压力变送器实物图片(c)**

离膜片上,另一侧采用大气压力或真空,通过隔离片和元件内的填充液传送到测量膜片两侧,当两侧压力不一致时,测量膜片产生位移,从而使桥臂阻值发生变化,产生一个差动电压信号,此信号经放大器处理后,最终转化为标准模拟信号或数字信号输出。图3-3-7(c)所示为Z11A通用型压力变送器。

3.3.2 气体减压阀

在物理化学实验中,经常要用到氧气、氮气、氢气、氩气等气体。这些气体一般是储存在专用高压气瓶中,使用时通过减压阀使气体压力降至实验所需范围,再经过其他控制阀门细调,输入使用系统。

1.减压阀的工作原理

减压阀的外观及工作原理见图3-3-8和图3-3-9。

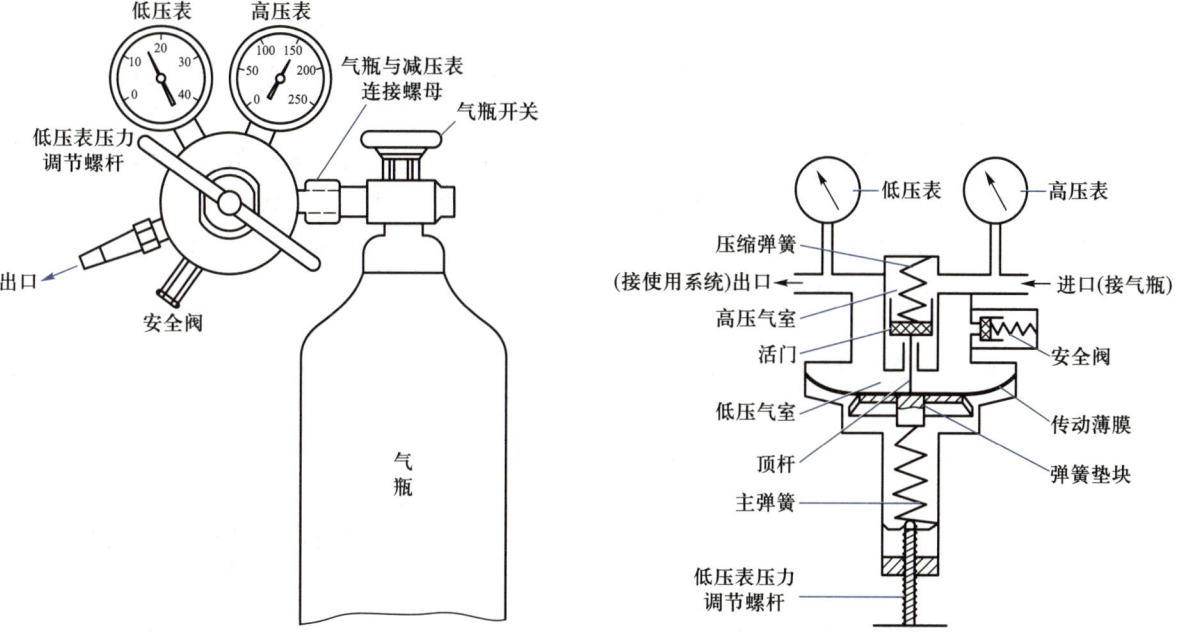

图3-3-8　安装在气瓶上的气体减压阀示意图　　　　图3-3-9　减压阀的工作原理示意图

减压阀的高压腔与气瓶连接,低压腔为气体出口,通往使用系统。高压表的示值为气瓶内储存气体的压力。低压表的出口压力可由调节螺杆控制。

使用时先打开气瓶总开关,然后顺时针转动低压表压力调节螺杆,使其压缩主弹簧并传动薄膜、弹簧垫块和顶杆而将活门打开。这样进口的高压气体由高压室经节流减压后进入低压室,并经出口通往使用系统。转动调节螺杆,改变活门开启的高度,从而调节高压气体的通过量并达到所需的减压压力。

减压阀都装有安全阀,它是保护减压阀安全使用的装置,也是减压阀出现故障的信号装置。如果由于活门垫、活门损坏或由于其他原因,导致出口压力自行上升并超过一定许可值时,安全阀会自动打开排气。

2. 减压阀的使用方法

（1）按使用要求的不同，减压阀有多种规格。最高进口压力大多为 150 kg·cm^{-2}（约 150×10^5 Pa），最低进口压力不小于出口压力的 2.5 倍。出口压力规格较多，一般为 0~1 kg·cm^{-2}（约 1×10^5 Pa），最高出口压力为 40 kg·cm^{-2}（约 40×10^5 Pa）。

（2）安装减压阀时应确定其连接规格是否与气瓶和使用系统的接头相一致。减压阀与气瓶采用半球面连接，靠旋紧螺母来使其完全吻合。因此，在使用时应保持该两个半球面的光洁，以确保良好的气密效果。安装前可用高压气体吹除灰尘。必要时也可用聚四氟乙烯等材料作垫圈。

（3）减压阀应严禁接触油脂，以免发生火灾事故。

（4）停止工作时，应先将气瓶总开关关紧，然后将减压阀中余气放净，最后拧松调节螺杆以免弹性元件长久受压变形。

（5）减压阀应避免撞击震动，不可与腐蚀性物质相接触。

3. 专用气体减压阀

对于有些气体，如氧、氮、空气、氩等永久气体，可以采用氧气减压阀，但还有一些气体，如氨等腐蚀性气体，则需要专用气体减压阀。目前常见的有氮气、空气、氢气、氨、乙炔、丙烷、水蒸气等专用气体减压阀。

专用气体减压阀的使用方法及注意事项与氧气减压阀的基本相同。但必须指出：第一，专用气体减压阀一般不用于其他气体；第二，为了防止误用，有些专用气体减压阀与气瓶之间采用特殊连接口，例如氢气和丙烷均采用左牙纹，也称反向螺纹；乙炔的进口用轧蓝，出口也用左牙纹，等等。安装时都应特别注意。

3.3.3　真空技术

真空泛指低于标准压力的气体状态。在真空下，由于气体稀薄，单位体积内的分子数较少，分子间碰撞或分子在一定时间内碰撞于器壁的次数也相应减少，这是真空的主要特点。

真空度是对气体稀薄程度的一种客观量度，其最直接的物理量应该是单位体积内的分子数。不同真空状态体现该空间具有不同的分子密度。因此，真空也指在标准状态下 1 cm^3 体积内的分子数少于 2.687×10^{19} 的给定空间。但是由于历史沿革，真空度的高低通常用气体压力来表示，气体压力越低表示真空度越高。

现行的国际单位制（SI）中，真空度的单位和压力的单位均统一为帕（Pa）。此外，大气压力（atm）、托（Torr，1 atm = 760 Torr）及工程大气压（kg·cm^{-2}）、毫巴（mbar）等单位也可用于真空度的表示。

真空区域的划分，国际上尚未有统一的规定。在物理化学实验中通常按真空的获得和测量方法的不同，将真空划分为以下五个区域：

粗真空：	10^2~1 kPa	分子相互碰撞为主，分子自由程 $\lambda \ll$ 容器尺寸 d；
低真空：	10^3~10^{-1} Pa	分子相互碰撞和分子与器壁碰撞不相上下，$\lambda \approx d$；
高真空：	10^{-1}~10^{-6} Pa	分子与器壁碰撞为主，$\lambda \gg d$；
超高真空：	10^{-6}~10^{-10} Pa	分子与器壁碰撞次数亦减小，形成一个单分子层的时间已达分钟或小时数量级；

极高真空：　　<10^{-10} Pa　　分子数目极为稀少，以致统计涨落现象较严重，与经典的统计
理论产生偏离。

在近代的物理化学实验中，凡是涉及气体的物理化学性质、气相反应动力学、气固吸附及表面化学的研究，为了排除空气和其他气体的干扰，通常都需要在一个密闭的容器内进行，并且首先将干扰气体抽去，创造一个具有某种真空度的实验环境，然后将被研究的气体通入，才能进行有关研究。因此，真空的获得和测量是物理化学实验技术的一个重要方面，学会真空系统的设计、安装和操作是一项重要的基本技能。

1. 真空的物理基础

真空是指低于标准压力的稀薄气体的状态，因此了解有关稀薄气体的理论和现象是必要的。

1）气体分子运动的速率

某一容器中的气体，如不受外界因素的影响，会自动达到平衡状态，即气体的温度、密度、压力等处处一致，这是气体分子在容器中不断相互碰撞而达到均匀分布的结果。但是，此时分子的速率并非相同。分子相互碰撞，使有些分子速率变大，有些分子速率变小，最后建立起麦克斯韦（Maxwell）速率分布，其分子运动速率函数为

$$f(v) = \frac{1}{N}\frac{dN}{dv} = 4\pi\left(\frac{m}{2\pi kT}\right)^{3/2}v^2 e^{-\frac{mv^2}{2kT}} \tag{3-3-6}$$

式中 v 为分子速率；m 为分子质量；k 为玻尔兹曼常量；T 为热力学温度。以 $f(v)$ 为纵坐标，v 为横坐标，可得某一温度下麦克斯韦速率分布函数图（图 3-3-10）。

麦克斯韦速率分布函数图表明，分子速率分布于从 0 到 x 的范围。但通常用到的是三个有代表性的数值，即

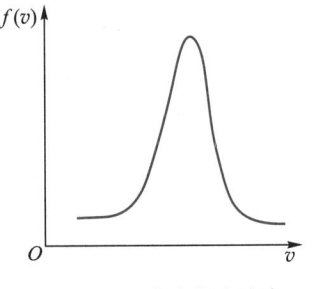

图 3-3-10　麦克斯韦速率
分布函数图

最概然速率　　　$v_m = \sqrt{\dfrac{2kT}{m}}$ 　　　（3-3-7）

平均速率　　　$\bar{v} = \sqrt{\dfrac{8kT}{\pi m}}$ 　　　（3-3-8）

均方根速率　　　$\sqrt{\overline{v^2}} = \sqrt{\dfrac{3kT}{m}}$ 　　　（3-3-9）

表 3-3-3 列出一些气体在 15 ℃时的分子平均速率 $\bar{v}$。可见，不同气体的分子速率相差很大，而且多数气体分子的平均速率均比声速为快。分子速率与其分子质量有关这一事实，被成功地应用于对 U^{235} 和 U^{238} 进行分离。扩散泵对 H_2 的抽速比对 N_2 的抽速大，也是由于它们的速率不同。

表 3-3-3　一些气体在 15 ℃时的分子平均速率 $\bar{v}$

气体	H_2	He	H_2O	N_2	O_2	Ar	CO	CO_2	Hg
$\bar{v}$/(m·s^{-1})	1693	1208	565	454	425	380	454	362	170

2）气体分子的平均自由程和碰撞数

气体分子速率达每秒数百米，但实际上如把一有气味的气体排放在房间内，其扩散速率远

没有这么快。这是由于分子间相互碰撞,使其扩散速率小于气体分子运动速率。可以推导得同类分子的碰撞数为

$$z = \frac{\sqrt{2}}{2}\pi\sigma^2 n \bar{v} \qquad (3-3-10)$$

式中 σ 为分子直径; n 为单位体积内的分子数,由式可算得处于单位体积内全部 n 个分子每秒的互相碰撞总数。实际上每一次气体分子碰撞都是两个分子的碰撞,因此一个分子在单位时间内与其他分子的平均碰撞次数为

$$z' = \sqrt{2}\pi\sigma^2 n \bar{v} \qquad (3-3-11)$$

如果定义一个分子接连两次碰撞之间的路程为分子运动的自由程,则气体分子的平均自由程为

$$\lambda = \frac{\bar{v}}{z'} = \frac{1}{\sqrt{2}\pi\sigma^2 n} \qquad (3-3-12)$$

由上式可算得氢分子在 10^2 kPa、273 K 时的平均自由程约为 1.0×10^{-7} m;在 10^{-4} Pa、273 K 时的平均自由程约为 75.8 m。计算结果表明,在 10^2 kPa 时,分子间的碰撞是主要的,此时分子平均自由程远小于容器的直径;但在 10^{-4} Pa 时,分子平均自由程远大于容器的直径,故分子与器壁的碰撞是主要的。

3）分子与器壁的碰撞

如果容器是球形的,可推导得单位时间内碰撞于单位面积上的分子数:

$$v = \frac{n\bar{v}}{4} \qquad (3-3-13)$$

根据 $p = nkT$, $\bar{v} = \sqrt{\frac{8kT}{\pi m}}$, $k = \frac{R}{L}$, $m = \frac{M}{L}$,则有

$$v = \frac{p}{\sqrt{2\pi mkT}} = \frac{L}{\sqrt{2\pi R}} \cdot \frac{p}{\sqrt{MT}} = 2.655 \times 10^{20} \frac{p}{\sqrt{MT}} \qquad (3-3-14)$$

式中 L 为阿伏加德罗常数; M 为摩尔质量; R 为摩尔气体常数; p 为气体压力(Pa)。 v 值的单位为 $cm^{-2} \cdot s^{-1}$。

显然,如果布满单位面积单分子层的气体分子数可由下式算出:

$$N_m = \frac{2}{\sqrt{3}\sigma^2} \qquad (3-3-15)$$

则将一个清洁的表面置于超高真空中,当某一气体进入,布满此清洁表面的时间为

$$\tau = \frac{N_m}{\beta v} \qquad (3-3-16)$$

式中 β 为黏着概率。如果 $p = 10^{-7}$ Pa,对于氧气分子,当 $\beta = 1$ 时,可算得在清洁表面布满一个单分子层的时间约为 38 min。

克努森(Knudsen)对气体分子与器壁表面碰撞,然后从表面反射的现象进行了研究,指出碰撞于固体表面的分子都被表面所暂时吸附,在表面停留一定时间,再从表面漫反射。也就是说,分子飞离表面的方向与分子原有的方向无关。由于分子在表面停留一定时间,分子就有可能与固体表面进行能量交换和动量交换。利用这一特点,可以用高温表面来加热气体,或用高

速运动的表面来拖动气体分子。

4）气体在管道中的运动

气体在管道中流动的状态,可用雷诺(Reynolds)数判断,当雷诺数 $Re>2200$ 时,气体在管道中为湍流;当 $Re<1200$ 时,气体在管道中为黏滞性流动,此时气体的压力和密度仍较大,气体流动层次分明,各层有不同的速率,贴近管壁的气体因受管壁的摩擦作用流速近于零,而离管壁越远的气体流速越快;当压力继续降低至 $(\lambda/d)\gg1$ 时,管内的气体呈分子性流动,此时分子间碰撞忽略不计,流动完全由分子与管壁间的碰撞所决定。

对真空系统抽气,只是抽气开始的瞬间为湍流,随后很快便进入黏滞性流动,最后进入分子性流动。

黏滞性流动达到稳定时,单位时间流过管道的气体量为

$$Q = \frac{\pi}{16}\frac{r^4}{nl}(p_1+p_2)(p_1-p_2) \tag{3-3-17}$$

式中 r 为管道半径;p_1,p_2 分别为管道两端的压力;l 为管道的长度。

分子性流动时,单位时间流过管道的气体量为

$$Q = \frac{2}{3}\pi\frac{r^3}{l}\bar{v}(p_1-p_2) \tag{3-3-18}$$

从上式可知,分子性流动不仅与管道半径、长度、压力差有关,而且与气体分子的平均速率 $\bar{v}$ 成正比。

显然,不管气体在管道中是黏滞性流动还是分子性流动,气体通过管道的流量均可写成

$$Q = c(p_1-p_2) \tag{3-3-19}$$

即流量等于 c 乘以管道两端的压力差。定义 c 为管道的流导,其物理意义为单位压力差时的流量,单位是 10^{-3} m $\cdot$ s $^{-1}$。流导 c 的大小既取决于管道的尺寸,也与流动的状况有关。如果将流量看作电流,压力差看作电势差,流导看作电导,则可模仿电路分析对复杂的真空系统进行理论分析和计算。

2. 真空的获得

用来产生真空的设备通称为真空泵。由于真空的区域为 $10^4 \sim 10^{-13}$ Pa,达十几个数量级的宽广范围,所以产生不同真空度时常采用不同种类的真空泵。高真空或超高真空的获得,一般需用几种泵的组合系统。

真空泵的种类繁多,有利用高速水流将气体带走的水冲泵,利用膨胀-压缩作用的机械泵和隔膜泵,利用气体黏滞牵引作用的蒸气流喷射的扩散泵,利用分子牵引作用的分子真空泵、利用活性表面吸附气体的钛泵,利用深冷表面使气体碰撞黏附的低温泵,以及利用吸附剂降低气体分子密度的吸附泵等。

机械泵和扩散泵都要用特种油作为工作物质,因而对实验对象有一定的污染,但由于这两种泵价格较低,它们在实验室中经常被使用。机械泵的抽气速率很高,但只能产生 $1 \sim 10^{-1}$ Pa 的低真空。扩散泵使用时必须用机械泵作为前级泵,可获得 $10^{-1} \sim 10^{-7}$ Pa 的高真空或超高真空。隔膜泵、吸附泵和钛泵都属于无油类型泵,不存在油蒸气的沾污问题,它们串级使用可获得优于 10^{-6} Pa 的超高真空。分子真空泵是靠内圆筒高速机械运动使气体作定向流动的真空泵,一般须与前级泵组合来获得高真空。低温泵是目前抽气速率最大,能达到极高真空的真空泵。

1）水冲泵

水冲泵的结构如图 3-3-11 所示。水经过收缩的喷口以高速喷出,使喷口处形成低压,产生抽吸作用将由系统进入的气体分子不断被高速喷出的水流带走。水冲泵能达到的极限真空受水的蒸气压所限制,20 ℃时极限真空约为 10^3 Pa。

基于水冲泵原理制造的循环水泵(或称水环泵)常代替油封机械泵,在实验室主要用于抽滤或用于产生粗真空。循环水泵是一种用循环水产生喷射流而产生负压的真空抽气泵。其优点:①耐腐蚀,酸、碱及其他腐蚀性气体不会损害泵,所以一般可以免去使用机械泵时所必需的净化装置;②水作为介质,使实验室和系统完全避免了油的污染;③可以提供循环冷却水。

使用循环水泵时应注意:①水箱中要保持足够的水;②在水泵抽气口上要连接放空旋塞,使用完毕后要先使水泵与大气相通再关闭电源,以防止工作介质的水倒吸至抽空的系统中。

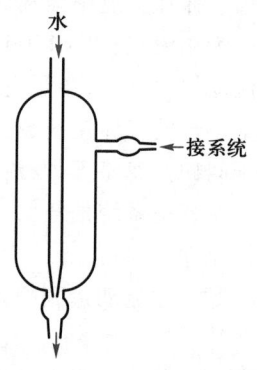

图 3-3-11 水冲泵结构示意图

2）机械泵

常用的机械泵为旋片式真空泵(简称旋片泵),是一种变容式气体传输真空泵,是真空技术中最基本的真空获得设备之一。其工作压力范围为 $10^5 \sim 1.33 \times 10^{-2}$ Pa,属于低真空泵。它可以单独使用,也可以作为其他高真空泵的前级泵。

旋片泵多为中小型泵,主要有单级泵和双级泵两种。双级泵可以获得较高的真空度。图 3-3-12 是一种双级串联旋片泵的工作原理图。它由两个抽气级前后串联构成。每一级均由泵体、转子和滑片组成。转子在旋转时始终紧贴泵体缸壁。镶在转子槽中的滑片,靠弹簧的压力也紧贴缸壁。由此使泵体的进、排气口被转子和滑片分隔成两个部分:进气部分和排气部分。当转子按箭头方向旋转时,进、排气部分随着滑片的伸缩,它们的体积周期性地扩大和压缩。进气部分因体积扩大而压力降低,起着吸气作用。排气部分因体积压缩,起着排气作用。

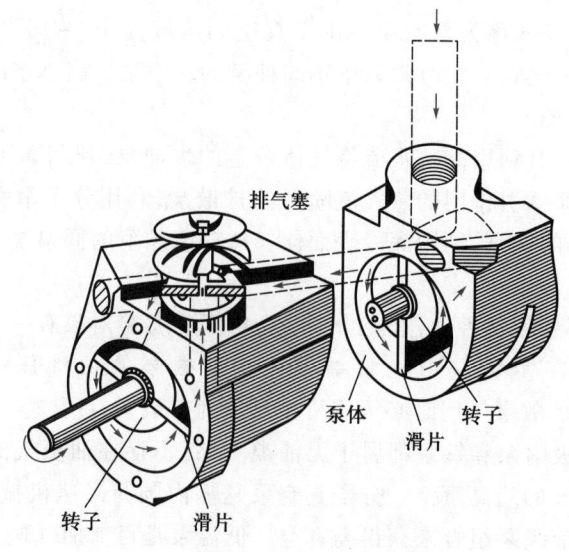

图 3-3-12 双级串联旋片泵的工作原理图

由于第一级的排气口与第二级的进气口串联,使第一级排出的气体由第二级吸入,再由第二级的排气塞排出泵外。这种串联结构的优点是使直接与被抽容器相接的第一级的反压力得到显著降低,使泵能达到较大的真空度(约 10^{-2} Pa)。

为了减少漏气和润滑冷却机件,其排气阀以下的部分全部浸在蒸气压较低又有一定黏度的机械泵油内。需要指出的是,泵的极限压力与泵油种类及其工作温度、泵油循环量等因素有关。例如,油温越高,油的饱和蒸气压越高,泵的极限压力就越低。此外,泵的零部件加工精度、运动件之间的间隙、轴端密封等也会影响泵的极限压力。泵出厂时,一般要逐台检测其极限压力,经过一段的跑合,使泵性能达到稳定状态。

使用机械泵必须注意:①如被抽气的实验系统有易凝结的蒸气、挥发性液体或腐蚀性气体,则不能直接用机械泵对系统抽气,应在系统和机械泵的进气管之间串联冷凝器、洗气瓶或吸收瓶,以除去上述气体。②机械泵的进气管前要连接一个三通旋塞或加装与机械泵同步开关的电磁阀。在机械泵停止运行前,应先通过三通旋塞使机械泵的进气口与大气相通或通过电磁阀放气使两边压力平衡,以防泵油倒吸污染实验系统。

3)罗茨式真空泵

罗茨式真空泵(简称罗茨泵)是一种无内压缩的旋转变容式真空泵。它是由罗茨鼓风机演变而来的。根据罗茨泵工作压力范围不同,它可以分为直排大气的干式罗茨泵和湿式罗茨泵,这种罗茨泵属于低真空罗茨泵;此外还有中真空罗茨泵(机械增压泵)和高真空多级罗茨泵。一般来说,罗茨泵具有以下特点:

(1)在较宽的压力范围内有较大的抽速;

(2)设有旁通溢流阀,可在大气压力下启动,缩短了抽气时间;

(3)转子之间、转子与泵腔壁之间有间隙,泵内运动件无摩擦,不必润滑,泵腔内无油;

(4)转子形状对称,动平衡性能良好,运动平稳,选择高精度的齿轮传动,运转是噪声低;

(5)结构紧凑,占地面积小,通常选卧式结构,泵腔内气体垂直流动,有利于被抽气体中的灰尘或冷凝物的排除;

(6)选择适宜的转子型线和精细的研磨加工,可获得较高的容积效率;

(7)运转维护费用低。

罗茨泵在真空技术中应用时,一般与前级泵(旋片泵、循环水泵等)串联构成机组,在中真空范围,作为机械增压泵来应用;双级或多级罗茨泵机组可获得高真空;对于干式清洁无油的抽气系统,多用气冷式罗茨泵机组;对于含水蒸气的抽气系统,多用湿式罗茨泵。

罗茨泵是一种双转子的容积式真空泵。其抽气过程如图 3-3-13 所示,在泵腔内有两个形状对称的转子,转子形状有两叶、三叶和四叶的。两个转子彼此朝相反方向旋转,由轴端齿轮驱动同步转动。转子彼此无接触,转子与泵腔壁也无接触,其间通常有 0.15~1.0 mm 的间隙,泵腔靠间隙来密封。由于罗茨泵泵腔内无摩擦,转子可高速运转,一般为 1500~3000 r·min⁻¹,而且不必用油润滑,可实现无油清洁的抽气过程。泵的润滑部位仅限于轴承、齿轮及动密封处。泵没有往复运动部件,故可实现良好的动平衡。因而,罗茨泵运转平稳,转速高,尺寸小,可获得较大的抽速。

从图 3-3-13 得知,由于转子的不断旋转,被抽气体从吸气口进入泵腔,被封闭在吸气腔 V_2 之内,再经排气口排出泵外。由于在吸入 V_2 空间内的气体没有被压缩,当转子的顶部转过排气口边缘时,V_2 空间这时与排气侧相通,由于排气侧气体压力较高,有部分高压气体返流到

V_2 空间内,使泵腔内的压力突然升高达到排气压力。此即所谓的外压缩过程。转子继续旋转时,被抽气体被排出泵外。两个转子的不断运转,即实现了罗茨泵的抽气过程。转子的主轴旋转一周,共排出四个 V_2 容积的气体。

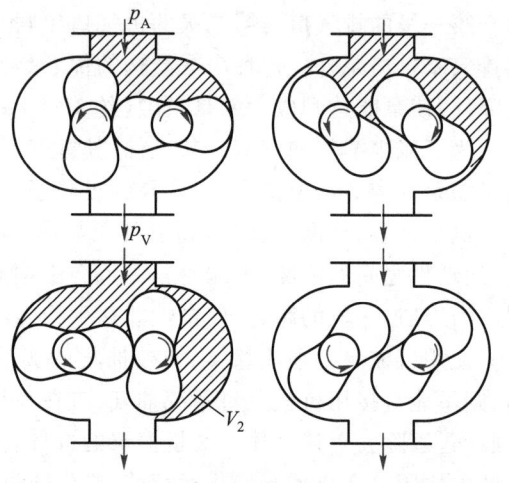

p_A—吸入压力；p_V—出口压力；V_2—泵腔容积

图 3-3-13　罗茨泵的抽气过程

4）扩散泵

扩散泵的原理是利用一种工作物质高速从喷口处喷出,在喷口处形成低压,对周围气体产生抽吸作用而将气体带走。这种工作物质在常温时应是液体,并具有极低的蒸气压,用小功率的电炉加热就能使液体沸腾汽化,沸点不能过高,通过水冷却便能使汽化的蒸气冷凝下来。过去用汞作为工作物质,但因汞有毒,现在通常采用硅油。扩散泵的入口直径为 65～1600 mm,极限压力最低可达 10^{-8} Pa,工作压力范围为 10^{-1}～10^{-5} Pa,抽气速率可以从每秒几十升到每秒十几万升,最大出口压力在 30～70 Pa。

扩散泵的基本结构如图 3-3-14(a)所示。主要由挡油帽、泵体、泵芯、电加热器和挡油器五部分组成。扩散泵按挡油帽可分为水冷和无水冷两种型式;根据泵体的形状,扩散泵可分成直腔泵和凸腔泵;根据泵芯蒸气喷嘴的级数,可分成二级泵、三级泵、四级泵和五级泵。

扩散泵的工作过程如图 3-3-14(b)所示。在泵体内,泵体的底部装有一定量的扩散泵油,工程上常将这一部分称为油锅。在启动扩散泵之前,需要先用前级泵抽一定的真空,然后用电加热器加热油锅,使油在较低温度下沸腾蒸发,产生油蒸气。油蒸气经泵芯中的导流管进入各级喷嘴,经过喷嘴将油蒸气的压力能转变成动能,形成超音速射流,从伞形喷嘴喷出至泵体与泵芯间形成的环形空间,在此空间形成伞形的蒸气流层。离开喷嘴的伞形蒸气流层以定向超音速流动直射泵壁,被水冷泵壁冷凝成液态油,沿泵壁内表面流回油锅,完成一次循环后,再周而复始地工作。在喷嘴和泵壁之间形成的环状伞形蒸气流层中,因流层速率逐渐增大,而压力及密度逐渐降低,流层中气体分子浓度非常低,其上面的被抽气体因浓度差很容易扩散到流层内部,实现了分子质量传递过程。被抽气体分子进入蒸气流层后,与蒸气分子碰撞,在蒸气流动方向上得到动量,被蒸气流层携带到水冷泵壁处。因被抽气体不能被冷凝,仍处于气态,释放出来后被压缩在该级蒸气流层的下面,被下一级蒸气流层抽走,经过逐级压缩,直至扩散泵出口,被前级泵抽走。

在上述过程中,硅油蒸气起着一种抽运作用,其抽运气体的能力取决于下面三个因素:硅油本身的摩尔质量要大;喷射速率要高;喷口级数要多。现在用摩尔质量大于 3000 g·mol^{-1} 的硅油作工作物质的四级扩散泵,其极限真空度可达到 10^{-7} Pa,三级扩散泵的可达 10^{-4} Pa,实验室用的扩散泵其抽气速率通常有 $60×10^{-3}$ m^3·s^{-1} 和 $300×10^{-3}$ m^3·s^{-1} 两种。

扩散泵必须用机械泵作为前级泵,将其抽出的气体抽走,不能单独使用。扩散泵的硅油易被空气氧化,所以使用时应用机械泵先将整个系统抽至低真空后,才能加热硅油。硅油不能承受高温,否则会裂解。硅油蒸气压虽然极低,但仍会蒸发一定数量的油分子进入真空系统,沾

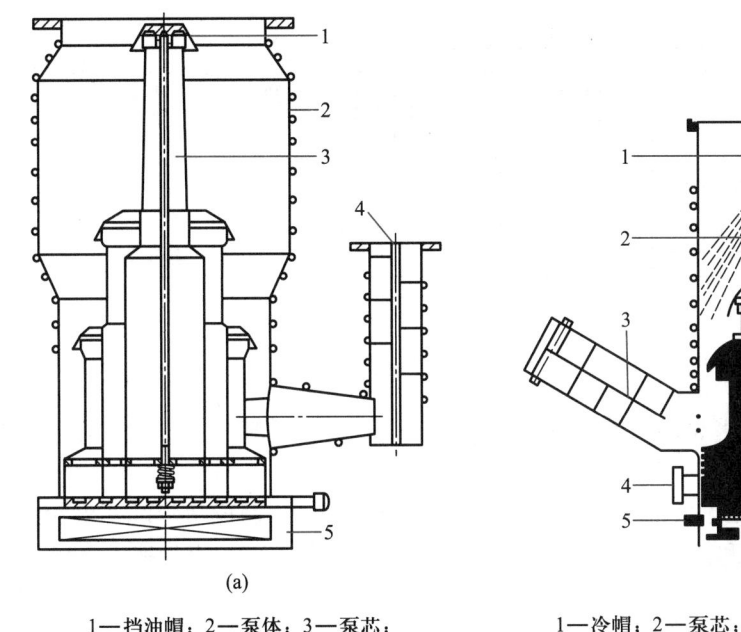

1—挡油帽；2—泵体；3—泵芯；
4—挡油器；5—电加热器

1—冷帽；2—泵芯；3—挡油器；4—观察窗；
5—快冷器；6—水冷管；7—热保护开关；8—电加热器

图 3-3-14　扩散泵的基本结构(a)及工作过程(b)

污被研究对象,因此,一般在扩散泵和真空系统连接处安装冷凝阱,以捕捉可能进入系统的油蒸气。

5)分子真空泵

分子真空泵(简称分子泵)是一种纯机械的高速旋转的真空泵,虽然分子泵是一种机械泵,但它已摆脱了那种靠容积变化来抽气的容积泵原理,而是靠高速运动的刚体表面来携带气体分子实现抽气。通常把用高速刚体表面携带气体分子按一定方向运动的现象称为分子牵引,或称为气体的外摩擦输运现象。因此,这种泵也被称为牵引分子泵。分子泵具有启动时间短、抽重气体比抽轻气体快等一系列优点。

德国人贝克尔(W.Becker)于 1956 年发明了一种适于在超高真空下工作的涡轮分子泵。这种泵和牵引分子泵相比,在结构和原理方面并不完全相同。涡轮分子泵是以高速旋转的动叶片和静止的定叶片相互配合来实现抽气的。其极限压力可以达到 10^{-9} Pa,对油蒸气等高相对分子质量气体的压缩比很高,几乎能达到测不出的程度。因而残余气体中油蒸气的分压力很低。由于轴承用的润滑油仅在泵的出口侧存在,故泵在运转过程中入口处检查不出油的痕迹。因此,涡轮分子泵可以获得清洁无油的超高真空。这种泵如果长期不用,轴承处的油蒸气会扩散到泵的入口侧而降低泵所能达到的清洁程度。为了消除油蒸气的污染,在工作时,须对泵的入口进行烘烤除气,烘烤温度要严格控制,过高会使叶片变形。有人在停泵时,用压力为 13 kPa 的干燥气体充入泵内,以消除油蒸气返流造成的污染。

横式涡轮分子泵的工作原理示意图见图 3-3-15。高速旋转(12000~75000 r·min⁻¹)的涡轮叶片,不断对被抽气体分子施以定向的动量和牵引压缩作用,将气体排走。分子泵的动轮叶与静轮叶间距仅数毫米,两者相间排列,且叶面角相反,从而达到最大的抽气作用。由于轴

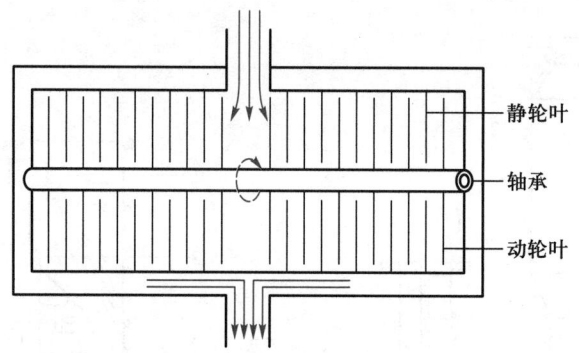

图 3-3-15　横式涡轮分子泵的工作原理示意图

承上有润滑油,故分子泵不是严格的无油泵。目前已制成一种磁悬浮轴承,转速更高,可方便地获得小于 10^{-8} Pa 的超高真空。

我国在分子泵的研究和生产方面进展很快,在 20 世纪 60 年代研制成功的卧式涡轮分子泵的基础上,很快发展了铣制和扭制叶片的两种立式涡轮分子泵系列产品,有抽速 110 L·s^{-1}, 150 L·s^{-1},450 L·s^{-1},550 L·s^{-1},600 L·s^{-1},1200 L·s^{-1},1500 L·s^{-1} 和 3500 L·s^{-1} 等多种规格,并将磁悬浮式轴承用于涡轮分子泵。近年来,由于轴承、高速旋转技术与数控加工技术的不断发展,国际上涡轮分子泵的研制也取得了长足的进步,抽速已从 50 L·s^{-1} 发展到 25000 L·s^{-1}(日本),甚至达 40000 L·s^{-1}(俄罗斯)。

6) 吸附泵

吸附泵的全名为分子筛吸附泵。它是利用分子筛在低温时能吸附大量气体或蒸气的原理制成的,其特点是将气体捕集在分子筛内,而不是将气体排出泵外。

分子筛吸附泵的结构要满足如下几个条件:①使分子筛能得到充分的冷却。通常采用一些导热面和液氮管,冷却较深部位的分子筛。②使气体易于深入分子筛内部。通常用一些金属网挡住分子筛,以维持气体有一定的通导深入泵的内部。③节省液氮的消耗量。④易于对分子筛加热再生;因为分子筛在液氮温度下吸附大量的气体,当温度回升时,所吸附的气体会慢慢地放出来,使泵内形成几十倍于大气压力的高压,造成破坏事故。因此,必须设安全阀,当压力超过大气压力时自动打开。吸附泵的结构根据冷却方式不同,可分为内冷式和外冷式。

图 3-3-16 为内冷式吸附泵结构示意图。泵外壳由不锈钢制成。分子筛放在无氧铜翼片上,四周有镍网围住,防止分子筛漏掉。翼片间距适当,以保证分子筛的充分冷却。分子筛是人工合成的无水硅铝酸盐结晶,其内部充满着无数孔径均匀的微孔空穴,约占整个分子筛体积的一半。由上盖板的开孔注入液氮后,分子筛因被冷却到低温便大量吸气,泵内被抽成真空。当液氮消耗完毕,分子筛吸附的气体缓慢放出,泵内压力超过 1 atm 时,冲开安全阀的氟橡胶塞,气体排入大气中。这种吸附泵使用 7~8 次后需加热再生一次。再生电炉呈细棒状,由液氮注入口插入,可使分子筛被加热到 300~350 ℃ 或 500 ℃(两种电炉)。一般分子筛脱水温度为 300~350 ℃,时间为 0.5~1.0 h,若分子筛吸气能力明显衰退,则需在 500~550 ℃ 活化。一般的吸附泵,分子筛装量约为 1 kg,可以把 50 L 的容器从大气压力抽到 1 Pa,液氮消耗约为 3 L。

这种吸附泵可单独使用,其优点是无油,但工作时需消耗液氮。通常吸附泵用作超高真空系统中钛泵的前级泵。由于吸附后的分子筛可通过加热脱附活化,反复使用,故吸附泵的使用

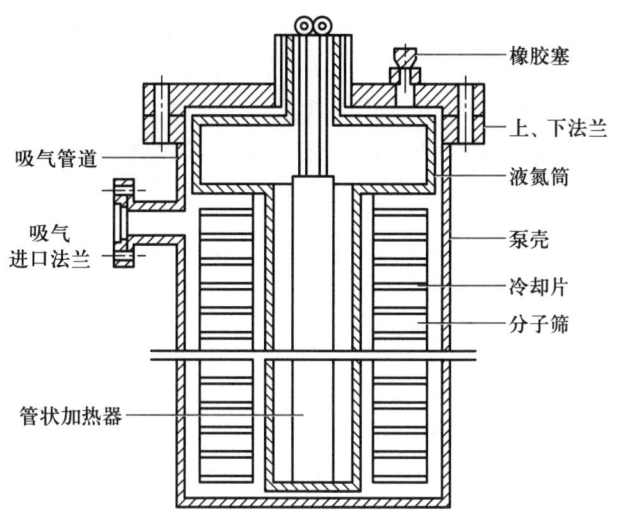

图 3-3-16　内冷式吸附泵结构示意图

寿命较长,维护方便。

7) 钛升华泵

一些过渡金属和难熔金属(钛、锆、钽、铌、钼、钨等)在一定的温度范围内,对活性气体有很好的吸附和吸收性能。在真空条件下,用电阻加热或电子轰击加热的方法,可以将这些金属蒸发沉积在器壁上,形成一层薄膜,用来对活性气体进行吸附。上述各种材料中,钽的吸气性能最好,但它的蒸发温度过高,加热元件容易损坏。锆难以蒸发,抽气性能不如钛、钽、钼优良。在室温下,铌膜抽气性能不如钛,但低温性能好。由于钛的价格便宜,易于蒸发,而且抽气性能和工艺性能较好,故目前经常采用钛作为升华泵的吸气材料。

钛升华泵的抽气机理通常认为是化学吸附和物理吸附的综合,以化学吸附为主。钛升华泵的结构大致可分为三部分:吸气面、升华器(热丝或加热器)和控制器(图 3-3-17)。钛升华泵的工作过程是,由控制器通电给升华器,使钛加热到足够高的温度(1100 ℃)直接升华;升华出来的钛沉积在用水或液氮冷却的表面上,形成新鲜的钛膜层;钛升华和沉积的过程中,与活性气体结合成稳定的化合物(固相的 TiO 或 TiN),结果将空间的气体分子抽除。

钛升华泵的种类很多,这里介绍一种磁控管型冷阴极溅射离子钛升华泵,其结构见图 3-3-18。阳极为不锈钢圆筒,阴极为钛柱,两极之间加 3~6 kV 高电压。泵壳由不锈钢制成,置于 0.13~0.15 T 的磁场中。泵内空间的游离电子在电场作用下被阳极加速,将遇到的气体分子电离,形成的正离子打在阴极钛柱上,产生二次电子。这些从冷阴极发射出来的二次电子,径向被拉向阳极,同时受磁场作用

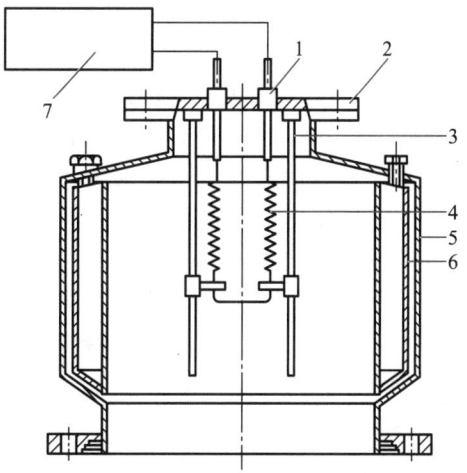

1—电极引线连接基座;2—端盖;3—滑动支架;
4—电极引线;5—泵体;6—冷却套;7—控制器

图 3-3-17　钛升华泵结构示意图

发生偏转,因此沿如图 3-3-19 所示的轮滚线轨迹绕轴运动,并不断撞击所遇到的气体分子,使气体电离,形成彭宁(Penning)放电。放电后,圆筒内气体电离所产生的正离子,因质量大而不受磁场约束,在电场作用下迅速击阴极,在阴极上引起钛溅射。溅射的活性钛在圆筒内各处形成钛膜,大量吸附泵壳内的气体分子。气体电离所产生的电子,同样按轮滚线轨迹绕轴运动,使所撞击的气体分子电离。

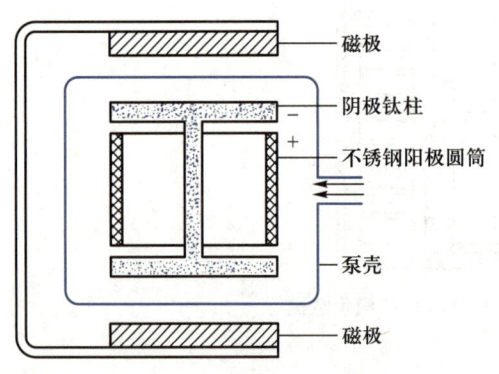

图 3-3-18　磁控管型冷阴极溅射
离子钛升华泵结构示意图

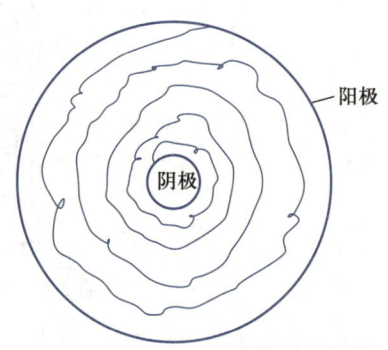

图 3-3-19　电子运动轨迹

还有一种钛升华泵,其原理是,利用大电流引起的高温使钛蒸发,利用活性的钛原子与气体分子反应或包埋惰性气体分子来减少空间内气体分子数目,从而提高真空度。

钛升华泵是获得高真空或超高真空的泵种之一。工作压力范围为 $0.13 \sim 1.3 \times 10^{-8}$ Pa,启动压力为 1.3 Pa。它不能单独使用。若配置无油泵或分子筛吸附泵为前级泵,可获得全无油超高真空。若配置带吸附阱的机械泵或带挡板、冷阱的扩散泵机组,可获得近似无油的超高真空。其特点是结构简单、抽速较大、极限压力低、运转费用低、操作简单等。钛升华泵常用在超高真空或要求无油污染的真空作业场合,如超高真空冶炼、微电子工业、空间环境模拟及高新技术试验设备等。

8) 低温泵

低温泵(图 3-3-20)是目前抽速最大、能达到极限真空的泵。低温泵靠深冷的表面抽气,主要用于产生模拟的宇宙环境。这种泵的抽速正比于深冷表面的大小,一般可达 10^3 m^3 · s^{-1}。

在液氦温度(4.2 K)下,许多气体的蒸气压几乎为零,因此低温泵可获得 $10^{-9} \sim 10^{-10}$ Pa 的超高真空或极高真空。但氢气是个例外,液氦温度下其蒸气压为 10^{-4} Pa。如果在低温泵的进口处加一催化泵使氢电离,再经氧化铜使氢变成水,就可以解决抽氢气的困难。在液氦板槽外加液氮的板槽,是为了防止热辐射。

3. 真空的测量

真空测量实际上就是测量低压下气体的压力。所用的量具通称为真空计或真空规。一般意义上的真空测量属于混合气体的全压力测量,所用的真空计也是测量全压力的真空计。真空计可分为绝对真空计和相对真空计两类。前者可从其本

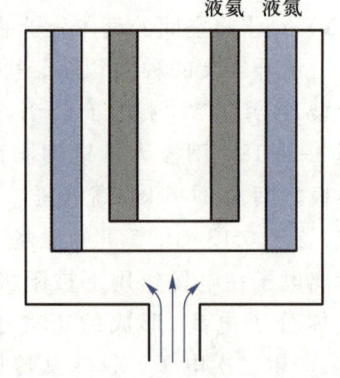

图 3-3-20　低温泵结构示意图

身的仪器常数值及测得的物理量直接算出压力的大小,后者所测得的量不能直接算出压力,而要用绝对真空计校准后才能指示出相应的压力值。

　　由于真空度的范围宽达十几个数量级,每一种真空计都只能适用于一定的压力范围,因此只能用若干个不同的真空计来测量不同范围的真空度。目前真空计种类繁多,表 3-3-4 列出了真空计的主要分类及测量范围。常用的真空计有 U 形水银压力计、麦氏真空计、热偶真空计和电离真空计等。

表 3-3-4　真空计的主要分类及测量范围

原理		类别	测量范围/Pa	备注
力	重力	液体真空计	基准汞柱真空计	$10^4 \sim 10^1 (10^{-1})$	①
			基准油柱真空计	$10^2 \sim 10^{-2} (10^{-3})$	
			压缩真空计	$10^3 \sim 10^{-1} (10^{-6})$	①,④
	机械力	变形真空计	弹簧管真空计	$10^5 \sim 10^3$	①
			膜盒真空计	$10^3 \sim 10^1$	
			薄膜电容真空计	$10^{-3} \sim 10^{-5}$	②
			薄膜应变真空计	$10^5 \sim 10^2$	①
	阻尼力	黏滞真空计	振幅衰减真空计	$1 \sim 10^{-3}$	③
			磁旋转子真空计	$1 \sim 10^{-4}$	
			振膜真空计	$10^4 \sim 10^{-1}$	
	分子力	热辐射真空计		$1 \sim 10^{-5}$	②
气体分子热传导		热传导真空计	电阻真空计	$10^2 \sim 10^{-1} (10^{-2})$	③
			半导体真空计	$10^2 \sim 10^{-3}$	
			热偶真空计	$10^2 \sim 10^{-1}$	
			热电堆真空计	$10^2 \sim 10^{-1}$	
对流		对流真空计		$10^5 \sim 10^2$	③
气体电离	恒源荷能粒子碰撞	热阴极计	普通电离真空计	$10^{-1} \sim 10^{-5}$	③
			高压强电离真空计	$10^2 \sim 10^{-4}$	
			超高真空电离计	$10^{-2} \sim 10^{-9} (10^{-11})$	
			热阴极磁控计	$10^{-5} \sim 10^{-11} (10^{-13})$	
		放射源电离真空计		$10^4 (10^5) \sim 10^{-1}$	
	自持放电	冷阴极计	彭宁计	$1 \sim 10^{-4}$	③
			反磁控计	$10^{-2} \sim 10^{-9} (10^{-11}), 10^{-1} \sim 10^{-5}$	
			正磁控计	$10^{-2} \sim 10^{-8}, 10^2 \sim 10^{-3}$	

　　注:① 与气体种类无关,是绝对真空计。
　　　　② 与气体种类关系甚小,近似为绝对真空计。
　　　　③ 与气体种类有关,是相对真空计。
　　　　④ 非理想气体的压力测量受到限制。

1）麦氏真空计

麦氏（McLeod）真空计是一种绝对真空计，也称转动式压缩真空计，其构造如图 3-3-21 所示。它利用波义耳定律，将被测真空系统中的一定的残余气体加以压缩，比较压缩前后体积、压力的变化，即能算出其真空度。使用时，缓缓启开旋塞，使真空计与被测真空系统相通，这时真空计中的气体压力，逐渐接近于被测系统的真空度。与此同时，将三通旋塞开向辅助真空，对储汞槽抽真空，不让汞槽中的汞上升。待玻璃泡和闭口毛细管中的气体压力与被测系统的压力达到稳定平衡后，可开始测量。将三通旋塞小心缓慢地开向大气（此处可接一根毛细管，以防止空气瞬间大量冲入），使汞槽中汞缓慢上升，进入真空计上方。当汞面上升到切口处时，玻璃泡和毛细管即形成一个封闭系统，其体积是事先标定过的。令汞面继续上升，封闭系统中气体被不断压缩，压力不断增大，最后压缩到闭口毛细管内。毛细管 R 是开口通向被测真空系统的，其压力不随汞面上升而变化。因而随着汞面上升，R 和闭口毛细管产生压差，其差值可从两个汞面在标尺上的位置直接读出。如果毛细管和玻璃泡的容积已知，压缩到闭口毛细管中的气体体积也能从标尺上读出，就可算出被测系统的真空度。通常，麦氏真空计已将真空度直接刻在标尺上，不再需要计算。使用时只要闭口毛细管中的汞面刚达零线，立即关闭旋塞，停止汞面上升，这时开管 R 中的汞面所在位置的刻度线，即所求真空度。麦氏真空计的量程范围为 $10 \sim 10^{-4}$ Pa。若在闭口毛细管的入口处加接一小玻璃泡和一小段毛细管，则可将量程扩大至 10^2 Pa。麦氏真空计不能测量压缩时会凝聚的蒸气的压力，这是其缺点。

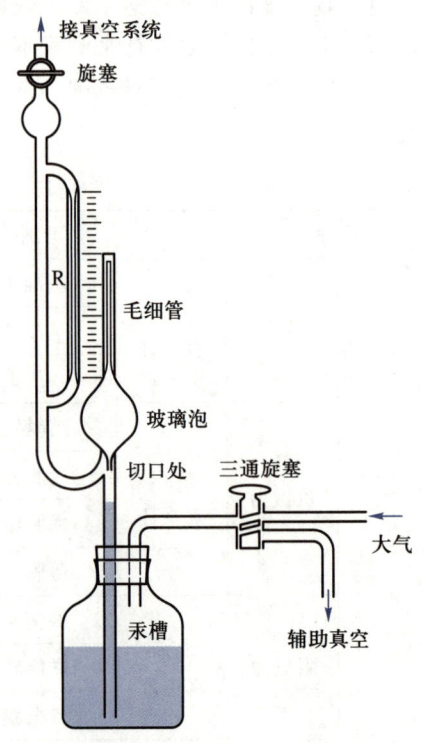

图 3-3-21　麦氏真空计构造示意图

在物理化学实验中常用一种小型的转式麦氏真空计（图 3-3-22），具有体积小、用汞量少（仅需 8 cm³ 汞）、吹制和操作都比较简便等优点。真空计通过磨口 A 与被测真空系统连接。

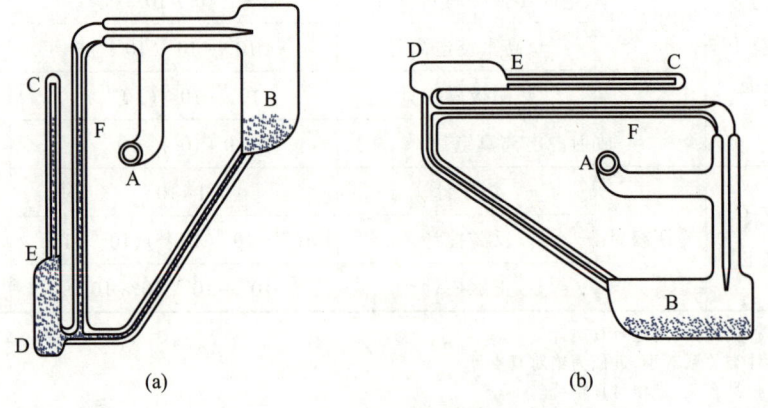

(a)　　　　　　　　　　(b)

图 3-3-22　转式麦氏真空计示意图

真空计能以 A 为中心转动 90°。测量前，真空计处于平放位置，如图 3-3-22(b)所示，此时系统内低压气体充满真空计。测量时，只需将真空计转到直立位置，如图 3-3-22(a)所示，这时汞自容器 B 流出，将 CD 段内体积为 V 的低压气体压缩到毛细管 CE 段内。调整毛细管 F(其内径与 CE 闭管毛细管内径相同)内的汞面，使它正好对准闭管毛细管的末端，于是读出两毛细管间的汞面高度差，则按波义耳定律得被测低压气体的压力。

$$p = \frac{ah^2}{V} \tag{3-3-20}$$

式中 p 为被测低压气体压力；a 为毛细管截面积。因为 a, V 均为常数，所以压力 p 可由上式算出。

2) 热偶真空计和电离真空计

热偶真空计是利用低压时气体的导热能力与压力成正比的关系制成的真空测量仪，其量程范围为 $10 \sim 10^{-1}$ Pa。电离真空计是一种特殊的三极电离真空管，在特定的条件下根据正离子流与压力的关系来测量真空度，其量程范围为 $10^{-1} \sim 10^{-6}$ Pa。在商品化的测量仪器中已将上述两种真空计复合配套，组成复合真空计。复合真空计除了两个独立的规管外，其他电源及电子检测系统均组装在一起，其优点是把两种真空计的量程连接起来，在压力为 $10 \sim 10^{-1}$ Pa 时使用热偶真空计，在压力低于 10^{-1} Pa 时使用电离真空计。

(1) 热偶真空计的结构如图 3-3-23 所示。其核心部分为热丝和热偶丝，其附属设备为电源和用于热电势测量的毫伏表。对热丝通以电流予以加热。令加热电流保持恒定，热丝的温度将与周围气体的热导系数及绝对压力有关。气体热导系数越大或压力越低，则热丝的温度就越高。一些常见气体的热导系数可参见附录三表 3-17。当真空计用于测量除空气以外的其他气体时，应作特殊校正。对于同一种气体，热丝温度取决于系统内气体的压力。热丝的温度由热偶丝测量，其热电势在毫伏表上直接以压力标出。

(2) 电离真空计可认为是一个特制的三极管，其结构如图 3-3-24 所示。电离真空计的规管的灯丝通电加热后发射出的电子被带正电荷的栅极加速向栅极飞去。高速飞行的电子与气体分子碰撞而使其电离。气体正离子被带负电荷的板极(或称收集极)吸收而形成离子流，

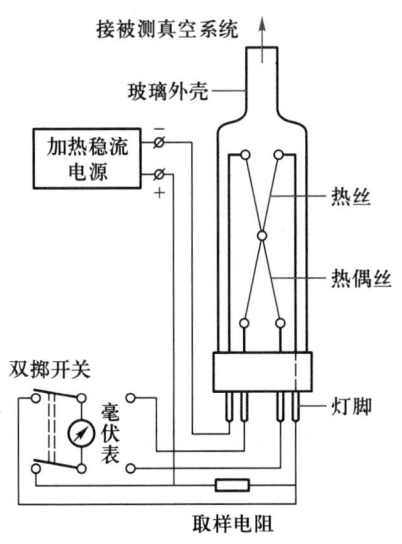

图 3-3-23 热偶真空计结构示意图

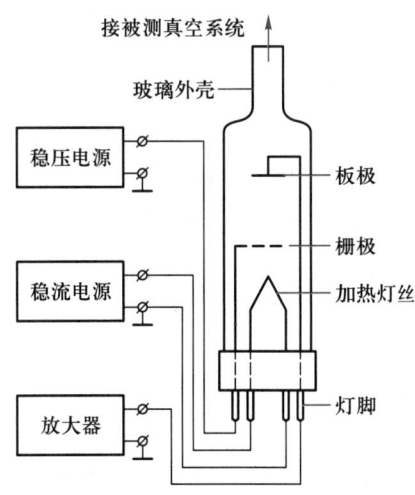

图 3-3-24 电离真空计结构示意图

正离子电流 I_+ 与阴极发射电流 I_e、真空系统的气体压力成正比：

$$I_+ = S \cdot I_e \cdot p \tag{3-3-21}$$

式中 S 称为规管灵敏度，其单位为 Pa^{-1}。在一定范围内，S 可视为常数。因此，I_e 一经确定，由 I_+ 即可得出系统的压力。为使规管灵敏度保持恒定，必须采用比较完整的稳压稳流装置。另外，由于气体压力很低，I_+ 值很小，故还需一套弱电流放大器。

（3）高程（也称宽量程）电离真空规管。物理化学实验室常使用机械泵-扩散泵真空系统。前述电离真空计在压力大于 10^{-1} Pa 时不能使用，而高程电离真空规管在栅极与阴极丝之间加上一个辅助电极，并采用抗氧化的氧化铱阴极，可用于 $10^2 \sim 10^{-4}$ Pa 范围，工作时即使短时间暴露于大气中也不致烧坏。

3）复合真空计的使用方法

复合真空计与热偶真空计及电离真空计联合配套使用。各种牌号产品的工作原理及面板开关大同小异。

（1）热偶真空计的使用方法。

① 工作电流的确定。热偶真空计的规管在启封之前的真空度一般为 $10^{-2} \sim 10^{-3}$ Pa，具体数值在出厂时均有标示。将未启封的规管通过缆线与复合真空计相接。将规管选择开关置于"热偶"处，通电预热 10 min，将热偶真空计状态选择开关置于"测量"处，调节热偶真空计加热电流旋钮，使表头指针恰好指在规管出厂时标示的压力处，并保持 3 min 不变。再将开关拨到"电流"位置。如此反复测量三次。此时表头上的电流示值即为该热偶真空计的工作电流值。该电流数值通常为 110 mA 左右。规管使用一段时间后应定期校正。

② 规管安装。将规管启封，使规管启封口朝上，底座朝下并垂直安装于被使用的真空系统上，接入方式可用适当长度的真空橡胶管或各种类型的插压密封座。与玻璃系统直接焊封连接。

③ 真空度的测量。热偶真空计主要用于低真空的测量。在规管与真空系统连接好之后，将规管选择开关拨到"热偶"位置，接通总电源。调整加热电流旋钮至启封前所确定的工作电流值。然后将操作开关拨到"测量"位置，表头中间一行刻度值即为此时系统的真空度。

（2）电离真空计的使用方法。

当系统达到高真空（$<10^{-1}$ Pa）时，才可使用电离真空计进行测量。此时将规管选择开关拨到"电离"位置，接通电源，仪器进入工作状态。测量-除气转换开关置于"测量"，电离真空计操作开关拨到"发射"位置，按下启动按钮，即能听到仪器内部继电器吸动声。此时电离指示灯点亮，表示电离真空计的规管已加热工作。调节灯丝发射电流旋钮，使表头指针至红线刻度"5"处，即发射电流为 5 mA。将电离真空计操作开关拨到"调零"位置，调节满度调节旋钮，使表头指示为零位。再拨到"满调"位置，并调节满调旋钮使表头指针至满刻度。如此重复三次，然后将操作开关顺时针拨到适当挡位，表头最外一行刻度值乘以该挡位的数量级，即为系统的真空度。

当系统压力低达 10^{-3} Pa 时，应对规管进行除气。将测量-除气开关拨到"除气"位置，同时将操作开关灵敏度降低一挡。除气完毕，则将开关拨回"测量"位置。注意，除气时间不宜过长。

（3）宽量程电离真空计的使用方法。

宽量程真空计与前述宽量程电离真空计配套使用。具体安装和操作应按产品说明书进行。

在物理化学实验和科学研究中，使用复合真空计测量系统的真空度已相当普遍，但应该了解，无论热偶真空计还是电离真空计都是相对真空计，使用前需要进行校正。还要注意的是，用复合真空计测量系统真空度时，如果残留气体为氮气或干燥空气，则测量指示的数据即为真空度；如果系统残留的气体并非氮气或空气，那么测量数据需要乘以对应气体的校正系数（见表 3-3-5）才是真空度。

表 3-3-5　一些气体的真空度读数校正系数

气体种类	校正系数	气体种类	校正系数
干燥空气	1.00	氮	1.00
氢	0.40	水蒸气	0.85~1.16
氦	0.18	汞蒸气	2.70
氖	0.34	一氧化碳	1.10
氩	1.40	二氧化碳	1.60

实际上，目前已有单管复合真空计的商品仪器，其特点是热偶真空计和电离真空计合二为一。另外，为了测量 10^{-6} ~ 10^{-10} Pa 超高真空甚至极高真空（< 10^{-10} Pa）系统的真空度，Bayard-Alpert 将电离真空计加以改进，制成了宽量程的 B-A 管，其测量范围扩展为 10^{-1} ~ 10^{-9} Pa。

目前商品化的程控真空计，可测量各种量程范围的真空度。自动换挡并且数字化显示的真空计已逐渐替代传统的产品。数字化的产品可与计算机直接相连，使用和控制均十分方便。

4. 真空系统的设计和组装

用于在真空下进行实验工作的综合装置称为真空系统。真空系统通常由真空泵、真空计、各种旋塞和冷阱、样品室和测量工作室等组成，并通过一根粗的主导管和若干细管组装而成。

1）真空系统的设计

真空系统的设计基本思路是：首先要根据真空下进行实验测量工作的要求，确定测量工作室的尺寸、形状和所需达到的真空度；然后依据测量工作室体积确定所需的抽气速率和达到一定真空度所需的时间；再依据真空度的要求选择相应的真空泵和真空计；最后还应考虑整个真空系统结构简单，操作维护方便，并有一定的防护装置。

应该指出，真空系统要求达到的真空度和实验时测量工作室的实际真空度往往是不同的，前者指真空系统确定真空泵、管道尺寸和按一定要求组装后所能达到的极限真空度，后者是指在真空下实验时系统所能维持的真空度。系统的极限真空度是在系统无漏气的前提下保持真空泵对系统抽气的情况下同时用真空计测量的。真空系统测量工作室的实际真空度，通常指真空泵已不再对系统抽气，此时被测样品或工作室的器壁可能放出一定量气体的条件下所能维持的真空度。

设计和组装一套气密性很好的真空系统，其具体工作程序有以下几个方面：①绘制真空系统的总体组装图；②确定构成真空系统各部件的规格、型号，包括真空泵、真空计、冷阱的选型，以及管道和真空旋塞的尺寸的选择等；③确定测量工作室的结构形状及所需配套的测量仪器仪表;④真空系统防护设施的配套安排;⑤组装、检漏和调试工作。

2）真空系统各部件的选择

（1）材料。真空系统的材料,可以用玻璃或金属。玻璃真空系统具有制备较方便、使用时可观察内部情况、便于在低真空条件下用高频火花检漏器检漏等优点。但其真空度较低,一般可达 $10^{-1} \sim 10^{-3}$ Pa。要获得 $10^{-4} \sim 10^{-5}$ Pa 真空度,需对玻璃器壁进行 400 ℃烘烤,使器壁上吸附的气体脱附。玻璃真空系统的薄弱环节是旋塞以及其他磨口连接部件容易漏气,虽然涂以真空旋塞脂,但仍难以达到高度真空。还应注意氦气对玻璃有相当可观的渗透率,室温下大气中氦对玻璃的渗透率为 10^{-13} Pa·L²·cm²·s⁻¹。

不锈钢材料的放气率较低,所以常用不锈钢制成全金属真空系统。由于采用了全封闭型的金属波纹管以及刀口、法兰或金银垫圈（包括一些氟橡胶垫圈）等连接部件,可保证系统的气密性,可在超高真空下使用。因此,全金属真空系统的真空度能达到 10^{-10} Pa。

（2）真空泵。要求极限真空度仅 10^{-1} Pa 时,可直接使用性能较好的机械泵或分子筛吸附泵,不必用扩散泵。要求真空度优于 10^{-1} Pa 时,则将扩散泵和机械泵配套使用。选用真空泵主要考虑两个因素:极限真空度和抽气速率。对极限真空度要求高,可选用多级扩散泵;要求抽气速率大,可采用大型扩散泵和多喷口扩散泵。扩散泵应配用机械泵作为其前级泵,选用的机械泵要注意其真空度和抽气速率应与扩散泵匹配。例如,物理化学实验室常用的小型玻璃三级油扩散泵,其抽气速率在 10^{-2} Pa 时约为 60 mL·s⁻¹,配套一台抽气速率为 30 L·min⁻¹（1 Pa 时）的旋片式机械泵就正好合适。真空度要求优于 10^{-6} Pa 的超高真空时,一般选用钛离子泵和吸附泵配套装置。由于硅油质量的提高,选用金属扩散泵和机械泵配套,也能方便地获得超高真空。目前,由于分子泵价格便宜、易于操作,一般均采用机械泵-分子泵组合来获取 $10^{-4} \sim 10^{-5}$ Pa 的高真空。或者,采用隔膜泵-分子泵组合获得无油高真空。

（3）真空计。真空计应根据所需量程及具体使用要求来选定。如真空度在 $10 \sim 10^{-2}$ Pa 范围,可选用转式麦氏真空计或热偶真空计;真空度在 $10^{-1} \sim 10^{-4}$ Pa 范围,可选用座式麦氏真空计或电离真空计;真空度在 $10 \sim 10^{-6}$ Pa 较宽范围,通常选用热偶真空计和电离真空计配套的复合真空计。如测量时无凝聚性蒸气存在,使用麦氏真空计较合适,若有凝聚性蒸气存在,则要用热偶真空计或电离真空计。随着技术的发展,目前功能齐全,操作简便的商品化的测真空度仪器已有很多。$10^{5} \sim 10^{-1}$ Pa 真空度的测量一般采用电阻真空计,$10^{-1} \sim 10^{-9}$ Pa 真空度的测量一般采用电离真空计（程控真空计）。

对于超高真空系统,通常采用 Bayard-Alpert 改进的电离真空计（简称 B-A 电离真空计）来测量系统的真空度。B-A 电离真空计的特点是设法提高离子电流,并抑制光电子电流的影响。

（4）冷阱。冷阱是在气体通道中设置的一种冷却式陷阱,使气体经过时被捕集的装置。通常在扩散泵和机械泵间要加冷阱,以免有机物、水汽等进入机械泵。若对抽气速率要求不高,也可用干燥塔来代替冷阱。在扩散泵和待抽真空部分之间,一般也要装冷阱,以防止油蒸气沾污测量对象,同时捕集气体。

常用的冷阱结构如图 3-3-25 所示。具体尺寸视所连接的管道尺寸而定,一般要求冷阱的管道不能太细,以免冷凝物堵塞管道或影响抽气速率,冷阱也不能太短,以免降低捕集效率。冷阱外套杜瓦瓶,常用制冷剂为液氮、干冰等。

（5）管道和真空旋塞。管道和真空旋塞都是玻璃真空系统上连接各部件用的。管道的尺寸对抽气速率影响很大，所以管道应尽可能粗而短，尤其在靠近扩散泵处更应如此。真空旋塞是一种精密加工的玻璃旋塞，一般能在 10^{-4} Pa 的高真空场合使用而不漏气。选择真空旋塞应注意其芯孔大小要和管道尺寸相匹配。真空旋塞有二通、三通或多通等不同形式，可根据真空系统的要求进行选用。

金属真空系统的阀门都是用金属制成的，相当于玻璃真空系统的旋塞。金属阀门有隔膜阀门、角阀、微漏阀和闸板阀等。

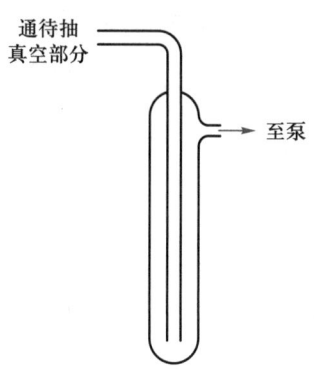

图 3-3-25　冷阱结构示意图

（6）真空涂敷材料。真空涂敷材料包括真空脂、真空泥和真空蜡等，它们在室温时蒸气压都很小，一般在 $10^{-4} \sim 10^{-3}$ Pa。真空脂用在磨口接头和真空旋塞上。真空泥用来修补小沙孔或小缝隙。真空蜡用来胶合难以融合的接头。国产真空脂按使用温度不同，分为 1 号、2 号和 3 号真空脂等。国外常见真空涂敷材料有阿皮松（Apiezon）系列和雪列康（Silicone）系列等。阿皮松系列按拉丁字母编号，字母越前流动性越大，例如阿皮松 A，B，C 相当于我国的扩散泵油，阿皮松 J，L，M 相当于我国的真空脂，阿皮松 Q 相当于真空泥，阿皮松 W 则相当于真空蜡。雪列康系列是有机硅系列，例如硅油相当于扩散泵油，硅酯相当于真空脂等。

5. 真空系统的检漏和操作

1）真空泵的使用

启动扩散泵前要先用机械泵将系统抽至低真空，然后接通冷却水，接通电炉，使硅油逐步加热，缓缓升温，直至硅油沸腾并正常回流为止。扩散泵在使用时，要防止氧气或空气进入泵内，以避免硅油被氧化。关闭扩散泵的程序是：先切断加热电炉的电源，待硅油停止沸腾不回流时，再关闭冷却水，关闭扩散泵前后真空旋塞，最后关闭机械泵电源。停止机械泵工作前，应先使泵的抽气口通大气，否则突然切断机械泵电源，泵中的油会被大气驱入真空系统。

吸附泵、分子泵和钛离子泵的启动和关闭，应遵循规定的操作程序进行，使用前必须仔细阅读使用说明书。

2）真空系统的检漏

低真空系统的检漏，最方便的是使用高频火花真空检漏仪。它是利用低压力（$10^2 \sim 10^{-1}$ Pa）下气体在高频电场中发生感应放电时所产生的不同颜色，来估测气体的真空度的。使用时，按住手揿开关，放电簧端应看到紫色火花，并听到蝉鸣响声。将放电簧移近任何金属物时，应产生不少于三条火花线，长度不短于 20 mm，调节仪器外壳上的旋钮，可改变火花线的条数和长度。火花正常后，可将放电簧对准真空系统的玻璃壁，此时如真空度优于 10^{-1} Pa 或压力大于 10^3 Pa，则紫色火花不能穿越玻璃壁进入真空部分；若真空度小于 10^{-1} Pa，则紫色火花能穿越玻璃进入真空部分内部，并产生辉光。

当玻璃真空系统上有微小的沙孔漏洞时，由于大气穿过漏洞处的导电率比绝缘的玻璃导电率高得多，因此，当高频火花真空检漏仪的放电簧靠近漏洞时，会产生明亮的光点，这个明亮的光点就是漏洞所在处。

　　实际的检漏过程如下：启动机械泵，在数分钟内可将真空系统压力抽至 $10 \sim 1$ Pa，用高频火花检漏仪检查系统，可以看到红色的辉光放电、蓝白色的辉光放电、直到极淡的蓝色的荧光，它们分别对应于不同的真空度。这时若关闭机械泵与系统连接的旋塞，10 min 后，再用高频火花检漏仪检查，其放电颜色应和 10 min 前相同，否则表示系统漏气。漏气一般发生在玻璃接合处、弯头处或旋塞处。可用高频火花真空检漏仪仔细检查，如发现有明亮的光点存在，就是沙孔漏洞。为了迅速找出漏洞所在处，通常用分段检查的方式进行，即关闭某些旋塞，把系统分为几个部分，分别检查，确定了某一部分漏气，再仔细检查漏洞所在处。

　　一般来说，个别小沙孔漏洞可用真空泥涂封，较大沙孔漏洞则需重新焊接。

　　系统能抽到并维持低真空后，便可启动扩散泵，待泵内硅油回流正常，可用高频火花真空检漏仪重新检查系统，当看到玻璃管壁呈淡蓝色荧光，而系统内没有辉光放电时，表示真空度已优于 10^{-1} Pa，否则，系统肯定还有极微小漏气处。此时同样可利用高频火花真空检漏仪分段检查漏洞所在处，再以真空泥涂封。

　　需要注意的是，不能把高频火花真空检漏仪放电簧指在某处停留过久，这样有时会制造出一个漏洞来。同时，高频火花真空检漏仪工作 3 min 左右应停用瞬间。然后再按手揿开关继续使用，这样可防止高频火花真空检漏仪损坏。

　　玻璃真空系统上的铁夹附近，或金属真空系统，不能用高频火花真空检漏仪检漏，一般改用在系统表面逐步涂抹丙酮、甲醇或肥皂液的方法，当涂抹液进入漏洞的瞬间，系统漏气速率会突然减小，由此可找出漏洞所在处。

　　若管道段找不到漏洞所在处，则通常为旋塞或磨口接头处漏气。须重涂真空脂或换接新的真空旋塞或磨口接头。磨口在涂真空脂之前，必须用有机溶剂仔细清洗，最后用丝绸蘸以有机溶剂擦洗，绝不允许磨口上沾有任何纤维。真空脂要涂得薄而均匀，两个磨口接触面上不应留有任何空气泡或"拉丝"现象。

　　3）真空系统的操作

　　在启开或关闭旋塞时，应两手进行操作，一手握旋塞套，一手缓缓旋转内塞，务使开、关旋塞时不产生力矩，以免玻璃系统因受力而扭裂。天气较冷时，须用热吹风使旋塞上的真空脂软化，使之转动灵活。任何一个旋塞的启开或关闭，都应注意影响系统的其他部分。

　　对真空系统抽气或充气时，应通过旋塞的调节，使抽气或充气缓缓进行，切忌系统压力过剧的变化。因为系统压力突变会导致 U 形水银压力计的水银冲出或吸入系统。

　　进行真空系统测量，若用吸附剂低温（如液氮温度）吸附气体，则当实验结束时需要注意，吸附剂温度回升会释放大量被吸附的气体，造成系统压力剧升，此时应及时用机械泵将放出的气体抽出系统。

　　以上的具体操作介绍均是参照机械泵-油扩散泵-玻璃系统，主要是让读者熟悉和了解一些简单真空操作的过程和注意事项。技术的发展已经使许多烦琐的操作简单化。例如，电磁阀的应用就防止了油的反冲问题；气动阀的使用也使各种旋塞的使用成为历史；玻璃真空操作已经逐渐被淘汰，目前经常使用的均为自动化程度很高的金属真空系统，而且可以计算机控制，大大方便了操作。

3.4 常用基础物理化学数据的测定

3.4.1 密度的测定

密度定义为单位体积物质的质量,用 ρ 表示,其单位是 $kg \cdot m^{-3}$。

物质的密度与物质的本性有关,并受外界条件(温度、压力等)影响。压力对固体、液体密度的影响可以忽略,但温度的影响不能忽略。因此,在表示密度时应注明温度。

相对密度是指在一定的条件下物质的密度与参考物质的密度之比。通过参考物质的密度可以把相对密度换算成密度。一般参考物质为空气或水。当以空气作为参考物质时,在标准状况(0 ℃ 和 101325 Pa)下,干燥空气的密度为 $1.293 \ kg \cdot m^{-3}$。

纯物质的相对密度在特定条件下为不变的常数。如果物质不纯,则相对密度会随着纯度的变化而改变。因此,密度的测定可用于鉴定化合物的纯度。本节重点介绍液体密度的测定,简要介绍利用液体密度测定固体的密度。

1. 液体密度的测定

1) 密度计法

密度计是根据阿基米德定律和物体浮在液面上平衡的条件制成的一种测定液体密度的仪器。市售密度计是在一定温度下标定的,根据液体相对密度的大小,选择其中一支密度计,在密度计所示的温度下插入液体中,从液面处的刻度可以直接读出该液体的相对密度。密度计操作简单、方便,但不够精确。

2) 常量法

首先取干燥的 10 mL 容量瓶,在分析天平上精确称量,然后注入被测液体恰好至容量瓶刻度线,再称量。将两次所测质量值的差除以 10 mL,即得该温度下液体的密度。该方法适用于挥发程度不大的液体。

3) 密度瓶(管)法

密度瓶(管)法的原理是在一定温度下分别测定同一密度瓶(管)中相同体积的水及未知样品的质量,根据水的密度可以计算出被测样品的密度。一般用密度瓶(图 3-4-1)或密度管(图 3-4-2)来测定易挥发液体的密度。密度瓶与密度管计算密度的公式相同,操作也很近似,密度瓶的容量比密度管要更大。密度瓶测定液体密度的步骤如下:

(1) 实验准备。打开恒温水浴电源,设定温度为 20 ℃ 或 25 ℃。

(2) 实验步骤。

① 空密度瓶质量(m_0)的测定。将密度瓶清洗干净,再用少量乙醇冲洗,吹风机冷风吹干,带温度计及侧管罩称量,记为 m_0。

② 装纯净水后密度瓶质量(m_1)的测定。用纯净水充满密度瓶,插入温度计,注意瓶中不应有气泡,用滤纸吸除温度计与瓶口接触处溢出的多余的水,将密度瓶置于恒温水浴中,至密度瓶温度达到设定温度后稳定 1 min,并使侧管中的液面与侧管管口齐平,用滤纸吸去溢出侧

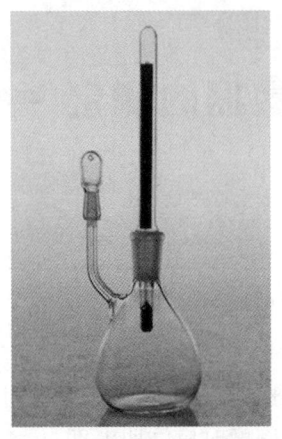

图 3-4-1　密度瓶示意图

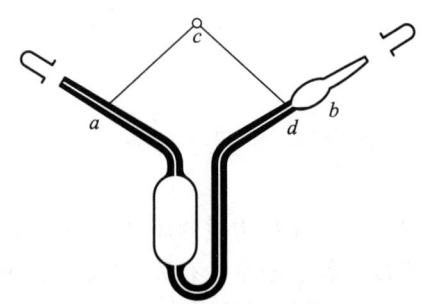

图 3-4-2　密度管示意图

管的水,立即盖上侧管罩,取出密度瓶并用吸水纸擦干后,立即称量,记为 m_1。

③ 装待测溶液后密度瓶质量(m_2)的测定。将密度瓶用少量乙醇荡洗,冷风吹干。用被测溶液代替纯净水重复步骤②的操作,所得质量记为 m_2。

(3)密度计算。液体样品密度计算公式为

$$\rho^t = \frac{m_2 - m_0}{m_1 - m_0}\rho^t_{H_2O} \tag{3-4-1}$$

4)韦氏天平法

该法的原理是在一定温度下分别测量浮锤在水及样品中的浮力,由于浮锤所排开的水的体积与所排开的样品的体积相同,所以,根据水的密度及浮锤在水与样品中的浮力即可计算出样品的密度。

所用的仪器包含如图 3-4-3 所示的韦氏天平(浮锤内温度计分度值为 0.1 ℃)和恒温水浴。

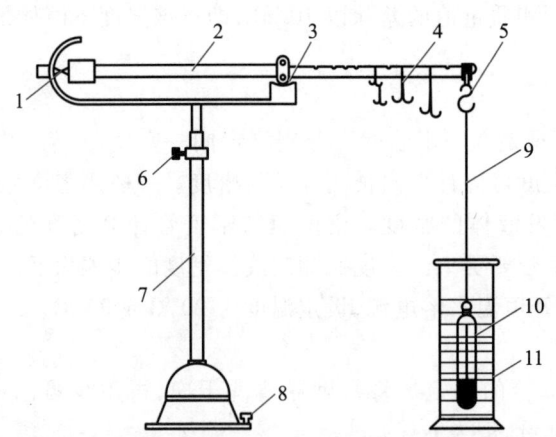

1—指针;2—横梁;3—刀口;4—骑码;5—小钩;6—调节器;
7—支架;8—调整螺丝;9—细铂丝;10—浮锤;11—玻璃筒

图 3-4-3　韦氏天平装置示意图

主要操作步骤如下：

（1）将浮锤用细铂丝悬于天平横梁末端，并调整底座上的螺丝，使横梁与支架的指针尖相互对正。

（2）将浮锤全部浸入盛有经煮沸并冷却至约 25 ℃ 的蒸馏水的玻璃筒中，不得带入气泡，玻璃筒置于恒温水浴中，恒温至 25.0±0.1 ℃，调整天平骑码使指针重新对正，记录读数。

（3）将浮锤取出，使其完全干燥，在相同的温度下，用样品代替水重复步骤（2）的操作。

（4）结果的计算。样品在 25 ℃ 时的密度按下式计算：

$$\rho = \frac{\rho_2}{\rho_1}\rho_0 \tag{3-4-2}$$

式中 ρ_1 为浮锤浸于水中时骑码的读数；ρ_2 为浮锤浸于样品中时骑码的读数；ρ_0 为 25.0 ℃ 时蒸馏水的密度。

5）落滴法

该法对于测定量较少的液体的密度特别有用，准确度比较高，可用来测定溶液中浓度的微小变化，在医院中可用于测定血液组成的改变，也可用于同位素重水分析。其缺点是液滴滴下来的介质难以选择，因此影响了它的应用范围。

根据斯托克斯（Stokes）方程，一个微小液滴在一个不溶解液滴的介质中降落，当降落速度 v 恒定时，满足公式：

$$v = \frac{2gr^2(\rho - \rho_0)}{9\eta} \tag{3-4-3}$$

式中 g 为重力加速度；r 为液滴半径；ρ 为液滴密度；ρ_0 为介质密度；η 为介质黏度。

如果使半径为 r 的液滴降落，通过一定距离 s，降落时间为 t，则 $v = s/t$，代入式（3-4-3）则有

$$\frac{s}{t} = \frac{2gr^2(\rho - \rho_0)}{9\eta} \tag{3-4-4}$$

式中 s 和 r 若为定值，则

$$\frac{1}{t} = k(\rho - \rho_0) \tag{3-4-5}$$

从式（3-4-5）可看出，$1/t$ 与样品的密度成正比，如果测出几个已知密度样品的 $1/t$，作 $1/t$-ρ 直线，然后测定未知样品的 $1/t$，则可从 $1/t$-ρ 直线得到未知样品的密度。

2. 利用液体的密度测定固体的密度

1）浮力法

测定固体密度比较困难，常用浮力法测定。其原理是纯固体的晶体悬浮在液体中时既不能浮在液面，也不能沉在底部，如图 3-4-4 所示。此时，固体的密度与该液体的密度相等，只需测出液体的密度，便可知该固体的密度。

其实验方法如下：首先选择合适的液体 A，使晶体浮在液面（液体 A 的密度大于晶体的密度）。再选择液体 B，使晶体沉在底部（液体 B 的密度小于晶体的密度），最后准备液体 A 和液体 B 的混合液，使晶体悬浮在其中。测定混合液密度，即为该固体的密度。必须注意，固体在液体 A 和液体 B 中不发生溶解、吸附现象。

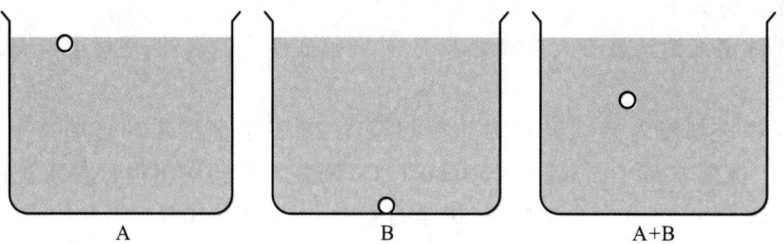

图 3-4-4 浮力法测定固体密度示意图

2）密度瓶法

固体密度的测定也可用密度瓶。其方法是：首先称出空密度瓶的质量 m_0，再向瓶内注入已知密度的液体（该液体不能溶解待测固体，但能润湿待测固体），盖上瓶塞。置于温恒水浴中恒温 15 min，用滤纸小心吸去密度瓶塞上毛细管口溢出的液体，取出密度瓶擦干，称其质量 m_1。倒去液体，吹干密度瓶，将被测固体放入瓶内，恒温后称得质量为 m_2。然后向瓶内注入一定量上述已知密度的液体。将瓶放在真空干燥箱内，用油泵抽气 3~5 min，使吸附在固体表面的空气全部被抽走，再往瓶中注入上述液体，并充满密度瓶。将瓶放入恒温水浴恒温，然后称其质量 m_3，则固体的密度可由下式计算：

$$\rho_s = \frac{m_2 - m_0}{(m_1 - m_0) - (m_3 - m_2)} \cdot \rho \tag{3-4-6}$$

3）影响密度测定的主要因素

（1）温度。温度对原子组合到分子内时所需的空间有影响。随着温度的升高，振动也会加剧，原子之间的距离会加大，从而减小密度值。0.1 ℃ 的温度变化会对测得的密度值产生 0.0001 g · cm^{-3} 的影响。

（2）气泡或杂质。被测液体中出现一个小小的气泡，即会对密度结果造成较大的影响，杂质也是如此。利用液体的密度测定固体的密度时，液体对固体的润湿性也会影响测定结果。

3.4.2 磁化率的测定

物质的磁性来自与电子的自旋相联系的磁矩。根据电子结构的不同，物质在磁场中会产生不同的响应，测量此响应的大小，可以推测物质的微观电子结构及其相关物理性质。

磁化率的测定方法，大致可以分为两种基本类型。

（1）感应法：测定物体在磁场中所受感应的大小，通常用电学的方法进行检测，如用感应电桥、振荡器或核共振等方法。

（2）受力法：测定物体在磁场中所受力的大小，据此求磁化率。1889 年古埃（Gouy）建立了在均匀磁场中测定磁化率的古埃法，1964 年 Mulay 设计了在非均匀磁场中测定磁化率的法拉第法（Faraday）法。根据受力法派生的测定方法，有测定纯液体和溶液磁化率的昆克（Quincke）法和测定气体磁化率的兰金（Rankine）法等。本文重点介绍古埃磁天平法。

1. 古埃磁天平的工作原理

古埃磁天平的工作原理如图 3-4-5 所示。将圆柱形玻璃样品管（内装粉末状样品或液体样品）悬挂在分析天平的一个臂上，使样品管底部处于电磁铁两极的中心（即处于均匀磁场区

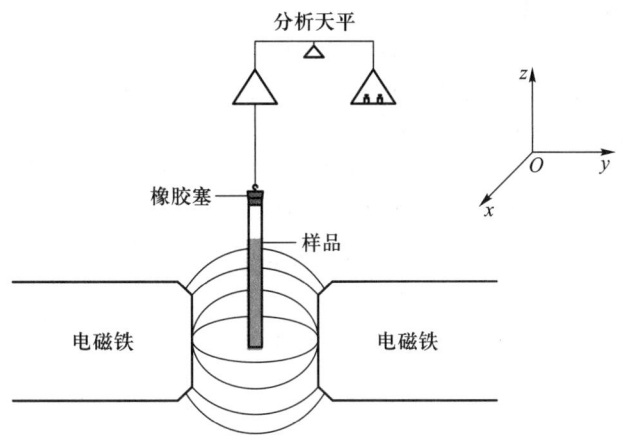

图 3-4-5 古埃磁天平的工作原理示意图

域),此处的磁场强度最大。样品管的顶端离磁场中心较远,磁场强度很弱,而整个样品处于一个非均匀的磁场中。但由于沿样品轴心方向,即图示 z 方向,存在一磁场强度梯度 $\partial H/\partial z$,故样品沿 z 方向受到磁力的作用,它的大小为

$$f_z = \int_H^{H_0} (\chi - \chi_{空}) \mu_0 SH \frac{\partial H}{\partial z} \mathrm{d}z \qquad (3-4-7)$$

式中 H 为磁场中心磁场强度;H_0 为样品顶端处的磁场强度;χ 为样品的体积磁化率;$\chi_{空}$ 为空气的体积磁化率;S 为样品的截面积(位于 x,y 平面);μ_0 为真空磁导率。

通常 H_0 即为当地的地磁场强度,约为 $40\ \mathrm{A \cdot m^{-1}}$,一般可略去不计,则作用于样品的力为

$$f_z = \frac{1}{2}(\chi - \chi_{空})\mu_0 H^2 S \qquad (3-4-8)$$

由天平分别测量装有被测样品的样品管和不装样品的空样品管在有外加磁场和无外加磁场时的质量变化,则有

$$\Delta m = m_{磁场} - m_{无磁场} \qquad (3-4-9)$$

显然,某一不均匀磁场作用于样品的力可由下式计算:

$$f_z = (\Delta m_{样品+空管} - \Delta m_{空管})g \qquad (3-4-10)$$

于是有

$$\frac{1}{2}(\chi - \chi_{空})\mu_0 H^2 S = (\Delta m_{样品+空管} - \Delta m_{空管})g \qquad (3-4-11)$$

整理后得

$$\chi = \frac{2(\Delta m_{样品+空管} - \Delta m_{空管})g}{\mu_0 H^2 S} + \chi_{空} \qquad (3-4-12)$$

物质的摩尔磁化率 $\chi_M = \dfrac{M\chi}{\rho}$,而 $\rho = \dfrac{m}{hS}$,则

$$\chi_M = \frac{M}{\rho}\chi = \frac{2(\Delta m_{样品+空管} - \Delta m_{空管})ghM}{\mu_0 mH^2} + \frac{M}{\rho}\chi_{空} \qquad (3-4-13)$$

式中 h 为样品的实际高度;m 为无外加磁场时样品的质量;M 为样品的摩尔质量;ρ 为样品的

密度(固体样品则指装填密度)。

式(3-4-13)中真空磁导率 $\mu_0 = 4\pi \times 10^{-7}$ N·A^{-2};空气的体积磁化率 $\chi_\text{空} = 3.64 \times 10^{-7}$(SI 单位),但因样品管体积很小,故常予以忽略。该式右边的其他各项都可通过实验测得,因此样品的摩尔磁化率可由式(3-4-13)计算得到。

式(3-4-13)中磁场两极中心处的磁场强度 H 可用特斯拉计(旧称高斯计)测量,或用已知磁化率的标准物质进行间接测量。常用的标准物质有纯水、$NiCl_2$ 水溶液、莫尔氏盐 $[(NH_4)SO_4 \cdot FeSO_4 \cdot 6H_2O]$、$CuSO_4 \cdot 5H_2O$ 和 $Hg[Co(NCS)_4]$ 等。例如,莫尔氏盐的质量磁化率 χ_m 与热力学温度 T 的关系式为

$$\chi_\text{m} = \frac{9500}{T+1} \times 4\pi \times 10^{-9}\ \text{m}^3 \cdot \text{kg}^{-1} \qquad (3-4-14)$$

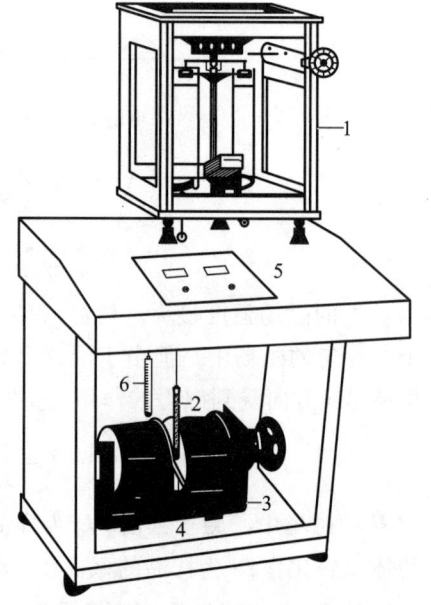

1—分析天平；2—样品管；3—电磁铁；
4—霍尔探头；5—毫特斯拉计；6—温度计

图 3-4-6　古埃磁天平结构示意图

2. 古埃磁天平的结构简介

以 FD-FM-A 型古埃磁天平为例介绍其结构。如图 3-4-6 所示,它是由电磁铁、稳流电源、分析天平、样品管、数字式毫特斯拉计、数字式电流表和照明等部件构成的。其主要部件介绍如下。

1)电磁铁

仪器的磁场由电磁铁构成,磁极材料用软铁,使励磁线圈中无电流时,剩磁为最小(数字显示 0.00± 0.0001)。磁极端为双截锥的圆锥体,极的端面须平滑均匀,使磁极中心磁场强度尽可能相同。磁极间的距离连续可调,便于实验操作。

2)稳流电源

励磁线圈中的励磁电流由稳流电源供给。磁天平的电路如图 3-4-7 所示。电源线路设计时,采用了电子反馈技术,可获得很高的稳定度,并能在较大的幅度范围内任意调节其电流强度。

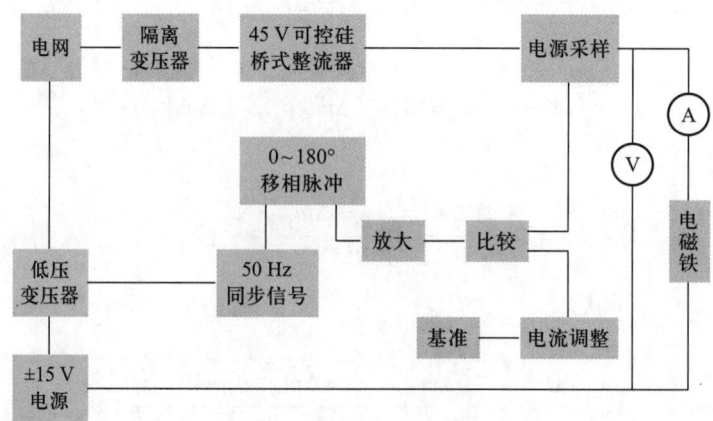

图 3-4-7　古埃磁天平电路方框图

3）分析天平

在安装时需作些改装,将天平左边盘底托盘拆除,改装一根细铁丝。在铁丝中点系一根细的尼龙线,线从天平左边盘处孔口穿出,线下端连接一只和样品管口径相同的橡胶塞,用于连接样品管。

4）样品管

样品管由硬质玻璃管制成,直径为 0.6～1.2 cm,长度大于 16 cm,一般样品管露在磁场外的长度应为磁极间隙的 10 倍或更长;样品管底部用喷灯封成平底,要求样品管圆而均匀。测量时,将上述橡胶塞紧紧塞入样品管口,样品管则悬挂于天平盘下。注意,样品管底部应处于磁场中部。

样品管为逆磁性的,可按式(3-4-10)予以校正,并注意受力方向。

3. 古埃磁天平测定物质磁化率的主要操作步骤

(1) 启动磁天平,预热一段时间后从温度计读取温度,测定空样品管质量和样品管的内径。

(2) 装填待测样品至高度达到 16 cm,并准确测定样品高度。将装样后的样品管小心挂在天平上,称取其质量。打开励磁电流开关,将电流依次升至 1 A,2 A,3 A,迅速准确读取天平示数;继续升高电流至 4 A,此时不读读数;然后降低电流至 3 A,2 A,1 A,迅速准确读取天平示数;断开电源,再测量一次样品管质量。

(3) 将样品管中的样品倒回相应的试剂瓶中,用棉花擦拭干净样品管内壁,重新装填下一个样品。

4. 古埃磁天平的维护和保养

(1) 磁天平的总机架必须水平放置,分析天平应作水平调整。

(2) 吊绳和样品管必须与其他物品相距至少 3 mm。

(3) 励磁电流的升降应平稳、缓慢。

(4) 测试样品时,应关闭仪器的玻璃门,应避免环境对整机的震动和气流对样品管的影响。

(5) 霍尔探头两边的有机玻璃螺丝可使其调节至最佳位置。在某一励磁电流下,打开特斯拉计,然后稍微转动探头使特斯拉计读数在最大值,此即为最佳位置。将有机玻璃螺丝拧紧。如发现特斯拉计读数为负值,只需将探头转动 180° 即可。

5. 注意事项

(1) 配合物样品在首次使用前需要充分研磨,保证实验时能装填紧密。不做实验时样品需放置于密闭干燥环境,防止样品吸水。

(2) 在装填磁天平样品管时勿用力过大,以免敲碎样品管。

(3) 注意在磁天平实验中装填样品所用的漏斗、药匙都是某一样品专用,切勿混用。

3.4.3 折射率的测定

折射率是物质的重要物理参数之一,测定物质的折射率可以定量分析溶液组成、鉴定液体的纯度。纯的有机物质具有一定的折射率,如果其中含有杂质,其折射率会偏离纯物质的折射率。杂质越多,偏离越大。纯物质溶解在溶剂中,折射率也会发生变化,如乙醇水溶液,乙醇浓度越高,折射率越大。通过测定乙醇水溶液的折射率可以计算出溶液中乙醇的浓度。折射率与溶液的浓度、测试温度有关。通过测试折射率求算浓度的方法如下:

(1) 制备一系列已知浓度的样品,在指定温度下分别测定各样品的折射率。

(2) 以折射率 n'_D 对浓度 c 作图,得到工作曲线。

(3) 在相同温度下测定未知浓度样品的折射率,在工作曲线上查得该样品的浓度。

用折射率测定样品浓度,所需样品量少、操作简单方便、测量精度高、重现性好。

另外,通过测定物质的折射率,可以计算其摩尔折射率及极性分子的偶极矩,研究物质的分子结构。

1. 阿贝折射仪的工作原理

1) 折射现象和折射率

当一束光从一种各向同性的介质 m 进入另一种各向同性的介质 M 时,由于光在两种介质中的传播速度不同,故而发生折射现象,如图 3-4-8 所示。根据 Snell 折射定律,波长一定的单色光在温度、压力不变的条件下,其入射角 α_m 和折射角 β_M 与这两种介质的折射率 n(介质 M),N(介质 m)成下列关系,即

$$\frac{\sin\alpha_m}{\sin\beta_M} = \frac{n}{N} \qquad (3-4-15)$$

如果介质 m 是真空,因规定 $N_{真空} = 1$,故

$$n = \frac{\sin\alpha_{真空}}{\sin\beta_M}$$

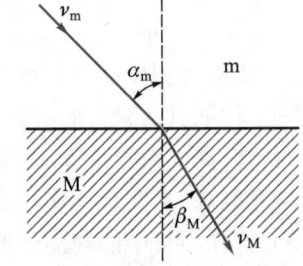

图 3-4-8　光在不同
介质中的折射

n 称为介质 M 的绝对折射率。如果介质 m 为空气,则 $N_{空气} = 1.00027$(空气的绝对折射率),因此

$$\frac{\sin\alpha_{空气}}{\sin\beta_M} = \frac{n}{N_{空气}} = \frac{n}{1.00027} = n' \qquad (3-4-16)$$

n' 称为介质 M 对空气的相对折射率。因 n 与 n' 相差甚小,所以通常就以 n' 值作为介质的绝对折射率,但在精密测定时,必须校正。

折射率以符号 n 表示,由于 n 与波长有关,因此在其右下角注以字母表示测定时所用单色光的波长,D,F,G,C,…分别表示钠的 D(黄)线、氢的 F(蓝)线、G(紫)线、C(红)线等;另外,折射率又与介质温度有关,因而在 n 的右上角注以测定时的介质温度($^\circ$C)。例如,n_D^{20} 表示在 20 $^\circ$C 时该介质对钠光 D 线的折射率。

2) 阿贝折射仪测定液体介质折射率的原理

阿贝折射仪是根据临界折射现象设计的,如图 3-4-9 所示。试样 m 置于测量棱镜 P 的镜面 F 上,而棱镜的折射率 n_P 大于试样的折射率 n。根据式(3-4-15),折射角 β_M 恒小于入射角 α_m。如果入射光入射角 α 增大到 90°,折射角也增大到最大值 β_c,β_c 称为临界折射角。大于临界折射角的构成暗区,小于临界折射角的构成亮区。因此,β_c 具

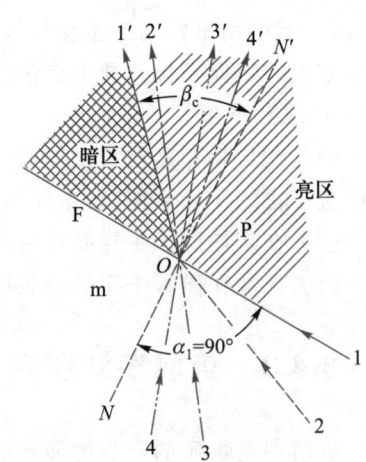

图 3-4-9　阿贝折射仪的
临界折射

有特征意义,根据式(3-4-15),可得

$$n = n_P \frac{\sin\beta_c}{\sin 90°} = n_P \sin\beta_c \tag{3-4-17}$$

显然,如果已知棱镜 P 的折射率 n_P,并且在温度、单色光波长都保持恒定值的实验条件下,测定临界角 β_c,就可得到 n。

数字阿贝折射仪则由角度-数字转换系统将角度量转换成数字量,再输入计算机系统进行数据处理,而后以数字显示出被测样品的折射率。下面以常用的 WYA-3S 型数字阿贝折射仪为例进行介绍,其外形结构示于图 3-4-10。

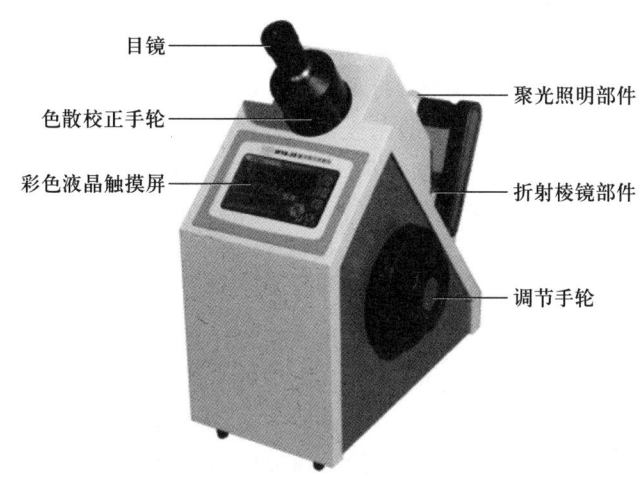

目镜

色散校正手轮

彩色液晶触摸屏

聚光照明部件

折射棱镜部件

调节手轮

图 3-4-10　数字阿贝折射仪外形结构示意图

2. 阿贝折射仪的使用方法

(1) 将阿贝折射仪安放在光亮处,但应避免阳光的直接照射,以免液体样品受热迅速蒸发。用超级恒温槽将恒温水通入棱镜夹套内,恒温温度以阿贝折射仪上显示屏显示的温度读数为准,一般选用 20±0.1 ℃ 或 25±0.1 ℃。

(2) 打开仪器和恒温槽电源,调节水浴温度,并开启水泵电源。

(3) 打开折射棱镜部件,移去擦镜纸。检查上、下棱镜表面,用滴管滴加少量丙酮(或无水乙醇)清洗镜面,必要时可用擦镜纸单一方向轻擦镜面(不可来回擦)。(注意:用滴管时勿使管尖碰触镜面;测完样品后也必须仔细清洁两个镜面,但切勿用滤纸。)

(4) 滴加 1~2 滴样品于棱镜的工作面上,迅速闭合进光棱镜。

(5) 旋转聚光照明部件的转臂和聚光镜筒,使上面的进光棱镜的进光表面得到均匀照明。

(6) 通过目镜观察视场,同时旋转调节手轮,使明暗分界线落在交叉线视场中。如从目镜中看到的视场是暗的,可将调节手轮逆时针旋转;如是明亮的,则顺时针旋转。明亮区域在视场的顶部。在明亮视场下旋转目镜,使视场中的交叉线最清晰。

(7) 旋转目镜方缺口里的色散校正手轮,同时调节聚光镜位置,使视场中明暗两部分具有良好的反差和明暗分界线具有最小的色散。

(8) 旋转调节手轮,使明暗分界线准确对准交叉线的交点(图 3-4-11)。

(9) 按彩色触摸屏上"测试"键,数秒后屏幕显示被测样品的折射率或者锤度及浓度。为

了数据的准确,必须按上述步骤分别测定三个样品,再取其平均值。

（10）需检测样品的温度时,可直接在彩色触摸屏上读取。

（11）测量结束后,必须用少量丙酮(或无水乙醇)和擦镜纸清洗镜面。合上折射棱镜部件前须在两个棱镜之间放一张擦镜纸。

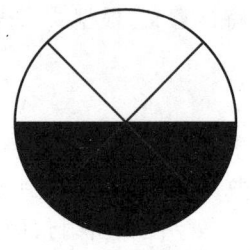

图 3-4-11　明暗分界线与交叉线位置示意图

3. 阿贝折射仪的校正

阿贝折射仪的标尺零点有时会发生移动,仪器须定期进行校正。校正时选用一种已知折射率的标准液体(如纯水)或标准玻璃块。纯水的 $n_D^{20} = 1.33299$,在 $15 \sim 30$ ℃时温度系数为 -0.0001 ℃$^{-1}$。如测量数据与标准值有偏差,可用工具通过色散校正手轮中的小孔,小心旋转里面的螺钉,使分划板上交叉线上下移动,然后再测量,反复进行直到测得的数据与标准值相同。用标准玻璃块校正的方法如下:打开棱镜,将它向后旋转 $180°$,在标准玻璃块的抛光面上加一滴 α-溴代萘后贴在上棱镜的抛光面上,标准玻璃块抛光之侧面应向上以便接受光线,先调节折射仪中读数为玻璃块的折射率值(已标在玻璃块上),再转动色散棱镜手轮,观察明暗分界线是否恰在视野十字线交叉点。如有偏差,可利用示值调节螺丝调整。常用标准液体折射率的有关数据参见附录三表 3-36 和表 3-37。

4. 温度和压力对折射率的影响

折射率对温度比较敏感,因为折射率是光线在真空中传播时的速度和其在介质中传播时的速度的比值,在不同的介质中,光线的速度不同,折射率也会不同,而温度是影响介质密度和分子振动的因素之一,因此也会影响折射率。一般来说,随着温度的升高,介质的密度会降低,分子振动也会增强,这会导致光线在介质中的传播速度加快,从而折射率也随之降低。具体关系为

$$n_D^{20} = n_D^t - \alpha(t - 20 \text{ ℃})$$

式中 α 即是温度系数,大量实验和研究资料表明,温度对折射率的影响存在一定的线性关系,必要时需对样品进行恒温控制,在要求不太高的测量工作中可以通过恒温浴外循环控制。

压力对折射率也有影响,但不明显,只有在很精密的测量中才考虑压力的影响。

5. 阿贝折射仪的保养

（1）仪器应放在干燥、空气流通和温度适宜的地方,以免仪器的光学零件受潮发霉。

（2）仪器使用前后及更换样品时,必须先清洗擦净折射棱镜的工作表面。如果光学零件表面有灰尘,可用鹿皮或脱脂棉轻擦后,再用洗耳球吹去。如有油污,可用脱脂棉蘸少许汽油轻擦后再用酒精擦干净。

（3）被测液体样品中不可含固体杂质,测试固体样品时应防止折射棱镜工作表面拉毛或产生压痕,严禁测试腐蚀性较强的样品。

（4）仪器应避免强烈震动或撞击,防止光学零件震碎、松动而影响精度。

（5）仪器不用时应用塑料罩将仪器盖上或放入箱内。

3.4.4　旋光度的测定

旋光性是指某一物质在一束平面偏振光通过时能使其偏振方向转过一个角度的性质。这个角度称为旋光度,其方向和大小与该分子的立体结构有关。对溶液来说,旋光度还与其浓度

有关。通过对某些分子旋光性的研究,可以了解其立体结构的许多重要规律。测定物质旋光度的仪器称为旋光仪。旋光仪的主要元件是两块尼科耳(Nicol)棱镜。

1. 基本原理

1) 平面偏振光的产生

一般光源辐射的光,其光波在垂直于传播方向的一切方向上振动(圆偏振),这种光称为自然光。当一束自然光通过双折射的晶体(如方解石)时,就分解为两束互相垂直的平面偏振光,如图 3-4-12 所示。

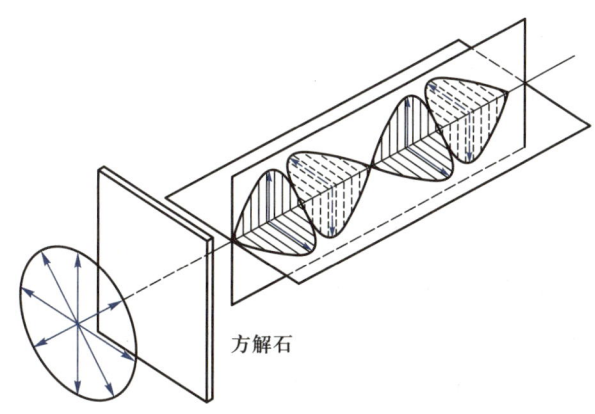

图 3-4-12 平面偏振光的产生

这两束平面偏振光在晶体中的折射率不同,因而其临界折射角也不同,利用这个差别可以将两束光分开,从而获得单一的平面偏振光。尼科耳棱镜就是根据这一原理而设计的。它是将方解石晶体沿一定对角面剖开再用加拿大树胶粘合而成的,如图 3-4-13 所示。当自然光进入尼科耳棱镜时就分成两束互相垂直的平面偏振光,由于折射率不同,当这两束光到达方解石与加拿大树胶的界面上时,其中折射率较大的一束被全反射,而另一束光则可自由通过。全反射的光被直角面上的黑色涂层吸收,从而在尼科耳棱镜的出射方向上获得一束单一的平面偏振光。这块尼科耳棱镜称为起偏镜,用它可产生偏振光。

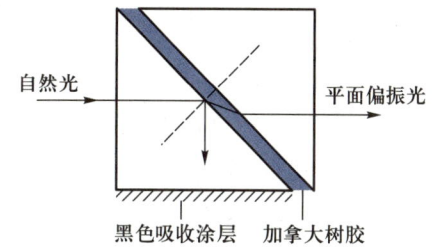

图 3-4-13 尼科耳棱镜起偏振的原理图

2) 平面偏振光角度的测量

偏振光振动平面在空间轴向角度位置的测量也是借助一块尼科耳棱镜,称为检偏镜。它与刻度盘等机械零件组成一个可同轴转动的系统,如图 3-4-14 所示。由于尼科耳棱镜只允许按某一方向振动的平面偏振光通过,因此如果检偏镜光轴的轴向角度与入射的平面偏振光的轴向角度不一致,则透过检偏镜的偏振光将发生衰减,甚至不透过。如图 3-4-15 所示,当一束光经过起偏镜(它是固定不动的)时,平面偏振光沿 OA 方向振动。设 OB 为检偏镜允许偏振光透过的振动方向,OA 与 OB 的交角为 θ,则振幅为 E 的 OA 方向的平面偏振光可分解为两束互相垂直的平面偏振光分量,其振幅分别为 $E\cos\theta$ 和 $E\sin\theta$,其中只有与 OB 相重合的分量 $E\cos\theta$ 可以透过检偏镜,而与 OB 垂直的分量 $E\sin\theta$ 则不能通过。显然当 $\theta = 0°$ 时 $E\cos\theta = E$,

此时透过检偏镜的光最强,此即检偏镜光轴的轴向角度转到与入射的平面偏振光的轴向角度相重合的情况。当两者互相垂直时,$\theta = \pi/2$,$E\cos\theta = 0$,此时就没有光透过检偏镜。由于刻度盘随检偏镜一起同轴转动,故可以直接从刻度盘上读出被测平面偏振光的轴向角度(游标尺是固定不动的)。

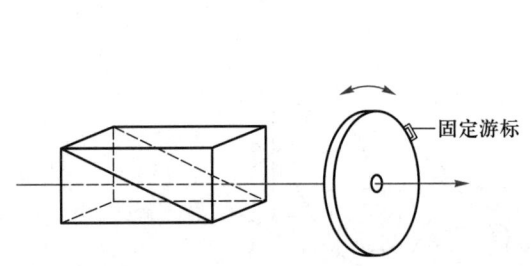

图 3-4-14　尼科耳检偏镜与刻度盘的相对关系

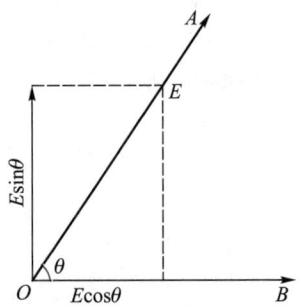

图 3-4-15　检偏原理示意图

2. 旋光仪的构造和旋光度的测定

旋光仪就是利用检偏镜来测定旋光度的。如调节检偏镜使其透光的轴向角度与起偏镜的透光轴向角度互相垂直,则在检偏镜前观察到的视场呈黑暗,再在起偏镜与检偏镜之间放入一个盛满旋光物质的样品管,由于物质的旋光作用,使原来由起偏镜出来在 OA 方向振动的偏振光转过一个角度 α,这样在 OB 方向上有一个分量,所以视野不呈黑暗。如将检偏镜也相应地转过一个角度 α,这样,视野才重新恢复黑暗。因此,检偏镜由第一次黑暗到第二次黑暗的角度差,即为被测物质的旋光度(图 3-4-16)。

如果没有比较,要判断视场的黑暗程度是困难的,因此设计了一种三分视野(也可设计成二分视野),以提高测量的准确度。三分视野的装置和测量原理(图 3-4-17 和图 3-4-18)如下:在起偏镜后的中部装一块狭长的石英条,其宽度约为视野的 1/3,由于石英条具有旋光性,从石英条中透过的那一部分偏振光被旋转了一个角度

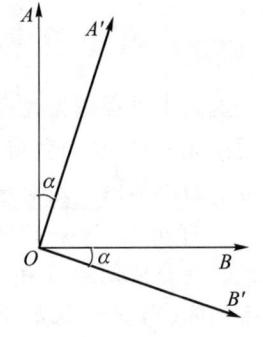

图 3-4-16　物质的旋光作用

φ,如图 3-4-18(a)所示,此时从望远镜视野看起来透过石英条的那部分光稍暗,两旁的光很强。由于此时检偏镜的透光轴向角度处于与起偏镜重合的位置,OA 是透过起偏镜后的偏振光轴向角度,OA' 是透过石英条后的轴向角度,OA 与 OA' 的夹角 φ 称为"半暗角"。旋转检偏镜使 OB 与 OA' 垂直,则沿 OA' 方向振动的偏振光不能通过检偏镜,如图 3-4-18(b)所示,视野中间一条是黑暗的,而石英条两边的偏振光 OA 由于在 OB 方向上有一个分量 ON,因而视野的两边较亮。同理如调节 OB 与 OA 垂直,则视野两边黑暗中间较亮,如图 3-4-18(c)所示。如果 OB 与半暗角中的等分角线 PP' 垂直时,则 OA 和 OA' 在 OB 方向上的分量 ON 和 ON' 相等,如图 3-4-18(d)所示,视野中三个区内的明暗相等,此时三分视野消失,因此用这样的鉴别方法测量半暗角是最灵敏的。具体办法是:在样品管中充满无旋光性的蒸馏水。注意,应无气泡。调节检偏镜的角度使三分视界消失,将此时的角度读数作为零点,再在样品管中换以被测样品,由于 OA 与 OA' 方向振动的偏振光都被转过了一个角度 α,所以必须将检偏镜相应也转过

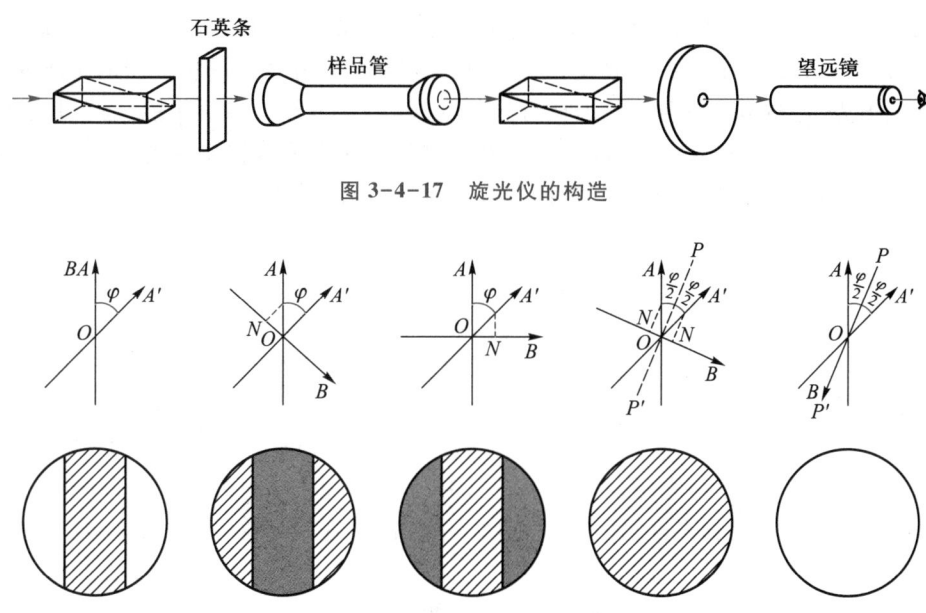

图 3-4-17 旋光仪的构造

图 3-4-18 旋光仪的测量原理示意图

一个角度 α,才能使 OB 与 PP' 重新垂直,三分视野再次消失,这个角度 α,即为被测试样的旋光度。

从图 3-4-18(e) 可以看出,如果将 OB 再沿顺时针方向转过 90°,使 OB 与 PP' 重合,则 OA 与 OA' 在 OB 方向上的分量仍然相等,但该分量太强,整个视野显得特别亮,反而不利于判断三分视野是否消失,因此不能以这样的角度作为标准来测量旋光度。

在一些新型的旋光仪中,三分视野的检测及检偏镜角度的调整,都是通过光-电检测、电子放大及机械反馈系统自动进行的,最后用数字显示或自动记录等二次仪表显示旋光物质的浓度值及其变化,因此也可用于常规浓度的测定、反应动力学研究及工业过程的自动检测的控制。现以 SGW®-531 型自动(高速)旋光仪说明其工作原理(图 3-4-19)。

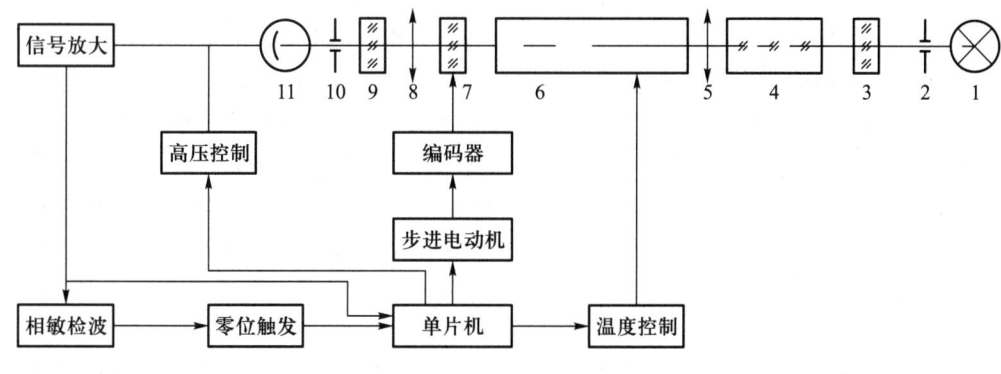

1—发光二极管;2,10—小孔;3—起偏器;4—法拉第调制器;5—准直镜;
6—样品管;7—检偏器;8—聚光镜;9—滤色片;11—光电倍增管

图 3-4-19 自动(高速)旋光仪工作原理示意图

该仪器采用发光二极管加高精度干涉滤光片作光源,发光二极管发出的光依次通过光阑、聚光镜、起偏器、法拉第调制器、准直镜,形成一束振动面随法拉第线圈中交变电压而变化的准直的平面偏振光,经过装有待测溶液的试管后射入检偏器,再经过接收物镜、滤色片、光阑、波长为 589.3 nm 的单色光进入光电倍增管,光电倍增管将光强信号转变成电信号,并经前置放大器放大,单片机控制步进电动机,将检偏器自左向右转动,并记录信号过正交时的角度值,从而检测样品的旋光度。

3. 比旋光度和影响旋光度的各种因素

旋光度除了取决于被测分子的立体结构特征外,还受多种实验条件的影响,如浓度、样品管长度、温度和光源波长等。

1)比旋光度

由于实验条件的不同,物质的旋光度有很大的差异。所以人们提出了"比旋光度"的概念。规定以钠光灯 D 线作为光源,温度为 20 ℃时,一根 1 dm 长的样品管中,1 cm³ 溶液中含有 1 g 旋光物质所产生的旋光度,即为该物质的比旋光度,通常用符号 $[\alpha]_D^{20}$ 表示,它与上述各种实验因素的关系为

$$[\alpha]_D^{20} = \frac{10\alpha}{lc} \tag{3-4-18}$$

式中 α 为测量所得的旋光度值;l 为样品管长度(dm);c 为 1 cm³ 溶液中旋光物质的质量。比旋光度是度量物质旋光能力的常数,并有左旋和右旋的差别,这是指测定时检偏镜是沿逆时针还是顺时针方向转动得到的数据,如果是左旋,则应在 $[\alpha]_D^{20}$ 值前面加"-"号。例如,蔗糖 $[\alpha]_D^{20} = 66.6°$,葡萄糖 $[\alpha]_D^{20} = 52.5°$,都是右旋物质;果糖 $[\alpha]_D^{20} = -91.9°$,是左旋物质。

2)浓度及样品管长度的影响

旋光度与旋光物质的溶液浓度成正比,在其他实验条件相对固定的情况下,可以很方便地利用这一关系来测量旋光物质的浓度及其变化(事先绘制出浓度-旋光度的标准曲线)。

旋光度也与样品管长度成正比,通常旋光仪中的样品管长度为 1 dm 或 2 dm,通常选用 1 dm 长的,这样换算成比旋光度比较方便,但对于旋光能力较弱或溶液浓度太稀的样品,则须用 2 dm 长的样品管。

3)温度的影响

旋光度对温度比较敏感,这涉及旋光物质分子不同构型之间平衡态的改变,以及溶剂-溶质分子之间相互作用的改变等内在原因。但就总的结果来看,旋光度具有负的温度系数,并且随着温度升高,温度系数越负,不存在简单的线性关系,且随各种物质的构型不同而异,一般均在-(0.01~0.04) ℃⁻¹。因此,在测试时必须对样品进行恒温控制,在精密测定时必须用装有恒温水夹套的样品管,恒温水由超级恒温浴循环控制。在要求不太高的测量工作中可以将旋光仪(光源除外)放在空气恒温箱内,用普通的样品管进行测量,但要求被测样品预先恒温(温度与恒温箱中的温度相同,一般选择在超过室温 5 ℃ 的条件下进行),然后注入样品管,再恒温3~5 min 进行测量。

为消除温度对旋光度变化带来的误差影响,一些自带控温的旋光仪通过控温试管和内置帕尔贴,将液体温度控制在设定范围并保持稳定。如 SGW® -532 型自动(高速)旋光仪由铂电阻测量旋光管的实际温度输入单片机,一面由液晶显示器显示温度数值同时送出控温信号至温度控制电路,控制半导体制冷器冷却或加热,使旋光管温度保持在设定值附近。

4）其他因素的影响

这里值得一提的是样品管的玻璃窗口,如图 3-4-20 所示,窗口是用光学玻璃片加工制成的,用螺丝帽盖及橡胶垫圈拧紧,但不能拧得太紧,以不漏液为限,否则光学玻璃会受应力而产生一种附加的亦即"假的"偏振作用,给测量造成误差。

另外,溶剂对比旋光度也有一定影响。

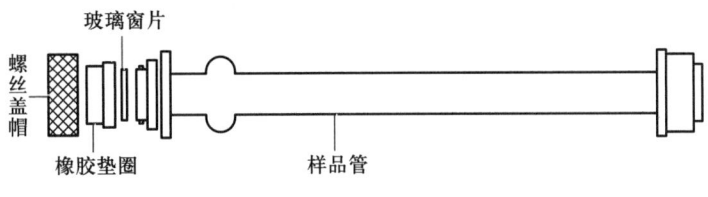

图 3-4-20 样品管的构造

4. 旋光度的测定操作步骤

（1）预热。打开仪器电源,预热 5 min。

（2）旋光管选择。根据测量体系的性质,选择适宜长度的旋光管。

（3）旋光仪零点校正。

装样:洗净旋光管,注满去离子水,形成凸出的液面,沿管口推入玻璃片,套上 O 形圈,旋紧管盖。

放入光路:用干净纱布擦干旋光管外面水渍,擦镜纸擦净两端玻璃片,倾斜旋光管（粗径一端朝上）,把管内少量气泡赶入旋光管粗径处,再放入旋光仪中。

测量:调节目镜聚焦,使视野清晰,旋转刻度盘使三分视野呈现明暗度相同的暗区,读取检偏镜刻度,即为零点。

（4）旋光度测定。另取一只相同规格旋光管,同样方法装入待测溶液进行测试,读取三分视野呈现明暗度相同的暗区时刻度,即为样品的旋光度。

5. 旋光仪的维护

（1）旋光管用后洗净,并干燥后放置。

（2）旋光仪应放在通风干燥和温度适宜之处,以免受潮发霉。

（3）仪器的光学系统表面出现积灰或发霉,可用小棒缠上脱脂棉花蘸少量无水乙醇或乙酸丁酯轻轻揩擦。如有霉点可用脱脂棉花蘸酒精后,再蘸少量的氧化铈（红粉）或碳酸钙轻轻揩擦。

6. 注意事项

（1）旋光仪中的钠光灯不宜长时间开启,测定间隔超过 4 h,应关熄 10~15 min,待钠光灯冷却后再继续使用,以免损坏钠光灯管。

（2）保持周围环境温度恒定,以免因温度变化对旋光度产生影响。

（3）需要调至三分视野明暗度相同的暗区而不是亮区作为标准,以免人眼对太亮光线强度变化不敏感,影响终点判断。

（4）玻璃片上的水需用擦镜纸擦拭干净,以免导致视野模糊影响终点判断。

（5）混浊或含有小颗粒的溶液不能直接测定,应先将溶液离心或过滤后再测定,以免颗粒阻挡光路。

（6）仪器金属部分切忌沾污酸碱，以免金属受到腐蚀。

（7）光学镜片部分不能接触硬物，以免损坏镜片。

3.5 电化学测量技术

3.5.1 引言

电化学测量在物理化学实验中占有重要地位，常用于测量电解质溶液的物理化学性质（如电导、离子迁移数、解离度等）、氧化还原体系反应的有关热力学函数（如标准电极电势 $\varphi^{\ominus}$、反应热 ΔH、熵变 ΔS 和吉布斯自由能的改变 ΔG 等）和电极过程动力学参数（如交换电流 i_0、阴极传递系数 α 和阳极传递系数 β）等。

电化学测量不仅广泛用于化学工业、冶金工业和金属防腐蚀，而且在生物过程和其他实际领域的研究工作中也得到了广泛的应用。特别是随着数字电子技术的发展，电化学测量技术也上了一个新台阶。

3.5.2 电导的测量

1. 概述

电导是电化学中一个重要参量，能反映出电解质溶液中离子状态及其运动的许多信息，而且它在稀溶液中与离子浓度呈简单的线性关系，故被广泛应用于分析化学和化学动力学过程的测试中。

电导值是电阻值的倒数。因此，电导值实际上是通过电阻的测量，然后计算电阻的倒数求得的。电解质溶液电导的测量本身有其特殊性，因为溶液中离子导电机理与金属中电子的导电机理不同。伴随电导过程，离子在电极上放电，因而会使电极发生极化现象。因此，溶液电导值的测量通常都是用较高频率的交流电桥来实现的，大多数电导测量所用的电极均镀以铂黑来减少电极本身的极化作用。

2. 电导、电导率、摩尔电导率、电导池常数

溶液电导的测量是通过一对金属电极组成的电导池进行的。当温度一定时，被测溶液呈现在测量电极之间的电导值 G 与溶液电导率 κ 及电极面积 A 成正比，与两个电极的距离 l 成反比：

$$G = \kappa \frac{A}{l} \tag{3-5-1}$$

定义测量电极相隔的距离和电极面积之比值（l/A）为电导池常数，单位为 m^{-1}。电导池常数是一个电导池的特征值，但要精确测定 l 与 A 值是困难的，一般用间接的方法来测求（l/A）值。将一已知电导率的标准溶液（通常用一定浓度的 KCl 溶液）装入电导池中，在指定温度下，测其电导值 G，再根据 $G = \kappa(l/A)^{-1}$ 求算电导池常数。

电导值的单位是 S(西门子),电导率的单位则是 $S \cdot m^{-1}$。

如果把含有 1 mol 电解质溶液置于相距为 1 m 的电导池的两极之间,这时所具有的电导为摩尔电导率 Λ_m。若电解质溶液的浓度为 c($mol \cdot L^{-1}$),则 Λ_m 与 c 的关系为

$$\Lambda_m = \frac{\kappa}{c} \tag{3-5-2}$$

因此,测定一定浓度的 KCl 水溶液的摩尔电导率 Λ_m,并查得该浓度下的 κ 值(参阅附录三表 3-27),也可求得电导池常数。

3. 电导率仪

电导率仪的测量原理是,基于电导率和电导、电导池常数的关系式,在电导池的电极间施加稳定的交流电信号,测量电极间溶液电导,根据输入的电导池常数得到电导率。下面以 DDSJ-307F 型电导率仪为例进行介绍。该仪器由电子单元、电导电极组成测量系统,可测量溶液的电导率和温度。其电导率测量范围是 $0.00~\mu S \cdot cm^{-1} \sim 1000.0~mS \cdot cm^{-1}$。DDSJ-307F 型电导率仪的校准和测量步骤如下。

1)准备

(1)安装好仪器各组件,将电导电极与仪器连接。

(2)准备标准溶液,如 $1408~\mu S \cdot cm^{-1}$ 标准溶液,放入 25 ℃ 恒温水浴中,控制溶液温度为 25 ℃。

(3)将电极下端的保护瓶取下,用蒸馏水清洗电极。

(4)按开机键,打开仪器,然后按软功能键 F1"参数设置",选择测量参数设置,勾选电导率,按"确认"键完成设置,按"取消"键回到起始界面。

2)设定

DDSJ-307F 型电导率仪支持不补偿、线性补偿、纯水补偿三种补偿方式。当选择不补偿时,通常用于获得测量温度下的真实电导率值。当选择线性补偿时,参比温度支持 20 ℃ 和 25 ℃,通常用于中、高电导率溶液的测量。当选择纯水补偿时,通常用于 $5~\mu S \cdot cm^{-1}$ 以下纯水和超纯水电导率的测量。

3)标定

(1)按软功能键 F2"电极标定"进入标定电极常数,按"参数设置"后进入设置,设置标定方式为"用溶液标定",识别类型为"自动识别",电极类型为"常数为 1 的电极",参比温度为"25 ℃",补偿模式为"线性补偿"和温补系数为"2.00%/℃"。

(2)将清洗干净的电导电极用滤纸吸干电极表面水分后,再用标液润洗后放入 $1408~\mu S \cdot cm^{-1}$ 的标准溶液(25 ℃)中,仪器自动识别标称值为 $1408~\mu S \cdot cm^{-1}$。待读数稳定后,按"开始标定"进行标定。

(3)如需进行多点标定,则将电极清洗干净,用滤纸吸干,再用标液润洗后放入其他标准溶液中,待读数稳定后,按"下一点"继续标准溶液的标定,本仪器最多支持三点标定。

(4)完成标定后,按"确认"键完成标定,保存标定结果并结束标定,回到起始界面。

4)测量

(1)按软功能键 F1 进入"参数设置",选择"读数方式设置",设置所需要的读数方式,可以设为:连续读数方式、定时读数方式和平衡读数方式。根据实际需求选择,设置完成后,按

"取消"键回到起始界面。

（2）按软功能键 F4"开始测量"进入测量界面，待读数稳定后（数据稳定标志满格），即可进行读数。

（3）如果选择连续读数或平衡读数，按"存贮"键保存测量结果。如果选择定时读数方式，则仪器自动记录测量结果。

5）维护

（1）使用完毕应将电导电极清洗干净。

（2）因电极材质不同，电极常数不同，测量的范围不同，应根据实际使用情况选择合适的电极，避免电极损坏。

4. 电导池与电极

电导池一般采用高度不溶性玻璃或石英制成。它主要由两个并行设置的电极构成，电极间充以被测溶液。电导值的测量应尽可能不使其他杂质溶入电解质溶液中，因此配制溶液的水为满足分析实验室用水，电导率小于 $3\ \mu S \cdot cm^{-1}$。

为了精密地测量溶液的电导值，应尽量减少电极的极化，因此选择电导池时应考虑各种因素。科尔劳拖（Kohlrausch）从理论上指出，由极化所引起的误差取决于 $P^2/\omega R^2$ 值，其中 P 为电导池两极的极化电动势；R 为电导池内电解质的电阻；ω 为交流电桥法所使用的交流电频率。为了减小测量误差，应尽量使 $P^2 \ll \omega R^2$，一般交流电桥采用的频率 ω 通常为 1000 ～ 4000 Hz，因此要求被测溶液的电阻不能太大，通常应小于 $5 \times 10^5\ \Omega$。如果 R 过大，则交流电桥的不平衡信号就难以检出。

必须指出，被测溶液的电阻也不能太低，一般要求 $R > 100\ \Omega$。对于某一给定的电导池，要求被测溶液的最高电阻值与最低电阻值之比最好不大于 50∶1。由于浓度不同的强、弱电解质溶液，其电导率通常在 $10^{-7} \sim 10^{-1}\ S \cdot cm^{-1}$，故需要几个具有不同数量级的电导池，才能满足测量要求。

电极应优先选择易清洁的惰性材料，如不锈钢、铂、石墨、钛合金等。电导电极的电极常数精确描述了传感器的几何性质，直接影响测量的灵敏度和准确度。电导电极一般分为二电极和多电极两种类型。目前使用较多的是二电极和四电极。实验室二电极电导电极是将两片铂片烧结在两个平行玻璃片上或圆形玻璃管的内壁上，制成的有光亮电极和铂黑电极之分。多电极电导电极一般指在支持体上装有多个环状电极，主要为四电极电导电极。四电极电导电极可以避免电极极化带来的测量误差。

测量电导率小于 $2\ \mu S \cdot cm^{-1}$ 的水样时，应采用金属电极或其他电极常数不大于 $0.01\ cm^{-1}$ 的电极，并配备密封流动池，避免环境空气中二氧化碳的影响。

一般而言，若被测溶液的电导率小于 $3000\ \mu S \cdot cm^{-1}$，此时极化不严重，可直接用光亮电极测量。若被测溶液的电导率大于 $3000\ \mu S \cdot cm^{-1}$，可使用铂黑电极。镀了铂黑的电极能极大地增加电极的表面积，使相应的电流密度减小，同时又因为铂黑的触媒作用，降低了活化超电势，减少了电极极化。

典型样品的电导率和适用电极的电极常数见表 3-5-1。

表 3-5-1   典型样品的电导率和适用电极的电极常数

典型样品	电导率范围	电极常数/cm^{-1}	说明
超纯水	$0.055 \sim 2 \ \mu S \cdot cm^{-1}$	0.01	需与流通池配合使用
饮用纯净水、纯水、	$1 \sim 200 \ \mu S \cdot cm^{-1}$	0.1	—
自来水、饮用水、雨水、地表水、含有机溶液和过氧化氢的体系	$2 \sim 3000 \ \mu S \cdot cm^{-1}$	1	—
污染较大的地表水、海水、饮料、盐溶液	$20 \ \mu S \cdot cm^{-1} \sim 200 \ mS \cdot cm^{-1}$	1	—
高浓度盐溶液	$200 \ mS \cdot cm^{-1}$ 以上	10	—
		1	两点标定的方法,可保证一定的测量精度

5. 电导测量的一些应用举例

用上述方法测定电导池常数后,用同一只电导池,就很容易测量未知溶液的电导率和摩尔电导率。例如,以电导池常数为 $21.15 \ m^{-1}$ 的电导池,测得 $0.01 \ mol \cdot L^{-1}HCl$ 溶液的电导值为 $1.95 \times 10^{-2} \ S$,利用公式可求得 $\kappa = 0.419 \ S \cdot m^{-1}$。用式(3-5-2)可求得摩尔电导率 $\Lambda_m = [0.419/(0.01 \times 10^3)] \ S \cdot m^2 \cdot mol^{-1} = 4.19 \times 10^{-2} \ S \cdot m^2 \cdot mol^{-1}$。

溶液的电导率数据的应用是很广泛的,以下略举例说明之。

1)测定净化水的纯度

一般的水都具有相当大的电导率,这是因为水中含有一些电解质。对于分析实验室用水三级水,其电导率约为 $5 \ \mu S \cdot cm^{-1}$;分析实验室用水二级水的电导率可小于 $1.00 \ \mu S \cdot cm^{-1}$;分析实验室用水一级水的电导率可小于 $0.10 \ \mu S \cdot cm^{-1}$。因此,通过测量水的电导率,就可以知道水的纯度。

2)测量难溶盐的溶解度

对于某些难溶盐,如 $BaSO_4$,$AgCl$,$AgIO_3$ 等,它们的溶解度是很难直接测定的。但利用电导测定方法可方便地求得其溶解度。其方法是,先测定难溶盐饱和溶液的电导率 κ,再测量纯水的电导率 $\kappa(水)$。由于难溶盐饱和溶液极稀,所以溶液电导率 $\kappa(溶液)$ 必然是盐和水的电导率之和,即

$$\kappa(溶液) = \kappa(盐) + \kappa(水) \tag{3-5-3}$$

则难溶盐的摩尔电导率 $\Lambda_m(盐)$ 为

$$\Lambda_m(盐) = \frac{\kappa(盐)}{c} \tag{3-5-4}$$

式中 c 为溶液浓度。由于溶液很稀,所以可以认为摩尔电导率 $\Lambda_m(盐)$ 与其无限稀摩尔电导率 Λ_m^{∞} 近似相等。而 Λ_m^{∞} 可由离子的无限摩尔电导率相加求得。这样就不难求得难溶盐的溶解度。

3)电导滴定

电导滴定是利用滴定过程中溶液电导变化并出现转折来确定终点的方法,如图 3-5-1 所示。

电导滴定法只需要测定若干个实验点,然后将各个点连接,求连接的两条直线的交点所对应的滴定体积,即可得到滴定终点。这种滴定方法的特点是不需要加入指示剂,不需要在接近终点时细心地找终点。因此,对于有颜色的溶液或加了指示剂在终点时颜色变化仍然不明显的体系,采用电导滴定可收到良好效果。

4)其他方法的应用

电导测量方法的应用是广泛的,除上述应用外,还可以测定弱电解质的解离度和解离常数、测定水的离子积、测定某些反应的反应速率常数(如实验十八)、测定水溶性表面活性剂的临界胶束浓度(如实验二十四)等。

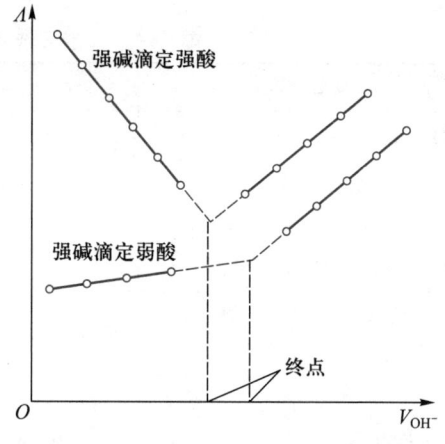

图 3-5-1　以强碱滴定酸的电导滴定曲线

3.5.3　pH 的测量

溶液的 pH 可通过 pH 计(又称酸度计)来测量,国内外生产 pH 计的厂家很多,这里以 PHSJ-3F 型实验室 pH 计为例,简要介绍 pH 计的使用方法。该仪器由电子单元、三复合 pH 电极组成测量系统,可测量溶液的 pH、电极电势值和温度,并具有温度自动补偿功能。PHSJ-3F 型 pH 计的测量步骤如下。

1)准备

(1)安装好仪器和电极。

(2)准备标准缓冲溶液,如 pH 4.00,pH 6.86,pH 9.18 的标准缓冲溶液,进行标定。

(3)将电极下端的保护瓶取下,拉下电极上端橡胶套,使其露出上端小孔,用蒸馏水清洗电极。

(4)开机。

2)设定

PHSJ-3F 型实验室 pH 计支持自动温度补偿和手动温度补偿两种补偿方式,应根据测量需求选择补偿方式。

当 pH 计连接 pH 三复合电极或温度电极时,仪器自动温度补偿。

当 pH 计连接 pH 电极(pH 复合电极或指示电极+参比电极)且不连接温度电极时,需要用温度计测出被测溶液的温度。

3)标定

(1)按软功能键 F2"电极标定"键进入标定 pH 电极。

(2)按"参数设置",选择 GB 标液组,并勾选 pH 4.00,pH 6.86,pH 9.18 三组标准缓冲溶液。设置识别类型为自动识别;选择所需要的分辨率后,按确认键返回标定 pH 电极。

(3)将清洗后的电极放入 pH 4.00 标准缓冲溶液中,待仪器显示"识别成功",仪器读数稳定后,按软功能键 F4"开始标定"。

(4)若只需 1 点标定,完成 1 点标定后,按"确认"键完成校正。若需多点标定,请更换 pH

6.86 和 pH 9.18 标准缓冲溶液,清洗电极后将电极放入标准缓冲溶液中,待仪器识别成功,仪器读数稳定后,按软功能键"下一点",完成标定。

(5) 完成标定后,按"确认"键完成校正,保存校正结果并结束标定,直接进入起始界面。若勾选标准缓冲溶液组为 5 个时,标定完 5 点后自动结束标定。

4) 测量

(1) 按软功能键 F1 进入"参数设置",选择"读数方式设置",设置所需要的读数方式,可以设为:连续读数方式、定时读数方式和平衡读数方式。设置完成后,按"取消"键回到起始界面。

(2) 按软功能键 F4"开始测量"进入测量界面,待读数稳定后(数据稳定标志满格),即可进行读数。

(3) 如果选择连续读数或平衡读数,按"存贮"键保存测量结果。如果选择定时读数方式,则仪器自动记录测量结果。

5) 维护

(1) 使用完毕应将复合电极清洗干净,然后将电极套于含有 3 mol·L⁻¹ KCl 溶液的保护套中。

(2) 复合电极的外参比补充液为 3 mol·L⁻¹氯化钾溶液,外参比补充液可以从电极上端小孔加入,复合电极不使用时,应拉上橡胶套,防止补充液干涸。

(3) 取下电极保护瓶后,应避免电极的敏感玻璃泡与硬物接触,任何破损或擦毛都会使电极失效。

(4) 测量结束后应及时将电极保护瓶套上,保护瓶内应放少量外参比补充液,保持电极球泡的湿润,切忌将电极长期浸泡在蒸馏水中。

(5) 电极的 Q9 短路插头应保持清洁干燥,防止被锈蚀短路,否则将导致测量失准或失效。

(6) 电极应避免长期浸在蛋白质溶液和酸性氟化物溶液中,还应避免与有机硅油接触。

(7) 因电极材质不同,应根据实际使用情况选择合适的电极,避免电极损坏。

3.5.4 电动势与电极电势的测量

1. 电池电动势测量
1) 电池电动势的测量原理

电池电动势的测量必须在可逆条件下进行,否则所得电动势就没有热力学价值。所谓可逆条件,一是要求电池本身的电池反应可逆;二是在测量电池电动势时电池几乎没有电流通过,即测量回路中 $I \to 0$。因此,测量装置上设计了一个方向相反而数值与被测电池的电动势几乎相等的外加电动势,以对消被测电池的电动势。这种测定电动势的方法称为补偿法(或称对消法)。

电位差计是根据补偿法测量原理设计的一种平衡式电压测量仪器。其基本工作原理如图 3-5-2 所示。图中 E_n 为标准电池,它的电动势已经准确测定。E_x 是被测电池。G 为灵敏度很高的检流计,用作零指示。R_n 为标准电池的补偿电阻,其电阻值大小是根据工作电流来选择的。R 是被测电池的补偿电阻,它由已知电阻值的各进位盘组成,通过它可以调节不同的电阻

值使其电势降与 E_x 相对消。r 是调节工作电流的变阻器,E 为工作电源,K 为换向开关。

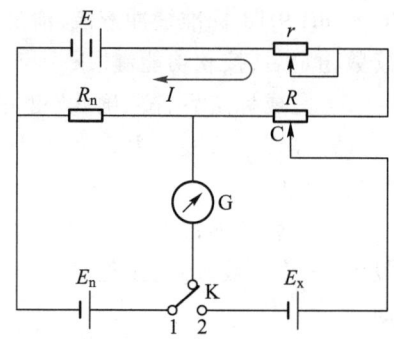

图 3-5-2　电位差计工作原理示意图

测量时先将开关 K 置于 1 的位置,然后调节 r,使 G 指示为零点,这时有以下关系:

$$E_n = IR_n \qquad (3-5-5)$$

式中 E_n 为标准电池的电动势;I 为流过 R_n 和 R 的电流,称为电位差计的工作电流,即

$$I = E_n / R_n \qquad (3-5-6)$$

工作电流调节好后,将 K 置于 2 的位置,同时旋转各进位盘的触头 C,再次使 G 指示零位。设 C 处的电阻值为 R_c,则有

$$E_x = IR_c \qquad (3-5-7)$$

并考虑式(3-5-6),则有

$$E_x = E_n \frac{R_c}{R_n} \qquad (3-5-8)$$

由此可知,用补偿法测量电池电动势的特点是:在完全补偿(G 在零位)时,工作回路与被测回路之间并无电流通过,不需要测出工作回路中的电流 I 的数值,只要测得 R_c 与 R_n 的比值即可。由于这两个补偿电阻的精度很高,且 E_n 也经过精确测定,所以只要用高灵敏度检流计示零,就能准确测出被测电池的电动势。

2) UJ-25 型电位差计

UJ-25 型电位差计是一种实验室常用的精密高电势电位差。其内部电路如图 3-5-3 所示。图中 E 为工作电池,E_n 为标准电池,E_x 为被测电池。电路图中的工作回路由下列各部分组成:

(1) 第 I 测量十进盘由 18 个 1000 Ω 电阻组成,其中第 5 个电阻由一个 999 Ω 和温度补偿 B 的十进盘 10 个 0.1 Ω 电阻串联而成,第十六个电阻由 1 个 180 Ω、1 个 810 Ω 及温度补偿 A 的十进盘 10 个 1 Ω 电阻串联而成。

(2) 第 II 测量十进盘由 11 个 100 Ω 电阻组成。

(3) 第 III 测量十进盘由 10 个 10 Ω 电阻组成,另有 10 个 10 Ω 电阻为其替代盘。

(4) 第 IV 测量十进盘由 10 个 1 Ω 电阻组成,另有 10 个 1 Ω 电阻为其替代盘。

(5) 第 V、VI 测量十进盘为分路十进盘,分别由 10 个 1 Ω 及 10 个 0.1 Ω 电阻(有 10 个 0.1 Ω 为替代盘)组成。它与 1 个 889 Ω 电阻串联后,并联在第 I 测量十进盘的 1 个 100 Ω 电阻上。

以上五个部分,I ~ VI 测量十进盘的电阻值共计 19200 Ω。

(6) 工作回路中的电流由调节电阻(分粗、中、细、微四挡)来调节,使其电流可达 0.0001 A。调节电阻由 3 个 17 挡进位盘(粗:17×240 Ω,中:17×14.5 Ω,细:17×1 Ω)和 1 个 21 挡进位盘(微:21×0.05 Ω)组成,相当于图 3-5-2 中的 r。

若工作电池的电动势为 2 V,要使电流为 0.0001 A,则必须使回路电阻值为 20000 Ω。通过依次调节粗、中、细和微电阻达到 800 Ω,加上 6 个测量十进盘的阻值 19200 Ω,总共 20000 Ω,这样电流就达到 0.0001 A。

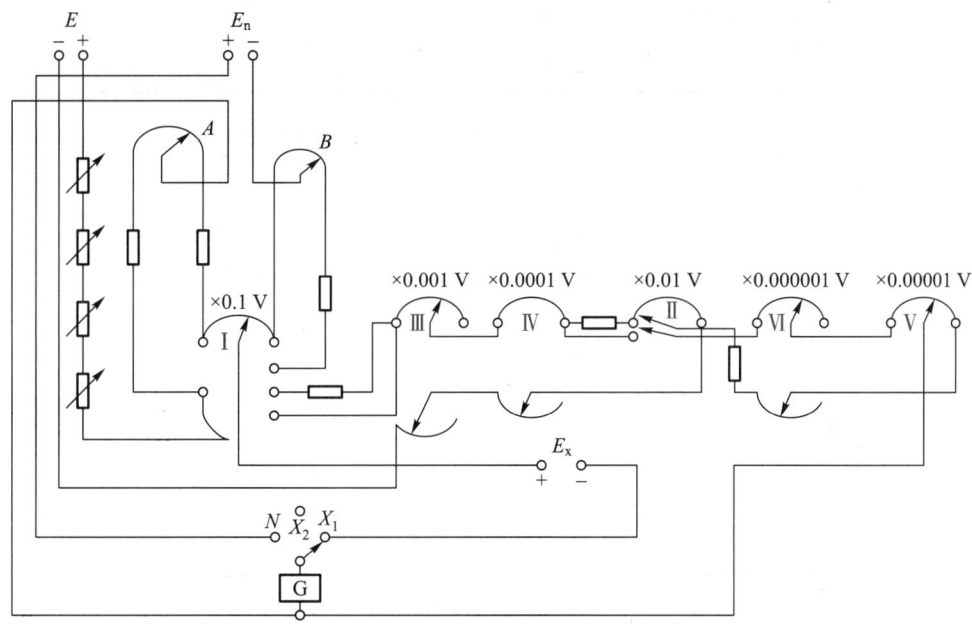

图 3-5-3 UJ-25 型电位差计的内部电路简图

其标准电池回路中标准电池电动势的补偿电阻包括下列电阻:

(1) 第 I 测量十进盘从 5~15 的 10 个 1000 Ω 电阻和 1 个 180 Ω 电阻,共 10180 Ω。

(2) 温度补偿十进盘 A、B 分别由 10 个 1 Ω 和 10 个 0.1 Ω 电阻组成。

当标准电池的电动势在一定室温下为 1.01863 V,要使检流计中没有电流通过,必须使标准电池回路与工作电池回路的电流相等(方向相反),即检流计两端电压相等。这可通过调节使回路中电阻值为 10186.3 Ω(电流 = 0.0001 A),即把 A 盘放在"6",B 盘放在"3"的位置上(此时总电阻:10000 Ω + 180 Ω + 6 Ω + 0.3 Ω = 10186.3 Ω),这样就达到对消的目的。

在测量未知电池电动势时,把测量开关由标准拨向未知挡,由于工作电流固定为 0.0001 A,放在未知回路中的每只电阻上的电压降为:第 I 测量十进盘为 1000 Ω × 0.0001 A = 0.1 V。同理,第 II 测量十进盘为 0.01 V,第 III 测量十进盘为 0.001 V,第 IV 测量十进盘为 0.0001 V。第 V、VI 测量十进盘为第 II 测量十进盘的分路,电流为其 1/10(即 0.00001 A),所以第 V 测量十进盘上每只电阻的电压降为 1×10^{-5} V,第 VI 测量十进盘则为 1×10^{-6} V。

3) UJ-25 型电位差计的使用

(1) UJ-25 型电位差计的面板如图 3-5-4 所示。使用时先将有关的外部线路如工作电池、检流计、标准电池和被测电池等接好。切不可将标准电池倒置或摇动。

(2) 接通电源,调节好检流计光点的零位。

(3) 将选择开关扳向 N("校正"),然后将温度补偿旋钮拨至相应的标准电池电动势的数值位置上(注意:应加上温度校正值 $E_t/\text{V} = E_{20}/\text{V} - [39.94(t/\text{℃} - 20) + 0.929(t/\text{℃} - 20)^2 - 0.090(t/\text{℃} - 20)^3 + 0.0006(t/\text{℃} - 20)^4] \times 10^{-6}$)。断续按下粗测键(当按下粗测键时,检流计光点在一小格范围内摆动才能按细测键),视检流计光点的偏转情况,调节可变电阻(粗、中、细、微)使检流计光点指示零位。

(4) 电位差计标定完毕后,将选择开关拨向 X_1 或 X_2。根据理论计算出被测电池的电动

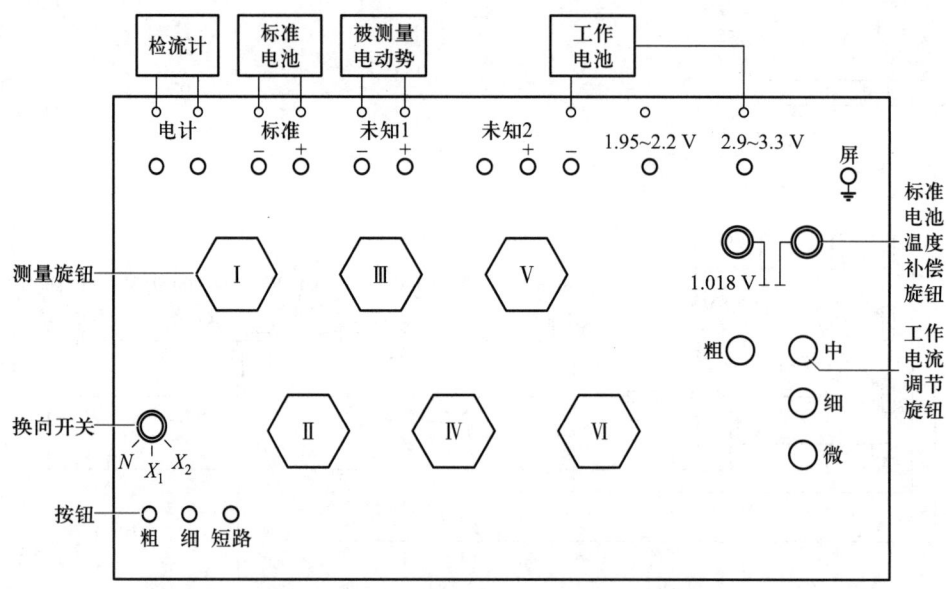

图 3-5-4 UJ-25 型电位差计面板示意图

势,将各挡测量旋钮预置在合适的位置。

(5)然后分别按下粗测和细测键,同时旋转各测量挡旋钮,至检流计光点指示零位,此时电位差计各测量挡所示电压值的总和,即为被测电池的电动势。注意,每次测量前都要用标准电池对电位差计进行标定,否则,由于工作电池电压不稳或温度的变化会导致测量结果不准确。

4)数字式电子电位差计

数字式电子电位差计是数字电子技术发展的产物。由于其测量精度高、装置简单、读数直观等特点,数字式电子电位差计可完全替代传统的电位差计。下面以 EM-3C 型数字式电子电位差计为例,简要说明使用方法。

EM-3C 型数字式电子电位差计采用了内置的标准电池,可提供精度较高的参考电动势,保留了传统的平衡法测量电动势仪器的基本原理。该仪器的线路采用全集成器件,被测电池的电动势与参考电压经过高精度的放大器比较输出,通过调节达至平衡时就可得到被测电动势的数值。采集、显示采用高精度的 A/D(24bit)模数转换芯片和 7 位数字显示器,仪器分辨率 0.001 mV,测量范围 0~1.999 99 V,可扩展到 ±5 V。

该仪器面板如图 3-5-5 所示。面板上方为 7 位数码管显示"电动势指示"窗口和 5 位数码管显示"平衡指示"窗口;功能选择开关根据实验步骤的需要可置"外标"或"测量"挡;7 个电动势调节旋钮分高低位进行内部电动势调节。内部标准电池(基准电压)输出可以用来进行外标,标称值写在接线柱中间;外标输入和测量输入标记为"+"和"-"的接线柱是分别连接被测电池或者标准电池的正、负极。

EM-3C 型数字式电子电位差计使用方法如下:

接通电源,预热 5 min。将被测电池按正、负极性接在仪器的接线柱上。

校准:

(1)功能选择拨至"外标"。

(2)"外标"输入插孔接标准电池(或仪器输出基准),正接正,负接负。

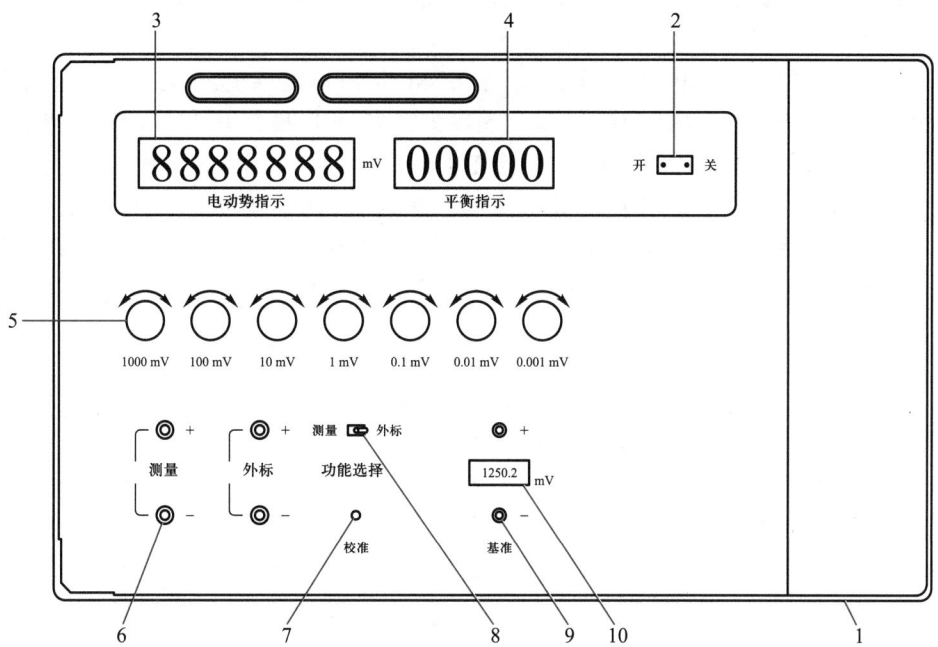

1—电位差计；2—电源开关；3—电动势指示；4—平衡指示；5—电动势调节旋钮；
6—输入插口；7—校准按钮；8—功能选择开关；9—基准输出；10—基准电势

图 3-5-5 EM-3C 型数字式电子电位差计面板示意图

（3）调节"7 个电动势调节旋钮"直到"电动势指示"为标准的电势值。

（4）按校准按钮，平衡指示为零，校正完成。

测量：

（1）功能选择拨至"测量"。

（2）"测量"输入插孔接待测电池，正接正，负接负。

（3）调节"7 个电动势调节旋钮"直到平衡指示接近于零。

（4）稳定时，电动势指示值为所测电动势值。

注意事项：

（1）当"电动势指示"窗口的数值接近实际值的 ±10 mV 时，"平衡指示"窗口才显示数值，否则显示"上横线"或"下横线"。

（2）由于仪器的精度较高，每次调节"电动势调节"旋钮后，"平衡指示"窗口的显示数值需经过一定的时间才能稳定。

（3）测量时仪器须单独放置，不可用手触摸仪器外壳。

（4）测量完毕后，须将开关置于"测量"挡，并将被测电池及时取下。

2. 液接界电势与盐桥

1）液接界电势

许多实用的电池中两个电极周围的电解质溶液的性质不同（如参比电极内溶液和被研究电极内溶液的组成不一样，或者两种溶液相同而浓度不同等），它们不处于平衡状态。当这两种溶液相接触时，存在一个液接界面，在液接界面的两侧，会有离子往相反方向扩散，随着时间的延长,最后扩散达到相对稳定。这时,在液接界面上产生一个微小的电势差,这个电势差称为液接界电势。

例如,两种不同浓度的 HCl 溶液的界面上,H^+ 和 Cl^- 有浓度梯度。因此,两种离子势必从浓的一边向稀的一边扩散。因为 H^+ 比 Cl^- 的淌度大得多,所以最初 H^+ 以较高的速率进入较稀的一相。这个过程使稀相出现过剩的 H^+ 而带正电荷;而浓相有过剩的 Cl^- 而带负电荷,结果产生了界面电势差。该电势差的存在使 H^+ 的扩散速率减慢,同时加快了 Cl^- 的扩散速率,最后这两种离子的扩散速率相等,此时在界面上得到一个微小的稳态电势,即液接界电势。根据它产生的原因,有时也称为扩散电势。Lingane 把液接界电势分为三种类型,如图 3-5-6 所示。

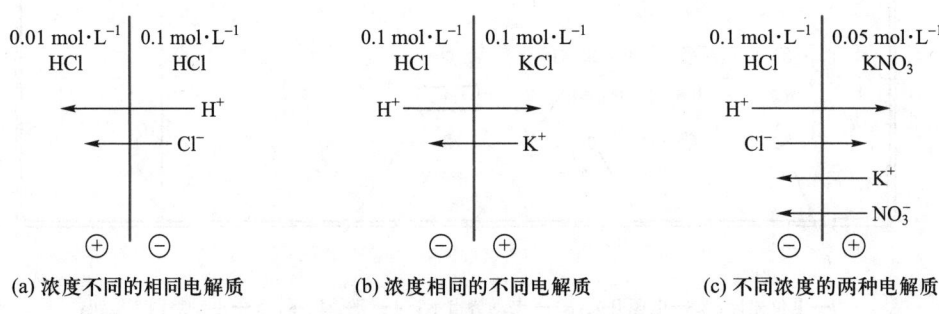

图 3-5-6　液接界电势类型示意图

图中箭头所指的方向是每种离子净传递的方向,箭头的长度表示相对的淌度。在每种情况下,液接界电势的极性均用圆圈内的正、负号表示。

液接界电势至今无法精确测量和计算,但在稀溶液中,使用 Henderson 公式可以满足一般的要求:

$$E_j = \frac{(u_1 - v_1) - (u_2 - v_2)}{(u'_1 + v'_1) - (u'_2 + v'_2)} \cdot \frac{RT}{F} \cdot \ln \frac{u'_1 + v'_1}{u'_2 + v'_2} \tag{3-5-9}$$

式中

$$u = \sum m_+ \lambda_{m,+} \qquad v = \sum m_- \lambda_{m,-}$$

$$u' = \sum m_+ \lambda_{m,+} Z_+ \qquad v' = \sum m_- \lambda_{m,-} Z_-$$

m_+ 和 m_- 分别为阳离子和阴离子的质量摩尔浓度;$\lambda_{m,+}$ 和 $\lambda_{m,-}$ 分别为阳离子和阴离子的摩尔电导率;Z_+ 和 Z_- 为阳离子和阴离子的价数;下标"1"和"2"分别表示溶液 1 和 2;E_j 为液接界电势。

以 $KNO_3(m_1) \mid KCl(m_2)$ 为例。在 25 ℃时,$\lambda_m(K^+) = 73.50 \text{ S} \cdot \text{cm}^2 \cdot \text{mol}^{-1}$,$\lambda_m(NO_3^-) = 71.42 \text{ S} \cdot \text{cm}^2 \cdot \text{mol}^{-1}$,$\lambda_m(Cl^-) = 76.30 \text{ S} \cdot \text{cm}^2 \cdot \text{mol}^{-1}$,假设 $m_1 = m_2$,则这两种溶液接触时,其液接界电势 E_j 可由式(3-5-9)计算:

$$E_j = \left[\frac{(73.50 - 71.42) - (73.50 - 76.30)}{(73.50 + 71.42) - (73.50 + 76.30)} \times \frac{8.314 \times 298}{96\,500} \times \ln \frac{73.50 + 71.42}{73.50 + 76.30} \right] \text{V}$$

$$= 8.54 \times 10^{-4} \text{ V}$$

在水溶液中,两种不同溶液的 E_j 一般小于 50 mV,例如 1 mol·L^{-1}NaOH 溶液与 0.1 mol·L^{-1} KCl 溶液间的 E_j 值,按 Henderson 公式计算,$E_j = 45$ mV。可见,液接界电势是不可忽视的。在测量电极电势时,要采取措施减小液接界电势。

2）盐桥

减小液接界电势的方法,一般是采用"盐桥"。常用的盐桥是一种充满盐溶液的玻璃管,管的两端分别与两种溶液相连接,使其导通。一般的结构有如图3-5-7所示的4种形式。

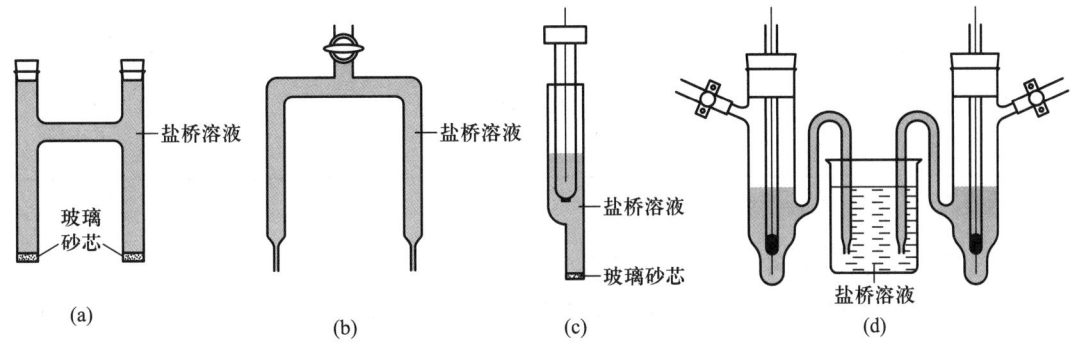

图 3-5-7　盐桥的 4 种形式

选择盐桥内的溶液应注意以下几方面:

（1）盐桥内的正、负离子的摩尔电导率应尽量接近。

具有相同离子摩尔电导率的溶液,其液接界电势较小,所以在水溶液体系中,通常采用 KCl 溶液,而且是高浓度(甚至饱和)的溶液。当饱和 KCl 溶液与另一较稀溶液相接界时,在界面上主要由 K^+ 和 Cl^- 向稀溶液扩散,而 K^+ 和 Cl^- 的摩尔电导率相接近,因此减小了液接界电势。而且盐桥两端液接界电势符号往往恰好相反,使两端两个液接界电势可以抵消一部分,这样可进一步减小液接界电势。

盐桥溶液与被测溶液的液接界电势和盐桥内 KCl 溶液的浓度有关,表 3-5-2 列出了 $0.1\ mol \cdot L^{-1}$ KCl 溶液和饱和 KCl 溶液分别与各种溶液组成液接界面时的液接界电势近似值。

从表中数据可知用饱和 KCl 溶液的液接界电势要小得多。因此,实际上使用的盐桥溶液大多采用饱和 KCl 溶液。

表 3-5-2　液接界电势近似值［按式(3-5-9)计算,25 ℃］

液接界		E_j/mV^*
$0.1\ mol \cdot L^{-1}$ LiCl	$0.1\ mol \cdot L^{-1}$ KCl	6.8
$0.1\ mol \cdot L^{-1}$ NaCl	$0.1\ mol \cdot L^{-1}$ KCl	4.4
$0.1\ mol \cdot L^{-1}$ NaOH	$0.1\ mol \cdot L^{-1}$ KCl	18.9
$1.0\ mol \cdot L^{-1}$ NaOH	$0.1\ mol \cdot L^{-1}$ KCl	45
$1.0\ mol \cdot L^{-1}$ KOH	$0.1\ mol \cdot L^{-1}$ KCl	34
$0.1\ mol \cdot L^{-1}$ HCl	$0.1\ mol \cdot L^{-1}$ KCl	−27
$0.1\ mol \cdot L^{-1}$ H_2SO_4	$0.1\ mol \cdot L^{-1}$ KCl	−39
$0.05\ mol \cdot L^{-1}$ 邻苯二酸氢钾	饱和 KCl	−2.6
$0.1\ mol \cdot L^{-1}$ 柠檬酸二氢钾	饱和 KCl	−2.7

续表

液接界		E_j/mV *
0.05 mol · L^{-1} HAc + 0.05 mol · L^{-1} NaHAc	饱和 KCl	−2.4
0.1 mol · L^{-1} NaOH	饱和 KCl	0.4
1.0 mol · L^{-1} NaOH	饱和 KCl	8.6
0.1 mol · L^{-1} KOH	饱和 KCl	0.1
0.1 mol · L^{-1} HCl	饱和 KCl	−4.6
1.0 mol · L^{-1} HCl	饱和 KCl	−14.1

* E_j 为正值表示左侧溶液带正电荷。

（2）盐桥内溶液必须与两端溶液不发生反应。

例如，对于 AgNO$_3$ 溶液体系，就不能采用含 Cl$^-$ 的盐桥溶液，此时可改用 NH$_4$NO$_3$ 溶液作盐桥溶液。因为 NH$_4^+$ 的摩尔电导率为 73.7 S · cm^2 · mol^{-1}（25 ℃），NO$_3^-$ 的摩尔电导率为 71.42 S · cm^2 · mol^{-1}，两者比较接近。可有效地减小液接界电势。

（3）如果盐桥溶液中的离子扩散到被测体系会对测量结果有影响，则必须采取措施避免。

例如，某体系采用离子选择电极测定 Cl$^-$ 浓度，如果选 KCl 溶液作盐桥溶液，那么 Cl$^-$ 会扩散到被测体系中，将影响测量结果。这时可采用液位差原理使电解液朝一定方向流动，可以减少盐桥溶液中的离子流向被测电极（或参比电极）溶液内，如图 3-5-8 所示。

图中可见，由于被测溶液和参比电极溶液的液面都比盐桥溶液的液面高，因而可防止盐桥溶液离子流向被测溶液或参比电极溶液中。

此外，也可采用双盐桥参比电极（如 217-01 型参比电极），在第二盐桥中填充 KNO$_3$ 等溶液，可防止第一盐桥溶液中的 Cl$^-$ 流向被测溶液中。

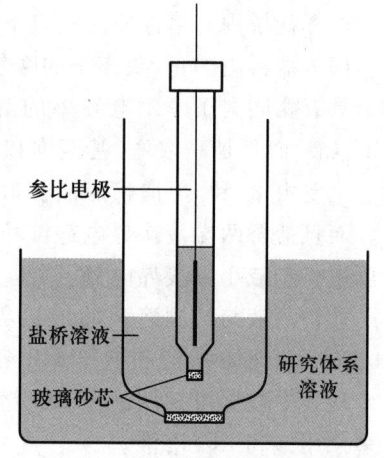

图 3-5-8 利用液位差防止研究体系溶液被污染

3. 参比电极

电极电势的测量是通过被测电极与参比电极组成电池测其电池的电动势，然后根据参比电极的电极电势求得被测电极的电极电势。电极电势的测量除了要考虑电动势测量中的有关问题之外，特别要注意参比电极的选择。

1）参比电极的选择

选择参比电极必须注意下列问题：

（1）参比电极必须是可逆电极，它的电极电势也是可逆电势。

（2）参比电极必须具有良好的稳定性和重现性。即它的电极电势与放置时间（一般为数天）影响不大，各次制作的同样的参比电极，其电极电势也应基本相同。

（3）由金属和金属难溶盐或金属氧化物组成的参比电极属第二类电极，如银-氯化银电极、汞-氧化汞电极，要求这类金属的盐或氧化物在溶液中的溶解度很小。

（4）参比电极的选择必须根据被测体系的性质来决定。例如，氯化物体系可选甘汞电极或氯化银电极；硫酸溶液体系可选硫酸亚汞电极；碱性溶液体系可选氧化汞电极等。在具体选择时还必须考虑减小液接界电势等问题。此外还可以采用氢电极作参比电极。

2）水溶液体系中常用的参比电极

（1）氢电极。

氢电极主要用作标准电极。但在酸性溶液中也可作为参比电极，尤其在测量氢超电势时，采用同一溶液中的氢电极作为参比电极，可简化计算。

氢电极的电极反应为

在酸性溶液中 $$2H^+ + 2e^- \rightleftharpoons H_2(g)$$

在碱性溶液中 $$2H_2O + 2e^- \rightleftharpoons H_2(g) + 2OH^-$$

氢电极的电极电势与溶液的 pH 和氢气压力有关。

$$\varphi_{H^+/H_2} = \frac{RT}{F} \ln \frac{a_{H^+}}{p_{H_2}^{1/2}} \tag{3-5-10}$$

式中 a_{H^+} 为 H^+ 的活度；p_{H_2} 为氢气的压力（p_{H_2} = 大气压力-水的饱和蒸气压），如果氢气的压力是 101.325 kPa（即标准大气压力），在 25 ℃时氢电极的电极电势是

$$\varphi_{H^+/H_2} = -0.05916 pH \tag{3-5-11}$$

氢电极的优点是其电极电势仅取决于液相的热力学性质，因而易做到实验条件的重复。但其电极反应在许多金属上的可逆程度很低，因此必须选择对此反应有催化作用的惰性金属作为电极材料。一般采用大小适中（如 1 cm×1 cm）的金属铂片，将铂片与一铂丝相焊接，铂丝的另一头可烧结在 5 号量器玻璃管中。这是一种无硼的钠玻璃，其线膨胀系数与铂相近，与铂丝密封性好，避免漏液。氢电极的结构如图 3-5-9 所示。

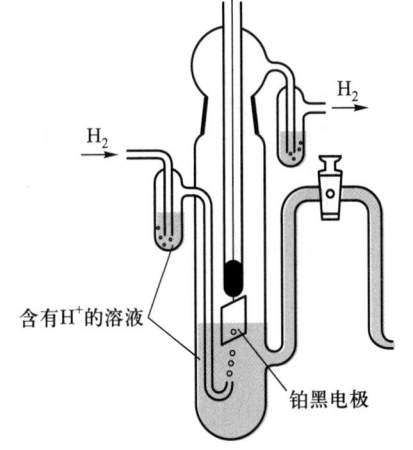

铂丝与铂片的连接方法是用煤气灯分别将铂片与铂丝烧红，立即在铁墩上用小榔头敲打而成。铂片的大小一般取 1 cm×1 cm。

铂丝与玻璃管的封接必须十分严密，其封装方法可先在铂丝上烧一玻璃珠，该玻璃珠连同铂丝插入拉细的玻璃管中，然后烧熔而成。

图 3-5-9 氢电极结构
示意图

管内铂丝与导线的连接是在管内加少量焊锡，在煤气灯上加热熔融焊锡，将导线插入熔融的焊锡中，待冷却后即可。

作为参比电极用的氢电极，其铂片应镀铂黑，其目的是增加铂电极的表面积和活性。常用镀铂黑的溶液有两种：一种是 3%的氯铂酸溶液，电流密度 20 mA·cm⁻² 下电镀 5 min，铂片上呈灰黑色；另一种是 3.5%的氯铂酸溶液，其中添加 0.02%醋酸铅，电流密度 20 mA·cm⁻² 下电镀约 10 min，镀得的铂黑呈黑绒状。为了增加其活性，可在 0.5～1.0 mol·L⁻¹ H₂SO₄ 溶液中进行电解，其操作条件如前面所述。

氢电极中的铂片应露出液面一半，处在气、液、固三相界面上，有利于氢电极达到平衡。溶液中应通入高纯的氢气流（每秒 1～2 个气泡）。如果氢气中含有惰性杂质 N₂ 会影响 H₂ 的分

压;如含有氧则会在电极上还原,产生一个正的偏离电压;如含有 CO_2、CO 及 As 的硫化物等会导致铂黑电极的活性中心中毒而失效。

配制氢电极的电解液必须高度纯净,一般用电导水配制,其电导率应小于 $1~\mu S \cdot cm^{-1}$。

（2）甘汞电极。

由于氢电极的制备和使用不甚方便,实验室中常用甘汞电极作为参比电极。它的组成为

$$Hg \mid Hg_2Cl_2 \mid KCl(溶液)$$

电极反应为

$$Hg_2Cl_2 + 2e^- \Longrightarrow 2Hg + 2Cl^-$$

因此,电极的平衡电势取决于 Cl^- 的活度,通常使用的有 $0.1~mol \cdot L^{-1}$、$1.0~mol \cdot L^{-1}$ 和饱和式三种。其电极电势参见附录三表 3-23,表 3-24 和表 3-25。

甘汞电极的结构形式有多种,图 3-5-10 列出市售的(a)(b)两种和实验室制作的(c)(d)两种。

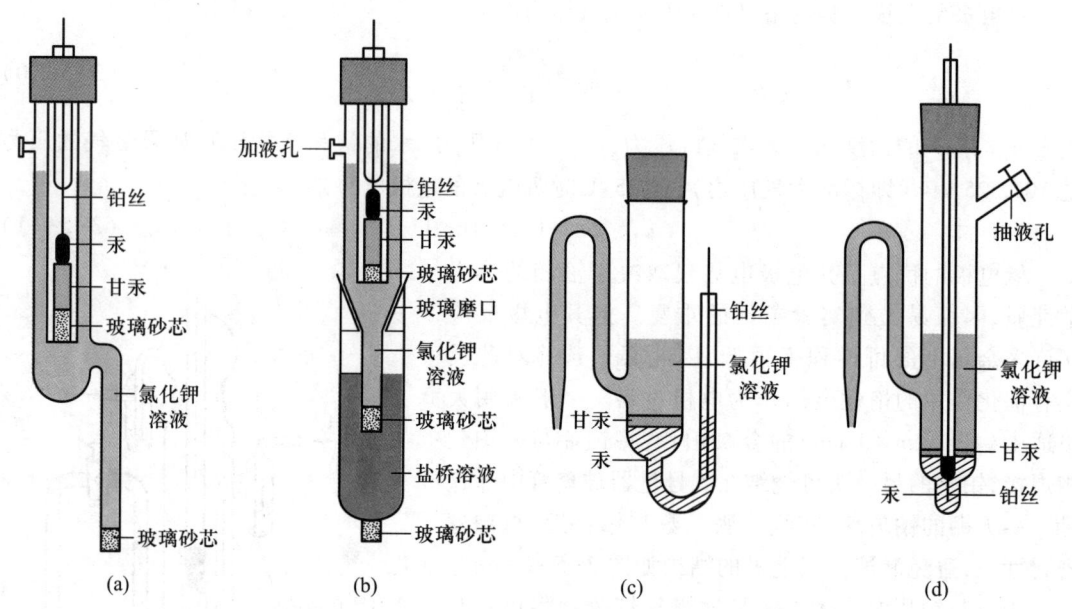

图 3-5-10　甘汞电极的 4 种结构形式

实验室常用电解法制备甘汞电极,在电极管底部注入适量的纯汞,再将用导线连接的清洁铂丝插入汞中,在汞的上部吸入指定浓度的 KCl 溶液,另取一烧杯装入 KCl 溶液,插上一支铂丝电极作为阴极,被制作的电极作为阳极进行电解,电流密度控制在 $100~mA \cdot cm^{-2}$ 左右。此时汞面上会逐渐形成一层灰白色的 Hg_2Cl_2 固体微粒,直至汞面被 Hg_2Cl_2 全部覆盖为止。用针筒对电极管压气,将 KCl 电解液徐徐压出。再吸入指定浓度的 KCl 溶液。必须注意,抽吸时,速度要慢,不要搅动汞面上的 Hg_2Cl_2 层,电极管要垂直放置,避免震动。

甘汞电极的另一种制备方法是将分析纯的甘汞和几滴汞置于玛瑙研钵中研磨,再用 KCl 溶液调成糊状,将这种甘汞糊小心地敷于电极管内的汞面上,然后再注入指定浓度的 KCl 溶液。采用这种制备工艺时,与汞连接的铂丝应封于电极管的底部。

（3）银-氯化银电极。

银-氯化银电极为

$$Ag \mid AgCl \mid Cl^-(溶液)$$

电极反应为

$$AgCl + e^- \Longrightarrow Ag + Cl^-$$

其电极电势取决于 Cl^- 的活度。该电极具有良好的稳定性和较高的重现性,无毒,耐震。其缺点是必须浸于溶液中,否则 AgCl 层会因干燥而剥落。另外,AgCl 遇光会分解,所以银-氯化银电极不易保存。其电极电势见表 3-5-3。

表 3-5-3 银-氯化银电极的电极电势

电极	温度/℃	电极电势/V
$Ag\mid AgCl\mid Cl^-(a_{Cl^-}=1.0\ mol\cdot L^{-1})$	25	0.2224
$Ag\mid AgCl\mid KCl(0.1\ mol\cdot L^{-1})$	25	0.288
$Ag\mid AgCl\mid KCl(饱和)$	25	0.199
$Ag\mid AgCl\mid KCl(饱和)$	60	0.1657

银-氯化银电极主要部分是覆盖 AgCl 的银丝,它浸在含 Cl^- 的溶液中。实验室中制备的银-氯化银的形式如图 3-5-11 所示。

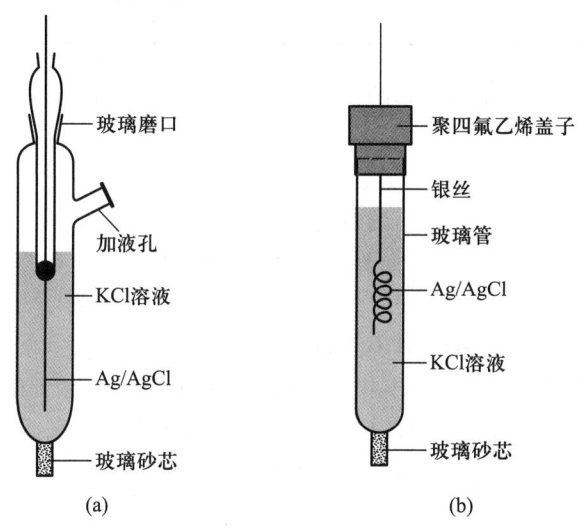

图 3-5-11 实验室中制备的银-氯化银电极的形式

电极的制备工艺中,较好的为电镀法:取一段 5cm 的铂丝作为金属基体,另一端封接在玻璃管中,铂丝洗净后,置于电镀液中作为阴极,用另一铂丝作为阳极。电镀液为 $10\ g\cdot L^{-1}$ 的 $K[Ag(CN)_2]$ 溶液。应保证其中不含过量的 KCN,为此,在电解液中加 0.5 g $AgNO_3$。电流密度为 $0.4\ mA\cdot cm^{-2}$ 左右,电镀时间 6 h。银镀层呈洁白色。将镀好的银电极置于 $NH_3\cdot H_2O$ 中 1 h,用水洗净后,存放在蒸馏水中。最后在 $0.1\ mol\cdot L^{-1}$ HCl 溶液中用同样的电流密度阳极氧化约 30 min。清洗后,浸入含有饱和 AgCl 和一定浓度 KCl 的溶液中老化 1~2 天备用。

也可直接用高纯度的金属银丝(99.99%)制备银-氯化银电极,先用丙酮将银丝除油,如表面有氧化物则可用稀硝酸去除,再用蒸馏水洗净,然后按上述方法阳极氧化即可。

(4)汞-硫酸亚汞电极。

汞-硫酸亚汞电极由汞、硫酸亚汞和含有 SO_4^{2-} 的溶液组成:

$$Hg\mid Hg_2SO_4\mid SO_4^{2-}(溶液)$$

电极反应为

$$Hg_2SO_4 + 2e^- \rightleftharpoons SO_4^{2-} + 2Hg$$

其制作方法与甘汞电极相似。在汞的表面上均匀地铺上一层汞和硫酸亚汞的糊状物,电极内的溶液为 Hg_2SO_4 或 K_2SO_4 溶液。如果用电解法制备,可采用 24% H_2SO_4 溶液为电解液,电流密度为 50 $mA \cdot cm^{-2}$。生成的 Hg_2SO_4 呈灰色。保存在浓度大于 1 $mol \cdot L^{-1}$ 的 H_2SO_4 溶液中,避光,备用。其电极电势见表 3-5-4。

表 3-5-4　汞-硫酸亚汞电极的电极电势

电极	温度/℃	电极电势/V
$Hg \mid Hg_2SO_4 \mid SO_4^{2-}(a_{SO_4^{2-}} = 1.0 \ mol \cdot L^{-1})$	25	0.616
$Hg \mid Hg_2SO_4 \mid K_2SO_4(饱和)$	25	0.658
$Hg \mid Hg_2SO_4 \mid H_2SO_4(0.05 \ mol \cdot L^{-1})$	18	0.687
$Hg \mid Hg_2SO_4 \mid H_2SO_4(0.5 \ mol \cdot L^{-1})$	25	0.679
$Hg \mid Hg_2SO_4 \mid H_2SO_4(40.8\%)$	20	0.566

汞-硫酸亚汞电极常用作硫酸体系的参比电极,如铅蓄电池的研究、硫酸介质中的金属腐蚀的研究等。

（5）汞-氧化汞电极。

汞-氧化汞电极是碱性溶液中常用的参比电极,由汞、氧化汞和碱性溶液组成:

$$Hg \mid HgO \mid OH^-(溶液)$$

其电极反应为

$$HgO + H_2O + 2e^- \rightleftharpoons Hg + 2OH^-$$

其电极结构和形式与甘汞电极基本相同,制备方法亦相同。由于在碱性溶液中一价汞离子会被歧化为零价汞和二价汞离子,所以体系中不会因 Hg_2O 的存在而引起电势的偏移。汞-氧化汞电极是一种重现性很好的电极,其电极电势见表 3-5-5。

表 3-5-5　汞-氧化汞电极的电极电势

电极	温度/℃	电极电势/V
$Hg \mid HgO \mid OH^-(a_{OH^-} = 1 \ mol \cdot L^{-1})$	25	0.098
$Hg \mid HgO \mid NaOH(0.1 \ mol \cdot L^{-1})$	25	0.164
$Hg \mid HgO \mid NaOH(1.0 \ mol \cdot L^{-1})$	25	0.107
$Hg \mid HgO \mid Ba(OH)_2(饱和)$	25	0.146
$Hg \mid HgO \mid Ca(OH)_2(饱和)$	25	0.192

4. 电解池

电化学测量用的电解池,一般采用硬质玻璃加工而成,也可采用具有良好化学稳定性的合成材料用作电解池的材料,如聚四氟乙烯、聚三氟氯乙烯、有机玻璃、聚乙烯、聚苯乙烯、环氧树脂等。

研究的对象不同,采用的电解池也不同。在设计电解池的时候,应该注意电解池的体积不能太大,否则会浪费电解液。但体积也不能太小,特别在较长时间的稳态测量中,溶液的浓度会发生改变,而影响测量结果。在电化学测量中应尽量减少其他物质的干扰,因此有必要时可在研究电极、参比电极与辅助电极各自之间用磨口旋塞或烧结玻璃隔开。当反应的电流较大,而溶液的电阻也较大时,应该考虑采用卢金(Luggin)毛细管以保证电势测量的正确。同时辅助电极的位置必须正确放置,一般应正对研究电极,而且其面积应大于研究电极。否则会因为研究电极表面电流分布的不均匀,而造成电势分布不均匀,影响测量结果。

5. 标准电池

1)特性和用途

在电化学、热化学的测量中,要求电势差(或电动势)这个物理量具有较高的准确度。电势差的单位为伏特,它是一个导出单位,以欧姆基准(标准电阻或计算电容)和安培基准(电流天平或核磁共振)为基础,通过欧姆定律来标定的。由于标准电池的电动势极为稳定,经过欧姆基准、安培基准标定后,其电动势就体现了伏特这个单位的标准量值,从而成为伏特基准器,将伏特基准长期保存下来。在实际工作中,标准电池被用作为电压测量的标准量具或工作量具,在直流电位差计电路中提供一个标准的参考电压。

标准电池的电动势具有很好的重现性和稳定性,其重现性一般能达到 0.1 mV。稳定性是指两种情况,一种是当电位差计电路内有微量不平衡电流通过该电池时,由于电池的可逆性好,电极电势不发生变化,电池电动势仍能保持恒定;另一种是能在恒温条件下在较长时期内保持电动势基本不变。

标准电池可分为饱和式、不饱和式两类,前者可逆性好,因而电动势的重现性、稳定性均好,但温度系数较大,必须进行温度校正,一般用于精密测量中;后者的温度系数很小,但可逆性差,用在精度要求不很高的测量中,可以免除烦琐的温度校正。

2)结构和主要技术参数

饱和式标准电池的构造如图 3-5-12 所示,电化学式表示为

$$Cd-Hg(12.5\% \ Cd) \left| CdSO_4 \cdot \frac{8}{3}H_2O \right| CdSO_4(饱和) \left| CdSO_4 \cdot \frac{8}{3}H_2O \right| Hg_2SO_4(固) \left| Hg \right.$$

其电池反应为

负极　　　　　　　$$Cd(Cd-Hg 齐) \longrightarrow Cd^{2+} + 2e^-$$

正极　　　　　　　$$Hg_2SO_4 + 2e^- \longrightarrow 2Hg + SO_4^{2-}$$

总反应　　　　　$$Cd(Cd-Hg 齐) + Hg_2SO_4 \rightleftharpoons CdSO_4 + 2Hg$$

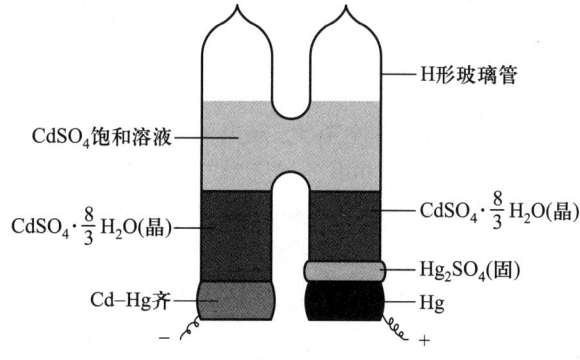

图 3-5-12　饱和式标准电池构造图

标准电池按其电动势的稳定度被区分为若干等级,表 3-5-6 为我国不同等级的标准电池的基本参数及主要特性。在物理化学实验的电学测量中,用作工作量具的饱和式标准电池,一般为 0.01、0.005 级,国产型号是 BC3、BC8 等。

表 3-5-6 我国不同等级的标准电池的基本参数及主要特性

类别	稳定度等级	在 20 ℃时电动势的实际值/V	在 1 min 内最大允许通过的电流/μA	在一年中电动势的允许变化/μV	温度/℃		内阻值不大于/Ω		相对湿度/%	用途
					保证准确度	可使用于	新的	使用中的		
饱和	0.0002	1.0185900~1.0186800	0.1	2	19~21	15~25	700		≤80	标准量具
	0.0005	1.0185900~1.0186800	0.1	5	18~22	10~30				
	0.001	1.018590~1.018680	0.1	10	15~25	5~35		1500	≤80	工作量具
	0.005	1.0185~1.01868	1	50	10~30	0~40	700	2000		
	0.01	1.0185~1.01868	1	100	5~40	0~40		3000		
不饱和	0.005	1.01880~1.01930	1	50	15~25	10~30			≤80	工作量具
	0.01	1.01880~1.01930	1	100	10~30	0~40	500	3000		
	0.02	1.0186~1.0196	10	200	5~40	0~50				

3) 饱和式标准电池的温度系数

饱和式标准电池正极的温度系数约为 310 $\mu V \cdot ℃^{-1}$,负极的约为 350 $\mu V \cdot ℃^{-1}$。由于负极的温度系数比正极的大,又处在标准氢电极电势以下,电极电势为负值。如果温度升高 1 ℃,正极电极电势的升高不及负极电极电势的升高大,这意味着其绝对值减小。因而整个电池电动势的温度系数是负的。每一电池在出厂时,或者计量局定期检定时,均附有 20 ℃时的电动势数据。当使用环境不是 20 ℃时,必须通过电位差计上的专用温度校正盘进行校正。1975 年,我国提出 0~40 ℃温度范围内饱和式标准电池的电动势-温度校正公式:

$$\Delta E_t/\mu V = -39.94(t/℃-20)-0.929(t/℃-20)^2+0.0090(t/℃-20)^3-0.00006(t/℃-20)^4$$

$$(3-5-12)$$

在精度要求不很高时,上式可简化为

$$\Delta E_t/\mu V = -40(t/℃-20) \qquad (3-5-13)$$

为便于使用,将标准电池的温度校正值先按式(3-5-12)计算出来并列表,具体数据见附录三表 3-26。

4) 使用和维护

标准电池在使用过程中,不可避免地会有充、放电流通过,使电极电势偏离其平衡电势值,导致整个电动势的改变。虽然饱和式标准电池的去极化能力较强,充、放电流结束后电动势的恢复也较快,但仍应将通过标准电池的电流严格限制在允许的范围内,表 3-5-6 的第 4 栏中列出了各个等级的标准电池所允许通过的电流值。

由于标准电池的温度系数与正、负两极都有关系,故放置时必须使两极处于同一温度。

饱和式标准电池中的 $CdSO_4 \cdot \frac{8}{3}H_2O$ 晶粒在温度波动的环境中会反复不断地溶解、再结晶,致使原来很微小的晶粒长大,增加电池的内阻,降低电位差计中检流计回路的灵敏度。因此,应尽可能将标准电池置于温度波动不大的环境中。

机械震动会破坏标准电池的平衡,在使用及搬移时应尽量避免震动,绝对不允许倒置。

光会使 Hg_2SO_4 变质,此时,标准电池仍可能具有其正常的电动势值,但其电动势对于温度变化的滞后特性较大,因此标准电池应避免光照。

3.5.5　电极过程动力学实验

研究电极过程动力学的主要目的在于弄清影响电极反应速率的基本因素,从而有可能有效地按照人们的愿望去影响电极反应进行的方向与速率。电极过程动力学实验主要是测量电极反应的动力学参数和确定电极反应历程。电极过程动力学的实验方法很多,如循环伏安法、恒电流极化曲线法、线性电位扫描法、暂态法、交流阻抗法、滴汞电极和旋转圆盘(环盘)电极法等。由于计算机和电子技术以及应用软件的高速发展,上述较复杂的电极过程动力学实验现在可用一台仪器来完成。下面以 CHI600E 系列电化学工作站为例,说明现代电化学测量仪器的原理和使用方法。

1. CHI600E 系列电化学工作站介绍

1)工作原理

电化学测量仪器通常由恒电位仪、信号发生器、记录装置及电解池系统组成。电解池则常含有三个电极:工作电极(又称研究电极)、参比电极和辅助电极。恒电位仪可通过反馈系统自动调节流过工作电极和辅助电极间的电流,从而控制工作电极和参比电极之间的电势。恒电位仪由运算放大器构成。图 3-5-13 所示为一个典型的恒电位仪电路。

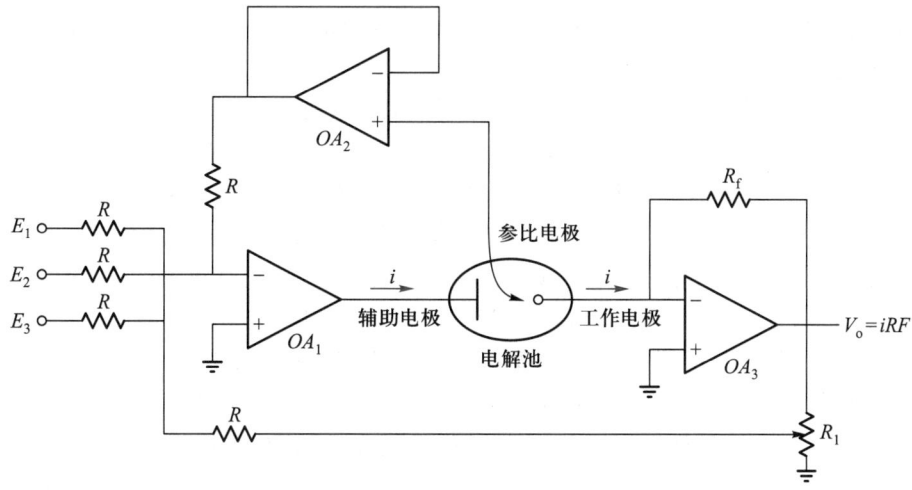

图 3-5-13　典型的恒电位仪电路

图 3-5-13 中 OA_1 是恒电位仪的控制放大器。控制放大器的输入端具有加法器的功能,可允许直流、交流、扫描、脉冲等电压信号的叠加,从而实现各种电压波形的输入。工作电极和参比电极间的控制电势为 $E_1+E_2+E_3$。 OA_2 是高输入阻抗的电压跟随器,这可防止参比电极流过电流而造成参比电极极化。 OA_3 为电流-电压转换器,也采用高输入阻抗的放大器。流过工

作电极和辅助电极间的电流经 OA_3 会转换成易于测量的电压信号,从而由记录装置记录。电流测量的灵敏度可通过改变 OA_3 的反馈电阻 R_f 而改变。图中还给出了用于正反馈 iR 降补偿的电路。通过调节电位器 R_1,可使正比于流过电解池电流的电压量正反馈回控制放大器的输入端,以补偿由于电流流过溶液内阻而产生的电压降。

在电化学测量中还经常用到恒电流仪。恒电流仪可用于控制流过工作电极和辅助电极间的电流大小,同时记录工作电极和参比电极之间的电势随时间的变化。恒电流仪通常也由运算放大器组成。图 3-5-14 所示为一个典型的恒电流仪电路。

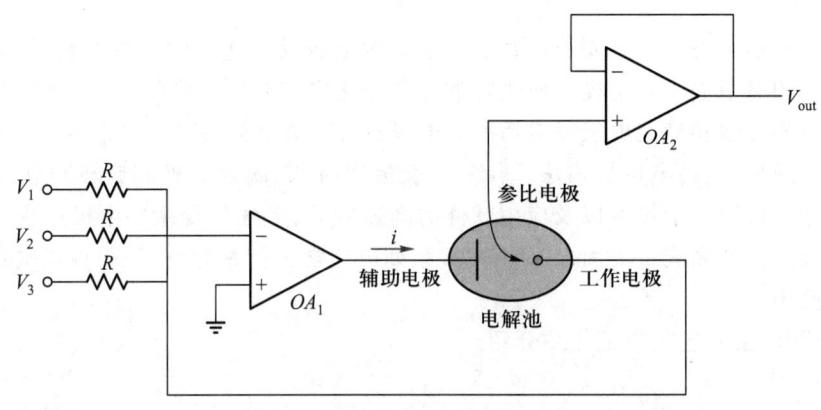

图 3-5-14　典型的恒电流仪电路

图 3-5-14 中 OA_1 为恒电流电路。流过工作电极和辅助电极间的电流等于 $(V_1+V_2+V_3)/R$。电流的大小可通过改变输入电压 V 或输入电阻 R 来调节。OA_2 是高输入阻抗的电压跟随器,以防止参比电极流过电流而造成极化。由于工作电极接在 OA_1 的反相端(虚地端),OA_2 的输出即参比电极与工作电极间的电势差,可由记录装置记录。

2) 仪器功能

现代电化学测量仪器通常都采用计算机控制。但其核心的恒电位仪和恒电流仪仍采用运算放大器构成。图 3-5-15 给出了 CHI600E 系列电化学工作站的电路示意图。该电化学工作站由计算机控制进行测量。计算机的数字量可通过数-模转换器(DAC)而转换成能用于控制恒电位仪或恒电流仪的模拟量;而恒电位仪或恒电流仪输出的电流、电压、电荷量等模拟量则可通过模-数转换器转换成可由计算机识别的数字量。通过计算机可产生各种电压波形、进行电流和电压的采样、并控制电解池的通和断、灵敏度的选择、滤波器的设置、iR 降补偿的正反馈量、电解池的通氮除氧、搅拌、静汞电极的敲击和旋转电极控制等。由于计算机可同步产生扰动信号和采集数据,使得测量变得十分容易。计算机同时还可用于用户界面、文件管理、数据分析、处理、显示、数字模拟和拟合等。计算机控制的 CHI600E 系列电化学工作站十分灵活,实验控制参数的动态范围极为宽广,并将多种测量技术集成于单个仪器中。不同实验技术间的切换亦十分方便。

CHI600E 系列电化学工作站的具体功能见表 3-5-7。从表中可见该仪器基本上集成了常规的电化学测量技术。

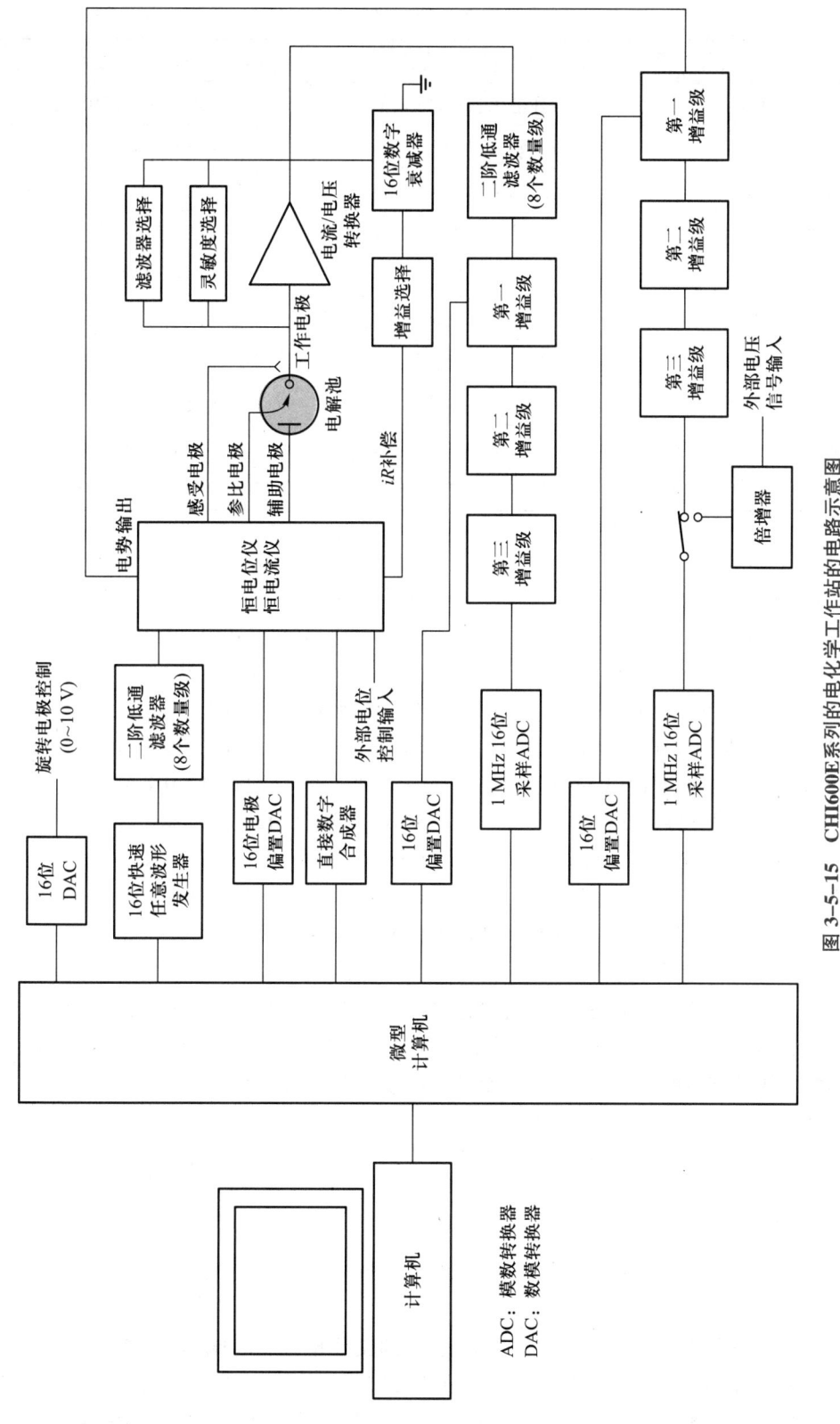

图 3-5-15 CHI600E系列的电化学工作站的电路示意图

ADC: 模数转换器
DAC: 数模转换器

表 3-5-7 CHI600E 系列电化学工作站功能一览表

功能	功能	功能
循环伏安法（CV）	线性电位扫描法（LSV）	交流阻抗测量（IMP）
阶梯波伏安法（SCV）	塔费尔曲线（TAFEL）	交流阻抗-时间测量（IMPT）
计时电流法（CA）	计时电量法（CC）	交流阻抗-电位测量（IMPE）
差分脉冲伏安法（DPV）	常规脉冲伏安法（NPV）	计时电位法（CP）
差分常规脉冲伏安法（DNPV）	方波伏安法（SWV）	电流扫描计时电位法（CPCR）
交流伏安法（ACV）	二次谐波交流伏安法（SHACV）	电位溶出分析（PSA）
电流-时间曲线（i-t）	差分脉冲电流检测（DPA）	开路电位-时间曲线（OCPT）
差分脉冲电流检测（DDPA）	三脉冲电流检测（TPA）	恒电流仪
控制电位电解库仑法（BE）	流体力学调制伏安法（HMV）	旋转圆盘电极转速控制（0~10 V）
扫描-阶跃混合方法（SSF）	多电位阶跃方法（STEP）	任意反应机理 CV 模拟器

3）参数指标

电势范围：±10 V　　　　　　　　　　电势上升时间：<1 μs

槽压：±12 V　　　　　　　　　　　　电流范围：250 mA

参比电极输入阻抗：$1×10^{-12}$ Ω　　　电流灵敏度：$1×10^{-12}$~0.1 A·V^{-1}

电流测量分辨率：<$1×10^{-9}$A　　　　电势更新速率：5 MHz

CV 的最小电势增量：0.1 mV　　　　　CV 和 LSV 扫描速率：1 μV~10 kV·s^{-1}

CA 和 CC 脉冲宽度：0.1 ms~1 ks　　　DPV 和 NPV 脉冲宽度：0.1 ms~10 s

CA 和 CC 阶跃次数：320　　　　　　　SWV 频率：1 Hz~100 kHz

ACV 频率：0.1 Hz~10 kHz　　　　　　SHACV 频率：0.1 Hz~5 kHz

IMP 频率：10 μHz~1000 kHz　　　　　最大数据长度：4096000 点

自动和手动欧姆降补偿；自动和手动设置低通滤波器。

4）软件特点和操作方法

仪器由外部计算机控制，且在视窗操作系统下工作。用户界面遵守视窗软件设计的基本规则。控制命令参数所用术语均为化学工作者熟悉和常用的。较常用的一些命令在工具栏上均有相应的快捷键，便于执行。仪器的软件还提供方便的文件管理、几种技术的组合测量、数据处理和分析、实验结果和图形显示等功能。

如果外接其他一些仪器，该仪器还可用于旋转环盘电极的测量、电化学石英晶体微天平的测量和微电极的测量等。

2. 电极过程动力学实验方法

电极过程动力学实验的测量线路通常如图 2-8-3 所示。

1）三电极体系

电化学测量所用电解池通常含有三个电极，即工作电极（又称研究电极）、参比电极和辅助电极。测量仪器可通过反馈系统自动调节流过工作电极和辅助电极间的电流，从而控制工作电极和参比电极之间的电势，以达到恒定电势的目的；当应用恒电流技术进行测量时，仪器则根据设定值控制流过工作电极和辅助电极间的电流大小,同时记录工作电极和参比电极之间的电势随时间的变化。

2) 恒电流极化曲线的测量

可通过电化学工作站对体系进行恒电流极化曲线的测量。对于每一个极化电流密度 i,可以测量出相应的电极电势 φ。根据实验直接测量得到的极化电流密度 i 和电极电势 φ 的数据,就可绘制电流极化曲线(即 $i\text{-}\varphi$ 曲线图),如图 3-5-16 所示。曲线的起始段表示单纯为电化学极化所形成的极化曲线。

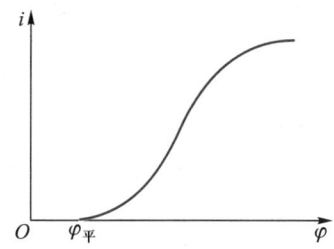

图 3-5-16　极化曲线示意图

对于电化学极化,也就是电化学步骤为最慢步骤时,从电极过程动力学理论可导出极化公式:

$$\eta = a + b\lg i \tag{3-5-14}$$

式中 η 为极化的超电势,$\eta = \varphi - \varphi_\Psi$($\varphi_\Psi$ 为平衡电势)。超电势与电流密度的对数成直线关系,这就是塔费尔(Tafel)经验式的表示形式。式中常数为

$$a = -\frac{2.303RT}{\alpha nF}\lg i_0 \tag{3-5-15}$$

$$b = \frac{2.303RT}{\alpha nF} \tag{3-5-16}$$

根据超电势 η 与电流密度 i 的实验数据,通过图解法可求得常数 a 和 b,从而可求得电极过程动力学参数 α 和交流电流 i_0 等。

同时可再根据关系式

$$i_0 = nFkc_O^{1-\alpha} \cdot c_R^{\alpha} \tag{3-5-17}$$

可求得电极反应的速率常数 k。式中 c_O 和 c_R 分别为电极反应的氧化态物质和还原态物质的浓度。

3) 恒电势极化曲线的测量

恒电势法能够测绘完整的极化曲线,对金属溶解和金属钝化现象的研究非常有利。恒电势极化曲线的测量也可通过电化学工作站进行。它将工作电极的电势恒定地维持在所需要的数值,然后测量该电势下对应的电流值。

在实际测量中常采用的恒电势测量方法有两种:

(1) 静态法。将电极电势较长时间地维持在某一恒定值,同时测量电流随时间的变化,直到电流值基本达到某一定值,然后改变不同的电势值,分别测量电流随时间的变化,以获得完整的极化曲线。

(2) 动态法。控制电极电势以一定的速率连续地改变(扫描),并测量对应电极电势下的瞬时电流值,并以瞬时电流与对应的电极电势作图,获得整个极化曲线,如图 2-8-2 所示。所采用的扫描速率(即电势变化速率)则根据研究体系的性质选定。循环伏安法也是动态法的一种技术。根据循环伏安实验结果可判断氧化还原反应体系的可逆程度。

4) 旋转圆盘电极的应用

旋转圆盘电极是测定体系电化学参数的基本实验方法之一。它具有能建立一个均一的、稳定的表面扩散状态的特点。因此,它可以应用于测定溶液中离子扩散过程的参数,也可以应

用于研究固体电极的电化学反应动力学参数。

旋转圆盘电极的结构如图 3-5-17 所示。电极中心是一根金属棒（如铜棒），棒的下端是电极的圆形光亮表面（即圆盘，如铂）。外面是绝缘体（通常用聚四氟乙烯或环氧树脂）。

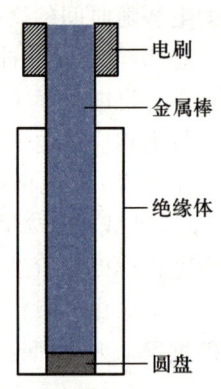

旋转圆盘电极测量装置与一般极化曲线测量装置类似，只增加一个可连续调节电极转速的装置。其中最重要的是圆盘电极和控制转速装置的设计，尤其是高速（可达 $10000\ \mathrm{r\cdot min^{-1}}$）的旋转电极。

旋转圆盘电极是轴向对称的，当电极以一定速率旋转时，电极下方液体将沿中心轴上升，上升液体被旋转的电极表面抛向圆盘周边。理论可以证明圆盘电极上各点的扩散层厚度是相同的，而电流密度也是均匀的。计算表明，旋转圆盘电极上的扩散电流密度 i_d 与转速有以下关系：

$$i_d = -0.62nFD^{2/3}\nu^{-1/6}\omega^{1/2}(c_b-c_s) \qquad (3-5-18)$$

而极限扩散电流密度 i_d^l 与转速的关系为

$$i_d^l = -0.62nFD^{2/3}\nu^{-1/6}\omega^{1/2}c_b \qquad (3-5-19)$$

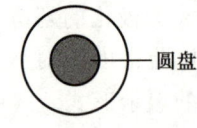

图 3-5-17 旋转圆盘电极结构示意图

上两式中 n 为电极反应的电子得失数；F 为法拉第常数；D 为离子的扩散系数；ν 为溶液动力黏度系数；ω 为圆盘电极旋转角速度；c_b 为溶液浓度；c_s 为电极表面溶液的浓度。

旋转圆盘电极可应用于：

（1）测量离子的扩散系数 D。

在已知 c_b 和 ν 的情况下，测定极限扩散电流密度与对应的旋转角速度数据，然后将 i_d^l 对 $\omega^{1/2}$ 作图，可得一直线，从直线斜率值可求得扩散系数 D。

（2）求电极反应的电子得失数 n。

如果 D 已知，ν 和 ω 也已知，测定 i_d^l 与对应的 c_b，以 i_d^l 对 c_b 作图，也可得一直线，由直线斜率可求得 n。

（3）同理，利用式（3-5-19）的关系，还可以测定溶液浓度 c_b。测定时可以采用标准曲线法，也可以在已知 D、ν 的情况下，以 i_d^l 对 $\omega^{1/2}$ 作图，求出 c_b。

（4）在旋转圆盘电极上获得的恒电流极化曲线测量数据，还可以求得电极反应的其他动力学参数。

3.6 胶体与表面化学实验技术

3.6.1 引言

胶体化学是研究分散体系的制备、性能及应用的一门科学。所谓分散体系，指的是一种物质以分子、离子、原子形态或较大的微粒分散于连续介质中所形成的体系。自然界和技术领域内,广泛存在着分散体系。胶体化学所研究的体系,其分散相粒子的直径一般在 1~100 nm。实际上,胶体这门学科所研究的内容已大大超出了化学范畴,因此胶体化学只能研究分散体系的某些共性。一般来说,大体包括以下三个方面:(1)界面或表面现象和界面或表面层的性质。(2)溶胶、乳状液和悬浮液;分散体系的形成条件及其影响因素;分散体系的稳定性与分散相粒子之间的相互作用等问题。(3)大分子溶液和缔合胶体。缔合胶体是一种由两种或两种以上分散相组成的分散体系,如胶束、液晶、膜等,具有特殊的结构和性质,是胶体化学的一个重要分支。

3.6.2　表面与界面

两相之间的交界所形成的物理区域称为界面。"表面"原指一物质对真空或与其自身的蒸气相接触的面,在胶体科学中,两相中有一相为气相的界面则可称表面。气-固相界面称为固体表面,气-液相界面称为液体表面。胶体所研究的体系有着巨大的界面或表面,通常以单位质量或单位体积物质的表面积来衡量该物质的分散程度。

1. 液体表面

1）表面能与表面张力

液体表面分子在外侧方向没有其他分子的作用,因而液体表面分子比内部分子具有更高的平均位能,液体有尽量缩小表面积的倾向。让液体增大表面积时要由外界对液体做功,其所需要的能量称为液体的表面自由能或表面能。例如,质量为 1 g 的球形水珠的表面积为 4.85 cm^2,其表面能为 3.4×10^{-7} J,这个数值可以忽略不计。若将它分散成半径为 1 nm 的微粒,其总表面积可达 3×10^3 m^2,总表面能将大于200 J。

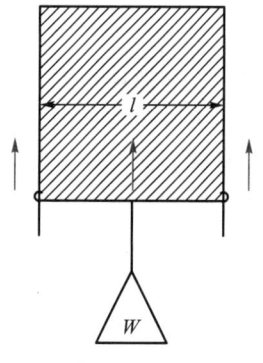

图 3-6-1　表面张力的宏观表现

液体的表面能可被用于做功。图 3-6-1 中斜线部分表示一个肥皂膜,它的自发收缩能拉起一定质量的物体,这是表面能作用的结果。

液体表面积的缩小将使其达到尽可能低的位能状态。等体积时球形表面积最小,所以自由小液滴常呈球形。

表面能的热力学表达式为

$$dG_{T,p} = \sigma dA \tag{3-6-1}$$

$$\sigma = (\partial G / \partial A)_{T,p} \tag{3-6-2}$$

式中 G 为吉布斯自由能;A 为表面积;σ 为比表面能。式(3-6-2)即为比表面能 σ 的热力学定义:在恒温恒压条件下,体系增加一单位表面积时所需的能量称为该液体的比表面能 σ,其单位为J·m^{-2}。σ 既是比表面能,又代表在作用线的单位长度上液体表面的收缩力,即表面张力,其方向沿着液体表面切线方向指向液相(如图 3-6-1 所示),与使液体表面增大的外力 F 方向相反,单位是 N·m^{-1}。

2）表面张力的测量方法

液体的表面张力 σ 是一个强度因子,是物质的重要特性之一,在恒温恒压的条件下有一定的数值。测定液体的表面张力 σ 的方法不少,在科学研究中和教学上常采用的有如下几种：

（1）毛细管上升法。图 3-6-2 为毛细管上升法测定表面张力示意图。当玻璃毛细管插入能对玻璃湿润的液体时,这个弯月面受到一个大小为 $2\pi r\sigma/\cos\theta$ 的指向气相的附加压力的作用,液面呈凹形,毛细管内液面上升。上升高度恰使液柱的重量 $\pi r^2 h\rho g$ 与该附加压力相等,所以达到平衡时：

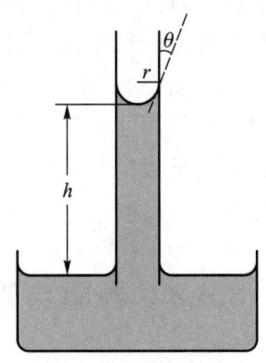

图 3-6-2　毛细管上升法测定表面张力示意图

$$\sigma = \frac{\rho g h r}{2\cos\theta} \qquad (3-6-3)$$

式中 ρ 为液体密度;g 为重力加速度;h 为液面上升高度;r 为毛细管内半径;θ 称接触角。如液体润湿性良好,$\theta = 0$;如 $\theta \neq 0$,则由于 θ 不易测准而将影响测定结果。但该法的设备简单,数据精确,所以应用较多。液面上升高度可用测高仪精确读出。所用毛细管内径以 0.2~0.3 mm 为宜。为获得正确结果,毛细管粗细应均匀。

可选取笔直的玻璃毛细管一支,由一端吸入少量水银,使其在管中占据长度为2~3 cm。用经过改装的读数显微镜精确测得水银长度。

采用鼓气的方法,细心移动水银的位置,再逐段测定水银在毛细管中的长度。若水银长度不变,即毛细管内径均匀。倒出水银称量,可求出毛细管半径大小。

（2）最大泡压法。最大泡压法的实验装置简单,操作方便,更重要的是,该方法不必测定接触角 θ 和液体密度 ρ。具体操作详见实验二十二。

（3）滴重法或滴体积法。这是一种既简便又准确的方法。其装置见图 3-6-3 所示。转动三通旋塞,将针筒抽气,可使毛细管吸取待测液体,过刻度少许;再转动三通旋塞,使预先接好的毛细管与滴液管相通,液滴慢慢滴下,至刻度时记录滴完一定体积的滴数 n 和该滴的总质量,以求出液体密度 ρ。表面张力可由下式求得：

$$\sigma = FV\rho g/r \qquad (3-6-4)$$

式中 r 是毛细管管口的外半径;V 为每滴液滴的平均体积;F 是校正因子。校正因子与液滴未能完全离开管口有关。表 3-6-1 为滴重法的校正因子值。

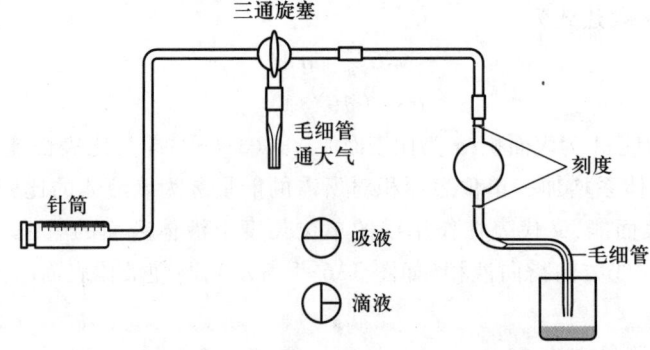

图 3-6-3　滴重法测定表面张力装置图

表 3-6-1 滴重法的校正因子值

V/r^3	F	V/r^3	F	V/r^3	F
5000	0.172	2.637	0.26224	0.816	0.2550
250	0.198	2.3414	0.26350	0.771	0.2534
58.1	0.215	2.0929	0.26452	0.729	0.2517
24.6	0.2256	1.8839	0.26522	0.692	0.2499
17.7	0.2305	1.7062	0.26562	0.658	0.2482
13.28	0.23522	1.5545	0.26566	0.626	0.2464
10.29	0.23976	1.4235	0.26544	0.597	0.2445
8.190	0.24398	1.3096	0.26495	0.570	0.2430
6.662	0.24786	1.2109	0.26407	0.541	0.2430
5.522	0.25135	1.124	0.2632	0.512	0.2441
4.653	0.25419	1.048	0.2617	0.483	0.2460
3.975	0.25661	0.980	0.2602	0.455	0.2491
3.433	0.25874	0.912	0.5885	0.428	0.2526
2.995	0.26065	0.865	0.2570	0.403	0.2559

注:V/r^3 在 2.637~1.2109 时,校正项的实验误差在 0.1% 以内;在 10.29~0.865 时,为 0.2% 以内。

图 3-6-4 为简易滴重法测定表面张力装置图,其容量为 5.00 mL。先吸取蒸馏水,将其放垂直,由刻度开始计算水滴数目 $n_水$,然后同样可测得未知液体的滴数 n_x。再用密度计求得未知液体的密度 ρ_x,由附录查得 $\rho_水$ 及 $\sigma_水$,则未知液体的表面张力为

$$\sigma_x = \sigma_水 \rho_水 n_水 / (\rho_水 n_x) \qquad (3-6-5)$$

(4)拉脱法。拉脱法测定表面张力装置见图 3-6-5。其基本原理是,测量一个已知周长的金属圆环(或金属片)从待测液体表面拉脱时的最大拉力 f,从而求得该液体的表面张力。若采用金属吊环接触液体时,考虑一级近似,则可认为脱离力为表面张力乘以接触液体的金属吊环的周长,即

$$f = 4\pi R\sigma \qquad (3-6-6)$$

式中 f 为最大拉力;R 为金属圆环的平均半径。设环的内半径为 R',环本身的半径为 r,环的平均半径为 $R = R'+r$。

图 3-6-4 简易滴重法
测定表面张力装置图

若采用金属吊片接触液体时,假定液体与吊片间接触角为零,则有

$$f = \sigma \cdot P \qquad (3-6-7)$$

式中 P 为金属片的周长。

由于使用拉脱法测定液体表面张力的范围在 $1\times10^{-3}\sim1\times10^{-2}$ N·m^{-1},因此需要测量仪器的灵敏度较高。硅压阻式力敏传感器可满足这些要求,它利用单晶硅的压阻效应制成,能够将物理量(如压力、力等)转化为电阻变化信号输出。它具有精度高、结构简单、可靠性高、输出

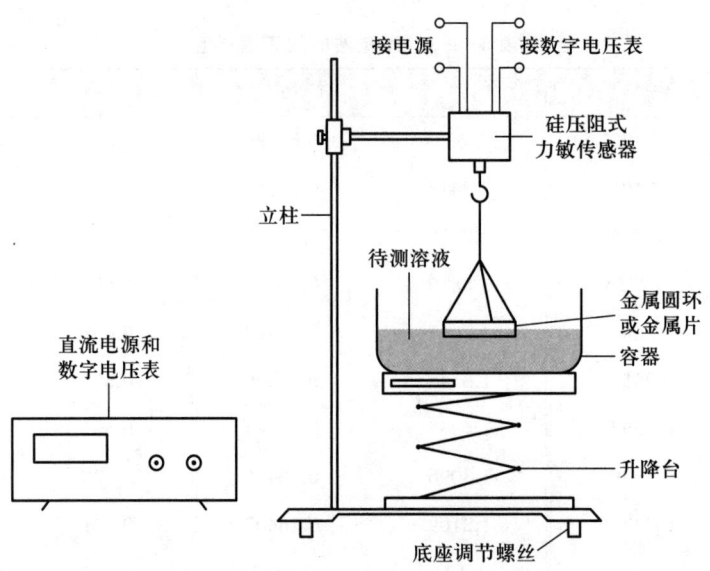

图 3-6-5 拉脱法测定表面张力装置图

信号稳定等优点,在机械制造、医疗器械、汽车工业等领域得到了广泛应用。它也适用于测量液体的表面张力,比传统的扭力秤等灵敏度高、稳定性好,并可数字信号显示。

(5)其他方法。液滴外形法常用来测定熔融金属及界面张力低于 10^{-4} N·m^{-1} 的体系的表面张力。

随着技术的发展,目前有多种类型的自动界面张力仪/表面张力仪,分别针对不同的领域测量相应体系的表面张力。

3)溶液表面张力与表面活性物质

溶液由溶剂与溶质组成,在恒温恒压下,溶液的表面张力随着本体浓度而变化。通过大量的研究,人们把各种物质水溶液的表面张力和溶质浓度之间的关系总结为图 3-6-6 所示的三种类型。多数无机盐水溶液和多羟基有机物的水溶液属于第1类型,溶液的表面张力随浓度增大略有上升,这类溶质称为非表面活性物质。乙醇、丁醇、乙酸等低于8 个碳原子的有机醇、酸、醛、酮、酯的水溶液属于第 2类型,σ 随 c 的增大而逐渐降低,虽能降低水的表面张力,但不能满足如洗涤、乳化、增容等要求。这类溶质称为表面活性物质。而肥皂、油酸钠和洗涤剂等物质的水溶液属于第 3 类型,其 σ 随 c 增大而急剧降低,且会出现一个最低值,这类表面活性物质称为表面活性剂,其应用十分广泛。第 2,3 类型的物质都具有降低表面张力的作用,统称为表面活性物质,但只有第 3 类型的物质称为表面活性剂。

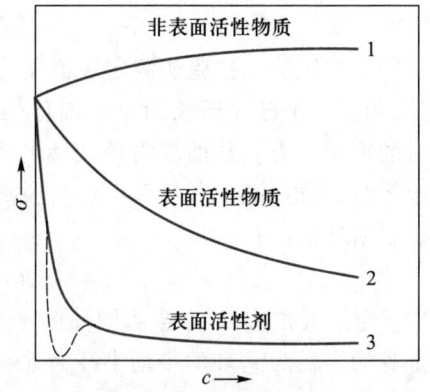

图 3-6-6 水溶液的表面张力与溶质浓度之间的关系

表面活性物质溶于水中皆能降低水的表面张力,吉布斯(Gibbs)用热力学方法导出了公式:

$$\Gamma = \frac{c}{RT}\left(-\frac{\mathrm{d}\sigma}{\mathrm{d}c}\right)_T \tag{3-6-8}$$

式(3-6-8)的具体含义及测定方法可参见实验二十二。显然,随着溶质浓度的增大,溶液表面张力降低,表面上产生正吸附。一旦溶液表面完全被活性物质所占据,就将在溶液中形成胶束,其性质及临界胶束浓度的测定,见实验二十四。式(3-6-8)只适用于非离子型的表面活性物质。对于在溶液中解离出正、负离子的表面活性剂则应取:

$$\Gamma = \frac{c}{RT}\left(-\frac{\partial\sigma}{\partial\ln c}\right)_T \tag{3-6-9}$$

4）单分子膜

许多不溶性物质在水的表面铺展而形成单分子层的膜,即单分子膜。单分子膜具有独特的物理、化学和生物学性质,可以用于研究分子间的相互作用和分子的构型变化。生物学家利用单分子膜来分析细胞膜的组成和功能,化学家利用单分子膜来制备新型的纳米材料和传感器。

（1）单分子膜的形成。气-液界面上的不溶物单分子膜有两种形成方式,一种是将不溶物（液体或固体）置于水面,依靠与水的相互作用及扩散形成单分子膜;另一种是将不溶于水的双亲分子溶于有机溶剂形成具有一定浓度的溶液,然后将一定量的该溶液用微量注射器滴加在水相表面上,由于有机溶剂的表面张力小于水的表面张力,故液滴在水面上铺展,带动了双亲分子在水面上铺展,当有机溶剂挥发后,留在水面上的双亲分子形成亚单层膜,通过压缩,最终形成致密的单层膜。如在水面上制备硬脂酸单层膜,可通过如下方法获得。取一涂蜡的浅平盘,平置于桌上。盛满蒸馏水后,由于蜡的憎水性质使得水面高于盘边。轻轻地撒上一层极薄的滑石粉,将涂蜡玻璃条搁置于盘端,移动并轻刮水面,洗净玻璃条,再刮水面,反复数次,将粉末刮尽,这样可使水面清洁。用 2 mL 针筒吸取少量 0.05% 脂肪酸苯溶液,垂直使一滴溶液由针头滴加于水面上,仔细观察苯挥发及脂肪酸的铺展情况。待这滴溶液挥发铺展完毕后再加第二滴。持续进行滴加,苯挥发逐渐变慢,直到最后一滴成为圆点留于水面,相当时间亦不再铺展为止。记下滴数,扣去最后一滴,计算脂肪酸的质量。已知硬脂酸密度 $d_4^{18} = 0.8954$ g·mL^{-1},再量出盘的面积即可计算出分子截面积及厚度。

（2）单分子膜的膜压。如在单分子膜边缘的水面上横放一个浮片,可以发现膜将对浮片产生一个压力,推动浮片移动,将浮片连上一个扭力天平,就可以测出单分子膜对单位长度浮片所施加的压力,这就是膜压,或称表面压 Π,其表示式为

$$\Pi = \sigma_{水} - \sigma_{膜} \tag{3-6-10}$$

用吊片法分别测定纯水及成膜后表面张力的变化,同样可以求得膜压。图 3-6-7 为韦廉法测定表面张力装置图。其测量计为一弹簧秤,用测高仪读取成膜前后薄片受表面张力向下移动时弹簧拉升的长度。按下式计算:

$$\Pi = \frac{K\Delta x}{2(l+d)} \approx \frac{K\Delta x}{2l} \tag{3-6-11}$$

式中 K 为弹簧的弹性系数;Δx 为薄片移动前后两次弹簧伸长

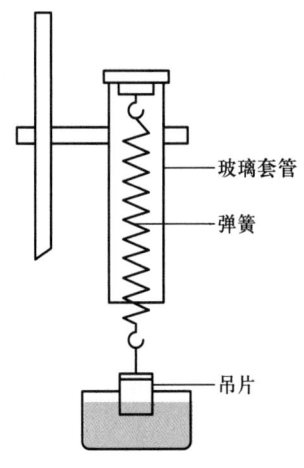

玻璃套管

弹簧

吊片

图 3-6-7　韦廉法测定表面
张力装置图

的差值。如用天平来测定就叫朗缪尔膜天平。

吸附量 Γ 的倒数 A_r 为溶质分子在液体表面所占据的平均面积。以 Π 对 A_r 作图可得到 $\Pi-A_r$ 等温线。它反映了形成表面膜的分子与分子之间的相互关系。根据分子间的距离及各分子独立运动的情况可将表面膜分成气膜、液扩展膜、液凝聚膜和固膜等状态。

（3）LB 膜。为了更好地表征膜的形貌、结构及性质，需将气-液界面上形成的单分子膜沉积到固体基片上。在恒定表面压下，使固体基片垂直地插入水面，以一定的速率向上或向下运动，则气-液界面上形成的单分子膜即可均匀地沉积在基片上。由于这种技术是 1935 年由 Blodgett 提出的，故这种沉积方式得到的膜称为 Langmuir-Blodgett（LB）膜。沉积到基片上的 LB 膜，若只沉积一层，称为 LB 单层膜；若沉积多层，则称为 LB 多层膜。LB 膜形成后，研究者会根据需要，对 LB 膜进行表征，一般用椭圆偏振光术测定膜的厚度；用低角 X 射线衍射测定膜的结构；用 UV-vis 和 FTIR 光谱探讨膜中分子间的相互作用力；用原子力显微镜进行形貌观察，等等。

2. 液-液界面与液-固界面

1）界面张力

两种互不相溶的液体相互接触时，一般来讲，会出现两种现象。第一种现象是被滴加的液体在液面上展开，如把一滴油滴在水的表面上时，油滴可能在水面上铺展。第二种现象是被滴加的液体在液面上不展开，形成所谓的"透镜"，如图 3-6-8 所示。令两组分为甲、乙，甲在乙表面上铺展。当甲组分面积扩大 $\mathrm{d}A_甲$ 时，乙组分的面积相应地减少 $\mathrm{d}A_乙$，同时甲、乙之间形成新的液-液界面，面积为 $\mathrm{d}A_{甲乙}$，它们之间的关系为

$$\mathrm{d}A_甲 = -\mathrm{d}A_乙 = \mathrm{d}A_{甲-乙} \tag{3-6-12a}$$

体系的吉布斯自由能变化为

$$\mathrm{d}G = \left(\frac{\partial G}{\partial A_甲}\right)\mathrm{d}A_甲 + \left(\frac{\partial G}{\partial A_乙}\right)\mathrm{d}A_乙 + \left(\frac{\partial G}{\partial A_{甲-乙}}\right)\mathrm{d}A_{甲-乙}$$

$$= \sigma_甲\mathrm{d}A_甲 - \sigma_乙\mathrm{d}A_乙 + \sigma_{甲-乙}\mathrm{d}A_{甲-乙} \tag{3-6-12b}$$

故

$$\frac{\mathrm{d}G}{\mathrm{d}A_甲} = \sigma_甲 - \sigma_乙 + \sigma_{甲-乙} \tag{3-6-12c}$$

若令 $s = -\dfrac{\mathrm{d}G}{\mathrm{d}A_甲}$ 为甲在乙上的铺展系数，则

$$s = -\frac{\mathrm{d}G}{\mathrm{d}A_甲} = \sigma_乙 - \sigma_甲 - \sigma_{甲-乙} \tag{3-6-12d}$$

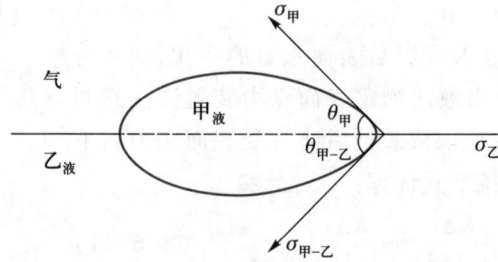

图 3-6-8　在水面上不铺展的油滴示意图

若 $s>0$，则 $\dfrac{dG}{dA_{甲}}<0$ 此时 $\sigma_{乙}>\sigma_{甲}+\sigma_{甲-乙}$，即消失的乙液体的气-液界面的界面自由能大于两个新生产的界面自由能之和，此时整个体系的界面自由能降低，甲液体在乙液体表面铺展。反之，若 $s<0$，整个体系的吉布斯自由能升高，甲液体在乙液体表面不铺展。所谓铺展就是两液体的黏附功大于液体的内聚功。"轻水"灭火剂就是使 $s_{水-油}>0$，这样水相能铺展于油层之上，形成水膜，达到灭火的目的。

当 $s=0$ 时，有

$$\sigma_{甲-乙}=\sigma_{甲}-\sigma_{乙} \tag{3-6-12e}$$

在一定情况下，分别测定甲、乙两液体的表面张力，可估算其界面张力。

液-液界面张力的测定，其方法与测定表面张力相似，滴重法和拉脱法仍是使用较多的方法。但操作略有不同。滴重法操作是将毛细管吸入密度大的液体，然后伸入密度小的液体内，再进行计数滴落的液珠。用拉脱法时，环必须为下层液体所湿润。如苯-水界面可用铂环，因为水为下层，水能润湿环。水-四氯化碳体系则必须使用憎水的环。测定时，先将环的平面恰好置于液-液界面，然后向下压或向上拉，由力的大小可计算界面张力。不过下压与上拉结果常有差异，这可能与界面结构或上、下层液体与环的接触角 θ 不同有关。

2）润湿方程与接触角

液体能在固体表面铺展，即为润湿。杨（Young）用力学方法提出了一个润湿方程：

$$\sigma_{气-固}=\sigma_{液-固}+\sigma_{气-液}\cos\theta \tag{3-6-13}$$

式中 θ 为液-固接触角。由于固体表面会吸附一层液体的薄膜，固体的表面张力变成 $\sigma_{气-固}$，铺展系数 $s_{液-液}$ 成为 $s_{液-固}$。除了从力的角度描述 Young 方程，还可以从能量的角度得到该式，进而推得：

$$s_{液-固}=\sigma_{液}(\cos\theta-1) \tag{3-6-14}$$

显然，只要测得 θ 即可得知其铺展情况。

由于固体表面不均匀或形成液滴的条件不同，接触角有前进角和后退角之分。前者大于后者，两者之差称接触角滞后，如图 3-6-9 所示。实际上，接触角的测定尚不够精确。

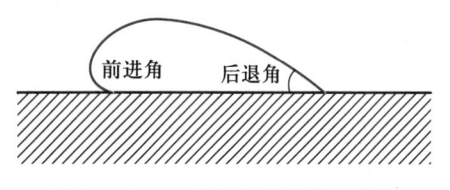

图 3-6-9　前进角与后退角示意图

3. 固体表面

详情可参见实验二十五和 3.7 节相关内容。

3.6.3　溶胶的制备和纯化

一个稳定的胶体体系，须具有动力稳定性和聚集稳定性。动力稳定性取决于分散颗粒的布朗（Brown）运动以抵抗重力和离心力作用。聚集稳定性取决于体系保持其胶粒分散度的能力，它主要归结于胶粒上所具有的相同电荷及溶剂化薄膜。

亲液胶体指分散相和分散介质之间有很好亲和能力的体系，两相间无明显界面，属于热力学稳定体系。憎液胶体的分散相和分散介质之间有明显界面，属于热力学不稳定体系。

1. 溶胶的制备

憎液胶体的制备，除应使分散相以 1～100 nm 的胶体粒子分散于介质中外，通常还可添加适当稳定剂以提高体系的稳定性。其具体方法介绍如下。

1）凝聚法

使分子或离子聚集而形成胶体粒子的方法称为凝聚法。它可以获得高分散性的溶胶。

（1）物理凝聚法。例如，将硫、磷、松香、蒽或其他物质的酒精饱和溶液滴到水中，搅拌之，即制成它们的水溶胶，其分散相粒子带负电荷。该法利用了物质在不同溶剂中溶解度相差悬殊的性质，迅速生成大量晶核，而制成溶胶。制作简便。

（2）化学凝聚法。复分解、水解、氧化还原等反应，凡能生成不溶物者，在适当的浓度和其他条件下，均可制得溶胶。反应通常在稀溶液中进行，其目的是使晶粒的增长速率放慢，以此获得细小的颗粒。另外，让一种反应物过量，使微粒吸附同离子后，在晶体表面形成扩散双电层，以减小粒子聚集的可能性。例如，将 $AgNO_3$ 溶液加入过量的 KBr 溶液内，所得 AgBr 水溶胶的颗粒具有以下结构：

$$\underbrace{\underbrace{\underbrace{\left[(AgBr)_m \cdot nBr^-(n-x)K^+\right]}_{\text{胶核}}^{x^-} \cdot xK^+}_{\text{胶粒（带负电荷）}}}_{\text{胶团（电中性）}}$$

这里的 m 是胶核中 AgBr 的分子数，此值一般较大。n 为胶核所吸附的 Br^- 的数目，通常 $m \gg n$。因此，胶体粒子是带电荷的，而胶团是电中性的。下面再介绍 4 个利用各种化学反应制备溶胶的典型实例：

① 水解反应——多用来制备金属氢氧化物溶胶，如 $Fe(OH)_3$ 溶胶。

将 $3 \sim 4$ 滴 $FeCl_3$ 饱和溶液加到 100 mL 沸水中，搅拌，$FeCl_3$ 剧烈水解，生成 $Fe(OH)_3$ 深红色溶胶：

$$FeCl_3 + 3H_2O \xrightarrow{\text{煮沸，搅拌}} Fe(OH)_3 + 3HCl$$

② 复分解反应——常用来制备盐类溶胶，如 As_2O_3 水溶胶。

$$2H_3AsO_3(\text{稀}) + 3H_2S(\text{气}) \longrightarrow As_2S_3(\text{溶胶}) + 6H_2O$$

③ 还原反应——常用于制备金属溶胶，如金溶胶。

在 100 mL 水中加入 $4 \sim 5$ 滴 1% Na_2CO_3 溶液，煮沸，加入 2 mL 新配制的饱和单宁溶液，再加 0.1 mL 1%氯金酸（$HAuCl_4$）溶液，得橙黄色金溶胶，如再加 2 滴氯金酸，就得到深红色金溶胶。

$$2HAuCl_4 + 5Na_2CO_3 \longrightarrow 2NaAuO_2 + 8NaCl + H_2O + 5CO_2$$

$$2NaAuO_2 + C_{76}H_{52}O_{46} + H_2O \longrightarrow 2Au \downarrow + 2NaOH + C_{76}H_{52}O_{49}$$

吸附在金溶胶粒子上的 AuO_2^- 形成双电层的内覆盖层。

④ 氧化反应——如用硝酸等氧化剂氧化硫化氢水溶液，可制得硫溶胶。

$$2H_2S + O_2 \longrightarrow 2S(\text{溶胶}) + 2H_2O$$

2）分散法

用分散法制备胶体时，由于分散过程中颗粒的总表面积增大，故体系的表面能增大，这意味着此体系是热力学不稳定的。体系的微小粒子具有自发聚集的倾向以减小表面能，故须在分散介质中加入某些离子或表面活性物质作稳定剂。按照分散的方式不同，分为以下 5 种。

（1）机械法。机械法即研磨法，有振动磨、胶体磨、行星球磨、离心磨等。胶体磨制备出的分散粒子可小于 1 μm。在粉碎过程中，随着粉碎时间的延长，颗粒比表面积增大，颗粒团聚趋势增强,这时除了添加稳定剂外,最重要的是及时分出合格的粒级产品。

（2）超声分散法。超声波对介质产生高频的疏密交替作用,可将分散相粗颗粒撕裂粉碎。铅笔芯所用的石墨粉置于水中利用超声波可将其粉碎到 10^{-5} m 的大小。胶粒变小,乳状液的稳定期就可延长。

（3）胶溶法。胶溶法是指在某些新生成的松散聚集沉淀物中,加入适量的电解质,或置于某温度下,使沉淀重新分散成溶胶。例如,在一定比例的 $AlCl_3$ 和 $MgCl_2$ 混合溶液中,加入稀氨水,形成混合金属氢氧化物沉淀,经多次洗涤后,置于 80 ℃下恒温,凝胶能逐渐形成带正电荷的溶胶,这种溶胶用途很广,如钻井液添加剂、聚沉剂、防尘剂等。

（4）电分散法。将要分散的金、银、铂等金属做成电极,置于一定的水溶液中,调节电解池中电解质浓度、电压及电极距离,将金属分散成原子而后聚集,得到金属粒子分散体系,或将金属氧化后再聚集,得到化合物的分散体系。以银溶胶的制作为例,实验装置见图 3-6-10。接通电源,将两个电极的端点互相接触,随即拉开至 1~2 mm 间距,使之产生电弧。电弧的强热使 Ag 升华,遇水又冷凝成胶体质点。待溶液变成淡棕色即停止通电,将银溶胶用离心机除去粗质点,即制得银溶胶。

（5）激光烧蚀法。用脉冲激光照射介质（水）中的金属片,如金、铂、锡等金属,由于激光强度很高,被照射的金属在很短时间内局部受热达到其熔点,原子自表面逸出,再聚集成纳米粒子。如高真空中,可以通过该法制备具有不同尺寸的金纳米团簇。

2. 溶胶的纯化

未经纯化的溶胶常含有过量电解质及其他杂质,致使胶体体系不稳定。所以溶胶制备后须经纯化处理。

渗析是较常用的纯化方法。简单的渗析装置见图 3-6-11。溶胶中的杂质能透过半透膜,而胶粒的直径较大不能透过,因此可把胶体溶液中杂质逐渐除去。如要加快渗析速度,常外加一电场,以提高离子的迁移速率。渗析所用的半透膜可以用动物的膀胱膜或羊皮纸及肠衣等。实验室常用火棉胶（硝化纤维）、醋酸纤维等作半透膜。

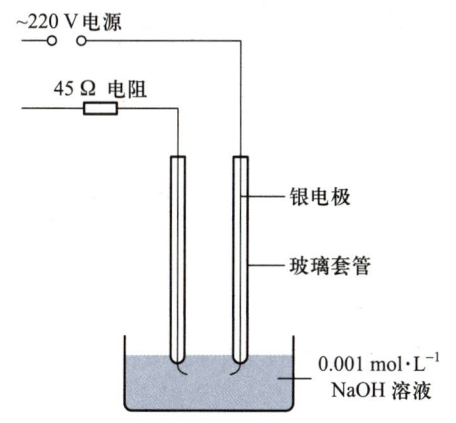

图 3-6-10 电分散法制备金属溶胶示意图

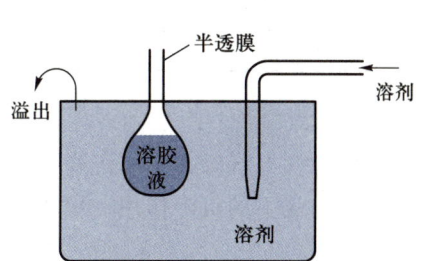

图 3-6-11 渗析装置示意图

将硝化纤维溶于无水乙醇和乙醚中制成"珂罗酊",按渗透程度的不同添加一定量的乙二醇。取 10 mL 珂罗酊溶液倒入光滑、干净的 50 mL 锥形瓶内,迅速小心转动锥形瓶,使它均匀涂上一层珂罗酊。倾出多余的液体,将锥形瓶倒置并不停地转动,同时以凉风向瓶口吹 $4\sim$ 5 min。若要得渗透较差的半透膜,则用同法涂上第二、第三层,以增加厚度。当硝化纤维用手指轻轻接触而不发生黏着时,再用热风吹 $7\sim8$ min。过分干燥会使膜变硬易裂,但如乙醚未完全蒸发,则膜袋性能不佳。将膜袋灌满水,使膜中剩余的乙醇被溶去。用小刀将瓶口上的膜割开一个小口,从口子慢慢地注水于夹层中,使膜脱离瓶壁,轻轻取出膜袋备用。若以膜袋浸入不同浓度的乙醇水溶液中,则可得到不同渗透度的膜。

3.6.4 胶体分散体系的性质

胶体分散体系皆具有一些特殊的物理化学性质,除了表面性质外,下面讨论其动力性质、光学性质和电学性质。

1. 胶体分散体系的动力性质

1) 布朗运动与扩散

布朗运动是液体分子对固体粒子撞击的作用力不平衡所致的。当粒子直径大于 5×10^{-6} m 时,布朗运动现象就不明显。如以上所述电分散法制备的银溶胶,在 1000 倍的超显微镜下进行观察,于视野里可见到小微粒点在做"之"字运动。记录某一质粒在一定时间 t 内沿 x 方向的平均位移距离 $\overline{X}$,代入下式:

$$\overline{X} = \sqrt{2Dt} \tag{3-6-15}$$

可求得扩散系数 D。根据爱因斯坦(Einstein)的布朗运动位移公式:

$$\overline{X} = (tRT/3\pi L\eta r)^{1/2} \tag{3-6-16}$$

可求得质点的半径 r。式中 η 为分散介质的黏度;L 为阿伏加得罗常数。

测定扩散系数的常用方法还有孔片法、自由交界法和光子相关谱法等。尤以后者为快速、准确。

分散体系的颗粒大小及扩散系数见表 3-6-2。

表 3-6-2 分散体系的颗粒大小及扩散系数

r/m	$D/(\text{m}^2 \cdot \text{s}^{-1})$	体系类型
$1\times10^{-6} \sim 1\times10^{-5}$	$2\times10^{-14} \sim 2\times10^{-13}$	悬浮体系
$1\times10^{-9} \sim 1\times10^{-7}$	$2\times10^{-12} \sim 2\times10^{-10}$	胶体体系
1×10^{-10}	2×10^{-9}	溶胶体系

2) 沉降

常用研究方法有沉降速率与沉降平衡两种。下面简要介绍有关沉降速率的研究方法。

(1) 在重力场下的沉降作用。用如下沉降速率公式可求得粒子半径(r):

$$r = [9\eta/2(\rho-\rho_0)g]^{1/2}v^{1/2} \tag{3-6-17}$$

式中 ρ 和 ρ_0 分别为分散相和分散介质的密度;v 为粒子沉降速率。该方程只适用于粒径不大于 100 μm 的刚性球状质点,它们做慢速层流运动,相互之间无作用力。

由式(3-6-17)可见,适当控制分散相和分散介质的密度差或改变介质的黏度都可能改变悬浮液或溶胶颗粒的沉降速率。该原理可用来改善某一分散体系的稳定性,也可用于制造落球式黏度计。实际上,利用重力场的沉降作用,主要应用于悬浮液。

(2)在超离心力场中的沉降作用。粒子直径<1 μm 的溶胶或高分子溶液受分散介质的热运动影响大,受重力场影响小,在重力场下沉降速率很小,完全可以忽略不计。溶胶中的胶粒只有借助超离心力场的作用才能以显著的沉降速率沉降。在离心力场中,沉降公式仍可用,只是离心加速度 $\omega^2 x$ 代替重力加速度 g。同时,粒子在沉降过程中,x 会发生变化,v 也是个变值,需用 $\dfrac{\mathrm{d}x}{\mathrm{d}t}$ 代替 v,此时式(3-6-17)变为

$$r = \sqrt{\frac{9}{2}\eta \cdot \frac{\ln \dfrac{x_1}{x_2}}{(\rho-\rho_0)\omega^2(t_2-t_1)}} \qquad (3-6-18)$$

式中 x_1,x_2 分别为离心时间 t_1,t_2 时,界面和离心轴之间的距离。显然,测出此数据及介质的密度、离心速率,便可求得粒子的半径。

3)渗透压

溶液由溶质分子与溶剂分子混合组成,每一个分子皆有 $\dfrac{3}{2}kT$ 的动能。着眼于溶质分子运动,就可以观察到扩散现象。如研究溶剂分子运动的情况,就是观察渗透现象。半透膜能够阻止溶质分子通过,只让溶剂分子透过,当半透膜两边溶液的浓度不相等时,溶剂有从较稀溶液进入较浓一方的趋势。结果形成一个压差,这个压差即为渗透压。它在依数性质中,是比较灵敏、比较实用的一种测定相对分子质量的方法。利用渗透压计算高分子化合物数均相对分子质量 $\overline{M}_n$ 的计算式如下:

$$\frac{\Pi}{c} = \frac{RT}{M_n} + RTA_2 c \qquad (3-6-19)$$

式中 A_2 叫第二位力(virial)系数,它描述了溶质与溶剂的相互作用关系,表示高分子链段在溶剂中疏松的程度。较好的溶液 A_2 值较高,当接近于沉淀点时 $A_2 = 0$。式(3-6-19)为直线方程,以 $\dfrac{\Pi}{c}$ 对 c 作图,当 $c \to 0$ 时,由截距可求得 $\overline{M}_n$,由斜率可得 A_2。所测相对分子质量的范围为 $3 \times 10^4 \sim 1.5 \times 10^6$。

如果所研究的高分子化合物能够解离,则应考虑道南(Donnan)膜平衡效应的影响。就一般原则来说,以稀溶液为宜,用时再加入较浓的中性电解质即可。以蛋白质为例,在浓度小于 $25\ \mathrm{g} \cdot \mathrm{L}^{-1}$,外加电解质浓度约为 $0.1\ \mathrm{mol} \cdot \mathrm{L}^{-1}$ 的条件下,就足以消除道南平衡效应。

渗透计的种类众多,如 Zimm-Meyerson 式、Adair 式等。渗透压法测定的关键问题是选择半透膜,常用的有赛璐珞膜和肠衣等动物膜。膜的半透性取决于材料及处理条件,同一半透膜在不同情况下的半透性也不尽相同。

2.胶体分散体系的光学性质

溶胶的光学性质是其分散性和不均匀性的反映。当光线射入分散体系时,只有一部分光可以自由通过,另一部分被吸收、散射或反射。以一束强烈的光线射入溶胶后,在入射光的垂直方向可以看到一道透明的光带,这种现象叫丁铎尔(Tyndall)效应。这是溶胶粒子对光散射作用的结果。对光的吸收取决于体系的化学组成,而反射和散射取决于粒子的大小。如果光线的波长小于粒子的直径,发生反射;如果光线的波长大于粒子的直径,则光线能透过;只有当

光线的波长与粒子的直径接近时,才产生散射现象。因为光波的电场振动,使光路上粒子中的电子产生强迫振动,成为二次波源,再向各个方向发射电磁波,这就是散射波(乳光)。瑞利(Rayleigh)方程表明,在分散相为非导体的情况下,散射光强度与波长的四次方成反比,与分散相和分散介质的折射率之差成正比,与粒子浓度成正比。因此,短波长的蓝光散射强,长波长的红光大都可透射通过胶体溶液。真溶液只有一个折射率,所以不发生散射;憎液胶体两相折射率相差较大,散射现象明显。利用散射光强度,可用浊度计来测定胶体溶液的浓度。

德拜(Debye)将光散射理论应用到溶液体系。使得光散射法成为测定高分子化合物相对分子质量的最重要方法之一。

根据瑞利理论,若一球形质点的大小比光波波长小得多,通常小一个数量级,则散射公式为

$$Kc/R_{90} = 1/M_W + 2A_2c \qquad (3\text{-}6\text{-}20a)$$

式中 R_{90} 称为瑞利比,它表示在与入射光垂直的方向上,距离散射中心 x cm 处,溶液所产生的散射光光强 I 与入射光强 I_0 之间的关系:

$$R_{90} = x^2 \frac{I_{90}}{I_0} \qquad (3\text{-}6\text{-}20b)$$

K 称为光常数:

$$K = \frac{2\pi^2 n_0^2 \left(\dfrac{\mathrm{d}n}{\mathrm{d}c}\right)^2}{L\lambda^4} \qquad (3\text{-}6\text{-}20c)$$

n_0 和 n 分别为溶剂和溶液的折射率。显然只要测定不同浓度的 R_{90},以 Kc/R_{90} 对 c 作图,外推至浓度为 0,由直线之截距便可求得重均相对分子质量,从直线斜率可求得 A_2。

3. 胶体分散体系的电学性质

溶胶粒子的表面上总带有电荷。由于相同电荷的互相排斥,使其在一定时间内保持稳定而不聚结或絮凝。

1) 动电现象

胶核对溶液中离子的选择性吸附所形成的双电层,是维持溶胶体系稳定的最重要原因之一。在外电场作用下,带电荷的胶粒易于向某一电极移动,而扩散层中的反离子则移向另一电极移动,导致其内部结合紧密的吸附层与结合松弛的扩散层发生分离。这种在外电场的作用下胶粒和分散介质发生相互移动的性质称为动电现象。固、液之间发生相对移动时,固相及溶剂化层与溶液之间的电势称为动电电势或 ξ 电势。有关动电现象的具体行为:在外加电场作用下,体系中溶胶粒子相对于静止不动的液相定向移动的现象称为电泳;液相的定向移动称为电渗。实验二十六介绍的是简易式电泳管,如用拉比诺维奇 U 形电泳管,分开界面更为清晰,测定效果更佳。

微电泳是在显微镜下观察单个粒子的电泳移动速度,在恒温时用显微镜确定单个粒子的位置,测定它走完某一路程所需的时间。实际上,所测结果为胶粒的电泳速度和液体介质的电渗速度之和,所以要扣除电渗的流动速度,才能得到真正的电泳速度。该方法在医学上常用于测定红细胞的动电电势。

2) 聚沉现象与 DLVO 理论

胶粒的 ξ 电势越高则越稳定。如在溶胶中加入较多电解质,胶粒的反离子浓度增大,会使

ζ 电势下降,双电层变薄;反离子价数越高则 ζ 电势下降越显著。ζ 电势下降到某一程度,胶粒会因碰撞、黏附而聚沉。如再加入电解质,则往往引起 ζ 电势呈相反电荷而使胶粒又趋于稳定。

DLVO 理论是研究带电胶粒稳定性的理论。该理论认为,胶粒间的相互作用力是由范德华引力和静电斥力两部分组成的。范德华引力是分子间的瞬时偶极子产生的吸引力,它与距离的六次方成反比。静电斥力是由于胶粒表面带有电荷,周围形成了一层与之相反的电荷的电解质离子,这层离子称为电解质双电层,它与距离的指数函数成反比。胶粒间的总势能曲线是这两种力的叠加,它与胶粒间的距离 x 有关,如图 3-6-12 所示。电解质浓度会影响双电层的厚度和电势,从而影响胶粒间的静电斥力。如果电解质浓度很低,双电层很厚,静电斥力很强,胶粒间的总势能曲线有一个很高的能垒,胶粒不容易凝聚,分散体系很稳定。如果电解质浓度适中,双电层变薄,静电斥力减小,胶粒间的总势能曲线有一个较低的能垒和一个较深的势阱,胶粒容易凝聚,但也容易重新分散,分散体系不稳定,发生絮凝现象。如果电解质浓度很高,双电层几乎消失,静电斥力可以忽略,胶粒间的总势能曲线只

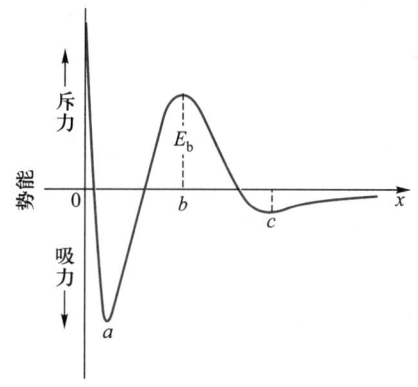

图 3-6-12　胶粒总势能曲线的一般形状

有一个很深的势阱,分散体系发生絮凝。造成某一溶胶聚沉所需电解质的最低浓度,称为聚沉值。

按 DLVO 理论,电解质的聚沉值 p 由下式计算:

$$p = \frac{K'_p \varepsilon (kT)^5}{A^2 (eZ)^6} = \frac{K_p}{Z^6} \tag{3-6-21}$$

式中 K'_p 和 K_p 均为常数;ε 为介质的介电常数;k 为玻尔兹曼常量;T 为热力学温度;A 为范德华常数;e 为电子电荷;Z 为反离子价数。显然,反离子的价数越大,造成聚沉所需的浓度将大幅度地下降。

引起聚沉的原因较多,下面以几个例子介绍沉聚作用的测定。

(1) 亲液溶胶的聚沉作用。

取 1% 明胶溶液 10 mL,置于大试管中,用移液管逐滴加入酒精,直到明胶开始聚沉时为止,记下所用酒精的体积数,可以得知引起聚沉的酒精浓度。

(2) 憎液溶胶的聚沉作用。

① 离子价数对聚沉作用的影响:用移液管在三个小试管中各加入 5 mL Sb_2S_3 溶胶,然后在每个盛有溶胶的试管中,分别用滴定管逐滴加入 1 mol·L^{-1} NaCl 溶液、0.05 mol·L^{-1} $BaCl_2$ 溶液和 0.001 mol·L^{-1} $AlCl_3$ 溶液,同时摇动溶液,待溶液开始混浊时,即停止加入电解质(每次摇动情况需相同,以便比较)。记下每次所用电解质溶液的体积数,计算各电解质对 Sb_2S_3 溶胶的聚沉值,并与式(3-6-21)比较。

② 不规则聚沉:由于胶粒对高价异号离子的吸附,故开始加入少量电解质时,胶体便会聚沉,再加入时,胶粒可重新分散,但所带电荷与原来相反。若再加入,则由于电解质过多,影响离子强度及双电层厚度,溶胶再次聚沉,这就是不规则聚沉。如在 10 支清洁而干燥试管中,分

别加入 2 mL AlCl$_3$ 溶液,但每个试管中所含 AlCl$_3$ 浓度依次减半。由第一支试管的 1.6 mol·L^{-1} 递减至第十支试管的 0.003 mol·L^{-1},分别加 2 mL 0.15% 松香溶液于各试管中,立即混合均匀,每次振动情况相同。2 h 后,可发现随着 AlCl$_3$ 溶液浓度降低,聚沉现象逐渐减小至消失,而后又出现,最后在 AlCl$_3$ 最稀的试管中,溶液却依然稳定存在。

③ 相互聚沉:当两种带相反电荷的溶胶混合时,引发的聚沉为相互聚沉。如将带正电荷的 Fe(OH)$_3$ 溶液与带负电荷的 Sb$_2$S$_3$ 溶胶相混合,由于相反电荷的静电引力作用导致两种溶胶同时聚沉。

3.6.5　乳状液与凝胶

1. 乳状液的概念及类型

乳状液是一种多相分散体系,它是一种液体以极小的液滴形式分散在另一种与其不相混溶的液体中所构成的,其分散度比典型的憎液溶胶低得多,分散相粒子直径一般在 0.1 ~ 50 μm,属于粗分散体系,有的甚至可以用肉眼观察到其中的分散相粒子。

在乳状液中,一切不溶于水的有机液体统称为油,乳状液可分为三大类:

(1) 油/水(O/W)型,即水包油型,分散相也叫内相,为油;分散介质也叫外相,为水。

(2) 水/油(W/O)型,即油包水型,内相为水,外相为油。

(3) 多重乳状液(W/O/W 或 O/W/O 等)型,有其特殊用途,如液膜分离技术等。

当液体分散成许多小液滴后,体系内两液相间的界面增大,界面自由能增高,体系为热力学不稳定状态,有自发趋于界面自由能降低的倾向,即小液滴互相碰撞后聚结成大液滴。为得到稳定的乳状液,常常通过添加乳化剂或添加能为介质所润湿的细微固体粉末来提高其稳定性。这些稳定剂一方面能降低两相间的界面张力,另一方面则在界面上形成了油溶剂化层和水化层。亲水亲油平衡值(HLB)在 3~6 的表面活性剂适用于 W/O 型乳状液,9~17 的适用于 O/W 乳状液。一价金属盐能稳定 O/W 型乳状液,二价、三价金属盐能稳定 W/O 型稳定剂。

2. 乳状液的制备及鉴别

1) 乳状液的制备方法

(1) 机械搅拌。用较高速度螺旋桨搅拌器制备乳状液是实验室和工业生产中经常使用的方式。如胶片生产用的油性成色剂分散采用的就是这种方法。

(2) 胶体磨。将待分散体系由进料斗加入胶体磨中,在磨盘剪切力的作用下,将待分散物料分散为极细的液滴,乳状液由出料口放出。上下磨盘间的缝隙可以调节。

(3) 超声波乳化器。用超声波乳化器制备乳状液是实验室常用的乳化方式,它是靠压电晶体或磁致伸缩方式产生的超声波破碎待分散液体。

(4) 均化器。均化器实际上是机械加超声的复合装置。将待分散的液体加压,使之从可调节的狭缝中喷出,在喷出的过程中,超声波也在起作用。国产均化器已经在轻工、农药等行业中普遍使用。目前高剪切混合乳化机集乳化、均化、粉碎于一体,可使液滴的细度高达 0.5 μm 左右,所制备的乳液可在长达 2 年内不分层。

2) 乳状液类型的鉴别

(1) 稀释法。乳状液能为其外相(连续相)液体所稀释。例如,牛奶能被水稀释,这就证明它是 O/W 型乳状液。

（2）染色法。以油溶性或水溶性染料加入乳状液中,根据溶解情况可判断连续相的属性。常用的油溶性有苏丹红Ⅲ等,水溶性染料如荧光红、亚甲基蓝等。

（3）电导法。O/W 型乳状液具有很好的导电性能,而 W/O 型的导电能力一般较差。

3. 微乳

微乳又称胶团溶液,其液珠大小一般在 8~80 nm,是透明的或半透明的且十分稳定的微粒乳状液。微乳的制备除了加入较多的乳化剂外,常常还需要另加辅助剂,两者的总用量可高达体系的 15%~30%。微乳的稳定性与辅助剂的类型密切相关,以阳离子型表面活性剂为乳化剂者,常选用脂肪胺为助剂;阴离子型的常以脂肪醇为助剂;非离子型的则常与含长链烷基的聚乙氧基化合物配合使用。例如,在苯或十六烷烃中加入约 10% 的油酸,在 KOH 水溶液中搅拌混合,得到混浊的乳状液,再逐滴加入 n-$C_6H_{13}OH$,搅拌,达到一定浓度后就得到均匀透明的液体,即为微乳。

4. 凝胶

凝胶可分为两类:一类为可逆凝胶(即弹性凝胶),如白明胶和琼胶等,可由温度的改变而使其成为溶胶或凝胶;另一类为不可逆凝胶,如无机凝胶,像 SiO_2,TiO_2,SnO_2,V_2O_5,Fe_2O_3 等,在形成凝胶后不可能用改变温度等方法使之变为溶胶。

凝胶的结构为一固体连接成网状支架,而液体则分散于其中,故呈半固体状物。固体支架的形成是靠粒子的范德华力[如具有触变性物质,$Fe(OH)_3$ 凝胶等]、大分子氢键(如蛋白质、明胶等)、化学键连接(如硅胶、硫化橡胶)。凝胶久置,网状结构可能破坏、收缩或改变,并将本来所包含的一部分或全部液体分离出来。此现象称为离浆作用。

利用凝胶的特殊结构,可将其作为介质来进行化学反应,将大大延缓反应的进程,因而可以得到大晶体。又因产物与反应物各固定在一方而不混合,故有可能利用其来研究化学反应的机理。下面通过 3 个实验进一步说明。

1）硅酸凝胶的制备及在其中的化学反应

（1）硅酸凝胶中碘化汞环的形成。在试管中混合 4.4 mL 1 mol·L⁻¹ HAc 溶液与 5 mL 相对密度为 1.06 的水玻璃,使呈微酸性,立即倒入 U 形玻管中,静置片刻使成凝胶。在一端加入 2 mL 1 mol·L⁻¹ KI 溶液;另一端加入 1 mL 饱和 $HgCl_2$ 溶液。静置数日后,可观察到鲜艳火红色的碘化汞形成,且会移动。这是因为火红色的 HgI_2 遇过量的 KI 时会溶解形成无色的 $KHgI_3$。结果就好像是火红色的 HgI_2 徐徐向 $HgCl_2$ 方向移动。

（2）硅酸凝胶中碘化铅的形成。将 3.2 mL 1 mol·L⁻¹ HAc 溶液加入 4 mL 相对密度为 1.06 的水玻璃中,使呈微酸性,立即加入 1 mL 1 mol·L⁻¹ $PbAc_2$ 溶液,混合均匀,静置使成凝胶后,再加 1 mL 2 mol·L⁻¹ KI 溶液于凝胶面上,使成一薄层。数日后,可见闪目嫩黄色的碘化铅大晶片形成。

（3）硅酸凝胶中铬酸铜的形成。先混合 4 mL 1 mol·L⁻¹ HAc 溶液与 1 mL 0.2 mol·L⁻¹ K_2CrO_4 溶液,然后将此溶液倒入 5 mL 相对密度为 1.06 的水玻璃中,混合静置,使成一带碱性的凝胶,再加入 2 mL 0.5 mol·L⁻¹ $CuSO_4$ 溶液于凝胶面上,静置数日后,铬酸铜就形成了。

2）白明胶的制备与李塞根环

离子能在凝胶中扩散,由于没有对流存在,化学反应生成的不溶物在凝胶中呈现出节奏沉淀,称为 Liesegang 环:称 1 g 白明胶于 15 mL 水中微热溶解,再加入微量的 $K_2Cr_2O_7$。

将此热溶液分成两份,分别倒入培养皿和试管内,置冰箱内冷却,即成凝胶。取一小粒 $AgNO_3$ 晶体于培养皿内的凝胶上,另倒入 0.5 mL $AgNO_3$ 饱和溶液于试管内的凝胶面上,分别盖紧,置于冰箱中。数日后就可见到 $Ag_2Cr_2O_7$ 的环状花纹。其成因可能是:高浓度的 $AgNO_3$ 由中央向四周扩散,Ag^+ 与 $Cr_2O_7^{2-}$ 相遇,在超过 $Ag_2Cr_2O_7$ 的 K_{sp} 时,即形成第一环微晶,然后以它为核心,吸引四周的 Ag^+ 与 $Cr_2O_7^{2-}$ 成为较大结晶。近邻区内离子浓度减小,不足以形成沉淀,于是出现空白区,过此地带后,两种离子浓度的乘积又可超过其 K_{sp},如此又出现第二、第三……个环。这种情况也许与自然界中玉石与胆结石的形成等现象的存在有一定相似之处。

3)碱式碳酸铜凝胶的制备及其触变与离浆现象

将 0.5 mL 0.1 mol·L^{-1} NaOH 溶液与 5.5 mL 1 mol·L^{-1} Na_2CO_3 溶液混合,将其倒入装有 5 mL 1 mol·L^{-1} $CuSO_4$ 溶液的试管中,就得碱式碳酸铜凝胶。摇动片刻,流动性增加,静置数小时或过夜,则又成凝胶,如此往复之表现,称为触变现象。如将碱式碳酸铜凝胶置于 60 ℃左右的水浴中约 20 min,就可发生离浆现象。

参考资料

在凝胶中,分子的扩散系数明显降低,大小混杂的高聚物分子,其扩散速率更呈现出明显差别,这就是凝胶电泳与凝胶色谱的基本原理。

3.7　气体吸脱附表征技术

3.7.1　吸附现象

固体的表面相较于其体相有额外的表面能,因此当客体分子(气体或液体)与固体表面接触时,固体会把客体分子吸引到其表面使表面能下降,造成客体分子在表面的浓度高于其体相的浓度。这种发生在两种界面上物种浓度变大的现象称为吸附。通常把起吸附作用的物质叫作吸附剂,被吸附剂吸附的物质叫作吸附质。根据吸附质和吸附剂作用力的不同,吸附可分为物理吸附和化学吸附两类,两种吸附的差别列于表 3-7-1 中。

表 3-7-1　化学吸附和物理吸附的比较

性质	物理吸附	化学吸附
吸附热	$10^2 \sim 10^3$ J	接近化学键生成热,$10^3 \sim 10^5$ J
吸附温度	低	高
活化能	几乎不需要活化能	需要相当高的活化能
吸附选择性	无	有
吸附平衡	快	慢
可逆性	可逆	不可逆

吸附与固体表面的性质密切相关,因此可以利用吸附来表征固体表面的相关性质。

3.7.2　物理吸附的理论基础

朗缪尔在 1918 年提出了单分子层吸附理论,其基本假设为

(1) 固体表面是均匀的,其表面所有位置对气体分子吸附的机会均等,而且吸附热以及吸附和脱附活化能均与覆盖度无关。

(2) 每个吸附位只能吸附一个气体分子,而且被吸附分子之间没有相互作用。

(3) 吸附的最大量只进行到单分子层为止。

(4) 吸附平衡是动态平衡,即达到平衡时吸附速率和脱附速率相等。

根据此模型假设,可以推导出朗缪尔吸附等温式:

$$V = V_m \cdot \frac{Kp}{1+Kp} \tag{3-7-1}$$

式中 K 为吸附平衡常数;p 是吸附平衡压力;V 为所吸附气体的体积;V_m 是单分子层饱和吸附量(体积都折算成标准状态下的数据)。

由于物理吸附的作用力类似于气体液化过程中的范德华力,因此物理吸附实际上并不局限于单分子层,在第一层未吸满之前就已经开始发生第二层吸附、第三层吸附……以至无限多层的吸附。布鲁诺尔(Brunauer)、埃梅特(Emmett)和泰勒(Teller)三人在 1938 年提出了多分子层吸附理论(简称 BET 理论),其基本要点如下:

(1) 固体表面是均匀的,被吸附分子之间无相互作用,即吸附概率不受覆盖度影响;

(2) 吸附为多层,平衡时每一层的吸附速率与这一层的脱附速率相等;

(3) 第一吸附层的范德华力是固体表面分子与气体分子间的相互作用,与以后各层不同,而自第二层起均属同类气体分子间的相互作用,因而相同。

基于上述假定,若吸附为无限多层,可推导出 BET 吸附等温式如下:

$$\frac{p}{V(p_0-p)} = \frac{1}{V_m C} + \frac{C-1}{V_m C} \cdot \frac{p}{p_0} \tag{3-7-2}$$

式中 p 是吸附平衡压力;p_0 是吸附气体在实验温度下液化后的饱和蒸气压;V 为所吸附气体的体积;V_m 相当于吸满一个单层所对应的气体体积(体积都折算成标准状态)。BET 理论圆满地解释了物理吸附中出现的各种现象,因而得到广泛的应用。

3.7.3　比表面积与孔径分布的测定

固体物质的宏观结构性质,如比表面积大小和孔径分布,是评选催化剂、了解固体表面性质和研究电极性质的重要参数,其测定都是以物理吸附为基础的。

在物理吸附中,吸附质几乎完全覆盖固体表面,那么根据单分子层饱和吸附量和一个吸附分子的占有面积就能求得固体的比表面积。通常物理吸附符合 BET 理论,通过记录液氮温度(-195.8 ℃)时吸附剂在不同平衡压力 p 下氮的吸附量 V,作 $p/V(p_0-p)$ 对 p/p_0 图,在 $p/p_0 = 0.05 \sim 0.35$ 范围内可得一直线,其斜率为 $(C-1)/V_m C$,截距为 $1/V_m C$,这样从斜率和截距可求得单层吸附量 V_m。

$$V_m = \frac{1}{\text{截距} + \text{斜率}} \qquad (3-7-3)$$

如假定表面吸附分子是密堆积排列,且已知每个分子的截面积为 A_{mole},则不难算出固体的比表面 A^S:

$$A^S = \frac{V_m L}{22400} \cdot \frac{A_{mole}}{W} \qquad (3-7-4)$$

式中 L 为阿伏加德罗常数(6.023×10^{23});W 为固体吸附剂的质量。

对于吸附等温线呈第 I 类型的固体物质(如绝大多数微孔材料),吸附主要以单层形式为主,利用 Langmuir 方程计算比表面积则更为合理。此时,利用吸附剂在不同平衡压力 p 下氮的吸附量 V 的数据,作 p/V 对 p 图,在 $p/p_0 = 0.05 \sim 0.35$ 范围内得一直线,其斜率为 $1/V_m$,这样从斜率可求得单层吸附量 V_m,进而最终得到固体的比表面 A^S。

用于比表面积测定的吸附质有很多,但真正适合操作的却很少,最常用的是氮分子,分子占有面积为 16.2×10^{-20} m^2。表 3-7-2 给出了常见吸附质分子的截面积。

表 3-7-2 常见吸附质分子的截面积

吸附质	A_{mole}/nm^2	吸附质	A_{mole}/nm^2
氩	0.147	庚烷	0.631
四氯化碳	0.392	正辛烷	0.646
四氟化碳	0.219	一氧化碳	0.150
氯仿	0.547	二氧化碳	0.216
甲酸	0.134	氢	0.121
甲烷	0.178	水	0.125
甲醇	0.219	氪	0.202
乙炔	0.220	氖	0.140
丁烷	0.230	氮	0.162
丁烷	0.448	氧	0.136
正丁醇	0.354	氙	0.186
吡啶	0.382	二氧化硫	0.192
苯	0.430	一氧化氮	0.125
环己烷	0.417	一氧化二氮	0.168
正己烷	0.562	碘	0.237
甲苯	0.552	二硫化碳	0.235

由于大多数吸附质对吸附剂是浸润的,当吸附剂的孔半径很小时,吸附质气体在孔中的吸附可以看成气体在毛细管内的凝聚。通过测量吸附过程中发生毛细凝聚的压力与毛细凝聚的量可以得到孔的大小与体积,从而得出吸附剂的孔径分布。描述蒸气凝结所需压力与孔半径关系的 Kelvin 公式是测定孔径分布的基础,具体如下:

$$\ln \frac{p}{p_0} = \frac{-2\sigma V\cos\theta}{rRT} \tag{3-7-5}$$

式中 p 是蒸气凝结所需压力;p_0 是吸附气体在实验温度下液化后的饱和蒸气压;σ 是凝聚态吸附质的表面张力;V 为吸附质液体的摩尔体积;r 为孔的半径;θ 为凝聚态吸附质和吸附剂的接触角;R 为摩尔气体常数;T 为热力学温度。

基于 Kelvin 毛细管凝聚理论发展的 BJH(Barrett-Joyner-Halenda)法是目前使用历史最长、被广泛接受的中孔孔径分布计算模型。其要点为:多孔固体表面上的氮气吸附量可细分为膜厚度变化产生的量和毛细管凝聚或解聚的量两部分。液膜厚度与气体压力、样品表面性质有关,可用 Halsey 方程表述;毛细管凝聚时的孔径与相对压力 p/p_0 的关系可用 Kelvin 公式描述。据此,从实测样品得到的一组吸附数据(相对压力、吸附量)就可计算出其每两个相邻数据之间因膜厚度变化引起的液膜体积变化量,以及因发生毛细管凝聚或解聚的相应孔径内凝聚体积的变化量,进而得到该假设下样品的孔径、孔体积和孔表面积分布数据。具体计算方法如下(采用圆柱模型):

$$\Delta V_i = Q_i \left(\Delta v_i - C\Delta t_i \sum_{j=1}^{i=1} \Delta S_j \right) \quad i = 1,2,3,\cdots \tag{3-7-6}$$

式中 ΔV_i 为第 i 步脱附出的孔体积;Δv_i 为第 i 步脱附出的吸附量;Δt_i 为第 i 步相对压力降低时的吸附层减薄;C 为弯曲液面校正值,一般取 0.85;t 由下式得到(x 为对应的相对压力 p/p_0):

$$t = 0.354 \left(-\frac{5}{\ln x} \right)^{\frac{1}{3}} \text{nm} \tag{3-7-7}$$

$\sum_{j=1}^{i=1} \Delta S_j$ 为第 i 步之前各步脱附而露出的面积之和:

$$\Delta S_j = \frac{2\Delta V_j}{r_j} \tag{3-7-8}$$

Q_i 为第 i 步将孔芯体积换算成孔体积的系数:

$$Q_i \equiv \left(\frac{r_i}{r_i - t_i} \right)^2 \tag{3-7-9}$$

此时对应的孔径 $r_i = r_{k,i} + t_i$,式中 t_i 由式(3-7-7)得到,$r_{k,i}$ 则由 Kelvin 公式计算,简化后如下式所示:

$$r_{k,i} = -0.414/\lg x \quad (\text{单位为 nm}) \tag{3-7-10}$$

由于 BJH 法的基础是毛细凝聚,因而并不适用于微孔孔径分布的计算。鉴于微孔材料在吸附与催化中所起的重要作用,对微孔孔径分布进行分析的需求越来越迫切。1983 年,Horvath 和 Kawazoe 发展出用于计算活性炭微孔分布的 H-K(Horvath-Kawazoe)法,即从吸附作用中分子间作用力的角度推出狭缝型孔的有效微孔孔径与吸附平衡压力的关系,避开了 Kelvin 公式的使用。该方法的假定为:(1)充满给定大小的微孔需要一定的压力。当压力低于此数值时微孔是完全空的,超过则完全充满。(2)吸附质热力学上的行为符合二维理想气体。虽然 H-K 方程只解决了狭缝型微孔的孔径计算,但经过修正后的 H-K-S-F 方程可用于圆柱形微孔的分析,H-K-C-Y 方程则可用于球型微孔的分析。

上述方法都是通过对物理吸附等温线的处理来获得所需信息的,每一种理论和方法都只能用于特殊类型的吸附等温线,限制于特定的压力范围,并引入了一些不完全可靠的假定。基于分子水平热力学理论发展的密度泛函理论不使用传统的动力学即可关联吸附等温线和固体的孔性质,由此发展出了密度泛函法(DFT 方法)。如果靠近表面的气体原子的平衡分布能够表示为系统压力和系统组分分子性质的函数,则就能为系统的吸附等温线构造出一个模型。现代物理化学有若干方法可以计算这类分布,这些方法都是以热力学定律为依据的。1994年,Micromeritics 公司提出了通用的计算方法,可以在 0.4 ~ 400 nm 孔径范围进行孔径分布计算,该方法需要的计算工作量很少,在台式计算机上即可完成。与传统的分析方法不同,DFT方法无须任何校正,可以应用于吸附等温线的整个范围,对相对压力范围或孔大小没有任何限制,因此越来越受到人们的关注。

3.7.4　程序升温脱附技术

与产生物理吸附的范德华力不同,化学吸附基于分子与表面之间的化学键力,因此化学吸附与化学反应一样只能在特定的吸附质与吸附剂表面之间发生,即化学吸附具有选择性。利用这一特点,化学吸附常常被用于表征催化剂表面活性位的相关性质。研究化学吸附的方法很多,如脉冲化学吸附、程序升温脱附、量热法、红外(拉曼)光谱、电子能谱、核磁共振、电子显微镜等。其中,程序升温脱附是一种非常有效、应用广泛的方法。

程序升温脱附(temperature programmed desorption,简称 TPD)就是按一定的程序升温,使吸附物从表面上脱附,将脱附到气相的吸附质浓度与时间(或温度)的关系记录下来。由于不同的吸附质与相同表面,或相同吸附质与表面不同中心间的结合能不同,其脱附所需的温度也不同,所以程序升温脱附实验的结果,可以反映出吸附剂表面活性中心的种类、数目、吸附强度、脱附动力学行为等信息。

在脱附过程中,净脱附速率等于脱附速率减去再吸附速率,以一级脱附为例:

$$-n_m \frac{d\theta}{dt} = n_m k_d \theta - n_m k_a c(1-\theta) \tag{3-7-11}$$

式中 n_m 为吸附质饱和吸附数量;θ 为覆盖度;k_d 为脱附速率常数;k_a 为吸附速率常数;c 为吸附质气相浓度。

当载气流速不是特别低,吸附剂床层不是太大时,再吸附可以忽略,此时上式可简化为

$$-\frac{d\theta}{dt} = k_d \theta \tag{3-7-12}$$

假定 k_d 与 θ 无关(即均匀表面):

$$k_d = A \cdot e^{-E_d/RT}$$

在线性升温条件下,$T = T_0 + \beta t$,则

$$\frac{d\theta}{dT} = -\frac{1}{\beta} \cdot \theta \cdot A e^{-E_d/RT} \tag{3-7-13}$$

对上式微分求脱附速率极大时的温度 T_m,得

$$2\ln T_m - \ln \beta = \frac{E_d}{RT_m} + \ln \frac{E_d}{RA} \tag{3-7-14}$$

若是二级脱附,忽略再吸附,可得

$$2\ln T_{\mathrm{m}} - \ln\beta = \frac{E_{\mathrm{d}}}{RT_{\mathrm{m}}} + \ln\frac{E_{\mathrm{d}}}{RA} - \ln(2\theta_{\mathrm{m}}) \qquad (3\text{-}7\text{-}15)$$

根据上述方程对热脱附谱作出分析,可得一级脱附 T_{m} 与 θ_{m} 无关,二级脱附则两者相关。另外,从脱附峰的峰形上也可以作出判断,即一级脱附的脱附峰是不对称的,而二级脱附峰是对称的。如果知道脱附级数,通过测定不同升温速率下脱附峰温即可得到脱附活化能与指前因子。

3.7.5　利用程序升温脱附表征固体表面酸性

当固体表面存在酸性位时,碱性分子就可以在这些活性位上发生化学吸附,根据表面酸性位对碱性分子的吸附强度不同,脱附温度也不同的原理,就可以用程序升温脱附技术测定固体表面的酸性及其分布。记录脱附气流中吸附质的浓度与样品温度的函数,得到由一个或几个峰组成的脱附谱(即 TPD 图谱)。图中峰的数目代表固体表面酸的种类数,每一个峰最大值所对应的温度(峰温)表示该酸性位的酸强度,脱附峰对应的峰温越高,表示该酸性位的酸强度越大。使用氨作为探针分子时,$25\sim200$ ℃ 的脱附峰一般被认定为弱酸中心,$200\sim400$ ℃ 的对应于中强酸性位,>400 ℃ 的则对应于强酸中心。峰温下的脱附峰面积表示该酸性位的数量,峰面积越大,相应酸量越多。

在测量中,探针分子的选择首先要看实验室的物质条件和技术水平,尽量选择操作简单,并且能够提供多种信息的探针分子;另一个选择标准是在选定的温度和压力下探针分子有足够的稳定性,既不会在所研究的表面上分解,也不会生成稳定的表面化合物。常用的探针分子有氨气、吡啶等,为了避免微孔阻滞探针分子的吸附,动力学直径较小的氨气更为常用。测量时,样品先在真空或惰性气体如 He 或 N_2 中高温预处理清洁表面。冷却至低温后暴露在氨气中,然后抽空脱气或用惰性气体吹扫以去除物理吸附的氨。最后样品以固定的升温速率加热,脱附的氨用质谱仪或热导检测仪(TCD)测定。将氨浓度与脱附温度作图得到 TPD 图。表 3-7-3 中总结了氨-TPD 的标准实验条件。

表 3-7-3　氨-TPD 的标准实验条件

样品量	0.1 g
预处理	500 ℃,真空或 He 气流中,120 min
氨吸附	120 ℃,100 Torr(1 Torr = 133.3 Pa),30 min
抽去过量氨	120 ℃,30 min
He 流速和压力	60 cm³·min⁻¹,100 Torr
样品池中压力	100 Torr
升温情况	120~600 ℃,10 ℃·min⁻¹

需要注意的是,对于分子筛的测量,样品预处理一般先在 100 ℃ 流动的氨气中吹扫 1 h,以除去水蒸气,避免因急剧汽化而影响分子筛结构。随后以 10 ℃·min⁻¹ 的升温速率将样品升温至 500 ℃ 并保温 2 h,最后,样品在氨气中吹扫并冷却至 120 ℃。样品在 120 ℃ 下吸附氨蒸气至饱和,可以最小化样品对氨的物理吸附。另外,TPD 的温度不要超过样品制备时的最高

参考资料

温度。当超过最高制备温度时,可能会造成与探针分子无关的其他物种从样品中释放出来,影响测试结果的准确性。

3.8　流动法实验技术

本节就实验室的流动法反应体系的实验方法和技术作简要介绍,主要叙述流体的加料方式,流速的控制,流量的测量,常用反应器的类型,流动反应体系的实验条件控制。

3.8.1　稳定反应物流体的产生和控制

对于实验室的流动法反应体系,通常总是使反应物以稳定流体进入反应器。下面简单介绍稳定反应物流体的产生、控制和测量。

1. 稳定反应物流体的产生

1) 气体反应物的进料方式

实验室常用的气体反应物有氢、氧、氮、氨、一氧化碳、二氧化碳、硫化氢、空气、甲烷、乙烷、丙烷、丁烷、乙烯、丙烯等。实验室输送气体的方式是用这些气体的气瓶,借助气瓶的压力把气体送入反应体系。如果没有现成的反应物气体气瓶,则需通过压缩泵将反应物气体压力提高,然后送入反应体系。许多有机和无机气体均可采用压缩泵升压送气的方法。

2) 液体反应物的进料方式

液体反应物通常用注射式加料器或柱式进料泵进料。注射式加料器由注射器和同步电动机组成,通过同步电动机推动注射活塞均匀移动,可实现液体的稳定进料。

柱式进料泵有多种商品型号,图3-8-1为柱式计量泵工作原理示意图。钢珠1和2构成单向阀,液体只能往上流动,不能往下流动。柱塞在步进电动机驱动下往复移动,当柱塞往外移动时,液体只能被从A区抽到B区。当柱塞往内移动时,B区内液体只能被压入C区。柱

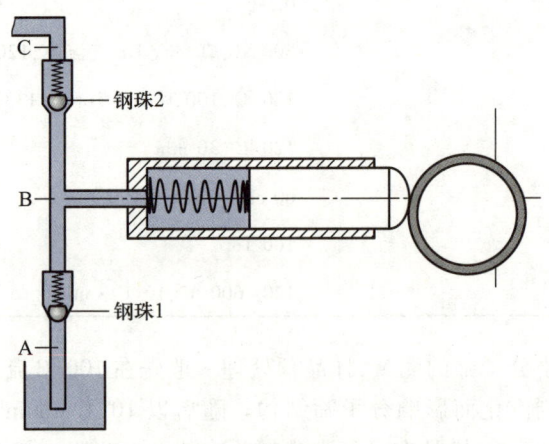

图3-8-1　柱式计量泵工作原理示意图

塞的往复运动使液体不断从 A 区抽入,从 C 区排出,形成一种脉冲式进料。通过调节柱塞往复移动的频率可以实现对液体流量的控制。如果将两套柱塞系统并联组合工作,两个柱塞交替往复运动,则可以实现连续的吸液排液,从而实现恒流进料。目前很多国内生产的平流泵即采用并联式双泵头结构。

　　3)气体和液体反应物同时进料的方式

　　气、液反应物同时进料并形成混合气体,一般有两种方式。较常见的是将液体反应物通过进料泵加入汽化器进行加热汽化,同时向汽化器送入气体反应物,汽化器输出的就是气、液反应物的混合气体。另一种进料方式为通气饱和法,当气体反应物不溶于液体反应物,而且液体反应物有较大蒸气压时可用此法。图 3-8-2 为通气饱和法加料器示意图,图中 a 为气体导入管,气体在 e 处以小气泡的形式冒出,将液体蒸气带走,混合气体从 c 管进入反应器。把此加料器放入恒温槽 b 中,只要控制恒温温度和通入气体的流速,就可以控制进料量和气、液摩尔比。图中 d 是带磨口的液体加料口。

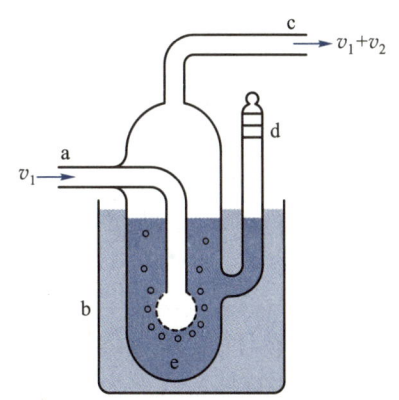

图 3-8-2　通气饱和法
加料器示意图

　　气液摩尔比的计算方法如下:设通过液体的气体流速为 v_1(mL·min^{-1}),实验时恒温槽温度为 T,系统的压力为常压 p_a。气体 v_1 经饱和器后,由于带出液体蒸气,气流速率增大,设流速增值为 v_2,则出口处混合气体总流速为 v_1+v_2,总压仍为大气压 p_a,根据气体分压定律,得气液摩尔比 N 为

$$N = \frac{v_1}{v_2} = \frac{p_a - p_s}{p_s} \tag{3-8-1}$$

式中 p_s 为实验温度 T 时液体的饱和蒸气压,可从附录三表 3-12 及有关手册查得。如果通过饱和器的气体被液体蒸气所饱和,则实际的气液摩尔比应与上式计算相符。在实际工作中,常要检查饱和器是否达到要求。具体检验方法是,恒温槽恒温 10 min 后,通入稳定流速的气体,将带出的液体蒸气用装有足够量硅胶的吸附管加以收集,吸附管应预先称量,并以冰盐水冷却。记录通气时间。经一定时间后称量收集的液体质量,再与理论计算值比较,二者相符说明饱和器符合要求。若实验值低于理论值,说明液体蒸发未达饱和状态,可提高气体的预热温度,以改善饱和情况。增加预饱和器,或增加气体与液体接触时间,对改进饱和状况有好处。应该指出,适当提高液位高度可增加气液接触时间,但饱和器上方应留有足够的空间,以防气液夹带现象发生,故液位也不宜过高。

2.反应物流速的测量和控制

　　1)液体反应物进料量的测量和控制

　　上面谈到通气饱和法液体进料量的理论计算和实际测量方法,而且指出只要控制气体的流速和饱和器的温度,便可以控制气液摩尔比和进料量。通气饱和法在化工生产中已得到普遍的应用,如甲醇空气氧化合成甲醛的工业生产,就是使空气通过蒸发器而将蒸发器中甲醇蒸气带出,然后进入反应器,并通过控制蒸发温度和液位的方法来确定反应混合气的氧、醇摩尔比。

　　实验室液体反应物的进料大多采用柱式泵进料方法,其进料量可通过调节步进电动机的转速或柱塞的冲程来控制。对于精确的测量,通常将液体反应物加入可计量的容器内,该容器与进料泵的进样管接通。进料泵工作时,通过设定泵流量控制进料量,精确值由容器内液位或质量的变化来实际测量。

2)气体反应物进料量的测量

实验室测量气体进料量所用的仪器叫流量计或流速计,常用的有锐孔流速计、转子流量计、皂膜流量计、湿式流量计及质量流量计,现分述如下。

(1)锐孔流速计。锐孔流速计也叫毛细管流速计,如图 3-8-3 所示。根据伯努利(Bernoulli)定律,一个体系的总能量是固定的,流体流经锐孔时,其线速率增加(即动能增加),而压力降低(即位能减小),这样锐孔两端液面产生压差 Δh。当锐孔足够小或毛细管长度与半径之比大于 100 时,流速 v 和压差 Δh 之间具有线性关系:

$$v = f \cdot \frac{\Delta h \cdot d}{\mu} = \frac{\pi r^4}{8l} \cdot \frac{\Delta h \cdot d}{\mu} \qquad (3-8-2)$$

式中 d 为流速计中所盛液体的密度;μ 为气体的黏度系数;f 为毛细管的特性系数;r 为毛细管半径;l 为毛细管长度。此式表明,当 v 一定时,$\Delta h \propto 1/r^4$,由此可以根据气体流速的测量范围来选用不同孔径的毛细管。

应当指出,锐孔流速计的流速和液面差的关系一般不是计算得来的,而是通过实验标定出来的。标定 v 与 Δh 的线性关系时,需说明使用的气体和对应的毛细管,因为不同气体具有不同的线性关系;即使对同一种气体,当换了毛细管后,v 与 Δh 的线性关系也与原来的不一样。

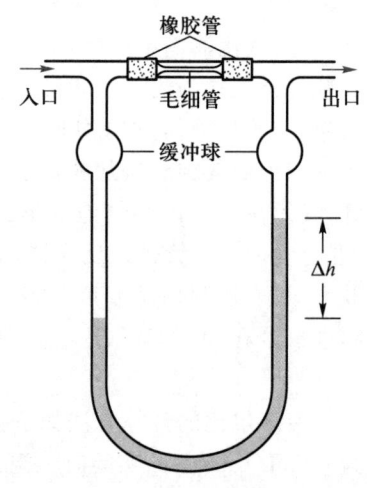

图 3-8-3 锐孔流速计示意图

锐孔流速计中所盛液体可以是水、液体石蜡或水银等,视所用气体性质及流速范围而定。选择液体时,要求被测气体与液体不互溶、不起化学作用。为保证测量的准确性,锐孔或毛细管在使用和标定过程中均应保持清洁、干燥。

(2)转子流量计。转子流量计是工业上和实验室中常用的一种流量计,如图 3-8-4 所示。它由一个下部截面积略小的锥形玻璃管和一个可浮动并旋转自如的浮子所组成。浮子的顶部略大,有的顶部边缘还刻了斜槽,当流体自下而上流经锥形玻璃管时,浮子就在管中旋转不已,使之居中旋转又不触及管壁。所以浮子又称转子。由于玻璃管是倒锥形的,故转子在不同高度位置时,它与玻璃管壁间的环隙面积不相同,转子越高,环隙面积越大。

当被测流体从底部进入流量计时,流过环隙的速率大,静压力下降。转子底部流体的流速小,其静压力比环隙部分大,因而造成一个自下而上的推力作用于转子上。如果该推力大于转子的净重力(转子自身重力减去浮力),转子必将上浮。随着转子上浮,环隙面积扩大,从而降低了环隙间的流速,缩小了转子顶部和底部的静压力差,上

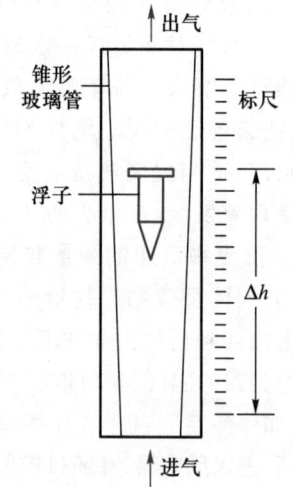

图 3-8-4 转子流量计示意图

推力随之下降。显然,当转子上浮到一定高度时,上推力和转子的净重力达到平衡,转子在玻璃管中的位置就不会发生变化。当流体流速增大(或减小)时,转子将在更高(或更低)的位置上达到新的平衡。这样,利用转子在玻璃管内平衡位置随流体流速变化的特性,便可测定流体的流速。

市售转子流量计,其玻璃管上的刻度是针对某一种流体的流速而刻的,如把针对某种流体的转子流量计用来测量别种流体的流速,因流体性质不同,刻度要加以校正,其校正公式为

$$v_2 = v_1 \sqrt{\frac{d_1(d_f-d_2)}{d_2(d_f-d_1)}} \tag{3-8-3}$$

式中 v_1 为流量计上针对流体"1"的体积流速刻度值;v_2 为流量计用于测量流体"2"时相对于 v_1 刻度的实际体积流速;d_1 为流体"1"的密度;d_2 为流体"2"的密度;d_f 为转子材料的密度。

通常校正转子流量计时不用上式计算,而用皂膜流量计直接对其进行标定。

转子流量计的适用范围较宽,但因管壁一般都是玻璃制品,工作压力不能超过 4~5 atm。测小流速时,转子选用胶木、塑料等材料;测大流速时,转子选用不锈钢材料。安装转子流量计时必须保持垂直。转子流量计既适用于气体流量的测量,也适宜于液体流量的测量。

(3)皂膜流量计。皂膜流量计是实验室中用于标定气体流量和测定尾气流量的常用流量计。它可用滴定管改制而成,如图 3-8-5 所示。橡胶头内装肥皂水,当被测气体流过滴定管时,用手将橡胶头一捏,气体就把肥皂水吹起,在管内形成一圈圈的皂膜,沿管壁上升。用秒表记录某一个皂膜移动一定体积所需的时间,便可算出流速。

皂膜流量计的测定是间断式的,仅适宜于测定较小的气体流速($\leqslant 100$ mL·min^{-1})。

(4)湿式流量计。湿式流量计是一种累积式体积流量计,如图 3-8-6 所示。在流量计内部装有一个具有 A,B,C,D 四室的转鼓,转鼓的下半部浸没在水中。气体由中间 E 处进入气室,迫使转鼓转动而从顶部排出,其转动次数由记录器记录,并给出根据转动次数计算得到的累积流量。图中所示位置表示 A 室刚开始进气,B 室正在进气,C 室正在排气,D 室排气将完。

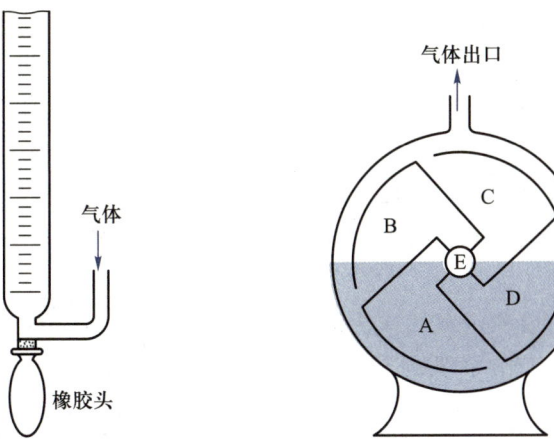

图 3-8-5 皂膜流量计示意图　　　　图 3-8-6 湿式流量计示意图

(5)质量流量计。质量流量计(MFC)用于对气体的质量流量进行精密测量和控制,具有精度高、重复性好、响应速度快、软启动、稳定可靠、工作压力范围宽等特点。其操作使用十分方便,可任意位置安装,并便于与计算机连接实现自动控制。质量流量计可对气体的瞬时流量

和累积流量进行精确计量,由于其测量的是流体的质量,而非体积,因此不需要修正流体的压力和温度等参数。质量流量计通常由传感器、处理器和显示器组成,传感器可以检测流体的压力、温度和密度等参数,处理器根据这些参数计算出准确的质量流量,并通过显示器展示结果。质量流量计根据测量原理的不同有多种形式,如热式质量流量计、科里奥利(Coriolis)质量流量计、变压差式质量流量计等。实验室常用热式质量流量计,其传感器采用毛细管传热温差量热法原理测量气体的质量流量,具有温度压力自动补偿特性。将传感器加热电桥测得的流量信号送入放大器放大,放大后的流量检测电压与设定电压进行比较,再将差值信号放大后去控制调节阀门,闭环控制流过通道的流量使之与设定的流量相等。

3)气体反应物进料量的控制

流动法技术的关键之一,是控制反应物流体稳定地、不断地以一定流量进入反应体系。对于气体反应物进料量的控制,主要应解决气源的稳压和稳流问题。

(1)稳压阀。稳压阀用以稳定气流的压力。现以 WYF 型稳压阀为例,说明其工作原理(图 3-8-7)。

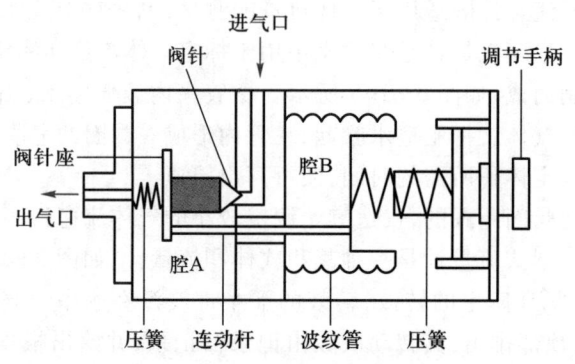

图 3-8-7　稳压阀工作原理示意图

这种阀是波纹管双腔式稳压阀。腔 A 与 B 通过连动杆与孔的间隙连通,当手柄调到一定位置后,系统达到平衡。如果出口气压有微小上升,使腔 B 气压随之增加,波纹管向右伸张,针阀也同样右移,减小了针与座的间隙,因此流阻增大,则出口压力降到原有平衡状态。同理,当出口压力有微小下降时,系统也将自动恢复原有平衡状态,从而达到稳压效果。

使用此种阀时入口压力一般不超过 0.6 MPa,出口压力一般不超过 0.4 MPa,在 0.1~0.3 MPa 时其稳压效果较好。

(2)稳流阀。稳流阀用以稳定载气或待测气体的流速,WLF 型稳流阀的工作原理如图 3-8-8所示。

当输入压力为 p 时,在节流孔 G_1 通过的气体压力是 p,阀盖上的腔体压力也是 p,这时调节针形阀杆为一定位置,则在节流孔 G_2 处产生一个压力p_1。该阀门中压缩弹簧本身有一向上作用力,膜片受 p 的作用,有一个向下的压力,由于 p_1 克服膜

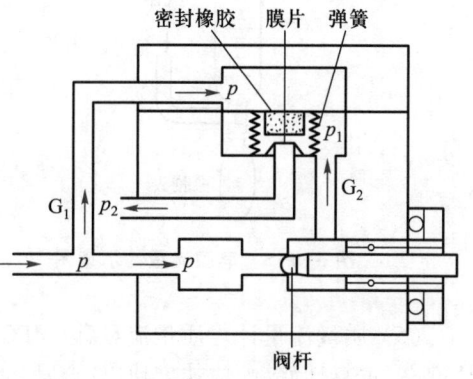

图 3-8-8　稳流阀工作原理示意图

片向下的压力,使密封橡胶与阀门间有一个不断振动的距离,这时在阀门中则有一个压力 p_2 输出。由于膜片不断地振动,使出口处有一个恒定的流量输出。使用时压力为 0.2 MPa,流量小于 150 mL·min^{-1}。

目前市售的稳流阀为多圈式,便于精确控制。只要事先进行标定,作出工作曲线,即可控制所需的气体流速。特点是重现性较好。

(3) 针形阀。针形阀可以调节气体流速,控制气体进料量。图 3-8-9 可说明其工作原理。其主要部分由阀针、阀体和调节螺旋组成,阀针与阀体不能相对转动,调节螺旋与阀针或阀体可相对转动。当调节螺旋右转时,阀针旋进进气孔道,则孔隙减小,气体阻力增大,流速减小;当调节螺旋左旋时,孔隙加大,气体阻力减小,流速加大。

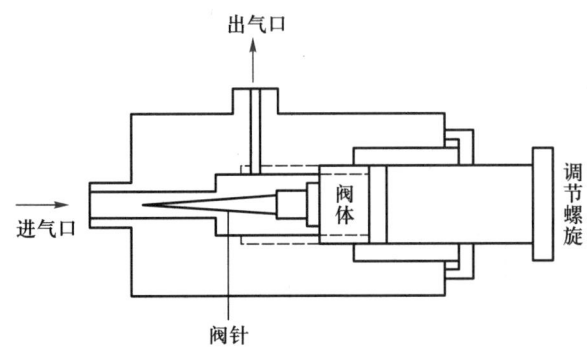

图 3-8-9　针形阀工作原理示意图

3.8.2　流动法常用的反应器

实验室中常用的属于流动法的反应器有固定床反应器、流动循环式反应器和微型催化反应器等。

1. 固定床反应器

当反应气体通过固定催化剂床层时,催化剂颗粒静止不动,这种反应器叫固定床反应器,常用石英管或不锈钢管制成。固定床反应器可分为积分反应器和微分反应器两种。

1) 积分反应器

这种反应器是指催化剂用量较多,反应物一次通过后转化率较高(>25%)的反应器。反应物以一定的流速通入反应器后,明显地发生了化学反应,沿催化剂层纵向有较显著的浓度梯度,在催化剂层始末两端的反应速率改变较大,反应物浓度沿流动方向下降,转化率则上升,整个反应器的反应速率是沿着催化剂层高各个部位反应速率的积分结果。

图 3-8-10 为积分反应器示意图,设催化剂的体积为 V_R,反应气体的流量为 v,单位体积催化剂的反应速率为 r,反应物的转化率为 y,如取催化剂层中微小的一层 $\mathrm{d}V_R$ 作物料衡算,则物料守恒关系是

$$r \cdot \mathrm{d}V_R = v\mathrm{d}y \tag{3-8-4}$$

即

$$r = \frac{v\mathrm{d}y}{\mathrm{d}V_R} = \frac{\mathrm{d}y}{\dfrac{\mathrm{d}V_R}{v}} \tag{3-8-5}$$

因为体系稳定后,反应物气体流量 v 为恒定值,所以

$$r = \frac{\mathrm{d}y}{\mathrm{d}\left(\dfrac{V_R}{v}\right)}\tag{3-8-6}$$

求得反应速率 r 的方法有如下三种。

(1) 图解微分法。实验时改变 V_R/v(可改变流量 v),测出相应的转化率 y,以 y 对 V_R/v 作图(图3-8-11),即得表示反应速率的等温线,这些等温线上任何一点的斜率就表示该点的反应速率 r。测定反应速率的此种方法称图解微分法。

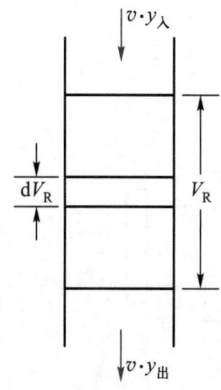
　　　图 3-8-10　积分反应器示意图

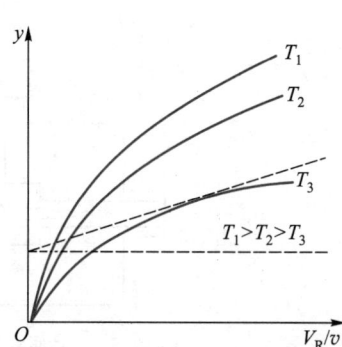
　　　图 3-8-11　积分反应器的等温线图

(2) 近似级数法。把 y 对 V_R/v 的曲线关系写成级数形式:

$$y = a\left(\frac{V_R}{v}\right) + b\left(\frac{V_R}{v}\right)^2 + \cdots \tag{3-8-7}$$

根据实验数据用最小二乘法定出系数 $a,b,\cdots$,代入上式的微分式:

$$r = \frac{\mathrm{d}y}{\mathrm{d}\left(\dfrac{V_R}{v}\right)} = a + 2b\left(\frac{V_R}{v}\right) + \cdots \tag{3-8-8}$$

这样可计算出任一个 (V_R/v) 下的反应速率 r。

(3) 积分法。把反应速率方程的微分式进行积分求得反应速率的方法叫积分法,速率方程的微分式可写成

$$\mathrm{d}\left(\frac{V_R}{v}\right) = \frac{\mathrm{d}y}{r}\tag{3-8-9}$$

将此式积分:

$$\int_0^{\frac{V_R}{v}} \mathrm{d}\left(\frac{V_R}{v}\right) = \int_{y_{\text{入口}}=0}^{y_{\text{出口}}=y} \frac{1}{r}\mathrm{d}y$$

得
$$\frac{V_R}{v} = \int_0^y \frac{1}{r}\mathrm{d}y \tag{3-8-10}$$

由于反应速率 r 与转化率 y 有函数关系 $r = f(y)$,且这种关系随反应机理不同而不同,因此只有通过反应机理确定具体的函数关系后,代入式中积分才能求出反应速率。例如,对于反应级

数为一级的反应(无逆反应,无体积膨胀),$r = f(y)$ 的具体函数关系是 $r = kc_0\ln(1-y)$,代入上式并积分,求得

$$\frac{V_R}{v} = -\frac{1}{kc_0}\ln(1-y) \tag{3-8-11}$$

式中 k 为反应速率常数;c_0 为反应物起始浓度;V_R/v 为反应物在反应器内停留时间。

对于积分反应器,由于转化率较高,不仅对取样和分析要求不苛刻,而且在产物有阻抑作用和有副反应的情况下也易于全面考察。积分反应器设备结构简单,分析结果比较准确,接近于工业上的反应器,是实验室中常用的反应器。积分反应器的缺点是,因转化率较高而产生的热效应较大,管径即使很小,床层也难以维持恒温;此外,积分反应器的数据处理比较复杂。

2) 微分反应器

在构造上微分反应器与积分反应器并无原则的区别,只是催化剂用量较少(一般不到 1 g),以使转化率控制在很低的水平(<10%),在分析精度能够达到的范围内,转化率越低越好。反应物各组分的浓度沿催化剂床层变化很小,温度变化也极小,因此不仅沿催化剂层各截面上的反应速率视为相同,整个催化剂层内的反应速率也可以当作常数。这种反应器用于转化率较低的反应,反应器的尺寸也较小。当然,一个大的反应器当其反应速率缓慢到反应物浓度变化很小时,也可当作微分反应器处理。此外,对于零级反应,在恒温下,由于反应速率与浓度无关,也可以当作微分反应器。微分反应器所代表的动力学情况,相当于积分反应器中的一个截面,或一个微分区域 dV_R。

由于微分反应器的反应速率在转化率从 $y_{入口}$ 到 $y_{出口}$ 的整个范围内,可看作常数,因此有

$$\int_0^{\frac{V_R}{v}} d\left(\frac{V_R}{v}\right) = \frac{1}{r}\int_{y_{入口}=0}^{y_{出口}=y} dy \tag{3-8-12}$$

即

$$\frac{V_R}{v} = \frac{1}{r}(y_{出口} - y_{入口}) \tag{3-8-13}$$

$$r = \frac{v}{V_R}(\Delta y) \tag{3-8-14}$$

式中 $\Delta y = y_{出口} - y_{入口}$ 是微分反应器的转化率;r 相当于组成等于平均转化率 $\left(\frac{y_{入口}+y_{出口}}{2}\right)$ 时的反应速率。实验时测定 v, V_R 及与此相应的转化率,便可求得反应速率 r。

微分反应器的优点是,通过实验数据可直接求出反应速率,而积分反应器则不行。此外,微分反应器催化剂用量少,转化率低,所以容易做到等温。微分反应器的缺点是,要求有灵敏而精确的分析方法,以便准确测定浓度的微小变化;另外,常常需要有高的气速,对于比主反应慢得多的副反应不易测出来。

2. 流动循环式反应器

为了消除反应器内的温度梯度和浓度梯度,使实验的准确性提高,同时又要克服由于转化率低而造成分析上的困难,可采用流动循环式反应器,这种反应器综合了积分反应器和微分反应器的优点,并避免了它们的缺点。它由含有一定容积(V_R)催化剂的环路及循环泵所组成,循环泵可把反应后的部分气体循环回去,且循环气体的速率要大大地超过连续进料及出料的速率 v,其流程原理如图 3-8-12 所示。

当系统稳定后,设原料气中所含产物浓度为 y_0,进口速率是 v,出口处反应物的转化率为

y_2,进催化剂床层前,原料气同循环气混合后,转化率是 y_1,入口处反应产物物料衡算关系如下:

$$v \cdot y_0 + v \cdot R_v \cdot y_2 = (1 + R_v) \cdot v \cdot y_1$$
$$(3-8-15)$$

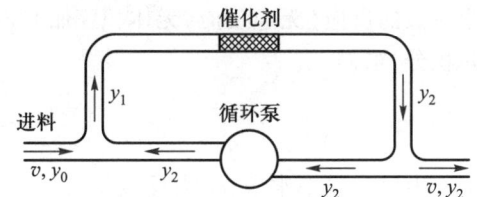

图 3-8-12　流动循环式反应器流程
原理示意图

等式左端为一份体积的反应物同 R_v 份体积的循环气混合后反应产物的总量,等式右端表示通过催化剂时反应产物的总量。

1）循环比

式(3-8-15)中 R_v 为循环比,即循环量与原料通入量之比。由式(3-8-15)整理得

$$R_v = \frac{y_1 - y_0}{y_2 - y_1} \qquad (3-8-16)$$

由实验测出 y_0,y_1,y_2 值后便可求出循环比。

2）反应速率

单位时间内通过催化剂的气体流量为 $(R_v + 1)v$,则反应速率为

$$r = \frac{(R_v + 1)v(y_2 - y_1)}{V_R} = \frac{v}{V_R}(y_2 - y_0) \qquad (3-8-17)$$

可见,流动循环反应器的反应速率只与反应器入口处和出口处产物的浓度差有关,而与循环比无关,实验中为便于测定常采用较高的循环比。

循环比 R_v 越大时,床层进出口的转化率 y_0 与 y_2 相差就越小,以致达到无浓度梯度的程度,则平均转化率为 $\frac{y_2 - y_0}{2}$ 的反应速率 r 也就是出口的反应速率,这就是微分反应器。但是此时进料浓度与最终出料浓度的差别却是大的,因此分析上不会困难。

3. 微型催化反应器

为了提高微分反应器测定结果的准确性,常采用比较灵敏的仪器来分析反应产物,通常采用色谱装置,因此这类反应器叫微型催化反应器。依设计的不同,有以下几种情况。

（1）把微型反应管直接联在色谱仪进样器后的气路中,载气以恒定流速流经微型反应管、色谱柱、鉴定器后放空。反应物从进样器处周期地注入,由载气带进微型反应管,反应后的产物经色谱柱分离,最后经鉴定器进行定性定量分析,如图 3-8-13 所示。

（2）将反应物连续地以一定流速流经微型反应管进行反应,产物由六通阀取样,经色谱柱分离后进入鉴定器进行定性定量分析。

（3）把所研究的催化剂装入色谱柱内,使色谱柱处于催化反应所要求的条件(温度、压力、催化剂量等),以惰性气体或反应物之一作载气,反应物以

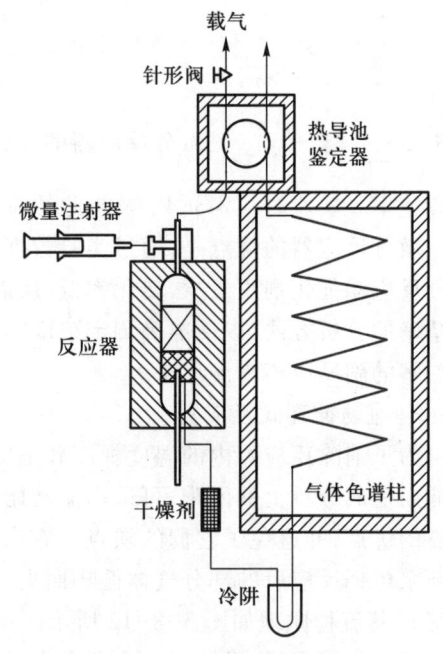

图 3-8-13　微型催化反应器示意图

脉冲方式由载气带入色谱柱(即催化剂层)进行反应,所得产物及剩余反应物立即在色谱柱上进行分离,由鉴定器进行定性定量测定。这种情况一般称为催化色谱。

这类微型催化技术的优点是原料及催化剂用量极少,各组分均可快速测定,用于评价催化剂的活性、选择性,考察吸附性能、机理及副反应,均十分方便。但应指出,脉冲式微型催化反应器用于研究反应动力学也存在一些问题,如脉冲进料并不符合流动法技术的要求,使反应组分的吸附不是处于一种稳态,而是处于一个交变过程,反应产物的组成有时也不能反映催化反应的全过程等。

3.8.3 流动法反应体系的实验条件控制

流动法反应体系除了必须控制反应物稳定连续地进入反应器,并根据所研究反应的特点选用或设计合适的反应器外,还应该使各处的实验条件维持稳定不变。反应体系的各处实验条件是不可能相同的,但每一处的实验条件(如温度、压力、组分等)应保持不变,也就是说,整个反应体系应处于稳态控制之下。

用流动法研究催化反应动力学,催化床层各部分的温度应力求一致,无论是径向还是纵向,都要尽可能做到无温度梯度。但实现催化床层的等温反应条件,是实验技术上的一个难题。尽管可以借助现代的计算机来获得非等温条件的反应速率,然而为了准确得到动力学的函数形式,只有以等温条件为依据才是方便的。

为了控制催化床层的等温条件,通常要做到:

(1) 反应物在进入催化剂床层时已预热到反应温度。

(2) 反应管要细,管外的传热应足够好,力求床层径向和纵向温度一致。

(3) 对于强放热反应,有时还用等粒径的惰性物质来稀释催化剂,以求维持等温。但这样做可能会给动力学数据引进不能忽视的误差,所以稀释度应该适当。

此外,催化剂的装填技术也应充分重视,避免反应物沟漏或部分返混。对于固定床反应管,管的内径至少应为催化剂粒径的 8 倍,床层高度至少应为粒径的 10 倍,流体的线速度必须足够大,以排除内、外扩散的影响。

3.9 粉末 X 射线衍射技术

3.9.1 引言

一定波长的 X 射线照射到晶体上,将出现衍射现象。借此可以对晶体的物相及结构进行分析测定。20 世纪 60 年代问世的四圆衍射仪及八九十年代推出的二维面探单晶衍射仪使单晶结构测定更为精确、快速,也使单晶结构分析作为常规测定工具成为可能。但是对于一些难以培养单晶的化合物,就无法进行单晶结构分析。而 80% 以上的固体化合物以微晶形式存在,因此需要使用多晶粉末衍射法。相对而言,多晶粉末衍射法更为简单、快速和方便。多晶粉末衍射法在化学、物理、材料科学与工程、冶金、金属物理等领域应用广泛。其最大的用途是对晶体的物相进行定性和定量分析,同时它还可用于衍射谱的指标化和点阵参数的测定,粉末衍射图谱全拟合精修晶体结构,晶粒尺寸及点阵畸变测定,结晶度测定,残余应力测定,织构分析,薄膜的厚度、密度、表面与界面粗糙度与层序分析,高分辨衍射测定单晶外延膜结构特征等。它也可提供晶体对称性、晶体内部三维空间中原子排布的情况及晶体中分子的结构式等方面的一些信息。所以,多晶粉末衍射法在科研、生产和教学中的应用仍在不断增加。

3.9.2　X 射线衍射仪

用于测定晶体结构的 X 射线,其波长为 0.05~0.25 nm(即 0.5~2.5 Å),与晶体的点阵面间距大致相当。由布拉格方程 $2d\sin\theta = n\lambda$ 可知,波长小于 0.05 nm 的 X 射线,其衍射线的衍射角集中在小角度区,分辨率较差;而波长大于 0.25 nm 的 X 射线易被样品和空气吸收,使衍射强度降低。

1. X 射线的产生及其特性

X 射线源可以是 X 射线发生器或同步辐射 X 射线源。图 3-9-1 为 X 射线管示意图,它由阴极灯、阳极靶和真空密封装置等组成。

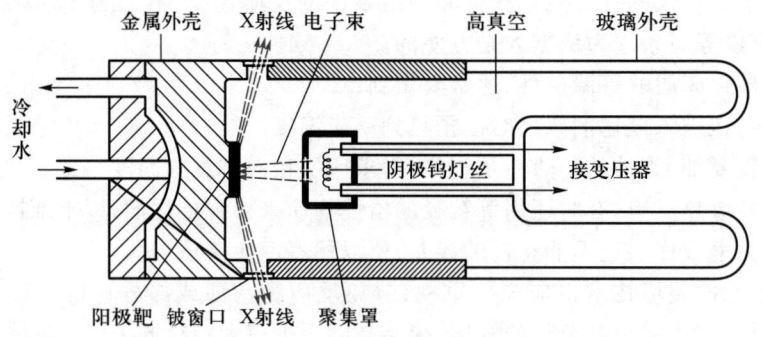

图 3-9-1　X 射线管示意图

在 X 射线发生器产生高压电场的作用下,X 射线管阴极发射出的电子迅速加速撞向阳极靶,电子运动受阻,大部分动能转化成热能,小部分能量转变成 X 射线能量,产生波长在 10^{-3}~10^{1} nm 的连续 X 射线。X 射线管产生的 X 射线为连续光谱,其中含有几条强度很强的特征谱线(图 3-9-2)。但特征谱线只占 X 射线管辐射总能量的很小一部分。特征谱线的波长和 X 射线管的工作条件无关,只取决于阴极组成元素的种类,是阴极元素的特征谱线。对于不同的金属阳极靶,产生特征 X 射线的临界电压不同。特征 X 射线的单色性很好,其半峰宽度一般小于 10^{-4} nm。X 射线粉末衍射中常用的铜靶,其 K 线特征 X 射线的临界电压为 8.981 kV,钼靶为 20.01 kV。管

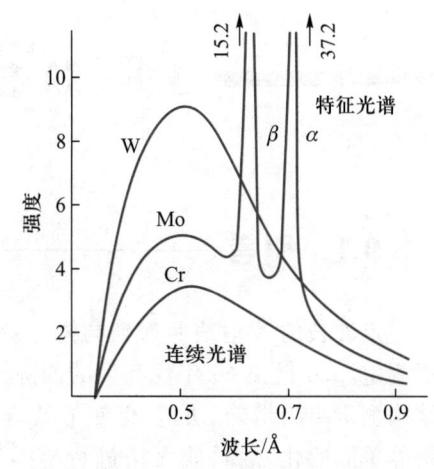

图 3-9-2　X 射线管产生的 X 射线谱

电压继续增高,只能增加 X 射线的强度。

设高速电子的动能超过靶材原子某层电子的电离能,并且将它击出原来壳层,则靶原子将成为激发态的游离原子。于是处在较外层的电子便跃入内层填补空位,靶原子又成为低能量基态,同时发出一个光子。该光子的波长与原子初始态能量差 ΔE 之间的关系为

$$\lambda = hc/\Delta E \qquad (3\text{-}9\text{-}1)$$

在 X 射线衍射实验中,最常用的是 K 特征 X 射线,即当 K 层电子被击出,随后这些 K 层的空位被高能级的电子填充所产生的辐射。其中 $K_{\alpha 1}$,$K_{\alpha 2}$,$K_{\beta 1}$ 线是分别由 L_{III}、L_{II} 和 M_{III} 壳层的电子跃补到 K 层时所产生的辐射。铜靶的这三条 X 射线波长分别为 0.154051 nm,0.154433 nm 和 0.139217 nm。由于 $K_{\alpha 1}$ 和 $K_{\alpha 2}$ 线的波长非常接近,在低衍射角时不易分辨,通常总称其为 Cu K_{α} 线。它们的强度比为 1:0.497。由此其平均波长以 0.15418 nm 计算。

2. 单色器

在物相和结构分析中,只有 K 特征 X 射线是有用的,而且通常只采用 K_{α} 线。所以除了选择合适操作条件(如管电压)外,还需要将连续的及 K_{β} 线滤去。使 X 射线管产生的 X 射线单色化的方法主要有滤波片法和晶体单色器法。滤波片法是利用物质对 X 射线的吸收限进行滤波,除去不需要的连续射线和 K_{β} 线。滤波片材料的选择是根据阳极靶元素来确定的。一般选用的滤波原子序数低于靶元素原子序数 1 或 2 的元素,其 K 吸收限波长正好在靶元素的 K_{α} 和 K_{β} 波长之间。如当使用 Cu 靶 X 射线时,以镍作为滤波单色器。使用滤波片是最简单的单色化方法,但只能获得近似单色的 X 射线。

反射型的晶体单色器,效果比滤波片好。选择一种发射率较强的晶体,使其表面与原子密度大的晶面平行,再将晶体弯成一定曲率。当 X 射线射到其表面时,同样可以得到符合布拉格反射定律的单色及其谐波的 X 射线。如欲避免谐波反射,可采用萤石的(111)面。在这种晶面上二次谐波的反射极弱,而高次谐波可用降低管电压的办法抑制其产生。由于晶体表面弯成一定的曲率,有聚焦作用,故可以增加单位面积上的 X 射线强度。石墨是目前已知效率最高的反射型单色器。

3. 辐射波长的选择

利用 X 射线衍射法测定物相成分与晶体结构时,必须根据样品的化学成分正确选择 X 射线阳极靶。通常,特征 X 射线波长要稍大于样品中各元素的 K 吸收限,使 K 系荧光 X 射线产生的概率减小。因此,靶元素的原子序数应比样品中元素的原子序数大 4 以上。常用的 X 射线管阳极靶材有铜、铁、钴、铬、钼等。

通常,波长越长,或者说 $1/d$ 数值越大,相邻衍射线的分辨率越大。因此,对多相物质和结构复杂的物质进行测定时,应选用特征谱线较长的靶材。当然,分辨率的提高将会失去部分高衍射角的衍射线。表 3-9-1 为常用阳极靶的 K 系辐射波长及其滤波器数据。

表 3-9-1 常用阳极靶的 K 系辐射波长及其滤波器数据

靶材元素	原子序数	波长/nm				工作电压/kV	滤波器	
		$K_{\alpha 1}$	$K_{\alpha 2}$	K_{α}^{*}	K_{β}		K_{α}	K_{β}
Cr	24	0.228962	0.229351	0.22909	0.208480	20~25	Ti,Sc,Ca	V
Fe	26	0.193597	0.193991	0.19373	0.175553	25~30	Cr,V,Ti	Mn

靶材元素	原子序数	波长/nm				工作电压/kV	滤波器	
		$K_{\alpha 1}$	$K_{\alpha 2}$	K_{α}^{*}	K_{β}		K_{α}	K_{β}
Co	27	0.178892	0.179278	0.17902	0.162075	30	Mn,Cr,V	Fe
Ni	28	0.165784	0.166169	0.16591	0.150010	30~35	Fe,Mn,Cr	Co
Cu	29	0.15405	0.154433	0.15418	0.139217	35~40	Co,Fe,Mn	Ni
Mo	42	0.070926	0.071354	0.07107	0.033225	50~55	Y,Sr,Ru	Nb,Zr
Ag	47	0.055941	0.056381	0.05609	0.049201	55~60	Ru,Mo,Nb	Pd,Rh

* 按习惯方法,取 $K_{\alpha} = \dfrac{2}{3}K_{\alpha 1} + \dfrac{1}{3}K_{\alpha 2}$ 作为 K_{α} 辐射的平均波长。

4. 衍射仪

X 射线多晶衍射仪可进行物相的定性和定量分析。根据 X 射线的检测记录方法的不同,多晶衍射仪可分为两大类:照相法和衍射仪法。照相法使用感光胶片记录衍射强度,如德拜-谢乐照相法。而衍射仪法采用 X 射线检测器来检测衍射强度及衍射方向,通过测量记录系统及计算机处理得到多晶衍射数据并可得到衍射图谱。现代 X 射线多晶衍射仪主要由三个基本部分构成:X 射线发生部分、衍射角测量部分、衍射线强度测量和记录部分,图 3-9-3 为 X 射线衍射仪原理示意图。

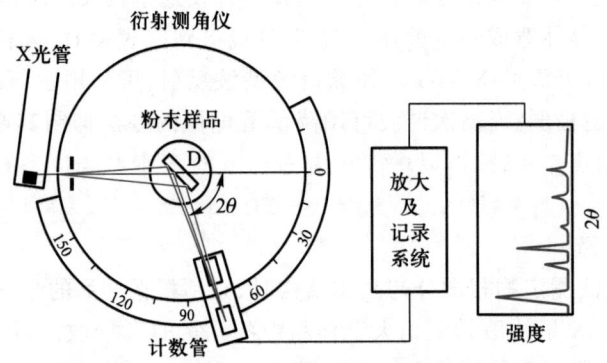

图 3-9-3　X 射线衍射仪原理示意图

实验时,将样品磨细后装入样品槽压实,并使样品表面平整,然后放置在衍射仪的测角器中心样品台上。在测量时,样品绕测角仪中心轴转动,不断地改变入射线与样品表面的夹角 θ;计数器始终对准中心,沿着测角仪圆移动,接收各衍射角 2θ 所对应的衍射强度。计算机同步地把各衍射线的强度记录下来。在所得的衍射图中,一个坐标代表衍射角 2θ,另一坐标表示衍射强度的相对大小。

3.9.3　物相分析

物质的 X 射线多晶衍射图,由它本身的晶体结构特征所决定。每种结晶物质都有其特有的衍射花样(衍射线的位置和强度)。它们由晶胞的形状、大小、原子或离子的种类及其在晶胞中的位置所决定的。因此,对于特定波长的 X 射线,不同晶体的衍射谱图不同。对于多相样品,其 X 射线衍射谱由所含各相的衍射叠加而成,其中每种物质的特有衍射花样保持不变,就如"指纹"一样,因此可将它们用于鉴别物质、物相分析。

物相分析方法是将实验测得的一系列 d_i 和 I_i(衍射花样)与已知的数据作比较,故需要收集大量的已知物质的粉末衍射谱图。早在 1938 年,J. D. Hanawalt 和 H. W. Rinn 等人就发起以 d-I 数据组代替衍射花样,制备粉末衍射数据(PDF)卡片。卡片中数据以一定的格式填入,分组编号。1941 年,美国材料与试验协会(American Society for Testing and Materials, ASTM)重印这些卡片出版了第一集 PDF 卡片,至今已出版了 52 集,包含超过 250000 种衍射花样。现在,收集、出版 X 射线粉末衍射谱图的工作由粉末衍射标准联合委员会-国际衍射数据中心(Joint Committee on Powder Diffraction Standards-International Center for Diffraction Data, 简称 JCPDS-ICDD)进行。自 1965 年以来,每年都有约 2000 个新的衍射花样加到 PDF 中,尤其是 2000 年后,增长数量更多。现在所有的 PDF 卡片都已经数字化并建立了在线数据库,人们可以进行在线或 CD 光盘检索。

1. X 射线粉末衍射数据卡片说明

PDF 卡片式样如图 3-9-4 所示,按其内容分为 10 个区,各区所含的内容和信息如下:

(1) **1A**,**1B**,**1C** 三栏分别为衍射图中衍射强度第 1,2,3 的三条衍射线对应的面间距。**1D** 为最大面间距。

(2) **2A**,**2B**,**2C** 对应于上述各衍射线的相对强度 I/I_1,最强的衍射线的强度定为 100。

10

d	1A	1B	1C	1D	7				8		
I/I_1	2A	2B	2C	2D							
Rad.		λ		Filter		$d/\text{Å}$	I/I_1	hkl	$d/\text{Å}$	I/I_1	hkl
Dia.		Cut off		Coll.							
I/I_1				d Corr. Abs?	3						
Ref.											
Sys.				S.G.							
a_0	b_0		c_0	A	C						
α	β		γ	Z	D_x	4			9		
Ref.											
$\varepsilon\alpha$	$n\omega\beta$		$\varepsilon\gamma$	Sign							
$2V$	D_x		m.p.	Color	5						
Ref.											
					6						

图 3-9-4 PDF 卡片示例

（3）**3** 为实验条件。其中：

Red.——测试使用的 X 射线种类，如 Cu K_α、Mo K_α 等；

λ——所用的 X 射线波长；

Filter——滤波片；

Dia.——照相机直径；

Cut off——所用的测试方法（照相法或衍射仪法）能测得的最大面间距；

Coll.——光栏狭缝的大小；

I/I₁——测定相对衍射强度方法；

d **Corr. Abs.**？——*d* 值是否经过吸收校正；

Ref.——参考文献。

（4）**4** 为样品的晶体学数据，各个符号分别表示：

Sys.——样品所属晶系；

S.G.——空间群；

a_0，b_0，c_0——晶胞参数；$A = a_0/b_0$，$C = c_0/b_0$；

α，β，γ——晶轴之间夹角；

Z——单位晶胞中化学式单位的数目；

Ref.——参考文献。

（5）**5** 为样品的某些物理性质：

εα，*nωβ*，*εγ*——折射率；

Sign——光学性质的正负；

2V——光轴夹角；

D_x——用 X 射线测定的晶体密度（*D* 则为用其他方法测定的密度）；

m.p.——熔点；

Color——肉眼或在显微镜下观察到的样品颜色；

Ref.——参考文献。

（6）**6** 为样品来源、制备方法、化学分析数据、升华点（s.p.）、分解温度（r.p.）、转变点（t.p.）、收录衍射图温度等有关资料。

（7）**7** 是化学式和英文名称。

（8）**8** 是矿物学名称或结构式，右上角标记符号为 ☆ 表示数据的可靠性很高；**0** 表示数据可靠性较低；*i* 表示已指标化，可靠性介于前两者之间；*C* 表示衍射数据从理论计算获得。

（9）**9** 是衍射线的面间距、相对衍射强度、衍射指标。

（10）**10** 是 PDF 卡片编号。如 1-208，表示第 1 集中第 208 号。

2. PDF 卡片索引简介

PDF 卡片数量巨大，所以在卡片之外又编制了索引，以便迅速查到所需的卡片，才能进行物相分析。

1）英文字顺索引（alphabetical index）

如果已知物质的名称或分子式而需查找其粉末衍射数据，可用这类索引。该索引有助于迅速鉴定样品所属物相。英文字顺索引又按物质的类别不同分为无机物、矿物、有机物及有机物分子式索引。在英文名称后列出化学式、三强线的 *d* 值和相对强度，最后为卡片编号。相对强度采用十级制，标于 *d* 值右下角。最强线用"*x*"表示，若有特别强的线，则用"*g*"表示。

2）数字索引

当被测物质的化学成分和名称完全未知时，必须利用此类索引。索引按各物质粉末衍射图中最强线的 d 值由大到小排列，用以从衍射数据确定样品物相。数字索引又分为 Hanawalt 索引和 Fink 索引两种。

（1）Hanawalt 索引。以每一张卡片中 $2\theta<90°$ 的三根最强线的 d 值作为检索根据，以黑体表示，再按强度递减顺序列入五个 d 值，最后注明该物质的化学式及卡片编号。

考虑到 d 值测定可能会有误差，索引按 d 值范围分成若干组，由大到小排列。同时，当两条衍射线的强度差小于 25% 时，则将这两个 d 值位置对调，也编入索引。所以，同一物质可能在索引中只出现一次，也可能出现两次或三次。各组内则依第二根线的 d 值递减顺序排列。

（2）Fink 索引。该索引各条目的内容与 Hanawalt 索引相同，但它以每一物质的标准衍射花样中八根最强线的 d 值作为物质的指标，按 d 值大小分区排列。强度为前四位的 d 值用黑体字印刷，并各自放在第一位排列一次。各强线轮番占据第一位时，不改变整个数列的顺序。

3. 定性物相分析方法

首先测定粉末样品的衍射谱图，计算各衍射线对应的 d 值，测量各衍射线的相对强度，按 d 值顺序列成表格。当已知被测样品的主要化学成分时，利用英文字顺索引查找卡片。在包含主元素的各物质中找出三强线相符的卡片编号，取出卡片，核对全部衍射线，如果符合，便可定性。

在样品组成元素未知的情况下，可利用数字索引进行分析。首先确认样品归属为无机物还是有机物，再在 $2\theta<90°$ 的衍射线中选取三根或四根最强线，可分别按前述方法用 Hanawalt 索引或 Fink 索引分组查找。若数据相符则按编号取出卡片。对比被测样品和卡片上的全部 d 值和 I/I_1 值。若 d 值在误差范围内，强度基本相当，则可认为定性完成。

要是被测样品为两个或更多物相的混合物，过程就比较复杂。最好能配合化学元素分析或其他检测方法，逐一确定。设法使各物相的衍射线或峰完全不重叠，逐一检出尚不算非常困难；而混合物各相常会发生衍射峰相互重叠的现象，使得其相对强度变大，这就需要结合其他手段细心分辨。为了精确测定 2θ 值，可以使用标样。

4. 计算机检索简介

将 PDF 资料输入数据库，并编成正、反两个文件包。正文件以 PDF 为索引，内容包括各卡片的编号、化学式、主元素（原子序数大于 10 的元素以及硼和氮）、三强线、物质类型，以及每一谱线的面间距、相对强度和米勒指数。反文件则以 d 值为索引，存放具有某一晶面间距的全部卡片的编号。未知物分析要用反文件查找，再通过正文件核对、筛选。计算机程序可计算各检出相在实验谱中分配到的强度及剩余的强度。根据这些数据可以辅助判断漏检和误检，也可有助于混合物分析。

目前很多衍射仪都配有粉末衍射数据库和相应程序，能够迅速地进行物相分析。

3.9.4 粉末 X 射线衍射法在物理化学中的若干应用

1. 衍射图的指标化

晶体上每个晶面在三晶轴上的截数之倒数成简单的互质整数比，通常称为晶面指数 hkl。利用粉末衍射图确定相应的晶面指数就称为指标化。指标化结果可以用于确定晶体所属晶系。以下着重介绍立方晶系样品的指标化工作。

立方晶系晶胞的三边等长,夹角均为 90°。通过解析几何可以证明,晶面间距 d 与边长 a_0 之间有下列关系:

$$d = \frac{a_0}{\sqrt{h^2+k^2+l^2}} \tag{3-9-2}$$

代入布拉格方程可得

$$\sin^2\theta = \frac{\lambda^2}{4a_0^2}(h^2+k^2+l^2) \tag{3-9-3}$$

由一个物相产生的同一张 X 射线粉末衍射谱图上,$\lambda^2/4a_0^2$ 为一常数,其布拉格角 θ 正弦的平方比可化为一系列整数之比。但对于各种点阵类型的晶体,由于结构因素的作用,引起系统消光,所以能产生衍射的晶面指数就会不同。由表 3-9-2 所列立方晶系三种晶格的 $(h^2+k^2+l^2)$ 的可能值可见,有些晶面就不能产生衍射。所以根据衍射花样线条的分布可确定一个物相的点阵类型,进而推得相应的晶面指数 hkl。如果在检测的误差范围内没能找到整数互质序列,则该结晶物质可能属于其他晶系。

表 3-9-2　立方晶系 $(h^2+k^2+l^2)$ 的可能值 *

hkl	$(h^2+k^2+l^2)$		
	简单立方	体心立方 **	面心立方
100	1	——	——
110	2	2　(1)	——
111	3	——	3
200	4	4　(2)	4
210	5	——	——
211	6	6　(3)	——
——			
220	8	8　(4)	8
300	9	——	——
310	10	10　(5)	——
311	11	——	11
222	12	12　(6)	12
320	13	——	——
321	14	14　(7)	——
——			
400 *	16	16　(8)	16
410			
322	17	——	——

hkl	$(h^2+k^2+l^2)$		
	简单立方	体心立方**	面心立方
411			
330	18	18 （9）	—
331	19	— —	19
420	20	20 （10）	20
…	…	… …	…

* 只列出低指数部分。

** 括号内为 $(h^2+k^2+l^2)/2$。

非立方晶系有两个或两个以上不相等的点阵常数,这使得指标化变得复杂。下面列出四方、正交和六方三种晶系的晶面间距与晶胞参数之间的关系式:

四方晶系
$$\frac{1}{d^2} = \frac{h^2+k^2}{a_0^2} + \frac{l^2}{c_0^2} \tag{3-9-4}$$

正交晶系
$$\frac{1}{d^2} = \frac{h^2}{a_0^2} + \frac{k^2}{b_0^2} + \frac{l^2}{c_0^2} \tag{3-9-5}$$

六方晶系
$$\frac{1}{d^2} = \frac{4}{3} \cdot \frac{(h^2+k^2+l^2)}{a_0^2} + \frac{l^2}{c_0^2} \tag{3-9-6}$$

根据上述关系,利用 Hull-Davey 创立的图解法可以获得其米勒(Miller)指数。

2. 立方晶系样品参数的测定

1）晶胞点阵常数 a_0 和晶胞体积 V_c

已知入射 X 射线波长及米勒指数,根据式(3-9-4)可以容易计算得到 a_0,其三次方即为晶胞的体积 V_c。

为了减小测量误差,可以选取若干条 θ 角较大的衍射线进行计算,取其平均值。

2）晶胞中含有的分子数 Z

$$Z = \frac{晶胞质量}{一个"分子"的相对质量} = \frac{V_c \cdot D}{\dfrac{M}{L}} \tag{3-9-7}$$

式中 V_c 为晶胞体积;D 为晶体密度;M 为物质的摩尔质量;L 为阿伏加德罗常数。例如,已测知镍的 $a_0 = 0.35238$ nm,则 $V_c = 43.756 \times 10^{-24}$ cm^{-3},$D = 8.907$ g · cm^{-3},$M = 58.69$ g · mol^{-1},可求得 $Z \approx 4$(整数)。

3）晶体密度 D_x

在空间结构确定的情况下,单位晶胞所含"分子"数 Z 已知,利用上述关系式则可以反过来求得用 X 射线衍射法测得的晶体密度。这就是 PDF 卡片中的 D_x。

3. 粉末样品晶体粒度和比表面积的测定

X 射线粉末衍射图的衍射"线"都有一定宽度。这一现象既与 X 射线光源波长分布和发散度、狭缝及其仪器的其他因素有关,也与样品的晶粒大小有关。前者总称为几何宽化,后者则称为物理宽化。当晶粒小于 0.1 mm 时,衍射线将弥散宽化。晶粒越小,衍射线越宽。而对同一样品来说,宽化程度将随衍射角 2θ 的增大而越加明显。

1)晶体平均粒度

多晶实际上是由一些细小的单晶紧密聚集而成的二次聚集态,而每一个细小单晶则称为一次聚集态。通常所指的平均粒度是指一次聚集态在某一晶面的法线方向上的平均厚度 δ_{hkl}。它与衍射线宽度的增加值 β_{hkl} 之间的关系可用谢乐公式表示:

$$\delta_{hkl} = \frac{K\lambda}{\beta_{hkl}\cos\theta} \qquad (3-9-8)$$

式中 β_{hkl} 以弧度表示;K 为与晶体形状有关的常数,通常取值为 0.89,也可近似地取为 1。为减小误差,通常用衍射仪在某一衍射角范围内以慢速扫描得到一个加宽的衍射峰;另以晶粒大于 10^{-3}cm 的不弥散的标准样品晶体,测得它在相同操作条件下的谱线宽度,作为仪器的几何宽化值。两者之差即样品的粒度宽化 β_{hkl}。选用标准样品的衍射角应尽可能与待测样品的衍射角相近。这样,由式(3-9-8)就可求出晶粒在这一方向的"粒度"大小。

2)立方晶系粉末样品的比表面积

设晶粒为正立方体,根据晶体密度或 D_x 可求得晶体的比表面积 A:

$$A = \frac{6\delta_{hkl}^2}{D_x \cdot \delta_{hkl}^3} = \frac{6}{D_x \cdot \delta_{hkl}} \qquad (3-9-9)$$

4. 晶体结构的推定

利用四圆衍射仪,可以用单晶对晶体结构进行精确的测定。但对于那些难以获得单晶的样品,特别是对于较低级晶系的样品来说,粉末衍射法仍是测定晶体结构的重要和主要的手段。在晶体的 X 射线衍射图中,往往有许多衍射线有规律地不出现,即称为系统消光。系统消光是晶体结构中微观对称性的反映。例如,带心格子和含有平移动作微观对称元素可使某些衍射点的结构振幅 $|F_{hkl}|$ 有规律地等于零。在面心结构的晶体衍射图中,晶面指数 hkl 三者为奇偶混合时,其晶面的衍射线并不出现。因此,可以根据晶体的系统消光规律,判断晶体所属的空间格子及所含微观元素,它对于确立晶体的对称性有重要作用。

根据法国晶体学家布拉维(A. Bravais)所论证,晶体的阵胞有 14 种空间格子(称为 14 种布拉维点阵),这 14 种布拉维点阵与晶体微观对称元素的合理组合得到的微观对称元素系称为空间群。有 230 个空间群对应于 32 个点群。有些消光规律只能确定该晶体属于哪二三个空间群,还需要利用衍射强度的统计规律及晶体的其他性质来进一步确定。例如,由于两种或更多原子之间的相互干涉,某些衍射线强度改变甚至消失的现象则需要应用其他手段予以修正。

测定一个未知结构的晶体所属的空间群,不仅可以全面地了解晶体的对称性,而且也才有可能进一步确定原子在晶胞中的位置。晶胞中原子的坐标参数一经确定,根据假设的结构模型就能计算原子间距离、成键原子间的键长和键角,以及平面间交角等结构参数。

5. 定量相分析

一般的定量分析方法,可以精确地测定样品的元素组成,可是难以确定样品中各物相的元素组成及各相的含量。X 射线粉末衍射图中,衍射线的强度与它本身的含量有关。根据各种物相的 X 衍射线的强度可以对混合物中多种晶相的相对含量进行测定。盖革(Geiger)计数器的出现,使得 X 射线粉末衍射线的定量相分析的精确度及测量速度都大为提高。

晶体 X 射线衍射强度 I 可用下面的关系式表示:

$$I = I_0 \cdot \frac{e^4}{m^2 c^4} \cdot \frac{1+\cos^2(2\theta)}{2} \cdot \frac{\lambda^3}{16\pi R^2 \sin^2\theta\cos\theta} \cdot \frac{|F_{hkl}|^2}{V_c} \cdot D_t \cdot V \qquad (3\text{-}9\text{-}10)$$

这个强度公式是对单相物质而言的。式中 I_0 为入射 X 射线强度; e,m,c 分别为电子的电荷、电子的质量及光速;第 3 项称极化因子; R 为照相机或衍射仪测角台半径; $(\sin^2\theta \cdot \cos\theta)^{-1}$ 为洛仑兹(Lorentz)因子; D_t 为温度因子; V 为参加衍射的粉末样品总体积。

对于多相物质,参加衍射物质中的各个相对 X 射线的吸收各不相同。若它的某一组成物相 i 的质量分数为 w_i,某一 hkl 的衍射强度为 I_i,纯 i 相 hkl 的衍射强度为 I_i^0,考虑样品的吸收,可得

$$I_i = I_i^0 w_i(\mu_i / \bar{\mu}) \qquad (3\text{-}9\text{-}11)$$

式中 μ_i 为物相 i 的质量吸收系数; $\bar{\mu}$ 为样品的平均质量吸收系数($\bar{\mu} = \sum_j w_j \mu_j$)。由已知成分比例的工作曲线求出 $\mu_i / \bar{\mu}$,即可根据某一衍射线的 I_i 和 I_i^0 值,由式(3-9-11)计算出 i 相的质量分数 w_i。

3.10　X 射线光电子能谱

3.10.1　X 射线光电子能谱仪简介

X 射线光电子能谱法(XPS)所依据的基本原理为光电效应,当一定能量的 X 射线入射到样品表面时,样品的原子吸收能量后激发出芯能级中的电子(即光电子),分析出射光电子的能量即可得到对应的原子种类、含量及价态的相关信息。尽管 XPS 分析的原理较简单,但 X 射线电子能谱仪的结构设计非常复杂。X 射线光电子能谱仪主要由进样系统、真空系统、X 射线源、电子能量分析器、探测电子能量的检测器及记录系统等部分组成(图 3-10-1)。将样品进行预处理,放入进样系统,样品在分析室受 X 射线激发源照射产生电离,发射出来的光电子进入电子能量分析器,再通过电子透镜聚焦和探测器收集,最终放大的电信号进入记录系统进行记录。整个测试过程都是在超高真空条件下进行的。

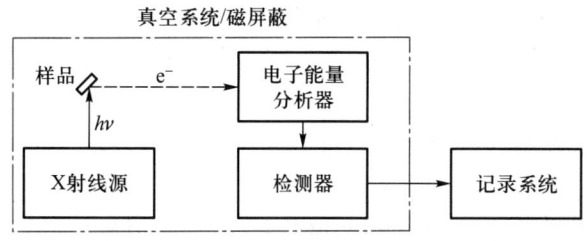

图 3-10-1　X 射线光电子能谱仪框线图

3.10.2　进样系统及样品

  X 射线光电子能谱仪理论上可以用于分析气体、液体和固体样品,但由于气体和液体会获得大量的整体化学信息而非表面信息,同时,由于蒸气压的影响会破坏仪器的真空环境,所以目前还主要集中在非挥发性固体样品表面的分析。气体和液体样品的直接分析涉及复杂的差分抽气系统,本部分不予讨论。样品可以是规则的有确定表面的固体,也可以是粉末。部分溶液样品(测试物为不挥发性溶质或分散物颗粒)可通过滴涂在硅片上蒸发溶剂后制样分析。对于块状或片状样品,可直接夹在样品台或用导电胶粘在样品台上;对于粉末样品,可以粘在双面胶带上或压成片状固定在样品台上。由于需要得到样品最真实的表面信息,信息深度一般只有几个至十几个原子层,因此在实验过程中必须保证所分析的样品表面能够代表样品的固有表面。因此,需要采用一些表面预处理方法:真空加热,加热能耐高温的样品,使表面的吸附物在超高真空条件下被去除;氩离子刻蚀,通过样品室中的氩离子枪对样品表面进行溅射,达到去除表面污染物的目的。

3.10.3　真空系统

  光电子能谱仪的高灵敏度使得该仪器必须在超高真空(UHV,$10^{-8} \sim 10^{-6}$ Pa)条件下工作,这是由于低能电子信号容易受外部残余气体分子的散射影响。而且超高真空的环境会降低活性残余气体的分压,减少在谱图记录期间残留气体对样品表面的影响。

  根据气体动力学理论,气体分子与固体样品表面间的碰撞频率为

$$Z = 2.6 \times 10^{20} \frac{p}{\sqrt{MT}} \quad (\text{cm}^{-2} \cdot \text{s}^{-1}) \tag{3-10-1}$$

式中 p 为气体压力,单位为 Pa;M 为气体分子的摩尔质量;T 为热力学温度(K)。一般来说,清洁金属表面 1 cm^2 约有 10^{15} 个金属原子,设气体的平均摩尔质量为 40 g·mol^{-1},假定气体分子每次与样品表面碰撞时都会导致吸附,结果就是在 298 K、10^{-4} Pa 时,只需要 1 s 样品表面就会吸附一层气体分子;当真空室的压力为 10^{-7} Pa 时,吸附同样一层气体分子需要1000 s 左右,该时间足以完成 XPS 采样过程,因此在超高真空条件下足以获得高质量的谱图。

  光电子能谱仪的真空系统应满足清洁无油、抽速大且抽除所有气体、无振动、无磁场等要求,主要通过各种真空泵的组合来实现。进样系统和分析室的真空系统分别由主泵和副泵组成,该系统前还有一个前级泵来配合抽取气体,主泵可以为涡轮分子泵、离子泵;副泵为钛升华泵,前级泵则一般为机械泵或吸附泵。电子的运动轨迹受地球磁场的影响,因此样品和电子能量分析器周围需要磁场屏蔽,一般采用高磁导材料(如 μ 合金等)制造整个真空分析室。

3.10.4　X 射线源

  XPS 中 X 射线源主要由灯丝、栅极和阳极靶组成,XPS 用来产生特征 X 射线的装置与 X 射线衍射仪(XRD)中的几乎相同,不同之处是 XPS 中 X 射线枪的灯丝处于接地电势而阳极材料处于高的正电势,应用比较广泛的就是铝阳极单色化 X 射线源和铝镁双阳极 X 射线源

（图3-10-2）。灯丝受热发射的电子轰击不同的阳极靶，随之产生不同的特征X射线。阳极靶常用的制备方法是将选用的阳极材料敷涂在通水冷却的铜基材料上，通过火焰喷涂、电子束蒸发或离子电镀涂上约 10 μm 的厚度，太厚影响热交换，太薄则有 Cu 受激发产生的射线干扰。

理想的X射线源应当能生成足够能量的单色辐射以获得光电子能谱，谱线的能量分布越窄，单色性越好，所得到的信息就更加精确。这是由于入射X射线的能量决定能够释放出电子的原子内层深度，而宽度对形成的光电子峰谱线有影响。X射线单色器由球面弯曲的石英晶体构成，它能使来自X射线源的光线经衍射分光后再聚焦到样品表面，从而去掉伴线和韧致辐射，同时降低能量宽度，提高分辨率。

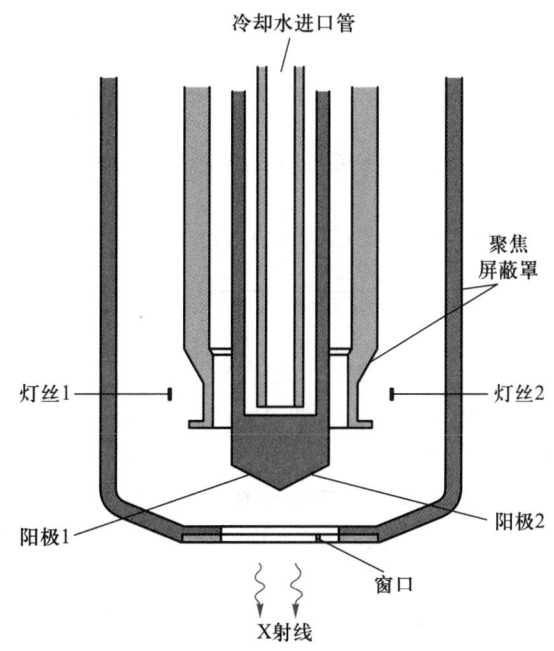

图 3-10-2 双阳极 X 射线示意图

3.10.5 电子能量分析器

电子能量分析器是光电子能谱仪最重要的部分，用于测量电子能量分布，探测样品发射出的不同能量电子的相对强度。电子能量分析器分为磁场式和静电式，两者都必须在高真空条件下工作（压力低于 10^{-3} Pa），以减少电子与残余气体分子碰撞的概率。此外，电子能量分析器必须用磁导率较高的金属材料（铁镍高磁导合金，又称 μ 合金）屏蔽，这是由于低能电子易受杂散磁场的干扰而偏离轨道。电子能量分析器一般有三种，半球形电子能量分析器、筒镜电子能量分析器和减速场电子能量分析器。

XPS 中一般使用半球形电子能量分析器（图 3-10-3），该电子能量分析器由内外两个同心半球组成，外球面为负电势，内球面则为更正的负电势，由此在同心球面空隙中形成一个径向电场，这时能量不同的电子穿过这个电场时被分开，相应地只有一定值的电子能够聚焦到出

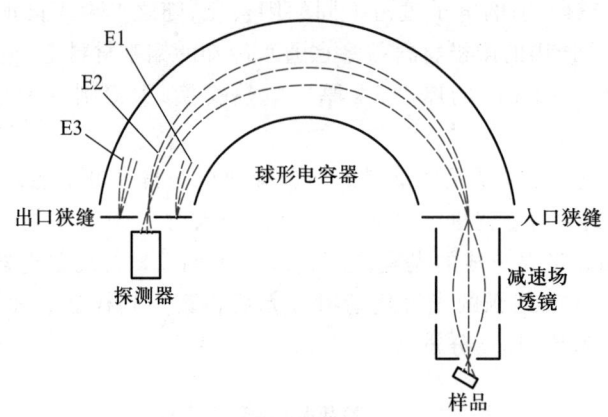

图 3-10-3　半球形电子能量分析器示意图
（E1,E2,E3 代表不同能量的电子）

口狭缝,通过检测系统的电子计数在记录系统中得到谱图。电子能量分析器能量的扫描就是依据其电势的调节来实现。

3.10.6　检测器

检测器拥有接收信号和放大信号的能力,通常情况下,光电子流或俄歇电子流非常弱,一般为 $10^{-13} \sim 10^{-9}$ A（即每秒有 $1 \sim 100$ 个电子通过）。如此弱的信号必须采用脉冲计数的方法,也就是用电子倍增器来检测电子数目。一般有两种电子倍增器:单通道电子倍增器和多通道检测器。单通道电子倍增器由螺旋状的玻璃管组成,一侧为锥形收集器,另一侧为金属阳极,内壁镀有一层高阻抗材料的薄膜,入射到上面的电子超过其动能阈值时能发射出许多二次电子,电子在器件通道内连续倍增,增益可达 10^9。

多通道检测器是由多个微型单通道电子倍增器组合在一起制成的一种大面积检测器,又称为多阵列检测器,适用于具有完全确定聚焦平面的半球形电子能量分析器,其分辨率和灵敏度都优于单通道电子倍增器。目前的商品 XPS 设备均采用多通道检测器。

3.10.7　样品制备及测试操作

1. 样品制备

以粉末样品为例,剪取两片 12 mm × 12 mm 左右的铝箔纸及 10 mm × 8 mm 左右的双面胶,将双面胶粘在铝箔纸上,并在双面胶表面填装样品,用刮刀轻轻地压平整,再将另一片铝箔纸盖在其上,随之转移至压片机进行压片。与此同时,裁剪 6 mm × 6 mm 左右的导电胶粘于样品台上,用剪刀去除压好片的样品四周多余的部分粘到上述样品台上,用洗耳球将表面可能的细碎粉末吹干净。最后转移到 XPS 预处理真空室中,待该真空室真空度降到 3×10^{-4} Pa 后,将样品台转移至主真空室,等待恰当的真空度,然后进行测试。

2. 样品测试

（1）双击打开 XPS 测试软件 AugerScan（以 PHI 5300 设备上的 RBD 147 数据采集卡的采

集软件为例,其他XPS设备参照对应仪器使用说明即可),点击File菜单中的open选项分别打开已有的全谱和窄谱数据文件。

(2)在全谱分析窗口中,点击Acquisition菜单中的Setting选项选择全谱扫描范围(一般选择0~1100 eV),确定后点击start按钮进行,注意观察谱峰状态,如有异常波动,则点击stop now按钮并重新点击start按钮。测试结束后会自动弹出保存界面,按照自己所需命名数据进行保存。

(3)点击Window菜单切换到窄谱窗口,在窄谱窗口中点击Acquisition菜单中的Setting选项,随即在弹出的Setting窗口中点击add按钮选择添加所需元素及轨道,分别点击sweeps和step按钮按需求调整扫描次数及结合能范围,扫描结束后按需进行积分定量处理并保存。

(4)测试完成后,按要求关闭循环冷却水和面板上的所有按钮。

3.10.8　谱图分析

XPS谱图通常包括光电子谱峰、卫星峰、俄歇电子谱峰和其他杂峰等。每一种元素都具有各自特征的光电子谱线,这是元素分析的主要依据。卫星峰:常规X射线源(Al或Mg $K_{\alpha 1,2}$)不是单色的,常常存在一些能量略高的伴线($K_{\alpha 3,4,5}$或K_β等),因此导致一些小的伴峰。俄歇电子谱峰:电子电离后,芯能级出现空位,弛豫过程中可能会使另一电子激发成自由电子,该电子称为俄歇电子。俄歇电子谱峰拥有比光电子谱峰更宽更复杂的结构,二者总是伴随出现,大多以谱峰群的方式出现。自旋轨道分裂峰:由于电子的轨道运动和自旋运动发生耦合后致使轨道能级发生分裂。对于$I = 0$的内壳层,则内量子数$j = 1/2$;对于$I = 1$,则$j = 1/2$或$3/2$。除了s亚壳层不发生分裂外,其余亚壳层都分裂为两个峰。

首先进行全谱分析,根据数据库来确定元素组成,主要观察全谱中是否存在相应特征峰。在全谱分析中,首先识别峰强较强的部分谱线,尤其是C1s和O1s及对应俄歇电子谱峰的谱线;再者,识别样品中已知主要元素的强谱线和相关的次强谱线;最后,确认辨别其余的弱谱线。如果谱图中一些较强谱线是未知谱线,需要注意元素的p、d、f峰为自旋双线结构,它们之间存在着确定的能量间隔和强度比。图3-10-4(a)为半导体材料$ZnIn_2S_4$、In-MOF材料及二者复合材料的全谱扫描图(参见实验三十五参考资料[4]),从图中可以看到样品中分别含有Zn、In、S、C、N、O元素。但是,全谱分析的信号一般比较粗糙,只能确实元素存在与否,以及大致位置,无法获得准确的元素化学态和分子结构等信息。

为了进一步确定化合物中相应元素的化学态与结构,需要进一步进行窄谱数据处理及分析(高分辨谱),具体步骤为去本底、荷电校正、分峰拟合,最后完成定性及定量分析。通过窄谱定性分析元素的价态主要观察以下两点:(1)对照标准谱图值(数据库或者文献)来确定化学态;(2)对于有自旋分裂的p、d、f双谱线,可以通过双峰间距辨别元素化学状态。此外,化学位移的变化分析也非常重要,不仅可以说明样品表面的化学状态,还可以解释样品表面元素之间的电子相互作用。一般而言,某一元素失去电子,其结合能就会朝高结合能方向偏移;反之,得到电子后其结合能就会向低结合能方向偏移。确定价壳层结构的电子,所有的内层电子结合能的位移几乎相同。

上文中对谱图的定量分析进行了简单的描述,除了利用相对灵敏因子计算不同元素的相对原子浓度之外,同种元素不同化学状态下的原子相对浓度同样可以进行分析。但是,在定量计算过程中,经常会碰到谱峰重叠的情况,这就需要将宽峰退卷积分解成各个单峰来进行数据分析。

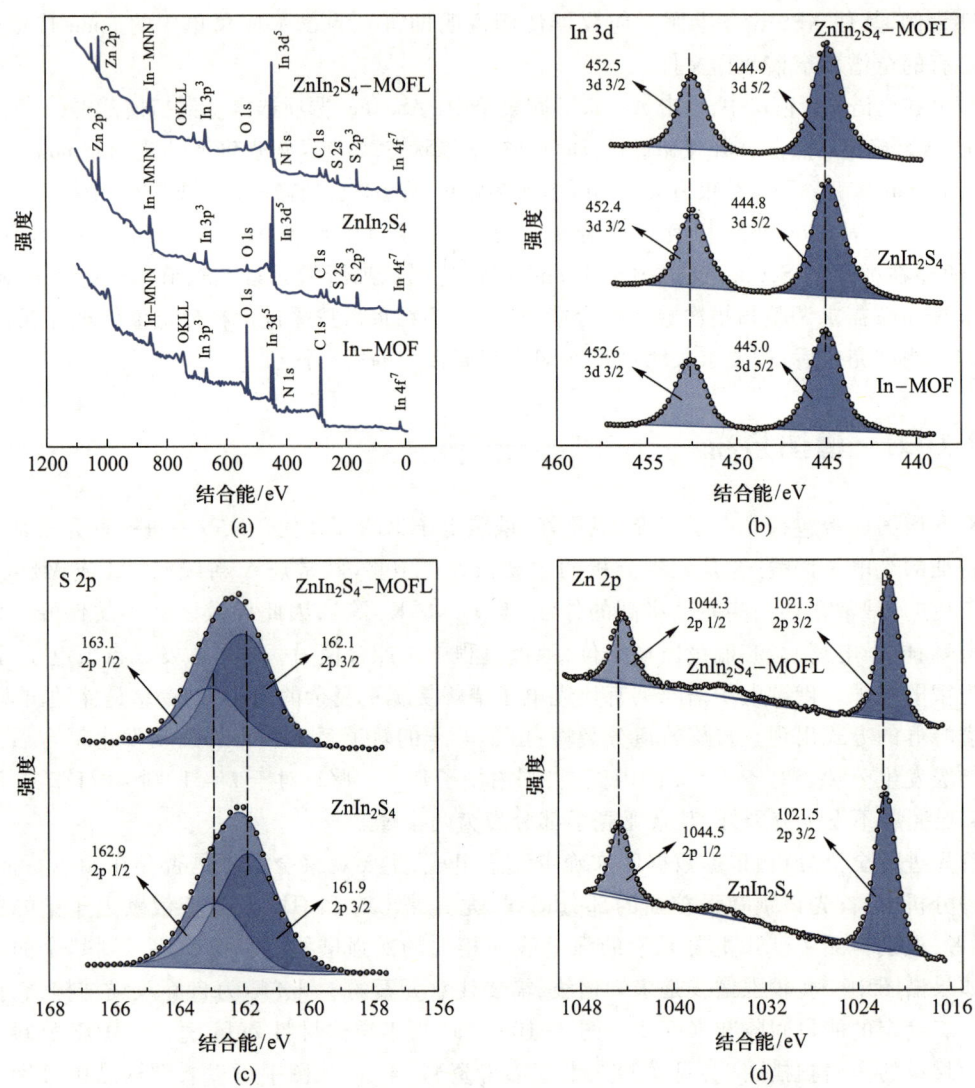

图 3-10-4　ZnIn₂S₄@In-MOF 半导体复合样品的 XPS 示例图

3.11　荧光光谱法实验技术

3.11.1　荧光分析基本原理

1. 荧光过程

荧光是一种光致发光过程。在接受激发光能量之前,发光中心通常处于能量最低的电子能级,人们把这一能级称为基态。发光中心在激发光的照射下吸收光能,由基态跃迁至激发态,此后经过一系列复杂的弛豫过程到达相对稳定的发光激发态,由该激发态回到能量更低的能级状态时释放能量产生发射光。这一过程可以用 Jablonski 图(图 3-11-1)形象地展现。

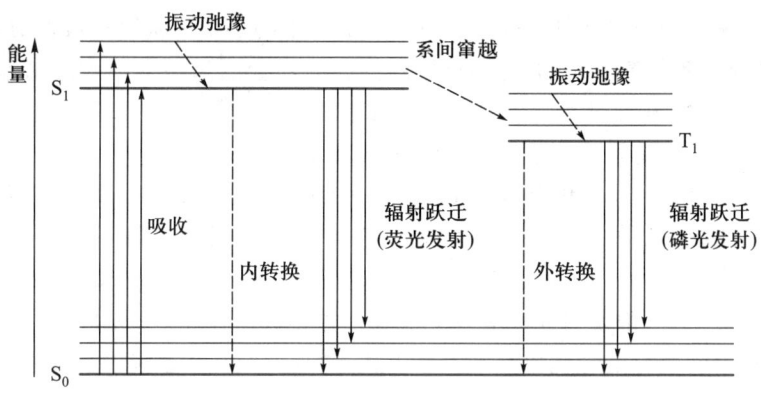

图 3-11-1 发光过程的 Jablonski 图

（1）荧光、磷光和发光。

当有机分子作为发光中心时,由于其电子多为完全配对的成键电子,总自旋量子数为 0, $2S+1 = 1$,这种状态被称为单线态(S_0)。当接受激发光子的能量后,处于基态的电子跃迁到能量更高的激发态,随后经过弛豫过程到达某一相对稳定的激发态(S_1)。若该激发态中被激发的电子自旋与基态相同,则总自旋量子数仍为 0,该激发态仍为单线态,由该激发态通过辐射跃迁回到基态产生发光的过程称为荧光(fluorescence)发射。在某些体系中,激发单线态会通过系间窜越使激发的电子自旋发生翻转,此时体系中将有两个不成对电子,总自旋量子数 $2S+1 = 3$。这种状态称为三线态(T_1)。由三线激发态通过辐射跃迁回到基态产生发光的过程称为磷光(phosphorescence)发射。根据光谱跃迁自旋选律,电子自旋多重态发生改变的跃迁过程是自旋禁阻的。因此,磷光过程通常跃迁速率较慢,但自旋禁阻会随着旋轨耦合的发生而部分解除,因此部分物质存在较强的磷光发射。荧光和磷光统称为发光(luminescence)。对于一些基态和激发态都为多重态的发光过程,其自旋状态较为复杂。例如,大多数三价稀土离子具有 4f 电子构型,其基态和激发态均具有多个未成对电子,此时的发光过程难以归属于简单的荧光或磷光。根据 Laporte 定则,在不同的 4f 电子组态之间发生的跃迁也属于禁阻跃迁,但 f-d 轨道混杂及晶体场对称性的破缺会使该禁阻部分解禁,从而产生发光。在描述源于稀土离子的这类发光过程时通常使用"发光"一词。在荧光分析法中,实际上包含了这些不同的发光过程,在对其具体过程不需要作严格界定时,"荧光"一词有时会代替"发光"一词进行混用,但在需要区分的场合应尽量避免混用。

（2）斯托克斯位移。

对于一般的荧光过程,可以由图 3-11-2(位形坐标变化图)来描述激发和发射过程中的能量变化。图中横坐标为分子内原子的位形坐标(位置和距离),纵坐标为能量。两条曲线分别对应于基态和激发态。

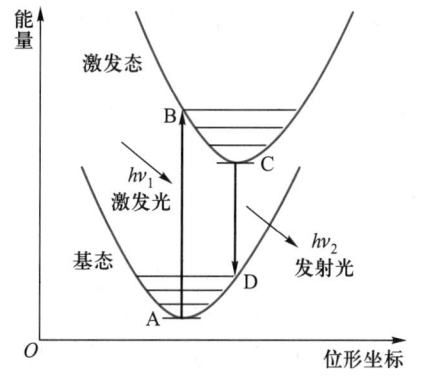

图 3-11-2 发光过程的位形坐标变化图

由于电子跃迁过程远快于分子中原子的移动,故在跃迁过程中可以认为原子坐标不变,即由基态的最低振动能级向上跃迁时原子坐标不发生变化。在激发过程中,发光中心吸收光子能量由基态的最稳定振动能级(A)向上跃迁。由于一般分子的基态和激发态最低振动能级原子坐标并不一致,此时得到的激发态(B)并非最稳定振动态,会通过振动弛豫降低能量,到达激发态的最稳定振动态(C,在此过程中改变位形坐标)。此后再通过辐射跃迁发射光子,回到基态的高能级振动态(D)。最后通过振动弛豫回到基态 A。

在上述过程中,由 B 到 C 和由 D 回到 A 的两次振动弛豫都会损失能量(以热振动的形式损失)。因此,一般而言,单个激发光光子能量高于单个发射光光子能量,在波长上则体现出发射光波长长于激发光波长的一般规律。这一规律最早由英国科学家 George Gabriel Stokes(1819—1903)提出,故一般发射光和激发光波长之差称为斯托克斯(Stokes)位移。

近年来也观察到部分发光现象并不符合上述规律,如双光子激发、上转换等反斯托克斯位移发光过程会吸收多个光子再发射出一个光子,从而在满足能量守恒定律的同时由长波激发产生短波发射。在部分声子耦合效应较小的体系中,激发和发射波长也可能取同一数值。这些新的发光过程在一些特殊的应用场景中具有各自独特的用途。

(3) 量子产率(量子效率)。

发光物质发光能力的强弱可以用量子产率(quantum yield)进行评价。一般将发射光子数与入射光子数的比值定义为外量子产率或总量子产率,将发射光子数与发光物质吸收光子数的比值定义为内量子效率。前者的数值包含对发光物质吸光能力的评价,一般用于描述在实际工作状态下的总发光效率。后者则着重于描述激发后的发光过程,体现的是物质从激发态回到基态时通过辐射跃迁产生发光的概率。在对发光物质进行优化时,可根据具体的应用场景特点选择上述参数作为评价指标。

在一些文献中使用量子效率(quantum efficiency)这一概念。对于单光子过程,量子产率和量子效率具有相等的数值。而对于多光子过程,量子效率描述的是激发光光子的利用率,其数值等于发射光光子总数乘以参与产生一个发射光光子的激发光光子数的积与激发光光子总数的比值。

(4) 发光寿命。

发光中心由激发态跃迁返回基态产生发光的过程符合一级反应动力学规律(可类比于基元反应)。激发态衰减时其布居数减小到初始值的 $1/e$ 所用的时间被定义为发光寿命(τ)。若该发光过程的速率常数为 k,根据一级反应动力学:

$$-\mathrm{d}N/\mathrm{d}t = kN \tag{3-11-1}$$

积分可得

$$\ln(N/N_0) = kt \tag{3-11-2}$$

根据发光寿命的定义:

$$\tau = \ln e/k = 1/k \tag{3-11-3}$$

式中 N_0 为激发态在初始时刻的布居数;N 为 t 时刻的激发态布居数。

一般而言,荧光过程的发光寿命在纳秒量级,磷光和稀土发光过程的发光寿命较长,在微秒到毫秒量级,部分超长寿命的磷光材料发光寿命甚至可以达到秒或分钟量级。

2. 荧光性质的测量

对于发光过程,一般情况下人们主要关心激发光和发射光的波长,在一定条件下的发射光强度及其动力学过程。与之相应的用来描述发光过程的参数主要有最大激发波长、最大发射波长、量子产率、发光寿命等。可以通过荧光光谱仪来获取物质的激发和发射光谱，从而测量得到上述参数。

激发光谱指的是选择一定波长的发射光强度作为检测信号（纵轴），改变激发光的波长（横轴），扫描记录相应的发射光强度得到的光谱。谱图中发光信号最强处对应的激发波长即为该化合物的最大激发波长，一般而言，该波长与化合物的最大吸收波长一致，对应于发光中心由基态跃迁到激发态所需要的能量。

发射光谱则是固定激发光的波长和强度，改变检测波长而得到的发射光强度与发射波长之间的关系。发光信号最强处对应的检测波长为最大发射波长。对于有机分子，一般分子都弛豫到最稳定的激发态再产生发光，因此在不同的激发波长下发射光谱形状几乎相同。

在激发或发射光谱采集过程中激发光源一直处于开启状态，采集得到的是发光物质达到激发动态平衡后的稳态光谱。若要获得发光过程的动力学信息，则可在脉冲光激发后进行相应的发光衰减过程测量，以获得发光寿命信息。在发光强度衰减图中，纵坐标为发光强度，横坐标为脉冲光激发后的间隔时间。利用衰减曲线可拟合出发光中心的衰减速率常数，从而计算出发光过程的发光寿命。

量子产率的测量则相对复杂。一般情况下，发射光光子在空间中会向各个方向传播，因此要测量得到量子产率的绝对值（也被称为绝对量子产率）需要收集所有方向的发光信号。荧光光谱仪上配备积分球后可实现相关测量，但操作相对烦琐，使用较少。

另一种测量方式则是测量相对量子产率。该方法选用激发波长、发射波长及吸收强度与待测样品的相近，且已知量子产率的物质作为参比，在保持溶液浓度较低的条件下，分别测量得到参比溶液和待测样品溶液的发射光强度，再按照下列公式计算待测样品的相对量子产率：

$$\varPhi_S = (I_S \varPhi_R A_R)/(I_R A_S) \tag{3-11-4}$$

式中 $\varPhi_S$，I_S 和 A_S 分别表示待测样品的相对量子产率、发光强度和吸光度；$\varPhi_R$，I_R 和 A_R 则分别表示参比溶液的量子产率、发光强度和吸光度。如果两个溶液使用的溶剂不同，还需要对结果进行折射率校正。由于方法相对简单，在测量常规有机荧光分子的量子产率时多采用这种相对测量方法。

3. 荧光分析方法

对于特定的化合物，其激发谱和发射光谱具有一定的特征性，能够用来鉴别该化合物。但由于分子光谱一般谱峰较宽，光谱的特征性较弱，在多种物质共存时难以区分。因此，荧光分析一般只在简单的体系中进行定性鉴定，更多情况下是利用其发光强度与化合物浓度的相关性进行物质含量的定量分析。

在发光中心之间不产生相互作用，且溶液浓度较低的情况下，发射光强度与发光中心的浓度成正比，这是荧光分析法可以进行物质含量定量分析的基础。

$$I_{FL} = \varPhi_S I_{ex}(1 - e^{-2.303\varepsilon bc}) \approx \varPhi_S I_{ex} \times 2.303\varepsilon bc = Kc \tag{3-11-5}$$

式中 I_{FL} 为发光强度；I_{ex} 为激发光强度；ε 为消光系数；b 为光程；c 为溶液浓度。对于固定的测试条件，可以将 $\varPhi_S I_{ex} \times 2.303\varepsilon b$ 整合成常数 K，从而确定 I_{FL} 与浓度 c 之间的线性关系。

当发光物质的浓度较高时，发光中心之间可能产生浓度猝灭，从而导致发光效率下降，发光物质对激发光的吸收会导致离激发光源较远的样品感受到的激发光光强产生明显的衰减（内滤效应），发光物质对发射光的吸收则会导致离检测器较远的样品产生的发光信号减弱。

因此,为了获得较好的荧光定量效果,一般在进行荧光分析时需要使发光物质的浓度保持在 10^{-5} mol·L^{-1} 或溶液的吸光度不大于 0.05(对于一般的有机荧光物质)。若需要在较高浓度时使用荧光分析法,需要在相应的条件下测量得到反映荧光强度与分析物浓度之间关系的工作曲线,以校正在高浓度下荧光强度信号值的偏离。

根据测量目的的不同,荧光分析法可以选择发光物特征的激发和发射波长进行单点发光强度测试,通过与工作曲线对比求得目标物种的发光物种浓度。也可使用动态连续跟踪测量模式监测目标物种浓度随时间的变化。发光物质的发射光谱/激发光谱形状和发光寿命等参数也在某些应用场景中被用于反映目标物种周围的环境变化。

4. 荧光光谱仪

荧光光谱仪是获取荧光光谱的主要设备,一般由激发光源及单色器、样品台、发射光分光系统和检测器组成。

激发光源提供激发光,常用的激发光源有亮度较高的宽光谱发射 Xe 灯和单色性较好的激光器两种。单色器为棱镜或光栅,在单色器和样品之间一般还有可调光阑,可以根据测试需要分别调整激发光的波长和强度。

样品台的主要作用是支撑样品。在一般的荧光光谱仪中激发光和发射光光路成 90° 角(此时发光信号强度较大)。根据样品的状态可以选择适配的样品台(放置比色皿或固体粉末)。部分样品台还具有变温功能,可以控制样品的温度,从而获得在指定温度下的荧光光谱。

发射光分光系统可以为棱镜或光栅系统。前者成本较低,但分辨率并不理想,适合进行对光谱精细程度要求不高的测试(如测量有机发光体的宽带发光)。后者成本较高,但具有理想的波长分辨率,适合测量需要对发光峰的精细结构进行测量的场景。两种分光系统的分辨能力都与色散元件到检测器的光程正相关,因此光谱分辨率高的分光系统通常具有较长的光程,在小型化设备里需要通过光路的多次反射来增大光程。

检测器根据相应灵敏度和时间分辨率的要求也具有多种选择。单点式检测器包括光电倍增管(PMT)、雪崩二极管等感光元件,可以获得极高的检测灵敏度,但需要以逐点扫描的方式(转动棱镜或光栅)来获得不同波长处的发光信号,多用于对检测灵敏度有较高要求的大型荧光光谱仪。面阵式检测器则包含 CCD 或 CMOS,可以一次性采集多个波长处的发光信号,多用于紧凑的小型化荧光检测设备,如光纤光谱仪。

在实际测试时一般先用紫外光激发(大多数有机发光体都能被紫外光激发)测得样品的发射光谱,确定最大发射波长后测量对应于最大发射波长的激发光谱,最后在最大激发波长处激发测量得到样品的发射光谱,从而获得样品的最大激发波长、最大发射波长、发光强度等信息。下面以 Cary Eclipse 荧光分光光度计为例对荧光光谱仪的结构和操作进行介绍。

3.11.2　Cary Eclipse 荧光分光光度计简介

Cary Eclipse 荧光分光光度计的基本结构见图 3-11-3,其光路如图 3-11-4 所示。

该仪器属于传统的荧光光谱仪结构,各功能单元都为模块化设置,在计算机控制系统的指令下进行工作,除样品放置外,其他操作均可在计算机的软件界面输入命令后由仪器自动完成。

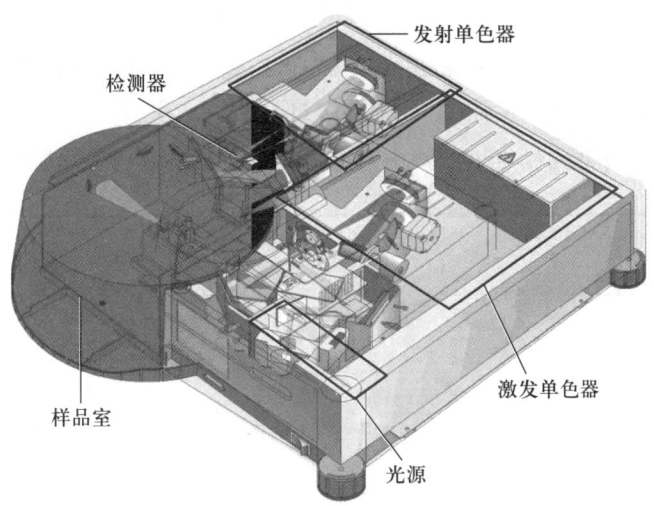

图 3-11-3 **Cary Eclipse** 荧光分光光度计的基本结构

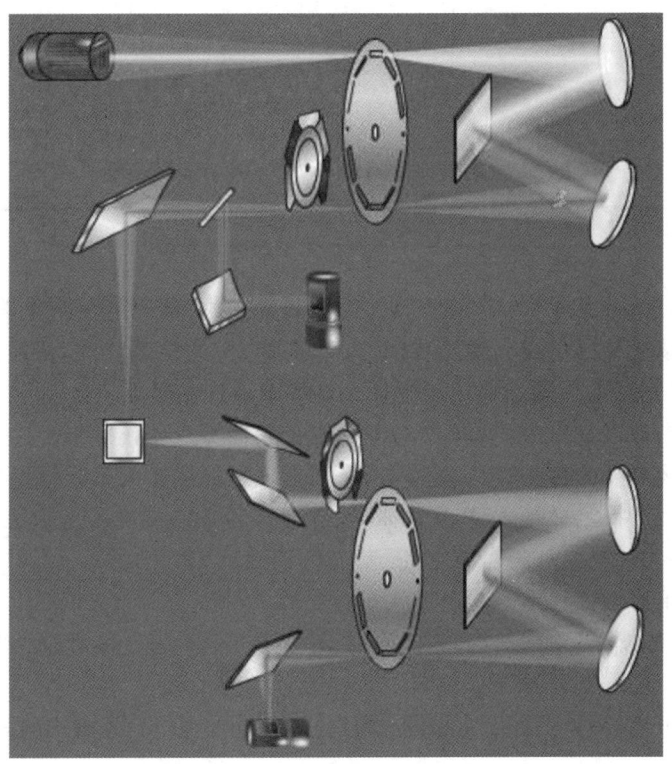

图 3-11-4 **Cary Eclipse** 荧光分光光度计的光路示意图

  仪器具有简单读数(Simple Reads)、浓度测定(Concentration)、光谱扫描(Scan)、动力学测量(Kinetics)、高级读数(Advance Reads)等测量模式,可根据实验需求进行选择。其中,简单读数模式用于测量给定激发波长和发射波长时的发光强度;光谱扫描模式可用于测量激发光谱或发射光谱;浓度测定模式则用于在绘制工作曲线的基础上进行样本中的目标物浓度分析。

  Cary Eclipse 荧光分光光度计的操作步骤简要描述如下:

（1）开启主机电源。

（2）双击计算机桌面上的 Cary Eclipse 图标,运行软件,根据需要选择对应的功能模块。

（3）测量稳态单点荧光发射强度,具体操作如下:

① 在主界面上点击 ▐▐▐▐（Simple Reads）图标,进入如图 3-11-5 所示的系统界面;

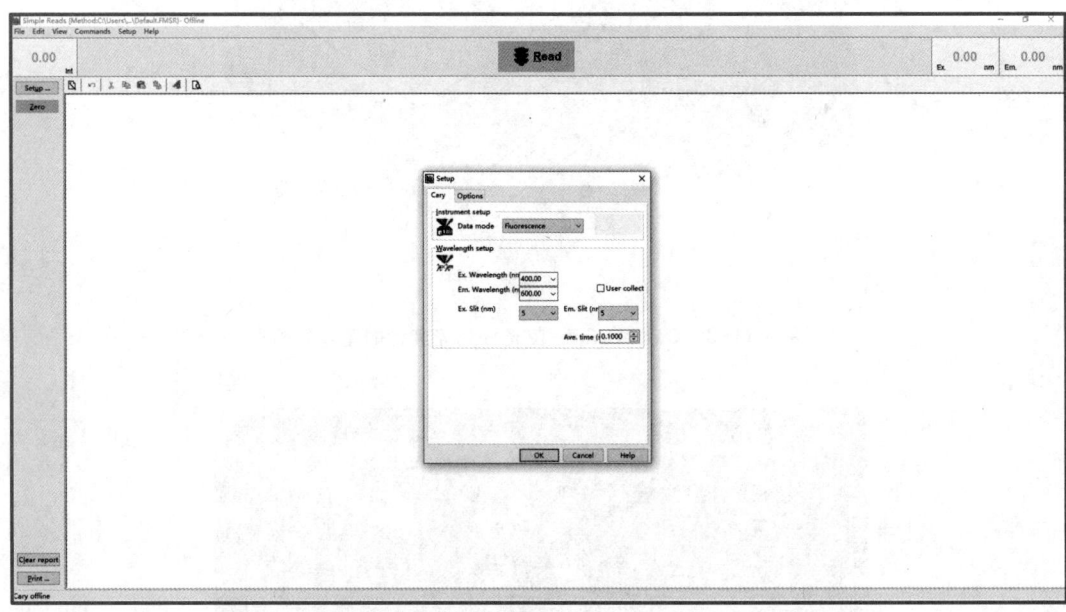

图 3-11-5　单点测量系统操作界面

② 单击 Setup 框,进入测试条件设置页,选择测量方式（荧光、生物/化学发光、磷光）;

③ 设置激发波长、发射波长、激发狭缝、发射狭缝、平均检测时间,激发滤光片、发射滤光片、光电倍增管电压等测试参数,确定后返回 Simple Reads 主界面;

④ 在样品仓中放入空白溶液,单击 Zero 框进行仪器零点校正操作;

⑤ 将空白溶液更换为待测样品 1,单击 Read 框进行样品 1 的发光强度信息读取;

⑥ 将样品更换为待测样品 2,单击 Read 框进行样品 2 的发光强度信息读取,依次测量样品直至完成所有测量;

⑦ 用编辑菜单对测试结果的输出形式进行编辑;

⑧ 单击 Print 框,输出测试报告,完成测试。

（4）浓度测量,具体操作如下:

① 在主窗口中点击 ✓（Concentration）图标,进入如图 3-11-6 所示的系统界面;

② 单击 Setup 框,进入测试设置页面（图 3-11-7）;

③ 设置基本测试信息,Cary 和 Options 这两栏和单点测试设置项类似;

④ 在 Standard 栏设置标准样品信息（用于绘制标准曲线）,输入标准样品的浓度并选择合适的拟合方法;

⑤ 在 Samples 和 Reports 栏编辑待测样品信息,测试方法和测量报告的相关参数;

⑥ 点 OK 返回如图 3-11-6 所示的界面,完成测试条件设置;

⑦ 点 Start 开始测试,并根据提示放入相应的标准样品或待测样品;

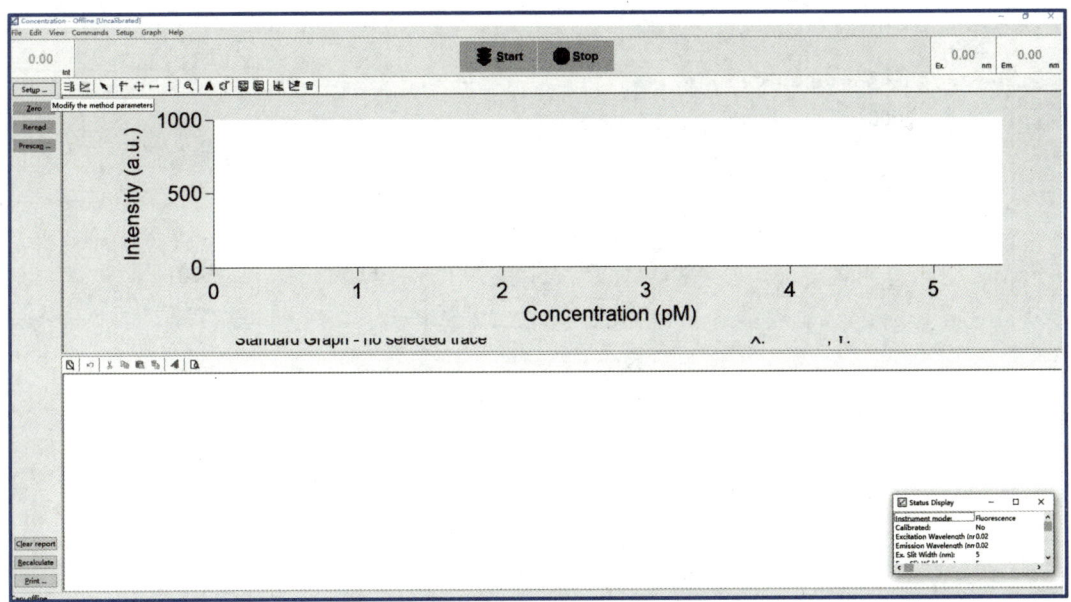

图 3-11-6 浓度测量系统操作界面

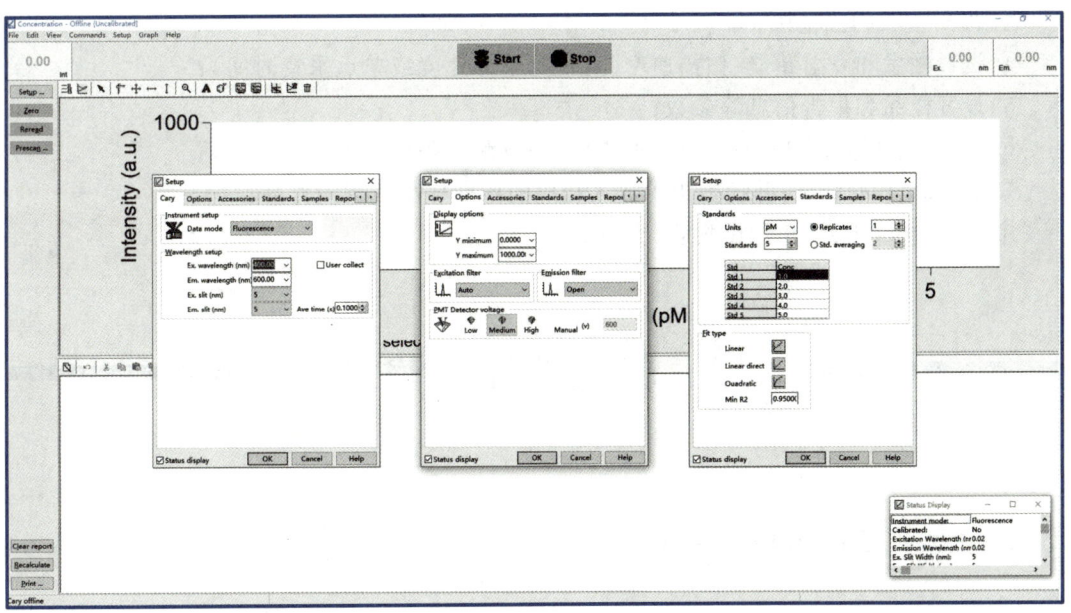

图 3-11-7 浓度测量条件设置界面

⑧ 单击 Print 框,输出测试报告,完成测试。

(5) 光谱扫描,具体操作如下:

① 在主窗口中点击 凶 (Scan)图标,进入如图 3-11-8 所示的系统界面;

② 单击 Setup 进入测量参数设置界面,选择测量方式(荧光、生物/化学发光、磷光)和扫描形式(激发光谱、发射光谱、同步扫描光谱);

③ 扫描激发光谱需要设置检测器波长、激发波长扫描范围;扫描发射光谱则需要设置激

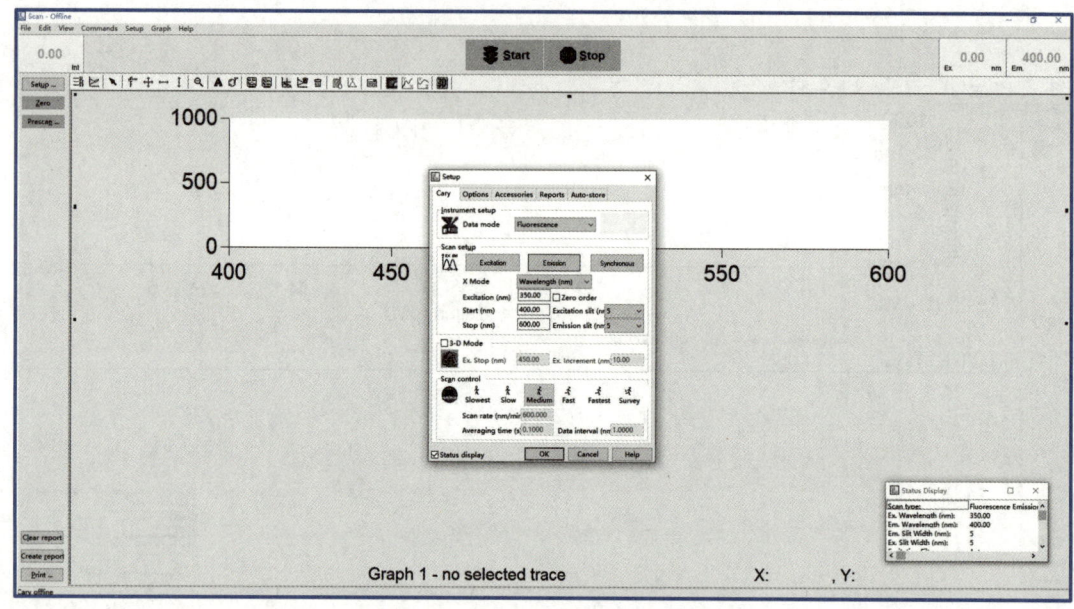

图 3-11-8 光谱扫描系统操作界面

发波长、发射波长扫描范围；

④ 设置激发和发射狭缝、扫描速率（可设置整体速度或单点采集时间）；

⑤ 设置样品和报告信息等参数；

⑥ 点 OK 返回如图 3-11-8 所示的界面，完成测试条件设置；

⑦ 点 Start 开始测试，并根据提示放入相应的标准样品或待测样品；

⑧ 单击 Print 框，输出测试报告，完成测试。

参考资料

3.12　核磁共振实验技术

3.12.1　基础知识

1. 核磁共振现象

原子核由质子和中子组成，它和电子一样也有自旋运动，因此具有磁矩。核自旋运动是核的固有特性，用自旋量子数 I 来描述。原子核的自旋量子数可分为三类：（1）质量数和电荷数（即原子序数）均为偶数的核，如 ^{12}C，^{16}O 等，I 为零；（2）质量数为奇数的核，如 ^{1}H，^{13}C，^{15}N，^{17}O，^{19}F，^{27}Al，^{29}Si，^{31}P 等，I 为 1/2，3/2 等半整数 ；（3）质量数为偶数，电荷数为奇数的核，如 ^{2}H，^{14}N 等，I 为 1，2 等整数。$I \neq 0$ 的核才能发生核磁共振现象。

当 $I \neq 0$ 的核，在磁感应强度为 B_0 的外加静磁场中，核磁矩受到力矩的作用，它可绕 B_0 作旋进运动（拉莫尔进动），原来简单的核自旋能级分裂为 $(2I + 1)$ 个塞曼能级（$m_I = I, I-1,$

$I-2,\cdots,-I$)。相邻两能级之差为

$$\Delta E = \gamma \hbar B_0 \qquad (3-12-1)$$

式中 $\hbar = h/2\pi$；ΔE 的单位是 J；γ 为核的旋磁比,单位是 $rad \cdot T^{-1} \cdot s^{-1}$；$h$ 为普朗克常量,单位是 $J \cdot s$；B_0 为静磁场的磁感应强度,单位是 T。

此时再施加一频率为 ν,射频场强为 B_1 的电磁波,其能量是 $h\nu$,若恰好与该核的相邻磁能级的能量差值 ΔE 相等时,该体系将会吸收电磁辐射,产生能级跃迁,此即核磁共振现象。

核磁共振条件为

$$h\nu = \Delta E = \gamma \hbar B_0 \qquad (3-12-2)$$

$$\nu = \frac{\gamma B_0}{2\pi}, \quad \omega = \gamma B_0 \qquad (3-12-3)$$

式中 ν 是共振频率,单位为 Hz；ω 是圆频率($\omega = 2\pi\gamma\nu$),单位为 $rad \cdot s^{-1}$。

从式(3-12-3)中可知,共振频率与外加磁场的磁感应强度大小成正比,亦与核的旋磁比成正比。对某一核来讲,磁场的磁感应强度越大,共振频率亦越高,而在同样的 B_0 条件下,则 γ 值越大,共振频率越高。表 3-12-1 列出了常见核在 $B_0 = 2.3488$ T 时的有关物理参数。

表 3-12-1　常见核在 $B_0 = 2.3488$ T 时的有关物理参数

符号	天然丰度 %	I	旋磁比 $10^7 rad \cdot T^{-1} \cdot s^{-1}$	共振频率 MHz	检测灵敏度 *
^{1}H	99.98	1/2	26.752	100.00	1
^{2}H	0.015	1	4.1066	15.351	3.69×10^{-6}
^{7}Li	92.58	3/2	10.3975	38.866	0.436
^{13}C	1.108	1/2	6.7283	25.144	3.51×10^{-4}
^{15}N	0.37	1/2	-2.712	10.133	1.21×10^{-5}
^{17}O	0.037	5/2	-3.6279	13.557	2.92×10^{-5}
^{19}F	100	1/2	25.181	94.080	0.859
^{27}Al	100	5/2	4.976	26.077	0.405
^{29}Si	4.7	1/2	-5.3188	19.865	8.26×10^{-4}
^{31}P	100	1/2	10.841	40.481	0.104
^{129}Xe	26.44	1/2	7.3996	27.660	0.0106

* 灵敏度 $S/N \propto \gamma^{5/2} B_0^{3/2}$ 的计算结果。

2. 化学位移

实际上,在分子中原子核都不是裸核,核外电子在静磁场 B_0 中,由于附加的进动运动,而在 B_0 的反方向上有一个次磁场 $-\sigma B_0$,它起着磁屏蔽的作用,从而使核实际感受到的外加静磁场强度不同,因此共振频率也就不同。式(3-12-3)可改写为

$$\nu = \frac{1}{2\pi} \gamma B_0 (1-\sigma) \qquad (3-12-4)$$

式中 σ 是屏蔽常数。由式(3-12-3)可知,同一化学环境的核在不同磁感应强度(B_0)下共振

频率是不同的,因此用频率来表示同一共振峰极不方便,故而引入化学位移的概念,即由于化学环境(σ)不同而导致核磁共振信号位移的不同。化学位移采用一个量纲为 1 的相对差值 δ 来表示,由于其值很小,习惯上用 ppm(10^{-6})来表示,虽然这种表示法不符合计量法规则,但在核磁共振谱学研究中被广泛采用。化学位移可用下式表示:

$$\delta = \frac{\nu_{试} - \nu_{参}}{\nu_{参}} \times 10^6 \tag{3-12-5}$$

式中 $\nu_{试}$ 是被测样中该核的共振频率;$\nu_{参}$ 是对该核公认的标准物中指定核的共振频率。将式(3-12-4)代入式(3-12-5),得

$$\delta = \frac{\sigma_{参} - \sigma_{试}}{1 - \sigma_{参}} \times 10^6 \approx (\sigma_{参} - \sigma_{试}) \times 10^6 \tag{3-12-6}$$

这样被测样中该核的化学位移只与其和标准物的屏蔽常数相关,与不同仪器的磁感应强度(B_0)无关。

化学位移的参考基准是人为规定的,不同的核有不同的参考标准物,四甲基硅烷(TMS)屏蔽常数比大多数有机化合物屏蔽常数大,且化学性质稳定、沸点低、易除去,因此目前公认用 TMS 兼作 [1]H、[13]C 和 [29]Si 的基准,它们的化学位移都定为零。

不同核的化学位移范围不同,[1]H 的化学位移一般在 0~15,[13]C 的化学位移一般在 0~200,而 [195]Pt 和 [59]Co 的化学位移范围则可达 1400~1800。^{1}H 和 ^{13}C 的 NMR 研究最多,数据积累亦最多,较详细的有关化学位移的论述参见资料[1]和[2]。根据分子中的不同化学环境下 H 核的 δ 值,可推测氢核所属的基团,从而鉴别分子的结构。根据 ^{1}H NMR 各峰的积分面积,则可相对计算出该基团所包含 H 的个数。

3. 自旋耦合和耦合常数

在高分辨核磁共振实验中,所得到的共振信号大多是裂分谱线,这种裂分是磁性核之间自旋-自旋耦合干扰作用产生的结果。这种自旋-自旋耦合相互作用通过化学键中的成键电子传递。在干扰作用很弱时,裂分谱线的间距为耦合常数 J;干扰作用很强时,则不能直接从裂分谱线测得耦合常数 J。耦合常数的一般表示法为 $^nJ_{A-B}$,n 为相隔的键数,A,B 则为相互耦合的核,单位是 Hz。在氢谱中常见的是相隔三根键的氢-氢耦合 $^3J_{H-H}$。通过四根键或五根键连接的核之间的耦合称为远程耦合。

耦合常数的大小取决于两耦合核的种类、成键情况(键长、键角)及核周围的电子云分布情况,因此可以从中获取有用的结构信息。当两个相互耦合的核之间的化学位移的差值 $\Delta\delta$(以 Hz 表示)与耦合常数 J 的比($\Delta\delta/J$)大于 6 时,该体系为弱耦合,裂矩即是它们间的耦合常数;当 $\Delta\delta/J < 6$ 时,则为强耦合。前者是一级类型谱,后者是高级类型谱。

4. 核的弛豫

当核吸收了射频场 B_1 的辐射能后,由低能态跃迁到高能态,此时玻尔兹曼分布被破坏,而被激发到高能态的核必须经过适当的途径,释放出能量转变成低能态的核,最终达到玻尔兹曼分布。这一过程称为弛豫过程。

弛豫可分为纵向弛豫和横向弛豫两类。纵向弛豫是高能态核的能量以热的形式传递给周围环境,如传递给固体晶格、周围溶剂分子等的过程,亦叫自旋-晶格弛豫,以 T_1 来表征。横向弛豫是体系内部自旋状态的交换过程,又称自旋-自旋弛豫,以 T_2 来表征。

化学位移、耦合常数、弛豫时间是核磁共振中三个最基本的参数,亦是最重要的参数,它们

可以为人们提供很多十分有用的结构信息。

5. 核磁共振谱仪

核磁共振设备包括用于化学结构分析的核磁共振波谱仪和用于医学的核磁共振成像仪。核磁共振波谱仪因研究对象状态的不同,又可分为液体核磁共振波谱仪和固体核磁共振波谱仪,其中液体核磁共振波谱仪的应用更为广泛。目前,核磁共振谱仪大都是超导脉冲傅里叶变换谱仪,均可测定^{1}H,^{13}C,^{19}F 等多种丰核和稀核,400~600 MHz 的液体核磁共振波谱仪已十分普及。

下面以 AVANCE Ⅲ 400 液体核磁共振波谱仪为例简要介绍核磁共振波谱仪的构成和使用方法。

3.12.2 核磁共振波谱仪简介

核磁共振波谱仪的框图见图 3-12-1,其外型如图 3-12-2 所示。核磁共振波谱仪主要由磁体、机柜和计算机及探头组成。其中磁体是谱仪的核心部件,通过超导线圈、氦制冷系统和磁场调节系统提供稳定均匀的磁场;机柜和计算机内有无线电波系统、功率放大系统和数字控制系统,它们一起使得核磁共振信号的产生和放大,并将核磁信号转化为数字信号,以便计算机进行处理,得到最终的核磁共振波谱图。

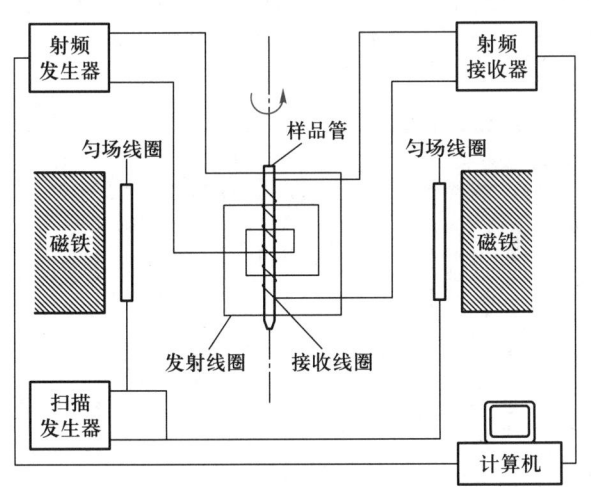

图 3-12-1　核磁共振波谱仪结构框图

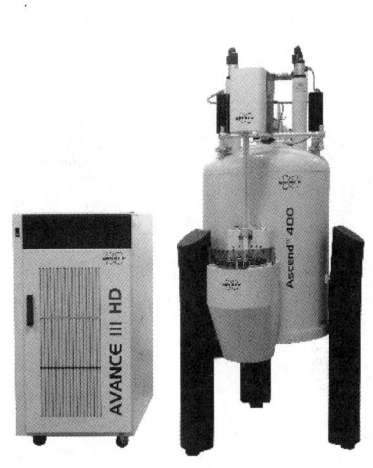

图 3-12-2　核磁共振波谱仪外型示意图

下面以一维^{1}H 核磁共振波谱图为例,介绍液体核磁共振实验的步骤。

(1) 样品准备。选择合适的氘代溶剂将样品完全溶解,装入特制的样品管中,溶液在样品管中的高度在 4 cm 左右。将样品管插入转子中,放入深度量规中,插到合适的深度,如图 3-12-3 所示。

(2) 样品放入磁体。在 Topspin 主窗口的命令行窗口中输入指令"ej",此时有气流从磁体中心孔中喷出,将样品连同转子放在磁体上方的孔中,可感觉到喷出的气流托住转子。在 Topspin 主窗口的命令行窗口中输入指令"ij",转子会缓慢地进入磁体。

(3) 建立文件。先打开一^{1}H 核磁共振波谱图。然后在 Start 菜单下,点击 Create Dataset,

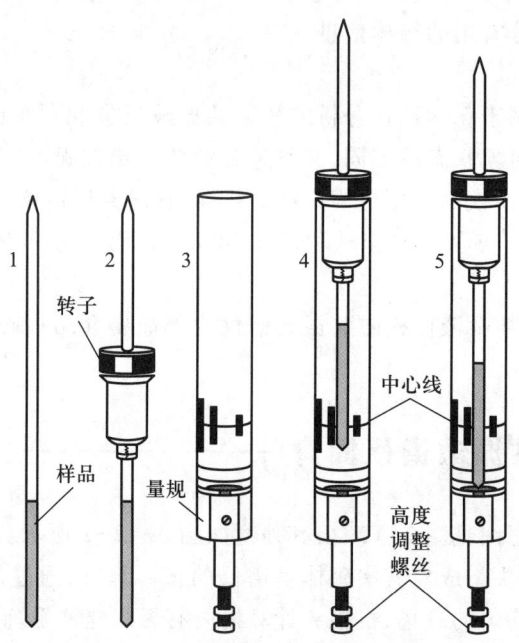

图 3-12-3　液体核磁实验所用装样工具

如图 3-12-4 所示,在跳出的对话框中,NAME 行输入文件名,EXPNO 行输入实验序号,选中 Use current parameters(这样新文件会自动复制原来文件的各种参数),在 TITLE 中输入样品名称,点击 OK,新建立的文件会自动打开。

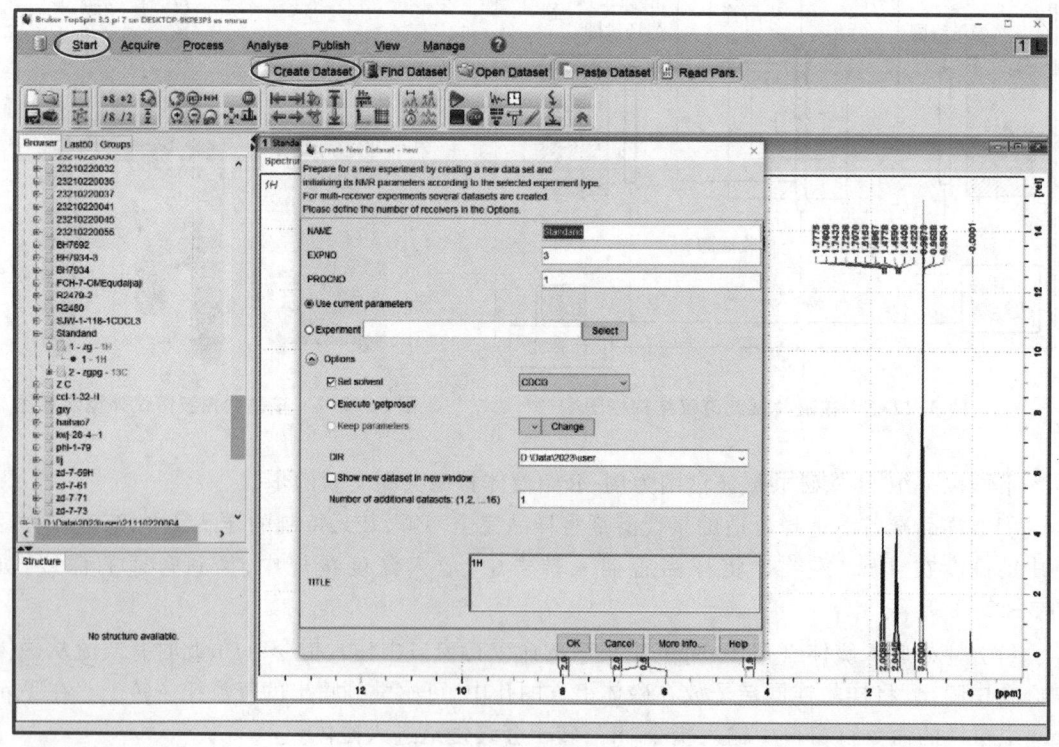

图 3-12-4　建立文件

（4）设置采样参数。如图 3-12-5 所示，点击 AcquPars 打开采样参数设置窗口。在此以 ^{1}H 核的单脉冲实验为例，在 PULPROG 中选择 zg 为脉冲序列，若需采用其他脉冲序列可以通过点击后面的 ⋯ 进行选择，或点击 E 对已选脉冲进行编辑修改。分别通过 SWH 和 O1 来设定谱的宽度和中心位置，二者共同确定了谱的扫描范围，需确保样品的所有信号都能落到该扫描范围内。采样时间 AQ 要确保足以采完时域信号，以免出现截尾效应。延迟时间 D1 是两次扫描之间的间隔时间，一般长于 5 倍 T1 以使弛豫完全恢复。扫描次数 NS 则要根据实验的实际情况进行设定。

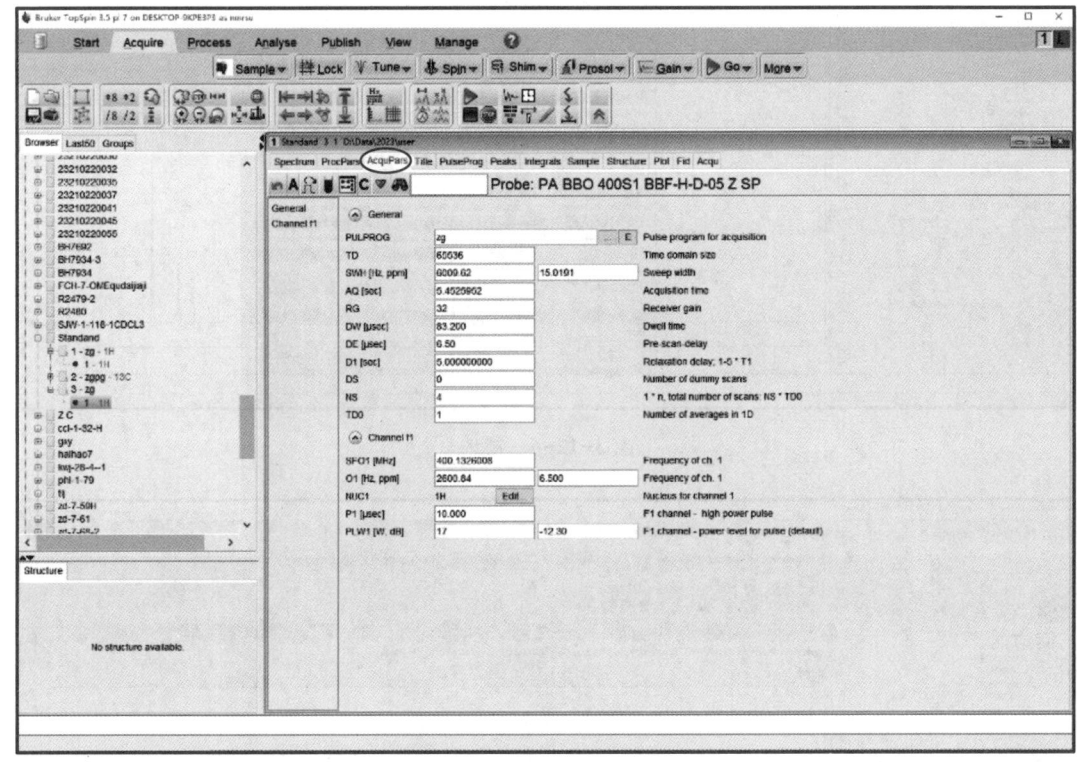

图 3-12-5 采样参数设置窗口

（5）锁场。点击 Topspin 主窗口的 Acquire 菜单下的 Lock 图标（图 3-12-6），此时会出现一张溶剂表。选择正确的溶剂，并点击 OK。锁场会自动进行。

（6）调谐。待锁场完成后，点击 Lock 图标旁的 Tune 图标（图 3-12-6），探头进行自动调谐。

（7）匀场。待调谐结束，点击 Shim 图标（图 3-12-6），进行自动匀场（自动匀场需要一些时间），直到锁场线重新恢复到原来的高度或更高，并且在左下角的提示中显示"topshim completed"，表示自动匀场已进行完毕。

（8）读入探头脉冲强度与宽度。点击 Prosol 图标（3-12-6），读入测定脉冲程序参数。

（9）自动增益调节。点击 Gain 图标（图 3-12-6），进行自动增益调节，结束后左下角提示行中显示"rga finished"。

（10）进行采样。点击 Go 图标，开始采样。采样结束，得到时域谱自由感应衰减信号（Free Induction Decay, FID）（图 3-12-7）。

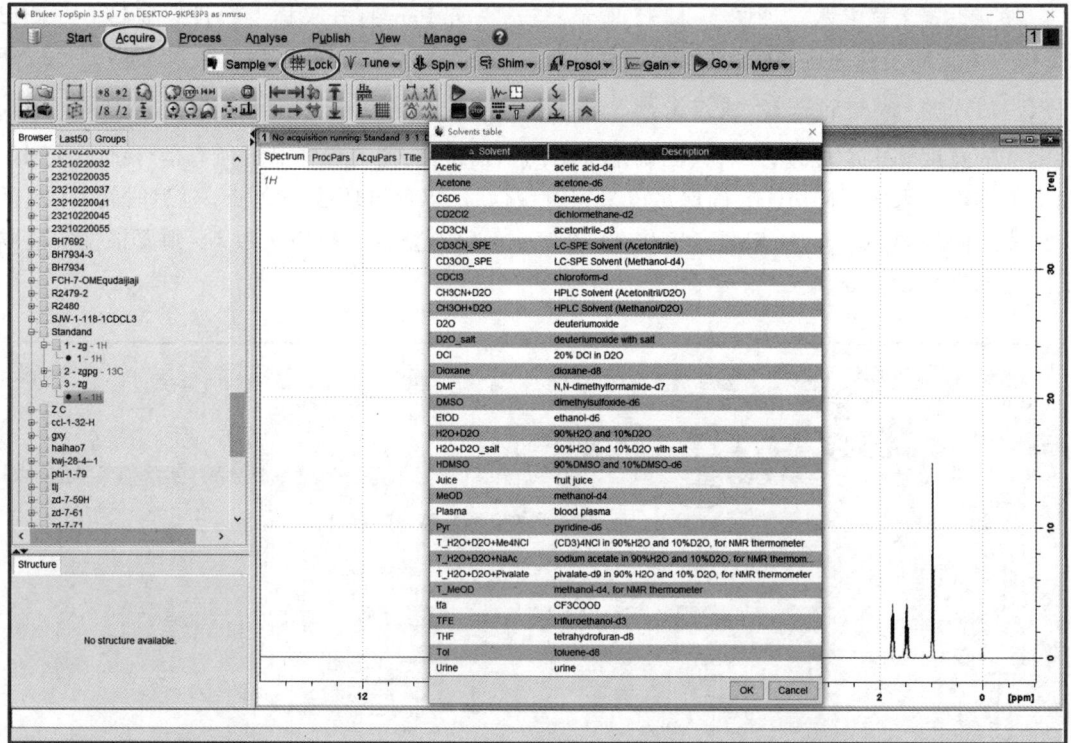

图 3-12-6　锁场

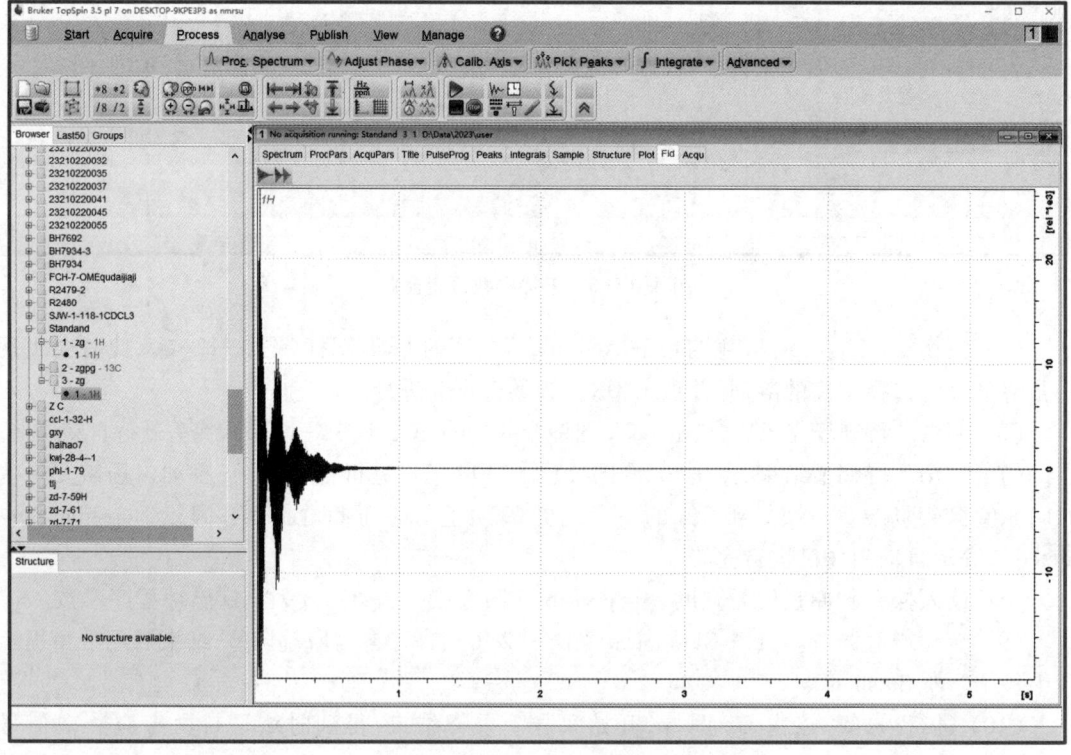

图 3-12-7　时域谱 FID

（11）数据处理。点击 Topspin 主窗口中的 Process 菜单下的 Proc. Spectrum 图标，进行傅里叶变换，得到^{1}H核磁共振波谱图（图 3-12-8）。

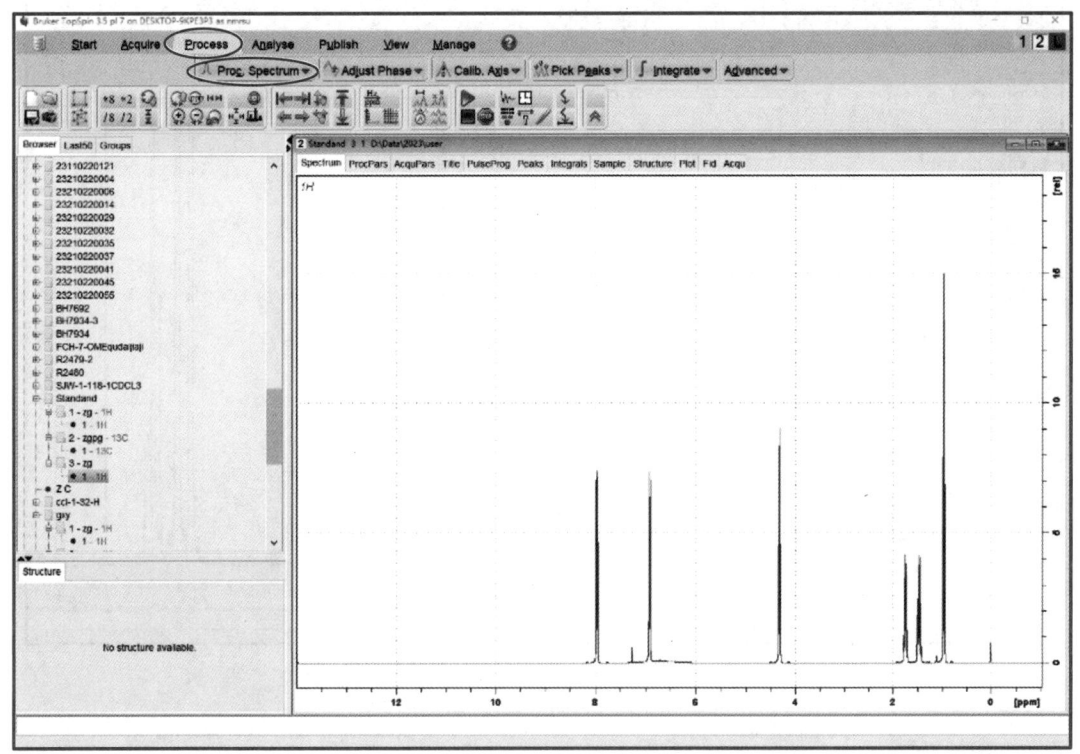

图 3-12-8 ^{1}H 核磁共振波谱图

（12）相位校正和基线校正。点击 Adjust Phase 图标，进入相位校正窗口（图 3-12-9）。点住 0 级相位校正图标拖拽进行 0 级相位校正，点住 1 级相位校正图标拖拽进行 1 级相位校正，校正完成后点保存并退出图标。在命令行窗口中输入指令"absn"进行自动基线校正。

（13）定标并标出各峰的化学位移值。先将 TMS 的峰在屏幕上扩展，点击 Calib. Axis 图标，进入定标窗口。将光标移到 TMS 峰中心，点击，在跳出的对话框中输入化学位移值。缩拢图谱，仅将要标出化学位移值的峰展现在屏幕上。点击 Pick Peaks 图标，进入标峰窗口，标出各峰的化学位移值。

（14）积分。将需要积分的峰展现在屏幕上，点击 Intergrate 图标，进入积分窗口（图 3-12-10）。点击设定积分范围图标，使其高亮后用鼠标左键拖拽出其中一个峰的积分范围，再顺次拖出所有峰的积分范围。用鼠标右键在某一个峰的积分区域内点击，在弹出菜单中可选择 Calibrate Current Integral 对该峰的积分值进行标定，选择 Delete Current Integral 可删除该峰的化学积分值。完成后点击保存并退出图标。

（15）打印图谱。在 Topspin 主窗口的命令行输入 plot 指令，进入打印窗口（图 3-12-11）。点击 Print 右边的下拉按钮，可以选择打印图谱。点击 Layout 右边的下拉按钮，可以选择以 PDF 等形式保存图谱的电子版。

（16）取出样品。在 Topspin 的命令行中输入"ej"，样品从磁体中被吹出。

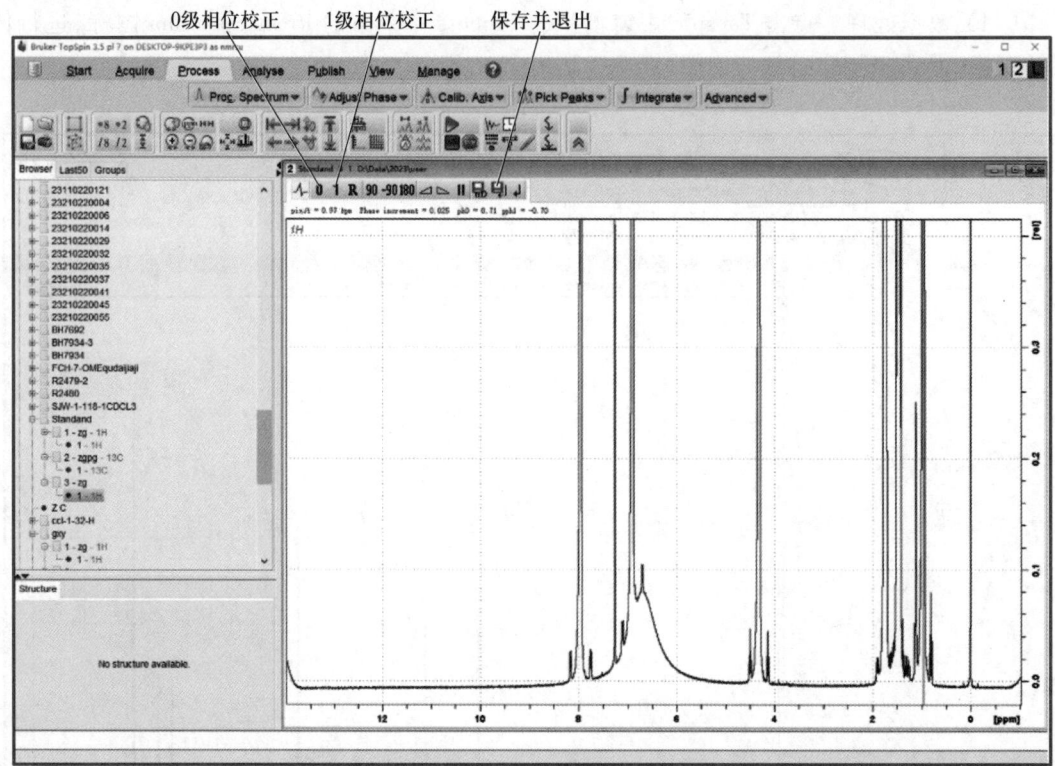

图 3-12-9 相位校正

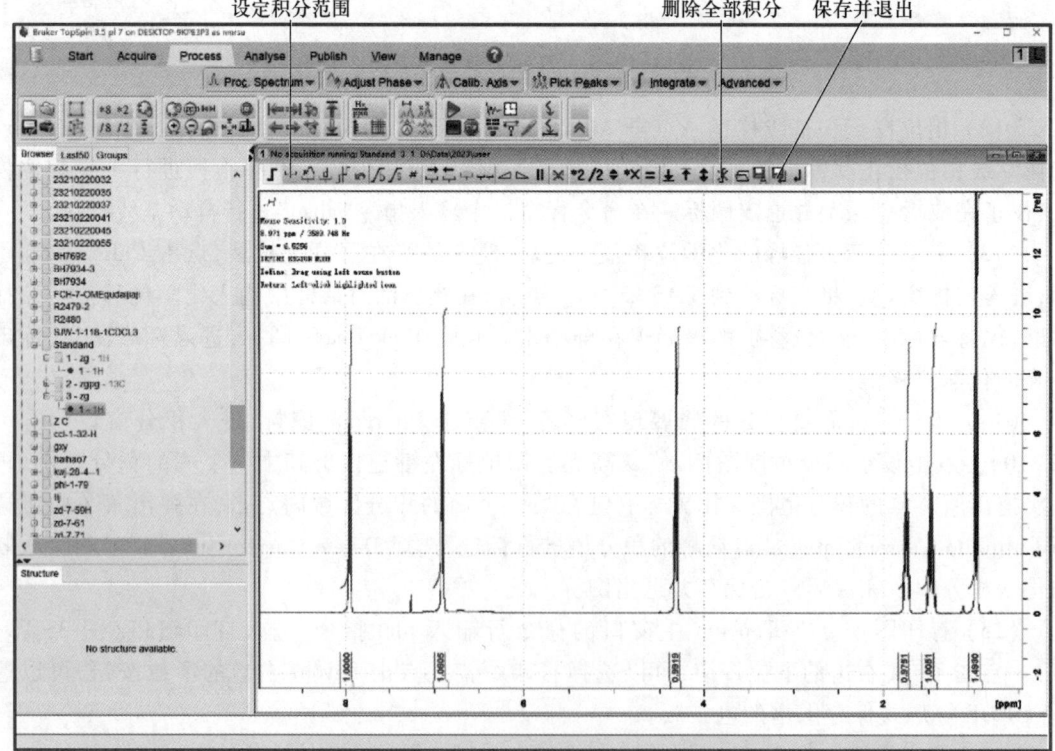

图 3-12-10 积分

以PDF等形式输出　　　打印

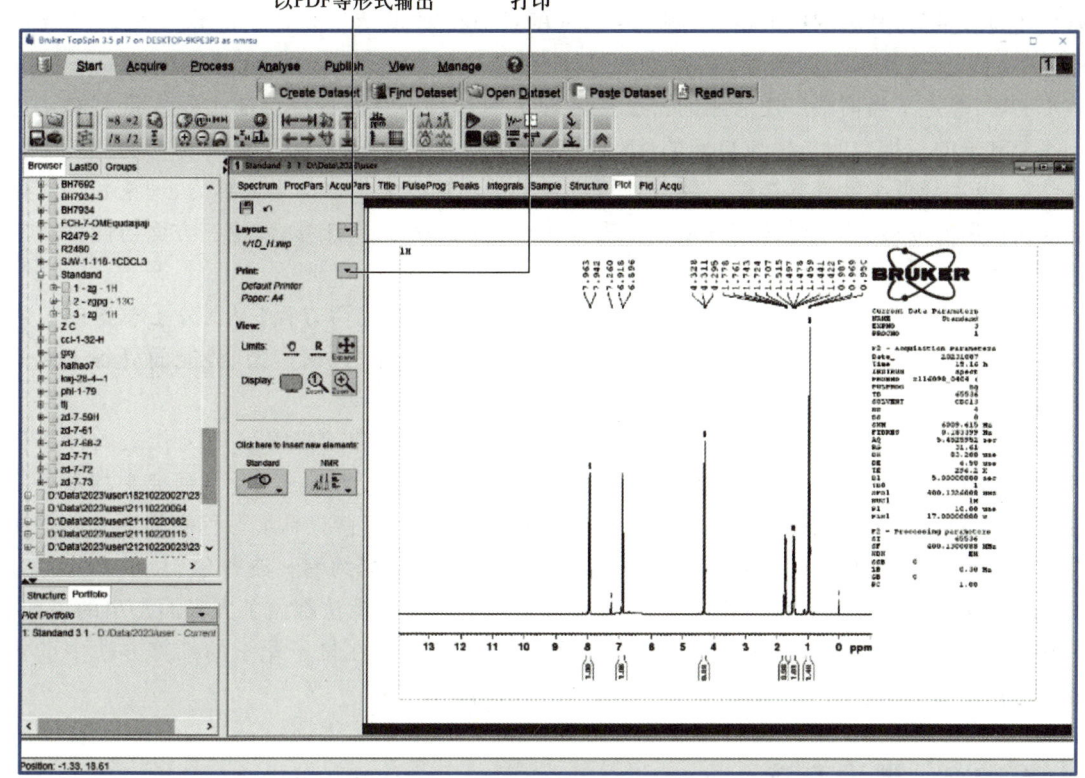

参考资料

图 3-12-11　打印图谱

3.13　理论计算方法和软件

3.13.1　引言

　　早期的化学研究主要依靠实验试错式的探索,并从中归纳总结出经验性的概念和理论,是一门纯实验性的科学。随着各数理科学与技术的发展,化学家不断吸纳物理学和其他学科的研究成果,逐渐形成了化学学科的理论基础。如 19 世纪下半叶,基于热力学和统计力学,建立了化学热力学和化学统计力学,构成了早期物理化学的主体内容,讨论化学平衡与宏观反应动力学,解释微观粒子的行为与其宏观性质的关系。20 世纪起,以之为基础,与量子力学的发展几乎同步地发展出了量子化学,使化学不仅能定性地,也能定量地探究物质结构的性质和化学反应的微观机制。量子力学奠基人之一保罗·狄拉克(Paul Dirac)于 1929 年指出:"大部分物理学和全部化学的基本规律已经完全知道,困难只是在于运用这些规律得到的数学方程太复杂,无法求解。"量子化学研究化学体系的电子结构,从而进一步获得相应的物性及它们随时间的演化,往往需要运用变分和自洽求解薛定谔方程。该方程的变量包含原子核与电子的坐标和外场参量等,其解的精准度、求解方法引入的近似程度,以及方法所需的算力资源,是无法同时满足的三角关系。1964 年,霍恩伯格(Hohenberg)和科恩(Kohn)提出了 Hohenberg-Kohn 两大定理,奠定了当前最广泛应用的密度泛函理论的基石。其能量泛函的主要变量空间从包含各个电子的三维空间坐标与自旋的 $4N$ 维(N 为总电子数),减至仅有三维的电子密度与对应自旋,极大降低了计算复杂度。随着计算机科学的高速发展提供的强大算力,理论和计算化学得到长足的发展,化学学科正在从偏重实验探索,转变为实验、计算、理论三方面协同推动前进的科学。

当前量子化学的主流是基于分子轨道理论求解体系的薛定谔方程,得到分子轨道的波函数和相应的能量信息,由此可以进一步计算分子电荷密度分布、几何构型、势能面等各方面的性质。

最近数十年来发展了一批以各种版本的高斯(Gaussian)和 GAMESS 等为代表的计算程序,使得高精度的量子化学计算已经不再是理论化学家的专利,而是成为化学研究中的常规手段。大多数使用这些程序的实验或理论化学家们所需要做的事情只是编写程序的输入数据文件,以及对计算结果(输出报告)进行分析和解释。美国科学家约翰·波普尔(John Pople)在发展量子化学计算方法和程序化方面,从半经验方法到从头计算法都做了大量而杰出的工作。1998 年,波普尔和科恩一起被授予诺贝尔化学奖,以表彰他们在量子化学的计算方法中的贡献。这里仅简介一些最基本和常用的理论计算方法与程序。

3.13.2　理论方法

1. Ab initio 方法

Ab initio 方法也称从头计算法。它是在分子轨道理论的三个基本近似(非相对论近似、绝热近似和轨道近似)基础上,对分子体系进行严格求解的方法。这种方法不再引进新的近似,也不用经验参数,所以是最严格的方法。

1927—1930 年期间,英国物理学家哈特里(Hartree)和俄国物理学家福克(Fock)提出了一套用于寻找变分试探函数的自洽场(SCF)方法。当用斯莱特行列式表示体系波函数 Ψ,用福克矩阵 F 表示哈密顿算符,能量用 E 表示,则哈特里-福克方程为 $F\Psi = E\Psi$。应用原子轨道线性组合成分子轨道(LCAO-MO)原理,可得总方程为 $FC = SCE$,亦称为哈特里-福克-罗特汉(Hartree-Fock-Roothaan)方程。其中 S 为重叠积分矩阵。令 $F' = S^{-1/2}FS^{-1/2}$ 和 $C = S^{-1/2}C'$(其中 $S^{-1/2}S^{-1/2} = S^{-1}$),则 $F' = C'EC'^{-1}$。即若已知福克矩阵 F 和重叠积分矩阵 S,对 F' 进行对角化,就可以求得所有轨道能 E 和 LCAO-MO 的组合系数矩阵 C,这个流程是哈特里-福克(HF)方法的一种实现过程。

然而,单一的斯莱特行列式仅能表示一种可能的电子组态,它显式地表达了电子的交换项,但是高估了电子间的排斥作用。即使是采用最完备的基组(complete basis sets, CBS,实际上是用数值方式插值到 CBS),其计算的电子能量值仍高于真实值。这个差值被定义为电子相关能。基于 HF 方法的计算结果,运用各种方法进一步系统考虑电子相关能的方法,统称为后哈特里-福克(post Hartree-Fock)方法。

后哈特里-福克方法有多种具体的实现方式,其中一种广泛使用的方法是组态相互作用

（configuration interaction，CI）方法。CI 方法通过各种可能的电子组态（包括基态和激发态）的组合相互作用来考虑电子相关。根据态叠加原理，可将多个不同电子组态的斯莱特行列式进行线性组合作为变分试探波函数，以达到更高的计算精度。该方法对于处理存在简并态和近简并态的体系尤其重要。当试探波函数包含所有可能的电子组态的斯莱特行列式，则称为 Full-CI 方法。倘若再加上相对论校正和绝热近似校正，可以和实验测量达到同样的精度水平。当然这样做所需要付出的代价就是计算量的急剧上升，目前只能对含几个原子的分子体系采用这类方法，但是这个缺点会随着计算机技术和计算方法的发展而被逐步克服。

另一种广泛使用的考虑电子相关的方法是 Møller-Plesset 微扰理论，亦称多体微扰理论（MBPT）。根据其考虑的阶数等级有 MP0，MP1，MP2，MP3…，其未微扰项"MP0"实际为忽略不同轨道间电子排斥作用的 Hartree-Fock 单电子能量的和。"MP1"则等同于在"MP0"的基础上，考虑了库仑积分和交换积分，也即为 HF 方法。最常用的是 MP2 和 MP4。同理，随着阶数增长，计算量亦呈指数增长。

还有一种重要的是耦合簇（coupled cluster，CC）理论。它为多体微扰理论中的各阶微扰项提供了另一种有效的加和方式，将不同阶的微扰项按照耦合簇算符的展开方式重新排列加和。按照耦合簇算符展开的阶数，CC 理论可以分为只考虑二阶激发的 CCD 方法，考虑一阶与二阶激发的 CCSD 方法，考虑一阶、二阶及三阶展开的 CCSDT 方法等。相比于 MBPT 理论，CC 理论同样具有能量的可延展性，并且能量随算符展开阶数的收敛更快。其中基于 CCSD 的结果利用线性近似考虑三阶激发的 CCSD（T）方法，并插值到 CBS 可达到化学精度（1 kcal·mol^{-1}），甚至更高，被誉为金标准，作为标准值广泛应用于各种性质的标准化测试。

2. 密度泛函理论方法

密度泛函理论（density functional theory，DFT）是目前处理复杂体系电子结构的基于第一性原理的最重要的研究手段，在自然科学领域中广泛应用。它的中心变量是体系基态的电子密度 $\rho_0(\vec{r})$［亦作 $\rho(x,y,z)$］，它代表了的在三维实空间的 (x,y,z) 处找到一个电子的概率。相比于传统的波函数方法，能量泛函的变量空间从包含各个电子的三维空间坐标和自旋的 $4N$ 个（N 为总电子数），减至描述自由度仅有三维的电子密度 $\rho(\vec{r})$，极大地降低了计算复杂度。根据霍恩伯格-科恩原理，非相对论框架下的体系基态总能量可以表示为

$$E_0(\rho) = T_s(\rho) + J(\rho) + E_{XC}(\rho) + V_{ext}(\rho) \tag{3-13-1}$$

式中 $T_s(\rho)$ 是忽略相互排斥作用的电子动能项；$J(\rho)$ 是电子库仑相互作用能；$V_{ext}(\rho)$ 包含电子受原子核吸引势及其他外场作用下的势能；E_{XC} 称为交换-相关能，包括电子交换能、电子相关能、电子自旋相互作用校正及动能校正项。含有 N 个电子的体系的电子密度可以由科恩-沈吕九（Kohn-Sham）轨道 $\phi_i(\vec{r},\sigma)$ 构成：

$$\rho(\vec{r}) = \sum_i^N \sum_\sigma |\phi_i(\vec{r},\sigma)|^2 \tag{3-13-2}$$

Kohn-Sham 方程是通过对总能量表达式进行变分得到的：

$$\left\{ -\frac{1}{2}\nabla^2 + \left[\int \frac{\rho(\vec{r_2})}{r_{12}}d\vec{r_2} + V_{XC}(\vec{r_1}) - \sum_A^M \frac{Z_A}{r_{1A}} \right] \right\} \varphi_i = \varepsilon_i \varphi_i \tag{3-13-3}$$

解 Kohn-Sham 方程即得到构成电子密度的 Kohn-Sham 轨道。与哈特里-福克方程相似，Kohn-Sham 方程也是通过迭代自洽的方法求解。首先猜测电子密度，然后计算各项势函数求解方程，得到 Kohn-Sham 轨道，构成更精确的电子密度。重复这一步骤直到自洽。方程中 V_{XC}

为交换-相关势,它是交换-相关能对电子密度的变分:

$$V_{XC} = \frac{\delta E_{XC}}{\delta \rho} \qquad (3-13-4)$$

交换-相关能和交换-相关势的精确形式是未知的,因此密度泛函方法的中心问题是得到交换-相关势的尽可能精确的形式。其中最简单的一种近似是局域密度近似(local density approximation, LDA),交换-相关能可以写成以下形式

$$E_{XC}^{LDA}[\rho] = \int \rho(\vec{r}) \varepsilon_{XC}(\vec{r}) d^3\vec{r} \qquad (3-13-5)$$

式中 ε_{XC} 是交换-相关能量密度。

基于局域密度近似的密度泛函方法在计算精度上不能使人满意,特别是对于分子体系。这是容易理解的,因为局域密度近似是基于均匀电子气模型,这显然与原子和分子中的情况有较大差异。因此,对局域密度近似进行改进的方法是在交换-相关势中引入电子密度的梯度,称为广义梯度近似(generalized gradient approximation, GGA)。

$$E_{XC}^{GGA}[\rho] = \int \rho(\vec{r}) \varepsilon_{XC}^{GGA}(\rho, |\nabla_\rho|) d^3\vec{r} \qquad (3-13-6)$$

在这一近似基础上发展了多种不同形式的交换-相关泛函,如 BLYP,PW91,PBE,XPBE 等。其中 PBE 是目前固体材料领域应用最多的泛函。由于式(3-13-1)中第一项 $T_s(\rho)$ 是忽略相互排斥作用的电子动能项,其与真实体系动能的差别被打包在交换相关泛函 $E_{XC}(\rho)$ 中。因此,将动能密度作为交换相关泛函的变量,将有助于进一步提高精度。这类进一步将动能密度和(或)密度的散度引入交换相关项的泛函则称为 meta-GGA 泛函。

$$E_{XC}^{meta-GGA}[\rho] = \int \rho(\vec{r}) \varepsilon_{XC}^{meta-GGA}(\rho, |\nabla_\rho|, \{\tau, \nabla_\rho^2\}) d^3\vec{r} \qquad (3-13-7)$$

其中的代表有 B95,TPSS,VSXC 和 M06-L 等。

除此之外,还有一大类被称作杂化密度泛函(hybrid density functional)的方法,将交换-相关势中的交换势用一定比例的哈特里-福克形式的精确交换势 E_x^{HF} 代替,而显式地引入了占据轨道信息,是离域的泛函。这类方法的代表有 B3LYP,X3LYP,PBE0,HSE06,TPSSh,M06-2X 等,其中 B3LYP 是目前化学领域应用最广泛的密度泛函方法。

前述的 LDA,GGA,meta-GGA 及杂化泛函分别被认为是密度泛函发展途径的雅各布天梯(Jacob's ladder)中的前四阶近似。其第五阶,也即最高的一阶则是进一步引入未占据轨道信息,例如在泛函中考虑二阶微扰的贡献,即所谓的双杂化密度泛函(doubly hybrid density functional)。其中的代表有 MC3BB,B2PLYP 和 XYG3 系列双杂化密度泛函。双杂化密度泛函尽管增大了一些计算量,但显著提升了泛函的计算精度,尤其 XYG3 系列泛函克服了通用密度泛函在主族元素共价化合物生成热、反应能垒和弱相互作用等各方面的缺陷,以低许多的计算量取得了可以和高等级从头算相媲美的结果[2,3]。

3. 其他计算方法

上述两类方法是常规的求解定态性质的基于第一性原理的方法。常用的还有一些半经验方法和经验方法。

半经验方法主要指自洽场计算过程中,简化或省略了部分电子积分计算。早期比较知名的有全略微分重叠法(CNDO)、间略微分重叠法(INDO)、忽略双原子微分重叠法(NDDO)及其改进版本 MINDO,AM1 等,以及后来不断发展出的 PM3,PM6 和 PM7。

经验方法主要有两类,主要为分子力场和其他经验势函数,特别是近年来发展的基于大数据和机器学习算法建立起来的神经网络势函数(neural network potential, NNP)。

分子力场方法一般会对分子中每个原子进行分类定义,将各原子间距、键角、二面角等分别作为影响能量的变量构建一个解析的数学表达式,进一步可叠加静电相互作用,非键相互作用等。由于有明确的解析式,它们的组合参数基于给定(关注的)体系的一些能量数据进行最小二乘优化后,无须自洽计算即可以极快的速度算出给定体系的能量和解析梯度,使得进行大体系的分子动力学模拟成为可能。但由于往往需要提前确定原子或基团的类型与带电量和键连关系等,限制了它用于模拟演化过程中原子或基团信息发生变化时(如化学反应过程)的情况。常见和较通用的分子力场有 Amber, Dreiding, UFF 和 MMFF94(merck molecular force field)等。

经验势函数因其形式的不同和拟合数据的不同,一般都有其针对性的应用范畴。由于神经网络本身可以通用的函数形式来模拟任意形式的解析函数,加上近年来大数据处理能力的提升,NNP 可以用于模拟各种体系的势能面,被寄希望于弥合高精度但昂贵的量子力学方法与廉价但精度差的力场方法之间的差距。

3.13.3 基组

基组(basissets)是量化化学计算的一个基本概念。为了构建有效的变分试探函数,LCAO-MO 中原子轨道的合理表达式(基组),用一组可参数化的数学函数来模拟轨道的形式。

1932 年,美国物理学家斯莱特(Slater)提出了用斯莱特类型轨道(STO)来作为自洽场计算的出发点。STO 的形式和类氢轨道相似,同样由三个部分组成:$S_n(r)\Theta_{lm}(\theta)\Phi_m(\phi)$。其中 n 是主量子数,l 是角量子数,m 是磁量子数,角向函数 $\Theta_{lm}(\theta)$ 和 $\Phi_m(\phi)$ 和类氢轨道的函数完全相同。径向函数具有这样的形式:

$$S_n(r) = Nr^{n-1}\exp(-\zeta r/a_0) \tag{3-13-8}$$

式中 N 是归一化常数;ζ 是变分参数。所有 n, l, m 和可能的正 ζ 值所确定的 STO 构成了一套完备基。

1. 高斯型基组

由于 STO 是指数函数,实际上为了方便积分的计算,可用一组高斯型函数的线性组合来拟合 1 个 STO。这些高斯型函数也称为高斯类型轨道(GTO),它们的角向函数也和类氢轨道完全相同,径向部分的形式是

$$G_n(r) = Nr^{n-1}\exp(-\alpha r^2) \tag{3-13-9}$$

当用 k 个 GTO 拟合成一个 STO,这种基函数的集合(基组)称为 STO-kG。这里的 k 可以取多个数值,当 $k = 3$ 时称为最小基组,即 STO-3G。对于 H 和 He,分别仅有 1s(1 个 STO);而 Li ~ Ne,分别有 1s2s2p2p2p(共 5 个 STO 分别模拟 5 个原子轨道)。

有时为了更好地拟合在化学反应中起到关键作用的价层原子轨道,会使用 2~3 个 STO 拟合一个原子轨道,称为双 ζ 基组或三 ζ 基组。例如,6-31G 表示每个内层轨道用 6 个 GTO 拟合 1 个 STO 来表示,而每个价层轨道则分别用 3 个 GTO 和 1 个 GTO 拟合得到的 2 个 STO 组合而成。对于 H 和 He,各有两个基函数为 1s′1s″(分别由 3 个 STO 和 1 个 STO 组成);而 Li ~ Ne 的基函数为 1s2s′2p′2p′2p′2s″2p″2p″2p″(其中的 1s 有 6 个 STO;2s′或 2p′各有 3 个 STO,2s″

或 2p″各有 1 个 STO)。

再如 6-31G*,是在重原子(除 H 和 He 外)价层外增加一个壳层,它对于第二周期元素(Li~Ne)的原子来讲,相当于在价层的 p 轨道外增加一组 d 型轨道,因此也可以表示为 6-31G(d)。由于这类轨道有显著的方向性,也称为极化函数(polarization function)。而6-31G** 是在前述的基础上,在第一周期元素原子的价层外增加一组 p 型轨道,因此也表示为 6-31G(d,p)。

当某些体系的某些电子密度比较松散,如带负电荷的原子核对部分电子吸引较弱的情况,且这部分电子密度需要被重点考虑时,要求基组的径向部分也能够被相应扩展,会增加一组 s 和 p 型的弥散型函数(diffuse function)。例如 6-31+G,其中的"+"对重原子有效,如 Li~Ne 的基函数为 1s2s′2p′2p′2p″2s″2p″2p″2s+2p+2p+2p+(共 13 个基函数);而6-31++G 的第二个"+"是作用在第一周期元素上的,即它用 1s′1s″1s+共 3 个基函数来表示 H 原子的轨道。

上述从最小的 STO-3G,到非常大的 6-311++G(3df,3pd),这类基组也称为 Pople 基组,是由波普尔领导的课题组所创建的。比较著名的还有 Dunning 组发展的主要用于后自洽场计算和基组插值的相关一致性基组(correlation-consistent basis set),常被简称为 CC 基组。如 cc-pVDZ,cc-pVTZ,cc-pVQZ,cc-pV5Z,cc-pV6Z,…,其中 D/T/Q/5/6/… 分别代表了用 2/3/4/5/6/…个 ζ 来描述价层。如果加前缀 aug-,表明增加了弥散函数,如 aug-cc-pVTZ。

一般说来,拟合一个原子轨道所用的高斯函数越多,即所组成的基组越大,计算结果越好,但是计算工作量也越大。

2. 平面波基组(plane-wave basis sets)

对于晶体等周期性体系,要求体系的波函数对每个晶胞的描述是一致的。由于平面波 $e^{ik\cdot r}$ 是波动方程的解,(其中 k 是波矢),具有简单的形式;不同波矢的平面波基函数彼此正交,易于展开计算;给定体系周期性向量 R,容易满足 $e^{ik\cdot(r+R)}=e^{ik\cdot r}$。因此周期性体系波函数可以用平面波展开。由此,任意单电子波函数都可以写成下式平面波叠加的形式:

$$\varphi_n(r)=\int C_n(k)\,e^{ik\cdot r}dk \tag{3-13-10}$$

式中 $\varphi_n(r)$ 是单电子波函数;$C_n(k)$ 是展开系数。当波矢为 0 时,波函数为常数;而当波矢 k 增大时,振荡的频率也随之增加。为了在计算中进行平面波展开,需要考虑体系的周期性边界条件(PBC)。晶体本身天然具有周期性边界条件,但对于分子(1D)和表面(2D)体系,可以通过采用超胞(supercell)和薄板(slab)模型来引入周期性边界条件。

对于 PBC 系统,势场具有晶格周期性。根据 Bloch 定理,波函数可表示为

$$\varphi_n(r)=u_{nk}(r)e^{ikr} \tag{3-13-11}$$

其中 $u_{nk}(r)$ 为具有晶格周期性的函数,因为平移算符和哈密顿对易,即 $[\hat{t},\hat{h}]=0$。因此,对于平移操作 $\hat{t}^{n_1}$,它作用在波函数上后有如下关系。

$$\varphi_n(r+n_1R)=\hat{t}^{n_1}\varphi(r)=\lambda^{n_1}\varphi(r) \tag{3-13-12}$$

式中 λ^{n_1} 是一个相因子,与平移次数 n_1 有关。

根据 Bloch 定理,$\lambda(n_1+n_2)=\lambda(n_1)\lambda(n_2)$,$\lambda$ 的一个可能形式为 $\lambda=e^{ik\cdot R_n}$,其中 R_n 是晶格矢量。在平面波的表示中,对于晶格平移操作,相位因子的引入是自然的。于是,整个平面波展开可写为

$$\varphi_{nk}(r)=\sum_G C_{n,k+G}\,e^{i(k+G)\cdot r} \tag{3-13-13}$$

其中 G 为倒格矢,是晶格矢量 b 的整数倍。因为 $a_i \cdot b_j = 2\pi\delta_{ij}$,波矢 k 只需在第一布里渊区取值$\left(\text{周期}\dfrac{2\pi}{R}\right)$。在实际计算中,需要对倒格矢 G 进行截断。

Bloch 定理也可以看成:将波函数按 k 分类。一般来说,对每个波矢 k,占据轨道等于单胞内电子数目。因此,求电荷密度可以转化为布里渊区内占据轨道的求和积分:

$$\rho = \sum_n^{occ} \int \varphi_{nk}^*(r)\, \varphi_{nk}(r)\,\mathrm{d}r\mathrm{d}k \tag{3-13-14}$$

后续通过密度泛函方法求得能量及其他性质。

基于平面波基组的计算软件的特点是采用了周期性边界条件,并利用傅里叶变换来表示周期性函数。这种方法在处理周期性体系(如晶体)中特别有效,因为它允许对电子波函数和相关物理性质进行方便的展开计算。平面波基组的优点之一就是可以通过增加截断能量(cut-off energy),即提高用于展开电子波函数的平面波的数量,来系统地改善计算精度。

3. 赝势和赝势基组

在实际体系的模拟过程中,原子内核轨道复杂且往往变化极小。因此,相对于价层电子来讲,内层电子对分子性质及化学反应的影响要小得多。尤其是对于第三周期或更高周期元素的原子,内层电子数量较大,所需要的 STO 的数量巨大,极大影响了其计算复杂度。为此,可以对所有内层电子的行为用一种球形平均的形式来近似其平均的核效应,亦称为有效核势(ECP)或赝势(pseudopotential)。有效核势和赝势这两种术语通常可以认为是等价的,其中有效核势在化学领域(特别是小分子模拟中)中比较常用,而赝势在固体领域中比较常用。对于第四周期或更高周期元素的原子,必要时可以进一步考虑相对论效应的有效核势。在某些软件中,将有效核势和高斯型基组这一组合称为赝势基组。常见的赝势基组有 SDD,SHC,CEP-4G/CEP-31G/CEP-121G,LanL2MB 和 LanL2DZ。其中 LanL2DZ 用 Dunning 和 Huzinaga 开发的价层双 ξ 基组 D95V 处理第一周期元素,用洛斯阿拉莫斯实验室的有效核势(LANL2 ECP)叠加 DZ(价层双 ξ 基组)处理 Na~La 和 Hf~Bi。在实际应用过程中,可以按需对体系中某些原子选用赝势基组,其他部分选用全电子基组的混合基组方式。此外,平面波基组的赝势可以分为模守恒赝势(norm-conserving pseudopotential, NC-PP)、超软赝势(ultrasoft pseudopotential, US-PP)和投影缀加平面波赝势(projector-augmented-wave pseudopotential, PAW)。其中,NC-PP 通过考虑与电子轨道的重叠,以及保持价电子的波函数模守恒来构建。对于模拟过渡金属或第一行元素的每个原子,NC-PP 需要较多的平面波,因此在计算效率上可能较低。US-PP 是一种通过有效地处理核心电子和价电子之间的相互作用,减少所需平面波数量的方法。它在电子波函数的表示上更灵活,适用于金属和强关联体系。PAW 方法结合了平面波基组的精度和赝势的计算效率。它在远离原子核的区域使用平面波基组进行高效计算,而在原子核附近,通过局部投影算符和增强波函数以准确描述原子核附近电子密度的陡峭变化。使之在处理含有重元素或具有复杂电子结构的材料时表现相对于 US-PP 的模拟精度更高。

3.13.4　量子化学计算与模拟软件包

1. 量子化学计算软件包

随着电子计算机的诞生和发展,20 世纪 60 年代波普尔教授开发了一个以"高斯"为名的计算机程序,创新性地设计出诸多适用于二进制计算机架构的算法,用于进行量子化学计算,为分子的性质及其在化学反应中的行为提供快速和准确的理论估计。高斯软件目前已经发展成世界各地化学实验室广泛使用的量子化学研究工具,其中绝大部分的使用量是基于科恩的理论所发展出的各种密度泛函理论方法。

高斯软件从早期的 G70~G90 等免费版本发展到商用的 G92~G98,G03,G09 和如今的 G16 版本,并仍在不断地收录各种最新的计算方法。它的算法稳定且经得起考验,得到使用者的信任,其计算结果经常成为有些新开发的量子化学软件包的参考标准。高斯代表了一大类基于 GTO 基组的,适用于有限分子簇的计算软件包。另一类软件是基于平面波基组的,主要用于周期性体系的计算,目前最主流的当属 VASP(vienna Ab-initio simulation package)。它是维也纳大学 Hafner 小组基于剑桥大学 MikePayne 开发的 CASTEP 发展起来的,广泛地用于固体材料与表面的模拟。

随着理论与计算化学学科的不断发展,目前可用的各种量子化学计算软件包已经有成百上千个,常见的有 ABINIT,ADF,CFOUR,Crystal,FHI-aims,GAMESS,Jaguar,NWChem,ORCA,PySCF,Q-Chem,REST 和 Turbomole 等,各有特点。其中,Q-Chem 是波普尔教授被迫离开高斯软件公司后重新开发的软件包,得益于较新的架构,具有较高的并行效率;PySCF 是一个开源的 Python 库,方便通过 Python 代码调用甚至自行定制各种计算功能。多年来,我国的理论化学家在具有自主特色的电子结构软件开发方面也做出了很多杰出的工作。在基于高斯基组的国产独立电子结构包开发方面,山东大学刘文剑课题组发展的 BDF 软件已经率先实现商业化,高精度相对论计算功能是 BDF 有别于其他软件的重要亮点。厦门大学吴玮课题组的 XMVB 软件的主要特色是提供价键理论相关的计算功能。复旦大学徐昕和张颖课题组开发的 REST 软件是首个基于新一代编程语言 RUST 的独立电子结构程序包(Rust-based Electronic Structure Toolkits)。在提供目前主流密度泛函方法计算功能的同时,REST 程序开发特别关注包含未占轨道信息的高等级密度泛函方法的开发和应用。

2. 基于经验方法的软件包

分子力场被广泛用于分子动力学模拟,其中较著名的有 CHARMM,AMBER 和 GROMACS 等。CHARMM 是一个广泛应用于多粒子系统的分子模拟程序,具有一套全面的能量函数,各种增强的采样方法,并支持多尺度技术,包括 QM/MM,MM/CG 和一系列隐式溶剂模型。AMBER 集合了一系列用于模拟生物分子的分子力场,适用于蛋白质和核酸的凝聚相模拟。GROMACS 主要为蛋白质、脂肪和核酸等生物化学分子设计的,可处理多种复杂的非键相互作用,也被用于聚合物和流体力学体系的研究。

另外,还有专门基于 NNP 的软件包。例如,复旦大学刘智攀课题组开发了一款面向大型和复杂材料系统的原子模拟软件包 LASP(large-scale atomistic simulation with neural network potential),它作为一个原子级别的模拟软件,配备了高效的 NNP。这些 NNP 是从第一性原理的全局势能面建立而来的,使人们能够解决许多复杂的材料问题,如材料结构预测、相变动力学和反应路径识别等。

3. 可视化模拟软件包

传统的计算和模拟软件早期版本的使用都是基于命令行模式的。随着用户数的扩大及需求的复杂度提高,逐渐要求有良好的用户界面(UI),催生了各种配套的可视化模拟平台。

例如,Gaussian 公司推出了 GaussView,可以让用户通过图形化的界面建立三维分子模型,并允许用户直接通过 GaussView 运行 Gaussian 程序,对计算结果进行可视化的分析,包括绘制光谱,显示指定分子轨道、电荷布居、振动模式,甚至相关动画等。

材料科学领域知名的图形化界面软件当属 Materials Studio,它是一款商业化的计算模拟软件,它能够方便地建立三维结构模型,对晶体、无定形材料及高分子材料的性质和相关过程进行模拟研究。该软件集成了很多模块,包括 Visualizer 模块、CASTEP 模块、DMol3 模块、ONETEP 模块、Forcite 模块、GULP 模块及 QMERA 模块等。VASP 的用户也经常会选用 Materials Studio 建模。

功能丰富而强大的 UI 软件包大多是商用版,而 Avogadro 是一个迷你型、开源、免费且适用于 Linux/Windows/Mac 等多平台的 3D 建模软件,可以通过它对化学分子、生物分子、材料等各种计算化学体系进行建模后,再转成计算软件所需的格式。

参考资料

附　　录

附录一　化学类专业化学实验
教学建议内容（节选）

2013—2017 年教育部高等学校化学类专业教学指导委员会

附录二　国际单位制（SI）

国际单位制（SI）是 1960 年第 11 届国际计量大会（CGPM）所通过的国际间普遍采用的单位制。国际单位制由 7 个基本单位、2 个辅助单位、19 个具有专门名称和符号的导出单位，以及 20 个用来构成十进倍数和分数单位的词头组成。由此可以导出其他单位。国际单位制的词头和单位本身的定义随着度量科技的进步、精准度的提高，根据国际协议发生变化。根据1984 年 2 月 27 日中华人民共和国国务院发布的《关于在我国统一实行法定计量单位的命令》，我国在 1990 年底以前完成国家法定计量单位的过渡。2018 年，第 26 届国际计量大会全票通过关于"修订国际单位制（SI）"的 1 号决议，《国际单位制（第 9 版）》应运而生。

下面列表就 SI 单位和词头分别介绍并略加说明。更详细的规定及用法可参阅文后所列的参考资料。

表 2-1　SI 基本单位

物理量名称	物理量符号	单位名称	单位符号
长度	l	米	m
质量	m	千克*	kg
时间	t	秒	s
电流	I	安[培]**	A
热力学温度	T	开[尔文]**	K
物质的量	n	摩[尔]**	mol
发光强度	I_v	坎[德拉]**	cd

* 质量是 SI 中唯一没有自然基准的物理量;也只有质量的基本单位带有十进倍数单位。

** 无方括号的名称是全称;去掉方括号及括号中的字,即为其名称的简称。

表 2-2　具有专门名称和符号的 SI 导出单位

量的名称	单位名称	单位符号	用 SI 基本单位表示的关系式
频率	赫[兹]	Hz	s^{-1}
力	牛[顿]	N	$m \cdot kg \cdot s^{-2}$
压力,压强,应力	帕[斯卡]	Pa	$m^{-1} \cdot kg \cdot s^{-2}$
能[量],功,热	焦[耳]	J	$m^2 \cdot kg \cdot s^{-2}$
功率,辐[射能]通量	瓦[特]	W	$m^2 \cdot kg \cdot s^{-3}$
电荷[量]	库[仑]	C	$A \cdot s$
电压,电动势,电位(电势)	伏[特]	V	$m^2 \cdot kg \cdot s^{-3} \cdot A^{-1}$
电容	法[拉]	F	$m^{-2} \cdot kg^{-1} \cdot s^4 \cdot A^2$
电阻	欧[姆]	Ω	$m^2 \cdot kg \cdot s^{-3} \cdot A^{-2}$
电导	西[门子]	S	$m^{-2} \cdot kg^{-1} \cdot s^3 \cdot A^2$
磁通[量]	韦[伯]	Wb	$m^2 \cdot kg \cdot s^{-2} \cdot A^{-1}$
磁通[量]密度,磁感应强度	特[斯拉]	T	$kg \cdot s^{-2} \cdot A^{-1}$
电感	亨[利]	H	$m^2 \cdot kg \cdot s^{-2} \cdot A^{-2}$
摄氏温度	摄氏度	℃	K
光通量	流[明]	lm	$cd \cdot sr$
[光]照度	勒[克斯]	lx	$cd \cdot sr \cdot m^{-2}$
[放射性]活度*	贝可[勒尔]	Bq	s^{-1}
吸收剂量*	戈[瑞]	Gy	$m^2 \cdot s^{-2}$
剂量当量*	希[沃特]	Sv	$m^2 \cdot s^{-2}$

* 由于人类健康安全防护需要而确定的。

表 2-3 SI 辅助单位及其定义

物理量	单位名称	单位符号	定义
平面角	弧度*	rad	弧度是圆内两条半径之间的平面角,这两条半径在圆周上所截取的弧长与半径相等
立体角	球面度*	sr	球面度是一个立体角,其顶点位于球心,而它在球面上所截取的面积等于以球半径为边长的正方形面积

* 量纲为 1;GB 3102.1—1993 和 GB 3102.10—1993 将其作为导出量。

表 2-4 构成倍数或分数的 SI 词头

倍数词头	词头名称 法文	词头名称 中文	词头符号	分数词头	词头名称 法文	词头名称 中文	词头符号
10^{24}	yotta	尧[它]	Y	10^{-1}	deci	分	d
10^{21}	zetta	泽[它]	Z	10^{-2}	centi	厘	c
10^{18}	exa	艾[可萨]	E	10^{-3}	milli	毫	m
10^{15}	peta	拍[它]	P	10^{-6}	micro	微	μ
10^{12}	tera	太[拉]	T	10^{-9}	nano	纳[诺]	n
10^{9}	giga	吉[咖]	G	10^{-12}	pico	皮[可]	p
10^{6}	mega	兆	M	10^{-15}	femto	飞[母托]	f
10^{3}	kilo	千	k	10^{-18}	atto	阿[托]	a
10^{2}	hecto	百	h	10^{-21}	zepto	仄[普托]	z
10^{1}	deca	十	da	10^{-24}	yocto	幺[科托]	y

由 SI 基本单位和辅助单位可以导出许多其他单位。SI 导出单位采用一贯性原则构成。也就是说,用来确定导出单位的定义方程式中的比例系数应为 1,再由基本单位和辅助单位相乘或相除即可求得导出单位。有些导出单位还可用专门名称来表示。

有一些单位,其应用极为广泛,使用也很方便,在一定的领域里几乎已不可缺少。为此,特允许其与 SI 并存使用。表 2-5 为国家选定的非国际单位制单位。

表 2-5 国家选定的非国际单位制单位

量的名称	单位名称	单位符号	与 SI 单位的换算关系
时间	分	min	1 min = 60 s
	[小]时	h	1 h = 60 min = 3600 s
	天(日)	d	1 d = 24 h = 86400 s
[平面]角	[角]秒	(″)	$1'' = (\pi/648000)$ rad
	[角]分	(′)	$1' = 60'' = (\pi/10800)$ rad
	度	(°)	$1° = 60' = (\pi/180)$ rad

续表

量的名称	单位名称	单位符号	与 SI 单位的换算关系
质量	吨	t	$1\ t = 10^3\ kg$
	原子质量单位	u	$1\ u \approx 1.6605655 \times 10^{-27}\ kg$ *
体积,容积	升	L,(l)	$1\ L = 1\ dm^3 = 10^{-3}\ m^3$
能	电子伏	eV	$1\ eV \approx 1.6021892 \times 10^{-19}\ J$

＊原子质量单位等于一个碳-12 核原子质量的 1/12。

表 2-6　一些已不使用和暂时还可与 SI 并用的单位

量的名称	单位名称	单位符号	与 SI 单位的换算关系
长度	埃	Å	$1\ Å = 0.1\ nm = 10^{-10}\ m$
	巴 *	bar	$1\ bar = 0.1\ MPa = 10^5\ Pa$
压力	标准大气压	atm	$1\ atm = 101325\ Pa$
	托	Torr	$1\ Torr = (101325/760)\ Pa$
	毫米汞柱	mmHg	$1\ mmHg = 133.3224\ Pa$
压力	千克力每平方厘米（工程大气压）	$kgf \cdot cm^{-2}$	$1\ kgf \cdot cm^{-2} = 9.80665 \times 10^4\ Pa$
	毫米水柱	mmH_2O	$1\ mm\ H_2O = 9.806375\ Pa$
[动力]黏度	泊	P	$1\ P = 1\ dyn \cdot s \cdot cm^{-2} = 0.1\ Pa \cdot s$
运动黏度	斯[托克斯]	St	$1\ St = 1\ cm^2 \cdot s^{-1} = 10^{-4}\ m^2 \cdot s^{-1}$
能,功	瓦[特]小时	$W \cdot h$	$1\ W \cdot h = 3600\ J$
热量	卡	cal **	$1\ cal = 4.1868\ J$
	热化学卡	cal_{th}	$1\ cal_{th} = 4.1840\ J$
磁场强度	奥斯特	Oe	$1\ Oe = (1000/4\pi)\ A \cdot m^{-1}$
磁感应强度,磁通[量]密度	高斯	Gs,G	$1\ Gs = 10^{-4}\ T$
磁通[量]	麦克斯韦	Mx	$1\ Mx = 10^{-8}\ Wb$
[放射性]活度	居里	Ci	$1\ Ci = 3.7 \times 10^{10}\ Bq$
照射量	伦琴	R	$1\ R = 2.58 \times 10^{-4}\ C \cdot kg^{-1}$
吸收剂量	拉德	rad ***	$1\ rad = 10^{-2}\ Gy$
剂量当量	雷姆	rem	$1\ rem = 10^{-2}\ Sv$

＊ 在 GB 3100—93 中作为用于专门领域的单位处理。

＊＊ 指国际蒸汽表卡,国际符号是 cal_{IT},但各国常用 cal 作符号。

＊＊＊ 当这个符号与平面角单位弧度的符号 rad 混淆时,可以用 rd 作为替换符号。

参考资料

附录三　物理化学实验常用数据表

表 3-1　一些物理化学基本常数[*]

量	符号	数值	单位
光速	c	299792458	$m \cdot s^{-1}$
真空磁导率	μ_0	$1.25663706212 \times 10^{-6}$	$N \cdot A^{-2}$
真空电容率,$1/\mu_0 c^2$	ε_0	$8.8541878128 \times 10^{-12}$	$F \cdot m^{-1}$
牛顿引力常数	G	6.67430×10^{-11}	$m^3 \cdot kg^{-1} \cdot s^{-2}$
普朗克常量	h	$6.62607015 \times 10^{-34}$	$J \cdot s$
玻尔半径	a_0	$5.29177210903 \times 10^{-11}$	m
基本电荷	e	$1.602176634 \times 10^{-19}$	C
玻尔磁子	μ_B	$9.2740100783 \times 10^{-24}$	$J \cdot T^{-1}$
核磁子	μ_N	$5.0507837461 \times 10^{-27}$	$J \cdot T^{-1}$
电子质量	m_e	$9.1093837015 \times 10^{-31}$	kg
质子质量	m_p	$1.67262192369 \times 10^{-27}$	kg
中子质量	m_n	$1.67492749804 \times 10^{-27}$	kg
精细结构常数	α	$7.2973525693 \times 10^{-3}$	
里德伯常数[**]	R_∞	10973731.568160	m^{-1}
阿伏加德罗常数	L, N_A	$6.02214076 \times 10^{23}$	mol^{-1}
法拉第常数	F	96485.33212	$C \cdot mol^{-1}$
摩尔气体常数[***]	R	8.314462618	$J \cdot mol^{-1} \cdot K^{-1}$
玻尔兹曼常数,R/L	k	1.380649×10^{-23}	$J \cdot K^{-1}$
电子伏特	eV	$1.602176634 \times 10^{-19}$	J
原子质量常数,$(1/12)m(^{12}C)$	u	$1.66053906660 \times 10^{-27}$	kg

[*]　2018 年国际推荐值。数据来源:美国国家标准与技术研究院。

[**]　R_∞ 是设氢原子核质量相对于电子质量为无穷大时里德伯常数。

[***]　摩尔气体常数 R 值的量纲换算（供参阅以前的文献书籍时参考）$R = 8.314$ J $\cdot$ K^{-1} $\cdot$ mol^{-1} = 8.314×10^7 erg $\cdot$ K^{-1} $\cdot$ mol^{-1} = 1.9872 cal $\cdot$ K^{-1} $\cdot$ mol^{-1} = 0.08206 dm^3 $\cdot$ atm $\cdot$ K^{-1} $\cdot$ mol^{-1} = 62.364 dm^3 $\cdot$ mmHg $\cdot$ K^{-1} $\cdot$ mol^{-1}。

表 3-2　压力单位换算表

	Pa	atm	mmHg	bar（巴）	dyn·cm^{-2}（达因·厘米$^{-2}$）	lbf·in^{-2}（磅力·英寸$^{-2}$）
1 Pa	1	9.869×10^{-6}	7.501×10^{-3}	10^{-5}	10	1.450×10^{-4}
1 atm	1.013×10^{5}	1	760.0	1.013	1.013×10^{6}	14.70
1 mmHg(Torr)	133.3	1.316×10^{-3}	1	1.333×10^{-3}	1333	1.934×10^{-2}
1 bar	1×10^{5}	0.9869	750.1	1	1×10^{6}	14.50
1 dyn·cm^{-2}	0.1	9.869×10^{-7}	7.501×10^{-4}	1×10^{-6}	1	1.450×10^{-5}
1 lbf·in^{-2}	6895	6.805×10^{-2}	51.71	6.895×10^{-2}	6.895×10^{4}	1

注:0 ℃（冰点）　273.15 K；

英寸（in）　2.54×10^{-2} m；

磅（lb）　0.4536 kg；

埃（Å）　1×10^{-10} m = 0.1 nm。

表 3-3　大气压力计读数的温度校正值[*]

$t/℃$	压力观测值 p_t/mmHg					压力观测值 p_t/kPa				
	740	750	760	770	780	96	98	100	101.325	103
1	0.12	0.12	0.12	0.13	0.13	0.016	0.016	0.016	0.017	0.017
2	0.24	0.24	0.25	0.25	0.25	0.031	0.032	0.033	0.033	0.034
3	0.36	0.37	0.37	0.38	0.38	0.047	0.048	0.049	0.050	0.050
4	0.48	0.49	0.50	0.50	0.51	0.063	0.064	0.065	0.066	0.067
5	0.60	0.61	0.62	0.63	0.64	0.078	0.080	0.082	0.083	0.084
6	0.72	0.73	0.74	0.75	0.76	0.094	0.096	0.098	0.099	0.101
7	0.85	0.86	0.87	0.88	0.89	0.110	0.112	0.114	0.116	0.118
8	0.97	0.98	0.99	1.00	1.02	0.125	0.128	0.131	0.132	0.134
9	1.09	1.10	1.12	1.13	1.15	0.141	0.144	0.147	0.149	0.151
10	1.21	1.22	1.24	1.26	1.27	0.157	0.160	0.163	0.165	0.168
11	1.33	1.35	1.36	1.38	1.40	0.172	0.176	0.179	0.182	0.185
12	1.45	1.47	1.49	1.51	1.53	0.188	0.192	0.196	0.198	0.202
13	1.57	1.59	1.61	1.63	1.65	0.203	0.208	0.212	0.215	0.218
14	1.69	1.71	1.73	1.76	1.78	0.219	0.224	0.228	0.231	0.235
15	1.81	1.83	1.86	1.88	1.91	0.235	0.240	0.244	0.248	0.252
16	1.93	1.96	1.98	2.01	2.03	0.250	0.255	0.261	0.264	0.268
17	2.05	2.08	2.10	2.13	2.16	0.266	0.271	0.277	0.281	0.285
18	2.17	2.20	2.23	2.26	2.29	0.281	0.287	0.293	0.297	0.302

$t/℃$	压力观测值 p_t/mmHg					压力观测值 p_t/kPa				
	740	750	760	770	780	96	98	100	101.325	103
19	2.29	2.32	2.35	2.38	2.41	0.297	0.303	0.309	0.313	0.319
20	2.41	2.44	2.47	2.51	2.54	0.313	0.319	0.326	0.330	0.335
21	2.53	2.56	2.60	2.63	2.67	0.328	0.335	0.342	0.346	0.352
22	2.65	2.69	2.72	2.76	2.79	0.344	0.351	0.358	0.363	0.369
23	2.77	2.81	2.84	2.88	2.92	0.359	0.367	0.374	0.379	0.385
24	2.89	2.93	2.97	3.01	3.05	0.375	0.383	0.390	0.396	0.402
25	3.01	3.05	3.09	3.13	3.17	0.390	0.399	0.407	0.412	0.419
26	3.13	3.17	3.21	3.26	3.30	0.406	0.414	0.423	0.428	0.436
27	3.25	3.29	3.34	3.38	3.42	0.421	0.430	0.439	0.445	0.452
28	3.37	3.41	3.46	3.51	3.55	0.437	0.446	0.455	0.461	0.469
29	3.49	3.54	3.58	3.63	3.68	0.453	0.462	0.471	0.478	0.486
30	3.61	3.66	3.71	3.75	3.80	0.468	0.478	0.488	0.494	0.502
31	3.73	3.78	3.83	3.88	3.93	0.484	0.494	0.504	0.510	0.519
32	3.85	3.90	3.95	4.00	4.06	0.499	0.510	0.520	0.527	0.537
33	3.97	4.02	4.07	4.13	4.18	0.515	0.525	0.536	0.543	0.552
34	4.09	4.14	4.20	4.25	4.31	0.530	0.541	0.552	0.560	0.569
35	4.21	4.26	4.32	4.38	4.43	0.546	0.557	0.568	0.576	0.585
36	4.33	4.38	4.44	4.50	4.56	0.561	0.573	0.585	0.592	0.602
37	4.44	4.51	4.57	4.63	4.69	0.577	0.589	0.601	0.609	0.619
38	4.56	4.63	4.69	4.75	4.81	0.592	0.604	0.617	0.625	0.635

* 以观测值减去校正值即为 0 ℃时的压力。校正值与观测值所用单位相同。校正值计算公式见 3.3 节。

表 3-4 能量单位换算表

1. 能量

	J	cal	erg	$\text{cm}^3 \cdot \text{atm}$	eV
1 J	1	0.2390	10^7	9.869	6.242×10^{18}
1 cal	4.184	1	4.184×10^7	41.29	2.612×10^{19}
1 erg	10^{-7}	2.390×10^{-8}	1	9.869×10^{-7}	6.242×10^{11}
1 $\text{cm}^3 \cdot \text{atm}$	0.1013	2.422×10^{-2}	1.013×10^6	1	6.325×10^{17}
1 eV	1.602×10^{-19}	3.829×10^{-20}	1.602×10^{-12}	1.581×10^{-18}	1

2. 相当的能量

	$J \cdot mol^{-1}$	$cal \cdot mol^{-1}$	尔格·分子
1 cm^{-1} 的波数	11.96	2.859	1.986×10^{-16}
每分子的电子伏特(eV)的能量	9.649×10^{4}	2.306×10^{4}	1.602×10^{-12}

表 3-5　换算到纬度 45° 的大气压力校正值 *

纬度 $L/(°)$		压力观测值 p_L/mmHg				压力观测值 p_L/kPa				
		720	740	760	780	96	98	100	101.325	103
25	65	1.23	1.27	1.30	1.33	0.164	0.168	0.171	0.173	0.176
26	64	1.18	1.21	1.24	1.28	0.157	0.160	0.164	0.166	0.169
27	63	1.13	1.16	1.19	1.22	0.150	0.153	0.156	0.158	0.161
28	62	1.07	1.10	1.13	1.16	0.143	0.146	0.149	0.151	0.153
29	61	1.01	1.04	1.07	1.10	0.135	0.138	0.141	0.143	0.145
30	60	0.96	0.98	1.01	1.04	0.128	0.130	0.133	0.135	0.137
31	59	0.90	0.92	0.95	0.97	0.120	0.122	0.125	0.127	0.129
32	58	0.84	0.86	0.89	0.91	0.112	0.114	0.117	0.118	0.120
33	57	0.78	0.80	0.82	0.84	0.104	0.106	0.108	0.110	0.111
34	56	0.72	0.74	0.76	0.78	0.096	0.098	0.100	0.101	0.103
35	55	0.66	0.67	0.69	0.71	0.087	0.089	0.091	0.092	0.094
36	54	0.59	0.61	0.62	0.64	0.079	0.081	0.082	0.083	0.085
37	53	0.53	0.54	0.56	0.57	0.070	0.072	0.073	0.074	0.076
38	52	0.46	0.48	0.49	0.50	0.062	0.063	0.064	0.065	0.066
39	51	0.40	0.41	0.42	0.43	0.053	0.054	0.055	0.056	0.057
40	50	0.33	0.34	0.35	0.36	0.044	0.045	0.046	0.047	0.048
41	49	0.27	0.27	0.28	0.29	0.036	0.036	0.037	0.038	0.038
42	48	0.20	0.21	0.21	0.22	0.027	0.027	0.028	0.028	0.029
43	47	0.13	0.14	0.14	0.14	0.018	0.018	0.019	0.019	0.019
44	46	0.07	0.07	0.07	0.07	0.009	0.009	0.009	0.009	0.010
45	45	0.00	0.00	0.00	0.00	0.000	0.000	0.000	0.000	0.000

* 在纬度低于 45° 的地方,应以观察值减去校正值;高于 45° 的地方,则应加上校正值。校正值与观察值所用单位相同。校正值计算公式见 3.3 节。

表 3-6　测量点海拔高度换算到海平面的大气压力校正值[*]

海拔高度	压力观测值 p_H/mmHg					压力观测值 p_H/kPa				
H/m	550	600	650	700	760	70	80	90	100	101.325
100					0.02				0.003	0.003
200				0.04	0.05				0.006	0.006
400				0.09	0.09				0.012	0.013
600			0.12	0.13	0.14			0.017	0.019	0.019
800			0.16	0.17	0.19			0.022	0.025	0.025
1000			0.20	0.22				0.028	0.031	
1200		0.22	0.24	0.26			0.030	0.033	0.037	
1400	0.24	0.26	0.28	0.30			0.035	0.039		
1600	0.27	0.30	0.32	0.35			0.040	0.044		
1800	0.31	0.33	0.36				0.044	0.050		
2000	0.34	0.37	0.40			0.043	0.049	0.056		
2200	0.37	0.41	0.44			0.048	0.054	0.062		
2400	0.41	0.44	0.48			0.052	0.059			
2600	0.44	0.48				0.056	0.064			
2800	0.48	0.52				0.060	0.069			
3000	0.51					0.065				
3200	0.54					0.069				

[*] 应从观测值减去校正值。校正值与观测值所用单位相同。校正值计算公式见 3.3 节。

表 3-7　ITS—90（1990 年国际温标）定义固定点

序号	温度		物质[*]	状态[**]	$W_r(T_{90})$
	T_{90}/K	t_{90}/℃			
1	3~5	−270.15~−268.15	He	V	
2	13.8033	−259.346	e-H_2	T	0.00119007
3	≈17	≈−256.15	e-H_2（或 He）	V（或 G）	
4	≈20.3	≈−252.85	e-H_2（或 He）	V（或 G）	
5	24.5561	−248.5939	Ne	T	0.00844974
6	54.3584	−218.7961	O2	T	0.09171804
7	83.8058	−189.3442	Ar	T	0.21585975

序号	温度		物质*	状态**	$W_r(T_{90})$
	T_{90}/K	$t_{90}/℃$			
8	234.3156	−38.8344	Hg	T	0.84414211
9	273.16	0.01	H_2O	T	1.00000000
10	302.9146	29.7646	Ga	M	1.11813889
11	429.7485	156.5985	In	F	1.60980185
12	505.078	231.928	Sn	F	1.89279768
13	692.677	419.527	Zn	F	2.56891730
14	933.473	660.323	Al	F	3.37600860
15	11234.93	961.78	Ag	F	4.28642053
16	1337.33	1064.18	Au	F	
17	1357.77	1084.62	Cu	F	

*除^{3}He外,其他物质均为自然同位素成分。e-H_2为正、仲分子态处于平衡浓度时的氢。

**对于这些不同状态的定义,以及有关复现这些不同状态的建议,可参阅"ITS—90补充资料"。

表中各种符号的含义为:V——蒸气压点;T——三相点,在此温度下,固、液和蒸气相呈平衡;G——气体温度计点;M,F——熔点和凝固点,在101325 Pa下,固、液相的平衡温度。

表 3-8(a)　IPTS-68(1968 年国际实用温标)定义的一级温度固定点

平衡状态*	T_{68}/K	$t_{68}/℃$
平衡氢**三相点,固、液、气	13.81	−259.34
平衡氢液态,气态在 33330.6 N·m^{-2}(25/76 标准大气压)压力下的平衡	17.042	−256.108
平衡氢沸点,液、气	20.328	−252.82
氖沸点,液、气	27.102	−246.048
氧三相点,固、液、气	54.361	−218.789
氧沸点,液、气	90.188	−182.962
水三相点,固、液、气	273.16	0.01
水沸点,液、气	373.15	100
锌凝固点,固、液	692.73	419.58
银凝固点,固、液	1235.08	961.93
金凝固点,固、液	1337.58	1064.43

*除特别指明的外,所处压力均为 101325 Pa。

**平衡氢是指在任意温度下正氢和仲氢的平衡混合物。

表 3-8(b)　IPTS-68(1968 年国际实用温标)规定的第二类参考点(部分)

平衡状态*	T_{68}/K	$t_{68}/℃$
标准氢** 三相点,固、液、气	13.956	−259.194
二氧化碳升华点,固、气	194.674	−78.476
汞凝固点,固、液	234.288	−38.862
冰点,固、液	273.15	0
苯甲酸三相点,固、液、气	395.52	122.37
铟凝固点,固、液	429.784	156.634
铋凝固点,固、液	544.592	271.442
镉凝固点,固、液	594.258	321.108
铅凝固点,固、液	600.652	327.502
硫凝固点,固、液	717.824	444.674
锑凝固点,固、液	903.89	630.74
铝凝固点,固、液	933.52	660.37
铜凝固点,固、液	1357.6	1084.5
钯凝固点,固、液	1827	1554
铂凝固点,固、液	2045	1772
铑凝固点,固、液	2236	1963
钨凝固点,固、液	3660	3387

* 所处压力均为 101325 Pa。

* * 标准氢指室温下 25% 正氢和 75% 仲氢的平衡混合物。

表 3-9　不同温度下水的饱和蒸气压

$t/℃$	p/kPa	$t/℃$	p/kPa	$t/℃$	p/kPa	$t/℃$	p/kPa	$t/℃$	p/kPa	$t/℃$	p/kPa
0.01	0.61165	20	2.3393	38	6.6328	58	18.171	78	43.703	98	94.390
2	0.70599	22	2.6453	40	7.3849	60	19.946	80	47.414	100	101.42
4	0.81355	24	2.9858	42	8.2096	62	21.867	82	51.387	102	108.87
6	0.93536	25	3.1699	44	9.1124	64	23.943	84	55.635	104	116.78
8	1.0730	26	3.3639	46	10.099	66	26.183	86	60.173	106	125.15
10	1.2282	28	3.7831	48	11.177	68	28.599	88	65.017	108	134.01
12	1.4028	30	4.2470	50	12.352	70	31.201	90	70.182	110	143.38
14	1.5990	32	4.7596	52	13.631	72	34.000	92	75.684	112	153.28
16	1.8188	34	5.3251	54	15.022	74	37.009	94	81.541	114	163.74
18	2.0647	36	5.9479	56	16.533	76	40.239	96	87.771	116	174.77

续表

t/℃	p/kPa	t/℃	p/kPa	t/℃	p/kPa	t/℃	p/kPa	t/℃	p/kPa	t/℃	p/kPa
118	186.41	160	618.23	202	1621.0	244	3588.7	286	7017.7	328	12530
120	198.67	162	650.33	204	16893	246	3714.5	288	7227.4	330	12858
122	211.59	164	683.73	206	1759.8	248	3843.6	290	7441.8	332	13193
124	225.18	166	718.48	208	1832.6	250	3976.2	292	7661.0	334	13534
126	239.47	168	754.62	210	1907.7	252	4112.2	294	7885.2	336	13882
128	254.5	170	792.19	212	1985.1	254	4251.8	296	8114.3	338	14238
130	270.28	172	831.22	214	2065.0	256	4394.9	298	8348.5	340	14601
132	286.85	174	871.76	216	2147.3	258	4541.7	300	8587.9	342	14971
134	304.23	176	913.84	218	2232.2	260	4692.3	302	8832.5	344	15349
136	322.45	178	957.5	220	2319.6	262	4846.6	304	9082.4	346	15734
138	341.54	180	1002.8	222	2409.6	264	5004.7	306	9337.8	348	16128
140	361.54	182	1049.8	224	2502.3	266	5166.8	308	9598.6	350	16529
142	382.47	184	1098.5	226	2597.8	268	5332.9	310	9865.1	352	16939
144	404.37	186	1148.9	228	2696.0	270	5503.0	312	10137	354	17358
146	427.26	188	1201.1	230	2797.1	272	5677.2	314	10415	356	17785
148	451.18	190	1255.2	232	2901.0	274	5855.6	316	10699	358	18221
150	476.16	192	1311.2	234	3008.0	276	6038.3	318	10989	360	18666
152	502.25	194	1369.1	236	3117.9	278	6225.2	320	11284	362	19121
154	529.46	196	1429.0	238	3230.8	280	6416.6	322	11586	364	19585
156	557.84	198	1490.9	240	3346.9	282	6612.4	324	11895	366	20060
158	587.42	200	1554.9	242	3466.2	284	6812.8	326	12209	368	20546

摘自：Haynes W M. CRC Handbook of Chemistry and Physics. CRC Press，2016~2017.97th ed. 6-5~6.

表 3-10　不同温度下汞的蒸气压[*]

t/℃	0		2		4		6		8	
	mmHg	Pa	mmHg	Pa	mmHg	Pa	mmHg	Pa	mmHg	Pa
0	1.85×10^{-4}	0.0247	2.28×10^{-4}	0.0304	2.76×10^{-4}	0.0368	3.35×10^{-4}	0.0447	4.06×10^{-4}	0.0541
10	4.90×10^{-4}	0.0653	5.88×10^{-4}	0.0784	7.06×10^{-4}	0.094	8.46×10^{-4}	0.1128	1.009×10^{-3}	0.1345
20	1.201×10^{-3}	0.1601	1.426×10^{-3}	0.1901	1.691×10^{-3}	0.2254	2.000×10^{-3}	0.2666	2.359×10^{-3}	0.3145
30	2.777×10^{-3}	0.3702	3.261×10^{-3}	0.4348	3.823×10^{-3}	0.5097	4.471×10^{-3}	0.5961	5.219×10^{-3}	0.6958
40	6.079×10^{-3}	0.8105	7.067×10^{-3}	0.9422	8.200×10^{-3}	1.093	9.497×10^{-3}	1.266	0.01098	1.464
50	0.01267	1.689	0.01459	1.945	0.01677	2.236	0.01925	2.566	0.02206	2.941

t/°C	0		2		4		6		8	
	mmHg	Pa	mmHg	Pa	mmHg	Pa	mmHg	Pa	mmHg	Pa
60	0.02524	3.365	0.02883	3.844	0.03287	4.382	0.03740	4.986	0.04251	5.668
70	0.04825	6.433	0.05469	7.291	0.06189	8.251	0.06993	9.323	0.07889	10.518
80	0.08880	11.839	0.1000	13.33	0.1124	14.99	0.1261	16.81	0.1413	18.84
90	0.1582	21.09	0.1769	23.58	0.1976	26.34	0.2202	29.36	0.2453	32.70
100	0.2729	36.38	0.3032	40.42	0.3366	44.88	0.3731	49.74	0.4132	55.09
120	0.7457	99.42	0.8198	109.30	0.9004	120.04	0.9882	131.75	1.084	144.5
140	1.845	246.0	2.010	268.0	2.188	291.7	2.379	317.2	2.585	344.6
160	4.189	558.5	4.528	603.7	4.890	651.9	5.277	703.5	5.689	758.5
180	8.769	1172.7	9.436	1258.0	10.116	1348.7	10.839	1445.1	11.607	1547.5
200	17.287	2304.7	18.437	2458.1	19.652	2620.0	20.936	2791.2	22.292	2972.0
220	32.133	4284.0	34.092	4545.2	36.153	4820.0	38.318	5108.6	40.595	5412.2
240	56.855	7580.0	60.044	8005.2	63.384	8456.5	66.882	8916.8	70.543	9404.9
260	96.296	12838.4	101.28	13503	106.48	14196	111.91	14920	117.57	15675
280	156.87	20914	164.39	21917	172.21	22959	180.34	24043	188.79	25170
300	246.80	32904	257.78	34368	269.17	35886	280.98	37461	293.21	39091
320	376.33	50173	391.92	52252	408.04	54401	424.71	56623	441.94	58920
340	557.90	74380	579.45	77253	601.69	80219	624.64	83278	648.30	86433
360	806.23	107488	835.38	111375	865.36	115372	896.23	119487	928.02	123725

* 在 $t = 400 \sim 1300$ ℃范围内,可用下式计算:

$$\lg \frac{p}{\text{mmHg}} = -\frac{0.05223 \times 58700}{t+273.1} + 7.752$$

摘自:印永嘉.物理化学简明手册[M].北京:高等教育出版社,1988:139.

表 3-11 　77 ~ 84 K 下氧和氮的饱和蒸气压*　　　　单位:mmHg

t/K		0	1	2	3	4	5	6	7	8	9
77	N_2	729.2	737.9	746.6	755.4	764.3	773.3	782.3	791.5	800.6	809.9
	O_2	147.98	150.20	152.30	154.46	156.75	159.05	161.37	163.86	166.25	168.69
78	N_2	819.3	828.8	838.4	847.9	857.6	867.5	877.3	887.2	897.2	907.1
	O_2	171.15	173.67	176.08	178.50	181.15	183.73	186.43	189.03	191.65	194.36
79	N_2	917.4	927.8	938.4	948.6	959.2	969.8	980.6	991.3	1002.2	1013.2
	O_2	197.10	199.85	202.67	205.45	208.32	211.30	214.12	217.07	220.6	223.07

续表

t/K		0	1	2	3	4	5	6	7	8	9
80	N_2	1024.3	1035.4	1046.7	1058.2	1069.4	1080.8	1092.6	1104.3	1116.1	1127.9
	O_2	226.12	229.20	232.32	235.47	238.65	241.86	245.12	248.41	251.73	255.09
81	N_2	1139.9	1152.0	1164.1	1176.3	1188.8	1201.2	1212.7	1226.4	1239.1	1251.9
	O_2	258.48	261.91	265.38	268.88	272.43	276.00	279.62	283.30	286.93	290.67
82	N_2	1264.9	1277.9	1291.0	1303.8	1317.5	1330.9	1344.5	1558.0	1371.7	1385.6
	O_2	294.44	298.24	302.07	305.98	309.87	313.84	317.84	321.85	325.96	330.07
83	N_2	1399.4	1413.5	1427.6	1441.8	1456.1	1470.6	1485.1	1499.7	1514.4	1529.2
	O_2	334.23	338.45	342.69	346.95	351.30	355.68	360.09	364.55	369.04	373.59
84	N_2	1544.2	1559.2	1574.4	1589.6	1605.0	1620.4	1636.0	1651.7	1667.4	1683.3
	O_2	378.18	382.81	387.52	392.21	396.98	401.79	406.65	411.55	416.49	421.50

* 可按表 3-2 换算成其他压力单位。

表 3-12　一些物质的饱和蒸气压与温度的关系

表中所列物质的蒸气压可用以下方程计算：

$$\lg \frac{p}{\text{mmHg}} = a - 0.05223 \times b/T \tag{1}$$

或
$$\lg \frac{p}{\text{mmHg}} = a - b/(c+t) \tag{2}$$

式中 p 为蒸气压；t 和 T 分别为摄氏温度和热力学温度，常数 a,b,c 见下表。

物质	$t/℃$	方程及适用度范围/℃	a	b	c
溴 Br_2	59.5[2]		6.83278	113.0	228.0
四氯化碳 CCl_4	76.6[1]	$-19 \sim 20$	8.004	33914	
三氯甲烷 $CHCl_3$	61.3[2]	$-30 \sim 150$	6.90328	1163.03	227.4
甲醇 CH_4O	64.65[1]	$-10 \sim 80$	8.8017	38324	
甲醇 CH_4O	64.65[2]	$-20 \sim 140$	7.87863	1473.11	230.0
醋酸 $C_2H_4O_2$	118.2[2]	$0 \sim 36$	7.80307	1651.2	225
乙醇 C_2H_6O	78.37[2]		8.04494	1554.3	222.65
丙酮 C_3H_6O	56.5[2]		7.0244	1161.0	200.22
乙酸乙酯 $C_4H_8O_2$	77.06[2]	$-20 \sim 150$	7.09808	1238.71	217.0
乙醚 $C_4H_{10}O$	34.6[2]		6.78574	994.19	220.0
苯（液）C_6H_6	80.10[1]	$0 \sim 42$	7.9622	34	
苯 C_6H_6	80.10[3]	$5.53 \sim 104$	6.89745	1206.350	220.237

续表

物质	$t/℃$	方程及适用度范围(℃)	a	b	c
环己烷 C_6H_{12}	80.74[3]	6.56~105	6.84498	1203.526	222.863
环己烷 C_6H_{12}	80.74[1]	−10~90	7.724	31679	
正己烷 C_6H_{14}	68.32[1]	−25~92	6.87773	1171.530	224.366
甲苯 C_7H_8	110.63[1]	−92~15	8.330	39198	
甲苯 C_7H_8	110.63[3]	6~136	6.95334	1343.943	219.377
苯甲酸 $C_7H_6O_2$	[1]	60~110	9.033	63820	
萘 $C_{10}H_8$	[1]	0~80	11.450	71401	
铅 Pb	[1]	525~1325	7.827	188500	
锡 Sn	[1]	1950~2270	9.643	328000	

摘自：[1] Weast R C. CRC Handbook of Chemistry and Physics [M]. 66th ed. Boca Raton：CRC Press, 1985：D212.

[2] 复旦大学等.物理化学实验(下册)[M]. 北京：人民教育出版社,1979：224.

[3] Jordan T E. Vapor Pressure of Organic Compounds[M]. New York：Interscience Publishers, 1954 .

表 3–13　不同温度下水的密度(101325 Pa)

$t/℃$	$\rho/(g \cdot mL^{-1})$	$t/℃$	$\rho/(g \cdot mL^{-1})$	$t/℃$	$\rho/(g \cdot mL^{-1})$	$t/℃$	$\rho/(g \cdot mL^{-1})$	$t/℃$	$\rho/(g \cdot mL^{-1})$
0.1	0.9998495	1.8	0.9999360	3.5	0.9999731	5.2	0.9999633	6.9	0.9999090
0.2	0.9998560	1.9	0.9999396	3.6	0.9999738	5.3	0.9999613	7.0	0.9999045
0.3	0.9998624	2.0	0.9999429	3.7	0.9999743	5.4	0.9999592	7.1	0.9998998
0.4	0.9998685	2.1	0.9999461	3.8	0.9999747	5.5	0.9999569	7.2	0.9998950
0.5	0.9998745	2.2	0.9999491	3.9	0.9999749	5.6	0.9999544	7.3	0.9998900
0.6	0.9998803	2.3	0.9999519	4.0	0.9999749	5.7	0.9999518	7.4	0.9998849
0.7	0.9998859	2.4	0.9999546	4.1	0.9999748	5.8	0.9999491	7.5	0.9998797
0.8	0.9998913	2.5	0.9999571	4.2	0.9999746	5.9	0.9999462	7.6	0.9998743
0.9	0.9998966	2.6	0.9999595	4.3	0.9999742	6.0	0.9999431	7.7	0.9998687
1.0	0.9999017	2.7	0.9999616	4.4	0.9999736	6.1	0.9999400	7.8	0.9998631
1.1	0.9999066	2.8	0.9999636	4.5	0.9999728	6.2	0.9999366	7.9	0.9998572
1.2	0.9999113	2.9	0.9999655	4.6	0.9999719	6.3	0.9999331	8.0	0.9998513
1.3	0.9999158	3.0	0.9999672	4.7	0.9999709	6.4	0.9999295	8.1	0.9998452
1.4	0.9999202	3.1	0.9999687	4.8	0.9999697	6.5	0.9999257	8.2	0.9998389
1.5	0.9999244	3.2	0.9999700	4.9	0.9999683	6.6	0.9999217	8.3	0.9998325
1.6	0.9999285	3.3	0.9999712	5.0	0.9999668	6.7	0.9999176	8.4	0.9998260
1.7	0.9999323	3.4	0.9999722	5.1	0.9999651	6.8	0.9999134	8.5	0.9998193

$t/℃$	$\rho/(g \cdot mL^{-1})$	$t/℃$	$\rho/(g \cdot mL^{-1})$	$t/℃$	$\rho/(g \cdot mL^{-1})$	$t/℃$	$\rho/(g \cdot mL^{-1})$	$t/℃$	$\rho/(g \cdot mL^{-1})$
8.6	0.9998125	11.7	0.9995341	14.8	0.999133	17.9	0.9986168	21.0	0.9979950
8.7	0.9998056	11.8	0.9995230	14.9	0.999118	18.0	0.9985984	21.1	0.9979733
8.8	0.9997985	11.9	0.9995118	15.0	0.999103	18.1	0.9985798	21.2	0.9979514
8.9	0.9997912	12.0	0.9995005	15.1	0.999087	18.2	0.9985611	21.3	0.9979295
9.0	0.9997839	12.1	0.999489	15.2	0.999072	18.3	0.9985424	21.4	0.9979074
9.1	0.9997764	12.2	0.999477	15.3	0.999057	18.4	0.9985235	21.5	0.9978853
9.2	0.9997687	12.3	0.999466	15.4	0.999041	18.5	0.9985045	21.6	0.9978630
9.3	0.9997610	12.4	0.999454	15.5	0.999026	18.6	0.9984854	21.7	0.9978407
9.4	0.9997530	12.5	0.999442	15.6	0.999010	18.7	0.9984662	21.8	0.9978182
9.5	0.9997450	12.6	0.999430	15.7	0.998994	18.8	0.9984469	21.9	0.9977956
9.6	0.9997368	12.7	0.999418	15.8	0.998978	18.9	0.9984275	22.0	0.9977730
9.7	0.9997285	12.8	0.999405	15.9	0.998962	19.0	0.9984079	22.1	0.9977502
9.8	0.9997200	12.9	0.999393	16.0	0.998946	19.1	0.9983883	22.2	0.9977273
9.9	0.9997114	13.0	0.999380	16.1	0.9989296	19.2	0.9983686	22.3	0.9977044
10.0	0.9997027	13.1	0.999367	16.2	0.9989132	19.3	0.9983487	22.4	0.9976813
10.1	0.9996938	13.2	0.999355	16.3	0.9988967	19.4	0.9983287	22.5	0.9976582
10.2	0.9996848	13.3	0.999342	16.4	0.9988800	19.5	0.9983087	22.6	0.9976349
10.3	0.9996757	13.4	0.999329	16.5	0.9988633	19.6	0.9982885	22.7	0.9976115
10.4	0.9996665	13.5	0.999315	16.6	0.9988464	19.7	0.9982682	22.8	0.9975881
10.5	0.9996571	13.6	0.999302	16.7	0.9988294	19.8	0.9982478	22.9	0.9975645
10.6	0.9996475	13.7	0.999289	16.8	0.9988123	19.9	0.9982273	23.0	0.9975408
10.7	0.9996379	13.8	0.999275	16.9	0.9987951	20.0	0.9982067	23.1	0.9975171
10.8	0.9996281	13.9	0.999261	17.0	0.9987778	20.1	0.9981860	23.2	0.9974932
10.9	0.9996182	14.0	0.999247	17.1	0.9987603	20.2	0.9981652	23.3	0.9974692
11.0	0.9996081	14.1	0.999234	17.2	0.9987428	20.3	0.9981443	23.4	0.9974452
11.1	0.9995979	14.2	0.999219	17.3	0.9987251	20.4	0.9981233	23.5	0.9974210
11.2	0.9995876	14.3	0.999205	17.4	0.9987073	20.5	0.9981022	23.6	0.9973968
11.3	0.9995772	14.4	0.999191	17.5	0.9986895	20.6	0.9980810	23.7	0.9973724
11.4	0.9995666	14.5	0.999177	17.6	0.9986715	20.7	0.9980596	23.8	0.9973480
11.5	0.9995559	14.6	0.999162	17.7	0.9986534	20.8	0.9980382	23.9	0.9973234
11.6	0.9995451	14.7	0.999147	17.8	0.9986351	20.9	0.9980167	24.0	0.9972988

$t/℃$	$\rho/(g \cdot mL^{-1})$	$t/℃$	$\rho/(g \cdot mL^{-1})$	$t/℃$	$\rho/(g \cdot mL^{-1})$	$t/℃$	$\rho/(g \cdot mL^{-1})$	$t/℃$	$\rho/(g \cdot mL^{-1})$
24.1	0.9972740	27.2	0.9964599	30.3	0.9955578	33.4	0.9945724	36.5	0.9935078
24.2	0.9972492	27.3	0.9964321	30.4	0.9955273	33.5	0.9945393	36.6	0.9934722
24.3	0.9972243	27.4	0.9964043	30.5	0.9954967	33.6	0.9945061	36.7	0.9934365
24.4	0.9971992	27.5	0.9963763	30.6	0.9954660	33.7	0.9944728	36.8	0.9934007
24.5	0.9971741	27.6	0.9963483	30.7	0.9954352	33.8	0.9944394	36.9	0.9933649
24.6	0.9971489	27.7	0.9963202	30.8	0.9954044	33.9	0.9944060	37.0	0.9933290
24.7	0.9971236	27.8	0.9962920	30.9	0.9953734	34.0	0.9943724	37.1	0.9932929
24.8	0.9970981	27.9	0.9962637	31.0	0.9953424	34.1	0.9943388	37.2	0.9932569
24.9	0.9970726	28.0	0.9962353	31.1	0.9953113	34.2	0.9943051	37.3	0.9932207
25.0	0.9970470	28.1	0.9962068	31.2	0.9952801	34.3	0.9942713	37.4	0.9931844
25.1	0.9970213	28.2	0.9961783	31.3	0.9952488	34.4	0.9942375	37.5	0.9931481
25.2	0.9969955	28.3	0.9961496	31.4	0.9952175	34.5	0.9942035	37.6	0.9931117
25.3	0.9969696	28.4	0.9961208	31.5	0.9951860	34.6	0.9941695	37.7	0.9930753
25.4	0.9969436	28.5	0.9960920	31.6	0.9951545	34.7	0.9941354	37.8	0.9930387
25.5	0.9969176	28.6	0.9960631	31.7	0.9951228	34.8	0.9941012	37.9	0.9930021
25.6	0.9968914	28.7	0.9960341	31.8	0.9950911	34.9	0.9940669	38.0	0.9929654
25.7	0.9968651	28.8	0.9960050	31.9	0.9950593	35.0	0.9940326	38.1	0.9929286
25.8	0.9968387	28.9	0.9959758	32.0	0.9950275	35.1	0.9939982	38.2	0.9928917
25.9	0.9968123	29.0	0.9959465	32.1	0.9949955	35.2	0.9939637	38.3	0.9928548
26.0	0.9967857	29.1	0.9959171	32.2	0.9949635	35.3	0.9939291	38.4	0.9928178
26.1	0.9967591	29.2	0.9958876	32.3	0.9949313	35.4	0.9938944	38.5	0.9927807
26.2	0.9967324	29.3	0.9958581	32.4	0.9948991	35.5	0.9938597	38.6	0.9927435
26.3	0.9967055	29.4	0.9958285	32.5	0.9948668	35.6	0.9938248	38.7	0.9927063
26.4	0.9966786	29.5	0.9957987	32.6	0.9948344	35.7	0.9937899	38.8	0.9926689
26.5	0.9966516	29.6	0.9957689	32.7	0.9948020	35.8	0.9937549	38.9	0.9926316
26.6	0.9966245	29.7	0.9957390	32.8	0.9947694	35.9	0.9937199	39.0	0.9925941
26.7	0.9965973	29.8	0.9957090	32.9	0.9947368	36.0	0.9936847	39.1	0.9925565
26.8	0.9965700	29.9	0.9956790	33.0	0.9947041	36.1	0.9936495	39.2	0.9925189
26.9	0.9965426	30.0	0.9956488	33.1	0.9946713	36.2	0.9936142	39.3	0.9924812
27.0	0.9965151	30.1	0.9956185	33.2	0.9946384	36.3	0.9935788	39.4	0.9924434
27.1	0.9964875	30.2	0.9955882	33.3	0.9946055	36.4	0.9935434	39.5	0.9924056

续表

$t/℃$	$\rho/(g \cdot mL^{-1})$	$t/℃$	$\rho/(g \cdot mL^{-1})$	$t/℃$	$\rho/(g \cdot mL^{-1})$	$t/℃$	$\rho/(g \cdot mL^{-1})$	$t/℃$	$\rho/(g \cdot mL^{-1})$
39.6	0.9923677	49.0	0.98848	62.0	0.98216	75.0	0.97484	88.0	0.96664
39.7	0.9923297	50.0	0.98804	63.0	0.98163	76.0	0.97424	89.0	0.96598
39.8	0.9922916	51.0	0.98758	64.0	0.98109	77.0	0.97364	90.0	0.96531
39.9	0.9922534	52.0	0.98712	65.0	0.98055	78.0	0.97303	91.0	0.96463
40.0	0.9922152	53.0	0.98665	66.0	0.98000	79.0	0.97241	92.0	0.96396
41.0	0.99183	54.0	0.98617	67.0	0.97945	80.0	0.97179	93.0	0.96327
42.0	0.99144	55.0	0.98569	68.0	0.97890	81.0	0.97116	94.0	0.96258
43.0	0.99104	56.0	0.98521	69.0	0.97833	82.0	0.97053	95.0	0.96189
44.0	0.99063	57.0	0.98471	70.0	0.97776	83.0	0.96990	96.0	0.96119
45.0	0.99021	58.0	0.98421	71.0	0.97719	84.0	0.96926	97.0	0.96049
46.0	0.98979	59.0	0.98371	72.0	0.97661	85.0	0.96861	98.0	0.95978
47.0	0.98936	60.0	0.98320	73.0	0.97603	86.0	0.96796	99.0	0.95907
48.0	0.98893	61.0	0.98268	74.0	0.97544	87.0	0.96731	99.974	0.95837

摘自：Haynes W M. CRC Handbook of Chemistry and Physics[M]. 96th ed.CRC Press,2016:6-7~8.

表 3-14　不同温度下汞的密度和比体积

$t/℃$	$\dfrac{\rho}{kg \cdot dm^{-3}}$	$\dfrac{V/m}{cm^3 \cdot g^{-1}}$	$t/℃$	$\dfrac{\rho}{kg \cdot dm^{-3}}$	$\dfrac{V/m}{cm^3 \cdot g^{-1}}$	$t/℃$	$\dfrac{\rho}{kg \cdot dm^{-3}}$	$\dfrac{V/m}{cm^3 \cdot g^{-1}}$
0	13.5955	0.0735540	15	13.5585	0.0737546	30	13.5217	0.0739552
1	5930	5674	16	5561	7680	31	5193	9686
2	5906	5808	17	5536	7813	32	5168	9820
3	5881	5941	18	5512	7947	33	5144	9953
4	5856	6075	19	5487	8081	34	5119	40087
5	13.5832	0.0736209	20	13.5462	0.0738215	35	133.5095	0.0740221
6	5807	6342	21	5438	8348	36	5070	0354
7	5782	6476	22	5413	8482	37	5046	0488
8	5758	6610	23	5389	8616	38	5021	0622
9	5733	6744	24	5364	8750	39	4997	0756
10	13.5708	0.0736877	25	13.5340	0.0738885	40	13.4973	0.0740891
11	5684	7011	26	5315	9011	50	4729	2229
12	5659	7145	27	5291	9151	60	4486	3569
13	5634	7278	28	5266	9285	70	4244	4910
14	5610	7412	29	5242	9419	80	4003	6252

$t/℃$	$\dfrac{\rho}{kg \cdot dm^{-3}}$	$\dfrac{V/m}{cm^3 \cdot g^{-1}}$	$t/℃$	$\dfrac{\rho}{kg \cdot dm^{-3}}$	$\dfrac{V/m}{cm^3 \cdot g^{-1}}$	$t/℃$	$\dfrac{\rho}{kg \cdot dm^{-3}}$	$\dfrac{V/m}{cm^3 \cdot g^{-1}}$
90	13.3762	0.0747594	190	13.1384	0.0761128	290	12.9039	0.0774958
100	3522	8939	200	1148	2495	300	8806	6364
110	3283	50285	210	0913	3865	310	8572	7774
120	3044	1633	220	0678	5239	320	8339	9189
130	2805	2982	230	0443	6616	330	8105	80609
140	13.2567	0.0754334	240	13.0209	0.0767996	340	12.7872	0.0782033
150	2330	5688	250	12.9975	9381	350	7638	3464
160	2093	7044	260	9741	70769	360	7405	4900
170	1856	8402	270	9507	2161			
180	1620	9764	280	9273	3558			

摘自:Weast R C. CRC Handbook of Chemistry and Physics[M].66th ed. Boca Raton:CRC Press, 1985:F-6。

表 3-15　一些有机化合物的密度与温度的关系

表中所列有机化合物之密度可用下列方程计算:

$$\rho_t = (\rho_0 + 10^{-3}\alpha t + 10^{-6}\beta t^2 + 10^{-9}\gamma t^3) \pm 10^{-4}\Delta$$

式中 ρ_0 为 0 ℃时的密度;ρ_t 为 t 时的密度。

化合物	$\rho_0/(g \cdot cm^{-3})$	α	β	γ	误差范围	温度范围/℃
四氯化碳 CCl_4	1.63255	−1.9110	−0.690		0.0002	0~40
氯仿 $CHCl_3$	1.52643	−1.8563	−0.5309	−8.81	0.0001	−53~55
甲醇 CH_4O	0.80909	−0.9253	−0.41			
乙醇 * C_2H_6O	0.78506	−0.8591	−0.56	−5		10~40
丙酮 C_3H_6O	0.81248	−1.100	−0.858		0.001	0~50
乙酸甲酯 $C_3H_6O_2$	0.93932	−1.2710	−0.405	−6.09	0.001	0~100
乙酸乙酯 $C_4H_8O_2$	0.92454	−1.168	−1.95	20	0.00005	0~40
乙醚 $C_4H_{10}O$	0.73629	−1.1138	−1.237		0.0001	0~70
苯 C_6H_6	0.90005	−1.0638	−0.0376	−2.213	0.0002	11~72
苯酚 C_6H_6O	1.03893	−0.8188	−0.670		0.001	40~150

＊0.78506 为 25 ℃时的密度,利用上述方程式计算时,温度项应该用($t-25$)代入。

摘自:Washburn E W. The International Critical Tables of Numerical Data, Physics, Chemistry and Technology[M]. Vol. Ⅱ, New York:Published for the National Research Council by McGraw-Hill ,1927:27.

表 3-16 某些溶剂的凝固点降低常数

溶剂		凝固点 t_f/℃	降低常数 K_f/(℃·kg·mol^{-1})
醋酸	$C_2H_4O_2$	16.66	3.9
四氯化碳	CCl_4	−22.95	29.8
1,4-二氧六环	$C_4H_8O_2$	11.8	4.63
1,4-二溴代苯	$C_6H_4Br_2$	87.3	12.5
苯	C_6H_6	5.533	5.12
环己烷	C_6H_{12}	6.54	20.0
萘	$C_{10}H_8$	80.290	6.94
樟脑	$C_{10}H_{16}O$	178.75	37.7
水	H_2O	0	1.86

摘自:[1]印永嘉.物理化学简明手册[M].北京:高等教育出版社,1988:157.

[2]Weast R C. CRC Handbook of Chemistry and Physics[M]. 66th ed. Boca Raton：CRC Press, 1985：D-186.

表 3-17 一些常见气体和蒸气在 0 ℃时的热导系数[*]

物质	λ	物质	λ	物质	λ
氢 H_2	166.3	水 H_2O	17.96	丙酮 C_3H_6O	9.93
氦 He	140.7	乙醇 C_2H_6O	15.0	氯甲烷 CH_3Cl	9.22
氧 O_2	23.9	丙烷 C_3H_8	15.0	三氯甲烷 $CHCl_3$	6.62
氮 N_2	23.7	甲醇 CH_4O	13.2	甲烷 CH_4	4.82
乙烷 C_2H_6	17.8	乙醚 $C_4H_{10}O$	13.0		

[*] λ 的单位为 10^{-5} J·cm^{-1}·s^{-1}·K^{-1}。

摘自:金鑫荣.气相色谱法[M].北京:高等教育出版社, 1987:229.

表 3-18 铂铑-铂热电偶(分度号 LB-3)热电势与温度换算表[*]

t/℃	0	10	20	30	40	50	60	70	80	90
	热电势/mV									
0	0.000	0.050	0.113	0.173	0.235	0.299	0.364	0.431	0.500	0.571
100	0.643	0.717	0.792	0.869	0.946	1.025	1.106	1.187	1.269	1.352
200	1.436	1.521	1.607	1.693	1.780	1.867	1.955	2.044	2.124	2.224
300	2.315	2.407	2.498	2.591	2.684	2.777	2.871	2.965	3.060	3.155
400	3.250	3.346	3.441	3.538	3.634	3.731	3.828	3.925	4.023	4.121
500	4.220	4.318	4.418	4.517	4.617	4.717	4.817	4.918	5.019	5.121
600	5.222	5.324	5.427	5.530	5.633	5.735	5.839	5.943	6.046	6.151

续表

$t/℃$	0	10	20	30	40	50	60	70	80	90
	热电势/mV									
700	6.256	6.361	6.466	6.572	6.677	6.784	6.891	6.999	7.105	7.213
800	7.322	7.430	7.539	7.648	7.757	7.867	7.978	8.088	8.199	8.310
900	8.421	8.534	8.646	8.758	8.871	8.985	9.098	9.212	9.326	9.441
1000	9.556	9.671	9.787	9.902	10.019	10.136	10.252	10.370	10.488	10.605
1100	10.723	10.842	10.961	11.080	11.198	11.317	11.437	11.556	11.676	11.795
1200	11.915	12.035	12.155	12.275	12.395	12.515	12.636	12.756	12.875	12.996
1300	13.116	13.236	13.356	13.475	13.595	13.715	13.835	13.955	14.074	14.193
1400	14.313	14.433	14.552	14.671	14.790	14.910	15.029	15.148	15.266	15.385
1500	15.504	15.623	15.742	15.860	15.979	16.097	16.216	16.334	16.451	16.569
1600	16.688									

* 参考端为 0 ℃。

表 3-19　镍铬-镍硅热电偶(分度号 EU-2)热电势与温度换算表*

$t/℃$	0	10	20	30	40	50	60	70	80	90
	热电势/mV									
	0	−0.39	−0.77	−1.14	−1.5	−1.86				
0	0	0.40	0.80	1.20	1.61	2.02	2.43	2.85	3.26	3.68
100	4.10	4.51	4.92	5.33	5.73	6.13	6.53	6.93	7.33	7.73
200	8.13	8.53	8.93	9.34	9.74	10.15	10.56	10.97	11.38	11.80
300	12.21	12.62	13.04	13.45	13.87	14.30	14.72	15.14	15.56	15.99
400	16.40	16.83	17.25	17.69	18.09	18.51	18.94	19.37	19.79	20.22
500	20.65	21.08	21.50	21.93	22.35	22.78	23.21	23.63	24.05	24.48
600	24.90	25.32	25.75	26.18	26.60	27.03	27.45	27.87	28.29	28.71
700	29.13	29.55	29.97	30.39	30.81	31.22	31.64	32.06	32.46	32.87
800	33.29	33.69	34.10	34.51	34.91	35.32	35.72	36.13	36.53	36.93
900	37.33	37.73	38.13	38.53	38.93	39.32	39.72	40.10	40.49	40.88
1000	41.27	41.66	42.04	42.43	42.83	43.21	43.59	43.97	44.34	44.72
1100	45.10	45.48	45.85	46.23	46.60	46.97	47.34	47.71	48.08	48.44
1200	48.81	49.17	49.53	49.89	50.25	50.61	50.96	51.32	51.67	52.02
1300	52.37									

* 参考端为 0 ℃。

表 3-20 镍铬-考铜热电偶(分度号 EA-2)热电势与温度换算表*

t/℃	0	10	20	30	40	50	60	70	80	90
	热电势/mV									
		-0.64	-1.27	-1.89	-2.50	-3.11				
0	0	0.65	1.31	1.98	2.66	3.35	4.05	4.76	5.48	6.21
100	6.95	7.69	8.43	9.18	9.93	10.69	11.46	12.24	13.03	13.84
200	14.66	15.48	16.30	17.12	17.95	18.76	19.59	20.42	21.24	22.07
300	22.90	23.74	24.59	25.44	26.30	27.15	28.01	28.88	29.75	30.61
400	31.48	32.34	33.21	34.07	34.94	35.81	36.67	37.54	38.41	39.28
500	40.15	41.02	41.90	42.78	43.67	44.55	45.44	46.33	47.22	48.11
600	49.01	49.89	50.76	51.64	52.51	53.39	54.26	55.12	56.00	56.87
700	57.74	58.57	59.47	60.33	61.20	62.06	62.92	63.78	64.64	65.50
800	66.6									

* 参考端为 0 ℃。

表 3-21 WZB 型铂电阻温度计分度特性表

$R_0 = 100\ \Omega$，分度号 BA$_2$

t/℃	0	1	2	3	4	5	6	7	8	9
	电阻 R /Ω									
-200	17.28	—	—	—	—	—	—	—	—	—
-190	21.65	21.21	20.78	20.34	19.91	19.47	19.03	18.59	18.16	17.72
-180	25.98	25.55	25.12	24.69	24.25	23.82	23.39	22.95	22.52	22.08
-170	30.29	29.86	29.43	29.00	28.57	28.14	27.71	27.28	26.85	26.42
-160	34.56	34.13	33.71	33.28	32.85	32.43	32.00	31.57	31.14	30.71
-150	38.80	38.38	37.95	37.53	37.11	36.68	26.26	35.83	35.41	34.98
-140	43.02	42.60	42.18	41.76	41.33	40.91	40.49	40.07	39.65	39.22
-130	47.21	46.79	46.37	45.95	45.53	45.12	44.70	44.28	43.86	43.44
-120	51.38	50.96	50.54	50.13	49.71	49.29	48.88	48.46	48.04	47.63
-110	55.52	55.11	54.69	54.28	53.87	53.45	53.04	52.62	52.21	51.79
-100	59.65	59.23	58.82	58.41	58.00	57.59	57.14	56.76	56.35	55.93
-90	63.75	63.34	62.93	62.52	62.11	61.70	61.29	60.88	60.47	60.06
-80	67.84	67.43	67.02	66.61	66.21	65.80	65.39	64.98	64.57	64.16
-70	71.91	71.50	71.10	70.69	70.28	69.88	69.47	69.06	68.65	68.25

续表

$t/℃$	0	1	2	3	4	5	6	7	8	9
	电阻 R/Ω									
−60	75.96	75.56	75.15	74.75	74.34	73.94	73.53	73.13	72.72	72.32
−50	80.00	79.60	79.20	78.79	78.39	77.99	77.58	77.18	76.77	76.37
−40	84.03	83.63	83.22	82.82	82.42	82.02	81.62	81.21	80.81	80.41
−30	88.04	87.64	87.24	86.84	86.44	86.04	85.63	85.23	84.83	84.43
−20	92.04	91.64	91.24	90.84	90.44	90.04	89.64	89.24	88.84	88.44
−10	96.03	95.63	95.23	94.83	94.43	94.03	93.63	93.24	92.84	92.44
−0	100.00	99.60	99.21	98.81	98.41	98.01	97.62	97.22	96.82	96.42
0	100.00	100.40	100.79	101.19	101.59	101.98	102.38	102.78	103.17	103.57
10	103.96	104.36	104.75	105.15	105.54	105.94	106.33	106.73	107.12	107.52
20	107.91	108.31	108.70	109.10	109.49	109.88	110.28	110.67	111.07	111.46
30	111.85	112.25	112.64	113.03	113.43	113.82	114.21	114.60	115.00	115.39
40	115.78	116.17	116.57	116.96	117.35	117.74	118.13	118.52	118.91	119.31
50	119.70	120.09	120.48	120.87	121.26	121.65	122.04	122.43	122.82	123.21
60	123.60	123.99	124.38	124.77	125.16	125.55	125.94	126.33	126.72	127.10
70	127.49	127.88	128.27	128.66	129.05	129.44	129.82	130.21	130.60	130.99
80	131.37	131.76	132.15	132.54	132.92	133.31	133.70	134.08	134.47	134.86
90	135.24	135.63	136.02	136.40	136.79	137.17	137.56	137.94	138.33	138.72
100	139.10	139.49	139.87	140.26	140.64	141.02	141.41	141.79	142.18	142.66
110	142.95	143.33	143.71	144.10	144.48	144.86	145.25	145.63	146.01	146.40
120	146.78	147.16	147.55	147.93	148.31	148.69	149.07	149.46	149.84	150.22
130	150.60	150.98	151.37	151.75	152.13	152.51	152.89	153.27	153.65	154.03
140	154.41	154.79	155.17	155.55	155.93	156.31	156.69	157.07	157.45	157.83
150	158.21	158.59	158.97	159.35	159.73	160.11	160.49	160.86	161.24	161.62
160	162.00	262.38	162.76	163.13	163.51	163.89	164.27	164.64	165.02	165.40
170	165.78	166.15	166.53	166.91	167.28	167.66	168.03	168.41	168.79	169.16
180	169.54	169.91	170.29	170.67	171.04	171.42	171.79	172.17	172.54	172.92
190	173.29	173.67	174.04	174.41	174.79	175.16	175.54	175.91	176.28	176.66
200	177.03	177.40	177.78	178.15	178.52	178.90	179.27	179.64	180.02	180.39
210	180.76	181.13	181.51	181.85	182.25	182.62	182.99	183.36	183.74	184.11

续表

$t/℃$	0	1	2	3	4	5	6	7	8	9
	电阻 R/Ω									
220	184.48	184.85	185.22	185.59	185.96	186.33	186.70	187.07	187.44	187.81
230	188.18	188.55	188.92	189.29	189.66	190.03	190.40	190.77	191.14	191.51
240	191.88	192.24	192.61	192.98	193.35	193.72	194.09	194.45	194.82	195.19
250	195.56	195.92	196.29	196.66	197.03	197.39	197.76	198.13	198.50	198.86
260	199.23	199.59	199.96	200.33	200.69	201.06	201.42	201.79	202.16	202.52
270	202.89	203.25	203.62	203.98	204.35	204.71	205.08	205.44	205.80	206.17
280	206.53	206.90	207.26	207.63	207.99	208.35	208.72	209.08	209.44	209.81
290	210.17	210.53	210.89	211.26	211.62	211.98	212.34	212.71	213.07	213.43
300	213.79	214.15	214.51	214.88	215.24	215.60	215.96	216.32	216.68	217.04
310	217.40	217.76	218.12	218.49	218.85	219.21	219.57	219.93	220.29	220.64
320	221.00	221.36	221.72	222.08	222.44	222.80	223.16	223.52	223.88	224.23
330	224.59	224.95	225.31	225.67	226.02	226.38	226.74	227.10	227.45	227.81
340	228.17	228.53	228.88	229.24	229.60	229.95	230.31	230.67	231.02	231.38
350	231.73	232.09	232.45	232.80	233.16	233.51	233.87	234.22	234.58	234.93
360	235.29	235.64	236.00	236.35	236.71	237.06	237.41	237.77	238.12	238.48
370	238.83	239.18	239.54	239.89	240.24	240.60	240.95	241.30	241.65	242.01
380	242.36	242.71	243.06	243.42	243.77	244.12	244.47	244.82	245.17	245.53
390	245.88	246.23	246.58	246.93	247.28	247.63	247.98	248.33	248.68	249.03
400	249.38	249.73	250.08	250.43	250.78	251.13	251.48	251.83	252.18	252.53
410	252.88	253.23	253.56	253.92	254.27	254.62	254.97	255.32	255.67	256.01
420	256.36	256.71	257.06	257.40	257.75	258.10	258.45	258.79	259.14	259.49
430	259 383	260.18	260.53	260.87	261.22	261.57	261.91	262.26	262.60	262.95
440	263.29	263.64	263.98	264.33	264.67	265.02	265.36	265.71	266.05	266.40
450	266.74	267.09	267.43	267.77	268.12	268.46	268.80	269.15	269.49	269.83
460	270.18	270.52	270.86	271.21	271.55	271.89	272.23	272.58	272.92	273.26
470	273.60	273.94	274.29	274.63	274.97	275.31	275.65	275.99	276.33	276.67
480	277.01	277.36	277.70	278.04	278.38	278.72	279.06	279.40	279.74	280.08
490	280.41	280.75	281.08	281.42	281.76	282.10	282.44	282.78	283.12	283.46
500	283.80	284.14	284.48	284.82	285.16	285.50	285.83	286.17	286.51	286.85

续表

$t/℃$	0	1	2	3	4	5	6	7	8	9
	电阻 R/Ω									
510	287.18	287.52	287.86	288.20	288.53	288.87	289.20	28.54	289.88	290.21
520	290.55	290.89	291.22	291.56	291.89	292.23	292.56	292.90	293.23	293.57
530	293.91	294.24	294.57	294.91	295.24	295.58	295.91	296.25	296.58	296.91
540	297.25	297.58	297.92	298.25	298.58	298.91	299.25	299.58	299.91	300.25
550	300.58	300.91	301.24	301.58	301.91	302.24	302.57	302.90	303.23	303.57
560	303.90	304.23	304.56	304.89	305.22	305.55	305.88	306.22	306.55	306.88
570	307.21	307.54	307.87	308.20	308.53	308.86	309.18	309.51	309.84	310.17
580	310.50	310.83	311.16	311.49	311.82	312.15	312.47	312.80	313.13	313.46
590	313.79	314.11	314.44	314.77	315.10	315.42	315.75	316.08	316.41	316.73
600	317.06	317.39	317.71	318.04	318.37	318.69	319.01	319.34	319.67	319.99
610	320.32	320.65	320.97	321.30	321.62	321.95	322.27	322.60	322.92	323.25
620	323.57	323.89	324.22	324.57	324.87	325.19	325.51	325.84	326.16	326.48
630	326.80	327.13	327.45	327.78	328.10	328.42	328.74	329.06	329.39	329.71
640	330.03	330.35	330.68	331.00	331.32	331.64	331.96	332.28	332.60	332.93
650	333.25	—		—				—		—

表 3-22　标准电极电势及其温度系数

电极反应	$\varphi^{\ominus}(25\ ℃)/V$	$(\mathrm{d}\varphi^{\ominus}/\mathrm{d}T)/(\mathrm{mV} \cdot \mathrm{K}^{-1})$
$Ag^+ + e^- \rule[0.5ex]{1.5em}{0.4pt} Ag$	$+0.7991$	-1.000
$AgCl + e^- \rule[0.5ex]{1.5em}{0.4pt} Ag + Cl^-$	$+0.2224$	-0.658
$AgI + e^- \rule[0.5ex]{1.5em}{0.4pt} Ag + I^-$	-0.151	-0.248
$Ag(NH_3)_2^+ + e^- \rule[0.5ex]{1.5em}{0.4pt} Ag + 2NH_3$	$+0.373$	-0.460
$Cl_2(g) + e^- \rule[0.5ex]{1.5em}{0.4pt} 2Cl^-$	$+1.3595$	-1.260
$2HClO(aq) + 2H^+ + 2e^- \rule[0.5ex]{1.5em}{0.4pt} Cl_2(g) + 2H_2O$	$+1.63$	-0.14
$Cr_2O_7^{2-} + 14H^+ + 6e^- \rule[0.5ex]{1.5em}{0.4pt} 2Cr^{3+} + 7H_2O$	$+1.33$	-1.263
$HCrO_4^- + 7H^+ + 3e^- \rule[0.5ex]{1.5em}{0.4pt} Cr^{3+} + 4H_2O$	$+1.2$	
$Cu^+ + e^- \rule[0.5ex]{1.5em}{0.4pt} Cu$	$+0.521$	-0.058
$Cu^{2+} + 2e^- \rule[0.5ex]{1.5em}{0.4pt} Cu$	$+0.337$	$+0.008$
$Cu^{2+} + e^- \rule[0.5ex]{1.5em}{0.4pt} Cu^+$	$+0.153$	$+0.073$
$Fe^{2+} + 2e^- \rule[0.5ex]{1.5em}{0.4pt} Fe$	-0.440	$+0.052$
$Fe(OH)_2 + 2e^- \rule[0.5ex]{1.5em}{0.4pt} Fe + 2OH^-$	-0.877	-1.06
$Fe^{3+} + e^- \rule[0.5ex]{1.5em}{0.4pt} Fe^{2+}$	$+0.771$	$+1.188$

续表

电极反应	$\varphi^{\ominus}(25\ ℃)/V$	$(d\varphi^{\ominus}/dT)/(mV \cdot K^{-1})$
$Fe(OH)_3 + e^- \Longrightarrow Fe(OH)_2 + OH^-$	-0.56	-0.96
$2H^+ + 2e^- \Longrightarrow H_2(g)$	0.0000	0
$2H^+ + 2e^- \Longrightarrow H_2(aq, sat)$	$+0.0004$	$+0.033$
$Hg_2^{2+} + 2e^- \Longrightarrow 2Hg^-$	$+0.792$	
$Hg_2Cl_2 + 2e^- \Longrightarrow 2Hg + 2Cl^-$	$+0.2676$	-0.317
$HgS + 2e^- \Longrightarrow Hg + S^{2-}$	-0.69	-0.79
$HgI_4^{2-} + 2e^- \Longrightarrow Hg + 4I^-$	-0.038	$+0.04$
$Li^+ + e^- \Longrightarrow Li$	-3.045	-0.534
$Na^+ + e^- \Longrightarrow Na$	-2.714	-0.772
$Ni^{2+} + 2e^- \Longrightarrow Ni$	-0.250	$+0.06$
$O_2(g) + 2H^+ + 2e^- \Longrightarrow H_2O_2(aq)$	$+0.682$	-1.033
$O_2(g) + 4H^+ + 4e^- \Longrightarrow 2H_2O$	$+1.229$	-0.846
$O_2(g) + 2H_2O + 4e^- \Longrightarrow 4OH^-$	$+0.401$	-1.680
$H_2O_2(aq) + 2H^+ + 2e^- \Longrightarrow 2H_2O$	$+1.77$	-0.658
$2H_2O + 2e^- \Longrightarrow H_2 + 2OH^-$	-0.8281	-0.8342
$Pb^{2+} + 2e^- \Longrightarrow Pb$	-0.126	-0.451
$PbO_2 + H_2O + 2e^- \Longrightarrow PbO(red) + 2OH^-$	$+0.248$	-1.194
$PbO_2 + SO_4^{2-} + 4H^+ + 2e^- \Longrightarrow PbSO_4 + 2H_2O$	$+1.685$	-0.326
$S + 2H^+ + 2e^- \Longrightarrow H_2S(aq)$	$+0.141$	-0.209
$Sn^{2+} + 2e^- \Longrightarrow Sn(white)$	-0.136	-0.282
$Sn^{4+} + 2e^- \Longrightarrow Sn^{2+}$	$+0.15$	
$Zn^{2+} + 2e^- \Longrightarrow Zn$	-0.7628	$+0.091$
$Zn(OH)_2 + 2e^- \Longrightarrow Zn + 2OH^-$	-1.245	-1.002

摘自:印永嘉.物理化学简明手册[M].北京:高等教育出版社,1988:214.

表3-23 常用参比电极的电势及温度系数

名称	体系	E^*/V	$(dE/dT)/(mV \cdot K^{-1})$
氢电极	$Pt, H_2 \mid H^+(a_{H^+} = 1)$	0.0000	
饱和甘汞电极	$Hg, Hg_2Cl_2 \mid$ 饱和 KCl	0.2415	-0.761
标准甘汞电极	$Hg, Hg_2Cl_2 \mid 1\ mol \cdot L^{-1}$ KCl	0.2800	-0.275
0.1 mol/L 甘汞电极	$Hg, Hg_2Cl_2 \mid 0.1\ mol \cdot L^{-1}$ KCl	0.3337	-0.875
银-氯化银电极	$Ag, AgCl \mid 0.1\ mol \cdot L^{-1}$ KCl	0.290	-0.3
氧化汞电极	$Hg, HgO \mid 0.1\ mol \cdot L^{-1}$ KOH	0.165	
硫酸亚汞电极	$Hg, Hg_2SO_4 \mid 1\ mol \cdot L^{-1}\ Hg_2SO_4$	0.6758	
硫酸铜电极	$Cu \mid$ 饱和 $CuSO_4$	0.316	0.7

* 25 ℃;相对于标准氢电极(NHE)。

表 3-24　不同温度下饱和甘汞电极（SCE）的电极电势

$t/℃$	φ^*/V	$t/℃$	φ/V
0	0.2568	40	0.2307
10	0.2507	50	0.2233
20	0.2444	60	0.2154
25	0.2412	70	0.2071
30	0.2378		

＊25 ℃；相对于标准氢电极（NHE）。

摘自：印永嘉.物理化学简明手册[M].北京：高等教育出版社，1988：227.

表 3-25　甘汞电极的电极电势与温度的关系

甘汞电极＊	φ/V
SCE	$0.2412 - 6.61 \times 10^{-4}(t/℃-25) - 1.75 \times 10^{-6}(t/℃-25)^2 - 9 \times 10^{-10}(t/℃-25)^3$
NCE	$0.2801 - 2.75 \times 10^{-4}(t/℃-25) - 2.50 \times 10^{-6}(t/℃-25)^2 - 4 \times 10^{-9}(t/℃-25)^3$
0.1NCE	$0.3337 - 8.75 \times 10^{-5}(t/℃-25) - 3 \times 10^{-6}(t/℃-25)^2$

＊SCE 为饱和甘汞电极；NCE 为标准甘汞电极；0.1NCE 为 0.1 mol·L^{-1}甘汞电极；相对于标准氢电极（NCE）。

摘自：印永嘉.物理化学简明手册[M].北京：高等教育出版社，1988：227.

表 3-26　饱和式标准电池在 0~40 ℃时的温度校正值＊

$t/℃$	$\Delta E_t/\mu V$	$t/℃$	$\Delta E_t/\mu V$	$t/℃$	$\Delta E_t/\mu V$
0	+345.60	15	+175.32	26	−271.22
1	+353.94	16	+144.30	27	−322.15
2	+359.13	17	+111.22	28	−374.62
3	+361.27	18.0	+76.09	29	−428.54
4	+360.43	18.5	+57.79	30	−483.90
5	+356.66	19.0	+39.00	31	−540.65
6	+350.08	19.5	+19.74	32	−598.75
7	+340.74	20.0	0	33	−658.16
8	+328.71	20.5	−20.20	34	−718.84
9	+314.07	21.0	−40.86	35	−780.78
10	+296.90	21.5	−61.97	36	−843.93
11	+277.26	22.0	−83.53	37	−908.25
12	+255.21	23	−127.94	38	−973.73
13	+230.83	24	−174.06	39	−1014.32
14	+204.18	25	−221.84	40	−1108.00

＊相对于 20.0 ℃时 $E_{20} = 1.01845V$。也可按下式计算：

$\Delta E_t/\mu V = -39.94(t/℃-20) - 0.929(t/℃-20)^2 + 0.0090(t/℃-20)^3 - 0.00006(t/℃-20)^4$，式中 t 为温度（℃）。

表 3-27 KCl 溶液的电导率 　　　　单位:S · m^{-1}

$t/℃$	$c/(mol \cdot L^{-1})$ *			
	1.000	0.1000	0.0200	0.0100
0	0.06541	0.00715	0.001521	0.000776
5	0.07414	0.00822	0.001752	0.000896
10	0.08319	0.00933	0.001994	0.001020
15	0.09252	0.01048	0.002243	0.001147
16	0.09441	0.01072	0.002294	0.001173
17	0.09631	0.01095	0.002345	0.001199
18	0.09822	0.01119	0.002397	0.001225
19	0.10014	0.01143	0.002449	0.001251
20	0.10207	0.01167	0.002501	0.001278
21	0.10400	0.01191	0.002553	0.001305
22	0.10594	0.01215	0.002606	0.001332
23	0.10789	0.01239	0.002659	0.001359
24	0.10984	0.01264	0.002712	0.001386
25	0.11180	0.01288	0.002765	0.001413
26	0.11377	0.01313	0.002819	0.001441
27	0.11574	0.01337	0.002873	0.001468
28		0.01362	0.002927	0.001496
29		0.01387	0.002981	0.001524
30		0.01412	0.003036	0.001552
35		0.01539	0.003312	
36		0.01564	0.003368	

＊在空气中称取 74.56 g KCl,溶于 18 ℃水中,稀释到 1 L,其浓度为 1.000 mol · L^{-1}(密度 1.0449 g · mL^{-1}),再稀释得其他浓度溶液。

表 3-28 一些电解质水溶液的摩尔电导率(25℃) 　　　　单位:S · cm^2 · mol^{-1}

化合物	$c/(mol \cdot L^{-1})$							
	无限稀	0.0005	0.001	0.005	0.01	0.02	0.05	0.1
$AgNO_3$	133.29	131.29	130.45	127.14	124.70	121.35	115.18	109.09
$1/2\ BaCl_2$	139.91	135.89	134.27	127.96	123.88	119.03	111.42	105.14
HCl	425.95	422.53	421.15	415.59	411.80	407.04	398.89	391.13
KCl	149.79	147.74	146.88	143.48	141.20	138.27	133.30	128.90
$KClO_4$	139.97	138.69	137.80	134.09	131.39	127.86	121.56	115.14

续表

化合物	c/(mol·L⁻¹)							
	无限稀	0.0005	0.001	0.005	0.01	0.02	0.05	0.1
1/4 K₄Fe(CN)₆	184	—	167.16	146.02	134.76	122.76	107.65	97.82
KOH	271.5	—	234	230	228	—	219	213
1/2 MgCl₂	129.34	125.55	124.15	118.25	114.49	109.99	103.03	97.05
NH₄Cl	149.6	—	146.7	134.4	141.21	138.25	133.22	128.69
NaCl	126.39	124.44	123.68	120.59	118.45	115.70	111.01	106.69
NaOOCCH₃	91.0	89.2	88.5	85.68	83.72	81.20	76.88	72.76
NaOH	247.7	245.5	244.6	240.7	237.9	—	—	—

摘自:Weast R C. CRC Handbook of Chemistry and Physics[M]. 66th ed. Boca Raton: CRC Press, 1985–D–167.

表 3-29　水溶液中离子的极限摩尔电导率　　　　单位:S·cm²·mol⁻¹

离子	t/℃			
	0	18	25	50
H⁺	225	315	349.8	464
K⁺	40.7	63.9	73.5	114
Na⁺	26.5	42.8	50.1	82
NH₄⁺	40.2	63.9	73.5	115
Ag⁺	33.1	53.5	61.9	101
1/2Ba²⁺	34.0	54.6	63.6	104
1/2 Ca²⁺	31.2	50.7	59.8	96.2
OH⁻	105	171	198.3	(284)
Cl⁻	41.0	66.0	76.3	(116)
NO₃⁻	40.0	62.3	71.5	(104)
CH₃COO⁻	20.0	32.5	40.9	(67)
1/2 SO₄²⁻	41	68.4	80.0	(125)
1/4 [Fe(CN)₆]⁴⁻	58	95	110.5	(173)

摘自:印永嘉.物理化学简明手册[M]. 北京:高等教育出版社,1988:191,194.

表 3-30　一些强电解质的活度系数(25 ℃)

电解质	$m/(\text{mol} \cdot \text{kg}^{-1})$					电解质	$m/(\text{mol} \cdot \text{kg}^{-1})$				
	0.010	0.1	0.2	0.5	1.0		0.010	0.1	0.2	0.5	1.0
$AgNO_3$	0.896	0.734	0.657	0.536	0.429	KOH	0.902	0.798	0.760	0.732	0.756
$CaCl_2$	0.727	0.518	0.472	0.448	0.500	NH_4Cl	0.901	0.770	0.718	0.649	0.603
$CuCl_2$	0.722	0.508	0.455	0.411	0.417	NH_4NO_3	0.897	0.740	0.677	0.582	0.504
$CuSO_4$		0.150	0.104	0.0620	0.0423	NaCl	0.903	0.778	0.735	0.681	0.657
HCl	0.905	0.796	0.767	0.757	0.809	$NaNO_3$	0.900	0.762	0.703	0.617	0.548
HNO	0.905	0.791	0.754	0.720	0.724	NaOH	0.902	0.766	0.727	0.690	0.678
H_2SO_4	0.542	0.2655	0.2090	0.1557	0.1316	$ZnCl_2$	0.719	0.515	0.462	0.394	0.339
KCl	0.901	0.770	0.718	0.649	0.604	$Zn(NO_3)_2$		0.531	0.489	0.473	0.535
KNO_3	0.896	0.739	0.663	0.545	0.443	$ZnSO_4$		0.150	0.10	0.0630	0.0435

摘自：Haynes W M.CRC Handbook of Chemistry and Physics.CRC Press，97th ed. 2016—2017：5-98～99，5-100～106.

表 3-31　IUPAC 推荐的五种标准缓冲溶液的 pH

$t/℃$	溶液				
	①	②	③	④	⑤
0		4.003	6.984	7.534	9.464
5		3.999	6.951	7.500	9.395
10		3.998	6.923	7.472	9.332
15		3.999	6.900	7.448	9.276
20		4.002	6.881	7.429	9.225
25	3.557	4.008	6.865	7.413	9.180
30	3.552	4.015	6.853	7.400	9.139
35	3.549	4.024	6.844	7.389	9.102
38	3.548	4.030	6.840	7.384	9.081
40	3.547	4.035	6.838	7.380	9.068
45	3.547	4.037	6.834	7.373	9.038
50	3.549	4.060	6.833	7.367	9.011

① 25 ℃下的饱和酒石酸氢钾溶液(0.0341 $\text{mol} \cdot \text{L}^{-1}$)。

② 0.05 $\text{mol} \cdot \text{L}^{-1}$邻苯二甲酸氢钾溶液。

③ 0.025 $\text{mol} \cdot \text{L}^{-1}$ KH_2PO_4 和 0.025 $\text{mol} \cdot \text{L}^{-1}$ Na_2HPO_4 溶液。

④ 0.008 695 $\text{mol} \cdot \text{L}^{-1}$ KH_2PO_4 和 0.030 43 $\text{mol} \cdot \text{L}^{-1}$ Na_2HPO_4 溶液。

⑤ 0.01 $\text{mol} \cdot \text{L}^{-1}$ $Na_2B_4O_7$ 溶液。

摘自：[1] 印永嘉.物理化学简明手册[M].北京：高等教育出版社，1988：231.

[2] Weast R C. CRC Handbook of Chemistry and Physics[M].66th ed. Boca Raton：CRC Press，1985：D-146.

表 3-32　不同温度下水的表面张力

$t/℃$	$\sigma/(10^{-3} \text{ N} \cdot \text{m}^{-1})$	$t/℃$	$\sigma/(10^{-3} \text{ N} \cdot \text{m}^{-1})$
0	75.64	21	72.59
5	74.92	22	72.44
10	74.22	23	72.28
11	74.07	24	72.13
12	73.93	25	71.97
13	73.78	26	71.82
14	73.64	27	71.66
15	73.49	28	71.50
16	73.34	29	71.35
17	73.19	30	71.18
18	73.05	35	70.38
19	72.90	40	69.56
20	72.75	45	68.74

摘自:印永嘉.物理化学简明手册[M].北京:高等教育出版社,1988:310.

表 3-33　乙醇水溶液的表面张力

$w(乙醇)\%$	$\sigma/(10^{-3} \text{ N} \cdot \text{m}^{-1})$ *	$w(乙醇)\%$	$\sigma/(10^{-3} \text{ N} \cdot \text{m}^{-1})$ **
0.00	72.20	0.000	71.23
2.72	60.79	0.972	66.08
5.21	54.87	2.143	61.56
11.10	46.03	4.994	54.15
20.50	37.53	10.39	45.88
30.47	32.25	17.98	38.54
40.00	29.63	25.00	34.08
50.22	27.89	29.98	31.89
59.58	26.71	34.89	30.32
68.94	25.71	50.00	27.45
77.98	24.73	60.04	26.24
87.92	23.64	71.85	25.05
92.10	23.18	75.06	24.68
97.00	22.49	84.57	23.61
100	22.03	95.57	22.09
		100.00	21.41

* 25 ℃。

** 30 ℃。

摘自:Weast R C. CRC Handbook of Chemistry and Physics[M].66th ed.Boca Raton:CRC Press, 1985:F-32.

表 3-34　最大泡压法的校正因子

最大泡压法测定表面张力的公式：

$$\sigma = a^2 g\rho/2 \tag{1}$$
$$a^2 = h \cdot b \tag{2}$$

式中 a 为毛细管常数；g 为重力加速度；ρ 为液相与气相密度之差；h 为 U 形压力计上的压差；b 为气泡底部的全曲率半径。

先令 b 等于毛细管的半径 r，由（2）式求得 a 的一级近似值 a_1，从下表查得与 r/a_1 相应 的 r/b 值，得 b 的一级近似值 b_1。再重复得出一系列的近似值 $a_1, a_2, a_3, a_4, \cdots, a_n$。最后，根据测量精度要求，以 n 级近似值 a_n，由式（1）求算表面张力 σ。

下表的数据为 r/a 从 0.00 至 1.48 时的 r/b 值。

r/a	0.00	0.02	0.04	0.06	0.08
0.0	1.0000	0.9997	0.9990	0.9977	0.9958
0.1	0.9934	0.9905	0.9870	0.9831	0.9786
0.2	0.9737	0.9682	0.9623	0.9560	0.9492
0.3	0.9419	0.9344	0.9265	0.9182	0.9093
0.4	0.9000	0.8903	0.8802	0.8698	0.8592
0.5	0.8484	0.8374	0.8263	0.8151	0.8037
0.6	0.7920	0.7800	0.7678	0.7554	0.7432
0.8	0.6718	0.6603	0.6492	0.6385	0.6281
1.0	0.5703	0.5616	0.5531	0.5448	0.5368
1.2	0.4928	0.4862	0.4797	0.4733	0.4671
1.4	0.4333	0.4281	0.4231	0.4181	0.4133

摘自：印永嘉.物理化学简明手册[M].北京：高等教育出版社,1988:310.

表 3-35　作为吸附质分子的截面积

分子	$t/℃$	分子截面积	
		σ/nm^2	$\sigma/Å^2$
氩 Ar	−195, −183	0.138	13.8
氢 H_2	−183 ~ −135	0.121	12.1
氮 N_2	−195	0.162	16.2
氧 O_2	−195, −183	0.136	13.6
正丁烷 C_4H_{10}	0	0.446	44.6
苯 C_6H_6	20	0.430	43.0

摘自：印永嘉.物理化学简明手册[M].北京：高等教育出版社,1988:321.

表 3-36　不同温度下水和乙醇的折射率*

$t/\mathrm{°C}$	纯水	99.8%乙醇	$t/\mathrm{°C}$	纯水	99.8% 乙醇
14	1.33348		34	1.33136	1.35474
15	1.33341		36	1.33107	1.35390
16	1.33333	1.36210	38	1.33079	1.35306
18	1.33317	1.36129	40	1.33051	1.35222
20	1.33299	1.36048	42	1.33023	1.35138
22	1.33281	1.35967	44	1.32992	1.35054
24	1.33262	1.35885	46	1.32959	1.34969
26	1.33241	1.35803	48	1.32927	1.34885
28	1.33219	1.35721	50	1.32894	1.34800
30	1.33192	1.35639	52	1.32860	1.34715
32	1.33164	1.35557	54	1.32827	1.34629

* 相对于空气;钠光波长 589.3 nm。

摘自:Weast R C. CRC Handbook of Chemistry and Physics [M]. 66th ed. Boca Raton: CRC Press, 1985:E-368。

表 3-37　一些有机化合物的折射率及温度系数

化合物		n_{D}^{15}	n_{D}^{20}	n_{D}^{25}	$10^5 \times \mathrm{d}n/\mathrm{d}t$
四氯化碳	CCl_4	1.4631	1.4603	1.459	−55
三溴甲烷	$CHBr_3$	1.6005			−57
三氯甲烷	$CHCl_3$	1.4486	1.4456		−59
二碘甲烷	CH_2I_2	1.7443			−64
甲醇	CH_4O	1.3306	1.3286	1.326	−40
乙醇	C_2H_6O	1.3633	1.3613	1.359	−40
丙酮	C_3H_6O	1.3616	1.3591	1.357	−49
正丁酸	$C_4H_8O_2$		1.3980	1.396	
溴苯	C_6H_5Br	1.5625	1.5601	1.557	−48
氯苯	C_6H_5Cl	1.5275	1.5246		−58
碘苯	C_6H_5I	1.6230			−55
苯	C_6H_6	1.5044	1.5011	1.498	−66
正丁酸乙酯	$C_6H_{12}O_2$		1.4000		
甲苯	C_7H_8	1.4999	1.4969	1.4941	−57
甲基环己烷	C_7H_{14}	1.4256	1.4231	1.421	−47
2,2,4-三甲基戊烷	C_8H_{18}		1.3915	1.389	
二硫化碳	CS_2	1.6319	1.6280		−78

摘自:[1]印永嘉.物理化学简明手册[M].北京:高等教育出版社,1988:48.

[2] Weast R C. CRC Handbook of Chemistry and Physics[M]. 66th ed. Boca Raton: CRC Press, 1985:C-42,E-367.

表 3-38 一些元素和化合物的磁化率

无机物	T/K	质量磁化率		摩尔磁化率	
		①	②	③	④
Ag	296	-0.192[⑤]	-2.41	-19.5	-2.45
Cu	296	-0.0860	-1.081	-5.46	-0.0686
$CuBr_2$	292.7	3.07	38.6	685.5	8.614
$CuCl_2$	289	8.03	100.9	1080.0	13.57
CuF_2	293	10.3	129	1050.0	13.19
$Cu(NO_3)_2 \cdot 3H_2O$	293	6.5	81.7	1570.0	19.73
$CuSO_4 \cdot 5H_2O$	293	5.85	73.5	1460.0	18.35
			74.4[⑥]		
$FeCl_2 \cdot 4H_2O$	293	64.9	816	12900.0	162.1
$FeSO_4 \cdot 7H_2O$	293.5	40.28	506.2	11200.0	140.7
H_2O	293	-0.720	-9.05	12.97	0.163
$Hg[Co(CNS)_4]$	293		206.6[⑥]		
$K_3Fe(CN)_6$	297	6.96	87.5	2290.0	28.78
$K_4Fe(CN)_6$	室温	-0.3739	4.699	-130.0	-1.634
$K_4Fe(CN)_6 \cdot 3H_2O$	室温	-0.3739		-172.3	-2.165
$NH_4Fe(SO_4)_2 \cdot 12H_2O$	293	30.1	378	14500[⑦]	182.2
$(NH_4)_2Fe(SO_4)_2 \cdot 6H_2O$	293	31.6	397	12400[⑦]	
			406[⑥]		155.8
O_2	293	107.8	1355	3449.0	43.34
Pt	293	35.6	12.20[⑥]		
$NiCl_2$ 水溶液[⑧]					

醇	T/K	质量磁化率		摩尔磁化率	
		①	②	③	④
CH_3OH	293	-0.668	-8.39	-21.4	-0.2689
C_2H_5OH	293	-0.728	-9.15	-33.60	-0.4222
C_3H_7OH	293	-0.7518	-9.447	-45.176	-0.5677
$CH_3CH(OH)CH_2$	293	-0.7621	-9.577	-45.794	-0.5755
C_4H_9OH	293	-0.7627	-9.584	-56.536	-0.7105
$(C_2H_5)CH(OH)CH_3$	293	-0.7782	-9.779	-57.683	-0.7249
$(CH_3)_3COH$	293	-0.775	-9.74	-57.42	-0.7216

续表

醇	T/K	质量磁化率		摩尔磁化率	
		①	②	③	④
$(CH_3)_2CHCH_2OH$	293	−0.7785	−9.783	−57.704	−0.7251
$C_5H_{11}OH$	293	−0.766	−9.63	−67.5	−0.848
$C_6H_{13}OH$	293	−0.774	−9.73	−79.20	−0.9953
$C_7H_{15}OH$	293	−0.790	−9.93	−91.7	−1.152
$C_8H_{17}OH$	293	−0.7766	−9.759	−102.65	−1.290

① χ_m 单位(CGSM 制):$10^{-6} cm^3 \cdot g^{-1}$。

② $1\ m^3 \cdot kg^{-1}$(SI 质量磁化率)=$(10^3/4\pi)\ cm^3 \cdot g^{-1}$(CGSM 制质量磁化率),本栏数据由①按此式换算而得,χ_m 的 SI 单位为 $10^{-9}\ m^3 \cdot kg^{-1}$。

③ χ_M 单位(CGSM 制):$10^{-6} cm^3 \cdot mol^{-1}$。

④ 本栏数据参照注②由③换算而得,χ_M 的单位为 $10^{-9}\ m^3 \cdot mol^{-1}$。

⑤ 293 K。

⑥ 摘自:徐光宪,王祥云.物质结构[M]. 2 版.北京:高等教育出版社,1987:459。

⑦ 摘自:日本化学会编.化学便览,基础编[M]. 3 版.东京:丸善株式会社,1975:Ⅱ−515。

⑧ $\dfrac{1.26\times10^{-4}}{T} \cdot \dfrac{y}{100} -9.05\times10^{-9}\left(1-\dfrac{y}{100}\right)$,式中 T 为热力学温度,y 为 $NiCl_2$ 质量分数[⑥]。

表 3-39　一些液体的介电常数

化合物		介电常数①		温度系数 a 或 α	适用温度范围/℃
		20 ℃	25 ℃		
四氯化碳	CCl_4	2.238	2.228	0.200②	−20~60
三氯甲烷	$CHCl_3$	4.806		0.160③	0~50
甲醇	CH_4O	33.62	32.63	0.264③	5~55
乙醇	C_2H_6O		24.35	0.270③	−5~70
乙酸甲酯	$C_3H_6O_2$		6.68	2.2②	25~40
乙酸乙酯	$C_4H_8O_2$		6.02	1.5②	25
1,4-二氧六环	$C_4H_8O_2$		2.209	0.170②	20~50
吡啶	C_5H_5N		12.3		
溴苯	C_6H_5Br		5.40	0.115③	0~70
氯苯	C_6H_5Cl	5.708	5.621	0.133③	15~30
硝基苯	$C_6H_5NO_2$	35.74	34.82	0.225③	10~80
苯	C_6H_6	2.284	2.274	0.200②	10~60
环己烷	C_6H_{12}	2.023	2.015	0.160②	10~60

续表

化合物		介电常数[①]		温度系数	适用温度范围/℃
		20 ℃	25 ℃	a 或 α	
正己烷	C_6H_{14}	1.890		1.55[②]	$-10 \sim 50$
正己醇	$C_6H_{14}O$		13.3	0.35[③]	$15 \sim 35$
二硫化碳	CS_2	2.641		0.268[②]	$-90 \sim 130$
水	H_2O	80.37	78.54	0.200[③]	$15 \sim 30$

① 常压;真空介电常数为 1 。

② $a = -10^2 \, d\varepsilon/dt$。

③ $a = -10^2 \, d(\lg \varepsilon)/dt$。

摘自:Weast R C. CRC Handbook of Chemistry and Physics[M]. 66th ed. Boca Raton:CRC Press, 1985:E-49,E-50.

表 3-40　气相中分子的偶极矩

化合物		偶极矩 μ	
		10^{-18} esu·cm	10^{-30} C·m
四氯化碳	CCl_4	0	0
三氯甲烷	$CHCl_3$	1.01	3.37
甲醇	CH_4O	1.70	5.67
乙醛	C_2H_4O	2.69	8.97
乙酸	$C_2H_4O_2$	1.74	5.80
甲酸甲酯	$C_2H_4O_2$	1.77	5.90
乙醇	C_2H_6O	1.69	5.64
乙酸甲酯	$C_3H_6O_2$	1.72	5.74
甲酸乙酯	$C_3H_6O_2$	1.93	6.44
乙酸乙酯	$C_4H_8O_2$	1.78	5.94
溴苯	C_6H_5Br	1.70	5.67
氯苯	C_6H_5Cl	1.69	5.64
硝基苯	$C_6H_5NO_2$	4.22	14.1
水	H_2O	1.85	6.17
氨	NH_3	1.47	4.90
二氧化硫	SO_2	1.63	5.41

摘自:[1] 印永嘉.物理化学简明手册[M].北京:高等教育出版社,1988:442.

[2] Weast R C. CRC Handbook of Chemistry and Physics[M]. 66th ed. Boca Raton:CRC Press, 1985:E-58.

附录四　主　要　符　号

A	功;比表面积;吸光度	l	长度;厚度;流量;轨道量子数
a	活度;平均吸附量;吸光系数;平均误差	M	摩尔质量
		$\boldsymbol{M}$	磁化强度
B	转动常数	m	磁量子数;质量摩尔浓度
$\boldsymbol{B}$	磁感应强度	m_e	电子质量
b	光径长度;碰撞参数	n	物质的量;折射率;主量子数
BG	晶体三极管	P	极化度;功率;反应概率;极化电动势
C	比热;电容	P_r	概率
c_g	气相中溶质的浓度	p	压强;或然误差;广义动量
c_1	液相中溶质的浓度	ν	频率;动力黏度系数
c	光速;浓度	$\tilde{\nu}$	波数
D	光密度;二极管;扩散系数	Π	表面压
D_e	基态电子能量	ρ	密度;电荷密度;电阻率
D_{ei}	分子离解能	σ	标准误差;表面自由能(表面张力)
D_w	晶体稳压管	σ_A	分子截面积
d	密度;直径;距离	τ	时间;弛豫时间
E	电动势;电场强度;能量	Q	热量;分配函数;气体流量
e	电子电荷	Q_p	恒压过程热
F	法拉第常数	Q_V	恒容过程热
f	力;函数;体系自由度	q	电荷量;广义坐标
G	吉布斯自由能;电导值	R	气体常数;摩尔折射度;电阻;核间距
g	重力加速度;朗德因子;间并度	r	半径;孔半径
H	焓;体系总能量	S	熵;灵敏度;响应值;表面积
$\boldsymbol{H}$	磁场强度	T	热力学温度;透射率;迁移率;动能
h	普朗克常量	t	时间;摄氏温度
ΔH	热效应	$t_{1/2}$	半衰期
I	强度;直流电流值;光强;转动惯量	U	电势(位)差;热力学能
i	交变电流值;电流密度	u	电泳速度
J	转动量子数;自旋-自旋耦合常数	v	线速度;流速反应速率
j	压力梯度校正因子	V	体积;流量
K	平衡常数;分配系数	V	伏特
k	玻尔兹曼常量;反应速率常数	V_g	比孔容积;比保留体积
K_f	凝固点降低常数	V_m	以单分子覆盖的吸附质体积
L	电感;阿伏加德罗常数	v	振动量子数

W	质量;力矩系数		θ	角度;接触角;覆盖度
W_e	晶体电子能量		κ	电导率
ΔW	半峰宽		Λ_m	摩尔电导率
x	摩尔分数		λ	波长;离子摩尔电导率
Z	原子序数;阻抗		μ	磁矩;磁导率;折合质量
α	电离度;旋光度;极化系数;体膨胀系数		$\boldsymbol{\mu}$	偶极矩
β	线膨胀系数;黏着概率		μ_0	真空磁导率
Γ	吸附量		μ_B	玻尔磁子
γ	活度系数		μ_m	永久磁矩
$\gamma_\pm$	平均活度系数		φ	电极电势;角度
δ	差值;厚度;化学位移		χ	磁化率
ε	介电常数;辐射系数		χ_M	摩尔磁化率
ε_0	真空电容率;真空介电常数		χ_m	质量磁化率
ε_x	物质的电容率		χ_0	摩尔逆磁磁化率
ζ	电动电势		χ_μ	摩尔顺磁磁化率
η	黏度;超电势		ω	角速度;角频率

读者意见反馈

为收集对教材的意见建议,进一步完善教材编写并做好服务工作,读者可将对本教材的意见建议通过如下渠道反馈至我社。

咨询电话　400-810-0598

反馈邮箱　hepsci@pub.hep.cn

通信地址　北京市朝阳区惠新东街 4 号富盛大厦 1 座
　　　　　高等教育出版社理科事业部

邮政编码　100029

防伪查询说明

用户购书后刮开封底防伪涂层,使用手机微信等软件扫描二维码,会跳转至防伪查询网页,获得所购图书详细信息。

防伪客服电话　(010)58582300